中国软科学研究丛书

丛书主编：张来武

"十一五"国家重点图书出版规划项目
国家软科学研究计划资助出版项目

区域自主创新能力动态评价及发展趋势

李美娟　著

科学出版社
北京

内 容 简 介

本书以区域创新体系和综合评价相关理论为指导，将区域自主创新能力分解为实力、效率和潜力，建立区域自主创新能力动态评价指标体系，提出动态评价方法和动态组合评价方法，同时开发了动态组合评价计算机支持系统，对中国省域自主创新能力（实力、效率、潜力的综合能力和分项能力）进行动态组合评价和比较分析，并对其发展趋势进行预测。为相关决策部门制定区域自主创新能力扶持政策提供理论支撑和参考。

本书可供从事区域创新能力和综合评价理论、方法及应用研究的研究人员使用，也可供各级政府和科技管理部门的管理决策者及各类高等院校、科研院所及科技中介组织的管理者参考。

图书在版编目（CIP）数据

区域自主创新能力动态评价及发展趋势/李美娟著．—北京：科学出版社，2015.9
（中国软科学研究丛书）
ISBN 978-7-03-045816-2

Ⅰ.①区…　Ⅱ.①李…　Ⅲ.①区域经济发展—研究—中国　Ⅳ.①F127

中国版本图书馆 CIP 数据核字（2015）第 227180 号

丛书策划：林　鹏　胡升华　侯俊琳
责任编辑：杨婵娟　乔艳茹／责任校对：张怡君
责任印制：赵　博／封面设计：黄华斌　陈　敬

科学出版社 出版
北京东黄城根北街 16 号
邮政编码：100717
http://www.sciencep.com
北京富资园科技发展有限公司印刷
科学出版社发行　各地新华书店经销
*
2015 年 10 月第　一　版　开本：720×1000 1/16
2025 年 2 月第四次印刷　印张：27 1/2
字数：524 000
定价：138.00 元
（如有印装质量问题，我社负责调换）

总　序　PREFACE

软科学是综合运用现代各学科理论、方法，研究政治、经济、科技及社会发展中的各种复杂问题，为决策科学化、民主化服务的科学。软科学研究是以实现决策科学化和管理现代化为宗旨，以推动经济、科技、社会的持续协调发展为目标，针对决策和管理实践中提出的复杂性、系统性课题，综合运用自然科学、社会科学和工程技术的多门类多学科知识，运用定性和定量相结合的系统分析和论证手段，进行的一种跨学科、多层次的科研活动。

1986年7月，全国软科学研究工作座谈会首次在北京召开，开启了我国软科学勃兴的动力阀门。从此，中国软科学积极参与到改革开放和现代化建设的大潮之中。为加强对软科学研究的指导，国家于1988年和1994年分别成立国家软科学指导委员会和中国软科学研究会。随后，国家软科学研究计划正式启动，对软科学事业的稳定发展发挥了重要的作用。

20多年来，我国软科学事业发展紧紧围绕重大决策问题，开展了多学科、多领域、多层次的研究工作，取得了一大批优秀成果。京九铁路、三峡工程、南水北调、青藏铁路乃至国家中长期科学和技术发展规划战略研究，软科学都功不可没。从总体上看，我国软科学研究已经进入各级政府的决策中，成为决策和政策制定的重要依据，发挥了战略性、前瞻性的作用，为解决经济社会发展的重大决策问题作出了重要贡献，为科学把握宏观形势、明确发展战略方向发挥了重要作用。

20 多年来，我国软科学事业凝聚优秀人才，形成了一支具有一定实力、知识结构较为合理、学科体系比较完整的优秀研究队伍。据不完全统计，目前我国已有软科学研究机构 2000 多家，研究人员近 4 万人，每年开展软科学研究项目 1 万多项。

为了进一步发挥国家软科学研究计划在我国软科学事业发展中的导向作用，促进软科学研究成果的推广应用，科学技术部决定从 2007 年起，在国家软科学研究计划框架下启动软科学优秀研究成果出版资助工作，形成“中国软科学研究丛书”。

“中国软科学研究丛书”因其良好的学术价值和社会价值，已被列入国家新闻出版总署“‘十一五’国家重点图书出版规划项目”。我希望并相信，丛书出版对于软科学研究优秀成果的推广应用将起到很大的推动作用，对于提升软科学研究的社会影响力、促进软科学事业的蓬勃发展意义重大。

科技部副部长

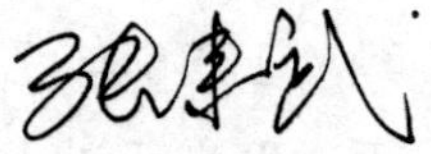

2008 年 12 月

前　言 FOREWORD

随着经济全球化进程的加快，自主创新能力成为国家竞争力的关键因素。提高自主创新能力，是增强国家竞争力的必要手段之一，世界主要国家都将自主创新作为其发展的基本战略。中国也高度重视自主创新，国民经济和社会发展“十一五”和“十二五”规划都明确提出要增强自主创新能力，建设创新型国家，各省（自治区、直辖市）也纷纷把增强自主创新能力，建设创新型省份列为“十一五”和“十二五”发展规划的重要内容。

创新型省份的建设有赖于区域自主创新能力的不断提升，而自主创新能力的提升又有赖于对区域自主创新能力进行科学地定位，并选择合适的技术发展战略。客观地评价和科学地预测区域自主创新能力，对科学定位一个区域的自主创新能力具有特别重要的意义。自主创新能力的评价与预测是人们客观认识区域自主创新能力现状与发展走势的必要过程与手段，它有助于人们正确把握创新发展方向，降低创新活动的不确定性和风险性。系统、客观、科学地开展区域自主创新能力的评价与预测研究对各地区明确各自的优劣势，构建有效的创新体系，正确选择自主创新战略，以及在此基础上制定科学的自主创新政策都具有十分重要的意义。

目前国内外关于区域自主创新能力理论和实证研究已有一定积累，但是已有研究还存在以下局限性：

(1)对动态评价理论与实践研究关注不够。目前有关静态评价的理论与实践研究成果都已比较丰富，但静态评价一般只反映现状，而不能体现对象的变化过程和发展潜力。

(2)缺少区域自主创新能力发展趋势研究。目前国内外研究中，趋势研究方法已受到较多关注，但却较少应用于区域自主创新能力方面的研究。

(3)缺少区域自主创新能力动态评价指标体系研究。目前学术界有关区域创新能力评价指标体系已有一定研究积累，但多数评价指标体系只根据某年评价指标值对指标进行筛选，这样可能误删指标或保留冗余指标，存在相关性较强的指标，只关注绝对量指标或相对量指标，无法比较全面反映区域自主创新能力的动态变化过程和潜力。

(4)未考虑区域自主创新投入和产出之间的延时问题。

(5)缺少区域自主创新能力评价软件，理论研究与实践应用相脱节。

基于上述考虑，本书建立区域自主创新能力评价指标体系，对中国省域自主创新能力进行动态组合评价和比较分析，并对其发展趋势进行预测。主要研究内容和意义如下：

第一，区域自主创新能力动态评价指标体系研究。将区域自主创新能力分解为实力、效率和潜力。通过区域自主创新能力内涵及主要影响因素分析，从区域自主创新投入能力、区域自主创新产出能力、区域技术转移（扩散）能力和区域自主创新支撑能力四个方面建立中国省域自主创新能力评价指标体系，包括区域自主创新实力（绝对量）指标、效率（相对量）指标和潜力（增长率）指标，从创新实力、效率和潜力三个角度对区域自主创新能力进行评价。利用三维指标值数据进行指标相关性分析和判别能力分析，对评价指标进行筛选。

第二，动态组合评价及其计算机支持系统研究。对动态评价方法和动态组合评价方法进行研究，提出相容动态评价方法集及其确定方法，提出四种基于三维数据的动态评价方法、五种基于综合评价值的动态组合评价方法和基于一致性的动态组合评价方法。这四种动态评价方法既可以得到各评价对象好坏程度的评价值及排序结果，也可以得到各评价对象增长程度的评价值及排序结果，还可以得到同时考虑各评价对象好坏程度和增长程度的综合评价值；既可以得到各评价对象各时刻的综合评价值及排序，也可以得到各评价对象在某个时间段内总体的评价值和排序结果。基于一致性的动态组合评价方法既可以得到各评价对象各时刻及总体评价结论，把握各评价对象发展变化趋势，又可以基本解决多方法评价结论非一致性问题。本书提出相容预测方法集和互补预测模型集，然后在对不同单一预测模型的漂移性和互补性研究的基础上提出了基于漂移度的组合预测模型。同时开发了动态组合评价计算机支持系统。

第三，中国省域自主创新能力动态组合评价及比较分析。对指标标准化方法进行比较分析，提出改进归一化方法。利用改进归一化方法对评价指标值进行标准化处理，利用基于灰靶理论的动态评价方法、基于理想解法的动态评价方法、基于改进理想解法的动态评价方法和基于总体离差平方和最大的动态评价方法对2001～2010年中国大陆31个省(自治区、直辖市)(不含香港、澳门、台湾地区)各年及总体自主创新实力、效率和潜力的综合能力及分项能力(区域自主创新投入能力、区域自主创新产出能力、区域技术转移(扩散)能力、区域自主创新支撑能力)分别进行评价,以确定相容动态评价方法集,利用基于一致性的动态组合评价方法对相容动态评价方法集的评价结论进行组合评价,得到一致性的动态组合评价结果。对区域自主创新能力进行分类比较分析,并寻求区域自主创新能力关键影响因素和差异原因。评价比较分析结果表明2001～2010年中国省域自主创新能力地域差异化明显。就总体排名来看,区域自主创新实力和效率东部沿海地区较强,西部地区较弱,东北和中部地区处于中游水平;区域自主创新综合及分项能力实力和效率绝大多数省份各年评价排序结果排名相差不大。中国省域自主创新综合潜力和各分项潜力不同年份变化很大,跳跃发展,不同地区差异也较明显,西部地区较强,东部地区较弱。总体而言,东部地区区域自主创新实力和效率较强,但其潜力较小;西部地区区域自主创新实力和效率较低,但其潜力较大,东北和中部地区处于中游水平。

第四,区域自主创新能力发展趋势研究。根据各省(自治区、直辖市)区域自主创新能力各评价指标2001～2010年指标值性质特点及其发展趋势,分别选择合适的时间序列预测方法对区域自主创新能力评价指标值进行预测。根据预测误差,确定相容预测方法集和互补预测模型集,利用基于漂移度的组合预测模型或合适的单项预测模型对2011～2015年区域自主创新能力评价指标值进行预测,进而利用基于一致性的动态组合评价方法对“十二五”期间区域自主创新能力进行评价与比较分析,对发展趋势进行预测。结论表明“十二五”期间,区域自主创新实力总体而言还是呈现东强西弱特征。

从理论来看,本书关于动态评价和动态组合评价方法的研究,将是综合评价方法研究的有益补充;对区域自主创新能力内涵和影响因素进行研究,建立区域自主创新能力评价指标体系,是区域自主创新能力评价理论研究的有益补充。

从实践来看,对中国省域自主创新能力进行动态评价和发展趋势研究有利于国家宏观部门及各省(自治区、直辖市)及时掌握省域自主创新能力的发展态势及发展潜力;可以使各省(自治区、直辖市)能够全面地判断自己的区域自主创新能力的实力、效率和潜力,制定政策,激励省域创新实践,提高区域自主创新能力;有利于各省(自治区、直辖市)进行纵横向比较,发现各自优劣势，寻找差距，以寻找最佳的促进区域自主创新的实践。

本书是国家自然科学基金项目“考虑利益相关者行为的协同创新绩效研究”(71403055)、教育部人文社会科学研究项目“区域自主创新能力动态评价研究”(10YJC630120)、福建省软科学研究项目“动态评价方法及其计算机支持系统研究”(2010R0065)和中国博士后科学基金项目(2015M570155)的主要研究成果之一，本书的出版得到国家软科学研究出版项目“区域自主创新能力动态评价及发展趋势研究”(2013GXS3K054-11)和福州大学经济与管理学院管理科学与工程研究院的资助，在此表示衷心的感谢。本书作为课题的主要研究成果之一，除了凝结作者的心血外，也饱含着课题组其他成员的汗水。由于本书没有包含课题所有的研究成果，他们的名字未在书中出现，但本书的出版同样有他们的一份贡献，在此向他们表示衷心的感谢。长期以来的研究工作，得到恩师陈国宏教授的悉心指导和帮助，在此向先生表示最衷心的感谢和崇高的敬意！在福州大学经济与管理学院学习、工作和生活十多年，感谢福州大学特别是福州大学经济与管理学院领导对我的支持，感谢同事对我的帮助。感谢家人对我的理解和支持。本书参考了国内外许多学者的论著，吸收了同行们的辛勤劳动成果，从中得到了很多的教益和启发，在此谨向各位同行和专家表示诚挚的谢意。本书引文和参考文献较多，标注时难免疏漏，故在致以诚挚谢意的同时，我们还要向在标注中被疏漏的引文或参考文献的作者表示深深的歉意。

感谢科学出版社科学人文分社编辑杨婵娟女士对本书的精心编辑。

创新是科技、经济、社会发展的不竭动力，人们对创新的研究将永无止境，对创新能力的评价亦将始终相辅而行，本书只能起到抛砖引玉的作用。衷心地企盼有关专家、同行及广大作者对本书给予批评、指正。

李美娟

2015年9月于福州大学

目　录

CONTENTS

第一章 区域自主创新能力动态评价指标体系研究

第一节 区域自主创新能力相关理论研究综述

创新理论之父、美籍奥地利经济学家约瑟夫·阿罗斯·熊彼特(J. A. Schumpeter)于1912年在其著作《经济发展理论》中首次提出创新概念，勇敢地批判了当时主流经济学认为经济系统是静态的、均衡的观念，打破了当时传统的静态分析的方法，首次向人们昭示了创新对经济发展的巨大作用。熊彼特的贡献是不可磨灭的，他为创新理论体系的建立奠定了坚实的基础，在技术创新理论发展史上，甚至在整个经济学说史上都占有极为重要的地位。尽管熊彼特在世时其理论并不为主流经济学家们所接受，但其创新理论的主要观点却为近半个世纪以来世界经济发展的实践所证实。熊彼特去世之后，随着科学技术的迅速发展，区域技术创新对人类社会和经济发展的影响日益加深，许多学者在熊彼特创新理论的基础上，将研究不断深化。研究过程大体可分为两个阶段：第一阶段是20世纪70年代中期以前，以美国为中心，在“新熊彼特学派”旗帜下，一批学者从不同角度针对熊彼特所提出的许多假说进行实证分析和解说，研究的主要问题是新技术推广、技术创新与市场结构的关系、企业规模与技术创新能力的关系等；第二阶段为20世纪70年代中期以后，技术创新理论的研究向综合方向发展，并在综合已有研究成果的基础上，将技术创新理论和区域经济理论相结合，学术界从多个角度、多个层面对技术创新的主体、区域技术创新的动力和来源、区域技术创新的阻力机制和环境因素、技术创新的扩散等问题，以及提升区域技术创新能力的政策、措施展开了深入研究，同时更注重研究成果对区域社会经济技术活动的指导作用，注重通过提高区域技术创新能力而促使区域经济发展，对区域技术创新的理论研究起着巨大的推动作用。尽管目前该理论尚不完全成熟，但是由于区域技术创新能力是区域核心竞争力的重要标志，它对于推动一个地区经济发展和提升区域竞争力有着至关重要的作用，所以受到国内外学术界和政界的普遍关注（曲永义，2010）。

由于区域技术创新涉及区域发展中的经济、社会、文化等各个方面，所以很多经济理论和流派都涉及技术创新问题。较有代表性的观点和理论流派主要有经济成长阶段论、技术创新系统理论、梯度转移理论、创新环境理论、区域技术集群创新理论、三螺旋理论等。经济成长阶段论研究的内容主要是技术创新在区域产业成长各个阶段中的作用的描述，经济成长阶段论的代表人物是美国经济学家罗斯托。技术创新系统理论主要是对区域技术、经济、政治等因素相互关联、相互作用的研究，其代表人物是英国学者弗里曼和美国学者纳尔逊，以及英国威尔士卡迪夫大学的库克，它包括产业创新系统理论、区域创新系统理论、国家创新系统理论和国际创新系统理论，库克教授对区域创新体系进行了较早和较全面的理论及实证研究。梯度转移理论是在技术差距理论和产品生命周期理论基础上建立起来的理论，研究的内容主要是技术创新在区域经济发展中的转移扩散问题。1955 年，法国经济学家弗朗索瓦·佩鲁首次提出增长极概念，提出了非均衡增长观点的增长极理论，增长极理论研究的内容主要是创新能力较强地区在区域经济发展中的极化和扩散效应。创新环境理论最先是由欧洲创新环境研究小组的学者们在研究欧洲高新产业区的过程中，基于对当地和区域经济发展中高科技产业的迅猛发展的洞察和理论思考提出的概念。创新环境理论认为，产业的本地化包括提升整个区域的技术和专业化水平，提供丰富的高素质劳动力，增加辅助的贸易和专业化服务，满足众多公司的需求，为采用更加专业化的机构创造条件。相对于马歇尔强调企业家个人主义的自由发展而反对政府干预的倾向，创新环境理论则更强调产业区内创新主体企业的集体效率，强调企业创新行为的协同作用。企业聚集使大家可以共享单个企业无法实现的大规模生产和技术及组织创新的好处。20 世纪 70～80 年代以来，一些新的经济聚集现象特别是同类产业的空间聚集引起了人们的广泛关注。在美国、法国、英国、德国及意大利等许多国家和地区产生了一批飞速发展的产业集聚区，在这些地区，生产同样类型产品的企业聚集在一起，网络式合作中不断产生的创新动力，促进这些地区经济的飞速发展。波特、克鲁格曼、哈里森、斯卓坡、朗赤、梅季布姆等对区域技术创新集群出现的原因和地域特征进行了理论探讨（曲永义，2010）。

技术创新系统理论研究备受学术界关注，自“国家创新体系”（national innovation system，NIS）这一概念提出以后（Freeman，1987；Nelson，1993），区域创新体系（regional innovation system，RIS）作为国家创新体系的重要组成部分，也随后被提出来（Cooke，1996），区域创新体系更具实践性和操作性，受到学术界更多的关注。陈国宏等（2008）认为创新体系的研究遵循这样一条历史主线：熊彼特创新思想—国家创新体系—区域创新体系。区域创新体系研究的发展受到国家创新体系理论、演化经济学、新经济地理学等众多理论的影响。学术界主要从以下几个方面对区域创新体系开展研究：区域创新体系的内涵、区域创新体系的结构、区域创新体系的功能、区域创新体系的过程及区域创新体系的评价。

刘友金（2001）、阿希姆（Asheim 和 Isaksen，2002）、黄鲁成（2002）和柳卸林（2003）等学者对区域创新体系的内涵进行定义，综合上述学者的定义，可以认为区域创新体系的内涵至少应包括以下几点：第一，以生产企业、研究与开发机构、高等院校、地方政府机构和服务机构为主要创新单元；第二，强调地方根植性和地方特色；第三，创新不仅来自各要素内部，更取决于不同要素之间通过频繁互动、密切联系形成一个社会创新系统，实现协同创新，区域创新系统是一个开放的自组织系统；第四，强调制度因素及政府在建设区域创新体系中的作用。

区域创新体系结构研究是区域创新体系理论研究的核心内容之一。

Autio（1998）从功能性角度对区域创新系统进行了分析，认为功能性区域创新系统内都存在两个关键的子系统：一是知识运用和开发子系统，客户和供应商围绕生产企业组成纵向网络，合作者和竞争者则构成生产企业的横向网络，知识在这个以生产企业为中心的纵横交错的网络系统中得到运用和融合；二是知识产生和扩散子系统，知识主要在公共组织，如研究机构和教育机构中产生，通过技术转移机构、劳动中介机构及支持创新的其他区域机构得到扩散和传播。这两个子系统之间通过知识、资源和人力资本等要素流动来相互作用。当然，区域创新系统并不是封闭的，它与国家创新系统政策和机构，以及国际政策和机构等外部环境也会相互联系和相互作用。

潘德均（2001）认为区域创新体系主要包括知识创新系统、技术创新系统、创新技术扩散系统三个主体系统，以及创新人才培育系统、政策与管理系统、社会支撑服务系统三个支撑体系。

刘斌（2003）则认为，区域创新体系主要由行为主体、行为主体之间的运行机制、创新环境组成。企业、大学、研究院所、政府是创新体系的四个执行主体；四者之间有双向联系，知识库、创新政策是外部环境。

Stefan Kuhimann（2004）在对欧洲部分地区和德国的区域创新政策进行评价时，根据制度学和演化论等理论也提出了一个区域创新系统的模型。在模型中，区域创新系统由区域政治系统、区域教育和研究系统、区域产业系统及区域创新环境（包括区域制度环境、区域基础设施和需求）构成，这四个部分彼此联系、相互作用，并在互动的过程中不断学习和发展，从而推动整个创新系统的不断演进和发展。

区域创新系统是区域创新能力形成的基础条件，区域创新体系结构研究是区域创新能力构成要素的基础。“创新能力”“区域自主创新能力”在学术界、政界和企业界备受关注。

当今世界各国之间的竞争归根到底是科学技术的竞争，创新能力则是科学技术竞争的核心。2004 年年初，经济合作与发展组织（OECD）召开成员国科技部长会议，讨论 21 世纪科技创新政策所面临的重要挑战。2004 年 3 月，亚太经济合作组织（APEC）科技部长会议在新西兰召开，会议主题为“加强科技创新能力，促进 APEC 地区可持续发展”。许多国家或地区也针对增强创新能力的需求，或召开会议，或发表报告和文件，或出台政策措施与法规。美国、日本、欧洲、韩国各国（地区）应对挑战，先后提出面向 21 世纪强化自主创新的科技发展理念，并制定了科技发展战略。《中华人民共和国国民经济和社会发展第十一个五年规划纲要》明确提出：“必须提高自主创新能力。要深入实施科教兴国战略和人才强国战略，把增强自主创新能力作为科学技术发展的战略基点和调整产业结构、转变增长方式的中心环节，大力提高原始创新能力、集成创新能力和引进消化吸收再创新能力。”“立足增强自主创新能力推动发展，把增强自主创新能力作为国家战略，促使经济增长由主要依靠资金和物质要素投入带动向主要依靠科技进步和人力资本带动转变。”这意味着中央高层近年来一再强调的“自主创新”将由理念层面上升至运筹层面，并作为“十一五”经济社会发展的重要战略进行部署实施。同时，各省（自治区、直辖市）（含香港、澳门、台湾地区）也都把增强自主创新能力列入“十一五”发展规划的重要内容。《中华人民共和国国民经济和社会发展第十二个五年规划纲要》提出增强自主创新能力，加快建设创新型国家。各省（自治区、直辖市）（含香港、澳门、台湾地区）也都把增强自主创新能力，加快建设创新型省份列入“十二五”规划。

原国务委员陈至立在2005年中国科学技术协会学术年会讲话中指出自主创新主要有三个方面的含义：一是加强原始创新，在科学技术领域努力获得更多的科学发现和重大的技术发明；二是加强集成创新，使各相关技术成果融合汇聚，形成具有市场竞争力的产品和产业；三是要在广泛吸收全球科学成果，积极引进国外先进技术的基础上，充分进行消化吸收和再创新。其中，引进消化吸收再创新是发展中国家向发达国家引进先进技术，在较高起点上实现科技与经济的跨越式发展的有效途径。在经济全球化条件下，自主创新不能封闭起来进行，而应开展广泛的对外科技合作与交流，完善引进技术的消化吸收和再创新机制，充分利用人类共同的科技成果。引进消化吸收再创新既缩短了创新时间，又相对降低了创新风险。从区域层面来讲，引进消化吸收再创新，是指在引进国外先进技术或国内其他省（自治区、直辖市）（含香港、澳门、台湾地区）先进技术（购买国内技术）的基础上，通过学习借鉴进行再创新，形成具有自主知识产权的新技术（陈至立，2005）。

自主创新能力包括哪些内容、如何对自主创新能力进行衡量，一直是学术界、政界和企业界所关注的问题。技术创新过程的性质特点，决定着我们无法直接衡量自主创新能力。但是，可以采用一些替代性指标来反映技术创新活动。目前存在许多不同的测度指标，在技术创新研究中，许多经济学家喜欢使用R&D、专利等指标。R&D指标侧重于从投入方面测度技术创新，通常包括R&D经费总量、R&D经费强度、R&D人员数量；专利指标关注的是技术创新的产出。

世界经济论坛（WEF）和瑞士洛桑国际管理发展学院（IMD）是目前国际上最具影响力的竞争力研究机构。世界经济论坛每年出版的《世界竞争力年鉴》，通过三个层次的评价指标（第一层次8个指标，第二层次47个指标，第三层次290个指标），对定量指标通过排名来处理，对定性指标通过问卷调查的方法来处理；瑞士洛桑国际管理发展学院每年出版的《全球竞争力报告》对世界主要国家的竞争力进行排序，其中科技国际竞争力评价涉及 26 个指标。世界经济论坛建立的评价指标体系很庞大，采集数据工作量很大、较难。

中国科技发展战略研究小组（2003a）在中国区域创新能力报告中认为区域技术创新能力主要由以下五个要素构成：知识创造能力、知识流动能力、企业的技术创新能力、创新环境和创新的经济绩效。中国科技发展战略研究小组（2009）对评价指标体系做了小调整。中国科技发展战略研究小组所建立的评价指标体系比较全面，同时考虑了实力、效率和潜力指标，但是指标体系很庞大，总共涉及 100 多个评价指标，而且指标之间相关性较强。

朱海就（2004）建立了区域创新能力评估的指标体系，包括 3 个一级指标、6 个二级指标和 45 个三级指标。一级指标根据区域创新能力的三个构成设立，分别是企业创新能力、网络创新能力、创新环境；二级指标主要是根据创新的“投入”和创新的“产出”两个方面来处理，主要是相对指标。

陈国宏等（2008）首先从区域技术创新投入能力、区域技术转移（扩散）能力、区域技术创新产出能力和区域技术创新支撑能力四个方面构建区域技术创新能力评价指标体系，该评价指标体系通过专家甄别、指标相关性分析、指标判别能力分析后得到。该评价指标体系主要体现总量指标。

张序萍等（2010）也从技术创新投入能力、产出能力、扩散能力、支撑能力四个方面建立区域技术创新能力评价指标体系。技术创新投入能力和产出能力评价指标主要是相对指标，扩散能力和支撑能力评价指标主要是总量指标。

曲永义（2010）从企业创新能力、大学与科研机构创新能力、组织与管理状况、产业发育与结构状况、技术吸收与扩散状况和创新环境状况六个方面建立区域技术创新能力评价指标，包括 78 个指标。

虞震（2011）从区域科技创新投入、区域科技创新产出、区域科技创新技术扩散与经济绩效和区域科技创新环境四个方面建立泛长三角地区区域科技创新能力评价指标体系。该评价指标体系涉及的多数是相对指标。

如何评价中国区域自主创新能力，是一个较难的课题。因为角度不同，选择的指标体系不同，会得出不同的结论。绝对量指标、相对量指标和增长率指标分别从不同角度反映区域自主创新能力（实力、效率和潜力）。目前学术界有关区域创新能力评价指标体系已有一定的研究积累，但多数评价指标体系只根据某年的评价指标值对指标进行筛选，这样可能误删指标或保留冗余指标，存在相关性较强的指标，只关注绝对量指标或相对量指标，无法比较全面地反映区域自主创新能力的动态变化过程和潜力，因此构建区域自主创新能力动态评价指标体系需要包括绝对量指标、相对量指标和增长率指标，利用三维（评价对象维、评价指标维和时间维）时序指标值数据对评价指标进行筛选，删除高度相关和判别能力弱的指标。

第二节 区域自主创新能力的内涵

近年来，“自主创新”“自主创新能力”等词汇频繁出现在各种学术期刊、从中央到地方各级领导的讲话和政府出台的各种政策性文件中，“自主创新能力”不仅在政策层面上成为国家和各省（自治区、直辖市）（含香港、澳门、台湾地区）的战略导向，而且在理论研究中成为学术界关注的焦点。只有科学地把握区域自主创新能力的内涵，才能构建一套既符合中国国情和省情，又符合国际惯例的区域自主创新能力评价指标体系，才能正确地对中国省域自主创新能力进行纵横向比较，才能合理地分析先进区域或后发区域在提升区域自主创新能力方面的经验和教训，才能采取一系列积极有效的政策措施提升区域自主创新能力。

近年较多学者对自主创新和区域自主创新能力等相关概念开展研究，部分研究成果如下。

刘凤朝等（2005）认为自主创新是创新主体依靠自身（或主要依靠自身）的力量实现科技突破，进而支撑和引领经济社会发展，保障国家安全的活动。自主创新是一个综合性的概念，对应于不同的实现主体，自主创新又有不同的内涵。国家（或区域）层面的自主创新是指以能自主解决（或基本自主解决）本国（或本区域）经济社会发展和国家安全面临的重大关键技术问题，并能对全球科技发展产生重大影响为标志，以原始创新、集成创新及引进基础上的再创新为主要实现形式，以推动产业结构升级，实现经济增长方式的转化，提升国家竞争力为目的的活动。要使自主创新过程得到顺利实现，创新主体必须在研究开发、产业化应用和市场运作三个关键环节具备独特的竞争优势，即自主创新能力。国家（区域）自主创新能力是指依靠自身（或主要依靠自身）的力量实现科技突破，进而支撑经济发展、保障国家安全，并能对全球科技发展产生重大影响的本领和能量。自主创新能力是多种能力复合作用的结果，它既包括创新主体对资源的掌握和运用能力，又包括使创新主体的资源能力得以实现的载体能力和环境能力；既包括科技成果的创造能力，又包括市场品牌的培育能力。

彭建娟和李建华（2007）认为区域自主创新能力由区域主体及资源构成，在重视创新个体能力建设的同时，为避免“木桶效应”，强调区域能力机制系统建设——在重视市场竞争的同时，强调利用服务型政府在创新系统建设中的作用；企业是创新主体，产学研多元主体的互动是这一能力建设的关键。创新要素的互补及创新环境建设符合这一能力的动态化建设原理。区域自主创新能力是创新所呈现出的具有区域特征的位势，是现代区位经济要素之一。

焦少飞等（2009）将区域自主创新能力的概念界定为：通过区域创新系统的构筑，以区域内知识的创造和扩散为核心，以区域内所形成的特定的隐性知识为纽带，以区域产业集群为载体，区域创新主体所表现出来的研发能力、吸收能力和组织能力。

江蕾和李小娟（2010）将区域自主创新能力界定为：在一个区域范围内，以增强区域经济增长的原动力为目标，充分调动区域自主创新行为组织（包括企业、高校、研究机构、金融机构、中介服务机构和政府）的自主创新积极性，高效配置区域创新资源，将创新构想转化为新产品、新工艺和新服务的综合能力。可以把区域自主创新能力分解为自主创新投入能力、配置能力、支撑能力、管理能力与产出能力五种能力。五种能力相互联系、相互影响和相互作用，共同构成了区域自主创新能力系统。

王鹏等（2011）将区域自主创新能力定义为：在构建的区域创新系统中，以区域内的知识创造和扩散为核心，兼顾先进技术的引进和消化，并以区域产业集群为载体，区域创新主体所表现出来的研发能力、吸收能力和组织能力。

张军涛和陈蕾（2011）认为区域自主创新能力是自主创新能力在区域层面的表现，是“国家自主创新能力”的一种特殊表现形式。它是指一个地区的自主创新主体依靠其自身优势通过其自组织的区域自主创新网络，而形成的通过资源的有效配置创造新产品、新技术、新工艺并将其市场化，并最终实现区域可持续发展的能力。

综合上述学者的定义，本书认为区域自主创新能力是自主创新能力在区域层面的表现，是“国家自主创新能力”的一种特殊表现形式，通过构建区域创新系统，充分发挥区域技术创新行为主体（包括企业、大学和科研机构、政府、中介机构等）的创新积极性，能基本自主解决本区域经济社会发展和国家安全面临的重大关键技术问题，并以能对全球科技发展产生重大影响为标志，以原始创新、集成创新及引进消化吸收再创新为主要实现形式，拥有自主知识产权的创新，能推动产业结构升级，实现增长方式的转化，提升区域竞争力。区域自主创新能力是多种能力复合作用的结果，包括区域自主创新投入能力、区域自主创新扩散（转移）能力、区域自主创新产出能力和区域自主创新支撑能力（区域自主创新环境）。

对于区域自主创新能力的内涵，可以从以下几个方面来进一步理解。

（1）区域自主创新能力，在强调创新的同时，强调其“自主”性。自主创新能力按照其技术获取来源的不同，可以分为原始创新能力、集成创新能力及引进消化吸收再创新能力。其中，原始创新能力是区域自主创新能力的关键，它强调创新的自发性。原始创新是指那些能够在世界前沿科技占有一席之地的自主发明，具有重大技术进步，不依赖于他人的技术，完全不受他人知识产权影响的创新，强调自发性创新，从而获得更多的科学发现和技术发明，它是提高区域创新能力的重要源泉。集成创新能力是指将各种相关科学技术有机融合，促进创新主体互动发展的能力。集成创新是通过各种技术的有机融合，促进产学研紧密结合，提升产品、产业的市场竞争力，它是自主创新的重要范式。引进消化吸收再创新能力强调一个地区对引进技术的消化吸收能力。自主创新不能封闭起来进行，需要开展广泛的对外科技交流与合作，消化吸收再创新是基于国内外现有技术的创新活动，形成引进技术的消化吸收和再创新能力。

（2）区域自主创新能力的提升是一个持续的动态演进过程。区域自主创新能力的优势可能因为别的区域某一要素的更大优势而被取代。这种动态性促使区域不能停留在本区域的现存优势上，而应该在不断地学习中获取动态上升的自主创新能力。区域自主创新能力的动态性表现为其随着时序演进而发生的资源和能力的改变，并随时利用新的能力源获取新能力。当今世界，科技发展日新月异，一个地区短时间内所具备的自主创新能力优势随着科技发展也会日益弱化而被取代。因此，区域的自主创新必须随着国际竞争态势的变化而逐渐调整，使其在不断地学习中不断提升，从而满足经济社会发展的需要。动态能力更强调培养开拓性学习能力。自主创新能力的区域积累依赖于区域知识的积累及与知识密切相关的认知学习。能力的差别是以知识存量的差别为基础的，能力是存量知识流动性的表现，没有不断更新的知识支撑，能力将会成为无源之水。

（3）区域自主创新能力并不是各个主体要素创新能力的简单叠加，而是多方面的能力系统相互作用的结果，不仅体现各主体要素的集体合作能力，同时也强调创新主体与创新环境及当地经济社会协同发展的能力。

（4）区域自主创新能力的形成、发展是一个开放性的过程。区域自主创新能力强调区域对新产品、新工艺和新技术的“自主”开发，但是“自主”并不意味着封闭。区域自主创新能力相比于一国自主创新能力开放程度较高，因此可以充分利用外部资源、信息和流动的科技成果来进一步补充更新自主创新能力，这就是自主创新能力的开放性。

（5）区域自主创新能力，是建立在区域创新系统之上的。区域创新系统是区域自主创新能力形成的基础条件。

（6）一般而言，自主创新能力是时间的增函数，这是其累积沉淀的基础。

（7）自主创新能力是综合体现地区自主创新水平的综合指标。

第三节　区域自主创新能力的构成要素

从不同的角度分析，人们对其构成要素的认识不尽相同。本书结合国内外指标体系状况，从技术创新过程的角度出发，认为区域自主创新能力的基本构成要素可以分为以下四个方面：区域自主创新投入能力、区域技术转移（扩散）能力、区域自主创新产出能力、区域自主创新支撑能力（区域自主创新环境）。这几个方面的能力相互联系、相互影响、相互作用，共同构成区域自主创新能力系统。

自主创新投入能力主要是指自主创新的主体所拥有或在实际操作中运作人力资源、财力资源和物质资源的能力。自主创新投入能力是实现自主创新的前提和基础，是技术创新能力形成的重要源头。创新资源投入是区域创新顺利实施的基础，创新资源投入的高低直接影响到技术创新能力的高低。技术创新资源投入主要是指R&D投入，包括研发经费投入和研发人员投入。人力投入和财力投入作为区域自主创新的投入要素，是区域自主创新能力产出的前提条件。

一个地区拥有较强的知识创造能力并不等于该地区有较强的创新能力，也就是说，科技实力强不等于技术创新能力强，关键问题是一个地区能否有效地利用各种知识为本地区的创新服务。因此，必须考虑知识流动或技术转移（扩散）的能力和技术转化能力。技术转移和技术创新是相伴而生的，从某种意义上讲，技术创新乃至技术进步的实现在很大程度上取决于技术转移（扩散）。因此，区域技术转移（扩散）能力是区域自主创新能力的重要组成部分。区域技术创新转移能力主要反映由企业合作、大学和科研机构与企业的合作、技术市场交易、技术获取和技术改造及其他方式带来的知识流动和科技交流情况，由此本书认为区域技术转移（扩散）应包括：技术市场交易、技术获取和技术改造、外国直接投资和科技合作四个方面。

区域自主创新离不开良好的创新环境。良好的区域创新环境能促生强大的区域自主创新能力。区域创新环境是影响区域自主创新能力的重要因素之一，是区域自主创新能力得以不断提高的保障体系。区域自主创新支撑环境的保障能力是自主创新活动的社会支持系统，它是资源要素和载体要素市场实现的体制、政策和文化保障。区域自主创新支撑能力即区域自主创新环境，它对区域技术创新有着基础保障和支撑的作用，间接地影响到区域的创新要素积聚和投入产出能力。区域自主创新支撑能力应包含宏观、中观、微观层次的环境因素，涉及面较广，既包括可以量化的环境因素，也包括无法量化的软环境因素，根据客观性和可操作性原则，本书不考虑无法量化的软环境因素，主要从基础设施状况、劳动者素质（人力资源环境）和可持续发展与环保等几个方面来考量。

区域自主创新产出能力是指自主创新主体凭借该区域的创新载体，并通过运用其资源投入而产生科学发现、技术发明和市场品牌等所表现出的能力。区域自主创新产出能力是企业、高校及科研院所等创新主体将拥有的创新实力转化为技术创新成果的能力。因此，区域自主创新产出能力是测度区域自主创新能力的一个很重要的方面。从技术创新的过程来看，区域创新产出包括了直接成果和间接成果。区域创新产出直接成果主要包含R&D课题、科技论文发表和专利，区域创新产出间接成果包括创新产品产出、经济发展水平。

这四个因素贯穿于一个国家、一个区域、一个企业的全部自主创新活动中，形成该组织的自主创新能力。它们之间的关系是：区域自主创新投入能力是自主创新能力形成的基础和潜力，同时也是构成自主创新能力的基础条件和前提；

区域技术转移（扩散）能力是区域自主创新能力的催化剂，促进区域自主创新活动有效进行，同时它也决定了区域自主创新的档次和效率；区域自主创新产出能力是自主创新能力的直接体现，也是自主创新能力的重要体现和一种外部表现；区域自主创新支撑能力为自主创新活动得以实现提供支持与保障。其中，创新成果的产出能力是整个自主创新活动的核心，其他三个方面分别为创新成果的产出起到条件、基础、促进和保障作用，对创新成果的产出能力的形成和发展具有决定性影响，决定着该地区未来创新能力的发展潜力。因此，这四个因素相互作用、相互影响，形成一个紧密结合的有机整体。

第四节　区域自主创新能力动态评价指标体系的构建原则

区域自主创新能力评价指标体系用来描述区域自主创新能力的发展状况，监测区域自主创新能力发展中的矛盾和问题，评价区域自主创新能力的水平。它是政府制定区域自主创新能力发展规划、进行政策研究，对现状、未来做出评价从而进行科学决策必不可少的量化评估依据。为了确保测评的结果能全面、客观、准确地反映区域自主创新能力的真实现状和未来的发展趋势，构建区域自主创新能力评价指标体系应坚持以下几条原则。

一 科学性原则

区域自主创新能力评价指标体系设计应立足于国情、省情，从科学的角度出发，尽可能选取能够反映区域自主创新能力的衡量指标，以求对区域自主创新能力有一个真实、可靠的评价。区域自主创新能力评价指标体系应能准确地反映区域自主创新能力的实际情况，反映各省（自治区、直辖市）（含香港、澳门、台湾地区）区域自主创新能力发展状况（实力）和运行效率及未来区域自主创新能力的潜在发展能力。有利于各省（自治区、直辖市）（含香港、澳门、台湾地区）区域自主创新能力的横向和纵向比较，发现自身优势和劣势，挖掘发展潜力。因此，要科学地选取评价指标，尽量减少人为因素的干扰，缩小误差，使评价结果客观、真实，从而保证指标具有科学性和权威性。这里所说的科学性包括两层含义：一是选择的指标必须具有理论依据；二是指标设计在名称、含义、内容、时空和计算范围、计量单位和计算方法等方面必须科学明确，没有歧义。所选择的评价指标要尽可能以客观的数据资料为依据，尽量减少评判过程。

二 系统性原则

区域自主创新能力系统由多个能力子系统综合构成。各个能力子系统都应包括一系列相关指标，因此要求区域自主创新能力指标体系具有宽广的涵盖面，能充分反映区域自主创新能力的系统性特征。同时，评价指标体系不是简单地堆积，为了清晰而便于评价，从宏观到微观层层深入，将评价指标分为目标层、准则层与指标层等若干层次，反映不同地区从综合到分项的自主创新能力。所选的指标之间必须功能互补，具有一定的内在技术、经济联系，并且能全面地反映区域自主创新能力各个方面的能力。

三 客观性原则

所选择的指标必须尽可能与区域自主创新能力的客观实际相吻合，符合区域自主创新能力发展规律。进入指标体系和数学模型的各种数据要尽可能使用直接数据，少用经过间接量化和含主观判断因素的间接数据，如问卷调查和合成数据等。所选用的各种基础数据，要有准确的统计，尽可能是来自国家和省（自治区、直辖市）（含香港、澳门、台湾地区）的统计部门和专业部门所发布的统计数据，如国家和省（自治区、直辖市）（含香港、澳门、台湾地区）出版的统计年鉴、国家有关部门的专业年鉴，具有较强的权威性和可靠性。

四 代表性原则

指标间并不都是相互独立的，而是相互联系和制约的，并且常常表现出一个指标与几个指标或一组指标与另一组指标反映的特征几乎是等价的，也就是说指标间存在着一定的替代性。利用指标间的这种关系，选择具有较强代表性的能综合反映区域自主创新能力的指标，不但可以减少工作量，而且能够减少误差、提高效率。要正确认识区域自主创新能力，并对区域自主创新能力进行有效的监控和管理，就要确保区域自主创新能力指标体系中的各指标能在某一方面或某一环节上具有一定的代表性，足以评测区域自主创新能力的水平。由于在构建区域自主创新能力评价指标体系时，评价指标的设计不可能面面俱到，所以必须抓住重点，关键在于：一要注意选择和设计核心指标，应重点选择和设计能反映区域自主创新能力变动规律的核心指标，考虑指标对区域自主创新能力发展变化的重要性及贡献度；二要考察评价指标变动的代表性，由于指标间的相关性，所以应选择具有较强代表性的指标，以降低相关性，减少误差。

五 可行性原则

自主创新能力评价还处在探索阶段，由于各个地区的经济、社会、科技教育等条件及其水平的不同，自主创新所面对的问题也就不同。指标的选取要在较准确反映各地区自主创新能力发展的基础上，尽量选取具有共性的综合性指标，力求数据的可操作性。评价指标的设计应坚持可操作性原则，主要包括以下几个方面：一是数据资料的可获得性，数据资料尽可能通过查阅统计年鉴和各种专业年鉴（如《中国统计年鉴》《中国科技统计年鉴》等）获得，或者是在现有资料上通过简单加工整理获得，或者对研究对象进行问卷调查和现场访谈获得；二是各项指标数字化，定量指标数据应保证其真实、可靠和有效，而定性指标应尽量通过专家间接赋值或测算转化为定量数据（如等级）；三是评价指标不宜过多，应尽量简化，做到简明扼要、易于操作、切实可行。

六 可比性原则

必须明确各评价指标的含义、统计口径、时间、地点和适用范围，以确保指标的可比性，既要考虑到区域自主创新能力评价对象之间的横向可比性，也要考虑评价对象在不同时期的纵向可比性，以便更好地了解和把握各区域不同时期自主创新能力的实际水平和变化趋势。因为评价的实质就是比较，而只有具有可比性的指标，才能提供准确的比较信息资料，才能发挥评价指标体系的作用。可比性原则有两个含义：一是评价指标应该在不同的时间或空间范围内具有可比性；二是在不同时期和不同地区之间进行比较时，一般采用相对数、比例数、指数和平均数等进行比较才具有可比性。

七 导向性原则

建立区域自主创新能力评价指标体系的目的在于衡量目前我国各区域自主创新能力的现状，寻求各省（自治区、直辖市）（含香港、澳门、台湾地区）自主创新能力的优劣势及其原因，并指出改善各区域自主创新能力的手段和方法，最终引导政府、企业、高等学校、科研院所共同努力促进我国各区域自主创新能力的提升，从而对各省（自治区、直辖市）（含香港、澳门、台湾地区）提高自主创新能力起到导向和监控作用。区域自主创新能力评价指标体系除了评价功能外，还应发挥引导功能，即引导地方政府注意那些容易被忽略的方面，从而加强自主创新系统的建设。

八 动态性原则

区域自主创新能力的评价指标不仅仅是对过去与当前区域自主创新能力的测评，还应研究未来的发展趋势及潜在的创新能力，因此评价指标应兼顾静态指标与动态指标。尤其是区域自主创新能力是一个动态的积累过程，对整个经济社会的影响具有滞后性特征。区域自主创新能力的评价指标必须能切实反映其发展的动态过程，要能描述区域自主创新能力的发展变化趋势与可持续性，此外，由于在区域自主创新能力系统的运行过程中，系统内部的各种因素及外部环境总是处于不断变化之中，评价指标在选取过程中必须保持连续性，不能有间断。因此，在选取评价指标时，需要根据区域的评价时间，选取连续的评价指标。此外，随着时间的推移，适应于一定时期的评价指标或评价指标体系必须进行相应的修改、补充和更新。

第五节　区域自主创新能力动态评价指标体系的构建过程

在评价一个地区的创新能力时，经常遇到的问题是：绝对（总量）指标、相对指标和增长率（增量）指标选择哪个。绝对指标可以反映某区域创新能力的总体水平和实力，但绝对指标仅考虑指标以地区为单位的值，不考虑区域的大小，这种评价方法有利于总量大、科技资源密集的地区，但不利于小地区。而相对指标是以一个地区的人均或企业均等来衡量投入产出等的指标，这种衡量方式减少了区域大小所产生的评价偏差，但无法反映总体水平。绝对指标和相对指标只反映某区域当年的创新能力状态，不能反映出和前一年相比是否增长及增长程度，而增长率指标可以反映出增长情况及程度。绝对指标反映总体水平，能够反映区域自主创新能力的实力；相对指标反映平均水平，能够反映区域自主创新能力的效率；增长率指标反映趋势，能够反映区域自主创新能力的潜力。绝对指标、相对指标和增长率指标各有优缺点，反映区域自主创新能力的不同方面。为了从不同角度全面把握区域自主创新能力，需要分别建立绝对指标、相对指标和增长率指标，分别进行评价分析。区域自主创新能力可以分解为实力、效率和潜力。实力是指一个地区拥有的创新资源，如绝对的科技投入水平、创新的产出水平等；效率是指一个地区单位投入所产生的效益，如每万人平均专利申请受理数、每万人平均发表国内中文期刊科技论文数；潜力是指一个地区发展的速度，即与过去一年相比的增长率水平。区域自主创新实力强的地区，要产生较快速度的增长比较困难，因此实力强的地区与潜力大的地区不一定一致。将区域自主创新能力分为区域自主创新实力、效率和潜力，可以更清晰地看出区域自主创新能力的差异性和动态性。

因此，本书拟从区域自主创新投入能力、区域技术转移（扩散）能力、区域自主创新产出能力和区域自主创新支撑能力四个方面，分别建立区域自主创新实力（绝对量）评价指标、区域自主创新效率（相对量）评价指标和区域自主创新潜力（增长率）评价指标，从创新实力、效率和潜力三个角度对区域自主创新能力进行评价。

一 区域自主创新能力初始评价指标体系

从区域自主创新能力的内涵和影响因素（构成要素）出发，按照区域自主创新能力动态评价指标体系构建原则，参照已有相关文献及专家意见初步建立了一个覆盖面较广的区域自主创新能力评价指标体系。

（一）区域自主创新实力初始评价指标体系

区域自主创新实力初始评价指标体系见表1-1。

表1-1 区域自主创新实力初始评价指标体系

目标层	准则层	领域层	指标层	单位
区域自主创新实力	区域自主创新投入实力	人力投入	R&D人员全时当量	万人年
		财力投入	R&D经费额	亿元
			地方财政科技拨款	亿元
	区域自主创新产出实力	专利	专利申请受理数	件
			专利申请授权数	件
		课题	研究与开发机构R&D课题数	项
			高等学校R&D课题数	项
		科技论文发表	国内中文期刊科技论文数	篇
			国外主要检索工具收录我国科技论文数	篇
		经济发展水平	地区生产总值	亿元
			工业总产值	亿元
		创新产品产出	高技术产业规模以上企业产值	亿元
			高技术产品出口额	亿美元
			新产品销售收入	万元
			新产品产值	万元
	区域技术转移（扩散）实力	技术市场交易	技术市场成交合同金额	亿元
		技术获取和技术改造	引进技术经费支出	万元
			消化吸收技术经费支出	万元
			技术改造经费支出	万元
			购买国内技术经费支出	万元
		外国投资	外商投资企业年底注册资金中外资部分	亿美元
		科技合作	高等学校研究开发来自企业的资金额	万元
			研究与开发机构研究开发来自企业的资金额	万元
	区域自主创新支撑实力	基础设施状况	固定电话和移动电话用户数	万户
			互联网上网人数	万人
			年末实有道路面积	万平方米
			年末实有道路长度	千米
			邮电业务总量	亿元
		创新载体	高技术产业企业数量	个
		劳动者素质（人力资源环境）	教育经费投入额	亿元
			大专以上学历人口数	万人
		市场环境	政府财政支出	亿元
			进出口额	亿美元
			居民消费水平	万元
		可持续发展与环保	工业污水排放总量（逆向指标）	万吨
			工业废气排放总量（逆向指标）	亿标立方米

（二）区域自主创新效率初始评价指标体系

区域自主创新效率初始评价指标体系见表 1-2。

表 1-2　区域自主创新效率初始评价指标体系

目标层	准则层	领域层	指标层	单位
区域自主创新效率	区域自主创新投入效率	人力投入	每万人平均 R&D 人员全时当量	人年/万人
		财力投入	R&D 经费额占 GDP 的比重	%
			地方财政科技拨款占财政支出比例	%
	区域自主创新产出效率	专利	每万人平均专利申请受理数	件/万人
			每万人平均专利申请授权数	件/万人
		课题	人均研究与开发机构 R&D 课题数	项/人
			人均高等学校 R&D 课题数	项/人
		科技论文发表	每万人平均发表国内中文期刊科技论文数	篇/万人
			每万人平均国外主要检索工具收录我国科技论文数	篇/万人
		经济发展水平	人均地区生产总值	元
			人均工业总产值	元
		创新产品产出	高技术产业规模以上企业产值占全国比例	%
			高技术产品出口额占全国份额	%
			新产品销售收入占产品销售收入的比重	%
			每万元 R&D 经费内部支出产生新产品产值	万元/万元
	区域技术转移（扩散）效率	技术市场交易	技术市场成交合同平均金额	万元/项
		技术获取和技术改造	引进技术经费与 R&D 经费比例	%
			消化吸收技术经费与 R&D 经费比例	%
			技术改造经费与 R&D 经费比例	%
			购买国内技术经费与 R&D 经费比例	%
		外国直接投资	人均外商投资企业年底注册资金中外资部分	亿美元/万人
		科技合作	高等学校研究开发来自企业的资金比例	%
			研究与开发机构研究开发来自企业的资金比例	%
	区域自主创新支撑效率	基础设施状况	百人固定电话和移动电话用户数	户/百人
			万人国际互联网络用户数	户/万人
			人均拥有道路面积	平方米/人
			每万人平均道路长度	千米/万人
			人均邮电业务量	元/人
		劳动者素质	教育经费投入额占财政支出比例	%
			大专以上学历人口所占比例	%
		市场环境	政府财政支出占 GDP 比重	%
			每亿元工业总产值进出口额	万美元/亿元
			人均居民消费水平	元
		可持续发展与环保	每亿元 GDP 工业污水排放总量（逆向指标）	万吨/亿元
			每亿元 GDP 工业废气排放总量（逆向指标）	亿标立方米/亿元

（三）区域自主创新潜力初始评价指标体系

区域自主创新潜力（增长率）初始评价指标体系见表 1-3。

表 1-3　区域自主创新潜力初始评价指标体系　　单位：%

	准则层	领域层	指标层
区域自主创新潜力	区域自主创新投入潜力	人力投入	R&D 人员全时当量增长率
		财力投入	R&D 经费增长率
			地方财政科技拨款增长率
	区域自主创新产出潜力	专利	专利申请受理数增长率
			专利申请授权数增长率
		课题	研究与开发机构 R&D 课题增长率
			高等学校 R&D 课题增长率
		科技论文发表	国内中文期刊科技论文数增长率
			国外主要检索工具收录我国科技论文数增长率
		经济发展水平	地区生产总值增长率
			工业总产值增长率
		创新产品产出	高技术产业规模以上企业产值增长率
			高技术产品出口额增长率
			新产品销售收入增长率
			新产品产值增长率
	区域技术转移（扩散）潜力	技术市场交易	技术市场交易金额增长率
		引进消化吸收技术支出额	引进技术经费增长率
			消化吸收技术经费增长率
			技术改造经费增长率
			购买国内技术经费增长率
		外国直接投资	外商投资企业年底注册资金中外资部分增长率
		科技合作	高等学校研究开发来自企业的资金增长率
			研究与开发机构研究开发来自企业的资金增长率
	区域自主创新支撑潜力	基础设施状况	固定电话和移动电话用户数增长率
			互联网上网人数增长率
			年末实有道路面积增长率
			年末实有道路长度增长率
			邮电业务总量增长率
		创新载体	高技术产业企业数增长率
		劳动者素质	教育经费投入额增长率
			大专以上学历人口增长率
		市场环境	政府财政支出增长率
			进出口额增长率
			人均居民消费水平增长率
		可持续发展与环保	每亿元 GDP 工业污水排放量增长率（逆向指标）
			每亿元 GDP 工业废气排放量增长率（逆向指标）

二　指标相关性分析

以上指标体系存在以下问题：一是评价指标的数量偏多；二是某些评价指标之间存在逻辑上的相关性，以至指标产生冗余。因此，有必要通过相关性分析删除部分不是十分重要但又与其他指标相关性较高的评价指标，降低指标的冗余度。

从统计学角度讲，相关性分析的一般判据是相关系数。通常认为相关系数低的两变量一般不存在相关性，而相关系数高的两变量一般可被判定为具有相关性。现实中属于后者的还有两种情况：一种是两变量逻辑上相关（即具有本质上的相关性）；另一种是两变量只有统计意义上的相关性（即变量间只是相关系数较高，但本质上不存在逻辑上的相关性）。逻辑上相关的两变量在评价中是相互可替代的，应予以归并，或者删除其中一个变量。本书关于指标的相关性分析就是要对逻辑上相关的指标进行甄别，降低指标的冗余度。为此，本书采取以下分析步骤。

第一，查阅中国统计年鉴、中国科技统计年鉴、中国高技术产业统计年鉴和中国科学技术部网站-中国主要科技指标数据库，获取2001～2010年（10年，$N=10$）各指标数据［样本涵盖了31个省（自治区、直辖市）（不含香港、澳门、台湾地区）的数据］，指标值数据见附表1～附表107。

第二，设某时刻 t_k（$k=1, 2, \cdots, N$）第 i（$i=1, 2, \cdots, 31$）个区域第 j（$j=1, 2, \cdots, n$）个指标的指标值为 $x_{ij}(t_k)$，行表示评价对象（区域），列表示指标，作列相关性分析（指标相关性分析），计算各年各指标之间的简单相关系数 $R_{ij}(t_k)$（$i=1, 2, \cdots, 31$；$j=1, 2, \cdots, n$；$k=1, 2, \cdots, N$）。

第三，确定相关系数临界值 R_0（$0<R_0<1$），并进行相关性初步判别。如果每年或者大多数年份，即 θN（阈值 θ，$0<\theta\leqslant 1$；N 表示数据年数）年以上，$R_{ij}(t_k)<R_0$，可以同时保留两个评价指标。

第四，如果每年或者大多数年份，即 θN 年以上，$R_{ij}(t_k)\geqslant R_0$，进行变量间逻辑相关性的判别，并剔除部分非重要变量。

根据上述步骤，对这些评价指标进行相关性分析，得到相关系数矩阵，见附表108～附表139，取相关系数临界值 R_0 为0.9，$\theta=0.6$，$\theta N=6$。对相关系数大的指标进行逻辑相关性分析。

（一）区域自主创新实力评价指标相关性分析

经相关性分析，逻辑上高度相关的区域自主创新实力评价指标相关系数见表1-4。

2001～2010年每年专利申请受理数和专利申请授权数的相关系数 $R_{4,5}$ 都大于0.9，2001～2010年每年地区生产总值和工业总产值的相关系数 $R_{10,11}$ 都大于0.9，2001～2010年除了2008年其余9年高技术产业规模以上企业产值和高技术产品出口额的相关系数 $R_{12,13}$ 都大于0.9，2001～2010年每年新产品销售收入和新产品产值的相关系数 $R_{14,15}$ 都大于0.9，2001～2010年每年年末实有道路面积和年末实有道路长度的相关系数 $R_{26,27}$ 都大于0.9，2001～2010年每年固定电话和移动电话用户数和邮电业务总量的相关系数 $R_{24,28}$ 都大于0.9，2001～2010年除了2001年和2002年其余8年互联网上网人数和邮电业务总量的相关系数 $R_{25,28}$ 都大于0.9，2001～2010年除了2002年其余9年固定电话和移动电话用户数和互联网上网人数的相关系数 $R_{24,25}$ 都大于0.9，2001～2010年每年政府财政支出和教育经费投入额的相关系数 $R_{32,30}$ 都大于0.9，2001～2010年每年进出口额和高技术产品出口额的相关系数 $R_{33,13}$ 都大于 0.9，居民消费水平与固定电话和移动电话用户数、互联网上网人数、教育经费投入额和政府财政支出等多个指标具有较强的相关性，特别是固定电话和移动电话用户数与教育经费投入额，2001～2010 年每年居民消费水平与固定电话和移动电话用户数的相关系数 $R_{34,24}$ 都大于 0.9，2001～2010 年每年居民消费水平和教育经费投入额的相关系数 $R_{34,30}$ 都大于 0.9，这些指标逻辑相关，具有本质相关。因此，删除以下区域自主创新实力（绝对）指标：专利申请授权数、工业总产值、高技术产业规模以上企业产值、新产品产值、年末实有道路面积、邮电业务总量、固定电话和移动电话用户数、政府财政支出、进出口额、居民消费水平。

表 1-4　逻辑上高度相关的区域自主创新实力评价指标相关系数

相关系数＼年份	2001	2002	2003	2004	2005	2006	2007	2008	2009	2010
$R_{4,5}$	0.9869	0.9680	0.9853	0.9894	0.9875	0.9834	0.9741	0.9613	0.9799	0.9709
$R_{10,11}$	0.9590	0.9631	0.9665	0.9681	0.9727	0.9740	0.9756	0.9762	0.9759	0.9793
$R_{12,13}$	0.9684	0.9808	0.9877	0.9889	0.9866	0.9847	0.9841	0.8498	0.9787	0.9806
$R_{14,15}$	0.9995	0.9992	0.9985	0.9987	0.9967	0.9983	0.9965	0.9988	0.9981	0.9985
$R_{26,27}$	0.9856	0.9816	0.9799	0.9830	0.9751	0.9832	0.9893	0.9903	0.9919	0.9785
$R_{24,28}$	0.9574	0.9645	0.9615	0.9522	0.9669	0.9723	0.9747	0.9701	0.9641	0.9670
$R_{25,28}$	0.8964	0.8818	0.9179	0.9018	0.9382	0.9592	0.9897	0.9927	0.9761	0.9695
$R_{24,25}$	0.9459	0.8952	0.9488	0.9610	0.9723	0.9812	0.9763	0.9747	0.9945	0.9955
$R_{32,30}$	0.9543	0.9657	0.9686	0.9605	0.9650	0.9665	0.9704	0.9506	0.9494	0.9608
$R_{33,13}$	0.9692	0.9715	0.9893	0.9702	0.9675	0.9683	0.9658	0.9624	0.9537	0.9460
$R_{34,24}$	0.9454	0.9548	0.9121	0.9198	0.9546	0.9831	0.9828	0.9817	0.9819	0.9757
$R_{34,30}$	0.9610	0.9675	0.9117	0.9052	0.9233	0.9701	0.9665	0.9561	0.9592	0.9419

（二）区域自主创新效率评价指标相关性分析

经相关性分析，逻辑上高度相关的区域自主创新效率（相对）评价指标的相关系数见表 1-5。

表 1-5　逻辑上高度相关的区域自主创新效率评价指标相关系数

相关系数＼年份	2001	2002	2003	2004	2005	2006	2007	2008	2009	2010
$R_{4,5}$	0.96	0.91	0.96	0.94	0.95	0.93	0.92	0.86	0.88	0.84
$R_{10,11}$	0.96	0.95	0.96	0.95	0.95	0.94	0.93	0.92	0.91	0.91
$R_{12,13}$	0.97	0.98	0.99	0.99	0.99	0.98	0.98	0.85	0.98	0.98
$R_{26,27}$	0.92	0.94	0.98	0.98	0.94	0.98	0.95	0.96	0.96	0.95
$R_{24,25}$	0.97	0.94	0.95	0.96	0.94	0.94	0.98	0.97	0.98	0.96
$R_{24,28}$	0.98	0.98	0.99	0.95	0.97	0.98	0.98	0.97	0.96	0.95
$R_{25,28}$	0.96	0.92	0.94	0.92	0.93	0.95	0.98	0.97	0.95	0.92
$R_{33,10}$	0.99	0.99	0.61	0.83	0.87	0.97	0.97	0.95	0.95	0.83
$R_{33,24}$	0.92	0.93	0.87	0.79	0.90	0.95	0.94	0.92	0.93	0.79
$R_{33,25}$	0.91	0.94	0.86	0.76	0.86	0.92	0.94	0.90	0.91	0.76

2001～2007 年每万人平均专利申请受理数和每万人平均专利申请授权数的相关系数 $R_{4,5}$ 都大于 0.9，2008～2010 年的相关系数 $R_{4,5}$ 也都大于 0.8；2001～2010 年每年人均地区生产总值和人均工业总产值的相关系数 $R_{10,11}$ 都大于 0.9；除了 2008 年，2001～2010 年其余 9 年高技术产业规模以上企业产值占全国比例和高新技术产品出口额占全国份额的相关系数 $R_{12,13}$ 都大于 0.9；2001～2010 年每年人均拥有道路面积和每万人平均道路长度的相关系数 $R_{26,27}$ 都大于 0.9；2001～2010 年每年百人固定电话和移动电话用户数和万人国际互联网络用户数的相关系数 $R_{24,25}$ 都大于 0.9；2001～2010 年每年百人固定电话和移动电话用户数与人均邮电业务量的相关系数 $R_{24,28}$ 都大于 0.9；2001～2010 年每年万人国际互联网络用户数和人均邮电业务量的相关系数 $R_{25,28}$ 都大于 0.9；人均居民消费水平和其他指标相关性较强，除了 2003～2005 年、2010 年，2001～2010 年其余 6 年人均居民消费水平和人均地区生产总值的相关系数 $R_{33,10}$ 都大于 0.9，除了 2003 年、2004 年和 2010 年，2001～2010 年其余 7 年人均居民消费水平与百人固定电话和移动电话用户数的相关系数 $R_{33,24}$ 都大于 0.9，除了 2003～2005 年、2010 年，2001～2010 年其余 6 年人均居民消费水平和万人国际互联网络用户数的相关系数 $R_{33,25}$ 都大于 0.9。这些指标逻辑相关，具有本质相关。因此，删除以下区域自主创新效率（相对）指标：每万人平均专利申请授权数、人均工业总产值、高技术产业规模以上企业产值占全国比例、每万人平均道路长度、人均邮电业务量、百人固定电话和移动电话用户数、人均居民消费水平。

（三）区域自主创新潜力评价指标相关性分析

区域自主创新潜力（增长率）评价指标不同年份相关系数相差较大，总体而言，相关性较弱，只有个别指标个别年份相关性较高，达到 0.8 以上，极少数达到 0.9 以上。参照区域自主创新能力绝对指标和相对指标，删除以下指标：专利申请授权数增长率、工业总产值增长率、高技术产业规模以上企业产值增长率、新产品产值增长率、年末实有道路面积增长率、邮电业务总量增长率、固定电话和移动电话用户数增长率、政府财政支出增长率、进出口额增长率、人均居民消费水平增长率。

不同年份指标间的相关系数有所差别，有些指标间的相关系数还出现递增或递减的变化趋势，如居民消费水平和邮电业务总量的相关系数呈递增规律，研究与开发机构 R&D 课题数和国外主要检索工具收录我国科技论文数的相关系数呈递减规律，因此利用三维时序指标值数据计算出每年指标间相关系数，再进行指标筛选，比只根据某年指标值数据计算出某年指标间相关系数，根据该年指标相关系数进行指标筛选更科学。

三 指标的判别能力分析

指标的判别能力是指评价指标区分不同评价对象某一方面特性的能力。在区域自主创新能力评价中，指标判别能力就是评价指标在区分不同区域自主创新能力差异方面的能力。如果某指标无法对不同区域自主创新能力某方面的特性给予区分（即不同对象评价结果相差无几），那么就认为这个评价指标的判别能力较差，无助于评判不同区域自主创新能力的差异，应从指标体系中予以剔除。

在衡量指标的判别能力时，采用内部一致性系数，设 t_k时刻第 i 个评价对象的第 j 个指标值为 x_{ij}（t_k），其计算公式如下

$$V_j(t_k)=|\overline{X}_j(t_k)/S_j(t_k)| \tag{1-1}$$

其中，V_j（t_k）表示内部一致性系数，$\overline{X}_j$（t_k）表示 t_k时刻不同评价对象第 j 个指标 X_j的平均值，S_j（t_k）是 t_k时刻第 j 个指标 X_j的标准差，V_j（t_k）的值越大，则说明该指标反映的一致性越好，也就是说该指标的判别能力越差；相反，V_j（t_k）的值越小，则该指标的判别能力越好。如果每年或者大多数年份，即 θN（阈值 θ，$0<\theta\leqslant 1$；N 表示数据年数）年以上，V_j（t_k）的值大于临界值 V_0，参考相关文献，取 $V_0=2$，说明第 j 个指标的判别能力差，将其删除。

计算各指标的内部一致性系数。

（一）区域自主创新实力评价指标的判别能力

区域自主创新实力（绝对）评价指标代码见表 1-6。

表 1-6 区域自主创新实力评价指标代码

指标名称	代码	指标名称	代码
R&D 人员全时当量	a_1	消化吸收技术经费支出	a_{14}
R&D 经费额	a_2	技术改造经费支出	a_{15}
地方财政科技拨款	a_3	购买国内技术经费支出	a_{16}
专利申请受理数	a_4	外商投资企业年底注册资金中外资部分	a_{17}
研究与开发机构 R&D 课题数	a_5	高等学校研究开发来自企业的资金额	a_{18}
高等学校 R&D 课题数	a_6	研究与开发机构研究开发来自企业的资金额	a_{19}
国内中文期刊科技论文数	a_7	互联网上网人数	a_{20}
国外主要检索工具收录我国科技论文数	a_8	道路长度	a_{21}
地区生产总值	a_9	高技术产业企业数量	a_{22}
高技术产品出口额	a_{10}	教育经费投入额	a_{23}
新产品销售收入	a_{11}	大专以上学历人口数	a_{24}
技术市场成交合同金额	a_{12}	工业污水排放总量	a_{25}
引进技术经费支出	a_{13}	工业废气排放总量	a_{26}

区域自主创新实力（绝对）评价指标的内部一致性系数如表 1-7 所示，其内部一致性系数都较小，都小于 2，指标的判别能力较强。

表 1-7　区域自主创新实力评价指标的内部一致性系数

指标代码	2001 年	2002 年	2003 年	2004 年	2005 年	2006 年	2007 年	2008 年	2009 年	2010 年
a_1	1.20	1.14	1.15	1.09	1.09	1.11	1.05	1.01	0.99	0.95
a_2	0.83	0.83	0.85	0.83	0.85	0.86	0.87	0.88	0.91	0.90
a_3	1.04	0.90	0.95	0.90	0.82	0.82	0.90	0.94	0.83	0.87
a_4	0.84	0.82	0.81	0.77	0.73	0.71	0.69	0.69	0.67	0.68
a_5	0.78	0.74	0.71	0.66	0.65	0.66	0.63	0.64	0.58	0.58
a_6	1.19	1.18	1.18	1.17	1.18	1.19	1.23	1.28	1.30	1.29
a_7	1.00	1.01	1.02	1.04	1.05	1.08	1.13	1.14	1.15	1.15
a_8	0.59	0.61	0.64	0.68	0.72	0.76	0.77	0.80	0.82	0.84
a_9	1.23	1.22	1.20	1.19	1.18	1.17	1.17	1.20	1.21	1.24
a_{10}	0.36	0.37	0.37	0.38	0.38	0.39	0.39	0.45	0.39	0.39
a_{11}	0.73	0.73	0.75	0.78	0.80	0.83	0.86	0.84	0.85	0.80
a_{12}	0.67	0.65	0.66	0.54	0.53	0.43	0.41	0.43	0.41	0.41
a_{13}	0.80	0.88	0.84	0.86	0.86	0.94	0.79	0.79	0.78	0.84
a_{14}	0.50	0.54	0.65	0.76	0.60	0.71	0.74	0.83	0.81	0.80
a_{15}	1.23	1.12	1.03	1.04	1.11	1.28	1.23	1.22	1.24	1.11
a_{16}	0.49	0.55	0.69	0.99	0.82	0.76	0.81	0.88	0.81	0.86
a_{17}	0.58	0.58	0.60	0.61	0.61	0.62	0.63	0.65	0.65	0.66
a_{18}	0.78	0.76	0.79	0.85	0.81	0.83	0.85	0.85	0.95	0.93
a_{19}	0.59	0.60	0.49	0.54	0.59	0.60	0.68	0.64	0.46	0.57
a_{20}	1.06	1.21	1.25	1.20	1.16	1.17	1.06	1.12	1.26	1.34
a_{21}	1.20	1.13	1.12	1.08	1.10	1.13	1.05	1.06	1.06	1.00
a_{22}	0.87	0.82	0.79	0.69	0.71	0.72	0.70	0.65	0.67	0.67
a_{23}	1.65	1.60	1.57	1.60	1.64	1.69	1.67	1.78	1.82	1.82
a_{24}	1.67	1.59	1.76	1.84	1.72	1.63	1.63	1.63	1.69	1.68
a_{25}	1.14	1.15	1.18	1.15	1.10	1.10	1.09	1.09	1.11	1.09
a_{26}	1.39	1.42	1.40	1.34	1.26	1.27	1.24	1.27	1.30	1.35

（二）区域自主创新效率评价指标的判别能力

区域自主创新效率（相对）评价指标代码见表 1-8，内部一致性系数如表 1-9 所示。

表 1-8　区域自主创新效率评价指标代码

指标名称	代码	指标名称	代码
每万人平均 R&D 人员全时当量	c_1	消化吸收技术经费与 R&D 经费比例	c_{15}
R&D 经费额占 GDP 的比重	c_2	技术改造经费与 R&D 经费比例	c_{16}
地方财政科技拨款占财政支出比例	c_3	购买国内技术经费与 R&D 经费比例	c_{17}
每万人平均专利申请受理数	c_4	人均外商投资企业年底注册资金中外资部分	c_{18}
每万人平均发表国内中文期刊科技论文数	c_5	高等学校研究开发来自企业的资金比例	c_{19}
每万人平均国外主要检索工具收录我国科技论文数	c_6	研究与开发机构研究开发来自企业的资金比例	c_{20}
人均研究与开发机构 R&D 课题数	c_7	万人国际互联网络用户数	c_{21}
人均高等学校 R&D 课题数	c_8	人均拥有道路面积	c_{22}
人均地区生产总值	c_9	政府财政支出占 GDP 比重	c_{23}
高新技术产品出口额占全国份额	c_{10}	每亿元工业总产值进出口额	c_{24}
新产品销售收入占产品销售收入的比重	c_{11}	教育经费投入额占财政支出比例	c_{25}
每万元 R&D 经费内部支出产生新产品产值	c_{12}	大专以上学历人口所占比例	c_{26}
技术市场成交合同平均金额	c_{13}	每亿元 GDP 工业污水排放总量	c_{27}
引进技术经费与 R&D 经费比例	c_{14}	每亿元 GDP 工业废气排放总量	c_{28}

表 1-9　区域自主创新效率评价指标的内部一致性系数

指标代码	2001 年	2002 年	2003 年	2004 年	2005 年	2006 年	2007 年	2008 年	2009 年	2010 年
c_1	0.72	0.69	0.72	0.62	0.65	0.71	1.11	0.79	0.87	0.98
c_2	0.98	1.03	1.06	1.06	1.07	1.13	1.17	1.24	1.38	1.30
c_3	2.29	2.03	2.05	1.91	1.47	1.40	1.58	1.54	1.23	1.21
c_4	1.77	1.35	1.73	1.82	1.64	1.73	1.78	1.90	2.02	1.76
c_5	2.77	2.41	3.03	3.36	3.15	2.06	1.55	1.54	2.39	2.30
c_6	1.14	1.18	1.23	1.28	1.36	1.40	1.51	1.53	1.52	1.51
c_7	1.19	1.18	1.18	1.17	1.18	1.19	1.23	1.28	1.30	1.29
c_8	2.83	2.83	2.42	2.90	2.31	2.31	2.17	2.77	2.79	2.96
c_9	1.23	1.22	1.20	1.19	1.18	1.17	1.17	1.20	1.21	1.24
c_{10}	0.36	0.37	0.37	0.38	0.38	0.39	0.39	0.45	0.39	0.39
c_{11}	1.45	1.41	1.39	1.62	1.52	1.71	1.75	1.63	1.52	1.58
c_{12}	1.41	1.30	1.08	1.52	1.30	1.29	1.81	2.04	1.59	2.01
c_{13}	1.04	0.80	0.87	1.08	1.63	1.42	1.55	1.26	1.63	1.09
c_{14}	1.50	1.56	1.22	1.05	1.36	1.39	1.00	0.43	1.19	1.35
c_{15}	0.87	0.88	0.70	0.78	0.69	0.55	0.95	1.05	0.72	0.66
c_{16}	1.35	1.33	1.28	1.34	1.40	1.51	1.30	1.33	1.29	1.33
c_{17}	0.62	0.79	0.37	1.38	0.74	1.13	1.45	0.94	1.21	0.57
c_{18}	0.60	0.57	0.58	0.59	0.58	0.61	0.61	0.60	0.61	0.65
c_{19}	1.60	1.72	1.84	1.30	1.98	1.72	2.07	2.19	2.18	2.35
c_{20}	1.09	1.04	1.18	1.09	0.83	0.92	1.27	0.84	0.97	1.33
c_{21}	0.95	0.98	1.18	1.32	1.46	1.67	1.67	1.83	2.38	3.22
c_{22}	1.42	1.40	1.43	1.35	1.33	1.51	2.13	2.18	2.31	2.43
c_{23}	1.43	1.33	1.39	1.71	1.46	1.63	1.51	1.36	1.39	1.35
c_{24}	0.94	0.97	0.99	0.98	0.94	0.91	0.89	0.78	0.80	0.78
c_{25}	5.66	5.46	5.86	6.27	6.74	6.42	7.33	6.75	7.01	6.78
c_{26}	1.34	1.36	1.61	1.45	1.38	1.28	1.35	1.41	1.44	1.86
c_{27}	2.12	2.05	1.82	1.85	1.64	1.79	1.53	1.42	1.65	1.68
c_{28}	1.90	1.81	1.72	1.59	1.64	1.62	1.56	1.63	1.66	0.93

2001～2006 年、2009～2010 年每万人平均发表国内中文期刊科技论文数内部一致性系数都大于 2，指标判别能力较差，将其删除；人均高等学校 R&D 课题数 2001～2010 年每年内部一致性系数都大于 2，指标判别能力较差，将其删除；教育经费投入额占财政支出比例 2001～2010 年每年内部一致性系数都大于 5，指标判别能力较差，将其删除；地方财政科技拨款占财政支出比例、每万人平均专利申请受理数、每万元 R&D 经费内部支出产生新产品产值、高等学校研究开发来自企业的资金比例、万人国际互联网络用户数、人均拥有道路面积和每亿元 GDP 工业污水排放总量个别年份内部一致性系数大于 2，多数年份内部一致性系数小于 2，仍保留；其余区域自主创新效率评价指标内部一致性系数都较小，都小于 2，指标判别能力较强。

（三）区域自主创新潜力评价指标的判别能力分析

区域自主创新潜力评价指标代码见表1-10，内部一致性系数如表1-11所示。

表1-10 区域自主创新潜力评价指标代码

指标名称	代码	指标名称	代码
R&D人员全时当量增长率	q_1	消化吸收技术经费增长率	q_{15}
R&D经费增长率	q_2	技术改造经费增长率	q_{16}
地方财政科技拨款增长率	q_3	购买国内技术经费增长率	q_{17}
专利申请受理数增长率	q_4	外商投资企业年底注册资金中外资部分增长率	q_{18}
研究与开发机构R&D课题增长率	q_5	高等学校研究开发来自企业的资金增长率	q_{19}
高等学校R&D课题增长率	q_6	研究与开发机构研究开发来自企业的资金增长率	q_{20}
国内中文期刊科技论文数增长率	q_7	互联网上网人数增长率	q_{21}
国外主要检索工具收录我国科技论文数增长率	q_8	道路长度增长率	q_{22}
地区生产总值增长率	q_9	高技术产业企业数增长率	q_{23}
高技术产品出口额增长率	q_{10}	教育经费投入额增长率	q_{24}
新产品销售收入增长率	q_{11}	大专以上学历人口增长率	q_{25}
新产品产值增长率	q_{12}	每亿元GDP工业污水排放量增长率	q_{26}
技术市场交易金额增长率	q_{13}	每亿元GDP工业废气排放量增长率	q_{27}
引进技术经费增长率	q_{14}		

表1-11 区域自主创新潜力评价指标的内部一致性系数

指标代码	2002年	2003年	2004年	2005年	2006年	2007年	2008年	2009年	2010年
q_1	0.44	0.33	0.54	1.46	0.83	1.06	0.75	0.80	1.25
q_2	1.17	1.24	1.59	1.32	2.02	2.20	1.72	1.94	2.30
q_3	0.66	0.63	0.74	1.40	1.54	1.40	1.79	1.02	1.42
q_4	0.97	1.26	0.36	1.43	1.31	1.29	0.69	1.15	0.71
q_5	0.16	0.05	0.01	0.67	0.70	1.15	1.03	1.94	0.74
q_6	0.64	1.49	0.73	0.41	1.48	0.27	0.52	0.94	2.83
q_7	1.19	1.05	2.71	1.38	1.30	1.54	1.29	1.43	1.55
q_8	1.04	1.42	0.63	1.49	0.98	0.62	1.16	0.36	0.67
q_9	4.59	4.37	6.14	3.93	6.44	4.75	3.23	2.77	6.22
q_{10}	0.72	0.43	0.78	0.30	0.97	0.75	0.19	0.14	0.81
q_{11}	0.89	0.76	1.22	0.31	0.47	1.07	1.06	0.23	0.36
q_{12}	0.87	0.80	1.41	0.40	0.57	1.18	0.88	0.24	0.33
q_{13}	0.23	0.97	0.42	0.33	0.01	0.75	0.52	0.21	0.61
q_{14}	0.63	0.21	0.15	0.23	0.29	0.22	0.23	0.05	0.22
q_{15}	0.25	0.33	0.50	0.34	0.21	0.35	0.26	0.54	0.19
q_{16}	0.32	0.69	0.50	0.44	0.33	0.54	0.33	0.39	0.18
q_{17}	0.28	0.20	0.39	0.20	0.36	0.64	0.36	0.29	0.38
q_{18}	0.45	0.96	0.74	0.95	0.90	0.81	0.85	1.12	1.07
q_{19}	0.51	0.96	0.58	0.59	0.67	0.67	0.65	1.29	0.70

续表

指标代码	2002年	2003年	2004年	2005年	2006年	2007年	2008年	2009年	2010年
q_{20}	0.34	0.19	0.38	0.19	0.20	0.40	0.16	0.21	0.30
q_{21}	1.54	1.20	1.04	1.68	1.73	1.82	2.08	1.97	2.61
q_{22}	0.82	0.77	1.02	0.57	0.07	0.18	0.68	0.59	1.12
q_{23}	0.25	0.43	1.07	0.24	1.02	0.42	0.93	1.10	0.41
q_{24}	3.48	2.92	4.06	3.03	3.26	4.08	3.38	2.74	2.68
q_{25}	0.84	0.74	0.42	0.13	0.64	0.57	0.38	0.74	0.84
q_{26}	1.08	1.14	1.11	0.12	1.54	1.62	2.79	1.06	1.56
q_{27}	0.17	0.26	0.04	0.30	0.33	0.05	0.81	0.07	0.07

表1-11表明，地区生产总值增长率2002～2010年每年内部一致性系数都大于2，有些年份内部一致性系数还大于6，指标判别能力较差，将其删除；教育经费投入额增长率2002～2010年每年内部一致性系数都大于2，指标判别能力较差，将其删除；R&D经费增长率、高等学校R&D课题增长率、国内中文期刊科技论文数增长率、互联网上网人数增长率和每亿元GDP工业污水排放量增长率个别年份内部一致性系数大于2，多数年份内部一致性系数小于2，仍保留；其余区域自主创新潜力（增长率）指标内部一致性系数都较小，都小于2，指标判别能力较强。

综上所述，不同年份指标的内部一致性系数不同，判别能力有所差别，有些指标的内部一致性系数呈递增或递减趋势。例如，研究与开发机构R&D课题数、技术市场成交合同金额、地方财政科技拨款占财政支出比例等指标的内部一致性系数呈递减趋势，指标的判别能力越来越强；国外主要检索工具收录我国科技论文数、每万人平均国外主要检索工具收录我国科技论文数和万人国际互联网络用户数等指标的内部一致性系数呈递增趋势，指标的判别能力越来越弱；有些指标的内部一致性系数较平稳；有些指标的内部一致性系数无规律波动或者跳动。某个指标可能在某年或某几年判别能力弱，在其他年份判别能力强，或者在某年或某几年判别能力强，在其他年份判别能力弱。如果只根据某年数据计算出指标的内部一致性系数就进行指标筛选，可能误删判别能力强的指标，保留判别能力弱的指标。因此，利用三维时序指标值数据计算出每年的指标内部一致性系数，再判断指标的判别能力，进行指标筛选，比只根据某年的指标值数据计算出该年指标内部一致性系数就进行指标筛选科学。

四 区域自主创新能力最终评价指标体系

经过相关性分析和判别能力分析，得到区域自主创新能力最终评价指标体系，如下。

（一）区域自主创新实力评价指标体系

区域自主创新实力（绝对）评价指标体系见表1-12。

表 1-12　区域自主创新实力评价指标体系

目标层	准则层	领域层	指标层	单位
区域自主创新实力	区域自主创新投入实力	人力投入	R&D 人员全时当量	万人年
		财力投入	R&D 经费额	亿元
			地方财政科技拨款	亿元
	区域自主创新产出实力	专利	专利申请受理数	件
		课题	研究与开发机构 R&D 课题数	项
			高等学校 R&D 课题数	项
		科技论文发表	国内中文期刊科技论文数	篇
			国外主要检索工具收录我国科技论文数	篇
		经济发展水平	地区生产总值	亿元
		创新产品产出	高技术产品出口额	亿美元
			新产品销售收入	万元
	区域技术转移（扩散）实力	技术市场交易	技术市场成交合同金额	亿元
		技术获取和技术改造	引进技术经费支出	万元
			消化吸收技术经费支出	万元
			技术改造经费支出	万元
			购买国内技术经费支出	万元
		外国投资	外商投资企业年底注册资金中外资部分	亿美元
		科技合作	高等学校研究开发来自企业的资金额	万元
			研究与开发机构研究开发来自企业的资金额	万元
	区域自主创新支撑实力	基础设施状况	互联网上网人数	万人
			年末实有道路长度	千米
		创新载体	高技术产业企业数量	个
		劳动者素质（人力资源环境）	教育经费投入额	亿元
			大专以上学历人口数	人
		可持续发展与环保	工业污水排放总量（逆向指标）	万吨
			工业废气排放总量（逆向指标）	亿标立方米

区域自主创新实力评价指标分为区域自主创新投入实力、区域技术转移（扩散）实力、区域自主创新支撑实力（区域自主创新环境）和区域自主创新产出实力。

区域自主创新投入实力包括人力投入和财力投入。人力投入指标为 R&D 人员全时当量，数据来自中国科学技术部网站-中国主要科技指标数据库（http//www.sts.org.cn/kjnew/maintitle/MainTitle.htm）省市主要科技指标和《中国科技统计年鉴》的“各地区研究与试验发展（R&D）人员全时当量”。财力投入包括 R&D 经费额和地方财政科技拨款，R&D 经费额数据来自中国科学技术部网站-中国主要科技指标数据库省市主要科技指标和《中国科技统计年鉴》的“各地区研究与试验发展（R&D）经费内部支出”。地方财政科技拨款数据来自中国科学技术部网站-中国主要科技指标数据库省市主要科技指标和《中国统计年鉴》的“各地区财政支出”。

区域自主创新产出实力包括专利、课题、科技论文发表、经济发展水平和创新产品产出五个方面。专利通过专利申请受理数指标来反映，专利申请受理数数据来自中国科学技术部网站-中国主要科技指标数据库省市主要科技指标和《中国科技统计年鉴》“国内专利申请受理数”。课题包括研究与开发机构 R&D 课题数和高等学校 R&D 课题数。研究与开发机构 R&D 课题数数据来自《中国科技统计年鉴》“各地区研究与开发机构 R&D 课题”。高等学校 R&D 课题数数据来自《中国科技统计年鉴》“各地区高等学校 R&D 课题”。科技论文发表包括国内中文期刊科技论文数和国外主要检索工具收录我国科技论文数。国内中文期刊科技论文数数据来自中国科学技术部网站-中国主要科技指标数据库省市主要科技指标。国外主要检索工具收录我国科技论文数数据来自中国科学技术部网站-中国主要科技指标数据库省市主要科技指标和《中国科技统计年鉴》“国外主要检索工具收录我国科技论文按地区分布”。经济发展水平包括地区生产总值。地区生产总值数据来自中国科学技术部网站-中国主要科技指标数据库省市主要社会经济指标和《中国统计年鉴》“地区生产总值和指数”。创新产品产出包括高技术产品出口额和新产品销售收入。高技术产品出口额数据来自中国科学技术部网站-中国主要科技指标数据库省市主要科技指标和《中国科技统计年鉴》“各地区高技术产品进出口贸易”。新产品销售收入数据来自《中国科技统计年鉴》“各地区大中型工业企业基本情况”。

区域技术转移（扩散）实力包括技术市场交易、技术获取和技术改造、外国投资和科技合作。技术市场交易通过技术市场成交合同金额指标来反映。技术市场成交合同金额数据来自中国科学技术部网站-中国主要科技指标数据库省市主要科技指标和《中国统计年鉴》“各地区技术市场成交额”。技术获取和技术改造包括引进技术经费支出、消化吸收技术经费支出、技术改造经费支出和购买国内技术经费支出四个指标，数据来自《中国科技统计年鉴》“各地区大中型工业企业技术获取和技术改造”。外国投资通过外商投资企业年底注册资金中外资部分指标来体现，外商投资企业年底注册资金中外资部分数据来自《中国统计年鉴》“各地区外商投资企业年底注册登记情况”。科技合作包括高等学校研究开发来自企业的资金额和研究与开发机构研究开发来自企业的资金额两个指标，数据来自《中国科技统计年鉴》“各地区科技活动经费筹集”、“各地区高等学校 R&D 经费内部支出”及“各地区研究与开发机构 R&D 经费内部支出”。

区域自主创新支撑实力（区域自主创新环境）包括基础设施状况、创新载体、劳动者素质（人力资源环境）和可持续发展与环保。基础设施状况包括互联网上网人数和年末实有道路长度两个指标，互联网上网人数数据来自《中国统计年鉴》“邮电业务量”，年末实有道路长度数据来自《中国统计年鉴》“各地区城市市政设施”。创新载体包括高技术产业企业数量，数据来自《中国高技术产业统计年鉴》和《中国科技统计年鉴》“各地区高技术产业生产经营情况”。劳动者素质（人力资源环境）通过教育经费投入额和大专以上学历人口数体现。

教育经费投入额数据来自《中国统计年鉴》“各地区财政支出”，大专以上学历人口数指标值数据来自《中国统计年鉴》“各地区按性别和受教育程度分的人口”或“各地区每十万人拥有的各种受教育程度人口比较”，由于每年抽样比例不同，经过换算得到。可持续发展与环保包括工业污水排放总量和工业废气排放总量两个指标，这两个指标作为逆向指标，指标值越小越好，工业污水排放总量指标值数据来自《中国统计年鉴》“各地区废水排放及处理情况”，工业废气排放总量指标值数据来自《中国统计年鉴》“各地区废气排放及处理情况”。

（二）区域自主创新效率评价指标体系

区域自主创新效率评价指标体系见表 1-13。

表 1-13　区域自主创新效率评价指标体系

目标层	准则层	领域层	指标层	单位
区域自主创新效率	区域自主创新投入效率	人力投入	每万人平均 R&D 人员全时当量	人年/万人
		财力投入	R&D 经费额占 GDP 的比重	%
			地方财政科技拨款占财政支出比例	%
	区域自主创新产出效率	专利	每万人平均专利申请受理数	件/万人
		课题	人均研究与开发机构 R&D 课题数	项/人
		科技论文发表	每万人平均国外主要检索工具收录我国科技论文数	篇/万人
		经济发展水平	人均地区生产总值	元
		创新产品产出	高技术产品出口额占全国份额	%
			新产品销售收入占产品销售收入的比重	%
			每万元 R&D 经费内部支出产生新产品产值	万元/万元
	区域技术转移（扩散）效率	技术市场交易	技术市场成交合同平均金额	万元 /项
		技术获取和技术改造	引进技术经费与 R&D 经费比例	%
			消化吸收技术经费与 R&D 经费比例	%
			技术改造经费与 R&D 经费比例	%
			购买国内技术经费与 R&D 经费比例	%
		外国直接投资	人均外商投资企业年底注册资金中外资部分	亿美元/万人
		科技合作	高等学校研究开发来自企业的资金比例	%
			研究与开发机构研究开发来自企业的资金比例	%
	区域自主创新支撑效率	基础设施状况	万人国际互联网络用户数	户/万人
			人均拥有道路面积	平方米/人
		市场环境	政府财政支出占 GDP 比重	%
			每亿元工业总产值进出口额	万美元/亿元
		劳动者素质	大专以上学历人口所占比例	%
		可持续发展与环保	每亿元 GDP 工业污水排放总量（逆向指标）	万吨/亿元
			每亿元 GDP 工业废气排放总量（逆向指标）	亿标立方米/亿元

每万人平均 R&D 人员全时当量=R&D 人员全时当量/总人口

R&D 经费额占 GDP 的比重=R&D 经费额/GDP×100%

地方财政科技拨款占财政支出比例=地方财政科技拨款/财政支出×100%

每万人平均专利申请受理数=专利申请受理数/ R&D 人员全时当量

人均研究与开发机构R&D课题数=研究与开发机构R&D课题数/研究与开发机构R&D课题投入人员

每万人平均国外主要检索工具收录我国科技论文数=国外主要检索工具收录我国科技论文数/R&D人员

人均地区生产总值=地区生产总值/总人口

高技术产品出口额占全国份额指标值数据来自中国科学技术部网站-中国主要科技指标数据库省市主要科技指标。

高技术产品出口额占全国份额=高技术产品出口额/全国高技术产品出口额×100%

新产品销售收入占产品销售收入的比重=新产品销售收入/产品销售收入×100%

每万元R&D经费内部支出产生新产品产值=新产品产值/R&D经费

技术市场成交合同平均金额=技术市场成交合同金额/技术市场成交合同数

引进技术经费与R&D经费比例=引进技术经费支出/R&D经费×100%

消化吸收技术经费与R&D经费比例=消化吸收技术经费支出/R&D经费×100%

技术改造经费与R&D经费比例=技术改造经费支出/R&D经费×100%

购买国内技术经费与R&D经费比例=购买国内技术经费支出/R&D经费×100%

人均外商投资企业年底注册资金中外资部分=外商投资企业年底注册资金中外资部分/总人口

高等学校研究开发来自企业的资金比例=高等学校R&D经费企业部分/高等学校R&D经费×100%

研究与开发机构研究开发来自企业的资金比例=研究与开发机构R&D经费企业部分/研究与开发机构R&D经费×100%

万人国际互联网络用户数指标值数据来自中国科学技术部网站-中国主要科技指标数据库省市主要社会经济指标。

万人国际互联网络用户数=互联网上网人数/总人口

人均拥有道路面积=道路面积/总人口

政府财政支出占GDP比重=政府财政支出/GDP×100%

每亿元工业总产值进出口额=进出口额/工业总产值（进出口额数据来自中国科学技术部网站-中国主要科技指标数据库省市主要社会经济指标和《中国统计年鉴》“各地区按经营单位所在地分货物进出口总额”；工业总产值数据来自中国科学技术部网站-中国主要科技指标数据库省市主要社会经济指标）

大专以上学历人口所占比例=大专以上学历人口/总人口×100%

每亿元GDP工业污水排放总量=工业污水排放总量/GDP

每亿元GDP工业废气排放总量=工业废气排放总量/GDP

（三）区域自主创新潜力评价指标体系

区域自主创新潜力评价指标体系见表 1-14。

表 1-14　区域自主创新潜力评价指标体系　　单位：%

	准则层	领域层	指标层
区域自主创新潜力	区域自主创新投入潜力	人力投入	R&D 人员全时当量增长率
		财力投入	R&D 经费增长率
			地方财政科技拨款增长率
	区域自主创新产出潜力	专利	专利申请受理数增长率
		课题	研究与开发机构 R&D 课题增长率
			高等学校 R&D 课题增长率
		科技论文发表	国内中文期刊科技论文数增长率
			国外主要检索工具收录我国科技论文数增长率
		创新产品产出	高技术产品出口额增长率
			新产品销售收入增长率
	区域技术转移（扩散）潜力	技术市场交易	技术市场交易金额增长率
		引进消化吸收技术支出额	引进技术经费增长率
			消化吸收技术经费增长率
			技术改造经费增长率
			购买国内技术经费增长率
		外国直接投资	外商投资企业年底注册资金中外资部分增长率
		科技合作	高等学校研究开发来自企业的资金增长率
			研究与开发机构研究开发来自企业的资金增长率
	区域自主创新支撑潜力	基础设施状况	互联网上网人数增长率
			年末实有道路长度增长率
		创新载体	高技术产业企业数增长率
		劳动者素质	大专以上学历人口增长率
		可持续发展与环保	每亿元 GDP 工业污水排放量增长率（逆向指标）
			每亿元 GDP 工业废气排放量增长率（逆向指标）

注：某指标当年增长率指标值=（当年该指标指标值－上一年度该指标指标值）/上一年度该指标指标值×100%

第六节　本章小结

本章首先介绍区域自主创新能力的内涵和构成要素，将区域自主创新能力分解为实力、效率和潜力，从区域自主创新投入能力、区域自主创新产出能力、区域技术转移（扩散）能力和区域自主创新支撑能力四个方面初步建立了一套覆盖面较广的区域自主创新能力的初始评价指标体系，包括区域自主创新实力（绝对量）指标、区域自主创新效率（相对量）指标和区域自主创新潜力（增长率）指标，分别用于评价区域自主创新实力、区域自主创新效率和区域自主创新潜力。通过指标相关性分析和指标判别能力分析对指标进行筛选，删除逻辑相关性高的指标和内部一致性系数大指标判别能力弱的指标。利用三维时序指标值数据进行指标相关性分析和指标判别能力分析，避免由于不同年份指标间相关系数及内部一致性系数不同，而只利用某年指标值数据计算误删指标或保留冗余指标。不同时刻指标间的相关系数和内部一致性系数有所差别，在一定时间段内可能呈现递增或递减趋势，也可能较平稳或无规律波动（跳动）。因此，利用三维时序指标值数据进行指标相关性分析和判别能力分析比传统的利用某年（某时刻）指标值数据进行指标相关性分析和判别能力分析更加科学。

评价指标体系设计应考虑区域自主创新能力定量指标与定性指标相结合，但是由于对区域自主创新能力进行动态评价，评价时期较长，涉及年份较多，定性评价指标值难以获得，根据可操作性和客观性原则，不考虑软环境等难以获得量化指标值的定性指标。

第二章 动态组合评价及其计算机支持系统研究

第一节 动态评价方法研究

一 动态评价问题的提出

在现实的经济管理与决策中，经常遇到这样的问题：既需要综合比较 m 个系统在某时刻 t_k（$k=1$，2，…，N）的发展（或运行）状况，又需要综合比较某个系统在不同时刻 t_k（$k=1$，2，…，N）的整体（总体）发展（或运行）水平，也需要比较 m 个系统在不同时刻 t_k（$k=1$，2，…，N）的整体（总体）发展（或运行）水平。例如，在同一时刻不同地区之间区域自主创新能力的比较，这属于多系统“横向”综合评价问题，即静态的综合评价问题；同一地区的区域自主创新能力在不同时刻发展变化的比较，这属于单系统“纵向”综合评价问题；不同地区在不同时刻区域自主创新能力的动态发展变化比较，这属于多系统“纵横向”评价问题、动态评价问题等。

一般而言，在时间区间 $[t_1, t_N]$ 内，设第 i（$i=1$，2，…，m）个评价对象第 j（$j=1$，2，…，n）个指标的指标值为 $x_{ij}(t_k)$，若能确定第 j 个评价指标不同时刻 t_k 处的权重系数 $w_j(t_k)$，那么第 i 个评价对象在 t_k 时刻的发展状况可由

$$u_{ij}(t_k)=\varphi[x_{ij}(t_k), w_j(t_k)] \quad (i=1, 2, \cdots, m;\ k=1, 2, \cdots, N) \tag{2-1}$$

来描述。

当 $m=1$ 时，式（2-1）描述的是单系统的综合评价问题，而当 $m>1$ 时，式（2-1）描述的是多系统的综合评价问题；

当 $n=1$ 时，式（2-1）描述的是单指标的评价问题，而当 $n>1$ 时，式（2-1）描述的是多指标的综合评价问题；

当 $N=1$ 时，式（2-1）描述的是系统的静态综合评价问题，而当 $N>1$ 时，式（2-1）描述的是系统的动态综合评价问题（郭亚军，2008）。

于是，当 $m>1$，$n=1$，$N=1$ 时，式（2-1）描述的是多系统“横向”（即利用“横断面”的数据或资料）的单指标评价问题，或称为静态的单指标评价

问题。这类评价问题适用于根据某个指标对多个评价对象进行排序或择优，如2010年东部十省市GDP比较。

当$m>1$，$n>1$，$N=1$时，式（2-1）描述的是多系统“横向”（即利用“横断面”的数据或资料）的多指标综合评价问题，或称为静态的多指标（属性）综合评价问题。这类评价问题很常见，根据某时刻多个指标（属性）对多个系统（方案、对象、区域）进行选优或排序等。例如，根据区域自主创新能力评价指标体系（多指标）对2010年中国31个省（自治区、直辖市）（含香港、澳门、台湾地区）的区域自主创新能力进行评价。

当$m=1$，$n=1$，$N>1$时，式（2-1）描述的是单系统“纵向”（即利用“纵向”数据或资料）的单指标综合评价问题，或称为“纵向”单指标评价问题。这类评价问题适用于根据某个指标对某系统（方案、对象、区域）在不同时刻（年份）的纵向比较。例如，对2001～2010年北京市的GDP进行评价排序。

当$m=1$，$n>1$，$N>1$时，式（2-1）描述的是单系统“纵向”的多指标综合评价问题，或称为“纵向”多指标综合评价问题。这类评价问题也较常见，适用于根据多指标（属性）对某系统（方案、对象、区域）在不同时刻（年份）进行纵向比较。例如，根据2001～2010年福建省区域自主创新能力评价指标值对2001～2010年福建省区域自主创新能力进行评价，得出福建省在2001～2010年纵向发展情况。

当$m>1$，$n>1$，$N>1$时，式（2-1）描述的是多系统“纵横向”（即利用“纵横向”的数据或资料）的多指标综合评价问题，或称为动态的多指标综合评价问题。例如，根据区域自主创新能力评价指标体系（多指标）对2006～2010年东部十省市的区域自主创新能力进行“纵横向”评价。本书将对此类评价问题展开研究。

随着时间的推移和数据的积累，人们拥有了关于被评价对象大量的时间序列数据，在许多文献中称之为“时序立体数据表”。由时序立体数据（三维数据：评价对象维、评价指标维和时间维）支持的综合评价问题，参数值是动态的，因此定义这类评价为“动态综合评价”。动态综合评价从本质上说是对静态综合评价的发展和延伸。由于数据结构及评价方法对数据要求上的差异，一般不能把静态综合评价方法直接应用于动态数据的综合评价。

动态综合评价问题是一类很有现实意义和应用价值的多指标（多属性）决策问题，这一问题已引起重视，但研究成果较少。郭亚军（2008）教授在动态综合评价方面做出了重要贡献，他提出二次加权法、具有激励（或惩罚）特征的动态综合评价方法、纵横向拉开档次评价法、一种基于时序算子的动态综合评价方法等动态评价方法。二次加权法的基本思想是先利用静态评价方法对各年各评价对象分别进行评价，再加入时间权重对各年评价值进行加权，得到各评价对象在时间区间 $[t_1, t_N]$ 内的总体情况。具有激励（或惩罚）特征的动态综合评价方法的基本思想是先利用静态评价方法对各评价对象进行评价，如果下一时刻的评价值大于上一时刻的评价值，就给予奖励，否则就给予惩罚。纵横向拉开档次评价法直接利用时序立体数据根据加权离差平方和最大化确定指标权重。王欣荣和樊治平（2002）提出理想矩阵法，综合考虑了评价指标的好坏程度和增长程度。本书吸收了以上方法的思想和优点，提出以下几种动态评价方法：基于灰靶理论的动态评价方法、基于理想解法的动态评价方法、基于改进理想解法的动态评价方法和基于加权离差平方和最大的动态评价方法。

二 基于灰靶理论的动态评价方法

灰靶理论是邓聚龙教授提出来的处理模式序列的灰关联分析理论，它包括两部分：靶心度分析（Deng，1993）和贡献度分析（Deng，2000）。一般进行技术评估要求预先给出标准模式，然后根据已有的条件评出对象（模式）的等级。在无法给出标准模式的条件下，则已有条件难以应用，等级难以区分。灰靶理论的要旨是在没有标准模式的条件下设定一个灰靶，通过灰靶理论在灰靶中找到靶心，然后将诸指标的模式与标准模式进行比较，求出灰关联度，最后经由等级划分确定评估等级。每一个灰关联差异信息空间中的模式与靶心的灰关联度称为靶心接近度，简称靶心度。基于靶心度可以进行模式识别、分级和选优。基于贡献度分析，可以分析各指标对模式靶心度的影响程度，从而找到关键影响因素。这一理论在少数据、不确定性问题的研究方面有独到之处，在不少领域取得成功（聂鸣等，2005）。

本书在灰靶理论的基础上，将二维数据加入时序数据扩展为三维数据，提出基于灰靶理论的动态评价方法。

对 m 个被评价对象（或系统），取定 n 个评价指标，且按时间顺序 t_1，t_2，…，t_N 获得原始数据 $x_{ij}(t_k)$（$i=1, 2, \cdots, m$；$j=1, 2, \cdots, n$；$k=1, 2, \cdots, N$）。

（一）靶心度分析

（1）影响空间（原始序列）。

（2）指标序列。

（3）标准模式。

在建立标准模式的过程中，如果指标是正向（效益型）指标，期望越大越好，则该指标具有极大值极性；如果指标是逆向（成本型）指标，期望越小越好，则该指标具有极小值极性；如果指标是指定值或适中型指标，则该指标具有适中值极性。

若指标具有极大值极性，则取

$$x_{0j}=\max_{1\leqslant i\leqslant m}\max_{t_1\leqslant t_k\leqslant t_N}\{x_{ij}(t_k)\} \tag{2-2}$$

若指标具有极小值极性，则取

$$x_{0j}=\min_{1\leqslant i\leqslant m}\min_{t_1\leqslant t_k\leqslant t_N}\{x_{ij}(t_k)\} \tag{2-3}$$

若指标具有适中值极性，则取指定值 x_{00} 或平均值，即

$$x_{0j}=x_{00}$$

或

$$x_{0j}=\frac{1}{m}\frac{1}{N}\sum_{i=1}^{m}\sum_{k=1}^{N}x_{ij}(t_k) \tag{2-4}$$

则称序列 x_{01}，x_{02}，…，x_{0n} 为标准序列，记作 x_0。

（4）灰靶转换。

灰靶转换 $T(x_{ij}(t_k))=\dfrac{\min\{x_{ij}(t_k),\ x_{0j}\}}{\max\{x_{ij}(t_k),\ x_{0j}\}}$ (2-5)

$$T(x_0)=\{1,1,\cdots,1\}$$

（5）灰关联差异信息空间。

$$\Delta_{GR}=(\Delta,\rho,\Delta_{\max},\Delta_{\min}) \tag{2-6}$$

其中，$\Delta=\{\Delta_{ij}(t_k)\mid i\in\{1,2,\cdots,m\},j\in\{1,2,\cdots,n\},t_k\in\{t_1,t_2,\cdots,t_N\}\}$

$\Delta_{ij}(t_k)=|T(x_{0j})-T[(x_{ij}(t_k)]|=|1-T[x_{ij}(t_k)]|$

$\rho=0.5$

$\Delta_{\max}=\max\limits_{i}\max\limits_{j}\max\limits_{t_k}\{\Delta_{ij}(t_k)\}=\max\limits_{i}\max\limits_{j}\max\limits_{t_k}|1-T[x_{ij}(t_k)]|$

$\Delta_{\min}=\min\limits_{i}\min\limits_{j}\min\limits_{t_k}\{\Delta_{ij}(t_k)\}=\min\limits_{i}\min\limits_{j}\min\limits_{t_k}|1-T[x_{ij}(t_k)]|$

（6）靶心系数和靶心度。

靶心系数为

$$\gamma[x_{0j}(t_k),x_{ij}(t_k)]=\frac{\Delta_{\min}+\rho\Delta_{\max}}{\Delta_{0i}(t_k)+\rho\Delta_{\max}} \tag{2-7}$$

称 $\gamma(x_0,x_i)$ 为 x_i 在 t_k 时刻的靶心度：

$$\gamma(x_0,x_i)(t_k)=\frac{1}{n}\sum_{j=1}^{n}\gamma[x_{0j}(t_k),x_{ij}(t_k)] \tag{2-8}$$

根据靶心度对被评价对象进行排序。

（7）靶心度分级。

按最少信息原理，有

$$\gamma(x_0,x_i)\geqslant\frac{\rho}{1+\rho} \tag{2-9}$$

当 $\rho=0.5$ 时，有

$$\gamma(x_0, x_i) \geqslant \frac{0.5}{1+0.5} \approx 0.3333 \tag{2-10}$$

将靶心度均衡分级成 7 级：[0.9，1]，[0.8，0.9)，[0.7，0.8)，[0.6，0.7)，[0.5，0.6)，[0.4，0.5)，[0.3333，0.4)。

如果考虑指标值增长程度，按以下步骤进行计算。

（1）计算增长系数矩阵 $b_{ij}(t_k)$

$$b_{ij}(t_k) = x_{ij}(t_k) - x_{ij}(t_{k-1})$$

$$(i=1, 2, \cdots, m;\ j=1, 2, \cdots, n;\ k=1, 2, \cdots, N) \tag{2-11}$$

（2）增长程度标准模式。

若指标具有极大值极性，则取

$$b_{0j} = \max_{1 \leqslant i \leqslant m} \max_{t_1 \leqslant t_k \leqslant t_N} \{b_{ij}(t_k)\} \tag{2-12}$$

若指标具有极小值极性，则取

$$b_{0j} = \min_{1 \leqslant i \leqslant m} \min_{t_1 \leqslant t_k \leqslant t_N} \{b_{ij}(t_k)\} \tag{2-13}$$

若指标具有适中值极性，则取指定值 b_0 或平均值

$$b_{0j} = b_{00} \tag{2-14}$$

或

$$b_{0j} = \frac{1}{m}\frac{1}{N}\sum_{i=1}^{m}\sum_{k=1}^{N} b_{ij}(t_k)$$

则称序列 b_{01}，b_{02}，…，b_{0n} 为标准序列，记作 b_0。

（3）增长程度灰靶转换。

灰靶转换 $$T(b_{ij}(t_k)) = \frac{\min\{b_{ij}(t_k), b_{0j}\}}{\max\{b_{ij}(t_k), b_{0j}\}} \tag{2-15}$$

$$T(b_0) = \{1, 1, \cdots, 1\}$$

（4）增长程度灰关联差异信息空间。

$$\Delta_{GR} = (\Delta, \rho, \Delta_{\max}, \Delta_{\min}) \tag{2-16}$$

其中，$\Delta = \{\Delta_{ij}(t_k) \mid i \in \{1, 2, \cdots, m\}, j \in \{1, 2, \cdots, n\}, t_k \in \{t_1, t_2, \cdots, t_N\}\}$

$$\Delta_{ij}(t_k) = |T(b_{0j}) - T[b_{ij}(t_k)]| = |1 - T[b_{ij}(t_k)]|$$

$$\rho = 0.5$$

$$\Delta_{\max} = \max_i \max_j \max_{t_k}\{\Delta_{ij}(t_k)\} = \max_i \max_j \max_{t_k} |1 - T[b_{ij}(t_k)]|$$

$$\Delta_{\min} = \min_i \min_j \min_{t_k}\{\Delta_{ij}(t_k)\} = \min_i \min_j \min_{t_k} |1 - T[b_{ij}(t_k)]|$$

（5）增长程度靶心系数和靶心度。

靶心系数为

$$\gamma(b_{0j}(t_k), b_{ij}(t_k)) = \frac{\Delta_{\min} + \rho\Delta_{\max}}{\Delta_{0i}(t_k) + \rho\Delta_{\max}} \tag{2-17}$$

令 $\gamma(b_0,b_i)(t_k)$ 为 b_i 在 t_k 时刻的靶心度：

$$\gamma(b_0,b_i)(t_k)=\frac{1}{n}\sum_{j=1}^{n}\gamma[b_{0j}(t_k),b_{ij}(t_k)] \tag{2-18}$$

同时考虑各方案评价指标值的差异和增长性，各方案在 t_k 时刻的综合评价值

$$u_i(t_k)=\alpha\gamma(x_0,x_i)(t_k)+\beta\gamma(b_0,b_i)(t_k) \tag{2-19}$$

其中，α 和 β 表示相对重要程度，并且满足 $0\leqslant\alpha,\beta\leqslant1$，$\alpha+\beta=1$。特别当 $\alpha=1$，$\beta=0$ 时，有 $u_i(t_k)=\gamma(x_0,x_i)(t_k)$，它表示只考虑各评价指标值的差异；当 $\alpha=0$，$\beta=1$ 时，有 $u_i(t_k)=\gamma(b_0,b_i)(t_k)$，它表示只考虑各评价指标值的增长性。还需要指出，$b_{ij}(t_k)$ 的意义是，若 $b_{ij}(t_k)>0$，则表示对指标值增加的一种奖励；而若 $b_{ij}(t_k)<0$，则表示对指标值减少的一种惩罚。根据 $u_i(t_k)$ 可以对评价对象进行排序和分类。

为了比较被评价对象（或系统）在 t_1 到 t_N 时间段的总体情况，可以进行二次加权。设 w_k 为第 t_k 期综合评价值的权重系数，且有 $\sum_{k=1}^{N}w_k=1,w_k>0$，则第 i 个被评价对象的综合评价值为

$$g_i=\sum_{k=1}^{N}w_k u_i(t_k) \tag{2-20}$$

可以根据综合评价值 g_i 对被评价对象（或系统）在 t_1 到 t_N 时间段的总体情况进行排序和分类。

（二）贡献度分析

杨志良等（2006）提出，按照灰靶理论的原始算法，如果任意改变各行（方案、评价对象）所在位置，靶心度计算结果不变，但贡献度的值会发生变化，导致贡献度不确定。导致灰靶贡献度不确定的原因在于贡献目标序列的设置，灰靶贡献度原始算法以由自然数构成的贡献目标序列（按大小次序排列）为参考序列，但是这些自然数就自身而言，与指标序列的元素间不存在相互关联、相互制约的内在机理，所以当方案（待评价对象）及其所属指标数据的位置不同时，所得灰靶贡献度的值自然不同。灰靶贡献度是指标对靶心度的影响程度。因此，求灰靶贡献度时，理论上应以靶心度构成的序列为参照序列，且该序列极性为极大值极性，即靶心度愈大，方案愈好。改进后，靶心度的值严格按方案对号入座，对应性很强，灰靶贡献度体现指标对靶心度影响程度的同时，还具有唯一性。

灰靶贡献度计算步骤如下。

(1) 建立指标序列集。

(2) 建立贡献因子集。

(3) 建立灰关联差异信息空间。

$$\Delta_{GR} = (\Delta, \rho, \Delta_{\max}, \Delta_{\min}) \tag{2-21}$$

其中，$\Delta = \{\Delta_{ij}(t_k) | i \in \{1,2,\cdots,m\}, j \in \{1,2,\cdots,n\}, t_k \in \{t_1, t_2, \cdots, t_N\}\}$

$$\Delta_{ij}(t_k) = |T[x_0(t_k)] - T[x_{ij}(t_k)]| = |\gamma(x_0, x_i)(t_k) - T[x_{ij}(t_k)]|$$

$$\rho = 0.5$$

$$\Delta_{\max} = \max_i \max_j \max_{t_k} \{\Delta_{ij}(t_k)\} = \max_i \max_j \max_{t_k} |\gamma(x_0, x_i)(t_k) - T[x_{ij}(t_k)]|$$

$$\Delta_{\min} = \min_i \min_j \min_{t_k} \{\Delta_{ij}(t_k)\} = \min_i \min_j \min_{t_k} |\gamma(x_0, x_i)(t_k) - T[x_{ij}(t_k)]|$$

（4）灰靶贡献系数和贡献度。

灰靶贡献系数
$$\gamma(x_{i0}(t_k), x_{ij}(t_k)) = \frac{\Delta_{\min} + \rho\Delta_{\max}}{\Delta_{0j}(t_k) + \rho\Delta_{\max}} \tag{2-22}$$

为 j 指标在 t_k 时刻模式 i 模式（方案）的贡献系数。

$$\gamma(x_0, x_j)(t_k) = \frac{1}{m}\sum_{i=1}^{m} \gamma[x_{i0}(t_k), x_{ij}(t_k)] \tag{2-23}$$

为 j 指标在 t_k 时刻的灰靶贡献度。

为了比较指标的贡献度，可以求平均值 $\gamma(x_0, x_j) = \sum_{k=1}^{N} \gamma(x_0, x_j)(t_k)$，作为 j 指标的灰靶贡献度。

（5）灰靶贡献度分级。

按最少信息原理，有

$$\gamma(x_0, x_j) \geqslant \frac{\rho}{1+\rho} \tag{2-24}$$

当 $\rho = 0.5$ 时，有

$$\gamma(x_0, x_j) \geqslant \frac{0.5}{1+0.5} \approx 0.3333 \tag{2-25}$$

把灰靶贡献度均衡分级成 7 级：[0.9，1]，[0.8，0.9)，[0.7，0.8)，[0.6，0.7)，[0.5，0.6)，[0.4，0.5)，[0.3333，0.4)。

根据灰靶贡献度可以寻找出关键影响因素（关键指标）。

三 基于理想解法的动态评价方法

理想解法又称为 TOPSIS（technique for order preference by similarity to ideal solution）法，直译为逼近理想解的排序方法，是一种有效的多指标决策方法。这种方法通过构造多指标问题的理想解和负理想解，并以靠近理想解和远离负理想解两个基准，作为评价各可行方案的判据。因此，理想解法又称为双基点法。

所谓理想解，是设想各指标属性都达到最满意值的解。所谓负理想解，是设想各指标属性都达到最不满意值的解。确定了理想解和负理想解，还需要确定一种测度方法，表示各方案目标值靠近理想解和远离负理想解的程度。这种测度就是相对贴近度。设第 i 个方案到理想解和负理想解的距离分别为

$$d_i^* = \sqrt{\sum_{j=1}^{n} (x_{ij} - x_j^*)^2} \tag{2-26}$$

$$d_i^- = \sqrt{\sum_{j=1}^{n} (x_{ij} - x_j^-)^2} \tag{2-27}$$

第 i 个方案与理想解、负理想解的相对贴近度定义为

$$C_i^* = \frac{d_i^-}{d_i^- + d_i^*} \qquad (i = 1,2,\cdots,m) \tag{2-28}$$

容易看出，相对贴近度满足 $0 \leqslant C_i^* \leqslant 1$。当方案为理想解方案时，则 $C_i^* = 1$；当方案为负理想解方案时，则 $C_i^* = 0$。当方案逼近理想解而远离负理想解时，则 $C_i^* \to 1$。因此，相对贴近度 C_i^* 是理想解法排序的判据（彭勇行，2000）。

本书在理想解法的基础上，将二维数据加入时序数据扩展为三维数据，提出基于理想解法的动态评价方法。

对 m 个被评价对象（或系统），取定 n 个评价指标，且按时间顺序 $t_1, t_2, \cdots, t_N$ 获得原始数据 $x_{ij}(t_k)$ $(i = 1,2,\cdots,m; j = 1,2,\cdots,n; k = 1,2,\cdots,N)$。设指标权重向量为 $w = (w_1, w_2, \cdots, w_n)^{\mathrm{T}}$。

基于理想解法的动态评价方法的基本步骤如下。

（1）对决策矩阵作标准化处理，得到标准化矩阵 $y_{ij}(t_k)$，经过标准化处理后逆向指标正向化，即指标值越大越好。

（2）计算加权标准化矩阵。

$$F = f_{ij}(t_k) = w_j y_{ij}(t_k) \, (i = 1,2,\cdots,m; j = 1,2,\cdots,n; k = 1,2,\cdots,N) \tag{2-29}$$

（3）确定理想解和负理想解。

理想解 $$F^* = \max_{1 \leqslant i \leqslant m} \max_{1 \leqslant k \leqslant N} f_{ij}(t_k) = (f_1^*, f_2^*, \cdots, f_n^*) \tag{2-30}$$

负理想解 $$F^- = \min_{1 \leqslant i \leqslant m} \min_{1 \leqslant k \leqslant N} f_{ij}(t_k) = (f_1^-, f_2^-, \cdots, f_n^-) \tag{2-31}$$

（4）计算到理想解和负理想解的距离。到理想解的距离为

$$d_i^*(t_k) = \sqrt{\sum_{j=1}^{n} [f_{ij}(t_k) - f_j^*]^2} \; (i = 1,2,\cdots,m; k = 1,2,\cdots,N) \tag{2-32}$$

到负理想解的距离为

$$d_i^-(t_k) = \sqrt{\sum_{j=1}^{n} [f_{ij}(t_k) - f_j^-]^2} \; (i = 1,2,\cdots,m; k = 1,2,\cdots,N) \tag{2-33}$$

(5) 计算各方案的相对贴近度。

$$C_i^*(t_k)=\frac{d_i^-(t_k)}{d_i^-(t_k)+d_i^*(t_k)}(i=1,2,\cdots,m;k=1,2,\cdots,N) \tag{2-34}$$

(6) 按相对贴近度 $C_i^*(t_k)$ 的大小，对各方案进行排序（只考虑指标值差异）。相对贴近度大者为优，相对贴近度小者为劣。

如果考虑指标值增长性，按以下步骤进行计算。

(1) 计算增长系数矩阵。

从标准化矩阵 y_{ij} (t_k) 可以计算增长系数矩阵 b_{ij} (t_k)：

$$b_{ij}(t_k)=f_{ij}(t_k)-f_{ij}(t_{k-1})\quad(i=1,2,\cdots,m;j=1,2,\cdots,n;k=1,2,\cdots,N) \tag{2-35}$$

(2) 计算加权增长系数矩阵。

$$\Delta F=\Delta f_{ij}(t_k)=w_jb_{ij}(t_k) \tag{2-36}$$

(3) 确定增长系数矩阵理想解和负理想解。

理想解　$$\Delta F^*=\max_{1\leqslant i\leqslant m}\max_{1\leqslant k\leqslant N}\Delta f_{ij}(t_k)=(\Delta f_1^*,\Delta f_2^*,\cdots,\Delta f_n^*) \tag{2-37}$$

负理想解　$$\Delta F^-=\min_{1\leqslant i\leqslant m}\min_{1\leqslant k\leqslant N}\Delta f_{ij}(t_k)=(\Delta f_1^-,\Delta f_2^-,\cdots,\Delta f_n^-) \tag{2-38}$$

(4) 计算到理想解和负理想解的距离。到理想解的距离为

$$\Delta d_i^*(t_k)=\sqrt{\sum_{j=1}^{n}[\Delta f_{ij}(t_k)-\Delta f_j^*]^2}(i=1,2,\cdots,m;k=1,2,\cdots,N) \tag{2-39}$$

到负理想解的距离为

$$\Delta d_i^-(t_k)=\sqrt{\sum_{j=1}^{n}(\Delta f_{ij}(t_k)-\Delta f_j^-)^2}(i=1,2,\cdots,m;k=1,2,\cdots,N) \tag{2-40}$$

(5) 计算各方案指标值增长程度的相对贴近度。

$$\Delta C_i^*(t_k)=\frac{\Delta d_i^-(t_k)}{\Delta d_i^-(t_k)+\Delta d_i^*(t_k)}(i=1,2,\cdots,m;k=1,2,\cdots,N) \tag{2-41}$$

(6) 按相对贴近度 $\Delta C_i^*(t_k)$ 的大小，对各方案指标值增长程度进行排序。相对贴近度大者为优，相对贴近度小者为劣。

(7) 计算各方案在 t_k时刻的综合评价值。

同时考虑各方案指标值的差异和增长性，各方案在 t_k时刻的综合评价值

$$u_i(t_k)=\alpha C_i^*(t_k)+\beta\Delta C_i^*(t_k) \tag{2-42}$$

其中，α 和 β 表示相对重要程度，并且满足 $0\leqslant\alpha,\beta\leqslant1$，$\alpha+\beta=1$。特别当 $\alpha=1$，$\beta=0$ 时，有 $u_i(t_k)=C_i^*(t_k)$，它表示只考虑各指标值的差异；当 $\alpha=0$，$\beta=1$ 时，有 $u_i(t_k)=\Delta C_i^*(t_k)$，它表示只考虑各指标值的增长性。还需要指出，$b_{ij}(t_k)$ 的意义是，若 $b_{ij}(t_k)>0$，则表示对指标值增加的一种奖励；而若

$b_{ij}(t_k)<0$，则表示对指标值减少的一种惩罚。按 $u_i(t_k)$ 的大小对各方案进行排序，$u_i(t_k)$ 大者为优，$u_i(t_k)$ 小者为劣。根据综合评价值 $u_i(t_k)$ 对各时刻方案进行排序。

为了比较被评价对象（或系统）在 t_1 到 t_N 时间段的总体情况，可以进行二次加权。设 w_k 为第 t_k 期综合评价值的权重系数，且有 $\sum_{k=1}^{N} w_k = 1, w_k > 0$，则第 i 个被评价对象的综合评价值为

$$g_i = \sum_{k=1}^{N} w_k u_i(t_k) \tag{2-43}$$

可以根据综合评价值 g_i 进行排序。

四 基于改进理想解法的动态评价方法

改进的理想解法是一种新的多指标决策方法，这种方法利用决策矩阵的信息，客观地赋以各指标的权重系数，并以各方案到理想解的距离的加权平方和作为综合评价的判据。因此，该方法显得更加简便实用。

设决策矩阵为 $X=(x_{ij})_{m\times n}$，标准化矩阵为 $Y=(y_{ij})_{m\times n}$，经标准化处理后，逆向指标正向化，即指标值越大越好，指标权重向量为 $w=(w_1,w_2,\cdots,w_n)^{\mathrm{T}}$，加权标准化矩阵为

$$F=(f_{ij})_{m\times n}=(w_j y_{ij})_{m\times n} \tag{2-44}$$

理想解

$$F^*=(f_1^*,f_2^*,\cdots,f_n^*)=(w_1 y_1^*,w_2 y_2^*,\cdots,w_n y_n^*) \tag{2-45}$$

其中，

$$y_j^* = \max_{1\leqslant i\leqslant m} y_{ij} \qquad (j=1,2,\cdots,n) \tag{2-46}$$

表示第 j 个指标的理想值。用各方案到理想解的距离的平方和作为评价方案的准则，记

$$d_i = \sum_{j=1}^{n}(f_{ij}-f_j^*)^2 = \sum_{j=1}^{n}(y_{ij}-y_j^*)^2 w_j^2 \tag{2-47}$$

显然，d_i 越小方案越优。为了确定指标权重 w_j，构造最优化模型

$$\min \sum_{i=1}^{m}\sum_{j=1}^{n}(y_{ij}-y_j^*)^2 w_j^2$$

$$\text{s. t.}\begin{cases}\sum_{j=1}^{n} w_j = 1\\ w_j>0(1\leqslant j\leqslant n)\end{cases} \tag{2-48}$$

求解此模型，作拉格朗日函数

$$L=\sum_{i=1}^{m}\sum_{j=1}^{n}(y_{ij}-y_j^*)^2w_j^2+\lambda(\sum_{j=1}^{n}w_j-1) \tag{2-49}$$

令 $\frac{\partial L}{\partial w_j}=0$，得

$$2\sum_{i=1}^{m}(y_{ij}-y_j^*)^2w_j+\lambda=0 \qquad (j=1,2,\cdots,n) \tag{2-50}$$

从而解得

$$\begin{aligned} w_j &= \frac{1}{\left[\sum_{j=1}^{n}\frac{1}{\sum_{i=1}^{m}(y_{ij}-y_j^*)^2}\right][\sum_{i=1}^{m}(y_{ij}-y_j^*)^2]} \\ \lambda &= -\frac{1}{\frac{1}{2}\sum_{j=1}^{n}\frac{1}{\sum_{i=1}^{m}(y_{ij}-y_j^*)^2}} \end{aligned} \tag{2-51}$$

显然，有 $w_j>0\,(j=1,2,\cdots,n)$，并且 w_j 是最优化模型目标函数的最小值点。式（2-51）给出了确定指标权重的计算公式（彭勇行，2000）。

本书在改进理想解法的基础上，将二维数据加入时序数据扩展为三维数据，提出基于改进理想解法的动态评价方法。

对 m 个被评价对象（或系统），取定 n 个评价指标，且按时间顺序 $t_1,t_2,\cdots,t_N$ 获得原始数据 x_{ij}（t_k）$(i=1,2,\cdots,m;j=1,2,\cdots,n;k=1,2,\cdots,N)$。设指标权重向量为 $w=(w_1,w_2,\cdots,w_n)^{\mathrm{T}}$。

基于改进理想解法的动态评价方法的基本步骤如下。

（1）对决策矩阵作标准化处理，得到标准化矩阵 y_{ij}（t_k），经过标准化处理后逆向指标正向化，即指标值越大越好。

（2）确定标准化矩阵的理想解 $Y^*=(y_1^*,y_2^*,\cdots,y_n^*)$。

其中，y_j^* 表示第 j 个指标的理想值，即

$$y_j^*=\max_{1\leqslant i\leqslant m}\max_{1\leqslant k\leqslant N}y_{ij}(t_k) \qquad (j=1,2,\cdots,n;k=1,2,\cdots,N) \tag{2-52}$$

（3）计算各指标的权重系数 $w_j(j=1,2,\cdots,n)$。

用各方案到理想解的距离的平方和作为评价方案的准则，记

$$d_i(t_k)=\sum_{j=1}^{n}(f_{ij}-f_j^*)^2=\sum_{j=1}^{n}[y_{ij}(t_k)-y_j^*]^2w_j^2 \qquad (i=1,2,\cdots,m;k=1,2,\cdots,N) \tag{2-53}$$

显然，d_i（t_k）越小方案越优。为了确定指标权重 w_j，构造最优化模型

$$\min\sum_{k=1}^{N}\sum_{i=1}^{m}\sum_{j=1}^{n}[y_{ij}(t_k)-y_j^*]^2w_j^2$$

$$\text{s. t.}\begin{cases}\sum_{j=1}^{n} w_j = 1 \\ w_j > 0, (1 \leqslant j \leqslant n)\end{cases} \tag{2-54}$$

求解此模型，作拉格朗日函数

$$L = \sum_{k=1}^{N}\sum_{i=1}^{m}\sum_{j=1}^{n}[y_{ij}(t_k) - y_j^*]^2 w_j^2 + \lambda(\sum_{j=1}^{n} w_j - 1) \tag{2-55}$$

令 $\frac{\partial L}{\partial w_j}=0$，得

$$2\sum_{k=1}^{N}\sum_{i=1}^{m}[y_{ij}(t_k) - y_j^*]^2 w_j + \lambda = 0 \qquad (j=1,\ 2,\ \cdots,\ n) \tag{2-56}$$

从而解得

$$w_j = \frac{1}{\left[\sum_{j=1}^{n}\frac{1}{\sum_{k=1}^{N}\sum_{i=1}^{m}[y_{ij}(t_k) - y_j^*]^2}\right][\sum_{k=1}^{N}\sum_{i=1}^{m}[y_{ij}(t_k) - y_j^*]^2]} \tag{2-57}$$

$$\lambda = -\frac{1}{\frac{1}{2}\sum_{j=1}^{n}\frac{1}{\sum_{k=1}^{N}\sum_{i=1}^{m}[y_{ij}(t_k) - y_j^*]^2}}$$

(4) 计算各方案到理想解的距离的平方和。

$$d_i(t_k) = \sum_{j=1}^{n}[y_{ij}(t_k) - y_j^*]^2 w_j^2 \ (i = 1,2,\cdots,m; k = 1,2,\cdots,N) \tag{2-58}$$

(5) 利用极差变换法对 $d_i(t_k)$ 进行标准化处理。

$$v_i(t_k) = \frac{\max\limits_{1\leqslant i\leqslant m} d_i(t_k) - d_i(t_k)}{\max\limits_{1\leqslant i\leqslant m} d_i(t_k) - \min\limits_{1\leqslant i\leqslant m} d_i(t_k)} \tag{2-59}$$

(6) 根据判据 $v_i(t_k)$ 值的大小，对各方案进行排序。$v_i(t_k)$ 越大，方案越优。

如果考虑指标值增长性，按以下步骤进行计算。

(1) 计算增长系数矩阵。

从标准化矩阵 $y_{ij}(t_k)$ 可以计算增长系数矩阵 $b_{ij}(t_k)$：

$$b_{ij}(t_k) = y_{ij}(t_k) - y_{ij}(t_{k-1}) \qquad (i = 1,2,\cdots,m; j = 1,2,\cdots,n; k = 1,2,\cdots,N) \tag{2-60}$$

(2) 计算加权增长系数矩阵。

$$\Delta F = \Delta f_{ij}(t_k) = w_j b_{ij}(t_k) \tag{2-61}$$

(3) 确定增长系数矩阵理想解。

理想解 $\Delta F^* = \max\limits_{1\leqslant i\leqslant m}\max\limits_{1\leqslant k\leqslant N}\Delta f_{ij}(t_k) = (\Delta f_1^*, \Delta f_2^*, \cdots, \Delta f_n^*)$ (2-62)

(4) 计算各方案指标值增长程度到理想解的距离的平方和。

$$\Delta d_i(t_k) = \sum_{j=1}^{n}[f_{ij}(t_k) - f_j^*]^2 \qquad (i=1,2,\cdots,m;\ k=1,2,\cdots,N) \tag{2-63}$$

(5) 利用极差变换法对 $\Delta d_i(t_k)$ 进行标准化处理。

$$\Delta v_i(t_k) = \frac{\max\limits_{1\leqslant i\leqslant m}\Delta d_i(t_k) - \Delta d_i(t_k)}{\max\limits_{1\leqslant i\leqslant m}\Delta d_i(t_k) - \min\limits_{1\leqslant i\leqslant m}\Delta d_i(t_k)} \tag{2-64}$$

(6) 根据判据 $\Delta v_i(t_k)$ 值的大小，对各方案指标值增长程度进行排序。$\Delta v_i(t_k)$ 越大，方案越优。

同时考虑各方案评价指标值的差异和增长性，各方案在 t_k 时刻的综合评价值

$$u_i(t_k) = \alpha v_i(t_k) + \beta\Delta v_i(t_k) \tag{2-65}$$

其中，α 和 β 表示相对重要程度，并且满足 $0\leqslant\alpha,\beta\leqslant1$，$\alpha+\beta=1$。特别是当 $\alpha=1,\beta=0$ 时，有 $u_i(t_k)=v_i(t_k)$，它表示只考虑各指标值的差异；当 $\alpha=0$，$\beta=1$ 时，有 $u_i(t_k)=\Delta v_i(t_k)$，它表示只考虑各指标值的增长性。还需要指出，$b_{ij}(t_k)$ 的意义是，若 $b_{ij}(t_k)>0$，则表示对指标值增加的一种奖励；若 $b_{ij}(t_k)<0$，则表示对指标值减少的一种惩罚。根据综合评价值 $u_i(t_k)$ 对各时刻方案进行排序。

为了比较被评价对象（或系统）在 t_1 到 t_N 时间段的总体情况，可以进行二次加权。设 w_k 为第 t_k 期综合评价值的权重系数，且有 $\sum\limits_{k=1}^{N} w_k = 1, w_k > 0$，则第 i 个被评价对象的综合评价值为

$$g_i = \sum_{k=1}^{N} w_k u_i(t_k) \tag{2-66}$$

可以根据综合评价值 g_i 进行排序。

五 基于加权离差平方和最大的动态评价方法

郭亚军（2008）提出纵横向拉开档次评价法的基本思想是加权离差平方和最大，本书对郭亚军教授提出的纵横向拉开档次评价法进行了拓展。

对 m 个被评价对象（或系统），取定 n 个评价指标，且按时间顺序 $t_1,t_2,\cdots,t_N$ 获得原始数据 $x_{ij}(t_k)$ $(i=1,2,\cdots,m;j=1,2,\cdots,n;k=1,2,\cdots,N)$。

不失一般性，这里假定对原始数据矩阵 $x_{ij}(t_k)$ 进行了指标类型一致化、无量纲化处理，即在以下讨论中假定评价指标均是极大型的，$y_{ij}(t_k)$ 是经过无量纲化处理了的“标准”数据。

对于时刻 $t_k(k=1,2,\cdots,N)$，取综合评价函数为

$$v_i(t_k)=\sum_{j=1}^{n}w_j y_{ij}(t_k)\qquad(i=1,2,\cdots,m;k=1,2,\cdots,N)\tag{2-67}$$

确定权重系数 $w_j(j=1,2,\cdots,n)$ 的原则是在时序立体数据表上最大可能地体现出各评价对象之间的差异。而评价对象在时序立体数据矩阵 $y_{ij}(t_k)$ 上的这种整体差异，可用加权离差平方和

$$\sigma^2=\sum_{k=1}^{N}\sum_{i=1}^{m}[v_i(t_k)-\bar{v}]^2\tag{2-68}$$

来刻画。采用标准化处理法对原始数据进行处理，$y_{ij}=(x_{ij}-\bar{x}_j)/s_j$ $(1\leqslant i\leqslant m,\ 1\leqslant j\leqslant n)$。其中，样本均值 $\bar{x}_j=\sum_{i=1}^{m}x_{ij}/m$，样本均方差 $s_j=\sqrt{\frac{1}{m-1}\sum_{i=1}^{m}(x_{ij}-\bar{x}_j)^2}$。经过标准样本变换之后，标准化矩阵的样本均值为 0，方差为 1。所以 $\bar{v}=\frac{1}{N}\sum_{k=1}^{N}[\frac{1}{n}\sum_{i=1}^{m}\sum_{j=1}^{n}w_j y_{ij}(t_k)]=0$。

从而有

$$\begin{aligned}\sigma^2&=\sum_{k=1}^{N}\sum_{i=1}^{m}[v_i(t_k)-\bar{v}]^2\\&=\sum_{k=1}^{N}\sum_{i=1}^{m}[v_i(t_k)]^2\\&=\sum_{k=1}^{N}[w^{\mathrm{T}}H_{\mathrm{k}}w]\\&=w^{\mathrm{T}}\sum_{k=1}^{N}H_{\mathrm{k}}w\\&=w^{\mathrm{T}}Hw\end{aligned}\tag{2-69}$$

其中，$w=(w_1,w_2,\cdots,w_n)^{\mathrm{T}}$；$H=\sum_{k=1}^{N}H_k$，为 $n\times n$ 阶对称矩阵；而 $H_k=Y_k^{\mathrm{T}}Y_k$ $(k=1,2,\cdots,N)$，且

$$Y_k=\begin{bmatrix}y_{11}(t_k),y_{12}(t_k),\cdots,y_{1n}(t_k)\\y_{21}(t_k),y_{22}(t_k),\cdots,y_{2n}(t_k)\\\vdots\qquad\vdots\qquad\qquad\vdots\\y_{m1}(t_k),y_{m2}(t_k),\cdots,y_{mn}(t_k)\end{bmatrix}\qquad(k=1,2,\cdots,N)\tag{2-70}$$

若限定 $w^{\mathrm{T}}w=1$，当取 w 为矩阵 H 的最大特征值 $\lambda_{\max}(H)$ 所对应的（标准）特征向量时，σ^2 取最大值，且有 $\max\limits_{\|w\|=1}w^{\mathrm{T}}Hw=\lambda_{\max}(H)$。

计算出指标权重，把权重代入式（2-67），得到综合评价值，根据综合评价值 $v_i(t_k)$ 对方案进行排序。

如果考虑指标值增长性，按以下步骤进行计算。

（1）计算增长系数矩阵。

根据标准化矩阵 $y_{ij}(t_k)$ 可以计算增长系数矩阵 $b_{ij}(t_k)$：

$$b_{ij}(t_k) = y_{ij}(t_k) - y_{ij}(t_{k-1}) \quad (i = 1,2,\cdots,m; j = 1,2,\cdots,n; k = 1,2,\cdots,N) \tag{2-71}$$

（2）计算增长系数评价值。

$$\Delta v_i(t_k) = \sum_{j=1}^{n} w_j b_{ij}(t_k) \quad (i = 1,2,\cdots,m; k = 1,2,\cdots,N) \tag{2-72}$$

根据综合评价值 $\Delta v_i(t_k)$ 对方案指标值增长程度进行排序。

同时考虑各方案评价指标值的差异和增长性，各方案在 t_k 时刻的综合评价值

$$u_i(t_k) = \alpha v_i(t_k) + \beta \Delta v_i(t_k) \quad (i = 1,2,\cdots,m; k = 1,2,\cdots,N) \tag{2-73}$$

其中，α 和 β 表示相对重要程度，并且满足 $0 \leqslant \alpha, \beta \leqslant 1$，$\alpha + \beta = 1$。特别是当 $\alpha = 1, \beta = 0$ 时，有 $u_i(t_k) = v_i(t_k)$，它表示只考虑各指标值的差异；当 $\alpha = 0$，$\beta = 1$ 时，有 $u_i(t_k) = \Delta v_i(t_k)$，它表示只考虑各指标值的增长性。还需要指出，$b_{ij}(t_k)$ 的意义是，若 $b_{ij}(t_k) > 0$，则表示对指标值增长的一种奖励；若 $b_{ij}(t_k) < 0$，则表示对指标值减少的一种惩罚。根据综合评价值 $u_i(t_k)$ 对各时刻方案进行排序。

为了比较被评价对象（或系统）在 t_1 到 t_N 时间段的总体情况，可以进行二次加权。设 w_k 为第 t_k 期综合评价值的权重系数，且有 $\sum_{k=1}^{N} w_k = 1, w_k > 0$，则第 i 个被评价对象的综合评价值为

$$g_i = \sum_{k=1}^{N} w_k u_i(t_k) \tag{2-74}$$

可以根据综合评价值 g_i 对方案进行排序。

第二节　组合评价方法研究

一　相容方法集的确定

在实践中，由于不同的评价方法其机理相异，并且评价结论的表现形式不尽相同，以致不同方法之间不一定都具有可比性，而不可比的方法在应用中很难进行组合。因此，在定义相容方法集之前首先应该定义可比方法集。所谓可比方法集，是指运用不同方法对同一组对象进行评价时其结论之间具备（或可转化为具备）可比性的所有方法的集合 M。所谓可比性，是指不同方法的评价

结论是以同性质（或可转化为同性质）的指标来表示的。一般而言，不同方法对一组待评价对象应用时，如果其评价结论能以评价数值表现或直接以排序形式给出，其结论通过一定的数学变换（如归一化等）均可使之具有可比性。在以上定义的基础上本书将相容方法集定义为：在给定检验标准条件下适用于被评价对象的所有评价方法的集合 M_1，且 $M_1 \subseteq M$。

设对于某类评价问题可比方法集为 M，待评价对象集为 X，用第 i 种方法对 m 个待评价对象进行评价可得到评价结论向量 $u_i=(u_{i1}, u_{i2}, \cdots, u_{im})^{\mathrm{T}}$ $(i=1, 2, \cdots, b)$。根据定义，这里设以上评价结论向量具有可比性（或已转化为可比结论）。基于模糊数学的相容方法集确定的程序框图见图 2-1（陈国宏等，2007）。具体步骤说明如下。

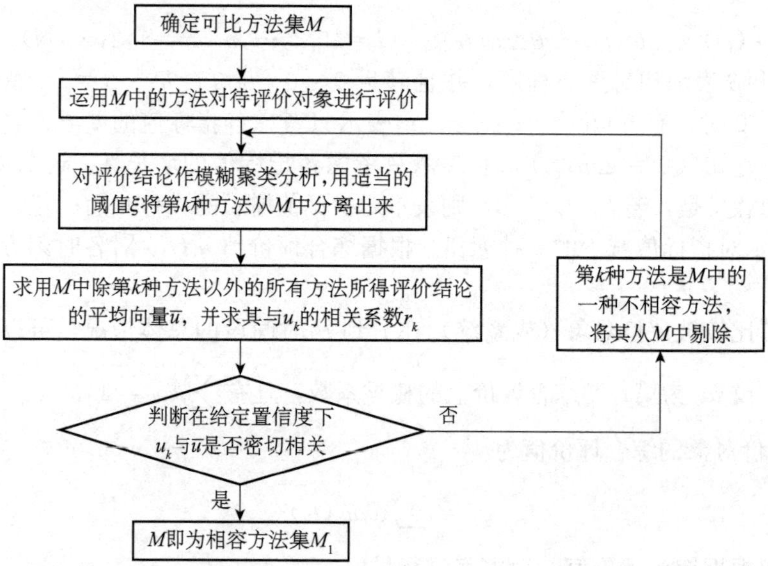

图 2-1　基于模糊数学的相容方法集确定的程序框图

（1）对上述 b 个评价结论向量作模糊聚类分析，在给定阈值 ξ 的情况下我们总可以将其分成两类，第一类仅由第 k 种方法的评价结论 $u_k=(u_{k1}, u_{k2}, \cdots, u_{km})^{\mathrm{T}}$组成，第二类由除 u_k 以外的所有向量组成。

（2）令

$$\bar{u}_j=\sum_{\substack{i=1\\ i\neq k}}^{b} u_{ij} \quad (j=1, 2, \cdots, m) \tag{2-75}$$

则可得到第二类评价结论的平均向量 $\bar{u}=(\bar{u}_1, \bar{u}_2, \cdots, \bar{u}_m)^{\mathrm{T}}$，以代表第二类评价结论总体。

（3）求 u_k 与 $\bar{u}$ 的相关系数 r_k。在一定显著性水平下根据 r_k 检验 u_k 与 $\bar{u}$ 的相

关性，进而判断第 k 种方法与第二类方法全体是否相容。

（4）如果检验结果认为 u_k 与 $\bar{u}$ 密切相关，则判定集合 M 中的 b 种方法都具有相容性，M 即为相容方法集 M_1；否则，判定第 k 种方法是 M 中的一种不相容方法并将其从 M 中剔除，然后对 M 中所剩余的 $b-1$ 种方法按以上步骤再进行检验，直至找到相容方法集 M_1。

二 基于综合评价值的组合评价方法

（一）基于方法集化的组合评价方法

1. 基于方法集化的组合评价模型

a. 可能的组合评价集

设相容方法集 M_1 中有 b 种评价方法，其中第 i 种评价方法对 m 个对象的评价结论为 $u_i=(u_{i1}, u_{i2}, \cdots, u_{im})^{\mathrm{T}}$（$i=1, 2, \cdots, b$），这样就存在着一个相容的评价结论集 $u=\{u_1, u_2, \cdots, u_b\}$。现在的问题是如何从这相容的评价结论集中组合出一个理想的评价结论。在此，我们首先提出一个“可能的组合评价集”的概念，它由 b 个相容的评价结论的任意凸线性组合构成，即令

$$u^0=\sum_{i=1}^{b} w_i u_i \tag{2-76}$$

这里将 u^0 视为基于相容评价结论集的一种可能的组合评价向量，它的全体 $\{u^0 \mid u^0=\sum_{i=1}^{b} w_i u_i, w_i \geqslant 0, \sum_{i=1}^{b} w_i=1\}$ 表示可能的组合评价集。

b. 评价方法集化模型

评价方法的集化就是要在可能的组合评价集中找到一个最满意的组合评价。本节关于评价方法集化的指导思想是在不同的相容评价结论中寻找一致或妥协，使确定的最满意的组合评价向量与所有相容方法的评价向量之间的总体偏差为最小。于是，陈国宏和李美娟（2004）构造如下非线性规划模型

$$\min_{(w_1, w_2, \cdots, w_b)} \sum_{i=1}^{b} \| u^0-u_i \|_2 \tag{2-77}$$

$$\text{s.t.} \sum_{i=1}^{b} w_i=1, \ w_i \geqslant 0$$

求解以上非线性规划模型，可求得与最满意的组合评价 $u^*=(u_1^*, u_2^*, \cdots, u_b^*)^{\mathrm{T}}$ 相应的最满意的组合权向量 $w^*=(w_1^*, w_2^*, \cdots, w_b^*)^{\mathrm{T}}$。这样我们即可求得最满意的组合评价

$$u^*=\sum_{i=1}^{b} w_i^* u_i \tag{2-78}$$

可以看出，求解以上非线性规划模型并不难，用 Matlab 软件可以很快地完成计算。

2. 组合评价结论的相容性检验

这里所指组合评价结论的相容性检验是指检验由以上公式解出的最满意的组合评价u^*是否与相容方法集中所有方法的评价结论在总体上相容。

对相容方法集M_1中的b种方法的b个评价结论向量及最满意的组合评价u^*作模糊聚类分析，在给定阈值ξ的情况下我们总可以将其分成两类，如果被单独分出的一个向量不是最满意的组合评价u^*，则判定最满意的组合评价结论与M_1中的b种方法的b个评价结论总体上具有相容性；否则，求最满意的组合评价u^*与相容方法集M_1中的b种方法的b个评价结论的平均向量$\bar{u}$的相关系数r_0，在一定显著性水平下根据r_0检验u^*与$\bar{u}$的相关性，进而判断最满意的组合评价结论与相容方法的评价结论全体是否相容，如果检验结果得到u^*与$\bar{u}$密切相关，则判定最满意的组合评价结论与相容方法的评价结论总体相容；否则，不相容，应重新寻求方法组合，直到有满意结论。

3. 基于方法集化的组合评价程序

基于方法集化的组合评价程序可用图 2-2 来表述。

（二）基于漂移度的组合评价方法

所谓漂移度，就是对单一评价方法评价结论相对于客观性结论偏移的一种度量指标。在基于多方法加权的组合评价中，它可作为决定单一方法权重的依据。漂移度越小，权重越大；而漂移度越大，权重越小。基于这一思想，我们提出了基于漂移度的组合评价方法。

基于漂移度的组合评价方法的基本思路如图 2-3 所示，具体说明如下。

（1）确定可比方法集M。

（2）运用M中的方法对待评价对象进行评价。

（3）基于模糊聚类分析法确定相容方法集M_1。

（4）求标准化处理后相容评价方法综合评价值的平均值，并作为各种方法评价结论漂移性测度的参照系。

（5）求各种相容评价方法标准化处理后的评价值与所有相容方法评价结论的平均值的相关系数r。

（6）求应用于组合评价的各种相容方法的漂移度。将漂移度定义为$p=1-r$。

（7）求各种相容方法基于漂移度的权重。

在漂移性测度的基础上，在组合时对漂移度大的评价方法应赋予较小的权重，对漂移度较小的评价方法应赋予较大的权重。设相容方法集M_1中有b种评

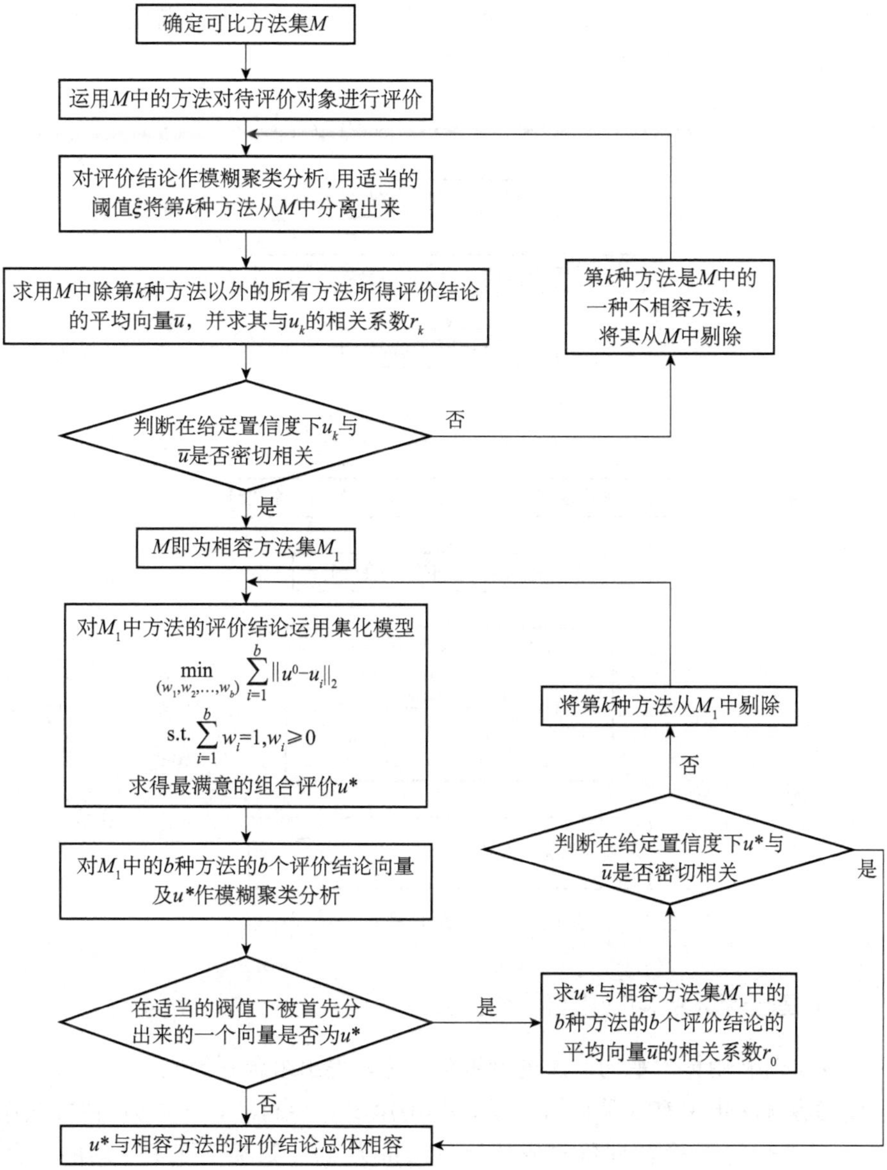

图 2-2 基于方法集化的组合评价程序框图

价方法，第 i 种方法的漂移度是 p_i，则第 i 种方法的权重如下

$$w_i = \frac{\max\limits_{1\leqslant i\leqslant b} p_i + \min\limits_{1\leqslant i\leqslant b} p_i - p_i}{\sum\limits_{i=1}^{b}\left(\max\limits_{1\leqslant i\leqslant b} p_i + \min\limits_{1\leqslant i\leqslant b} p_i - p_i\right)} \quad (i=1, 2, \cdots, b) \qquad (2\text{-}79)$$

（8）求基于漂移度的组合评价结论。

设第 i 种方法第 j 个待评价对象的评价结论为 u_{ij}，基于漂移度的权重为 w_i，则基于漂移度的组合评价结论 U_j 为

$$U_j = \sum_{i=1}^{b} w_i u_{ij} \qquad (i=1,\ 2,\ \cdots,\ b;\ j=1,\ 2,\ \cdots,\ m) \tag{2-80}$$

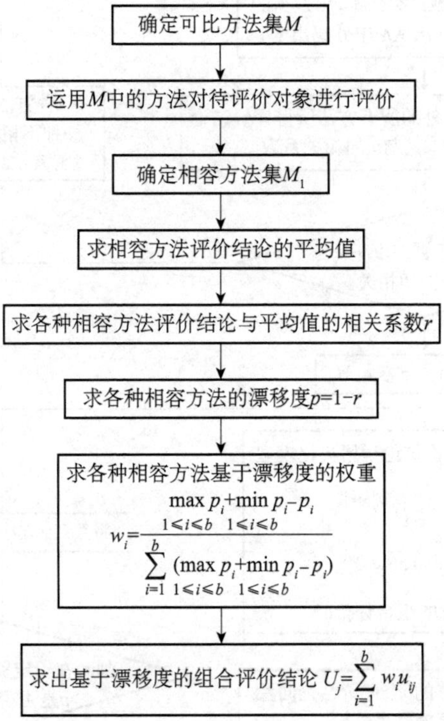

图 2-3　基于漂移度的组合评价方法程序框图

（三）基于算术平均的组合评价方法

对评价值利用算术平均值法进行组合评价，得出组合评价值。

设相容方法集中有 b 种评价方法，其中第 i（$i=1,\ 2,\ \cdots,\ b$）种方法第 j（$j=1,\ 2,\ \cdots,\ m$）个待评价对象的评价结论为 u_{ij}，则基于算术平均的组合评价方法的组合评价结论 U_j 为

$$U_j = \frac{1}{b}\sum_{i=1}^{b} u_{ij} \qquad (i=1,\ 2,\ \cdots,\ b;\ j=1,\ 2,\ \cdots,\ m) \tag{2-81}$$

（四）基于熵的组合评价方法

设第 i 种方法第 j 个待评价对象的评价结论为 u_{ij}，利用熵值法计算出的权

重为 w_i ，则基于熵的组合评价结论 U_j 为

$$U_j = \sum_{i=1}^{b} w_i u_{ij} \qquad (i=1,\ 2,\ \cdots,\ b;\ j=1,\ 2,\ \cdots,\ m) \tag{2-82}$$

（五）基于主成分的组合评价方法

把 b 种评价方法的评价结论看作 b 个向量，据主成分分析法的基本原理求代表性向量 Z_j（主成分）及其贡献率 w_j，按以下公式求组合向量

$$Z = \sum_{j=1}^{k} w_j Z_j \qquad (k\ 代表主成分个数) \tag{2-83}$$

以上组合向量 Z 即为基于主成分分析法的组合评价结论。

三 基于评价排序的组合评价方法

（一）排序平均值法

设 r_{ik} 为 x_i 方案在第 k 种方法下所排的位次，$i=1,\ 2,\ \cdots,\ m$；$k=1,\ 2,\ \cdots,\ b$，先用排序打分法将每种方法排序的名次转化成分数，$R_{ik}=m-r_{ik}+1$，即第 1 名得 m 分，…，第 m 名得 1 分，第 k 名得 $m-k+1$ 分，其中如有相同的名次，则取这几个位置的平均分；然后计算不同方法得分的平均值，$\bar{R}_i = \frac{1}{b}\sum_{k=1}^{b} R_{ik}$ ，按平均值重新排序。若有两个方案 $\bar{R}_i = \bar{R}_j$ ，则计算在不同方法下得分的方差 $\sigma_i = \sqrt{\sum (R_{ik} - \bar{R}_i)^2 / b}$ ，方差小者为优（郭显光，1995）。

（二）Borda 法

这是一种少数服从多数的方法。若评价认为 x_i 优于 x_j 的个数大于认为 x_j 优于 x_i 的个数，记为 $x_i \mathrm{S} x_j$ ，若两者个数相等，则记为 $x_i \mathrm{E} x_j$ 。

定义 Borda 矩阵 $B=\{b_{ij}\}_{m\times m}$

$$b_{ij} = \begin{cases} 1 & \mathrm{x}_i \mathrm{S}\ \mathrm{x}_j \\ 0 & 其他 \end{cases} \tag{2-84}$$

再定义方案 x_i 的得分为 $b_i = \sum_{j=1}^{m} b_{ij}$ ，b_i 即是方案 x_i“优”的次数，依 b_i 的大小再给 x_i 排序，若有 $b_i = b_j$ ，方差小者为优（郭显光，1995）。

（三）Copeland 法

Borda 法的优点是比较简单，但因没有区分“相等”和“劣”，也比较粗略。

Copeland 法和 Borda 法的不同之处是在计算“优”次数的同时还要计算“劣”的次数，即定义

$$c_{ij}=\begin{cases}1 & x_i S x_j \\ 0 & \text{其他} \\ -1 & x_j S x_i\end{cases} \tag{2-85}$$

再定义方案 x_i 的得分为 $c_i=\sum_{j=1}^{m} c_{ij}$ ，依 c_i 的大小再给 x_i 排序，若有 $c_i=c_j$ ，方差小者为优（郭显光，1995）。

（四）模糊 Borda 法

郭显光（1995）提出模糊 Borda 法在组合时考虑了两个因素，一是各种方法得分差异的因素，另一个是排序中位次因素，具体步骤如下。

（1）计算隶属度。

$$v_{ik}=\frac{u_{ik}-\min u_{ik}}{\max u_{ik}-\min u_{ik}}\times 0.9+0.1 \tag{2-86}$$

其中，$i=1, 2, \cdots, m$；$k=1, 2, \cdots, b$；u_{ik} 是 x_i 方案在第 k 种方法下的得分，v_{ik} 可认为是 x_i 在第 k 种方法下属于“优”的隶属度。

（2）计算模糊频数。

模糊频数为

$$f_{hi}=\sum_{k=1}^{b} \delta_{ih} v_{ik} \tag{2-87}$$

其中，$\delta_{ih}=\begin{cases}1 & \text{若 } x_i \text{ 在 } m \text{ 个评价对象中排在第 } h \text{ 位} \\ 0 & \text{否则}\end{cases}$

模糊频数为

$$W_{hi}=\frac{f_{hi}}{\sum_{k} f_{hi}} \tag{2-88}$$

W_{hi} 反映了得分差异因素。

（3）将被评价对象所排位次转换成位次得分，为拉开得分差距，定义

$$Q_h=\frac{1}{2}(m-h)(m-h+1) \tag{2-89}$$

Q_h 代表 x_i 在优序关系中排在第 h 位的得分。

（4）计算模糊 Borda 数。

$$FB_i=\sum_{h} W_{hi} Q_{hi} \tag{2-90}$$

四 基于一致性的组合评价方法

在现实中组合评价仍然存在结论的非一致性问题，即当采用不同的组合评价方法对同一组单一评价方法结论进行组合时结论也可能是不一致的。因此，评价结论的非一致性问题仍然没有解决。

事实上，对评价问题而言，人们很难证明哪种方法更合理，哪种结论更准确。因为对绝大多数的评价问题来说在现实中很难找到一个客观的验证标准，组合评价也是一样。通过不同方法的组合，可以达到取长补短的效果，也可以利用更多的信息，因此组合评价比单一方法评价更有效。为此，李美娟等（2009）提出了基于一致性的组合评价的思路，即利用组合评价方法对评价结论进行组合评价，经过多次组合直到得到一致性的评价结论。我们曾对这种组合评价的收敛性进行实验验证，实验结果表明该组合评价具有很好的收敛性，经过若干次组合后，几种组合评价结论能迅速趋于一致并得到一致性的评价结果，从而基本解决了多方法评价结论的非一致性问题。

基于一致性的组合评价方法的基本思路如图 2-4 所示，具体说明如下。

（1）数据准备。

准备好待评价对象指标值数据，利用改进的归一化法对数据进行标准化处理。

（2）确定可比方法集 M。

所谓可比方法集，是指运用不同方法对同一组对象进行评价时其结论之间具备（或可转化为具备）可比性的所有方法的集合 M。所谓可比性，是指不同方法的评价结论是以同性质（或可转化为同性质）的指标来表示的。一般而言，不同方法对一组待评价对象如果其评价结论能以评价值表现或直接以排序形式给出，其结论通过一定的数学变换（如归一化等）均可使之具有可比性。

（3）运用 M 中的方法对待评价对象进行评价。

（4）利用模糊聚类法确定相容方法集。

在可比方法集定义的基础上本研究将相容方法集定义为：在给定检验标准条件下适用于被评价对象的所有评价方法的集合 M_1，且 $M_1 \subseteq M$。

关于相容方法集的确定可按以下步骤进行：

第一，对方法集 M 中所有方法的评价结论向量作模糊聚类分析，在给定阈值 ξ 的情况下我们总可以将其分成两类，第一类仅由第 k 种方法的评价结论 u_k 组成，第二类由除 u_k 以外的所有向量组成。

第二，求第二类评价结论的平均向量 $\bar{u}$，以代表第二类评价结论总体。

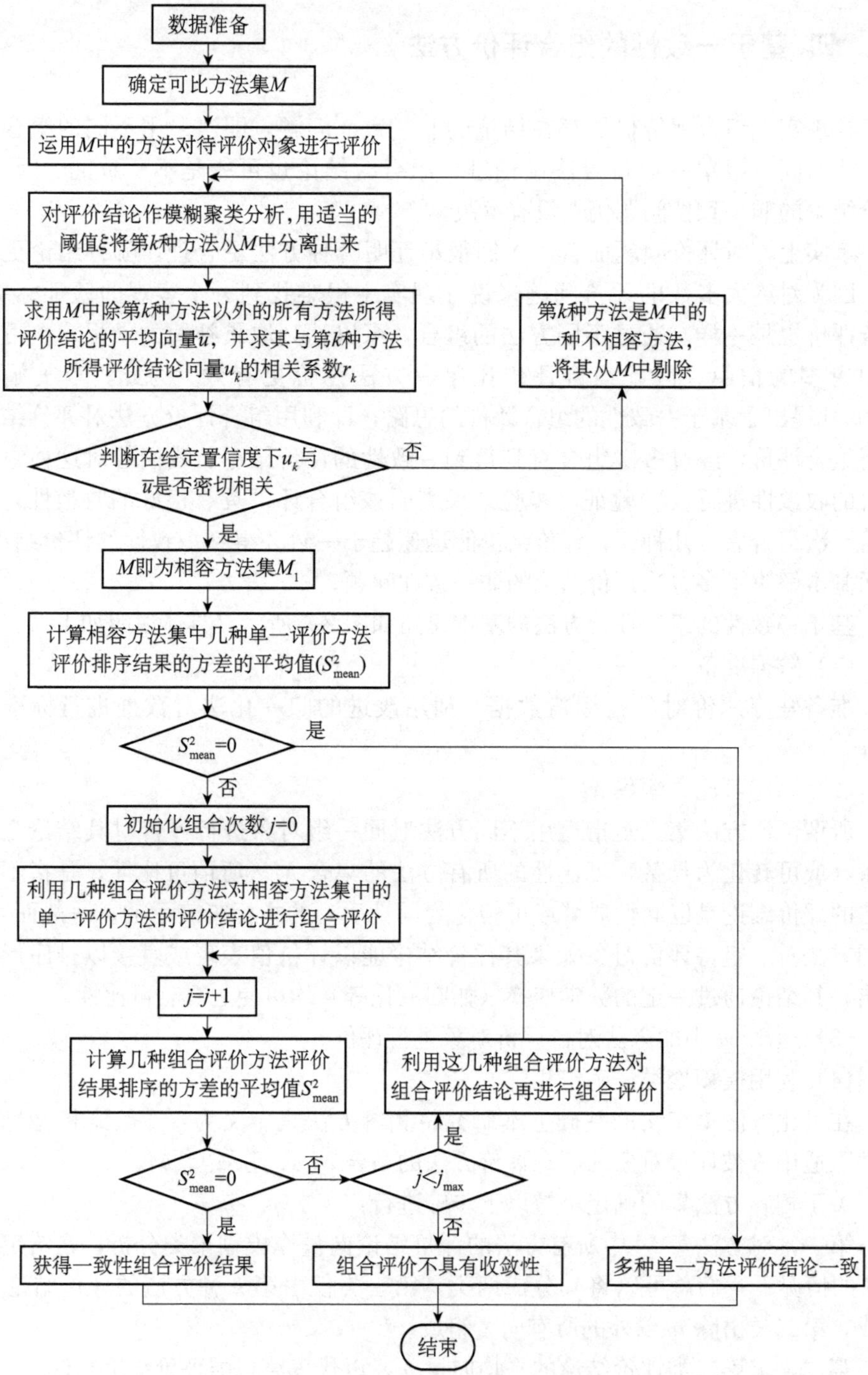

图 2-4　一致性组合评价方法思路图

第三，求 u_k 与 $\bar{u}$ 的相关系数 r_k。在一定显著性水平下根据 r_k 检验 u_k 与 $\bar{u}$ 的相关性，进而判断第 k 种方法与第二类方法全体是否相容。如果检验结果认为 u_k 与 $\bar{u}$ 密切相关，则判定集合 M 中的方法都具有相容性，M 即为相容方法集 M_1；否则，判定第 k 种方法是 M 中的一种不相容方法并将其从 M 中剔除，然后对 M 中所剩余方法按以上步骤再进行检验，直至找到相容方法集 M_1。

（5）计算相容方法集中几种单一评价方法的评价排序结果的方差的平均值 S_{mean}^2。

设有 m 个待评价对象，第 i 个待评价对象的不同方法评价结果排序的方差为 $s_i^2\ (i=1,\ 2,\ \cdots,\ m)$，$S_{\text{mean}}^2=\dfrac{1}{m}\sum\limits_{i=1}^{m}s_i^2$，检验 S_{mean}^2 是否等于0，如果 S_{mean}^2 等于0，说明几种单一评价方法的评价排序结果相同，实验结束；否则，初始化组合次数 $j=0$。

（6）利用几种组合评价方法对相容方法集中的单一评价方法所得结论进行组合评价。

（7）组合次数加1，即 $j=j+1$。

（8）计算几种组合评价方法评价结果排序的方差的平均值 S_{mean}^2。

设有 m 个待评价对象，第 i 个待评价对象的组合评价结果排序的方差为 s_i^2 $(i=1,\ 2,\ \cdots,\ m)$，$S_{\text{mean}}^2=\dfrac{1}{m}\sum\limits_{i=1}^{m}s_i^2$。

（9）组合评价收敛性检验。

检验 S_{mean}^2 是否等于0，如果 S_{mean}^2 等于0，表明组合评价具有收敛性，组合评价结论作为最终评价结果，结束；否则，检验组合评价次数 j 是否小于事先给定的允许的组合次数 $j_{\max}$，如果 $j<j_{\max}$，就利用这几种组合评价方法对组合评价结果继续进行组合，重复步骤（7）到（9）；如果 $j\geqslant j_{\max}$，说明组合评价不具有收敛性，结束。

第三节　动态组合评价方法研究

一　动态组合评价问题的提出

应用不同的方法对同一对象进行评价所得到的结果往往存在着差异（非一致性），同时每一种方法都各有其优缺点，无法说明哪一种方法好或不好，仅采用一种方法进行评价无疑具有一定的片面性。为解决多方法评价结论非一致性问题，目前有不少学者提出了组合评价的思路，但在现实中组合评价仍然存在结论的非一致性问题，即当采用不同的组合评价方法对同一组单一综合评价方法结论进行组合时结论也可能是不一致的。但组合评价的作用无疑表明组合评价比单一综合评价方法更有效。陈国宏和李美娟（2005）曾对组合评价的收敛性进行验证实验，实验结果表明组合评价具有很好的收敛性，经过若干次组合后，几种组合评价结论能迅速趋于一致并得到一致性的评价结果，从而基本解决了多方法评价结论的非一致性问题。在此基础上，李美娟等（2009）提出了基于一致性的组合评价方法，即利用组合评价方法对评价结论进行组合评价，经过多次组合直到得到一致性的评价结论。

同理，利用不同的动态评价方法对相同的评价对象进行评价，所得到的评价结论也存在非一致性问题。为了解决多种动态评价方法评价结论非一致性问题，笔者提出动态组合评价，即利用组合评价方法对动态评价方法所得到的评价结论进行组合评价。笔者提出相容动态评价方法集概念及其确定方法，并提出以下几种基于综合评价值的动态组合评价方法：基于方法集化的动态组合评价方法、基于漂移度的动态组合评价方法、基于评价值算术平均的动态组合评价方法、基于熵值法的动态组合评价方法、基于灰色关联度法的动态组合评价方法和基于主成分的动态组合评价方法。此外，还提出了基于评价排序的动态组合评价方法和基于一致性的动态组合评价方法。

二 相容动态评价方法集的确定

（一）相容动态评价方法集的定义

在实践中，由于不同的动态评价方法其机理相异，并且评价结论的表现形式不尽相同，以致不同方法之间不一定都具有可比性，而不可比的方法在应用中很难进行组合。因此，在定义相容动态评价方法集之前首先应该定义可比动态评价方法集。所谓可比动态评价方法集，是指运用不同的动态评价方法对同一组对象进行评价时其结论之间具备（或可转化为具备）可比性的所有方法的集合 M_0。所谓可比性，是指不同动态评价方法的评价结论是以同性质（或可转化为同性质）的指标来表示的。一般而言，不同动态评价方法对一组待评价对象进行评价时，如果其评价结论能以评价值表现或直接以排序形式给出，其结论通过一定的数学变换（如归一化等）均可使之具有可比性。在以上定义的基础上将相容动态评价方法集定义为：在给定检验标准条件下适用于被评价对象的所有动态评价方法的集合 M_1，且 $M_1 \subseteq M_0$。

（二）相容动态评价方法集的确定方法

相容动态评价方法集可以通过直观判断法和模糊聚类分析法进行确定。

直观判断法：如果某种动态评价方法的评价结果与客观实际明显不相符，就将该方法删除。

设对于某类评价问题，可比动态评价方法集为 M_0，待评价对象集为 X，用第 $j(j=1,2,\cdots,b)$ 种方法对 m 个待评价对象在 $t_k(k=1,2,\cdots,N)$ 时刻进行评价可得到评价结论向量 $u_j(t_k)=[u_{1j}(t_k),u_{2j}(t_k),\cdots,u_{mj}(t_k)]^T$。根据定义，这里设以上评价结论向量具有可比性（或已转化为可比结论）。利用模糊聚类分析法确定相容动态评价方法集可按以下步骤进行。

步骤 1，对 $t_k(k=1,2,\cdots,N)$ 时刻上述 b 个评价结论向量（列）作模糊聚类分析，在给定阈值 ζ 的情况下总可以将其分成两类，第一类仅由第 l 种方法的评价结论 $u_l(t_k)=[u_{1l}(t_k),u_{2l}(t_k),\cdots,u_{ml}(t_k)]^T$ 组成，第二类由除 u_l（t_k）以外的所有向量组成。

步骤 2，令

$$\bar{u}_i(t_k)=\sum_{\substack{j=1\\ j\neq l}}^{b}u_{ij}(t_k)\qquad(i=1,2,\cdots,m)\tag{2-91}$$

则可得到 t_k 时刻第二类评价结论的平均向量 $\bar{u}(t_k)=[\bar{u}_1(t_k),\bar{u}_2(t_k),\cdots,\bar{u}_m(t_k)]^T$，以代表第二类评价结论总体。

步骤 3，求 $u_l(t_k)$ 与 $\bar{u}(t_k)$ 的相关系数 $r_l(t_k)$。在一定显著性水平下根据 r_l（t_k）检验 $u_l(t_k)$ 与 $\bar{u}(t_k)$ 的相关性，进而判断第 l 种方法与第二类方法全体是否相容。

步骤 4，如果检验结果认为 $t_k(k=1,2,\cdots,N)$ 时刻 $u_l(t_k)$ 与 $\bar{u}(t_k)$ 密切相关，则判定 $t_k(k=1,2,\cdots,N)$ 时刻集合 M_0 中的 b 种方法都具有相容性，M_0 即为 $t_k(k=1,2,\cdots,N)$ 时刻相容动态评价方法集 $M_1(t_k)$；否则，判定 $t_k(k=1,2,\cdots,N)$）时刻第 l 种方法是 M_0 中的一种不相容方法并将其从 M_0 中剔除，然后对 M_0 中所剩余的 $b-1$ 种方法按以上步骤再进行检验，直至找到 $t_k(k=1,2,\cdots,N)$ 时刻相容动态评价方法集 $M_1(t_k)$。

步骤 5，在任意时刻 $t_k(k=1,2,\cdots,N)$ 都相容的 $M_1(t_k)$ 为相容动态评价方法集 M_1。

三 基于综合评价值的动态组合评价方法

（一）基于方法集化的动态组合评价方法

1）可能的组合评价集

设相容方法集 M_1 中有 b 种动态评价方法，其中第 j 种动态评价方法对 m 个

对象 $t_k(k=1,2,\cdots,N)$ 时刻的评价结论为 $u_j(t_k)=[u_{1j}(t_k),u_{2j}(t_k),\cdots,u_{mj}(t_k)]^T$ $(j=1,2,\cdots,b)$，这样就存在着一个相容的评价结论集 $u(t_k)=\{u_1(t_k),u_2(t_k),\cdots,u_b(t_k)\}$。现在的问题是如何从这相容的评价结论集中组合出一个理想的评价结论。在此，首先提出一个“可能的组合评价集”的概念，它由 b 个相容的评价结论的任意凸线性组合构成，即令

$$u^0(t_k)=\sum_{j=1}^{b}w_j(t_k)u_j(t_k) \qquad (j=1,2,\cdots,b;k=1,2,\cdots,N) \tag{2-92}$$

这里将 u^0 视为基于相容评价结论集的一种可能的组合评价向量，它的全体 $\{u^0 \mid u^0(t_k)=\sum_{j=1}^{b}w_j(t_k)u_j(t_k)$，这里 $w_j(t_k)\geqslant 0$，$\sum_{j=1}^{b}w_j(t_k)=1\}$ 表示可能的组合评价集。

2）动态评价方法集化模型

评价方法的集化就是要在可能的组合评价集中找到一个最满意的组合评价。关于评价方法集化的指导思想是在不同的相容评价结论中寻找一致或妥协，使确定的最满意的组合评价向量与所有相容方法的评价向量之间的总体偏差为最小。于是，可构造如下非线性规划模型

$$\text{Min}\sum_{j=1}^{b}[u^0(t_k)-u_j(t_k)]^2 \tag{2-93}$$

$$\text{s. t.}\begin{cases}\sum_{j=1}^{b}w_j(t_k)=1\\ w_j(t_k)\geqslant 0\end{cases}$$

求解以上非线性规划模型，可求得与最满意的组合评价值 $u^*(t_k)$ 相应的最满意的组合权向量 $w^*(t_k)=[w_1^*(t_k),w_2^*(t_k),\cdots,w_b^*(t_k)]^T$。这样即可求得最满意的组合评价

$$u^*(t_k)=\sum_{j=1}^{b}w_j^*(t_k)u_j(t_k) \tag{2-94}$$

3）动态组合评价结论的相容性检验

这里所指的组合评价结论的相容性检验是指检验由式（2-94）解出的最满意的组合评价 $u^*(t_k)$ 是否与相容方法集中所有方法的评价结论在总体上相容。

对相容方法集 M_1 中的 b 种方法的 b 个评价结论向量及最满意的组合评价 $u^*(t_k)$ 作模糊聚类分析，在给定阈值 ζ 的情况下总可以将其分成两类，如果被单独分出的一个向量不是最满意的组合评价 $u^*(t_k)$，则判定最满意的组合评价结论与 M_1 中的 b 种方法的 b 个评价结论总体上具有相容性；否则，求最满意的组合评价 $u^*(t_k)$ 与相容方法集 M_1 中的 b 种方法的 b 个评价结论的平均向量 $\bar{u}(t_k)$ 的相关系数 $r_0(t_k)$，在一定显著性水平下根据 $r_0(t_k)$ 检验 $u^*(t_k)$ 与 $\bar{u}(t_k)$

的相关性，进而判断最满意的组合评价结论与相容方法的评价结论全体是否相容，如果检验结果得到 $u^*(t_k)$ 与 $\overline{u}(t_k)$ 密切相关，则判定最满意的组合评价结论与相容方法的评价结论总体相容；否则，不相容，应重新寻求方法组合，直到有满意结论。

（二）基于漂移度的动态组合评价方法

本节将漂移性定义为评价结论与客观实际的不一致性。漂移度是单一动态评价方法评价结论漂移性的测度。

1）基本假设

关于单一动态评价方法评价结论漂移性的测度研究基于以下基本假设。

假设 1：漂移性假设。对同一对象运用多种不同的动态评价方法分别进行评价时客观上存在着结论的漂移性问题，即评价结论与客观实际存在一定的差异，同时运用不同方法所得结论之间也存在差异。

假设 2：相容性假设。不同的动态评价方法对不同的待评价问题适用程度是有差异的，有些可能是根本不适用的。对某特定的待评价问题而言，不适用的方法称为不相容方法，适用的方法称为相容的方法。

2）基本思路

所谓评价漂移度，就是对单一评价方法评价结论相对于客观性结论偏移的一种度量指标。在基于多方法加权的组合评价中，它可作为决定单一方法权重的依据。漂移度越小，权重越大；漂移度越大，权重越小。基于这一思想，提出了基于漂移度的动态组合评价方法。

基于漂移度的动态组合评价方法的基本思路具体说明如下。

步骤 1，确定可比动态评价方法集 M_0。

步骤 2，运用 M_0 中的动态评价方法对待评价对象进行评价。

步骤 3，基于模糊聚类分析法确定相容动态评价方法集 M_1。

步骤 4，求标准化处理后相容动态评价方法综合评价值的平均值，并作为各种动态评价方法评价结论漂移性测度的参照系。

步骤 5，求 t_k 时刻各种相容动态评价方法标准化处理后的评价值 $u_{ij}(t_k)$ $(i=1,2,\cdots,m;\ j=1,2,\cdots,b)$ 与所有相容动态评价方法评价结论的平均值（按行算每个评价对象 b 种方法评价结论的平均值）$\overline{u}(t_k)$ 的相关系数（列相关系数）$r_j(t_k)$。

步骤 6，求应用于组合评价的各种相容动态评价方法的漂移度。将漂移度定义为 $p_j(t_k)=1-r_j(t_k)$ $(j=1,2,\cdots,b)$。

步骤 7，求各种相容动态评价方法基于漂移度的权重。

在漂移性测度的基础上，在组合时对漂移度大的评价方法应赋予较小的权重，对漂移度小的评价方法应赋予较大的权重。设相容方法集 M_1 中有 b 种评价方法，t_k时刻第 j 种方法的漂移度是 p_j（t_k），则 t_k时刻第 j 种方法的权重如下

$$w_j(t_k)=\frac{\max\limits_{1\leqslant j\leqslant b}p_j(t_k)+\min\limits_{1\leqslant j\leqslant b}p_j(t_k)-p_j(t_k)}{\sum\limits_{j=1}^{b}\left[\max\limits_{1\leqslant j\leqslant b}p_j(t_k)+\min\limits_{1\leqslant j\leqslant b}p_j(t_k)-p_j(t_k)\right]}\quad(j=1,2,\cdots,b;k=1,2,\cdots,N)\tag{2-95}$$

步骤 8，求基于漂移度的组合评价结论。

设 t_k时刻第 i 个待评价对象第 j 种方法的评价结论为 $u_{ij}(t_k)$，基于漂移度的权重为 w_j（t_k），则基于漂移度的组合评价结论 $U_i(t_k)$ 为

$$U_i(t_k)=\sum_{j=1}^{b}w_j(t_k)u_{ij}(t_k)\qquad(i=1,2,\cdots,m;j=1,2,\cdots,b;k=1,2,\cdots,N)\tag{2-96}$$

（三）基于评价值算术平均的动态组合评价方法

对于动态评价值利用算术平均值法进行组合评价，得出动态组合评价值。

设相容动态评价方法集中有 b 种评价方法，$t_k(k=1,2,\cdots,N)$ 时刻第 i $(i=1,2,\cdots,m)$ 个待评价对象第 j $(j=1,2,\cdots,b)$ 种方法的评价结论为 $u_{ij}(t_k)$，则基于评价值算术平均的动态组合评价方法的评价结论 $U_i(t_k)$ 为

$$U_i(t_k)=\frac{1}{b}\sum_{j=1}^{b}u_{ij}(t_k)\quad(i=1,2,\cdots,m;j=1,2,\cdots,b;k=1,2,\cdots,N)\tag{2-97}$$

（四）基于熵值法的动态组合评价方法

设 $t_k(k=1,2,\cdots,N)$ 时刻第 i 个待评价对象第 j 种动态评价方法的评价结论为 $u_{ij}(t_k)$，利用熵值法计算出第 j 种动态评价方法的权重 w_j（t_k），则基于熵值法的动态组合评价结论 $U_i(t_k)$ 为

$$U_i(t_k)=\sum_{j=1}^{b}w_j(t_k)u_{ij}(t_k)\quad(i=1,2,\cdots,m;j=1,2,\cdots,b;k=1,2,\cdots,N)\tag{2-98}$$

（五）基于灰色关联度法的动态组合评价方法

该方法的基本思想是根据曲线间的相似程度来判断关联程度，即两条曲线越相似，其关联度越大；反之，则越小。利用灰色关联度法进行动态组合评价时，可以先引入一个动态评价值最大的理想对象作为参考序列（母序列），求出

各对象（子序列）与参考序列（母序列）的关联度。设相容动态评价方法集中有 b 种动态评价方法，$t_k(k=1,2,\cdots,N)$ 时刻第 $i\ (i=1,2,\cdots,m)$ 个待评价对象第 $j\ (j=1,2,\cdots,b)$ 种动态评价方法的评价结论为 $u_{ij}(t_k)$。

设 $t_k(k=1,2,\cdots,N)$ 时刻有母序列 $u_{01}(t_k)$，$u_{02}(t_k)$，…，$u_{0b}(t_k)$ 和子序列 $u_{i1}(t_k)$，$u_{i2}(t_k)$，…，$u_{ib}(t_k)$，则称

$$\xi_{ij}(t_k)=\frac{\min\limits_{i}\min\limits_{j}|u_{0j}(t_k)-u_{ij}(t_k)|+\rho\max\limits_{i}\max\limits_{j}|u_{0j}(t_k)-u_{ij}(t_k)|}{|u_{0j}(t_k)-u_{ij}(t_k)|+\rho\max\limits_{i}\max\limits_{j}|u_{0j}(t_k)-u_{ij}(t_k)|} \tag{2-99}$$

为第 i 个待评价对象第 j 种方法的关联系数。$\rho\in[0,1]$，称为分辨系数，一般取 $\rho=0.5$。

则 $t_k(k=1,2,\cdots,N)$ 时刻第 i 个待评价对象的动态组合评价值 $U_i(t_k)$ 为

$$U_i(t_k)=\sum_{j=1}^{b}\frac{1}{b}\xi_{ij}(t_k) \tag{2-100}$$

根据关联度 $U_i(t_k)$ 进行排序，显然，$U_i(t_k)$ 大的方案优于 $U_i(t_k)$ 小的方案。

（六）基于主成分分析法的动态组合评价方法

把 t_k（$k=1, 2, \cdots, N$）时刻 b 种方法的动态评价结论看作 b 个向量，据主成分分析法的基本原理求代表性向量 $Z_j(t_k)$（主成分）及其贡献率 $w_j(t_k)$，按以下公式求组合向量

$$Z(t_k)=\sum_{j=1}^{k}w_j(t_k)Z_j(t_k)\qquad (k\text{ 代表主成分个数}) \tag{2-101}$$

以上组合向量 $Z(t_k)$ 即为基于主成分分析法的动态组合评价结论。

四 基于评价排序的动态组合评价方法

首先应用动态评价方法求出被评价对象（或系统）s_i 在时刻 t_k 处的动态综合评价值及排序值，再利用排序平均值法、Borda 法、Copeland 法基于评价排序的组合评价方法对动态排序值进行组合，得到各被评价对象（系统）动态组合排序值。

（一）基于评价排序平均值的动态组合评价方法

设 $r_{ij}(t_k)$ 为 t_k（$k=1, 2, \cdots, N$）时刻第 i（$i=1, 2, \cdots, m$）个评价对象（方案、系统）在第 j（$j=1, 2, \cdots, b$）种方法下所排的位次。

先用排序打分法将每种方法排序的名次转化成分数，$R_{ij}(t_k)=m-r_{ij}(t_k)+1$，

即第1名得 m 分，…，第 m 名得1分，第 k 名得 $m-k+1$ 分。

然后计算不同方法得分的平均值，$\bar{R}_i(t_k)=\dfrac{1}{b}\sum_{j=1}^{b}R_{ij}$ (2-102)

按得分平均值 $\bar{R}_i(t_k)$ 重新排序。若有两个方案得分平均值 $\bar{R}_i(t_k)$ 相等，则计算在不同方法下得分的方差 $\sigma_i(t_k)=\sqrt{\sum[R_{ij}(t_k)-\overline{R_i}(t_k)]^2/b}$ ，方差小者为优。

（二）基于Borda法的动态组合评价方法

这是一种少数服从多数的方法。t_k（$k=1,2,\cdots,N$）时刻，若评价认为 x_i 优于 x_j 的个数大于认为 x_j 优于 x_i 的个数，记为 $x_i\mathrm{S}x_j$；若两者个数相等，则记为 $x_i\mathrm{E}x_j$。

定义Borda矩阵 $B(t_k)=\{b_{ij}(t_k)\}_{m\times m}$

$$b_{ij}(t_k)=\begin{cases}1 & x_i\mathrm{S}x_j\\0 & \text{其他}\end{cases} \tag{2-103}$$

再定义 t_k（$k=1,2,\cdots,N$）时刻方案 x_i 的得分为 $b_i(t_k)=\sum_{j=1}^{m}b_{ij}(t_k)$，$b_i(t_k)$ 即是 t_k 时刻方案 x_i “优”的次数，依 $b_i(t_k)$ 的大小再给 x_i 排序，若有 $b_i(t_k)=b_j(t_k)$，方差小者为优。

（三）基于Copeland法的动态组合评价方法

Borda法的优点是比较简单，但因没有区分“相等”和“劣”，也比较粗略。Copeland法和Borda法的不同之处是在计算“优”次数的同时还要计算“劣”的次数，即定义

$$c_{ij}(t_k)=\begin{cases}1 & x_i\mathrm{S}x_j\\0 & \text{其他}\\-1 & x_j\mathrm{S}x_i\end{cases} \tag{2-104}$$

再定义 t_k（$k=1,2,\cdots,N$）时刻方案 x_i 的得分为 $c_i(t_k)=\sum_{j=1}^{m}c_{ij}(t_k)$，依 $c_i(t_k)$ 的大小再给 x_i 排序，若有 $c_i(t_k)=c_j(t_k)$，方差小者为优。

五 基于一致性的动态组合评价方法

利用以上动态组合评价方法对相同待评价对象进行评价，动态组合评价结论还可能非一致。因此，提出基于一致性的动态组合评价方法，即应用基于一致性的组合评价方法对基于综合评价值的动态组合评价值或者基于排序的动态

组合排序值进行组合或者再组合，直到得到一致性的组合排序值为止。

基于一致性的动态组合评价方法的基本步骤如下。

步骤 1，确定可比动态评价方法集 M_0。

步骤 2，运用 M_0 中的动态评价方法对待评价对象进行动态评价。

步骤 3，确定相容动态评价方法集。通过直观判断和模糊聚类分析确定相容动态评价方法集。

步骤 4，计算相容动态评价方法集中几种单一动态评价方法 $t_k(k=1,2,\cdots,N)$ 时刻评价排序结果的方差的平均值 $S_{\text{mean}}^2(t_k)$。设有 m 个待评价对象，$t_k(k=1,2,\cdots,N)$ 时刻第 i 个待评价对象的不同方法评价结果排序的方差为 $s_i^2(t_k)\ (i=1,2,\cdots,m)$，$S_{\text{mean}}^2(t_k)=\dfrac{1}{m}\sum\limits_{i=1}^{m}s_i^2(t_k)$，检验 $S_{\text{mean}}^2(t_k)$ 是否等于 0，如果 $S_{\text{mean}}^2(t_k)$ 等于 0，说明几种单一动态评价方法的评价排序结果相同，作为最终评价排序结果，结束（实际中这种情况极少见，多方法评价结论非一致性普遍存在）；否则，初始化组合次数 $\tau=0$，进入下一步（步骤 5）。

步骤 5，利用几种组合评价方法对相容动态评价方法集中的单一动态评价方法的评价结论进行组合评价。利用基于综合评价值的动态组合评价方法（如基于评价值算术平均的动态组合评价方法、基于漂移度的动态组合评价方法、基于方法集化的动态组合评价方法、基于熵值法的动态组合评价方法、基于灰色关联度法的动态组合评价方法等）或基于评价排序的动态组合评价方法对相容方法集中的动态评价方法的评价结论进行组合评价。

步骤 6，组合次数加 1，即 $\tau(t_k)=\tau(t_k)+1$。

步骤 7，计算 $t_k(k=1,2,\cdots,N)$ 时刻几种动态组合评价方法评价结果排序的方差的平均值 $S_{\text{mean}}^2(t_k)$。设有 m 个待评价对象，第 i 个待评价对象的组合评价结果排序的方差为 $s_i^2(t_k)\ (i=1,2,\cdots,m)$，$S_{\text{mean}}^2(t_k)=\dfrac{1}{m}\sum\limits_{i=1}^{m}s_i^2(t_k)$。

步骤 8，组合评价收敛性检验。检验 $S_{\text{mean}}^2(t_k)$ 是否等于 0，如果 $S_{\text{mean}}^2(t_k)$ 等于 0，表明组合评价已经收敛，收敛（一致）的动态组合评价结论作为最终评价结果，结束。否则，检验组合评价次数 $\tau(t_k)$ 是否小于事先给定的允许的组合次数 $\tau_{\max}$，如果 $\tau(t_k)<\tau_{\max}$，就利用这几种组合评价方法对组合评价结果继续进行组合，转步骤 6，重复步骤 6 到步骤 8；如果 $\tau(t_k)\geqslant\tau_{\max}$，说明经过 $\tau_{\max}$ 次组合，还未收敛，转步骤 1 重新确定可比动态评价方法集和相容动态评价方法集。

基于一致性的动态组合评价方法具有以下优点：既可以基本解决多方法评价结论的非一致性问题，又可以得到各评价对象各时刻和总体的动态组合评价结论。利用基于一致性的动态组合评价方法对区域自主创新能力进行动态组合评价。

第四节 预测方法研究

一 常用的单项预测方法

（一）移动平均法

设时间序列为 x_1，x_2，…，x_N，即样本容量为 N，有 N 个历史数据。所谓移动平均，是指每次移动地求出算术平均值（李工农等，2007）。若每次按 n（$1\leqslant n\leqslant N$）个数据移动地求平均值，那么第 t 时点的移动平均值 M_t 为

$$M_t=\frac{1}{n}(x_{t-n+1}+\cdots+x_{t-1}+x_t) \tag{2-105}$$

其中，$1\leqslant n\leqslant t$，而 M_t 作为第 t 时点的移动平均值，即可作为第 $t+1$ 时点的预测值 y_{t+1}：$y_{t+1}=M_t$。

显然，取不同的 n 就有不同的移动平均值，同时也容易看出，当 $1<n<N$ 时，移动平均值随着 n 的增大，M_t 越显均匀（称为修匀）。因此，应该选择一个较为合理的 n 值来做移动平均。选择较为合理的 n 值的方法是：在计算多个移动平均值（对应多个 n）后，计算各自的均方差 $\mathrm{MSE}_{(n)}$。比较不同的均方差，最小者对应的移动平均值是合适的。这个方法称为均方差检验。实际上，$\mathrm{MSE}_{(n)}$ 的值反映了移动平均值与历史数据的拟合程度，所以这种挑选方法是合理的。

移动平均法的适用范围狭窄，一般针对变化较为平稳、用于短期预测的时间序列。移动平均法的实质是通过求若干个样本观察值的算术平均来消除不规则的、随机的扰动。如果考虑到不同时点值对预测值的影响，那么就有加权移动平均。此外，还可以在移动平均值数列的基础上再作移动平均，以期反映出时间序列的长期趋势性。

（二）指数平滑法

指数平滑法的思想也是对时间序列进行修匀，以消除不规则和随机的扰动。该方法是建立在如下基础上的加权平均法，即认为时间序列中的近期数据对未来值的影响比早期数据对未来值的影响更大。于是，通过对时间序列的数据进行加权处理，越是近期的数据，其权数越大；反之，权数就越小。这样就将数据修匀了，并反映出时间序列中对预测时点值的影响程度。根据修匀的要求，可以有一次、两次甚至三次指数平滑（李工农等，2007）。

1）一次指数平滑法

设时间序列为 x_1，x_2，…，x_N，一次指数平滑数列的递推公式为

$$S_t^1 = ax_t + (1-a)S_{t-1}^1 \qquad (0<a<1,\ 1\leqslant t\leqslant N) \tag{2-106}$$

其中，S_t^1 表示第 t 时点的一次指数平滑值，a 称为平滑系数。初始值 S_0^1 常用时间序列的首项或最初几期历史数据的平均值。

第 $t+1$ 时点的预测值 y_{t+1} 等于第 t 时点的一次指数平滑值 S_t^1，即 $y_{t+1}=S_t^1$。

类似于移动平均法，同一个问题随着平滑系数的不同可以有若干个一次指数平滑预测值。若 $0<a<1$ 且比较接近 1 时，计算得到的一次指数平滑值对原历史数据的修匀程度将较小，平滑后的数列值 S_t^1 能够比较快地反映出原时间序列的实际变化，因此，对于变化较大或趋势性较强的时间序列适合选择比较靠近 1 的数据作为平滑系数。若 $0<a<1$ 且比较接近 0 时，计算得到的一次指数平滑值对原历史数据的修匀程度将较大，平滑后的数列值 S_t^1 对原时间序列的变化反映迟钝，因此，对于变化较小或接近平稳的时间序列适合选择比较靠近 0 的数据作为平滑系数。因此，应该在一个合适的评价标准基础上选择一个合理的平滑系数 a。其方法是：首先计算与在原则上合理的多个平滑系数 a 相对应的平滑数列，然后分别计算其均方差 MSE 或计算其平均绝对误差 MAD，以 MSE 或 MAD 最小者对应的平滑系数及其预测值为最合理的。

2）二次指数平滑法

对于呈现出线性趋势的时间序列，在一次指数平滑数列的基础上用同一个平滑系数 a 再进行一次指数平滑，就是二次指数平滑。构成二次指数平滑数列 S_t^2 的递推公式如下

$$\begin{cases} S_t^1 = ax_t + (1-a)S_{t-1}^1 \\ S_t^2 = aS_t^1 + (1-a)S_{t-1}^2 \end{cases} \tag{2-107}$$

二次指数平滑的目的是对原时间序列进行两次修匀，使得其不规则变动或周期变动尽量消除掉，让时间序列的长期趋势性更能显示出来。对于平滑系数，同样有一个合理选取的问题。其方法与一次指数平滑法一样，先选取原则上较合理的多个 a 值分别计算，得到不同的数列 S_t^1 和 S_t^2，再根据均方差 MSE 或平均绝对误差 MAD 最小原则确定较为合理的 a 值，并得到相应的二次指数平滑值。

由于上面讲的二次指数平滑的目的，二次指数平滑法较适用于具有线性趋势的时间序列，线性趋势预测模型为

$$y_{t+T} = a_t + b_t T \tag{2-108}$$

其中，T 表示自 T 时点起向前预测的时点数，满足：

$$a_t = S_t^1 + (S_t^1 - S_t^2) = 2S_t^1 - S_t^2 \tag{2-109}$$

$$b_t = \frac{a}{1-a}(S_t^1 - S_t^2) \tag{2-110}$$

3）布朗非线性指数平滑法

当时间序列呈现非线性趋势时，可以采用布朗非线性指数平滑法进行预测。其基本原理是在一次指数平滑数列、二次指数平滑数列的基础上，再进行一次指数平滑，即三次指数平滑，然后，以此对非线性模型（这里就是二次曲线模型）的参数进行估计，从而达到对非线性时间序列进行预测的目的。

设时间序列为 x_1，x_2，…，x_N，那么，第 t 时点的三次指数平滑数列的递推公式为

$$\begin{cases} S_t^1 = ax_t + (1-a)S_{t-1}^1 \\ S_t^2 = aS_t^1 + (1-a)S_{t-1}^2 \\ S_t^3 = aS_t^2 + (1-a)S_{t-1}^3 \end{cases} \tag{2-111}$$

根据选定的较合理的平滑系数 a 值的计算结果 S_t^1 、S_t^2 和 S_t^3 ，按式（2-112）计算系数。

$$a_t = 3S_t^1 - 3S_t^2 + S_t^3 \tag{2-112}$$

$$b_t = \frac{a}{2(1-a)^2}[(6-5a)S_t^1 - (10-8a)S_t^2 + (4-3a)S_t^3]$$

$$c_t = \frac{a^2}{2(1-a)^2}(S_t^1 - 2S_t^2 + S_t^3)$$

合理的平滑系数 a 的选定与前面的方法相同，即根据均方差 MSE 或平均绝对误差 MAD 最小原则确定较为合理的平滑系数 a。

T 表示自 T 时点起向前预测的时点期数，则此时的（布朗）二次抛物线形预测模型为

$$y_{t+T} = a_t + b_tT + c_tT^2 \tag{2-113}$$

（三）GM（1，1）模型

从一个系统的有关信息是否已知的角度来看，所有的系统不外乎是白色系统、黑色系统或者灰色系统。所谓白色系统，是指该系统的有关信息对研究者来说都是清楚的。黑色系统则是指该系统的有关信息对研究者来说都是未知的。显然，灰色系统是介于两者之间的一种系统，是指该系统的有些信息是已知的，还有些信息是未知的。我们所面对的绝大多数系统都是灰色系统，如社会经济系统、生态系统等。基于灰色系统理论的预测模型称为灰色预测模型。GM（1，1）模型是最基本、最常用的灰色预测模型。

设有预测对象的历史数据资料形成的时间序列 $x^{(0)}$：$x^{(0)}(1)$，$x^{(0)}(2)$，…，$x^{(0)}(n)$。

想知道：$x^{(0)}$（n+1），$x^{(0)}$（n+2），…

根据灰色系统理论，可以针对这个问题建立如下 GM（1，1）模型。模型所

依据的灰色系统理论在这里不作介绍，下面介绍具体的模型建立方法和检验方法。首先对 $x^{(0)}$ 作累加生成，得到新的数列 $x^{(1)}$，即作

$$x^{(1)}(i)=\sum_{m=1}^{i}x^{(0)}(m)\text{ , }i=1,\ 2,\ \cdots,\ n \tag{2-114}$$

具体地说，就是

$$\begin{cases}x^{(1)}(1)=x^{(0)}(1)\\ x^{(1)}(i)=x^{(0)}(i)+x^{(1)}(i-1)(i=2,3,\cdots,n)\end{cases} \tag{2-115}$$

通过累加生成的数列 $x^{(1)}$，计算模型参数 a 和 u。记

$$\hat{a}=[a\ u]^{\mathrm{T}} \tag{2-116}$$

按如下公式可得模型参数 a 和 u

$$\hat{a}=(B^{\mathrm{T}}B)^{-1}B^{\mathrm{T}}y_n \tag{2-117}$$

其中，

$$B=\begin{bmatrix}-\frac{1}{2}(x^{(1)}(1)+x^{(1)}(2)) & 1\\ -\frac{1}{2}(x^{(1)}(2)+x^{(1)}(3)) & 1\\ \vdots & \vdots\\ -\frac{1}{2}(x^{(1)}(n-1)+x^{(1)}(n)) & 1\end{bmatrix} \tag{2-118}$$

$$y_n=[x^{(0)}(2),x^{(0)}(3),\cdots,x^{(0)}(n)]^{\mathrm{T}} \tag{2-119}$$

通过式（2-117）得到 a 和 u 后，就有 GM（1，1）模型，如下

$$\hat{x}^{(1)}(i+1)=(x^{(0)}(1)-\frac{u}{a})e^{-ai}+\frac{u}{a} \tag{2-120}$$

模型建立后，应该对模型做出检验。如果检验合格，则可以用它进行预测，即用

$$\hat{x}^{(0)}(n+1)=\hat{x}^{(1)}(n+1)-\hat{x}^{(1)}(n)\text{ ,} \tag{2-121}$$

$$\hat{x}^{(0)}(n+2)=\hat{x}^{(1)}(n+2)-\hat{x}^{(1)}(n+1)\text{ ,}$$

$$\cdots$$

作为 $x^{(0)}$（$n+1$），$x^{(0)}$（$n+2$），…的预测值。

灰色预测模型检验有残差检验、关联度检验和后验差检验。

（1）残差检验。残差检验有两种，即绝对误差检验和相对误差检验。

绝对误差：　$\varepsilon^{(0)}(i)=x^{(0)}(i)-\hat{x}^{(0)}(i)\quad(i=1,\ 2,\ \cdots,\ n)$　(2-122)

相对误差：　$\Omega^{(0)}(i)=\dfrac{\varepsilon^{(0)}(i)}{x^{(0)}(i)}\times 100\ \%\quad(i=1,\ 2,\ \cdots,\ n)$　(2-123)

其中，$\hat{x}^{(0)}(i)=\hat{x}^{(1)}(i)-\hat{x}^{(1)}(i-1)$，$\hat{x}^{(0)}(1)=\hat{x}^{(1)}(1)\quad(i=2,\ 3,\ \cdots,\ n)$
(2-124)

（2）关联度检验。

关联系数定义为

$$\xi(i)=\frac{\min\Delta(i)+\rho\max\Delta(i)}{\Delta(i)+\rho\max\Delta(i)}, \qquad (i=1, 2, \cdots, n) \qquad (2\text{-}125)$$

其中，$\xi(i)$ 为第 i 个数据的关联系数，ρ 为取定的最大差百分比，一般取 $\rho=0.5$，而

$$\Delta(i)=\left|\hat{x}^{(0)}(i)-x^{(0)}(i)\right| \qquad (i=1, 2, \cdots, n) \qquad (2\text{-}126)$$

最后计算关联度 ξ。关联度 ξ 定义为

$$\xi=\frac{1}{n-1}\sum_{i=1}^{n}\xi(i) \qquad (2\text{-}127)$$

（3）后验差检验。首先计算原始数列的均方差 S_0，然后计算残差数列的均方差 S_1。由此计算方差比 c

$$c=S_1/S_0 \qquad (2\text{-}128)$$

最后计算小误差概率 p

$$p=\{\left|\varepsilon^{(0)}-\bar{\varepsilon}^{(0)}\right|<0.6745S_0\} \qquad (2\text{-}129)$$

当利用GM（1，1）模型对时间序列进行预测时，如果模型检验精度（表2-1）不通过，或检验精度属于勉强通过时，则可以通过以下方法提高模型精度。第一种方法是对原时间序列进行不同的取舍、组合，从而对同一个预测对象建立几个GM（1，1）模型，通过这几个GM（1，1）模型进行相互验证，并结合定性分析，可提高预测的可信度和精度。第二种方法是针对已经建立的GM（1，1）模型得到的残差数列进行残差修正模型的建立。这个方法的实质是在已经得到的GM（1，1）模型的某项（就是残差开始变大的时间点处）加上一个修正项，其他时间点处的值不变，从而达到部分修正模型提高精度的目的（李工农等，2007）。

表 2-1　预测精度等级划分表

小误差概率 p 值	方差比 c 值	预测精度等级
>0.95	<0.35	好
>0.80	<0.5	合格
>0.70	<0.65	勉强合格
$\leqslant 0.70$	$\geqslant 0.65$	不合格

二 基于漂移度的组合预测方法研究

（一）组合预测问题的提出

在预测实践中，对于同一预测问题可以采用多种预测方法，不同的预测方

法往往能提供不同的有用信息。将不同的预测方法进行适当的组合，形成组合预测方法。组合预测可以综合利用各单项预测方法提供的信息，集成不同信息来源的预测结果，从而有效提高预测精度（王硕等，2008）。1969 年，Bates 和 Granger 首次对组合预测方法进行系统研究，其研究成果引起预测学者的重视。20 世纪 70 年代以后，组合预测方法的研究进一步得到重视。1989 年，国际预测领域的权威学术刊物 *Journal of Forecasting* 还出版了组合预测方法专辑，这充分说明了组合预测方法在预测学中的重要地位（陈华友，2008）。

近年来，组合预测研究一直是国内外预测学界探讨的热点问题，有关组合预测理论与应用研究成果较多。例如，黄岩等（2001）建立了基于最小二乘原理的组合预测模型，提出了求解此组合预测模型的一种新的算法，即 Frank-Wolfe 算法；卢奇等（2003）采用标准差法进行组合权重分配，对我国能源消费量进行预测；陈华友等（2004）建立新的基于 IOWHA 算子的组合预测模型，并通过实例分析表明该模型能有效提高组合预测精度；刘启浩（2008）给出了执行风险值组合预测的具体方法，同时对预测表现进行实证分析；王硕等（2008）提出基于 WNN-RAGA 的非线性组合预测方法；George Kapetanios 等（2008）建立英国银行组合预测模型，减少预测误差；Díaz-Robles 等（2008）混合运用 ARIMA 和人工神经网络模型预测城市中的颗粒，以智利为例；Ismael Sánchez（2008）运用自适应组合预测方法对风能源进行预测；Massimo Guidolina 和 Timmermannc（2009）利用组合预测方法对美国短期利率进行预测；曾波等（2009）提出了一种基于灰色关联度和 GM（1，1）的灰色组合预测模型，并应用该模型对我国 GDP 进行预测；刘泽双和闫付强（2009）利用基于遗传算法的组合预测模型对就业需求量进行预测；陈涛（2010）提出基于 AGA-SVM 的非线性组合预测模型；等等。

现有组合预测研究在模型构造、权重确定和模型比较方面还主要侧重于样本期预测精度，几乎都是直接对单项预测模型进行组合，未对几种单项预测模型是否可以组合进行判断，建模较复杂。

李美娟等（2011）在对几种单项预测模型的漂移度和可组合（互补）模型集研究基础上提出一种基于漂移度的组合预测方法，来弥补现有预测方法的不足。通过样本期预测和事后（外推）预测，验证基于漂移度的组合评价方法的有效性。

（二）基于漂移度的组合预测模型

1）基本假设

基于漂移度的组合预测模型研究基于以下基本假设。

假设 1：漂移性假设。对同一组样本运用多种不同方法分别进行建模预测时，客观上存在着预测的漂移性问题，即预测结果与客观实际值存在一定差异，同时不同方法所得预测值之间也存在差异。

假设 2：相容性假设。不同的预测方法对不同的预测问题的适用程度是有差异的，有些可能是根本不适用的。对某特定观察对象而言，不适用的方法称为不相容方法，适用的方法称为相容的方法。如果误差指标（如平均相对误差 MAPE）大于预先设定的阈值，则不适用。本书将相容预测方法集定义为：适用于预测对象的预测方法的集合 M_2。

假设 3：互补性假设。对于同一个观测点，有些方法可能是统计观测值（实际值）比预测值大（预测误差大于 0），有些方法可能是统计观测值比预测值小（预测误差小于 0）。将这两类方法进行组合，正负预测误差抵消，得到的组合预测值将更接近实际值。

2）定义

定义 1：预测方法的漂移度。

将预测方法的漂移性定义为预测结果与客观实际的不一致性。预测方法的漂移度用来测度预测漂移性。将预测方法的漂移度定义为

$$p_i = \frac{1}{2}\left(\left|\frac{1}{N}\sum_{t=1}^{N}(x_t - \hat{x}_{it})\right| + \frac{1}{N}\sum_{t=1}^{N}|x_t - \hat{x}_{it}|\right) \tag{2-130}$$

其中，$\frac{1}{N}\sum_{t=1}^{N}(x_t - \hat{x}_{it})$ 表示预测误差均值，考查系统偏差；平均绝对误差 MAE= $\frac{1}{N}\sum_{t=1}^{N}|x_t - \hat{x}_{it}|$ 考查平均偏离程度。预测方法的漂移度不仅要反映平均偏离程度，还要反映系统偏差，因此取二者绝对值的平均值。

定义 2：互补模型集。

设有 b 种单项预测模型，N 个样本，计算第 i 种方法第 t 个样本的预测值 $\hat{x}_{it}$，第 i 种方法第 t 个样本的预测误差 e_{it}，即统计观测值（实际值）x_t 与预测值 $\hat{x}_{it}$ 的差：$e_{it} = x_t - \hat{x}_{it}$（$i = 1,2,\cdots,b$；$t = 1,2,\cdots,N$）。

根据预测误差 e_{it} 判断哪些预测模型是互补的、可以进行组合的。有以下两种情况：第一，互补模型集。如果对于每个（绝大多数）观测点有的单项模型出现正预测误差，有的出现负预测误差，通过组合正负预测误差可以抵消一部分，它们是互补的、可以进行组合的，保留可以进行组合的互补模型。第二，非互补模型分为以下三类：①优超模型，对于每个观测点，各种模型预测误差 e_{it} 符号完全（绝大多数）相同，如果某种模型的各样本点预测误差的绝对值 $|e_{it}|$ 都最小，那么该模型是优超模型，直接用该模型进行预测。②被优超模型，某种模型预测误差 e_{it} 符号与其他方法相同，并且 $|e_{it}|$ 比其他模型大，剔除该模

型，再进行判断。③其他不确定情况，不存在优超模型和被优超模型的非互补模型集。例如，各种模型预测误差 e_{it} 符号完全相同，但是 $|e_{it}|$ 有的模型大，有的模型小，组合预测模型和单一预测模型，不一定哪种效果好。又如，各种模型预测误差 e_{it} 符号有的样本点相同，有的样本点不同，组合预测模型和单一预测模型，不一定哪种效果好。非互补模型根据实际情况判断是否进行组合，以及采用何种预测方法。

3）基本思路（步骤）

基于漂移度的组合预测方法的基本思路（步骤）如下。

步骤 1，确定预测问题，构建初始预测方法集 M_0，运用 M_0 中的方法建立预测模型。

步骤 2，计算预测值和预测误差。

步骤 3，确定相容预测方法集 M_2。

如果误差指标（如平均相对误差 MAPE）大于预先设定的阈值，表示该方法不适用，将其剔除；否则，该方法适用，将其保留。阈值根据实际预测精度需要设置。

步骤 4，确定互补模型集 M_3。

步骤 5，求各种互补预测模型的漂移度。根据式（2-130）求各种互补预测模型的漂移度。

步骤 6，求各种互补预测模型基于漂移度的权重。在漂移性测度的基础上，在组合时对漂移度大的预测模型应赋予较小的权重，对漂移度较小的预测模型应赋予较大的权重。设互补模型集 M_3 中有 b 种预测模型，第 i 种模型的漂移度是 p_i，则第 i 种模型的权重如下

$$w_i = \frac{\max\limits_{1\leqslant j\leqslant b} p_j - p_i + \min\limits_{1\leqslant j\leqslant b} p_j}{\sum\limits_{i=1}^{b} (\max\limits_{1\leqslant j\leqslant b} p_j - p_i + \min\limits_{1\leqslant j\leqslant b} p_j)} \quad (i = 1,2,\cdots,b) \tag{2-131}$$

步骤 7，建立基于漂移度的组合预测模型，求组合预测模型的预测值 $\hat{y}_t$。设第 i 种方法第 t 个样本点的预测值为 $\hat{y}_{it}$，基于漂移度的权重为 w_i，则基于漂移度的组合预测模型为

$$\hat{y}_t = \sum_{i=1}^{b} w_i \hat{y}_{it} \qquad (i = 1,2,\cdots,b;\ t = 1,2,\cdots,N) \tag{2-132}$$

步骤 8，预测模型样本期预测精度评价与比较。为了反映基于漂移度的组合预测模型样本期预测精度更高，更有效，选择几个误差指标评价单项预测模型和组合预测模型。

均方根误差　$\text{RMSE} = \sqrt{\frac{1}{N}\sum\limits_{t=1}^{N} (x_t - \hat{x}_t)^2}$ (2-133)

平均相对误差 $$\text{MAPE}=\frac{1}{N}\sum_{t=1}^{N}\left|(x_t-\hat{x}_t)/x_t\right| \tag{2-134}$$

平均绝对误差 $$\text{MAE}=\frac{1}{N}\sum_{t=1}^{N}\left|x_t-\hat{x}_t\right| \tag{2-135}$$

基于漂移度的组合预测模型的误差指标值和单项预测模型的误差指标值进行比较，如果基于漂移度的组合预测模型的误差指标值小于各种单项预测模型的误差指标值，说明基于漂移度的组合预测模型样本期预测精度更高，预测效果更好，更有效，采用基于漂移度的组合预测模型进行外推预测；否则，说明基于漂移度的组合预测模型预测效果不好，需重新寻找合适的预测模型。

步骤 9，利用基于漂移度的组合预测模型进行外推预测（事后预测），对基于漂移度的组合预测模型的外推预测效果进行评价。如果基于漂移度的组合预测模型的外推预测精度更高（效果更好），则利用该模型进行事前预测；如果效果不好，则重新寻找合适的预测模型。

李美娟等（2011）对预测模型的样本期预测精度和外推预测精度进行了评价与比较分析。研究结果表明，对于有一定漂移规律的相容互补模型集，基于漂移度的组合预测模型样本期预测精度和外推预测精度都较高，在提高预测精度、减少预测风险方面具有优势。基于漂移度的组合预测模型适用于相容互补模型集，对于非互补模型，组合预测效果不一定比单项预测好。对于非互补模型，如果存在优超模型，则直接利用优超模型进行预测；如果存在被优超模型，则剔除该模型；对于其他不确定情况，根据实际情况判断是否进行组合，以及采用何种预测方法。对于非互补模型，组合预测模型的拟合精度可能比单项预测模型高，也可能不如某种单项预测模型。

利用基于漂移度的组合预测方法对中国区域自主创新能力评价指标值进行预测，进而对区域自主创新能力的发展趋势进行预测。

第五节　动态组合评价计算机支持系统研究

一 系统总体结构与功能设计

根据前面的理论分析，并结合实际中可能遇到的评价与预测问题，把区域自主创新能力动态组合评价计算机支持系统划分为 11 个功能模块：①数据输入及输出；②数据预处理（标准化处理）方法；③指标权重确定方法；④单一综合评价方法；⑤动态评价时间权重确定方法；⑥动态评价方法；⑦组合评价方法；⑧动态组合评价方法；⑨单项预测方法；⑩组合预测方法；⑪评价指标筛选方法。其结构如图 2-5 所示。

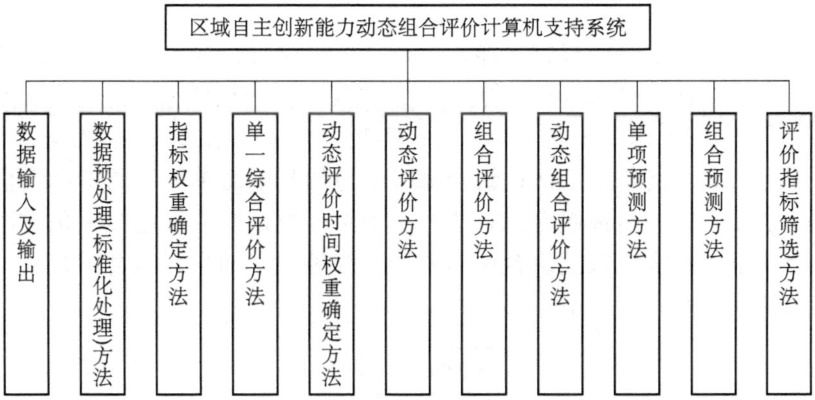

图 2-5　区域自主创新能力动态组合评价计算机支持系统功能结构图

（一）数据输入及输出

待评价对象的指标值既可以从键盘直接输入，也可以打开已有数据文件装载数据。指标分为正向（产出、收益型）指标和逆向（投入、成本型）指标。对输入的数据有自检错误的功能。系统输出最终评价结果，中间变量值可以由用户根据需要决定是否输出。输出方式有打印输出、显示输出和磁盘输出。

（二）数据标准化处理

该模块完成对数据的标准化处理功能，提供了 6 种对数据进行标准化处理的方法：改进的归一化法、极差变换法、线性比例变换法、向量归一化法（列模为 1)、向量归一化法（列和为 1)、标准样本变换法。本系统在默认情况下采用改进的归一化法对数据进行标准化处理，用户也可以根据实际需要选择本系统提供的任何一种其他方法对数据进行标准化处理。该模块功能如图 2-6 所示。

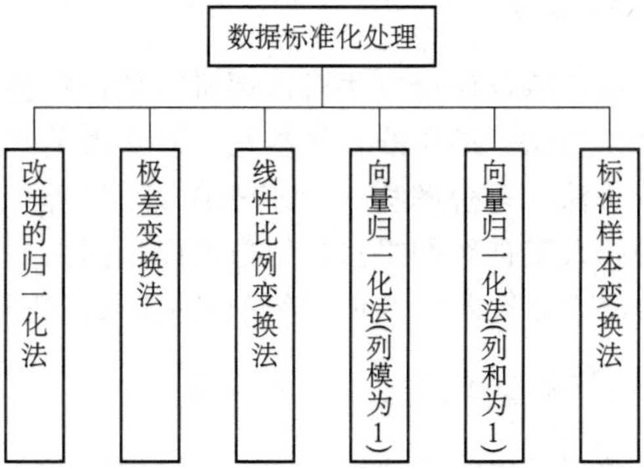

图 2-6　数据标准化处理模块功能结构图

（三）指标权重确定方法

该模块完成确定指标权重功能，包括主观赋权法、客观赋权法和组合赋权法（基于评价指标赋权的组合评价方法）。主观赋权法包括相对比较法、连环比率法、德尔菲（Delphi）法和AHP法；客观赋权法包括熵值法、变异系数法、复相关系数法和最优化模型法；组合赋权法包括基于简单平均的指标组合赋权法、基于加权平均的指标组合赋权法、基于主客观权重乘积的归一化方法、最小二乘意义下的主客观权重组合法和基于非线性规划的指标组合赋权法。该模块功能如图2-7所示。

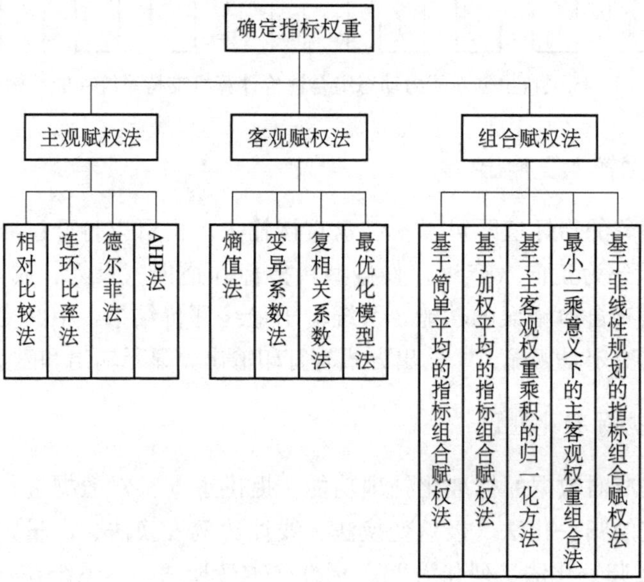

图2-7　确定指标权重模块功能结构图

（四）单一综合评价方法

该模块完成利用单一综合评价方法对待评价对象进行评价的功能，提供了以下几种单一综合评价方法：简单线性加权法、基于熵的综合评价法、灰色关联度法、模糊综合评价法、理想解法（TOPSIS）、改进理想解法、数据包络分析法、主成分分析法和人工神经网络法。用户可以根据需要选择其中的某种单一综合评价方法对待评价对象进行评价。该模块功能如图2-8所示。

（五）动态评价时间权重确定方法

该模块完成确定动态评价时间权重的功能，提供以下几种确定时间权重的

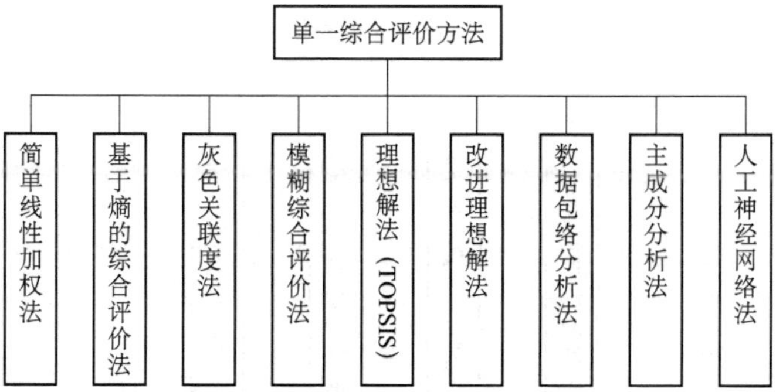

图 2-8　单一综合评价方法模块功能结构

方法：德尔菲法、AHP 法、熵值法、PanelData 模型、厚今薄古归一化法、拉开档次法等。该模块功能如图 2-9 所示。

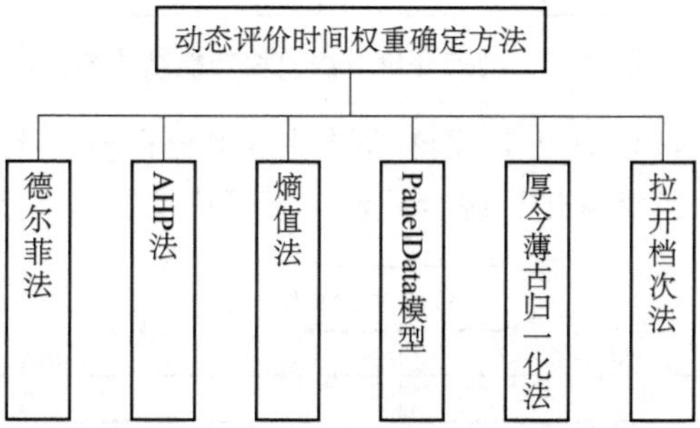

图 2-9　动态评价时间权重确定方法模块功能结构图

（六）动态评价方法

该模块完成动态评价功能，包括基于灰靶理论的动态评价方法、基于理想解法的动态评价方法、基于改进理想解法的动态评价方法和基于加权离差平方和最大的动态评价方法。该模块功能如图 2-10 所示。

（七）组合评价方法

该模块完成对相容方法集的评价结论或组合评价结论进行组合评价的功能，提供以下几种组合评价方法：基于综合评价值的组合评价方法、基于评价排序的组合评价方法和基于一致性的组合评价方法。其中，基于评价排序的组合评价方法包括排序平均值法、Borda 法、Copeland 法和模糊 Borda 法；基于综合评价值的组合评价方法包括基于算术平均的组合评价方法、基于熵的组合评价方法、基于灰色关联度法的组合评价方法、基于主成分的组合评价方法、基于漂移度的组合评价方法和基于方法集化的组合评价方法。用户可以根据实际需要

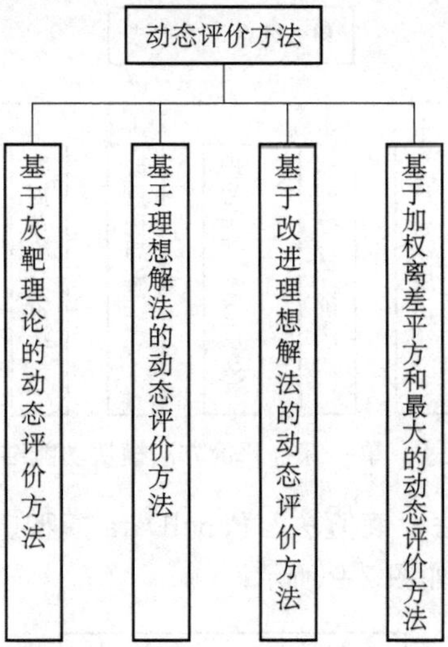

图 2-10　动态评价方法模块功能结构图

选择其中的一种组合评价方法对评价结果进行组合评价，也可以选择几种不同的组合评价方法对评价结果进行组合评价。该模块功能如图 2-11 所示。

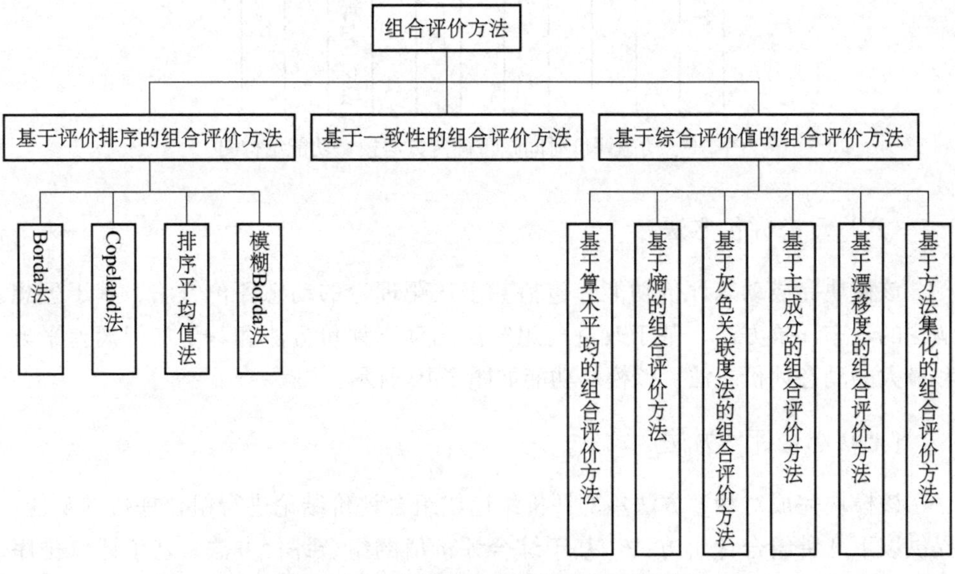

图 2-11　组合评价方法模块功能结构图

（八）动态组合评价方法

该模块完成动态组合评价的功能，提供以下几种动态组合评价方法：基于评价值算术平均的动态组合评价方法、基于熵值法的动态组合评价方法、基于灰色关联度法的动态组合评价方法、基于主成分分析法的动态组合评价方法、基于漂移度的动态组合评价方法、基于方法集化的动态组合评价方法、基于评价排序的动态组合评价方法和基于一致性的动态组合评价方法。该模块功能如图 2-12 所示。

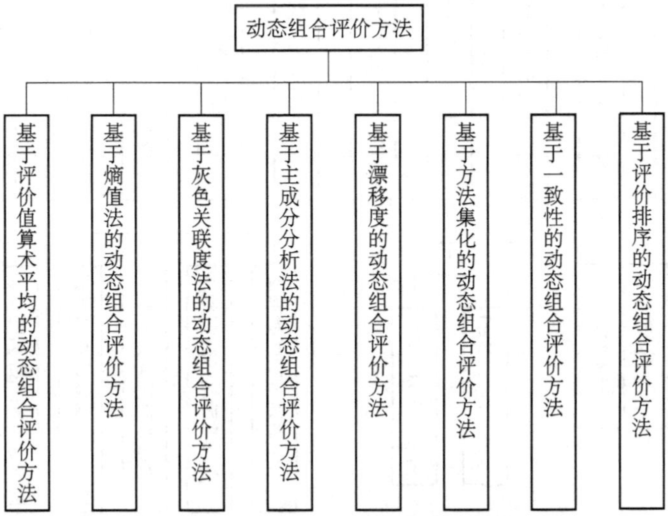

图 2-12　动态组合评价方法模块功能结构图

（九）单项预测方法

该模块完成预测的功能，提供以下几种预测方法：时间序列的移动平均预测法、时间序列的指数平滑预测法［一次指数平滑法、二次指数平滑法、布朗非线性指数平滑法（三次指数平滑法）］、具有季节性特点的时间序列的预测、用于时间序列的灰色系统预测方法［GM（1，1）模型、GM（1，n）模型］、线性回归预测模型、龚伯兹（Gompertz）曲线预测模型、罗吉斯蒂（Logistic）曲线预测模型、用于预测的几种初等函数模型（幂函数预测曲线模型、指数函数预测曲线模型、对数函数预测曲线模型、双曲线函数预测曲线模型、多项式函数预测曲线模型）、一般非线性预测模型、马尔可夫预测。该模块功能如图 2-13 所示。

（十）组合预测方法

该模块完成组合预测的功能，提供以下几种组合预测方法：基于漂移度的组合预测方法、算术平均法、预测误差平方和倒数方法、均方误差倒数方法、简单加权平均方法和二项式系数方法。该模块功能如图 2-14 所示。

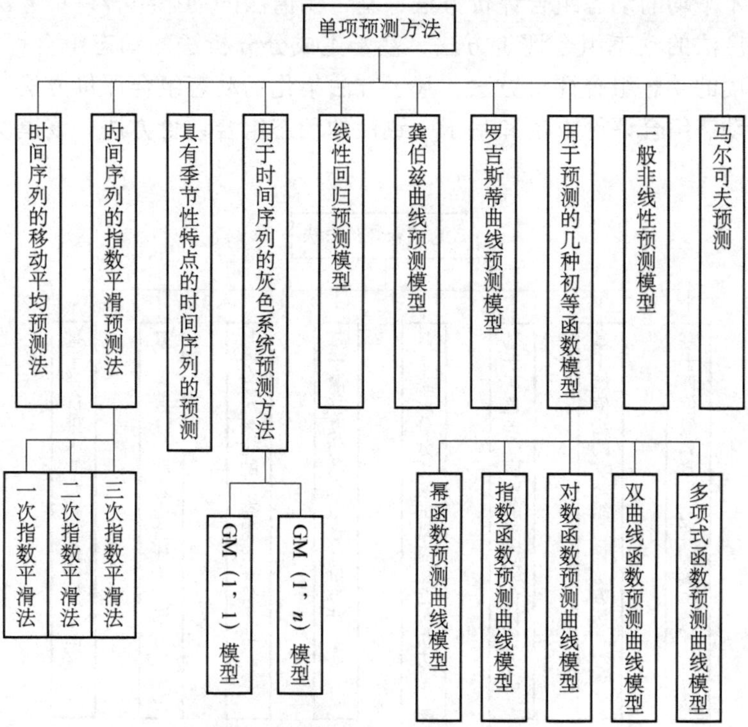

图 2-13　单项预测方法模块功能结构图

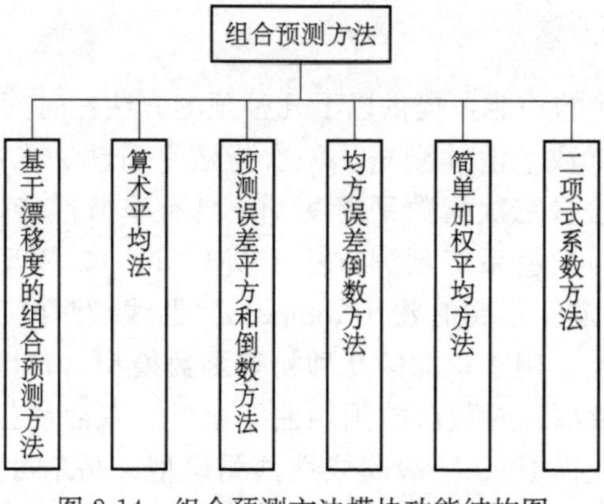

图 2-14　组合预测方法模块功能结构图

（十一）评价指标筛选方法

该模块完成评价指标筛选功能，提供以下几种指标筛选方法：相关性分析、指标判别能力分析。该模块功能如图 2-15 所示。

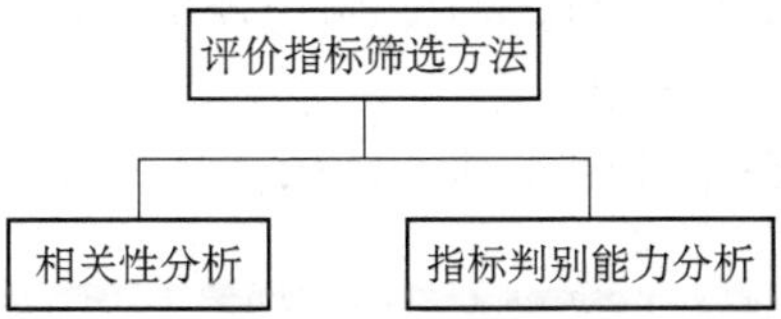

图 2-15　评价指标筛选方法模块功能结构图

二 系统实现的关键技术

本系统开发工具是面向对象的可视化编程语言 Delphi，方法模型利用 Matlab 编写 M 文件，待评价对象的指标值和评价值结果保存在 Matlab data document（*.mat）数据文件中。

1）Delphi 中定义全局变量

在 Delphi 中接口部分和实现部分均可包含 Var 子句。当要定义其他单元可访问的变量时，把这些变量放在接口的变量部分，然后在使用变量单元的 uses 子句中包含该单元即可。接口部分定义的变量可认为是全局变量。

2）Delphi+Matlab 编程

在工程的主窗体的单元文件 unit 的接口部分 inteface 的 uses 中增加 COMObj、ActiveX，然后双击 Form 的 OnCreate 事件后面的事件输入域，则切换到编辑代码的窗口，并且将光标定位到 OnCreate 事件框架中，向其中添加如下代码：MatlabOLEWin：= CreateOLEObject（'Matlab. Application'）。

以后若需要调用 Matlab 命令，只要在 MatlabOlEWin. Execute（''）的引号内加入 Matlab 语句即可，如 MatlabOLEWin. Execute（'nntool'）。

通过 PutFullMatrix 输入数据（把变量值存入 Matlab 工作空间），通过 GetFullMatrix 从 Matlab 基本工作空间读出变量。

3）元胞数组

在 Matlab 中提供元胞数组（cell array）数据类型，元胞数组的基本组分（element）是元胞（cell）。元胞可以存放任何类型、任何大小的数组（如任意维数值数组、字符串数组、符号对象等）。而且，同一个元胞数组中各元胞中的内容可以不同。使用元胞数组保存三维和四维数据，进行编程很方便。

三 系统的主要特征

本系统具有以下主要特征。

（1）集成化。本系统集成有数据标准化处理、确定指标权重、单一综合评价、确定动态评价时间权重、动态评价、组合评价、动态组合评价、单项预测、组合预测和评价指标筛选等功能。

（2）通用性。本系统不局限于某个具体评价（预测）问题、评价（预测）方法和评价指标体系。

（3）评价结论的收敛性。利用本系统可以得到收敛（一致性）的组合评价结果。

（4）可以得到动态评价结论。本系统提供多种动态评价方法，可以对待评价对象进行动态评价。

（5）可扩充性。本系统可以扩充功能以适应评价与预测的发展，可以在本系统较容易地添加单一综合评价方法、组合评价方法、动态评价方法、动态组合评价方法、单项预测方法和组合预测方法等。

（6）便于推广。用户只需要基础的评价与预测和计算机相关知识，就可以很容易地学会利用本系统进行评价与预测，为评价与预测实践工作提供方便。

第六节　本章小结

静态评价反映的是评价对象某一时点的评价值，动态评价反映某一段时间的动态累积水平，更有利于评价对象的比较分析，更能说明问题。本章首先介绍动态评价方法，然后将二维数据加入时序数据扩展为三维数据，提出基于灰靶理论的动态评价方法、基于理想解法的动态评价方法、基于改进理想解法的动态评价方法和基于加权离差平方和最大的动态评价方法，这四种动态评价方法既可以得到只考虑各评价对象（方案）指标值差异的评价值及排序结果，又可以得到只考虑各评价对象（方案）指标值增长性的评价值及排序结果，还可以得到同时考虑各评价对象指标值差异和增长性的综合评价值；既可以得到各评价对象（方案）各时刻的综合评价值及排序，又可以得到各评价对象在某个时间段内总体的评价值和排序结果。

为了解决动态评价方法多方法评价结论非一致性问题，在组合评价方法研究基础上，提出动态组合评价，提出相容动态评价方法集概念及确定相容动态评价方法集的方法，提出基于方法集化的动态组合评价方法、基于漂移度的动态组合评价方法、基于评价值算术平均的动态组合评价方法、基于熵值法的动态组合评价方法、基于灰色关联度法的动态组合评价方法、基于主成分分析法的动态组合评价方法、基于评价排序的动态组合评价方法和基于一致性的动态组合评价方法。基于一致性的动态组合评价方法较优，既可以得到各评价对象各时刻及总体的评价结论，把握各评价对象的发展变化趋势，又可以基本解决多方法评价结论非一致性问题。

由于不同的预测方法能够提供不同的有用信息，其预测精度往往也存在差异，为了分散预测的风险，采用组合预测方法。本章提出相容预测方法集和互补模型集，在对不同单一预测模型的漂移性和互补性研究的基础上提出了基于漂移度的组合预测模型，为组合预测模型研究提供了一种新的思路。在以上方法研究的基础上，开发了动态组合评价计算机支持系统。

第三章 中国区域自主创新实力动态评价及比较分析

第一节 中国区域自主创新实力动态组合评价

一 评价对象

由于省（自治区、直辖市）是基本的行政管理单位，有较好的统计资料，通过自主创新能力的评价，可以促进地方的科技工作，所以采用以省（自治区、直辖市）为基本评价单位。由于资料的限制，本书没有涉及中国台湾、香港和澳门的区域自主创新能力的评价。

选取中国31个省（自治区、直辖市）（不含香港、澳门、台湾地区）为主要评价对象，同时为了找到一个合理的参照系，把31个省（自治区、直辖市）的平均值也作为评价对象，总共32个评价对象。其中，东部地区：北京市、天津市、河北省、上海市、江苏省、浙江省、福建省、山东省、广东省、海南省；中部地区：山西省、安徽省、江西省、河南省、湖北省、湖南省；西部地区：内蒙古自治区、广西壮族自治区、重庆市、四川省、贵州省、云南省、西藏自治区、陕西省、甘肃省、青海省、宁夏回族自治区、新疆维吾尔自治区；东北地区：辽宁省、吉林省、黑龙江省。以下分别简称北京、天津、河北、上海、江苏、浙江、福建、山东、广东、海南、山西、安徽、江西、河南、湖北、湖南、内蒙古、广西、重庆、四川、贵州、云南、西藏、陕西、甘肃、青海、宁夏、新疆、辽宁、吉林、黑龙江。

二 评价指标体系及数据来源

中国区域自主创新实力评价指标体系见第一章表1-12。数据来自《中国统计年鉴》(2002～2011年)、《中国科技统计年鉴》(2002～2011年)及中国科学技术部网站中国主要科技指标数据库省市主要指标中省市主要科技指标和省市主要社会经济指标2001～2009年的数据。具体每个指标的数据来源见第1章说明。但是个别省（自治区、直辖市）的统计资料不全和个别指标值数据目前无法获得，如西藏的某些指标数据残缺，2011年《中国科技统计年鉴》提供2009年国外主要检索工具收录我国科技论文数，目前不能获得 2010 年该项指标值数据。这些指标值只能进行预测补充。数据的缺损不可避免地造成了一些指标评价上与现实的偏离。但总体而言，个别数据的遗缺并不影响整体评价的客观性（中国科技发展战略研究小组，2003b）。原始指标值数据见附表 1～附表 36。

三　数据标准化处理

评价指标体系中各指标均有不同的量纲。例如，R&D 人员全时当量的单位为万人年，R&D 经费额的单位为亿元，专利申请授理数的单位为件，等等。不同量纲的指标之间不具有可比性，这就给综合评价带来困难。因此，在现实中，当对具有多属性指标的对象进行评价时，为了消除不同指标间量纲的差异，往往需要对评价对象的指标值作标准化处理。彭勇行（2000）指出，将不同量纲的指标，通过适当的变换，化为无量纲的标准化指标，这一过程称为指标的标准化。

一般而言，指标的特性依评价的目标取向可分为三类：指标值“越大越好”、指标值“越小越好”和指标值“适中为宜”。由于指标值“适中为宜”的指标可以根据适中值将其分为两部分，大于适中值的部分“越小越好”，小于适中值的部分“越大越好”。因此，评价指标根据指标的变化方向，可简化为两大类，即正向指标和逆向指标。正向指标具有指标值越大越优的性质，逆向指标具有指标值越小越优的性质。

目前，可用的指标标准化的方法很多，常用的指标标准化方法有极差变换法、线性比例变换法、向量归一化法（列模为 1）、标准样本变换法和向量归一化法（列和为 1），而每种方法各有优缺点。

极差变换法的优点：无论决策矩阵 X 中的指标值是正数还是负数，经过极差变换之后，标准化指标满足 $0 \leqslant y_{ij} \leqslant 1$（$y_{ij}$ 表示标准化处理后的指标值，下同），并且正、逆向指标均化为正向指标，最优值为 1，最劣值为 0。这种方法的缺点在于：忽略了决策矩阵 X 中的指标值的差异性，变换后的指标值无法客观地反映原始指标间的相互关系。

线性比例变换法的优点：经过线性比例变换之后，正、逆向指标均化为正向指标，而且考虑到指标值的差异性。缺点：线性比例变换法要求任意 $x_{ij} \geqslant 0$，如果存在 $x_{ij} < 0$，则不适用；线性比例变换法对逆向指标进行标准化处理时，实际上是进行了非线性变换，变换后的指标值无法客观地反映原始指标间的相互关系。

向量归一化法（列模为 1）的优点：考虑到指标值的差异性。缺点：正、逆向指标的方向没有发生变化，即正向指标归一化变换后仍是正向指标，逆向指标归一化变换后也仍是逆向指标。这将给评价带来一定的困难。而且，如果存在指标值 $x_{ij} \leqslant 0$，经标准化处理后，$y_{ij} \leqslant 0$，对某些评价法不适用。

经过标准样本变换之后，标准化矩阵的样本均值为0，方差为1。若 x_{ij} 比均值大，经标准化处理后，$y_{ij}>0$；x_{ij} 比均值小，经标准化处理后，$y_{ij}<0$；正、逆向指标的方向没有发生变化。缺点：标准样本变换法未区分正、逆向指标；而且如果 x_{ij} 比均值小，经标准化处理后，$y_{ij}<0$，对于某些评价法不适用。

向量归一化法（列和为1）的优点：经标准化处理后的标准值较真实地反映了原指标值之间的关系，考虑了指标值之间的差异性。缺点：未区分正、逆向指标，而且要求任意 $x_{ij}\geqslant 0$，如果存在 $x_{ij}<0$，则不适用。

而这些方法的缺点势必会对分析结果产生影响，因而必须对此进行改进。笔者通过对几种常用的指标标准化方法的对比分析，寻求一种较为合理的指标标准化方法——改进的归一化法，同时解决指标标准化方法造成的评价结论非一致性问题。

设有 n 个评价指标，m 个待评价对象（区域），某时刻 $t_k(k=1,2,\cdots,N)$ 处第 i 个方案（区域）第 j 个指标的指标值是 x_{ij}（t_k）$(i=1,2,\cdots,m;j=1,2,\cdots,n;k=1,2,\cdots,N)$。

改进的归一化法对原始评价指标值按如下步骤进行标准化处理。

步骤1，如果存在逆向指标，先把逆向指标通过 $x'_{ij}(t_k)=\max\limits_{1\leqslant i\leqslant m}x_{ij}(t_k)+\min\limits_{1\leqslant i\leqslant m}x_{ij}(t_k)-x_{ij}(t_k)$ 转化为正向指标，这样变换的理由是通过 $\max\limits_{1\leqslant i\leqslant m}x_{ij}(t_k)-x_{ij}(t_k)$ 把逆向指标变为正向指标，但是将使原来最大指标值变为0，最小指标值变为 $\max\limits_{1\leqslant i\leqslant m}x_{ij}(t_k)-\min\limits_{1\leqslant i\leqslant m}x_{ij}(t_k)$；而“$+\min\limits_{1\leqslant i\leqslant m}x_{ij}(t_k)$”的原意在于通过坐标平移使这些指标值恢复到原先水平，t_k时刻最大指标值还是 $\max\limits_{1\leqslant i\leqslant m}x_{ij}(t_k)$，最小指标值还是 $\min\limits_{1\leqslant i\leqslant m}x_{ij}(t_k)$。为方便起见，把 $x'_{ij}(t_k)$ 记为 $x_{ij}(t_k)$。对于正向指标，不必进行此步处理，直接转步骤2。

步骤2，如果 t_k时刻存在第 j 个指标值 $x_{ij}(t_k)<0$，可先进行坐标平移，$x'_{ij}(t_k)=x_{ij}(t_k)-\min\limits_{1\leqslant i\leqslant m}x_{ij}(t_k)$，经过这样的处理，所有指标值都非负，避免了某些在 $x_{ij}(t_k)<0$ 时不适用的限制。为方便起见，把 $x'_{ij}(t_k)$ 记为 $x_{ij}(t_k)$。如果所有指标值都非负，不必进行此步处理，直接转步骤3。

步骤3，利用列和为1的向量归一化法进行标准化处理。令

$$y_{ij}(t_k)=x_{ij}(t_k)/\sum_{i=1}^{m}x_{ij}(t_k)\qquad(i=1,2,\cdots,m;j=1,2,\cdots,n;k=1,2,\cdots,N)\tag{3-1}$$

步骤4，为了避免待评价对象数比较多（m 比较大）造成 y_{ij} 很小，可以让 y_{ij} 乘以 m，这样如果 y_{ij} 接近平均值，也就接近1。

$$y'_{ij}(t_k)=my_{ij}(t_k)\qquad(i=1,2,\cdots,m;j=1,2,\cdots,n;k=1,2,\cdots,N)\tag{3-2}$$

这种方法保留了以下优点：①经标准化处理后的标准值较真实地反映了原指标值之间的关系，考虑了指标值之间的差异性；②正、逆向指标均化为正向指标，

即均具有指标值越大越好的特性；③不管决策矩阵 X 中的指标值是正数还是负数，都适用，经过该标准化处理后，标准化指标值满足：$0< y_{ij}'(t_k) <m$。

在后面的章节中若未作特殊限定，本书均利用该方法对待评价对象的评价指标值进行标准化处理。

四 动态评价

选取基于灰靶理论的动态评价方法、基于理想解法的动态评价方法、基于改进理想解法的动态评价方法和基于加权离差平方和最大的动态评价方法对2001～2010年中国区域自主创新实力进行评价。

（1）利用基于灰靶理论的动态评价方法对2001～2010年中国区域自主创新实力进行评价。

当 $\alpha=1$ 与 $\beta=0$ 时，只考虑各指标值差异，各省（自治区、直辖市）的区域自主创新实力的靶心度如表3-1所示，靶心度排序见表3-2。

表 3-1　区域自主创新实力的靶心度（$\alpha=1$，$\beta=0$）

区域＼年份	2001	2002	2003	2004	2005	2006	2007	2008	2009	2010
北京	0.5602	0.5548	0.5706	0.5789	0.5753	0.5658	0.5666	0.5539	0.5493	0.5551
天津	0.3992	0.3972	0.3974	0.4005	0.4162	0.4081	0.4087	0.4070	0.4014	0.4016
河北	0.3878	0.3898	0.3881	0.3860	0.3884	0.3804	0.3847	0.3864	0.3871	0.3868
山西	0.3750	0.3742	0.3730	0.3768	0.3784	0.3783	0.3802	0.3795	0.3801	0.3752
内蒙古	0.3730	0.3728	0.3716	0.3689	0.3721	0.3720	0.3743	0.3734	0.3739	0.3784
辽宁	0.4229	0.4185	0.4109	0.4159	0.4156	0.4153	0.4161	0.4126	0.4212	0.4102
吉林	0.3854	0.3893	0.3858	0.3847	0.3849	0.3852	0.3853	0.3858	0.3865	0.3835
黑龙江	0.3963	0.3944	0.3936	0.3956	0.3941	0.3948	0.3924	0.3914	0.3897	0.3909
上海	0.5113	0.5158	0.5061	0.4941	0.5003	0.5112	0.4878	0.4828	0.4939	0.4873
江苏	0.5220	0.5181	0.5361	0.5316	0.5288	0.5252	0.5459	0.5385	0.5673	0.5751
浙江	0.4297	0.4428	0.4586	0.4560	0.4563	0.4661	0.4627	0.4587	0.4511	0.4495
安徽	0.3872	0.3900	0.3979	0.3900	0.3924	0.3900	0.3896	0.3925	0.3886	0.3884
福建	0.3961	0.3938	0.3931	0.3866	0.3849	0.3869	0.3848	0.3832	0.3857	0.3868
江西	0.3800	0.3800	0.3863	0.3803	0.3826	0.3806	0.3812	0.3813	0.3789	0.3781
山东	0.5099	0.5030	0.4626	0.4738	0.4621	0.4644	0.4646	0.4666	0.4677	0.4666
河南	0.3914	0.3945	0.3842	0.3927	0.3925	0.3974	0.3970	0.3959	0.3963	0.3946
湖北	0.4155	0.4117	0.4146	0.4134	0.4096	0.4105	0.4127	0.4163	0.4106	0.4085
湖南	0.3942	0.3962	0.3915	0.3924	0.3891	0.3903	0.3927	0.3976	0.3962	0.4003
广东	0.5944	0.5999	0.5917	0.5891	0.6007	0.5790	0.5997	0.6006	0.5891	0.5950
广西	0.3703	0.3713	0.3704	0.3683	0.3704	0.3689	0.3650	0.3647	0.3678	0.3691
海南	0.3770	0.3798	0.3829	0.3778	0.3755	0.3743	0.3756	0.3797	0.3760	0.3773
重庆	0.3780	0.3801	0.3813	0.3863	0.3787	0.3766	0.3770	0.3799	0.3786	0.3847
四川	0.4022	0.4040	0.4044	0.4038	0.4071	0.4020	0.4049	0.4062	0.4115	0.4124
贵州	0.3732	0.3767	0.3807	0.3781	0.3783	0.3755	0.3766	0.3806	0.3788	0.3782

续表

区域 \ 年份	2001	2002	2003	2004	2005	2006	2007	2008	2009	2010
云南	0.3819	0.3801	0.3823	0.3789	0.3785	0.3790	0.3784	0.3798	0.3786	0.3810
西藏	0.3762	0.3812	0.3834	0.3781	0.3757	0.3735	0.3749	0.3789	0.3757	0.3763
陕西	0.4043	0.4017	0.4059	0.4031	0.3995	0.3990	0.3969	0.3996	0.3945	0.3974
甘肃	0.3781	0.3790	0.3786	0.3797	0.3789	0.3791	0.3803	0.3827	0.3827	0.3841
青海	0.3743	0.3774	0.3796	0.3757	0.3734	0.3718	0.3730	0.3753	0.3731	0.3733
宁夏	0.3732	0.3746	0.3763	0.3738	0.3699	0.3695	0.3707	0.3748	0.3708	0.3660
新疆	0.3775	0.3814	0.3815	0.3782	0.3761	0.3756	0.3784	0.3792	0.3763	0.3762
平均值	0.3969	0.3969	0.3969	0.3969	0.3969	0.3969	0.3969	0.3969	0.3969	0.3969

表 3-2 区域自主创新实力的靶心度排序（$\alpha=1$，$\beta=0$）

区域 \ 年份	2001	2002	2003	2004	2005	2006	2007	2008	2009	2010
北京	2	2	2	2	2	2	2	2	3	3
天津	11	11	12	11	7	9	9	9	10	10
河北	17	18	17	19	17	20	19	17	17	17
山西	27	30	30	28	24	23	22	26	21	29
内蒙古	31	31	31	31	30	29	29	31	29	23
辽宁	7	7	8	7	8	7	7	8	7	8
吉林	19	19	19	20	18	18	17	18	18	21
黑龙江	13	15	14	13	13	14	15	16	15	15
上海	4	4	4	4	4	4	4	4	4	4
江苏	3	3	3	3	3	3	3	3	2	2
浙江	6	6	6	6	6	5	6	6	6	6
安徽	18	17	11	16	15	16	16	15	16	16
福建	14	16	15	17	19	17	18	19	19	18
江西	21	24	18	21	20	19	20	21	22	25
山东	5	5	5	5	5	6	5	5	5	5
河南	16	14	20	14	14	12	11	14	12	14
湖北	8	8	7	8	9	8	8	7	9	9
湖南	15	13	16	15	16	15	14	12	13	11
广东	1	1	1	1	1	1	1	1	1	1
广西	32	32	32	32	31	32	32	32	32	31
海南	25	25	22	27	28	27	27	25	27	26
重庆	23	23	25	18	22	24	25	23	24	19
四川	10	9	10	9	10	10	10	10	8	7
贵州	29	28	26	26	25	26	26	22	23	24
云南	20	22	23	23	23	22	23	24	25	22
西藏	26	21	21	25	27	28	28	28	28	27
陕西	9	10	9	10	11	11	13	11	14	12
甘肃	22	26	28	22	21	21	21	20	20	20
青海	28	27	27	29	29	30	30	29	30	30
宁夏	30	29	29	30	32	31	31	30	31	32
新疆	24	20	24	24	26	25	24	27	26	28
平均值	12	12	13	12	12	13	12	13	11	13

当 $\alpha=0$ 与 $\beta=1$ 时，只考虑各指标值增长性，各省（自治区、直辖市）的区域自主创新实力的靶心度如表 3-3 所示，靶心度排序见表 3-4。

表 3-3　区域自主创新实力的靶心度（$\alpha=0$，$\beta=1$）

区域＼年份	2002	2003	2004	2005	2006	2007	2008	2009	2010
北京	0.7591	0.7660	0.7751	0.7712	0.7678	0.7662	0.7599	0.7559	0.7590
天津	0.6506	0.6504	0.6525	0.6659	0.6596	0.6587	0.6575	0.6532	0.6535
河北	0.6474	0.6447	0.6441	0.6464	0.6397	0.6437	0.6452	0.6454	0.6451
山西	0.6306	0.6293	0.6329	0.6342	0.6349	0.6359	0.6354	0.6361	0.6323
内蒙古	0.6276	0.6264	0.6241	0.6269	0.6271	0.6282	0.6280	0.6288	0.6339
辽宁	0.6747	0.6676	0.6721	0.6699	0.6713	0.6724	0.6684	0.6763	0.6666
吉林	0.6435	0.6392	0.6385	0.6394	0.6396	0.6393	0.6391	0.6404	0.6374
黑龙江	0.6499	0.6491	0.6502	0.6485	0.6495	0.6463	0.6450	0.6438	0.6450
上海	0.7449	0.7419	0.7342	0.7377	0.7475	0.7292	0.7236	0.7319	0.7266
江苏	0.7465	0.7583	0.7583	0.7551	0.7552	0.7692	0.7637	0.7797	0.7831
浙江	0.6939	0.7047	0.7043	0.7053	0.7130	0.7105	0.7073	0.7005	0.6995
安徽	0.6470	0.6528	0.6461	0.6484	0.6465	0.6463	0.6493	0.6461	0.6456
福建	0.6501	0.6502	0.6445	0.6432	0.6453	0.6435	0.6417	0.6443	0.6453
江西	0.6338	0.6399	0.6352	0.6375	0.6364	0.6371	0.6371	0.6351	0.6344
山东	0.7296	0.7052	0.7106	0.7070	0.7085	0.7087	0.7098	0.7099	0.7085
河南	0.6501	0.6430	0.6501	0.6497	0.6549	0.6545	0.6537	0.6537	0.6521
湖北	0.6678	0.6702	0.6692	0.6657	0.6652	0.6671	0.6700	0.6659	0.6644
湖南	0.6528	0.6487	0.6495	0.6464	0.6473	0.6494	0.6538	0.6530	0.6563
广东	0.7895	0.7879	0.7868	0.7941	0.7822	0.7916	0.7913	0.7861	0.7889
广西	0.6299	0.6295	0.6279	0.6295	0.6277	0.6246	0.6242	0.6272	0.6283
海南	0.6255	0.6274	0.6247	0.6238	0.6234	0.6236	0.6261	0.6240	0.6248
重庆	0.6346	0.6359	0.6422	0.6348	0.6336	0.6335	0.6358	0.6356	0.6397
四川	0.6611	0.6614	0.6610	0.6641	0.6596	0.6626	0.6629	0.6668	0.6678
贵州	0.6291	0.6318	0.6297	0.6297	0.6278	0.6279	0.6305	0.6297	0.6294
云南	0.6342	0.6362	0.6331	0.6323	0.6331	0.6322	0.6331	0.6323	0.6345
西藏	0.6243	0.6251	0.6231	0.6222	0.6211	0.6214	0.6233	0.6219	0.6223
陕西	0.6543	0.6583	0.6561	0.6529	0.6525	0.6508	0.6538	0.6494	0.6521
甘肃	0.6312	0.6309	0.6315	0.6309	0.6313	0.6316	0.6332	0.6340	0.6349
青海	0.6236	0.6245	0.6228	0.6220	0.6212	0.6216	0.6228	0.6218	0.6220
宁夏	0.6234	0.6238	0.6229	0.6210	0.6208	0.6218	0.6249	0.6219	0.6190
新疆	0.6323	0.6319	0.6297	0.6282	0.6279	0.6300	0.6305	0.6284	0.6286
平均值	0.6544	0.6544	0.6544	0.6544	0.6544	0.6544	0.6544	0.6544	0.6544

表 3-4　区域自主创新实力的靶心度排序（$\alpha=0$，$\beta=1$）

区域＼年份	2002	2003	2004	2005	2006	2007	2008	2009	2010
北京	2	2	2	2	2	3	3	3	3
天津	13	13	12	8	9	10	10	12	12
河北	17	17	18	17	18	17	16	16	17
山西	25	27	23	22	21	21	22	20	25

续表

年份 区域	2002	2003	2004	2005	2006	2007	2008	2009	2010
内蒙古	28	29	29	28	28	26	27	26	24
辽宁	7	8	7	7	7	7	8	7	8
吉林	19	20	20	19	19	19	19	19	20
黑龙江	16	15	13	14	14	16	17	18	18
上海	4	4	4	4	4	4	4	4	4
江苏	3	3	3	3	3	2	2	2	2
浙江	6	6	6	6	5	5	6	6	6
安徽	18	12	16	15	16	15	15	15	15
福建	14	14	17	18	17	18	18	17	16
江西	22	19	21	20	20	20	20	22	23
山东	5	5	5	5	6	6	5	5	5
河南	15	18	14	13	11	11	14	11	14
湖北	8	7	8	9	8	8	7	9	9
湖南	12	16	15	16	15	14	13	13	10
广东	1	1	1	1	1	1	1	1	1
广西	26	26	27	26	27	28	30	28	28
海南	29	28	28	29	29	29	28	29	29
重庆	20	22	19	21	22	22	21	21	19
四川	9	9	9	10	10	9	9	8	7
贵州	27	24	26	25	26	27	25	25	26
云南	21	21	22	23	23	23	24	24	22
西藏	30	30	30	30	31	32	31	31	30
陕西	11	10	10	12	13	13	12	14	13
甘肃	24	25	24	24	24	24	23	23	21
青海	31	31	32	31	30	31	32	32	31
宁夏	32	32	31	32	32	30	29	30	32
新疆	23	23	25	27	25	25	26	27	27
平均值	10	11	11	11	12	12	11	10	11

当 $\alpha=0.9$ 与 $\beta=0.1$ 时，同时考虑各指标值差异和增长性，更关注各指标值差异，各省（自治区、直辖市）的区域自主创新实力的靶心度如表 3-5 所示，靶心度排序见表 3-6。

表 3-5　区域自主创新实力的靶心度（$\alpha=0.9$，$\beta=0.1$）

年份 区域	2001	2002	2003	2004	2005	2006	2007	2008	2009	2010
北京	0.5602	0.5752	0.5902	0.5986	0.5949	0.5860	0.5866	0.5745	0.5699	0.5755
天津	0.3992	0.4225	0.4227	0.4257	0.4412	0.4333	0.4337	0.4321	0.4266	0.4268
河北	0.3878	0.4156	0.4138	0.4118	0.4142	0.4064	0.4106	0.4123	0.4129	0.4127
山西	0.3750	0.3998	0.3986	0.4024	0.4040	0.4040	0.4058	0.4051	0.4057	0.4009
内蒙古	0.3730	0.3983	0.3971	0.3945	0.3976	0.3975	0.3997	0.3989	0.3994	0.4039
辽宁	0.4229	0.4441	0.4366	0.4415	0.4410	0.4409	0.4417	0.4381	0.4467	0.4359

续表

年份 区域	2001	2002	2003	2004	2005	2006	2007	2008	2009	2010
吉林	0.3854	0.4147	0.4111	0.4101	0.4104	0.4106	0.4107	0.4111	0.4119	0.4089
黑龙江	0.3963	0.4199	0.4192	0.4210	0.4195	0.4203	0.4177	0.4167	0.4151	0.4163
上海	0.5113	0.5387	0.5297	0.5181	0.5240	0.5349	0.5120	0.5069	0.5177	0.5112
江苏	0.5220	0.5409	0.5583	0.5543	0.5514	0.5482	0.5682	0.5610	0.5885	0.5959
浙江	0.4297	0.4679	0.4832	0.4809	0.4812	0.4908	0.4874	0.4836	0.4761	0.4745
安徽	0.3872	0.4157	0.4234	0.4156	0.4180	0.4157	0.4152	0.4182	0.4143	0.4141
福建	0.3961	0.4194	0.4188	0.4124	0.4107	0.4127	0.4106	0.4090	0.4116	0.4126
江西	0.3800	0.4054	0.4117	0.4058	0.4081	0.4062	0.4068	0.4069	0.4045	0.4037
山东	0.5099	0.5257	0.4869	0.4975	0.4866	0.4888	0.4890	0.4909	0.4919	0.4908
河南	0.3914	0.4200	0.4101	0.4185	0.4182	0.4232	0.4228	0.4217	0.4220	0.4203
湖北	0.4155	0.4373	0.4402	0.4390	0.4352	0.4360	0.4382	0.4417	0.4361	0.4341
湖南	0.3942	0.4219	0.4172	0.4181	0.4148	0.4160	0.4184	0.4232	0.4219	0.4259
广东	0.5944	0.6188	0.6113	0.6089	0.6200	0.5993	0.6189	0.6197	0.6088	0.6144
广西	0.3703	0.3972	0.3963	0.3943	0.3964	0.3948	0.3910	0.3906	0.3938	0.3950
海南	0.3770	0.4044	0.4074	0.4025	0.4003	0.3992	0.4004	0.4043	0.4008	0.4020
重庆	0.3780	0.4055	0.4067	0.4119	0.4043	0.4023	0.4027	0.4055	0.4043	0.4102
四川	0.4022	0.4297	0.4301	0.4296	0.4328	0.4278	0.4306	0.4318	0.4370	0.4380
贵州	0.3732	0.4019	0.4058	0.4032	0.4034	0.4008	0.4017	0.4056	0.4039	0.4033
云南	0.3819	0.4055	0.4077	0.4043	0.4039	0.4044	0.4037	0.4051	0.4039	0.4063
西藏	0.3762	0.4055	0.4076	0.4026	0.4003	0.3983	0.3995	0.4033	0.4003	0.4009
陕西	0.4043	0.4270	0.4311	0.4284	0.4249	0.4243	0.4223	0.4250	0.4200	0.4229
甘肃	0.3781	0.4042	0.4038	0.4049	0.4041	0.4043	0.4054	0.4077	0.4078	0.4092
青海	0.3743	0.4020	0.4041	0.4004	0.3982	0.3967	0.3979	0.4000	0.3979	0.3982
宁夏	0.3732	0.3995	0.4011	0.3987	0.3950	0.3946	0.3958	0.3998	0.3959	0.3913
新疆	0.3775	0.4065	0.4066	0.4033	0.4013	0.4008	0.4035	0.4043	0.4015	0.4014
平均值	0.3969	0.4227	0.4227	0.4227	0.4227	0.4227	0.4227	0.4227	0.4227	0.4227

表 3-6 区域自主创新实力的靶心度排序（$\alpha=0.9$，$\beta=0.1$）

年份 区域	2001	2002	2003	2004	2005	2006	2007	2008	2009	2010
北京	2	2	2	2	2	2	2	2	3	3
天津	11	12	12	11	7	9	9	9	10	10
河北	17	18	17	19	17	19	18	17	17	17
山西	27	29	30	28	23	23	21	25	21	29
内蒙古	31	31	31	31	30	29	28	31	29	23
辽宁	7	7	8	7	8	7	7	8	7	8
吉林	19	19	19	20	19	18	17	18	18	21
黑龙江	13	15	14	13	13	14	15	16	15	15
上海	4	4	4	4	4	4	4	4	4	4
江苏	3	3	3	3	3	3	3	3	2	2
浙江	6	6	6	6	6	5	6	6	6	6
安徽	18	17	11	16	15	16	16	15	16	16
福建	14	16	15	17	18	17	19	19	19	18

续表

区域＼年份	2001	2002	2003	2004	2005	2006	2007	2008	2009	2010
江西	21	24	18	21	20	20	20	21	22	24
山东	5	5	5	5	5	6	5	5	5	5
河南	16	14	20	14	14	12	11	14	12	14
湖北	8	8	7	8	9	8	8	7	9	9
湖南	15	13	16	15	16	15	14	12	13	11
广东	1	1	1	1	1	1	1	1	1	1
广西	32	32	32	32	31	31	32	32	32	31
海南	25	25	23	27	28	27	27	27	27	26
重庆	23	21	24	18	21	24	25	23	23	19
四川	10	9	10	9	10	10	10	10	8	7
贵州	29	28	26	25	25	26	26	22	25	25
云南	20	22	21	23	24	21	23	24	24	22
西藏	26	23	22	26	27	28	29	28	28	28
陕西	9	10	9	10	11	11	13	11	14	12
甘肃	22	26	28	22	22	22	22	20	20	20
青海	28	27	27	29	29	30	30	29	30	30
宁夏	30	30	29	30	32	32	31	30	31	32
新疆	24	20	25	24	26	25	24	26	26	27
平均值	12	11	13	12	12	13	12	13	11	13

为了比较各省（自治区、直辖市）区域自主创新实力的总体情况，可以进行二次加权，各省（自治区、直辖市）的区域自主创新总体实力的靶心度及其排序见表 3-7。

表 3-7　2001～2010 年区域自主创新总体实力靶心度及其排序

区域	靶心度	排序	区域	靶心度	排序	区域	靶心度	排序	区域	靶心度	排序
北京	0.5799	2	上海	0.5171	4	湖北	0.4361	8	云南	0.4038	23
天津	0.4288	10	江苏	0.5675	3	湖南	0.4193	13	西藏	0.4002	28
河北	0.4108	18	浙江	0.4792	6	广东	0.6118	1	陕西	0.4229	11
山西	0.4023	24	安徽	0.4149	16	广西	0.3927	32	甘肃	0.4052	20
内蒙古	0.3981	29	福建	0.4111	17	海南	0.4008	27	青海	0.3977	30
辽宁	0.4395	7	江西	0.4049	21	重庆	0.4047	22	宁夏	0.3949	31
吉林	0.4096	19	山东	0.4911	5	四川	0.4317	9	新疆	0.4015	26
黑龙江	0.4166	15	河南	0.4193	14	贵州	0.4021	25	平均值	0.4215	12

（2）利用基于理想解法的动态评价方法对 2001～2010 年中国区域自主创新实力进行评价。

先利用变异系数法和熵值法确定指标权重，再利用简单加权法求组合权重。

当 $\alpha=1$ 与 $\beta=0$ 时，只考虑各指标值差异，2001～2010 年各省（自治区、直辖市）的区域自主创新实力的评价值如表 3-8 所示，评价值排序见表 3-9。

表 3-8　基于理想解法的区域自主创新实力动态评价值（$\alpha=1$，$\beta=0$）

区域＼年份	2001	2002	2003	2004	2005	2006	2007	2008	2009	2010
北京	0.3214	0.2916	0.3434	0.3573	0.3362	0.3993	0.3994	0.3979	0.4233	0.4147
天津	0.1055	0.1076	0.0941	0.1029	0.1860	0.1099	0.1098	0.0926	0.0822	0.0835
河北	0.0539	0.0500	0.0464	0.0530	0.1152	0.0459	0.0639	0.0648	0.0743	0.0723
山西	0.0295	0.0267	0.0293	0.0337	0.0328	0.0335	0.0335	0.0346	0.0466	0.0396
内蒙古	0.0235	0.0258	0.0260	0.0182	0.0186	0.0223	0.0188	0.0218	0.0239	0.0743
辽宁	0.1282	0.1222	0.1069	0.1096	0.1023	0.1065	0.1173	0.1154	0.1357	0.1049
吉林	0.0404	0.0444	0.0369	0.0363	0.0368	0.0378	0.0363	0.0355	0.0407	0.0340
黑龙江	0.0533	0.0533	0.0525	0.0579	0.0475	0.0779	0.0477	0.0449	0.0450	0.0459
上海	0.2847	0.3124	0.3347	0.3118	0.3111	0.3616	0.3278	0.2856	0.3407	0.3352
江苏	0.2937	0.3091	0.3464	0.3678	0.3542	0.3650	0.3834	0.3280	0.4250	0.3918
浙江	0.1343	0.1411	0.1510	0.1523	0.1615	0.1751	0.1717	0.1732	0.1594	0.1634
安徽	0.0506	0.0673	0.0618	0.0494	0.0682	0.0490	0.0508	0.2132	0.0544	0.0482
福建	0.0955	0.0967	0.0944	0.0849	0.0772	0.0799	0.0735	0.0655	0.0706	0.0725
江西	0.0271	0.0259	0.0626	0.0311	0.0455	0.0360	0.0350	0.0351	0.0304	0.0318
山东	0.3291	0.2821	0.1368	0.1428	0.1527	0.1507	0.1545	0.1564	0.1518	0.1511
河南	0.0580	0.0568	0.0575	0.0650	0.0533	0.0800	0.0665	0.0727	0.0597	0.0558
湖北	0.0940	0.1013	0.1081	0.1072	0.1042	0.0764	0.0795	0.0840	0.0785	0.0830
湖南	0.0663	0.0585	0.0538	0.0568	0.0505	0.0534	0.0525	0.0686	0.0536	0.0595
广东	0.5121	0.5174	0.5121	0.4862	0.4862	0.4548	0.4559	0.3915	0.4411	0.4331
广西	0.0290	0.0306	0.0284	0.0278	0.0380	0.0246	0.0254	0.0264	0.0275	0.0311
海南	0.0236	0.0115	0.0213	0.0105	0.0099	0.0117	0.0113	0.0150	0.0105	0.0109
重庆	0.0355	0.0404	0.0443	0.0772	0.0367	0.0442	0.0374	0.0423	0.0406	0.0452
四川	0.0762	0.0751	0.0719	0.0757	0.0898	0.0780	0.1020	0.0819	0.0811	0.0901
贵州	0.0159	0.0168	0.0209	0.0172	0.0178	0.0167	0.0168	0.0172	0.0176	0.0161
云南	0.0368	0.0315	0.0511	0.0277	0.0245	0.0283	0.0254	0.0247	0.0280	0.0287
西藏	0.0069	0.0086	0.0091	0.0075	0.0069	0.0059	0.0064	0.0079	0.0062	0.0066
陕西	0.0693	0.0669	0.0813	0.0667	0.0636	0.0612	0.0580	0.0864	0.0545	0.0771
甘肃	0.0338	0.0299	0.0240	0.0227	0.0231	0.0345	0.0338	0.0309	0.0432	0.0465
青海	0.0107	0.0084	0.0089	0.0075	0.0070	0.0075	0.0077	0.0086	0.0076	0.0080
宁夏	0.0210	0.0120	0.0091	0.0083	0.0075	0.0071	0.0082	0.0222	0.0090	0.0086
新疆	0.0178	0.0219	0.0203	0.0183	0.0166	0.0168	0.0197	0.0184	0.0166	0.0174
平均值	0.0858	0.0847	0.0848	0.0847	0.0845	0.0854	0.0852	0.0842	0.0865	0.0856

表 3-9　基于理想解法的区域自主创新实力动态评价值排序（$\alpha=1$，$\beta=0$）

区域＼年份	2001	2002	2003	2004	2005	2006	2007	2008	2009	2010
北京	3	4	3	3	3	2	2	1	3	2
天津	8	8	10	9	5	7	8	9	9	10
河北	16	18	20	18	8	18	14	17	12	15
山西	23	24	23	21	23	23	23	22	18	22
内蒙古	27	26	25	27	26	26	27	27	26	13
辽宁	7	7	8	7	10	8	7	8	7	7

续表

区域 \ 年份	2001	2002	2003	2004	2005	2006	2007	2008	2009	2010
吉林	19	19	22	20	21	20	20	20	21	23
黑龙江	17	17	18	16	18	13	18	18	19	20
上海	5	2	4	4	4	4	4	4	4	4
江苏	4	3	2	2	2	3	3	3	2	3
浙江	6	6	5	5	6	5	5	6	5	5
安徽	18	13	15	19	14	17	17	5	16	18
福建	9	10	9	10	13	11	12	16	13	14
江西	25	25	14	22	19	21	21	21	23	24
山东	2	5	6	6	7	6	6	7	6	6
河南	15	16	16	15	16	10	13	14	14	17
湖北	10	9	7	8	9	14	11	12	11	11
湖南	14	15	17	17	17	16	16	15	17	16
广东	1	1	1	1	1	1	1	2	1	1
广西	24	22	24	23	20	25	24	24	25	25
海南	26	30	27	29	29	29	29	30	29	29
重庆	21	20	21	12	22	19	19	19	22	21
四川	12	12	13	13	11	12	9	13	10	8
贵州	30	28	28	28	27	28	28	29	27	28
云南	20	21	19	24	24	24	25	25	24	26
西藏	32	31	31	32	32	32	32	32	32	32
陕西	13	14	12	14	15	15	15	10	15	12
甘肃	22	23	26	25	25	22	22	23	20	19
青海	31	32	32	31	31	30	31	31	31	31
宁夏	28	29	30	30	30	31	30	26	30	30
新疆	29	27	29	26	28	27	26	28	28	27
平均值	11	11	11	11	12	9	10	11	8	9

当$\alpha=0$与$\beta=1$时，只考虑各指标值增长性，2002～2010年各省（自治区、直辖市）的区域自主创新实力基于理想解法的动态评价值如表3-10所示，评价值排序见表3-11。

表3-10 基于理想解法的区域自主创新实力动态评价值（α=0，β=1）

区域 \ 年份	2002	2003	2004	2005	2006	2007	2008	2009	2010
北京	0.4169	0.5541	0.4771	0.4582	0.5145	0.4619	0.4880	0.4851	0.4737
天津	0.4736	0.4572	0.4945	0.5666	0.4154	0.4697	0.4605	0.4667	0.4893
河北	0.4681	0.4792	0.4912	0.5399	0.4150	0.5049	0.4865	0.4886	0.4758
山西	0.4752	0.4857	0.4857	0.4752	0.4839	0.4776	0.4798	0.5000	0.4719
内蒙古	0.4804	0.4805	0.4751	0.4805	0.4818	0.4774	0.4847	0.4785	0.5076
辽宁	0.4639	0.4522	0.4787	0.4615	0.4918	0.5022	0.4725	0.5040	0.4542
吉林	0.4873	0.4717	0.4766	0.4828	0.4790	0.4806	0.4763	0.4789	0.4772
黑龙江	0.4817	0.4772	0.4833	0.4668	0.5144	0.4523	0.4687	0.4904	0.4761

续表

区域\年份	2002	2003	2004	2005	2006	2007	2008	2009	2010
上海	0.5485	0.5076	0.4371	0.4704	0.5588	0.4159	0.4359	0.5717	0.5037
江苏	0.5068	0.5446	0.5301	0.4381	0.5117	0.5294	0.3935	0.6179	0.4257
浙江	0.4795	0.4875	0.4761	0.4950	0.4992	0.4765	0.4813	0.4337	0.4841
安徽	0.5082	0.4506	0.4830	0.4999	0.4621	0.4762	0.6388	0.3219	0.4627
福建	0.4775	0.4704	0.4726	0.4662	0.4906	0.4669	0.4677	0.4855	0.4812
江西	0.4789	0.5117	0.4594	0.4829	0.4722	0.4828	0.4801	0.4758	0.4773
山东	0.4365	0.3623	0.4879	0.4966	0.4793	0.4967	0.4679	0.4794	0.4867
河南	0.4833	0.4835	0.4906	0.4549	0.5098	0.4726	0.4903	0.4464	0.4780
湖北	0.4874	0.4833	0.4816	0.4733	0.4459	0.4862	0.4823	0.4686	0.4923
湖南	0.4615	0.4757	0.4831	0.4717	0.4786	0.4805	0.5058	0.4481	0.4832
广东	0.5024	0.4587	0.4545	0.4733	0.4113	0.4826	0.3994	0.5344	0.4623
广西	0.4825	0.4728	0.4780	0.4871	0.4669	0.4795	0.4788	0.4827	0.4837
海南	0.4751	0.4868	0.4740	0.4803	0.4826	0.4755	0.4807	0.4783	0.4798
重庆	0.4773	0.4835	0.5165	0.4304	0.4815	0.4745	0.4820	0.4804	0.4825
四川	0.4828	0.4578	0.4954	0.4905	0.4709	0.5116	0.4504	0.4709	0.4959
贵州	0.4791	0.4816	0.4774	0.4803	0.4780	0.4809	0.4758	0.4839	0.4770
云南	0.4754	0.5049	0.4554	0.4747	0.4851	0.4775	0.4785	0.4841	0.4817
西藏	0.4793	0.4792	0.4793	0.4793	0.4793	0.4793	0.4793	0.4793	0.4793
陕西	0.4846	0.5181	0.4620	0.4651	0.4805	0.4755	0.5202	0.4305	0.5099
甘肃	0.4805	0.4727	0.4789	0.4805	0.4940	0.4790	0.4778	0.4941	0.4823
青海	0.4751	0.4787	0.4791	0.4792	0.4819	0.4792	0.4786	0.4801	0.4801
宁夏	0.4744	0.4762	0.4800	0.4784	0.4806	0.4797	0.4846	0.4759	0.4792
新疆	0.4839	0.4766	0.4758	0.4787	0.4793	0.4824	0.4762	0.4776	0.4786
平均值	0.4793	0.4793	0.4793	0.4793	0.4793	0.4793	0.4793	0.4793	0.4793

表 3-11　基于理想解法的区域自主创新实力动态评价值排序（$\alpha=0$，$\beta=1$）

区域\年份	2002	2003	2004	2005	2006	2007	2008	2009	2010
北京	32	1	21	29	2	30	5	10	27
天津	27	29	4	1	30	28	28	27	6
河北	28	17	5	2	31	3	6	8	26
山西	23	9	8	19	11	19	14	5	28
内蒙古	14	14	25	10	14	21	7	20	2
辽宁	29	30	18	28	8	4	24	4	31
吉林	6	25	22	9	22	11	21	19	23
黑龙江	12	19	9	25	3	31	25	7	25
上海	1	5	32	24	1	32	30	2	3
江苏	3	2	1	31	4	1	32	1	32
浙江	15	7	23	5	6	22	11	30	8
安徽	2	31	11	3	28	23	1	32	29
福建	20	26	27	26	9	29	27	9	14
江西	19	4	29	8	25	7	13	24	22

续表

区域＼年份	2002	2003	2004	2005	2006	2007	2008	2009	2010
山东	31	32	7	4	21	5	26	16	7
河南	9	10	6	30	5	27	4	29	21
湖北	5	12	12	21	29	6	9	26	5
湖南	30	22	10	23	23	12	3	28	10
广东	4	27	31	22	32	8	31	3	30
广西	11	23	19	7	27	14	17	13	9
海南	24	8	26	12	12	25	12	21	16
重庆	21	11	2	32	15	26	10	14	11
四川	10	28	3	6	26	2	29	25	4
贵州	18	13	20	13	24	10	23	12	24
云南	22	6	30	20	10	20	19	11	13
西藏	17	16	15	15	20	15	15	18	18
陕西	7	3	28	27	17	24	2	31	1
甘肃	13	24	17	11	7	18	20	6	12
青海	25	18	16	16	13	17	18	15	15
宁夏	26	21	13	18	16	13	8	23	19
新疆	8	20	24	17	19	9	22	22	20
平均值	16	15	14	14	18	16	16	17	17

当$\alpha=0.9$与$\beta=0.1$时，同时考虑各指标值差异和增长性，更关注各指标值差异，2001～2010年各省（自治区、直辖市）的区域自主创新实力基于理想解法的动态评价值如表3-12所示，评价值排序见表3-13。

表3-12　基于理想解法的区域自主创新实力动态评价值（$\alpha=0.9$，$\beta=0.1$）

区域＼年份	2001	2002	2003	2004	2005	2006	2007	2008	2009	2010
北京	0.2893	0.3042	0.3644	0.3692	0.3484	0.4108	0.4056	0.4069	0.4294	0.4206
天津	0.0950	0.1442	0.1305	0.1420	0.2241	0.1405	0.1458	0.1294	0.1207	0.1241
河北	0.0485	0.0918	0.0897	0.0968	0.1576	0.0828	0.1080	0.1070	0.1158	0.1127
山西	0.0266	0.0716	0.0749	0.0789	0.0770	0.0785	0.0779	0.0792	0.0920	0.0828
内蒙古	0.0212	0.0712	0.0714	0.0639	0.0648	0.0682	0.0647	0.0681	0.0694	0.1176
辽宁	0.1154	0.1564	0.1414	0.1465	0.1382	0.1450	0.1558	0.1511	0.1726	0.1399
吉林	0.0364	0.0887	0.0804	0.0803	0.0814	0.0819	0.0807	0.0796	0.0845	0.0783
黑龙江	0.0480	0.0961	0.0950	0.1004	0.0894	0.1215	0.0881	0.0873	0.0896	0.0889
上海	0.2562	0.3360	0.3520	0.3243	0.3270	0.3813	0.3367	0.3006	0.3638	0.3521
江苏	0.2643	0.3288	0.3663	0.3840	0.3626	0.3796	0.3980	0.3345	0.4443	0.3952
浙江	0.1209	0.1749	0.1846	0.1846	0.1949	0.2075	0.2021	0.2040	0.1868	0.1955
安徽	0.0455	0.1114	0.1007	0.0927	0.1113	0.0903	0.0933	0.2557	0.0811	0.0897
福建	0.0860	0.1348	0.1320	0.1236	0.1161	0.1210	0.1128	0.1057	0.1121	0.1134
江西	0.0244	0.0712	0.1075	0.0739	0.0893	0.0796	0.0798	0.0796	0.0749	0.0763
山东	0.2962	0.2975	0.1593	0.1773	0.1871	0.1835	0.1888	0.1876	0.1846	0.1847
河南	0.0522	0.0995	0.1001	0.1076	0.0935	0.1230	0.1071	0.1144	0.0984	0.0980

续表

区域＼年份	2001	2002	2003	2004	2005	2006	2007	2008	2009	2010
湖北	0.0846	0.1399	0.1457	0.1446	0.1411	0.1133	0.1202	0.1238	0.1175	0.1239
湖南	0.0597	0.0988	0.0960	0.0994	0.0927	0.0959	0.0953	0.1123	0.0930	0.1019
广东	0.4609	0.5159	0.5067	0.4831	0.4849	0.4504	0.4585	0.3922	0.4504	0.4360
广西	0.0261	0.0758	0.0728	0.0728	0.0829	0.0688	0.0708	0.0716	0.0731	0.0764
海南	0.0213	0.0579	0.0679	0.0569	0.0569	0.0588	0.0577	0.0616	0.0573	0.0578
重庆	0.0320	0.0841	0.0883	0.1212	0.0761	0.0879	0.0811	0.0863	0.0846	0.0889
四川	0.0686	0.1159	0.1104	0.1177	0.1298	0.1173	0.1429	0.1188	0.1201	0.1306
贵州	0.0143	0.0630	0.0670	0.0633	0.0641	0.0629	0.0632	0.0631	0.0642	0.0622
云南	0.0331	0.0759	0.0965	0.0704	0.0695	0.0740	0.0706	0.0701	0.0737	0.0740
西藏	0.0062	0.0556	0.0561	0.0547	0.0542	0.0533	0.0537	0.0551	0.0535	0.0539
陕西	0.0623	0.1087	0.1250	0.1063	0.1037	0.1031	0.0997	0.1298	0.0921	0.1204
甘肃	0.0304	0.0749	0.0688	0.0683	0.0688	0.0805	0.0783	0.0756	0.0883	0.0901
青海	0.0096	0.0551	0.0559	0.0546	0.0542	0.0549	0.0548	0.0556	0.0548	0.0552
宁夏	0.0189	0.0582	0.0558	0.0555	0.0546	0.0545	0.0554	0.0684	0.0557	0.0556
新疆	0.0160	0.0681	0.0659	0.0641	0.0628	0.0630	0.0660	0.0642	0.0627	0.0635
平均值	0.0772	0.1242	0.1243	0.1241	0.1240	0.1248	0.1246	0.1237	0.1258	0.1249

表 3-13　基于理想解法的区域自主创新实力动态评价值排序（$\alpha=0.9$，$\beta=0.1$）

区域＼年份	2001	2002	2003	2004	2005	2006	2007	2008	2009	2010
北京	3	4	3	3	3	2	2	1	3	2
天津	8	8	10	9	5	8	8	10	9	10
河北	16	18	20	18	8	19	13	16	12	15
山西	23	24	23	21	22	23	23	22	17	22
内蒙古	27	25	25	27	26	26	27	27	26	13
辽宁	7	7	8	7	10	7	7	8	7	7
吉林	19	19	22	20	21	20	20	21	21	23
黑龙江	17	17	19	16	18	11	18	18	18	21
上海	5	2	4	4	4	3	4	4	4	4
江苏	4	3	2	2	2	4	3	3	2	3
浙江	6	6	5	5	6	5	5	6	5	5
安徽	18	13	15	19	14	17	17	5	22	19
福建	9	10	9	11	13	12	12	17	13	14
江西	25	26	14	22	19	22	21	20	23	25
山东	2	5	6	6	7	6	6	7	6	6
河南	15	15	16	14	16	10	14	14	14	17
湖北	10	9	7	8	9	14	11	11	11	11
湖南	14	16	18	17	17	16	16	15	15	16
广东	1	1	1	1	1	1	1	2	1	1
广西	24	22	24	23	20	25	24	24	25	24
海南	26	30	27	29	29	29	29	30	29	29
重庆	21	20	21	12	23	18	19	19	20	20

续表

区域＼年份	2001	2002	2003	2004	2005	2006	2007	2008	2009	2010
四川	12	12	13	13	11	13	9	13	10	8
贵州	30	28	28	28	27	28	28	29	27	28
云南	20	21	17	24	24	24	25	25	24	26
西藏	32	31	30	31	32	32	32	32	32	32
陕西	13	14	11	15	15	15	15	9	16	12
甘肃	22	23	26	25	25	21	22	23	19	18
青海	31	32	31	32	31	30	31	31	31	31
宁夏	28	29	32	30	30	31	30	26	30	30
新疆	29	27	29	26	28	27	26	28	28	27
平均值	11	11	12	10	12	9	10	12	8	9

为了比较各省（自治区、直辖市）区域自主创新实力的总体情况，可以进行二次加权，2001～2010 年各省（自治区、直辖市）的区域自主创新总体实力基于理想解法的动态评价值及其排序见表 3-14。

表 3-14　2001～2010 年基于理想解法的区域自主创新总体实力动态评价值及其排序

区域	评价值	排序	区域	评价值	排序	区域	评价值	排序	区域	评价值	排序
北京	0.3971	2	上海	0.3411	4	湖北	0.1253	9	云南	0.0728	25
天津	0.1398	8	江苏	0.3829	3	湖南	0.0982	17	西藏	0.0533	32
河北	0.1083	15	浙江	0.1939	5	广东	0.4515	1	陕西	0.1088	14
山西	0.0800	21	安徽	0.1157	12	广西	0.0728	26	甘肃	0.0788	23
内蒙古	0.0757	24	福建	0.1151	13	海南	0.0581	29	青海	0.0542	31
辽宁	0.1500	7	江西	0.0789	22	重庆	0.0867	19	宁夏	0.0567	30
吉林	0.0804	20	山东	0.1899	6	四川	0.1235	11	新疆	0.0632	27
黑龙江	0.0930	18	河南	0.1040	16	贵州	0.0625	28	平均值	0.1237	10

（3）利用基于改进理想解法的动态评价方法对 2001～2010 年中国内地 31 个省（自治区、直辖市）的区域自主创新实力进行评价。

当 $\alpha=1$ 与 $\beta=0$ 时，只考虑各指标值差异，各省（自治区、直辖市）的区域自主创新实力的评价值如表 3-15 所示，评价值排序见表 3-16。

表 3-15　基于改进理想解法的区域自主创新实力动态评价值（α=1，β=0）

区域＼年份	2001	2002	2003	2004	2005	2006	2007	2008	2009	2010
北京	1.0000	1.0000	1.0000	1.0000	1.0000	1.0000	1.0000	1.0000	1.0000	1.0000
天津	0.9687	0.9597	0.9527	0.9596	0.9493	0.9537	0.9556	0.9565	0.9559	0.9523
河北	0.6893	0.6501	0.5728	0.5028	0.5337	0.4792	0.4765	0.5255	0.5077	0.5011
山西	0.8787	0.8534	0.7870	0.8429	0.8530	0.8534	0.8674	0.8375	0.8617	0.7964
内蒙古	0.9352	0.9235	0.8956	0.8402	0.8869	0.8828	0.8905	0.8642	0.8582	0.8519
辽宁	0.7492	0.7566	0.7198	0.7802	0.6894	0.7605	0.7830	0.6017	0.8236	0.8348
吉林	0.9523	0.9537	0.9491	0.9420	0.9355	0.9350	0.9384	0.9397	0.9360	0.9321

续表

区域\年份	2001	2002	2003	2004	2005	2006	2007	2008	2009	2010
黑龙江	0.9323	0.9343	0.9272	0.9331	0.9402	0.9346	0.9430	0.9403	0.9349	0.9351
上海	0.8879	0.8894	0.8962	0.9134	0.9396	0.9503	0.9543	0.9542	0.9571	0.9542
江苏	0.0000	0.0000	0.0000	0.0000	0.0000	0.0000	0.0000	0.0000	0.0000	0.0000
浙江	0.6192	0.5953	0.5243	0.5867	0.5567	0.4988	0.4319	0.4134	0.3730	0.3280
安徽	0.9040	0.9017	0.9066	0.9032	0.9069	0.8838	0.8704	0.8640	0.8603	0.8664
福建	0.9098	0.8942	0.8350	0.7900	0.7739	0.7619	0.7124	0.6953	0.6704	0.7407
江西	0.9498	0.9414	0.9364	0.9185	0.9225	0.9037	0.8966	0.8961	0.8905	0.8790
山东	0.5824	0.6148	0.5576	0.5531	0.5666	0.5904	0.5059	0.3837	0.3832	0.2424
河南	0.7349	0.6966	0.6640	0.7090	0.7220	0.7123	0.6932	0.6722	0.6414	0.6263
湖北	0.8397	0.8295	0.8278	0.8216	0.8532	0.8605	0.8638	0.8500	0.8462	0.8422
湖南	0.8327	0.8254	0.7649	0.7765	0.8058	0.8418	0.8379	0.8560	0.8324	0.8334
广东	0.7522	0.6340	0.5986	0.5858	0.4110	0.3467	0.1873	0.3348	0.4466	0.4896
广西	0.8328	0.8235	0.7417	0.7100	0.7144	0.7360	0.4930	0.3743	0.5676	0.5739
海南	0.9672	0.9633	0.9578	0.9515	0.9490	0.9445	0.9433	0.9451	0.9430	0.9432
重庆	0.8877	0.8908	0.8748	0.8679	0.8771	0.8565	0.8823	0.8898	0.8711	0.9173
四川	0.7984	0.7701	0.7606	0.7763	0.7991	0.7656	0.7317	0.7987	0.8049	0.8238
贵州	0.9488	0.9574	0.9589	0.9492	0.9495	0.9337	0.9276	0.9442	0.9393	0.9360
云南	0.9504	0.9450	0.9371	0.9312	0.9354	0.9287	0.9299	0.9316	0.9259	0.9313
西藏	0.9667	0.9621	0.9547	0.9497	0.9478	0.9433	0.9403	0.9420	0.9403	0.9401
陕西	0.9722	0.9624	0.9588	0.9509	0.9438	0.9444	0.9376	0.9284	0.9216	0.9224
甘肃	0.9582	0.9570	0.9472	0.9498	0.9459	0.9402	0.9411	0.9455	0.9423	0.9457
青海	0.9652	0.9619	0.9555	0.9485	0.9458	0.9398	0.9376	0.9386	0.9364	0.9352
宁夏	0.9613	0.9581	0.9522	0.9450	0.9349	0.9316	0.9314	0.9341	0.9292	0.8951
新疆	0.9667	0.9697	0.9618	0.9508	0.9451	0.9409	0.9436	0.9444	0.9380	0.9336
平均值	0.8986	0.8946	0.8822	0.8765	0.8748	0.8699	0.8661	0.8636	0.8647	0.8621

表 3-16 基于改进理想解法的区域自主创新实力动态评价值排序（$\alpha=1$，$\beta=0$）

区域\年份	2001	2002	2003	2004	2005	2006	2007	2008	2009	2010
北京	1	1	1	1	1	1	1	1	1	1
天津	3	7	8	2	3	2	2	2	3	3
河北	29	28	29	31	30	30	29	27	28	28
山西	21	21	22	19	21	21	19	22	18	24
内蒙古	14	15	17	20	17	17	16	17	20	19
辽宁	27	26	26	23	27	25	23	26	23	21
吉林	10	11	10	11	12	10	9	10	10	11
黑龙江	15	14	14	12	10	11	6	9	11	9
上海	19	20	16	15	11	3	3	3	2	2
江苏	32	32	32	32	32	32	32	32	32	32
浙江	30	31	31	28	29	29	30	28	31	30
安徽	17	16	15	16	16	16	18	18	19	17
福建	16	18	20	22	24	24	25	24	25	25

续表

区域 \ 年份	2001	2002	2003	2004	2005	2006	2007	2008	2009	2010
江西	12	13	13	14	15	15	15	15	15	16
山东	31	30	30	30	28	28	27	29	30	31
河南	28	27	27	27	25	27	26	25	26	26
湖北	22	22	21	21	20	19	21	21	21	20
湖南	24	23	23	24	22	22	22	20	22	22
广东	26	29	28	29	31	31	31	31	29	29
广西	23	24	25	26	26	26	28	30	27	27
海南	4	3	5	3	4	4	5	5	4	5
重庆	20	19	19	18	18	20	17	16	16	14
四川	25	25	24	25	23	23	24	23	24	23
贵州	13	9	3	8	2	12	14	7	7	7
云南	11	12	12	13	13	14	13	13	13	12
西藏	5	5	7	7	5	6	8	8	6	6
陕西	2	4	4	4	9	5	10	14	14	13
甘肃	9	10	11	6	6	8	7	4	5	4
青海	7	6	6	9	7	9	11	11	9	8
宁夏	8	8	9	10	14	13	12	12	12	15
新疆	6	2	2	5	8	7	4	6	8	10
平均值	18	17	18	17	19	18	20	19	17	18

当 $\alpha=0$ 与 $\beta=1$ 时，只考虑各指标值增长性，2002～2010 年各省（自治区、直辖市）基于改进理想解法的区域自主创新实力动态评价值如表 3-17 所示，评价值排序见表 3-18。

表 3-17 基于理想解法的区域自主创新实力动态评价值（$\alpha=0$，$\beta=1$）

区域 \ 年份	2002	2003	2004	2005	2006	2007	2008	2009	2010
北京	0.9675	0.8816	0.5175	0.6109	0.4003	0.8867	0.8777	0.2023	0.6606
天津	0.7526	0.6781	0.7619	0.4302	0.5182	0.9071	0.8443	0.2469	0.5973
河北	0.4473	0.1551	0.2900	0.7978	0.3198	0.8883	0.8619	0.2436	0.5820
山西	0.5536	0.0000	0.9628	0.7661	0.4711	0.9672	0.6764	0.4979	0.0000
内蒙古	0.6714	0.3507	0.0000	1.0000	0.4785	0.9442	0.6737	0.2629	0.4804
辽宁	0.7347	0.3921	1.0000	0.0000	1.0000	0.9957	0.0000	1.0000	0.6978
吉林	0.8842	0.7695	0.5018	0.5700	0.4745	0.8896	0.8434	0.2036	0.6227
黑龙江	0.8933	0.7390	0.6933	0.7212	0.4060	0.9182	0.8183	0.2127	0.6397
上海	0.7949	0.8639	0.7613	0.9207	0.6176	0.9080	0.8268	0.3363	0.6095
江苏	0.4815	1.0000	0.7704	0.8155	0.8578	1.0000	0.6474	0.4746	0.6126
浙江	0.6729	0.2589	0.9129	0.6546	0.4614	0.7819	0.7320	0.3084	0.5241
安徽	0.8099	0.8281	0.5935	0.6835	0.2075	0.7858	0.7443	0.3278	0.6561
福建	0.7414	0.1515	0.3208	0.5583	0.4284	0.7202	0.7798	0.1986	0.7556
江西	0.7981	0.5951	0.3675	0.6884	0.2481	0.8018	0.8123	0.2338	0.5613
山东	0.8686	0.3101	0.6495	0.7514	0.7698	0.6852	0.4679	0.4854	0.0481
河南	0.4413	0.4791	0.9391	0.7460	0.5966	0.8644	0.6993	0.2768	0.6338

续表

区域＼年份	2002	2003	2004	2005	2006	2007	2008	2009	2010
湖北	0.6815	0.8104	0.5146	0.8591	0.6269	0.9062	0.7553	0.2901	0.6262
湖南	0.7858	0.3313	0.6005	0.7764	0.6123	0.8422	0.8469	0.1395	0.5758
广东	0.0000	0.6324	0.7015	0.1391	0.4968	0.6490	0.7530	0.5684	0.7759
广西	0.7450	0.0375	0.2052	0.8987	0.5819	0.0000	0.6235	0.5346	0.6719
海南	0.9675	0.7798	0.3412	0.5393	0.3251	0.8816	0.8790	0.1431	0.6773
重庆	0.9066	0.5970	0.3412	0.7086	0.2146	0.9103	0.8507	0.0000	1.0000
四川	0.4357	0.8797	0.7135	0.7923	0.0000	0.6848	1.0000	0.3770	0.5375
贵州	1.0000	0.8888	0.4501	0.7133	0.1651	0.8364	0.9198	0.1826	0.5699
云南	0.8383	0.6769	0.4749	0.7247	0.3811	0.8737	0.8385	0.2213	0.6672
西藏	0.9853	0.7740	0.3081	0.5472	0.2998	0.8670	0.8919	0.1334	0.6582
陕西	0.7745	0.6942	0.4824	0.5889	0.4547	0.8141	0.7485	0.2218	0.6377
甘肃	0.9099	0.5336	0.6720	0.6215	0.3981	0.8962	0.8559	0.2049	0.7039
青海	0.9621	0.7812	0.3452	0.5313	0.3073	0.8658	0.8574	0.1733	0.6299
宁夏	0.8904	0.7904	0.3645	0.4362	0.3971	0.8595	0.8577	0.1777	0.0315
新疆	0.9365	0.6979	0.3730	0.5775	0.4133	0.8934	0.8319	0.1790	0.5628
平均值	0.7721	0.6255	0.5726	0.6775	0.4752	0.8546	0.7888	0.3324	0.6008

表 3-18　基于理想解法的区域自主创新实力动态评价值排序（$\alpha=0$，$\beta=1$）

区域＼年份	2002	2003	2004	2005	2006	2007	2008	2009	2010
北京	3	3	16	21	20	14	5	23	9
天津	20	16	6	30	9	8	12	15	21
河北	29	29	30	6	25	13	6	16	22
山西	27	32	2	9	14	3	27	4	32
内蒙古	26	25	32	1	11	4	28	14	29
辽宁	23	24	1	32	1	2	32	1	5
吉林	11	12	18	24	13	12	13	22	17
黑龙江	9	13	10	13	19	5	17	20	12
上海	16	5	7	2	5	7	16	8	19
江苏	28	1	5	5	2	1	29	6	18
浙江	25	28	4	19	15	27	25	11	28
安徽	14	6	14	17	30	26	24	10	11
福建	22	30	28	25	17	28	20	24	3
江西	15	21	23	16	28	25	18	17	26
山东	12	27	12	10	3	29	31	5	30
河南	30	23	3	11	7	19	26	13	14
湖北	24	7	17	4	4	9	21	12	16
湖南	17	26	13	8	6	22	11	30	23
广东	32	18	9	31	10	31	22	2	2
广西	21	31	31	3	8	32	30	3	7
海南	4	10	26	27	24	15	4	29	6
重庆	8	20	27	15	29	6	10	32	1

续表

区域＼年份	2002	2003	2004	2005	2006	2007	2008	2009	2010
四川	31	4	8	7	32	30	1	7	27
贵州	1	2	21	14	31	23	2	25	24
云南	13	17	20	12	23	16	14	19	8
西藏	2	11	29	26	27	17	3	31	10
陕西	18	15	19	22	16	24	23	18	13
甘肃	7	22	11	20	21	10	9	21	4
青海	5	9	25	28	26	18	8	28	15
宁夏	10	8	24	29	22	20	7	27	31
新疆	6	14	22	23	18	11	15	26	25
平均值	19	19	15	18	12	21	19	9	20

当$\alpha=0.9$与$\beta=0.1$时，同时考虑各指标值差异和增长性，更关注各指标值差异，各省（自治区、直辖市）的区域自主创新实力基于改进理想解法的动态评价值如表3-19所示，评价值排序见表3-20。

表3-19 基于改进理想解法的区域自主创新实力动态评价值（$\alpha=0.9$，$\beta=0.1$）

区域＼年份	2001	2002	2003	2004	2005	2006	2007	2008	2009	2010
北京	1.0000	0.9968	0.9882	0.9518	0.9611	0.9400	0.9887	0.9878	0.9202	0.9661
天津	0.9687	0.9390	0.9252	0.9398	0.8974	0.9101	0.9508	0.9453	0.8850	0.9168
河北	0.6893	0.6298	0.5310	0.4816	0.5601	0.4632	0.5177	0.5592	0.4813	0.5092
山西	0.8787	0.8234	0.7083	0.8549	0.8443	0.8152	0.8774	0.8214	0.8253	0.7167
内蒙古	0.9352	0.8983	0.8411	0.7562	0.8982	0.8424	0.8959	0.8452	0.7987	0.8148
辽宁	0.7492	0.7544	0.6870	0.8022	0.6205	0.7844	0.8042	0.5416	0.8412	0.8211
吉林	0.9523	0.9468	0.9312	0.8980	0.8990	0.8889	0.9336	0.9300	0.8627	0.9012
黑龙江	0.9323	0.9302	0.9084	0.9091	0.9183	0.8817	0.9405	0.9281	0.8627	0.9055
上海	0.8879	0.8800	0.8930	0.8982	0.9377	0.9170	0.9497	0.9414	0.8950	0.9198
江苏	0.0000	0.0482	0.1000	0.0770	0.0816	0.0858	0.1000	0.0647	0.0475	0.0613
浙江	0.6192	0.6031	0.4977	0.6193	0.5665	0.4951	0.4669	0.4452	0.3666	0.3476
安徽	0.9040	0.8925	0.8987	0.8722	0.8846	0.8161	0.8619	0.8520	0.8070	0.8454
福建	0.9098	0.8789	0.7667	0.7431	0.7523	0.7286	0.7131	0.7038	0.6232	0.7422
江西	0.9498	0.9271	0.9023	0.8634	0.8991	0.8381	0.8871	0.8877	0.8248	0.8472
山东	0.5824	0.6402	0.5328	0.5627	0.5851	0.6083	0.5238	0.3922	0.3934	0.2230
河南	0.7349	0.6711	0.6455	0.7321	0.7244	0.7007	0.7103	0.6749	0.6050	0.6271
湖北	0.8397	0.8147	0.8261	0.7909	0.8538	0.8372	0.8680	0.8405	0.7906	0.8206
湖南	0.8327	0.8215	0.7215	0.7589	0.8029	0.8188	0.8384	0.8550	0.7631	0.8077
广东	0.7522	0.5706	0.6020	0.5973	0.3838	0.3617	0.2335	0.3766	0.4588	0.5183
广西	0.8328	0.8156	0.6712	0.6595	0.7329	0.7206	0.4437	0.3992	0.5643	0.5837
海南	0.9672	0.9637	0.9400	0.8905	0.9080	0.8826	0.9372	0.9385	0.8630	0.9166
重庆	0.8877	0.8923	0.8470	0.8152	0.8603	0.7923	0.8851	0.8859	0.7840	0.9256
四川	0.7984	0.7367	0.7725	0.7700	0.7984	0.6890	0.7270	0.8188	0.7621	0.7952
贵州	0.9488	0.9617	0.9519	0.8993	0.9259	0.8568	0.9185	0.9417	0.8636	0.8994

续表

区域＼年份	2001	2002	2003	2004	2005	2006	2007	2008	2009	2010
云南	0.9504	0.9343	0.9110	0.8855	0.9143	0.8740	0.9243	0.9223	0.8554	0.9049
西藏	0.9667	0.9644	0.9366	0.8855	0.9077	0.8790	0.9330	0.9370	0.8596	0.9119
陕西	0.9722	0.9436	0.9323	0.9040	0.9083	0.8955	0.9253	0.9104	0.8516	0.8939
甘肃	0.9582	0.9523	0.9058	0.9220	0.9134	0.8860	0.9366	0.9365	0.8685	0.9215
青海	0.9652	0.9619	0.9380	0.8882	0.9044	0.8765	0.9304	0.9305	0.8601	0.9046
宁夏	0.9613	0.9513	0.9360	0.8869	0.8850	0.8781	0.9242	0.9264	0.8540	0.8088
新疆	0.9667	0.9664	0.9354	0.8930	0.9084	0.8882	0.9386	0.9331	0.8621	0.8965
平均值	0.8986	0.8824	0.8565	0.8461	0.8551	0.8304	0.8649	0.8561	0.8115	0.8360

表 3-20　基于改进理想解法的区域自主创新实力动态评价值排序（$\alpha=0.9$，$\beta=0.1$）

区域＼年份	2001	2002	2003	2004	2005	2006	2007	2008	2009	2010
北京	1	1	1	1	1	1	1	1	1	1
天津	3	11	10	2	15	3	2	2	3	5
河北	29	29	30	31	30	30	28	26	28	29
山西	21	21	24	17	21	21	18	22	16	25
内蒙古	14	15	19	24	14	15	15	20	20	20
辽宁	27	25	25	20	27	23	23	27	15	18
吉林	10	9	9	8	13	5	8	10	7	11
黑龙江	15	13	12	4	4	9	4	11	8	8
上海	19	19	16	7	2	2	3	4	2	4
江苏	32	32	32	32	32	32	32	32	32	32
浙江	30	30	31	28	29	29	29	28	31	30
安徽	17	16	15	15	17	20	21	19	19	16
福建	16	20	22	25	24	24	25	24	25	24
江西	12	14	14	16	12	16	16	15	17	15
山东	31	28	29	30	28	28	27	30	30	31
河南	28	27	27	26	26	26	26	25	26	26
湖北	22	24	20	21	20	17	19	21	21	19
湖南	24	22	23	23	22	19	22	18	23	22
广东	26	31	28	29	31	31	31	31	29	28
广西	23	23	26	27	25	25	30	29	27	27
海南	4	4	3	10	9	8	6	5	6	6
重庆	20	17	18	19	18	22	17	16	22	2
四川	25	26	21	22	23	27	24	23	24	23
贵州	13	6	2	6	3	14	14	3	5	12
云南	11	12	11	13	5	13	12	13	12	9
西藏	5	3	5	14	10	10	9	6	11	7
陕西	2	10	8	5	8	4	11	14	14	14
甘肃	9	7	13	3	6	7	7	7	4	3
青海	7	5	4	11	11	12	10	9	10	10
宁夏	8	8	6	12	16	11	13	12	13	21
新疆	6	2	7	9	7	6	5	8	9	13
平均值	18	18	17	18	19	18	20	17	18	17

为了比较各省（自治区、直辖市）区域自主创新实力的总体情况，可以进行二次加权，2001～2010年各省（自治区、直辖市）的区域自主创新总体实力基于改进理想解法的动态评价值及其排序见表3-21。

表3-21　2001～2010年基于改进理想解法的区域自主创新总体实力动态评价值及其排序

区域	评价值	排序	区域	评价值	排序	区域	评价值	排序	区域	评价值	排序
北京	0.9632	1	上海	0.9189	3	湖北	0.8277	20	云南	0.9001	13
天津	0.9215	2	江苏	0.0706	32	湖南	0.8047	22	西藏	0.9080	6
河北	0.5194	28	浙江	0.4583	29	广东	0.4389	31	陕西	0.9009	12
山西	0.8089	21	安徽	0.8502	17	广西	0.5876	27	甘肃	0.9133	4
内蒙古	0.8399	19	福建	0.7223	25	海南	0.9112	5	青海	0.9051	11
辽宁	0.7469	24	江西	0.8672	15	重庆	0.8568	16	宁夏	0.8831	14
吉林	0.9057	10	山东	0.4520	30	四川	0.7681	23	新疆	0.9074	7
黑龙江	0.9066	8	河南	0.6701	26	贵州	0.9059	9	平均值	0.8444	18

（4）利用基于加权离差平方和最大的动态评价方法对2001～2010年中国内地31个省（自治区、直辖市）区域自主创新实力进行评价。

当$\alpha=1$与$\beta=0$时，只考虑各指标值差异，各省（自治区、直辖市）的区域自主创新实力的评价值如表3-22所示，评价值排序见表3-23。

表3-22　基于加权离差平方和最大的区域自主创新实力动态评价值（$\alpha=1$，$\beta=0$）

区域＼年份	2001	2002	2003	2004	2005	2006	2007	2008	2009	2010
北京	2.9615	2.7884	2.8664	3.0641	2.9426	2.9665	2.9142	2.8309	2.7790	2.8129
天津	0.8900	0.8460	0.8091	0.8309	1.1951	0.9982	0.9554	0.9083	0.8222	0.8420
河北	0.8538	0.8614	0.8105	0.8686	0.9680	0.7845	0.8983	0.9132	0.9206	0.9031
山西	0.4094	0.3908	0.4106	0.4416	0.4465	0.4712	0.4641	0.4806	0.5065	0.4753
内蒙古	0.2295	0.2367	0.2428	0.2293	0.2332	0.2505	0.2425	0.2763	0.3051	0.4866
辽宁	1.5634	1.5476	1.3771	1.4129	1.3593	1.3922	1.4446	1.4529	1.4959	1.2816
吉林	0.5115	0.5612	0.4443	0.4345	0.4685	0.4809	0.4624	0.4355	0.4865	0.4098
黑龙江	0.7736	0.7295	0.7156	0.7298	0.6541	0.7196	0.6070	0.5547	0.5692	0.5755
上海	2.7760	2.9540	3.0055	2.7893	2.8173	3.1116	2.7143	2.5358	2.8038	2.6888
江苏	3.1545	3.1664	3.3904	3.4857	3.3130	3.3656	3.6150	3.5108	3.8114	3.7770
浙江	1.7652	1.9018	2.1127	2.1079	2.1881	2.3410	2.3099	2.2608	2.0839	2.0958
安徽	0.6602	0.7463	0.7522	0.6562	0.7278	0.6856	0.7030	0.9485	0.7525	0.7103
福建	0.9467	0.8950	0.9340	0.8300	0.7985	0.8576	0.8191	0.7703	0.8318	0.8375
江西	0.3277	0.3220	0.4664	0.3924	0.4584	0.4436	0.4537	0.4551	0.4188	0.4179
山东	2.6691	2.5513	2.0481	2.1183	2.1526	2.1508	2.1727	2.2217	2.1802	2.1809
河南	0.8668	0.8860	0.8077	0.8994	0.8545	0.9917	0.9750	1.0020	0.9629	0.9093
湖北	1.2630	1.2444	1.2782	1.2622	1.1707	1.0598	1.0916	1.1509	1.0928	1.1055
湖南	0.8724	0.8471	0.7776	0.7912	0.7204	0.7231	0.7508	0.8550	0.8364	0.8910
广东	3.8603	3.9969	3.9849	3.9191	4.0378	3.7458	3.8421	3.7687	3.6954	3.6944
广西	0.3871	0.4092	0.4245	0.4226	0.4460	0.3640	0.3797	0.3896	0.4108	0.4268
海南	0.0439	−0.0080	0.0282	−0.0082	−0.0059	0.0137	0.0025	0.0241	0.0077	0.0123

续表

区域＼年份	2001	2002	2003	2004	2005	2006	2007	2008	2009	2010
重庆	0.3949	0.4040	0.4458	0.6667	0.4354	0.4477	0.4264	0.4598	0.5002	0.5223
四川	1.0798	1.1055	1.0815	1.1011	1.1746	1.0935	1.2288	1.1220	1.1444	1.1931
贵州	0.1752	0.1769	0.2032	0.1717	0.1749	0.1665	0.1661	0.1652	0.1762	0.1752
云南	0.4192	0.3579	0.4353	0.3210	0.2880	0.3292	0.2997	0.2990	0.3082	0.3364
西藏	−0.0784	−0.0779	−0.0815	−0.0795	−0.0757	−0.0751	−0.0744	−0.0765	−0.0728	−0.0747
陕西	0.7789	0.7596	0.8756	0.8087	0.7346	0.7347	0.7001	0.8081	0.6949	0.8184
甘肃	0.2734	0.2503	0.2398	0.2267	0.2299	0.2715	0.2639	0.2670	0.3270	0.3334
青海	−0.0271	−0.0472	−0.0513	−0.0508	−0.0444	−0.0341	−0.0324	−0.0345	−0.0275	−0.0263
宁夏	0.0179	−0.0043	−0.0211	−0.0084	−0.0132	−0.0055	0.0099	0.0631	0.0177	0.0206
新疆	0.1807	0.2014	0.1858	0.1648	0.1495	0.1543	0.1939	0.1814	0.1582	0.1672
平均值	1.0000	0.9999	1.0001	1.0000	1.0000	1.0000	1.0000	1.0000	1.0000	1.0000

表 3-23　基于加权离差平方和最大的区域自主创新实力动态评价值排序（$\alpha=1$，$\beta=0$）

区域＼年份	2001	2002	2003	2004	2005	2006	2007	2008	2009	2010
北京	3	4	4	3	3	4	3	3	4	3
天津	12	15	14	13	8	11	12	14	15	14
河北	15	13	13	12	12	14	13	13	12	12
山西	21	22	24	20	21	20	19	19	19	21
内蒙古	26	26	25	25	25	26	26	25	26	20
辽宁	7	7	7	7	7	7	7	7	7	7
吉林	19	19	21	21	19	19	20	22	21	24
黑龙江	17	18	18	17	18	17	18	18	18	18
上海	4	3	3	4	4	3	4	4	3	4
江苏	2	2	2	2	2	2	2	2	1	1
浙江	6	6	5	6	5	5	5	5	6	6
安徽	18	17	17	19	16	18	16	12	16	17
福建	11	11	11	14	14	13	14	17	14	15
江西	24	24	19	23	20	22	21	21	22	23
山东	5	5	6	5	6	6	6	6	5	5
河南	14	12	15	11	13	12	11	10	11	11
湖北	8	8	8	8	10	9	9	8	9	9
湖南	13	14	16	16	17	16	15	15	13	13
广东	1	1	1	1	1	1	1	1	2	2
广西	23	20	23	22	22	23	23	23	23	22
海南	29	30	29	29	29	29	30	30	30	30
重庆	22	21	20	18	23	21	22	20	20	19
四川	9	9	9	9	9	8	8	9	8	8
贵州	28	28	27	27	27	27	28	28	27	27
云南	20	23	22	24	24	24	24	24	25	25
西藏	32	32	32	32	32	32	32	32	32	32
陕西	16	16	12	15	15	15	17	16	17	16
甘肃	25	25	26	26	26	25	25	26	24	26
青海	31	31	31	31	31	31	31	31	31	31
宁夏	30	29	30	30	30	30	29	29	29	29
新疆	27	27	28	28	28	28	27	27	28	28
平均值	10	10	10	10	11	10	10	11	10	10

当$\alpha=0$与$\beta=1$时，只考虑各指标值增长性，2002～2010年各省（自治区、直辖市）的区域自主创新实力基于加权离差平方和最大的动态评价值如表3-24所示，评价值排序见表3-25。

表3-24　基于加权离差平方和最大的区域自主创新实力动态评价值（α=0，β=1）

区域＼年份	2002	2003	2004	2005	2006	2007	2008	2009	2010
北京	-0.1364	0.0132	0.1422	-0.0477	-0.0493	-0.0146	-0.0800	-0.1184	0.0553
天津	-0.0339	-0.0210	-0.0025	0.2708	-0.1025	-0.0562	-0.0286	-0.0624	0.0073
河北	0.0315	-0.0440	0.0584	0.0186	-0.1001	0.0854	0.0013	0.0482	-0.0256
山西	-0.0049	0.0053	0.0206	0.0214	0.0259	-0.0085	0.0079	0.0166	-0.0120
内蒙古	0.0194	-0.0019	0.0053	0.0119	0.0006	0.0034	0.0218	0.0428	0.1645
辽宁	-0.0494	-0.1496	0.0128	-0.0045	0.0175	0.0239	0.0476	-0.0179	-0.1886
吉林	0.0459	-0.1161	-0.0163	0.0477	-0.0023	-0.0160	-0.0323	0.0526	-0.0728
黑龙江	-0.0663	-0.0239	-0.0001	-0.0520	0.0151	-0.0850	-0.0467	0.0082	0.0106
上海	0.1029	0.0048	-0.1094	-0.0179	0.2308	-0.3244	-0.1071	0.1433	-0.1019
江苏	-0.0800	0.1708	0.0520	-0.1067	0.0506	0.1726	-0.0332	0.1332	0.0353
浙江	0.1258	0.1810	-0.0010	0.0381	0.1637	-0.0422	-0.0366	-0.1362	-0.0230
安徽	0.0532	0.0440	-0.0987	0.0444	-0.0040	0.0111	0.1008	-0.0609	-0.0359
福建	-0.0366	0.0377	-0.0845	-0.0132	0.0474	-0.0340	-0.0313	0.0774	-0.0164
江西	0.0034	0.1277	-0.0663	0.0515	-0.0097	0.0260	-0.0115	-0.0264	-0.0099
山东	-0.0390	-0.2599	0.0833	-0.0291	0.0348	-0.0104	0.0761	-0.0359	0.0205
河南	0.0261	-0.1135	0.0968	-0.0246	0.1057	-0.0129	0.0188	0.0139	-0.0655
湖北	-0.0470	0.0305	-0.0052	-0.1092	-0.0510	0.0197	0.0573	-0.0497	-0.0229
湖南	0.0097	-0.0669	0.0021	-0.0732	-0.0152	0.0408	0.0842	0.0183	0.0512
广东	0.0430	0.0303	-0.0357	0.1071	-0.1636	0.0675	0.0215	-0.1255	0.0070
广西	0.0315	0.0351	0.0058	0.0065	-0.0846	0.0287	0.0057	0.0211	0.0081
海南	-0.0174	0.0169	-0.0366	0.0212	-0.0040	-0.0031	0.0026	-0.0104	0.0049
重庆	0.0084	0.0310	0.1799	-0.1827	-0.0024	-0.0220	0.0195	0.0602	0.0035
四川	0.0393	-0.0095	-0.0015	0.0433	-0.0541	0.1067	-0.1064	0.0564	0.0299
贵州	0.0122	0.0192	-0.0395	0.0040	-0.0172	0.0086	-0.0114	0.0116	0.0031
云南	-0.0553	0.0395	-0.0687	-0.0303	0.0221	-0.0264	-0.0079	0.0067	0.0394
西藏	0.0189	-0.0145	-0.0082	0.0221	-0.0201	0.0090	-0.0173	0.0008	-0.0014
陕西	-0.0318	0.0884	-0.0327	-0.0643	-0.0031	-0.0232	0.0834	-0.0626	0.0921
甘肃	-0.0139	0.0027	-0.0214	0.0068	0.0108	-0.0030	0.0039	0.0470	0.0034
青海	0.0021	-0.0127	-0.0096	0.0278	-0.0130	0.0099	-0.0151	0.0050	0.0022
宁夏	0.0049	-0.0239	0.0040	0.0169	-0.0127	0.0270	0.0255	-0.0373	0.0227
新疆	0.0337	-0.0207	-0.0252	-0.0044	-0.0164	0.0418	-0.0123	-0.0196	0.0147
平均值	0.0000	0.0002	-0.0001	-0.0001	0.0001	0.0000	0.0000	0.0000	0.0000

表3-25　基于加权离差平方和最大的区域自主创新实力动态评价值排序（α=0，β=1）

区域＼年份	2002	2003	2004	2005	2006	2007	2008	2009	2010
北京	32	14	2	26	26	23	30	30	3
天津	24	24	17	1	31	30	24	28	13
河北	9	27	5	12	30	3	16	7	27

续表

年份 区域	2002	2003	2004	2005	2006	2007	2008	2009	2010
山西	20	15	7	10	7	20	12	12	23
内蒙古	11	19	10	14	12	16	8	9	1
辽宁	28	31	8	20	9	10	6	21	32
吉林	4	30	21	4	14	24	26	6	30
黑龙江	30	26	14	27	10	31	29	15	11
上海	2	16	32	22	1	32	32	1	31
江苏	31	2	6	30	4	1	27	2	6
浙江	1	1	15	7	2	29	28	32	26
安徽	3	5	31	5	17	12	1	27	28
福建	25	7	30	21	5	28	25	3	24
江西	17	3	28	3	19	9	20	23	22
山东	26	32	4	24	6	21	4	24	9
河南	10	29	3	23	3	22	11	13	29
湖北	27	10	18	31	27	11	5	26	25
湖南	14	28	12	29	22	6	2	11	4
广东	5	11	25	2	32	4	9	31	14
广西	8	8	9	16	29	7	13	10	12
海南	22	13	26	11	18	19	15	20	15
重庆	15	9	1	32	15	25	10	4	16
四川	6	20	16	6	28	2	31	5	7
贵州	13	12	27	17	24	15	19	14	18
云南	29	6	29	25	8	27	18	16	5
西藏	12	22	19	9	25	14	23	18	21
陕西	23	4	24	28	16	26	3	29	2
甘肃	21	17	22	15	11	18	14	8	17
青海	18	21	20	8	21	13	22	17	19
宁夏	16	25	11	13	20	8	7	25	8
新疆	7	23	23	19	23	5	21	22	10
平均值	19	18	13	18	13	17	17	19	20

当$\alpha=0.9$与$\beta=0.1$时，同时考虑各指标值差异和增长性，更关注各指标值差异，2001～2010年各省（自治区、直辖市）的区域自主创新实力基于加权离差平方和最大的动态评价值如表3-26所示，评价值排序见表3-27。

表3-26　基于加权离差平方和最大的区域自主创新实力动态评价值（$\alpha=0.9$，$\beta=0.1$）

年份 区域	2001	2002	2003	2004	2005	2006	2007	2008	2009	2010
北京	2.6653	2.4959	2.5811	2.7719	2.6436	2.6649	2.6213	2.5399	2.4892	2.5371
天津	0.8010	0.7580	0.7261	0.7476	1.1027	0.8881	0.8543	0.8146	0.7337	0.7585
河北	0.7684	0.7784	0.7251	0.7876	0.8731	0.6961	0.8170	0.8220	0.8333	0.8103
山西	0.3685	0.3512	0.3701	0.3995	0.4040	0.4267	0.4168	0.4333	0.4575	0.4266
内蒙古	0.2065	0.2149	0.2183	0.2069	0.2110	0.2255	0.2186	0.2509	0.2789	0.4544

续表

区域 \ 年份	2001	2002	2003	2004	2005	2006	2007	2008	2009	2010
辽宁	1.4071	1.3879	1.2244	1.2729	1.2229	1.2547	1.3026	1.3124	1.3445	1.1346
吉林	0.4604	0.5096	0.3882	0.3895	0.4264	0.4326	0.4146	0.3888	0.4431	0.3616
黑龙江	0.6962	0.6499	0.6417	0.6568	0.5835	0.6491	0.5378	0.4945	0.5131	0.5190
上海	2.4984	2.6689	2.7054	2.4994	2.5338	2.8236	2.4104	2.2715	2.5378	2.4098
江苏	2.8390	2.8418	3.0684	3.1423	2.9711	3.0341	3.2707	3.1564	3.4436	3.4028
浙江	1.5887	1.7242	1.9196	1.8970	1.9731	2.1233	2.0747	2.0311	1.8619	1.8839
安徽	0.5942	0.6770	0.6813	0.5807	0.6595	0.6166	0.6338	0.8637	0.6712	0.6356
福建	0.8521	0.8019	0.8443	0.7385	0.7173	0.7766	0.7338	0.6901	0.7563	0.7522
江西	0.2949	0.2901	0.4326	0.3465	0.4177	0.3983	0.4109	0.4084	0.3743	0.3751
山东	2.4021	2.2923	1.8173	1.9148	1.9344	1.9392	1.9544	2.0071	1.9586	1.9649
河南	0.7801	0.8000	0.7156	0.8192	0.7665	0.9031	0.8762	0.9037	0.8680	0.8118
湖北	1.1367	1.1153	1.1534	1.1355	1.0427	0.9487	0.9844	1.0415	0.9785	0.9926
湖南	0.7851	0.7633	0.6931	0.7123	0.6410	0.6492	0.6798	0.7779	0.7546	0.8071
广东	3.4743	3.6015	3.5895	3.5236	3.6448	3.3549	3.4647	3.3940	3.3133	3.3257
广西	0.3484	0.3714	0.3855	0.3809	0.4020	0.3191	0.3446	0.3512	0.3719	0.3850
海南	0.0395	−0.0089	0.0271	−0.0110	−0.0032	0.0119	0.0020	0.0219	0.0059	0.0116
重庆	0.3554	0.3645	0.4043	0.6180	0.3736	0.4027	0.3816	0.4157	0.4562	0.4704
四川	0.9718	0.9989	0.9724	0.9909	1.0615	0.9787	1.1166	0.9991	1.0356	1.0768
贵州	0.1577	0.1604	0.1848	0.1506	0.1578	0.1481	0.1504	0.1476	0.1598	0.1580
云南	0.3773	0.3166	0.3958	0.2820	0.2561	0.2985	0.2671	0.2683	0.2781	0.3067
西藏	−0.0706	−0.0682	−0.0748	−0.0724	−0.0659	−0.0696	−0.0660	−0.0706	−0.0654	−0.0674
陕西	0.7010	0.6805	0.7969	0.7246	0.6547	0.6609	0.6278	0.7356	0.6192	0.7457
甘肃	0.2460	0.2239	0.2161	0.2019	0.2075	0.2454	0.2372	0.2407	0.2990	0.3004
青海	−0.0244	−0.0423	−0.0474	−0.0467	−0.0372	−0.0320	−0.0282	−0.0325	−0.0242	−0.0234
宁夏	0.0161	−0.0033	−0.0214	−0.0072	−0.0102	−0.0062	0.0116	0.0593	0.0122	0.0208
新疆	0.1626	0.1846	0.1651	0.1458	0.1341	0.1372	0.1787	0.1620	0.1404	0.1520
平均值	0.9000	0.8999	0.9001	0.9000	0.9000	0.9000	0.9000	0.9000	0.9000	0.9000

表 3-27　基于加权离差平方和最大的区域自主创新实力动态评价值排序（$\alpha=0.9$，$\beta=0.1$）

区域 \ 年份	2001	2002	2003	2004	2005	2006	2007	2008	2009	2010
北京	3	4	4	3	3	4	3	3	4	3
天津	12	15	13	13	8	12	12	14	15	14
河北	15	13	14	12	12	14	13	13	12	12
山西	21	22	24	20	21	20	19	19	19	21
内蒙古	26	26	25	25	25	26	26	25	25	20
辽宁	7	7	7	7	7	7	7	7	7	7
吉林	19	19	22	21	19	19	20	22	21	24
黑龙江	17	18	18	17	18	17	18	18	18	18
上海	4	3	3	4	4	3	4	4	3	4
江苏	2	2	2	2	2	2	2	2	1	1
浙江	6	6	5	6	5	5	5	5	6	6

续表

区域\年份	2001	2002	2003	2004	2005	2006	2007	2008	2009	2010
安徽	18	17	17	19	15	18	16	12	16	17
福建	11	11	11	14	14	13	14	17	13	15
江西	24	24	19	23	20	22	21	21	22	23
山东	5	5	6	5	6	6	6	6	5	5
河南	14	12	15	11	13	10	11	10	11	11
湖北	8	8	8	8	10	9	9	8	9	9
湖南	13	14	16	16	17	16	15	15	14	13
广东	1	1	1	1	1	1	1	1	2	2
广西	23	20	23	22	22	23	23	23	23	22
海南	29	30	29	30	29	29	30	30	30	30
重庆	22	21	20	18	23	21	22	20	20	19
四川	9	9	9	9	9	8	8	9	8	8
贵州	28	28	27	27	27	27	28	28	27	27
云南	20	23	21	24	24	24	24	24	26	25
西藏	32	32	32	32	32	32	32	32	32	32
陕西	16	16	12	15	16	15	17	16	17	16
甘肃	25	25	26	26	26	25	25	26	24	26
青海	31	31	31	31	31	31	31	31	31	31
宁夏	30	29	30	29	30	30	29	29	29	29
新疆	27	27	28	28	28	28	27	27	28	28
平均值	10	10	10	10	11	11	10	11	10	10

为了比较各省（自治区、直辖市）区域自主创新实力的总体情况，可以进行二次加权，2001～2010年各省（自治区、直辖市）的区域自主创新总体实力基于加权离差平方和最大的动态评价值及其排序见表3-28。

表3-28　2001～2010年基于加权离差平方和最大的区域自主创新总体实力评价值及其排序

区域	评价值	排序	区域	评价值	排序	区域	评价值	排序	区域	评价值	排序
北京	2.5843	3	上海	2.5008	4	湖北	1.0224	9	云南	0.2906	24
天津	0.8184	12	江苏	3.2095	2	湖南	0.7306	15	西藏	−0.0683	32
河北	0.8016	13	浙江	1.9519	6	广东	3.4250	1	陕西	0.6891	16
山西	0.4205	20	安徽	0.6737	17	广西	0.3657	23	甘肃	0.2535	26
内蒙古	0.2749	25	福建	0.7486	14	海南	0.0086	30	青海	−0.0314	31
辽宁	1.2664	7	江西	0.3873	22	重庆	0.4338	19	宁夏	0.0128	29
吉林	0.4099	21	山东	1.9712	5	四川	1.0350	8	新疆	0.1534	28
黑龙江	0.5616	18	河南	0.8427	11	贵州	0.1557	27	平均值	0.9000	10

五 动态组合评价

利用基于灰靶理论的动态评价方法、基于理想解法的动态评价方法、基于改进理想解法的动态评价方法和基于加权离差平方和最大的动态评价方法对区域自主创新实力进行评价，得到的评价结论不一致。通过模糊聚类分析，当阈值 $\zeta=0.9$ 时，基于改进理想解法的动态评价方法从可比动态评价方法集中分离出来，求可比动态评价方法集中除基于改进理想解法的动态评价方法外的其他三种方法所得评价结论的平均向量 $\bar{u}(t_k)$，并求得其与基于改进理想解法的动态评价方法的评价结论向量 $u_l(t_k)$的相关系数 $r_l(t_k)$，如表 3-29 所示，小于给定置信度 0.9，故基于改进理想解法的动态评价方法为不相容方法，将其剔除，得到相容动态评价方法集＝{基于灰靶理论的动态评价方法，基于理想解法的动态评价方法，基于加权离差平方和最大的动态评价方法}。

表 3-29　2001～2010 年区域自主创新实力 $u_l(t_k)$与 $\bar{u}(t_k)$的相关系数 $r_l(t_k)$

2001 年	2002 年	2003 年	2004 年	2005 年	2006 年	2007 年	2008 年	2009 年	2010 年	总体
−0.48	−0.62	−0.48	−0.30	−0.42	−0.30	−0.35	−0.40	−0.35	−0.32	−0.38

利用基于一致性的动态组合评价方法对相容动态评价方法集的评价结论进行组合评价和再组合评价，直到得到一致性的评价结论。先利用基于评价值算术平均的动态组合评价方法、基于熵值法的动态组合评价方法和基于灰色关联度法的动态组合评价方法三种基于综合评价值的动态组合评价方法对相容动态评价方法集的评价值进行组合评价。如果组合评价排序结论一致，就得到一致性评价结论，否则，再利用以上三种方法对组合评价结论继续进行组合和再组合，直到得到一致性评价结论。

（1）利用基于评价值算术平均的动态组合评价方法对相容动态评价方法集中 2001～2010 年区域自主创新能力各年实力及总体实力的综合评价值进行组合评价，得到 2001～2010 年区域自主创新能力各年实力评价值结果见表 3-30 第 2～11 列，排序结果见表 3-31 第 2～11 列，2001～2010 年区域自主创新能力总体实力评价值见表 3-30 最后一列，排序结果见表 3-31 最后一列。

表 3-30　基于评价值算术平均的区域自主创新实力动态组合评价值

区域＼年份	2001	2002	2003	2004	2005	2006	2007	2008	2009	2010	总体
北京	1.15	1.13	1.18	1.25	1.20	1.22	1.20	1.17	1.16	1.18	1.19
天津	0.42	0.44	0.43	0.44	0.59	0.49	0.48	0.46	0.43	0.44	0.46
河北	0.39	0.43	0.41	0.43	0.48	0.40	0.45	0.45	0.45	0.45	0.44
山西	0.24	0.27	0.28	0.29	0.30	0.30	0.30	0.31	0.32	0.30	0.30
内蒙古	0.19	0.23	0.23	0.22	0.22	0.23	0.23	0.24	0.25	0.33	0.25
辽宁	0.63	0.66	0.60	0.62	0.60	0.61	0.63	0.63	0.65	0.57	0.62
吉林	0.28	0.34	0.29	0.29	0.31	0.31	0.30	0.29	0.31	0.28	0.30
黑龙江	0.37	0.39	0.39	0.39	0.36	0.40	0.35	0.33	0.34	0.34	0.36
上海	1.07	1.18	1.20	1.11	1.13	1.25	1.09	1.03	1.14	1.09	1.12
江苏	1.19	1.24	1.33	1.36	1.30	1.32	1.41	1.35	1.49	1.46	1.39

续表

区域＼年份	2001	2002	2003	2004	2005	2006	2007	2008	2009	2010	总体
浙江	0.70	0.79	0.86	0.85	0.88	0.94	0.92	0.91	0.84	0.85	0.88
安徽	0.33	0.40	0.40	0.36	0.40	0.37	0.38	0.51	0.39	0.38	0.40
福建	0.43	0.45	0.47	0.42	0.41	0.44	0.42	0.40	0.43	0.43	0.42
江西	0.22	0.26	0.32	0.28	0.31	0.29	0.30	0.30	0.28	0.29	0.29
山东	1.05	1.04	0.82	0.86	0.87	0.87	0.88	0.90	0.88	0.88	0.88
河南	0.39	0.44	0.41	0.45	0.43	0.48	0.47	0.48	0.46	0.44	0.46
湖北	0.53	0.56	0.58	0.57	0.54	0.50	0.51	0.54	0.51	0.52	0.53
湖南	0.40	0.43	0.40	0.41	0.38	0.39	0.40	0.44	0.42	0.44	0.42
广东	1.49	1.58	1.57	1.54	1.58	1.47	1.51	1.47	1.46	1.46	1.50
广西	0.24	0.28	0.28	0.28	0.29	0.26	0.27	0.27	0.28	0.29	0.28
海南	0.13	0.15	0.17	0.15	0.15	0.16	0.15	0.16	0.15	0.16	0.16
重庆	0.24	0.28	0.30	0.38	0.28	0.30	0.29	0.30	0.32	0.32	0.31
四川	0.47	0.51	0.50	0.51	0.54	0.51	0.56	0.52	0.53	0.55	0.53
贵州	0.17	0.21	0.22	0.21	0.21	0.20	0.21	0.21	0.21	0.21	0.21
云南	0.25	0.27	0.30	0.25	0.24	0.26	0.25	0.25	0.25	0.26	0.26
西藏	0.09	0.13	0.13	0.13	0.13	0.13	0.13	0.13	0.13	0.13	0.13
陕西	0.38	0.41	0.45	0.42	0.39	0.40	0.38	0.43	0.38	0.43	0.41
甘肃	0.21	0.23	0.23	0.23	0.23	0.24	0.24	0.24	0.27	0.27	0.25
青海	0.11	0.14	0.14	0.14	0.14	0.14	0.14	0.14	0.14	0.14	0.14
宁夏	0.12	0.15	0.15	0.15	0.15	0.15	0.15	0.18	0.15	0.16	0.15
新疆	0.17	0.22	0.21	0.20	0.20	0.20	0.22	0.21	0.20	0.21	0.21
平均值	0.44	0.48	0.48	0.48	0.48	0.48	0.48	0.48	0.48	0.48	0.48

表 3-31　基于评价值算术平均的区域自主创新实力动态组合评价值排序

区域＼年份	2001	2002	2003	2004	2005	2006	2007	2008	2009	2010	总体
北京	3	4	4	3	3	4	3	3	3	3	3
天津	12	12	13	12	8	10	11	13	13	14	11
河北	15	14	14	13	12	16	13	14	12	11	13
山西	21	22	24	20	21	20	20	19	19	21	20
内蒙古	26	26	26	26	26	26	26	26	26	19	25
辽宁	7	7	7	7	7	7	7	7	7	7	7
吉林	19	19	22	21	19	19	19	22	21	24	21
黑龙江	17	18	18	17	18	14	18	18	18	18	18
上海	4	3	3	4	4	3	4	4	4	4	4
江苏	2	2	2	2	2	2	2	2	1	1	2
浙江	6	6	5	6	5	5	5	5	6	6	6
安徽	18	17	17	19	15	18	17	10	16	17	17
福建	11	11	11	14	14	13	14	17	14	16	14
江西	24	24	19	23	20	22	21	21	22	23	22
山东	5	5	6	5	6	6	6	6	5	5	5
河南	14	13	15	11	13	11	12	12	11	13	12
湖北	8	8	8	8	10	9	9	8	9	9	9

续表

年份 区域	2001	2002	2003	2004	2005	2006	2007	2008	2009	2010	总体
湖南	13	15	16	16	17	17	15	15	15	12	15
广东	1	1	1	1	1	1	1	1	2	2	1
广西	23	21	23	22	22	23	23	23	23	22	23
海南	29	30	29	29	29	29	30	30	29	29	29
重庆	22	20	21	18	23	21	22	20	20	20	19
四川	9	9	9	9	9	8	8	9	8	8	8
贵州	28	28	27	27	27	27	28	28	27	27	27
云南	20	23	20	24	24	24	24	24	25	26	24
西藏	32	32	32	32	32	32	32	32	32	32	32
陕西	16	16	12	15	16	15	16	16	17	15	16
甘肃	25	25	25	25	25	25	25	25	24	25	26
青海	31	31	31	31	31	31	31	31	31	31	31
宁夏	30	29	30	30	30	30	29	29	30	30	30
新疆	27	27	28	28	28	28	27	27	28	28	28
平均值	10	10	10	10	11	12	10	11	10	10	10

（2）利用基于熵值法的动态组合评价方法对相容动态评价方法集中2001～2010年区域自主创新能力各年实力及总体实力的综合评价值进行组合评价，得到2001～2010年区域自主创新能力各年实力评价值见表3-32第2～11列，评价排序结果见表3-33第2～11列，2001～2010年区域自主创新总体实力评价值见表3-32最后一列，排序结果见表3-33最后一列。

表3-32　基于熵值法的区域自主创新实力动态组合评价值

年份 区域	2001	2002	2003	2004	2005	2006	2007	2008	2009	2010	总体
北京	3.05	2.49	2.69	2.84	2.70	2.88	2.84	2.77	2.82	2.81	2.79
天津	0.99	0.93	0.87	0.92	1.36	1.00	1.00	0.93	0.85	0.87	0.96
河北	0.68	0.80	0.76	0.83	1.03	0.72	0.87	0.87	0.90	0.88	0.86
山西	0.37	0.47	0.50	0.53	0.52	0.54	0.53	0.55	0.60	0.55	0.54
内蒙古	0.26	0.38	0.39	0.36	0.36	0.38	0.37	0.40	0.42	0.66	0.43
辽宁	1.39	1.37	1.22	1.27	1.22	1.25	1.31	1.31	1.38	1.16	1.28
吉林	0.47	0.62	0.52	0.52	0.54	0.55	0.54	0.52	0.57	0.50	0.54
黑龙江	0.65	0.73	0.72	0.75	0.67	0.80	0.64	0.61	0.62	0.63	0.67
上海	2.76	2.68	2.74	2.54	2.57	2.90	2.52	2.33	2.66	2.55	2.59
江苏	2.97	2.78	3.01	3.12	2.95	3.03	3.24	3.00	3.46	3.30	3.16
浙江	1.50	1.64	1.79	1.78	1.86	1.98	1.94	1.92	1.74	1.79	1.84
安徽	0.59	0.79	0.77	0.68	0.78	0.69	0.71	1.27	0.70	0.70	0.80
福建	0.96	0.93	0.95	0.87	0.83	0.88	0.83	0.78	0.84	0.84	0.85
江西	0.32	0.43	0.62	0.48	0.56	0.53	0.53	0.53	0.50	0.50	0.52
山东	2.98	2.33	1.65	1.77	1.81	1.79	1.82	1.87	1.79	1.81	1.84
河南	0.71	0.84	0.79	0.88	0.80	0.97	0.91	0.95	0.87	0.84	0.88

续表

区域＼年份	2001	2002	2003	2004	2005	2006	2007	2008	2009	2010	总体
湖北	1.08	1.15	1.19	1.18	1.10	0.97	1.01	1.06	0.99	1.02	1.05
湖南	0.76	0.81	0.76	0.78	0.72	0.73	0.75	0.86	0.78	0.85	0.79
广东	4.49	3.76	3.72	3.63	3.71	3.42	3.53	3.31	3.39	3.36	3.48
广西	0.36	0.50	0.50	0.50	0.53	0.45	0.47	0.47	0.49	0.51	0.49
海南	0.19	0.20	0.26	0.20	0.20	0.22	0.21	0.23	0.22	0.22	0.22
重庆	0.40	0.51	0.55	0.78	0.50	0.55	0.52	0.55	0.57	0.59	0.57
四川	0.90	1.01	0.98	1.01	1.09	1.00	1.16	1.02	1.04	1.10	1.06
贵州	0.20	0.32	0.36	0.32	0.32	0.32	0.32	0.31	0.33	0.32	0.32
云南	0.42	0.46	0.57	0.43	0.40	0.45	0.42	0.41	0.43	0.45	0.44
西藏	0.05	0.16	0.16	0.16	0.15	0.15	0.16	0.15	0.16	0.16	0.15
陕西	0.74	0.79	0.90	0.81	0.75	0.76	0.73	0.87	0.70	0.86	0.79
甘肃	0.34	0.40	0.38	0.37	0.37	0.43	0.42	0.41	0.49	0.49	0.43
青海	0.09	0.17	0.18	0.17	0.17	0.18	0.18	0.18	0.19	0.19	0.18
宁夏	0.17	0.21	0.19	0.20	0.19	0.20	0.21	0.27	0.22	0.22	0.21
新疆	0.21	0.35	0.34	0.32	0.30	0.31	0.35	0.33	0.32	0.32	0.32
平均值	0.92	0.97	0.97	0.97	0.97	0.97	0.97	0.97	0.97	0.97	0.97

表 3-33　基于熵值法的区域自主创新实力动态组合评价值排序

区域＼年份	2001	2002	2003	2004	2005	2006	2007	2008	2009	2010	总体
北京	2	4	4	3	3	4	3	3	3	3	3
天津	9	12	13	11	7	8	10	13	13	12	11
河北	16	15	16	14	11	17	13	14	11	11	13
山西	22	22	24	20	22	21	21	20	19	21	20
内蒙古	26	26	25	26	26	26	26	26	26	18	25
辽宁	7	7	7	7	8	7	7	7	7	7	7
吉林	19	19	22	21	20	19	19	22	21	24	21
黑龙江	17	18	18	18	18	14	18	18	18	19	18
上海	5	3	3	4	4	3	4	4	4	4	4
江苏	4	2	2	2	2	2	2	2	1	2	2
浙江	6	6	5	5	5	5	5	5	6	6	6
安徽	18	16	15	19	15	18	17	8	16	17	15
福建	10	11	11	13	13	13	14	17	14	15	14
江西	25	24	19	23	19	22	20	21	22	23	22
山东	3	5	6	6	6	6	6	6	5	5	5
河南	15	13	14	12	14	12	12	12	12	16	12
湖北	8	8	8	8	9	10	9	9	9	9	9
湖南	13	14	17	16	17	16	15	16	15	14	17
广东	1	1	1	1	1	1	1	1	2	1	1
广西	23	21	23	22	21	24	23	23	23	22	23
海南	29	30	29	29	29	29	29	30	29	29	29
重庆	21	20	21	17	23	20	22	19	20	20	19

续表

区域＼年份	2001	2002	2003	2004	2005	2006	2007	2008	2009	2010	总体
四川	12	9	9	9	10	9	8	10	8	8	8
贵州	28	28	27	27	27	27	28	28	27	27	28
云南	20	23	20	24	24	23	25	24	25	26	24
西藏	32	32	32	32	32	32	32	32	32	32	32
陕西	14	17	12	15	16	15	16	15	17	13	16
甘肃	24	25	26	25	25	25	24	25	24	25	26
青海	31	31	31	31	31	31	31	31	31	31	31
宁夏	30	29	30	30	30	30	30	29	30	30	30
新疆	27	27	28	28	28	28	27	27	28	28	27
平均值	11	10	10	10	12	11	11	11	10	10	10

（3）利用基于灰色关联度法的动态组合评价方法对相容动态评价方法集中2001～2010年区域自主创新能力各年实力及总体实力的综合评价值进行组合评价，得到2001～2010年区域自主创新能力各年实力评价值见表3-34第2～11列，排序结果见表3-35第2～11列，2001～2010年区域自主创新总体实力评价值见表3-34最后一列，排序结果见表3-35最后一列。

表3-34　基于灰色关联度法的区域自主创新实力动态组合评价值

区域＼年份	2001	2002	2003	2004	2005	2006	2007	2008	2009	2010	总体
北京	0.8604	0.8325	0.8538	0.8800	0.8559	0.8942	0.8765	0.8814	0.8714	0.8788	0.8756
天津	0.7125	0.7090	0.7088	0.7137	0.7369	0.7227	0.7193	0.7220	0.7136	0.7154	0.7183
河北	0.7040	0.7022	0.7025	0.7070	0.7171	0.7046	0.7096	0.7160	0.7138	0.7132	0.7107
山西	0.6888	0.6864	0.6893	0.6929	0.6932	0.6961	0.6939	0.6999	0.6989	0.6965	0.6950
内蒙古	0.6840	0.6830	0.6852	0.6853	0.6864	0.6886	0.6865	0.6929	0.6905	0.7024	0.6902
辽宁	0.7395	0.7342	0.7277	0.7337	0.7294	0.7377	0.7373	0.7436	0.7447	0.7315	0.7368
吉林	0.6937	0.6945	0.6922	0.6940	0.6952	0.6977	0.6949	0.6998	0.6985	0.6955	0.6959
黑龙江	0.7031	0.6998	0.7016	0.7051	0.7014	0.7106	0.7002	0.7045	0.7015	0.7022	0.7027
上海	0.8336	0.8440	0.8513	0.8360	0.8326	0.8960	0.8348	0.8293	0.8544	0.8446	0.8477
江苏	0.8670	0.8580	0.8931	0.9144	0.8787	0.9245	0.9466	0.9355	0.9950	0.9888	0.9425
浙江	0.7488	0.7539	0.7694	0.7721	0.7738	0.7993	0.7878	0.7940	0.7750	0.7790	0.7811
安徽	0.6986	0.7017	0.7040	0.7013	0.7058	0.7047	0.7031	0.7406	0.7046	0.7052	0.7086
福建	0.7124	0.7086	0.7118	0.7091	0.7069	0.7132	0.7078	0.7113	0.7108	0.7116	0.7101
江西	0.6874	0.6858	0.6967	0.6915	0.6956	0.6958	0.6941	0.6996	0.6944	0.6948	0.6945
山东	0.8323	0.8096	0.7618	0.7747	0.7716	0.7840	0.7793	0.7913	0.7825	0.7846	0.7836
河南	0.7053	0.7043	0.7029	0.7103	0.7065	0.7191	0.7132	0.7211	0.7140	0.7125	0.7127
湖北	0.7243	0.7215	0.7264	0.7282	0.7231	0.7214	0.7207	0.7301	0.7222	0.7240	0.7241
湖南	0.7068	0.7035	0.7029	0.7061	0.7026	0.7064	0.7051	0.7171	0.7098	0.7137	0.7086
广东	1.0000	1.0000	1.0000	1.0000	1.0000	1.0000	1.0000	0.9972	0.9770	0.9858	1.0000
广西	0.6876	0.6870	0.6891	0.6905	0.6928	0.6906	0.6890	0.6946	0.6925	0.6937	0.6913
海南	0.6808	0.6775	0.6821	0.6809	0.6813	0.6826	0.6808	0.6875	0.6830	0.6835	0.6822

续表

区域＼年份	2001	2002	2003	2004	2005	2006	2007	2008	2009	2010	总体
重庆	0.6895	0.6890	0.6929	0.7053	0.6924	0.6964	0.6930	0.7005	0.6977	0.6999	0.6966
四川	0.7148	0.7137	0.7147	0.7185	0.7219	0.7216	0.7270	0.7264	0.7246	0.7284	0.7236
贵州	0.6820	0.6814	0.6852	0.6853	0.6860	0.6866	0.6850	0.6908	0.6878	0.6876	0.6863
云南	0.6907	0.6869	0.6939	0.6893	0.6888	0.6922	0.6890	0.6945	0.6918	0.6931	0.6911
西藏	0.6765	0.6762	0.6786	0.6793	0.6797	0.6800	0.6788	0.6845	0.6809	0.6811	0.6799
陕西	0.7061	0.7032	0.7114	0.7089	0.7058	0.7091	0.7048	0.7185	0.7055	0.7139	0.7093
甘肃	0.6867	0.6845	0.6858	0.6873	0.6877	0.6917	0.6895	0.6950	0.6948	0.6956	0.6912
青海	0.6776	0.6762	0.6786	0.6795	0.6800	0.6808	0.6795	0.6849	0.6816	0.6818	0.6804
宁夏	0.6794	0.6770	0.6787	0.6802	0.6801	0.6810	0.6801	0.6886	0.6822	0.6818	0.6812
新疆	0.6829	0.6832	0.6847	0.6853	0.6850	0.6863	0.6863	0.6911	0.6867	0.6873	0.6862
平均值	0.7129	0.7107	0.7131	0.7155	0.7148	0.7192	0.7162	0.7224	0.7187	0.7193	0.7175

表 3-35　基于灰色关联度法的区域自主创新实力动态组合评价值排序

区域＼年份	2001	2002	2003	2004	2005	2006	2007	2008	2009	2010	总体
北京	3	4	3	3	3	4	3	3	3	3	3
天津	11	11	13	11	7	8	10	12	13	11	10
河北	16	16	17	15	11	18	13	16	12	14	13
山西	22	23	23	21	21	21	21	20	19	21	21
内蒙古	26	27	27	26	26	26	26	26	26	18	26
辽宁	7	7	7	7	8	7	7	7	7	7	7
吉林	19	19	22	20	20	19	19	21	20	23	20
黑龙江	17	18	18	18	18	14	18	18	18	19	18
上海	4	3	4	4	4	3	4	4	4	4	4
江苏	2	2	2	2	2	2	2	2	1	1	2
浙江	6	6	5	6	5	5	5	5	6	6	6
安徽	18	17	14	19	15	17	17	8	17	17	17
福建	12	12	11	13	13	13	14	17	14	16	14
江西	24	24	19	22	19	22	20	22	23	24	22
山东	5	5	6	5	6	6	6	6	5	5	5
河南	15	13	15	12	14	12	12	13	11	15	12
湖北	8	8	8	8	9	10	9	9	9	9	8
湖南	13	14	16	16	17	16	15	15	15	13	16
广东	1	1	1	1	1	1	1	1	2	2	1
广西	23	21	24	23	22	25	24	24	24	25	23
海南	29	29	29	29	29	29	29	30	29	29	29
重庆	21	20	21	17	23	20	22	19	21	20	19
四川	9	9	9	9	10	9	8	10	8	8	9
贵州	28	28	26	28	27	27	28	28	27	27	27
云南	20	22	20	24	24	23	25	25	25	26	25
西藏	32	31	32	32	32	32	32	32	32	32	32
陕西	14	15	12	14	16	15	16	14	16	12	15
甘肃	25	25	25	25	25	24	23	23	22	22	24
青海	31	32	31	31	31	31	31	31	31	30	31
宁夏	30	30	30	30	30	30	30	29	30	31	30
新疆	27	26	28	27	28	28	27	27	28	28	28
平均值	10	10	10	10	12	11	11	11	10	10	11

(4) 基于一致性的区域自主创新实力动态组合评价结论。

由表 3-30～表 3-35 可以看出，利用基于评价值算术平均的动态组合评价方法、基于熵值法的动态组合评价方法和基于灰色关联度法的动态组合评价方法三种基于综合评价值的动态组合评价方法对相容动态评价方法集中 2001～2010 年区域自主创新能力各年实力及总体实力的综合评价值进行组合评价，得到的 2001～2010 年区域自主创新能力各年和总体实力评价排序结果还是不一致，利用以上三种方法对组合评价排序结果进行组合和再组合，评价排序结果的方差的平均值 $S^2_{\text{mean}}(t_k)$ 见表 3-36，经过 3～4 次组合得到一致性的评价结论，见表 3-37。表 3-36 表明评价排序结果的方差的平均值 $S^2_{\text{mean}}(t_k)$ 越来越小，经过 3～4 次组合迅速收敛为 0。

表 3-36　区域自主创新实力评价排序结果的方差的平均值 $S^2_{\text{mean}}(t_k)$

年份＼组合	第 1 次组合	第 2 次组合	第 3 次组合	第 4 次组合
2001	0.4009	0.1042	0	
2002	0.3851	0.2188	0.0208	0
2003	0.3875	0.3021	0.0417	0
2004	0.3911	0.2604	0.0208	0
2005	0.3887	0.1458	0	
2006	0.3888	0.4583	0.0625	0
2007	0.3892	0.2083	0	
2008	0.3762	0.3125	0.0208	0
2009	0.3813	0.2083	0.0208	0
2010	0.3763	0.7292	0.0208	0
总体	0.3822	0.1979	0.0208	0

表 3-37　基于一致性的区域自主创新实力动态组合评价排序结果

区域＼年份	2001	2002	2003	2004	2005	2006	2007	2008	2009	2010	总体
广东	1	1	1	1	1	1	1	1	2	2	1
江苏	2	2	2	2	2	2	2	2	1	1	2
北京	3	4	4	3	3	4	3	3	3	3	3
上海	4	3	3	4	4	3	4	4	4	4	4
山东	5	5	6	5	6	6	6	6	5	5	5
浙江	6	6	5	6	5	5	5	5	6	6	6
辽宁	7	7	7	7	7	7	7	7	7	7	7
四川	9	9	9	9	9	8	8	9	8	8	8
湖北	8	8	8	8	10	9	9	8	9	9	9
平均值	10	10	10	10	11	12	10	11	10	10	10
天津	12	13	13	12	8	10	11	13	14	14	11
河南	14	12	15	11	13	11	12	12	11	13	12
河北	15	14	14	13	12	14	13	14	12	11	13
福建	11	11	11	14	14	13	14	17	13	16	14

续表

区域\年份	2001	2002	2003	2004	2005	2006	2007	2008	2009	2010	总体
湖南	13	15	16	16	17	17	15	15	15	12	15
陕西	16	16	12	15	16	16	16	16	17	15	16
安徽	18	17	17	19	15	18	17	10	16	17	17
黑龙江	17	18	18	17	18	15	18	18	18	18	18
重庆	22	20	20	18	23	21	22	20	20	20	19
山西	21	22	24	20	21	20	20	19	19	21	20
吉林	19	19	22	21	19	19	19	22	21	24	21
江西	24	24	19	23	20	22	21	21	22	23	22
广西	23	21	23	22	22	23	23	23	23	22	23
云南	20	23	21	24	24	24	24	24	25	26	24
内蒙古	26	26	25	26	26	26	26	26	26	19	25
甘肃	25	25	26	25	25	25	25	25	24	25	26
贵州	28	28	27	27	27	27	28	28	27	27	27
新疆	27	27	28	28	28	28	27	27	28	28	28
海南	29	30	29	30	29	29	30	30	30	30	29
宁夏	30	29	30	29	30	30	29	29	29	29	30
青海	31	31	31	31	31	31	31	31	31	31	31
西藏	32	32	32	32	32	32	32	32	32	32	32

第二节 中国区域自主创新实力分项动态组合评价及比较分析

一 中国区域自主创新投入实力动态组合评价及比较分析

首先利用改进的归一化法对区域自主创新投入实力（绝对）指标值进行标准化处理，然后利用基于灰靶理论的动态评价方法、基于理想解法的动态评价方法、基于改进理想解法的动态评价方法和基于加权离差平方和最大的动态评价方法对中国 31 个省（自治区、直辖市）（不含香港、澳门、台湾地区）2001～2010 年的区域自主创新投入实力进行评价，得到的评价结论不一致。

经过相容性判断，这四种方法都相容，因此相容动态评价方法集＝{基于灰靶理论的动态评价方法，基于理想解法的动态评价方法，基于改进理想解法的动态评价方法，基于加权离差平方和最大的动态评价方法}。

利用基于一致性的动态组合评价方法对相容动态评价方法集的评价结论进行组合评价。经过 2～4 次组合，得到一致性评价排序结果。2001～2010 年区域自主创新投入各年实力评价排序结果见表 3-38 第 2～11 列，2001～2010 年区域自主创新投入总体实力评价排序结果见表 3-38 最后一列。

表 3-38　基于一致性的区域自主创新投入实力动态组合评价排序结果

区域＼年份	2001	2002	2003	2004	2005	2006	2007	2008	2009	2010	总体
广东	1	1	1	2	2	1	1	1	1	1	1
北京	2	2	2	1	1	2	2	3	4	3	2
江苏	3	3	3	3	4	3	3	2	2	2	3
上海	4	5	5	4	3	4	4	6	3	5	4
浙江	7	7	6	5	5	5	5	4	5	4	5
山东	5	4	4	6	6	6	6	5	6	6	6
辽宁	6	6	7	7	7	7	7	7	7	7	7
四川	8	8	8	8	8	8	8	8	11	11	8
湖北	10	10	9	11	9	9	11	10	9	10	9
平均值	12	11	11	10	10	10	9	9	10	9	10
河南	13	12	12	12	12	11	10	11	8	8	11
陕西	9	9	10	9	11	12	12	13	12	15	12
天津	17	16	14	14	13	13	13	12	14	13	13
福建	16	17	16	15	16	15	14	14	16	16	14
湖南	14	14	17	17	17	17	15	15	15	14	15
河北	15	15	15	16	14	14	16	17	17	17	16
黑龙江	11	13	13	13	15	16	17	18	18	18	17
安徽	18	19	18	18	18	18	18	16	13	12	18
山西	21	21	22	21	20	19	19	19	19	19	19
吉林	19	18	19	19	19	20	20	21	20	20	20
重庆	22	23	23	20	21	21	21	20	21	21	21
江西	24	24	24	22	23	22	22	22	22	22	22
广西	25	22	20	24	24	24	23	23	23	23	23
云南	20	20	21	23	22	23	24	24	25	25	24
内蒙古	27	26	26	26	25	25	26	25	24	24	25
甘肃	23	25	25	25	26	26	25	26	26	27	26
贵州	26	27	27	27	27	27	28	27	28	28	27
新疆	28	28	28	28	28	28	27	28	27	26	28
宁夏	29	29	29	29	29	29	29	29	29	29	29
青海	30	30	30	30	30	30	30	31	31	31	30
海南	31	32	31	31	31	31	31	30	30	30	31
西藏	32	31	32	32	32	32	32	32	32	32	32
组合次数	3	3	3	3	4	4	2	3	4	4	2

2001～2010 年，东部地区广东、北京、江苏、上海、浙江、山东区域自主创新投入实力排名全国前六名，都高于全国平均水平；天津、福建和河北区域自主创新投入实力排名接近全国平均水平，比全国平均水平略低；海南区域自主创新投入实力很弱，在全国排名后三位。

2001～2010 年，东北地区辽宁区域自主创新投入实力排名全国第七名，比全国平均水平高；黑龙江区域自主创新投入实力低于全国平均水平，呈持续下降趋势，由第 11 名降到第 18 名；吉林区域自主创新投入实力低于全国平均水平，呈现下降趋势。

2001～2010 年，中部地区湖北区域自主创新投入实力接近全国平均水平，比全国平均水平略高，有些年份高于全国平均水平，有些年份低于全国平均水平；河南区域自主创新投入实力接近全国平均水平，比全国平均水平略低，2001～2008 年低于全国平均水平，2009～2010 年高于全国平均水平，呈现上升趋势；其余 4 个省（山西、安徽、江西和湖南）区域自主创新投入实力都不如全国平均水平；安徽区域自主创新投入实力呈现上升趋势。

2001～2010 年，西部地区四川区域自主创新投入实力接近全国平均水平，2001～2008 年比全国平均水平高，2009～2010 年不如全国平均水平，总体排名比全国平均水平略高，呈现下降趋势；陕西区域自主创新投入实力接近全国平均水平，比全国平均水平略差，“十五”期间高于全国平均水平，“十一五”期间低于全国平均水平，呈现下降趋势；其他 10 个省（自治区、直辖市）（不含香港、澳门、台湾地区）（内蒙古、广西、重庆、贵州、云南、西藏、甘肃、青海、宁夏、新疆）区域自主创新投入实力都远低于全国平均水平。

二 中国区域自主创新产出实力动态组合评价及比较分析

首先利用改进的归一化法对区域自主创新产出实力（绝对）指标值进行标准化处理，然后利用基于灰靶理论的动态评价方法、基于理想解法的动态评价方法、基于改进理想解法的动态评价方法和基于加权离差平方和最大的动态评价方法对中国内地 31 个省（自治区、直辖市）（不含香港、澳门、台湾地区）2001～2010 年各年及总体的区域自主创新产出实力进行评价，得到的评价结论不一致。

经过相容性判断，这四种方法都相容，因此相容动态评价方法集＝｛基于灰靶理论的动态评价方法，基于理想解法的动态评价方法，基于改进理想解法的动态评价方法，基于加权离差平方和最大的动态评价方法｝。

利用基于一致性的动态组合评价方法对相容动态评价方法集的评价结论进行组合评价。经过 3～7 次组合，得到一致性评价排序结果。2001～2010 年区域自主创新产出各年实力评价排序结果见表 3-39 第 2～11 列，2001～2010 年区域自主创新产出总体实力评价排序结果见表 3-39 最后一列。

表 3-39 基于一致性的区域自主创新产出实力动态组合评价排序结果

区域＼年份	2001	2002	2003	2004	2005	2006	2007	2008	2009	2010	总体
广东	1	1	1	1	1	1	1	1	1	1	1
江苏	3	3	4	3	3	2	3	2	2	2	2
北京	2	2	2	2	2	3	2	3	3	3	3
上海	4	4	3	4	4	4	4	4	4	4	4

续表

年份 区域	2001	2002	2003	2004	2005	2006	2007	2008	2009	2010	总体
浙江	6	5	5	5	5	5	5	5	5	5	5
山东	5	6	6	6	6	6	6	6	6	6	6
湖北	8	8	7	7	7	7	7	8	7	7	7
四川	10	9	10	9	9	9	8	9	8	8	8
辽宁	7	7	8	8	8	8	9	10	9	10	9
平均值	11	11	11	11	11	10	10	11	10	9	10
湖南	14	14	14	14	15	13	12	12	11	11	11
天津	9	10	12	10	10	11	11	15	15	15	12
陕西	13	13	13	12	13	12	14	14	12	12	13
福建	12	12	9	13	12	14	15	16	14	14	14
河南	18	16	17	15	14	15	13	13	13	13	15
安徽	16	18	18	18	18	18	18	7	18	16	16
河北	15	15	15	17	16	16	16	17	16	17	17
黑龙江	17	17	16	16	17	17	17	18	19	18	18
吉林	19	19	20	20	19	19	19	19	17	20	19
重庆	20	20	19	19	20	20	20	20	20	19	20
广西	23	22	22	21	22	22	21	21	21	21	21
江西	24	24	23	23	23	21	22	22	22	22	22
山西	22	23	21	22	21	23	23	23	24	24	23
云南	21	21	24	24	24	24	24	24	23	23	24
甘肃	25	25	25	25	25	25	25	25	25	25	25
内蒙古	26	26	26	26	26	26	26	26	26	26	26
贵州	28	28	28	28	28	27	27	27	27	27	27
新疆	27	27	27	27	27	28	28	28	28	28	28
海南	29	29	29	29	29	29	29	29	29	29	29
宁夏	30	30	30	30	30	30	30	30	30	30	30
青海	31	31	31	31	31	31	31	31	31	31	31
西藏	32	32	32	32	32	32	32	32	32	32	32
组合次数	7	4	6	4	5	3	4	5	5	5	5

2001～2010 年，东部地区广东、江苏、北京、上海、浙江、山东区域自主创新产出实力排名全国前六名，都高于全国平均水平；天津区域自主创新产出实力排名接近全国平均水平，有些年份高于全国平均水平，有些年份低于全国平均水平，比全国平均水平略低，呈下降趋势；福建和河北区域自主创新产出实力低于全国平均水平，区域自主创新产出实力居中；海南区域自主创新产出实力较弱，在全国排名后五位。

2001～2010 年，东北地区辽宁区域自主创新产出实力排名全国前十名，比全国平均水平略高，呈下降趋势；黑龙江和吉林区域自主创新产出实力低于全国平均水平。

2001～2010 年，中部地区湖北区域自主创新产出实力接近全国平均水平，比全国平均水平略高，排名全国前八名；湖南区域自主创新产出实力接近全国平均水平，比全国平均水平略低，呈上升趋势；河南区域自主创新产出实力低于全国平均水平，呈上升趋势；其余3个省（安徽、山西和江西）区域自主创新产出实力都不如全国平均水平。

2001～2010年，西部地区四川区域自主创新产出实力排名全国前十名，高于全国平均水平；陕西区域自主创新产出实力接近全国平均水平，比全国平均水平略差；其他10个省（自治区、直辖市）（不含香港、澳门、台湾地区）（内蒙古、广西、重庆、贵州、云南、西藏、甘肃、青海、宁夏、新疆）区域自主创新产出实力都远低于全国平均水平。

三 中国区域技术转移（扩散）实力动态组合评价及比较分析

首先利用改进的归一化法对区域技术转移（扩散）实力（绝对）指标值进行标准化处理，然后利用基于灰靶理论的动态评价方法、基于理想解法的动态评价方法、基于改进理想解法的动态评价方法和基于加权离差平方和最大的动态评价方法对2001～2010年中国31个省（自治区、直辖市）（不含香港、澳门、台湾地区）各年及总体的区域技术转移（扩散）实力进行评价，得到的评价结论不一致。

经过相容性判断，这四种方法都相容，因此相容动态评价方法集＝｛基于灰靶理论的动态评价方法，基于理想解法的动态评价方法，基于改进理想解法的动态评价方法，基于加权离差平方和最大的动态评价方法｝。

利用基于一致性的动态组合评价方法对相容动态评价方法集的评价结论进行组合评价。经过4～7次组合，得到一致性评价排序结果。2001～2010年区域技术转移（扩散）各年实力评价排序结果见表3-40第2～11列，2001～2010年区域技术转移（扩散）总体实力评价排序结果见表3-40最后一列。

表3-40 基于一致性的区域技术转移（扩散）实力动态组合评价排序结果

区域＼年份	2001	2002	2003	2004	2005	2006	2007	2008	2009	2010	总体
江苏	3	2	1	1	1	3	1	1	1	2	1
上海	2	1	2	3	2	1	2	2	2	1	2
北京	4	5	4	2	4	2	3	3	3	3	3
广东	5	4	3	4	3	4	4	4	4	4	4
山东	1	3	6	5	7	6	5	5	6	5	5
浙江	6	6	5	6	6	5	7	7	7	6	6
辽宁	7	7	8	7	8	7	6	6	5	7	7
四川	12	11	12	10	9	11	8	10	8	8	8
天津	13	15	14	16	5	8	9	9	10	9	9
湖北	8	8	7	8	10	12	10	8	9	10	10

续表

年份 区域	2001	2002	2003	2004	2005	2006	2007	2008	2009	2010	总体
平均值	9	10	10	11	13	10	12	12	12	11	11
河北	15	17	20	14	11	18	11	11	11	12	12
河南	16	16	18	12	15	9	13	14	14	18	13
安徽	17	9	9	19	12	15	14	16	15	22	14
福建	10	13	13	18	17	13	15	17	13	16	15
湖南	11	12	15	17	18	17	17	15	16	15	16
陕西	18	19	11	13	16	16	16	13	20	13	17
黑龙江	14	14	16	15	19	14	19	21	21	21	18
山西	21	21	22	20	20	20	18	18	17	17	19
重庆	19	20	21	9	23	21	21	20	18	20	20
江西	26	26	17	21	14	19	20	19	22	23	21
甘肃	22	24	27	24	24	23	23	22	19	19	22
内蒙古	25	23	25	26	25	25	26	25	23	14	23
吉林	24	18	23	22	22	22	22	23	24	26	24
云南	20	25	19	25	26	24	24	27	26	24	25
广西	23	22	24	23	21	26	25	26	25	25	26
贵州	28	28	26	27	27	27	28	29	27	27	27
宁夏	30	29	30	29	30	30	29	24	28	28	28
新疆	27	27	28	28	28	28	27	30	29	29	29
海南	29	30	29	30	29	29	30	28	30	30	30
青海	31	31	31	31	31	31	31	31	31	31	31
西藏	32	32	32	32	32	32	32	32	32	32	32
组合次数	4	4	4	5	5	4	4	5	6	5	7

2001～2010 年，东部地区江苏、上海、北京、广东、山东、浙江区域技术转移（扩散）实力排名全国前六名，都高于全国平均水平；天津 2001～2004 年区域技术转移（扩散）实力低于全国平均水平，2005～2010 年区域技术转移（扩散）实力高于全国平均水平；河北区域技术转移（扩散）实力排名接近全国平均水平，比全国平均水平略低，有些年份高于全国平均水平，有些年份低于全国平均水平；福建区域技术转移（扩散）实力低于全国平均水平；海南区域技术转移（扩散）实力较弱，在全国排名后三位。

2001～2010 年，东北地区辽宁区域技术转移（扩散）实力排名全国前十名，比全国平均水平高；黑龙江和吉林区域技术转移（扩散）实力低于全国平均水平，呈现持续下降趋势。

2001～2010 年，中部地区湖北区域技术转移（扩散）实力接近全国平均水平，比全国平均水平略高，有些年份高于全国平均水平，有些年份低于全国平均水平；河南和安徽区域技术转移（扩散）实力接近全国平均水平，比全国平均水平略低，排名变化较大，河南排名从第 9 名到第 18 名，安徽排名从第 9 名到第 22 名；其余三个省（山西、江西和湖南）区域技术转移（扩散）实力都不如全国平均水平，山西区域技术转移（扩散）实力呈现上升趋势。

2001～2010 年，西部地区四川区域技术转移（扩散）实力接近全国平均水平，有些年份不如全国平均水平，有些年份比全国平均水平高，总体排名比全国平均水平略高，呈现上升趋势。陕西和重庆区域技术转移（扩散）实力低于全国平均水平，变化较大，陕西区域技术转移（扩散）实力排名从第 11 名到第 20 名，重庆排名从第 9 名到第 23 名；其他 9 个省（自治区）（内蒙古、广西、贵州、云南、西藏、甘肃、青海、宁夏、新疆）区域技术转移（扩散）实力都远低于全国平均水平。

综上所述，中国区域技术转移（扩散）实力呈现东强西弱的特征，而且变动较大。

四 中国区域自主创新支撑实力动态组合评价及比较分析

首先利用改进的归一化法对区域自主创新支撑实力（绝对）指标值进行标准化处理，然后利用基于灰靶理论的动态评价方法、基于理想解法的动态评价方法、基于改进理想解法的动态评价方法和基于加权离差平方和最大的动态评价方法对 2001～2010 年中国内地 31 个省（自治区、直辖市）（不含香港、澳门、台湾地区）各年及总体的区域自主创新支撑实力进行评价，得到的评价结论不一致。

经过相容性判断，基于改进理想解法的动态评价方法不适用，将其剔除，因此相容动态评价方法集＝｛基于灰靶理论的动态评价方法，基于理想解法的动态评价方法，基于加权离差平方和最大的动态评价方法｝。

利用基于一致性的动态组合评价方法对相容动态评价方法集的评价结论进行组合评价。经过 5～9 次组合，得到一致性评价排序结果。2001～2010 年区域自主创新支撑各年实力评价排序结果见表 3-41 第 2～11 列，2001～2010 年区域自主创新支撑总体实力评价排序结果见表 3-41 最后一列。

表 3-41　基于一致性的区域自主创新支撑实力动态组合评价排序结果

区域＼年份	2001	2002	2003	2004	2005	2006	2007	2008	2009	2010	总体
广东	1	1	1	1	1	1	1	1	1	1	1
江苏	2	2	2	2	2	2	2	2	2	2	2
山东	3	3	3	3	3	3	3	3	3	3	3
浙江	4	4	4	4	4	4	4	4	4	4	4
辽宁	6	6	8	8	7	6	5	5	6	7	5
河南	8	8	11	11	9	8	6	6	5	5	6
河北	9	7	7	6	8	10	10	7	7	6	7
上海	5	5	5	5	5	5	9	9	10	11	8
湖北	7	9	6	7	11	9	8	8	9	9	9
四川	11	11	9	10	10	7	7	10	8	8	10

续表

年份 区域	2001	2002	2003	2004	2005	2006	2007	2008	2009	2010	总体
北京	10	10	10	9	6	11	11	11	11	13	11
湖南	13	12	13	13	13	14	12	12	12	10	12
平均值	12	13	12	12	12	12	13	13	14	12	13
福建	14	14	14	14	14	13	14	14	13	15	14
安徽	16	16	15	16	15	15	15	15	15	14	15
广西	18	17	16	15	17	17	16	17	16	16	16
黑龙江	15	15	17	17	16	16	18	19	18	19	17
陕西	21	21	19	18	19	19	19	16	17	17	18
山西	17	18	18	19	18	18	20	18	19	18	19
江西	23	22	20	23	22	21	17	20	20	20	20
天津	20	19	21	20	20	20	22	22	22	24	21
吉林	19	20	22	22	21	22	21	21	21	21	22
云南	22	23	23	21	23	23	24	24	25	23	23
内蒙古	25	25	26	24	24	24	23	23	23	22	24
重庆	24	27	24	25	25	25	25	26	24	25	25
新疆	26	24	27	27	26	26	26	25	26	26	26
贵州	27	26	25	26	27	27	27	27	27	27	27
甘肃	28	28	28	28	28	28	28	28	28	28	28
宁夏	30	30	30	30	30	30	29	30	30	29	29
海南	29	29	29	29	29	29	30	29	29	30	30
青海	31	31	31	31	31	31	31	31	31	31	31
西藏	32	32	32	32	32	32	32	32	32	32	32
组合次数	7	6	8	8	6	6	9	6	6	5	7

2001~2010年，东部地区广东、江苏、山东、浙江区域自主创新支撑实力排名全国前四名，都高于全国平均水平；上海区域自主创新支撑实力排名全国前十名，在“十五”期间排名全国第5名，“十一五”期间呈持续下降趋势，由第5名降为第11名；北京区域自主创新支撑实力高于全国平均水平，“十五”期间呈上升趋势；河北区域自主创新支撑实力排名全国前十名，高于全国平均水平；福建区域自主创新支撑实力接近全国平均水平，略低于全国平均水平；天津区域自主创新支撑实力较弱，低于全国平均水平；海南区域自主创新支撑实力较弱，在全国排名后三位。

2001～2010年，东北地区辽宁区域自主创新支撑实力排名全国前十名，比全国平均水平高；黑龙江和吉林区域自主创新支撑实力低于全国平均水平。

2001～2010年，中部地区河南区域自主创新支撑实力排名全国前十名，高于全国平均水平，“十五”期间呈下降趋势，“十一五”期间呈上升趋势；湖北和湖南区域自主创新支撑实力高于全国平均水平；安徽区域自主创新支撑实力接近全国平均水平，比全国平均水平略低；山西和江西区域自主创新支撑实力低于全国平均水平。

2001～2010年，西部地区四川区域自主创新支撑实力高于全国平均水平，呈上升趋势。广西区域自主创新支撑实力低于全国平均水平；陕西区域自主创新支撑实力低于全国平均水平，呈上升趋势；其他9个省（自治区、直辖市）（不含香港、澳门、台湾地区）（内蒙古、重庆、贵州、云南、西藏、甘肃、青海、宁夏、新疆）区域自主创新支撑实力都远低于全国平均水平。

第三节　中国区域自主创新实力比较分析

一　中国区域自主创新能力评价排序结果的最大序差及其分类

定义：记 h_{ik} 为某区域自主创新能力评价排序结果，则称

$$h_{\max}(i)=\max_{k} h_{ik}-\min_{k} h_{ik} \qquad (i=1,2,\cdots,m;k=1,2,\cdots,N) \tag{3-3}$$

为该区域自主创新能力评价排序结果在 $[t_1,\ t_N]$ 时间段的最大序差。

按照最大序差的变化范围，将中国区域自主创新能力发展状况（排名变化类型）进行分类：

（1）最大序差 $h_{\max}(i)=0$ 或 $h_{\max}(i)=1$ 的省（自治区、直辖市）（不含香港、澳门、台湾地区）的区域自主创新能力属于稳步发展。

（2）最大序差 $2\leqslant h_{\max}(i)\leqslant 4$ 的省（自治区、直辖市）（不含香港、澳门、台湾地区）的区域自主创新能力属于亚稳步发展。

（3）最大序差 $h_{\max}(i)\geqslant 5$ 的省（自治区、直辖市）（不含香港、澳门、台湾地区）的区域自主创新能力属于跳跃式发展。

中国31个省（自治区、直辖市）（不含香港、澳门、台湾地区）的区域自主创新能力在2001～2010年评价期间排名具有波动性，并形成了一定的趋势，有的区域发展势头比较好，有的区域则保持原地不动，而有的区域则持续衰退，故在已经界定区域自主创新能力排名变化类型的基础上，对中国31个省（自治区、直辖市）（不含香港、澳门、台湾地区）在评价期间内的发展趋势类型定义如下：

（1）增长型，即排名持续上升或者排名有波动但总体上属于上升。

（2）保持型，即排名持续保持不变或者排名有波动但总体上排名不变。这种类型一般出现在稳定型的区域中。

（3）衰退型，即排名持续下降或者排名有波动但总体上排名下降。

二　中国区域自主创新实力评价排序结果的最大序差及其分类分析

2001～2010年各省（自治区、直辖市）（不含香港、澳门、台湾地区）区域

自主创新实力评价排序结果的最大序差如表 3-42 最后一列所示。

表 3-42 2001～2010 年区域自主创新实力评价排序结果的最大序差

区域	2001 年	2002 年	2003 年	2004 年	2005 年	2006 年	2007 年	2008 年	2009 年	2010 年	最大序差
辽宁	7	7	7	7	7	7	7	7	7	7	0
西藏	32	32	32	32	32	32	32	32	32	32	0
青海	31	31	31	31	31	31	31	31	31	31	0
北京	3	4	4	3	3	4	3	3	3	3	1
上海	4	3	3	4	4	3	4	4	4	4	1
江苏	2	2	2	2	2	2	2	2	1	1	1
浙江	6	6	5	6	5	5	5	5	6	6	1
山东	5	5	6	5	6	6	6	6	5	5	1
广东	1	1	1	1	1	1	1	1	2	2	1
海南	29	30	29	30	29	29	30	30	30	30	1
四川	9	9	9	9	9	8	8	9	8	8	1
贵州	28	28	27	27	27	27	28	28	27	27	1
宁夏	30	29	30	29	30	30	29	29	29	29	1
新疆	27	27	28	28	28	28	27	27	28	28	1
湖北	8	8	8	8	10	9	9	8	9	9	2
广西	23	21	23	22	22	23	23	23	23	22	2
甘肃	25	25	26	25	25	25	25	25	24	25	2
平均值	10	10	10	10	11	12	10	11	10	10	2
黑龙江	17	18	18	17	18	15	18	18	18	18	3
河北	15	14	14	13	12	14	13	14	12	11	4
河南	14	12	15	11	13	11	12	12	11	13	4
山西	21	22	24	20	21	20	20	19	19	21	5
吉林	19	19	22	21	19	19	19	22	21	24	5
江西	24	24	19	23	20	22	21	21	22	23	5
湖南	13	15	16	16	17	17	15	15	15	12	5
重庆	22	20	20	18	23	21	22	20	20	20	5
陕西	16	16	12	15	16	16	16	16	17	15	5
天津	12	13	13	12	8	10	11	13	14	14	6
福建	11	11	11	14	14	13	14	17	13	16	6
云南	20	23	21	24	24	24	24	24	25	26	6
内蒙古	26	26	25	26	26	26	26	26	26	19	7
安徽	18	17	17	19	15	18	17	10	16	17	9

2001～2005 年各省（自治区、直辖市）（不含香港、澳门、台湾地区）区域自主创新实力评价排序结果的最大序差如表 3-43 最后一列所示。

表 3-43　2001～2005 年区域自主创新实力评价排序结果的最大序差

区域	2001 年	2002 年	2003 年	2004 年	2005 年	最大序差
辽宁	7	7	7	7	7	0
江苏	2	2	2	2	2	0
广东	1	1	1	1	1	0
四川	9	9	9	9	9	0
西藏	32	32	32	32	32	0
青海	31	31	31	31	31	0
北京	3	4	4	3	3	1
内蒙古	26	26	25	26	26	1
黑龙江	17	18	18	17	18	1
上海	4	3	3	4	4	1
浙江	6	6	5	6	5	1
山东	5	5	6	5	6	1
海南	29	30	29	30	29	1
贵州	28	28	27	27	27	1
甘肃	25	25	26	25	25	1
宁夏	30	29	30	29	30	1
新疆	27	27	28	28	28	1
平均值	10	10	10	10	11	1
湖北	8	8	8	8	10	2
广西	23	21	23	22	22	2
河北	15	14	14	13	12	3
吉林	19	19	22	21	19	3
福建	11	11	11	14	14	3
山西	21	22	24	20	21	4
安徽	18	17	17	19	15	4
河南	14	12	15	11	13	4
湖南	13	15	16	16	17	4
云南	20	23	21	24	24	4
陕西	16	16	12	15	16	4
天津	12	13	13	12	8	5
江西	24	24	19	23	20	5
重庆	22	20	20	18	23	5

2006～2010 年各省（自治区、直辖市）（不含香港、澳门、台湾地区）区域自主创新实力评价排序结果的最大序差如表 3-44 最后一列所示。

表 3-44　2006～2010 年区域自主创新实力评价排序结果的最大序差

区域	2006 年	2007 年	2008 年	2009 年	2010 年	最大序差
辽宁	7	7	7	7	7	0
西藏	32	32	32	32	32	0
青海	31	31	31	31	31	0
北京	4	3	3	3	3	1
上海	3	4	4	4	4	1

续表

区域	2006年	2007年	2008年	2009年	2010年	最大序差
江苏	2	2	2	1	1	1
浙江	5	5	5	6	6	1
山东	6	6	6	5	5	1
湖北	9	9	8	9	9	1
广东	1	1	1	2	2	1
广西	23	23	23	23	22	1
海南	29	30	30	30	30	1
四川	8	8	9	8	8	1
贵州	27	28	28	27	27	1
甘肃	25	25	25	24	25	1
宁夏	30	29	29	29	29	1
新疆	28	27	27	28	28	1
山西	20	20	19	19	21	2
江西	22	21	21	22	23	2
河南	11	12	12	11	13	2
重庆	21	22	20	20	20	2
云南	24	24	24	25	26	2
陕西	16	16	16	17	15	2
平均值	12	10	11	10	10	2
河北	14	13	14	12	11	3
黑龙江	15	18	18	18	18	3
天津	10	11	13	14	14	4
福建	13	14	17	13	16	4
吉林	19	19	22	21	24	5
湖南	17	15	15	15	12	5
内蒙古	26	26	26	26	19	7
安徽	18	17	10	16	17	8

区域自主创新实力评价排序结果的最大序差分类见表 3-45。

表 3-45 区域自主创新实力评价排序结果的最大序差分类

项目	2001～2005 年最大序差	2006～2010 年最大序差	2001～2010 年最大序差
稳步 $h_{\max}(i)=0$ 或 $h_{\max}(i)=1$	辽宁、江苏、广东、四川、西藏、青海、北京、内蒙古、黑龙江、上海、浙江、山东、海南、贵州、甘肃、宁夏、新疆	辽宁、西藏、青海、北京、上海、江苏、浙江、山东、湖北、广东、广西、海南、四川、贵州、甘肃、宁夏、新疆	辽宁、西藏、青海、北京、上海、江苏、浙江、山东、广东、海南、四川、贵州、宁夏、新疆
亚稳步 $2\leqslant h_{\max}(i)\leqslant 4$	湖北、广西、河北、吉林、福建、山西、安徽、河南、湖南、云南、陕西	山西、江西、河南、重庆、云南、陕西、河北、黑龙江、天津、福建	湖北、广西、甘肃、黑龙江、河北、河南
跳跃 $h_{\max}(i)\geqslant 5$	天津、江西、重庆	吉林、湖南、内蒙古、安徽	山西、吉林、江西、湖南、重庆、陕西、天津、福建、云南、内蒙古、安徽

由表 3-42～表 3-45 可以看出，“十五”期间（2001～2005 年）各省（自治

区、直辖市）（不含香港、澳门、台湾地区）区域自主创新实力比“十一五”期间（2006～2010年）更平稳发展。

“十五”期间，辽宁、江苏、广东、四川、西藏、青海、北京、内蒙古、黑龙江、上海、浙江、山东、海南、贵州、甘肃、宁夏、新疆区域自主创新实力稳步发展，辽宁、江苏、广东、四川、西藏、青海区域自主创新实力在“十五”期间排名保持不变。河北区域自主创新实力相对于其他省（自治区、直辖市）（不含香港、澳门、台湾地区）呈亚稳步增长发展趋势，福建、湖南和湖北区域自主创新实力相对于其他省（自治区、直辖市）（不含香港、澳门、台湾地区）呈亚稳步衰退发展趋势，广西、吉林、山西、安徽、河南、云南、陕西区域自主创新实力波动亚稳步发展。天津、江西、重庆区域自主创新实力波动跳跃式发展。

“十一五”期间，辽宁、西藏、青海、北京、上海、江苏、浙江、山东、湖北、广东、广西、海南、四川、贵州、甘肃、宁夏、新疆区域自主创新实力稳步发展，辽宁、西藏、青海区域自主创新实力在“十一五”期间排名始终保持不变，北京、江苏、山东、广西、宁夏区域自主创新实力相对于其他地区排名上升一位，上海、浙江、广东、海南区域自主创新实力相对于其他地区排名下降一位。云南、黑龙江、天津区域自主创新实力相对于其他地区呈下降亚稳步发展趋势，山西、江西、河南、重庆、陕西、河北、福建区域自主创新实力波动亚稳步发展。湖南和内蒙古区域自主创新实力相对于其他地区持续上升跳跃式发展，吉林区域自主创新实力相对于其他地区波动下降跳跃式发展，安徽区域自主创新实力波动跳跃式发展。

2001～2010年，辽宁、西藏、青海、北京、上海、江苏、浙江、山东、广东、海南、四川、贵州、宁夏和新疆区域自主创新实力稳步发展。湖北、广西、甘肃、黑龙江、河北和河南区域自主创新实力亚稳步发展。山西、吉林、江西、湖南、重庆、陕西、天津、福建、云南、内蒙古和安徽区域自主创新实力跳跃式发展。

2001～2010年，东部地区广东、江苏、北京、上海、浙江、山东区域自主创新实力排名全国前六名，都高于全国平均水平；天津区域自主创新实力排名接近全国平均水平，有些年份高于全国平均水平，有些年份低于全国平均水平；河北区域自主创新实力排名接近全国平均水平，比全国平均水平略低；福建区域自主创新实力比全国平均水平略低。

2001～2010年，东北地区辽宁区域自主创新实力排名全国前十名，比全国平均水平高；吉林和黑龙江区域自主创新实力低于全国平均水平。

2001～2010年，中部地区湖北区域自主创新实力排名全国前十名，高于全国平均水平；河南区域自主创新实力接近全国平均水平，比全国平均水平略低；

其余四个省（山西、安徽、江西和湖南）区域自主创新实力都不如全国平均水平。

2001～2010年，西部地区除了四川区域自主创新实力排名全国前十名，比全国平均水平略高外，其他11个省（自治区、直辖市）（不含香港、澳门、台湾地区）（内蒙古、广西、重庆、贵州、云南、西藏、陕西、甘肃、青海、宁夏、新疆）区域自主创新实力都远低于全国平均水平。

三 中国区域自主创新实力综合和分项比较分析

2001～2010年中国31个省（自治区、直辖市）（不含香港、澳门、台湾地区）区域自主创新实力综合和分项能力评价排序结果见表3-46。

表3-46　2001～2010年区域自主创新实力综合和分项能力评价排序

区域	综合	投入	产出	扩散	支撑	区域	综合	投入	产出	扩散	支撑
广东	1	1	1	4	1	陕西	17	12	13	17	18
江苏	2	3	2	1	2	黑龙江	18	17	18	18	17
北京	3	2	3	3	11	重庆	19	21	20	20	25
上海	4	4	4	2	8	山西	20	19	23	19	19
浙江	5	5	5	6	4	吉林	21	20	19	24	22
山东	6	6	6	5	3	江西	22	22	22	21	20
辽宁	7	7	9	7	5	广西	23	23	21	26	16
湖北	8	9	7	10	9	内蒙古	24	25	26	23	24
四川	9	8	8	8	10	云南	25	24	24	25	23
天津	10	13	12	9	21	甘肃	26	26	25	22	28
平均值	11	10	10	11	13	贵州	27	27	27	27	27
河北	12	16	17	12	7	新疆	28	28	28	29	26
河南	13	11	15	13	6	海南	29	31	29	30	30
福建	14	14	14	15	14	宁夏	30	29	30	28	29
安徽	15	18	16	14	15	青海	31	30	31	31	31
湖南	16	15	11	16	12	西藏	32	32	32	32	32

表3-46表明，2001～2010年，东部地区广东区域自主创新投入实力、区域自主创新产出实力、区域自主创新支撑实力都排名第1名，总体也排名第1名，区域技术转移（扩散）实力排名第4名，还可以进一步提升。江苏区域自主创新投入实力、区域自主创新产出实力、区域技术转移（扩散）实力和区域自主创新支撑实力都排名全国前三名，总体排名第2名。北京和上海区域自主创新投入实力、区域自主创新产出实力、区域技术转移（扩散）实力都排名全国前五名，总体排名分别为第3名和第4名，但是北京和上海区域自主创新支撑实力排名分别为第11名和第8名，“十一五”期间与“十五”期间比较，呈下降趋势，需要引起注意，有待提升。浙江和山东区域自主创新投入实力、区域自主

创新产出实力、区域技术转移（扩散）实力和区域自主创新支撑实力都排名全国前六名，总体排名分别为第 5 名和第 6 名。天津和河北总体排名分别为第 10 名和第 12 名，接近平均值，天津区域自主创新支撑实力排名第 21 名，有待提高，河北区域自主创新支撑实力较好，排名第 7 名，其他能力有待提高。福建区域自主创新投入实力、区域自主创新产出实力、区域技术转移（扩散）实力和区域自主创新支撑实力都比平均值略差，总体排名第 14 名，也比平均值略差，各方面能力较均衡，都需要提高。海南区域自主创新投入实力、区域自主创新产出实力、区域技术转移（扩散）实力和区域自主创新支撑实力都较弱，在全国排名末五位，总体排名第 29 名，各方面能力都亟待提高。

2001～2010 年，东北地区辽宁区域自主创新投入实力、区域自主创新产出实力、区域技术转移（扩散）实力和区域自主创新支撑实力都排名全国前十名，总体排名第 7 名，比全国平均水平高。黑龙江区域自主创新投入实力、区域自主创新产出实力、区域技术转移（扩散）实力和区域自主创新支撑实力排名第 17～18 名，总体排名第 18 名。吉林区域自主创新投入实力、区域自主创新产出实力、区域技术转移（扩散）实力和区域自主创新支撑实力都较弱，排名第 19～24 名，总体排名第 21 名。

2001～2010 年，中部地区湖北区域自主创新投入实力、区域自主创新产出实力、区域技术转移（扩散）实力和区域自主创新支撑实力都排名全国前十名，高于全国平均水平，总体排名第 8 名，高于全国平均水平。河南区域自主创新支撑实力较好，排名第 6 名，区域自主创新投入实力、区域自主创新产出实力、区域技术转移（扩散）实力都接近全国平均水平，比全国平均水平略低，总体排名第 13 名，接近全国平均水平。安徽和湖南区域自主创新投入实力、区域自主创新产出实力、区域技术转移（扩散）实力和区域自主创新支撑实力都居中，低于全国平均水平，总体排名分别为第 15 名和第 16 名，低于全国平均水平。山西和江西区域自主创新投入实力、区域自主创新产出实力、区域技术转移（扩散）实力和区域自主创新支撑实力都低于全国平均水平，总体排名分别为第 20 名和第 22 名，低于全国平均水平。

2001～2010 年，西部地区四川区域自主创新投入实力、区域自主创新产出实力、区域技术转移（扩散）实力和区域自主创新支撑实力都排名全国前十名，略高于全国平均水平，总体排名第 9 名，略高于全国平均水平。陕西和重庆区域自主创新投入实力、区域自主创新产出实力、区域技术转移（扩散）实力和区域自主创新支撑实力居中，低于全国平均水平，总体排名分别为第 17 名和第 19 名。广西区域自主创新支撑实力排名第 16 名，属于中游，区域自主创新投入实力、区域自主创新产出实力、区域技术转移（扩散）实力都较弱，总体排名第 23 名，处于下游区。其他 8 个省（自治区）（内蒙古、贵州、云南、西藏、甘肃、青海、宁夏、新疆）区域自主创新投入实力、区域自主创新产出实力、区域技术转移（扩散）实力和区域自主创新支撑实力都较弱，远低于全国平均水平，总体实力也远低于全国平均水平，排名全国末十位，处于下游区。

四 中国区域自主创新实力分类

（一）厚今薄古归一化方法确定时间权重

厚今薄古思想：越靠近现在，越重要，权重越大；离现在越远，权重越小。在时间区间［t_1，t_N］内，t_k时刻的时间权重为

$$w_k = k/\sum_{k=1}^{N} k \quad (k = 1,2,\cdots,N) \tag{3-4}$$

（二）前置综合法

把时间序列中各个不同时间截面上的数据进行加权汇总，这样就把三维时间序列数据转化成了一个二维横截面数据。这种方法称为前置综合法（郭亚军，2008）。

前置综合法，即对数据进行“时间维”上的综合，即令

$$x_{ij} = \sum_{k=1}^{N} w_k x_{ij}(t_k) \qquad (i = 1,2,\cdots,m;\ j = 1,2,\cdots,n) \tag{3-5}$$

这时，时序立体数据矩阵（$x_{ij}(t_k)$）就成为平面数据矩阵（x_{ij}）。

（三）分类

多数研究利用聚类分析法进行分类，本书采用一种新的研究思路，利用靶心度等级对区域自主创新实力进行分类。

首先利用厚今薄古归一化方法对不同的时间截面赋予不同的权数，利用前置综合法把2001～2010年区域自主创新实力时序立体数据表（$x_{ij}(t_k)$）转化为平面数据表（x_{ij}）($i = 1,2,\cdots,m$；$j = 1,2,\cdots,n$；$k = 1,2,\cdots,N$)。再利用灰靶方法计算出各地区的靶心度，如表3-47所示，根据靶心度等级对区域自主创新实力进行分类。区域自主创新实力分为超强、强、较强、居中和较弱五类。广东区域自主创新实力超强，远高于其他省（自治区、直辖市）（不含香港、澳门、台湾地区）；江苏和北京区域自主创新实力强；上海、山东和浙江区域自主创新实力较强；辽宁、湖北、四川、天津、陕西、河南、湖南、安徽、河北、黑龙江和福建区域自主创新实力居中；吉林、甘肃、江西、重庆、云南、山西、

海南、西藏、贵州、新疆、内蒙古、青海、宁夏、广西区域自主创新实力较弱。

表 3-47　区域自主创新实力靶心度及其分类

区域	靶心度	等级	分类	区域	靶心度	等级	分类
广东	0.7310	3	1	黑龙江	0.4042	6	4
江苏	0.6687	4	2	福建	0.4000	6	4
北京	0.6524	4	2	吉林	0.3960	7	5
上海	0.5885	5	3	甘肃	0.3935	7	5
山东	0.5279	5	3	江西	0.3914	7	5
浙江	0.5021	5	3	重庆	0.3899	7	5
辽宁	0.4415	6	4	云南	0.3884	7	5
湖北	0.4320	6	4	山西	0.3879	7	5
四川	0.4278	6	4	海南	0.3862	7	5
天津	0.4217	6	4	西藏	0.3859	7	5
陕西	0.4146	6	4	贵州	0.3858	7	5
河南	0.4142	6	4	新疆	0.3858	7	5
平均值	0.4135	6	4	内蒙古	0.3840	7	5
湖南	0.4107	6	4	青海	0.3817	7	5
安徽	0.4050	6	4	宁夏	0.3770	7	5
河北	0.4043	6	4	广西	0.3757	7	5

第四节　中国区域自主创新实力关键影响因素和差异原因分析

一　中国区域自主创新实力关键影响因素

一般而言，如果某个指标是区域自主创新实力的关键影响因素，区域自主创新实力综合评价值和该项指标值的相关系数就较大。因此，本书尝试通过区域自主创新实力综合评价值和评价指标值的相关性分析来识别中国区域自主创新实力的关键影响因素。

1）2001～2010 年各年区域自主创新实力评价值与指标值相关性分析

设 t_k 时刻第 i 个评价对象（区域）第 j 个评价指标的指标值是 $x_{ij}(t_k)$，动态组合评价值是 $u_i(t_k)$。以行表示评价对象，列表示综合评价值和评价指标值，求各个时刻纵向（列）相关系数，即各年评价值和评价指标值的相关系数。

首先利用改进的归一化法对 2001～2010 年各年区域自主创新实力动态组合评价值和区域自主创新实力评价指标值进行标准化处理，然后计算出 2001～2010 年各年区域自主创新实力动态组合评价值和区域自主创新实力评价指标值的纵向相关系数。区域自主创新实力评价指标代码见表 1-6。2001～2010 年各年区域自主创新实力动态组合评价值和区域自主创新实力评价指标值的相关系数见表 3-48，相关系数排序见表 3-49。

表 3-48　区域自主创新实力评价值和指标值相关系数

指标代码	2001 年	2002 年	2003 年	2004 年	2005 年	2006 年	2007 年	2008 年	2009 年	2010 年
a_1	0.8665	0.8584	0.8896	0.8963	0.8966	0.9350	0.9584	0.9523	0.9549	0.9406
a_2	0.9151	0.9023	0.9222	0.9424	0.9266	0.9645	0.9722	0.9690	0.9702	0.9674
a_3	0.8993	0.8773	0.8911	0.9207	0.8977	0.9531	0.9545	0.9573	0.9170	0.9588
a_4	0.8998	0.8915	0.9025	0.8820	0.8852	0.8518	0.8816	0.8626	0.8557	0.8552
a_5	0.6365	0.6000	0.6418	0.6436	0.6186	0.6570	0.6444	0.6481	0.6115	0.6260
a_6	0.8337	0.8213	0.8478	0.8476	0.8356	0.8815	0.8570	0.8744	0.8409	0.8481
a_7	0.8227	0.8126	0.8436	0.8720	0.8603	0.8777	0.8661	0.8892	0.8808	0.8930
a_8	0.6084	0.6008	0.6649	0.6962	0.6946	0.7594	0.7435	0.7718	0.7776	0.7995
a_9	0.8606	0.8752	0.8306	0.8342	0.8353	0.8071	0.8251	0.8168	0.8109	0.8089
a_{10}	0.7834	0.7998	0.8284	0.8230	0.8420	0.8214	0.8359	0.7658	0.8397	0.8364
a_{11}	0.8811	0.8835	0.8769	0.8977	0.8955	0.8883	0.9120	0.8947	0.8630	0.8634
a_{12}	0.7115	0.7079	0.7544	0.6669	0.6909	0.6463	0.6102	0.6410	0.5975	0.6267
a_{13}	0.8065	0.7838	0.6923	0.8367	0.7949	0.8097	0.7556	0.7224	0.7923	0.8475
a_{14}	0.6383	0.6263	0.6208	0.7851	0.6113	0.6826	0.6954	0.7056	0.4947	0.5181
a_{15}	0.6959	0.5883	0.5612	0.5450	0.5539	0.6146	0.5867	0.5493	0.6361	0.6534
a_{16}	0.4457	0.6538	0.7356	0.6665	0.6644	0.6600	0.6333	0.6639	0.6198	0.3789
a_{17}	0.8475	0.8837	0.8945	0.8897	0.8971	0.8804	0.8924	0.8614	0.9110	0.8988
a_{18}	0.6570	0.6817	0.7555	0.7225	0.7150	0.7714	0.7639	0.7762	0.7511	0.7518
a_{19}	0.6403	0.7056	0.7033	0.7754	0.6290	0.7879	0.8247	0.6941	0.7651	0.7510
a_{20}	0.9029	0.8528	0.8870	0.8398	0.8352	0.7835	0.8261	0.7871	0.7517	0.7348
a_{21}	0.8095	0.8223	0.7799	0.8087	0.8706	0.7889	0.7431	0.7442	0.7259	0.7312
a_{22}	0.8833	0.9152	0.9173	0.9182	0.9208	0.8850	0.8957	0.8660	0.8724	0.8583
a_{23}	0.8404	0.8489	0.8243	0.8240	0.8316	0.8048	0.8208	0.7977	0.7687	0.7847
a_{24}	0.7801	0.6939	0.5936	0.6566	0.8251	0.8126	0.8393	0.8340	0.8149	0.8189
a_{25}	−0.5451	−0.5987	−0.5645	−0.5899	−0.6263	−0.5980	−0.6115	−0.5562	−0.5639	−0.5551
a_{26}	−0.6127	−0.6030	−0.4558	−0.4245	−0.4247	−0.3159	−0.3028	−0.3703	−0.3293	−0.2891

表 3-49　区域自主创新实力评价值和指标值相关系数排序

指标代码	2001 年	2002 年	2003 年	2004 年	2005 年	2006 年	2007 年	2008 年	2009 年	2010 年
a_1	7	8	6	5	5	3	2	3	2	3
a_2	1	2	1	1	1	1	1	1	1	1
a_3	4	6	5	2	3	2	3	2	3	2
a_4	3	3	3	7	7	9	7	8	8	8
a_5	22	23	21	23	22	22	21	22	22	22
a_6	11	12	9	9	11	6	9	6	9	9
a_7	12	13	10	8	9	8	8	5	5	5
a_8	23	22	20	19	18	19	18	15	14	14
a_9	8	7	11	12	12	13	13	11	12	13
a_{10}	15	14	12	14	10	10	11	16	10	11
a_{11}	6	5	8	4	6	4	4	4	7	6
a_{12}	17	16	16	20	19	23	23	23	23	21
a_{13}	14	15	19	11	16	12	17	18	13	10
a_{14}	21	21	22	16	23	20	20	19	24	23
a_{15}	18	24	24	24	24	24	24	24	20	20

续表

指标代码	2001 年	2002 年	2003 年	2004 年	2005 年	2006 年	2007 年	2008 年	2009 年	2010 年
a_{16}	24	20	17	21	20	21	22	21	21	24
a_{17}	9	4	4	6	4	7	6	9	4	4
a_{18}	19	19	15	18	17	18	16	14	18	16
a_{19}	20	17	18	17	21	16	14	20	16	17
a_{20}	2	9	7	10	13	17	12	13	17	18
a_{21}	13	11	14	15	8	15	19	17	19	19
a_{22}	5	1	2	3	2	5	5	7	6	7
a_{23}	10	10	13	13	14	14	15	12	15	15
a_{24}	16	18	23	22	15	11	10	10	11	12
a_{25}	25	25	26	26	26	26	26	26	26	26
a_{26}	26	26	25	25	25	25	25	25	25	25

表 3-48 和表 3-49 表明 2001～2010 年 R&D 人员全时当量、地方财政科技拨款、高等学校 R&D 课题数、国内中文期刊科技论文数、国外主要检索工具收录我国科技论文数和大专以上学历人口数这些指标值和区域自主创新实力评价值的相关系数处于增长趋势，对区域自主创新实力影响越来越大。专利申请受理数、地区生产总值、技术市场成交合同金额、互联网上网人数、年末实有道路长度和教育经费投入额这些指标值和区域自主创新实力评价值的相关系数呈下降趋势。R&D 经费额、R&D 人员全时当量、地方财政科技拨款、外商投资企业年底注册资金中外资部分、新产品销售收入、高技术产业企业数量和专利申请受理数 7 个指标在 2001～2010 年每年指标值与区域自主创新实力评价值的相关系数都大于 0.85，排名都在前十位。

2）2001～2010 年区域自主创新总体实力评价值与指标值相关性分析

设在时间区间 $[t_1, t_N]$ 内，t_k时刻第 i 个评价对象（区域）第 j 个评价指标的指标值是 $x_{ij}(t_k)$，利用厚今薄古归一化方法对不同的时间截面赋予不同的权数 w_k，再利用前置综合法把时序立体数据矩阵 $(x_{ij}(t_k))$ 加权降维成平面数据矩阵 (x_{ij})，在时间区间 $[t_1, t_N]$ 内，区域自主创新总体实力动态组合评价值是 u_i。利用改进的归一化法对二次加权后区域自主创新实力动态组合评价值和前置综合后区域自主创新实力评价指标值数据进行标准化处理，再计算它们的纵向相关系数（即综合评价值和评价指标值的相关系数，以行表示评价对象，列表示综合评价值和评价指标值），并进行排序，用来反映 2001～2010 年的总体情况。区域自主创新总体实力动态组合评价值和评价指标值相关系数及其排序见表 3-50。

表 3-50 表明反映区域自主创新投入实力的三个指标 R&D 经费额、R&D 人员全时当量和地方财政科技拨款指标值和区域自主创新总体实力动态组合评价值的相关系数很大，大于 0.95，说明区域自主创新投入实力对区域自主创新实力影响最大，投入多，产出也就大。外商投资企业年底注册资金中外资部分、新产品销售收入、高技术产业企业数量、国内中文期刊科技论文数、专利申请

授理数、高等学校 R&D 课题数、引进技术经费支出、高技术产品出口额、地区生产总值、大专以上学历人口数、研究与开发机构研究开发来自企业的资金额这些指标值数据和区域自主创新实力动态组合评价值的相关系数也较大，大于 0.80。工业废气排放总量和工业污水排放总量是逆向指标，所以它们和评价值的相关系数为负数。

表 3-50 区域自主创新总体实力评价值和指标值相关系数及其排序

指标名称	相关系数	排序	指标名称	相关系数	排序
R&D 经费额	0.9726	1	研究与开发机构研究开发来自企业的资金额	0.8005	14
R&D 人员全时当量	0.9607	2	教育经费投入额	0.7998	15
地方财政科技拨款	0.9572	3	互联网上网人数	0.7911	16
外商投资企业年底注册资金中外资部分	0.8987	4	年末实有道路长度	0.7779	17
新产品销售收入	0.8957	5	高等学校研究开发来自企业的资金额	0.7669	18
高技术产业企业数量	0.8880	6	国外主要检索工具收录我国科技论文数	0.7614	19
国内中文期刊科技论文数	0.8810	7	购买国内技术经费支出	0.6772	20
专利申请授理数	0.8769	8	消化吸收技术经费支出	0.6724	21
高等学校 R&D 课题数	0.8606	9	研究与开发机构 R&D 课题数	0.6366	22
引进技术经费支出	0.8487	10	技术市场成交合同金额	0.6323	23
高技术产品出口额	0.8345	11	技术改造经费支出	0.6240	24
地区生产总值	0.8222	12	工业废气排放总量	−0.3476	25
大专以上学历人口数	0.8214	13	工业污水排放总量	−0.5929	26

3）关键影响因素分析

综上所述，R&D 经费额、R&D 人员全时当量、地方财政科技拨款、外商投资企业年底注册资金中外资部分、新产品销售收入、高技术产业企业数量和专利申请受理数 7 个指标在 2001～2010 年每年前置综合评价指标值与区域自主创新各年实力及总体实力评价值的相关系数都大于 0.85，排名都在前十位，是区域自主创新实力的关键影响因素。教育经费投入额对区域自主创新实力也很重要，但是由于目前各省（自治区、直辖市）（不含香港、澳门、台湾地区）教育经费投入比例不大，而且教育经费投入和区域自主创新实力提高存在时滞，所以教育经费投入额和区域自主创新实力的相关性不是很强。

二 中国区域自主创新实力差异原因分析

（一）变异系数法

一组数据的变异系数是它的标准差除以均值的绝对值。令 $t_k(k=1,2,\cdots,$

N) 时刻第 $i(i=1,2,\cdots,m)$ 个评价对象（区域）第 $j(j=1,2,\cdots,n)$ 个评价指标的指标值为 $x_{ij}(t_k)$，指标值时序立体数据矩阵为 $x_{ij}(t_k)$。

记 $\bar{x}_j(t_k)=\frac{1}{m}\sum_{i=1}^{m}x_{ij}(t_k), s_j(t_k)=\left\{\frac{1}{m-1}\sum_{i=1}^{m}[x_{ij}(t_k)-\bar{x}_j(t_k)]^2\right\}^{\frac{1}{2}}$，则

$$\eta_j(t_k)=s_j(t_k)/\bar{x}_j(t_k)\ (i=1,2,\cdots,m;\ j=1,2,\cdots,n;\ k=1,2,\cdots,N) \tag{3-6}$$

就是 $t_k(k=1,2,\cdots,N)$ 时刻 x_j 的变异系数。

此时，第 j 个指标的权重就是 $w_j(t_k)=\eta_j(t_k)/\sum_{j=1}^{n}\eta_j(t_k)$。

为了得到各个指标在 $[t_1,\ t_N]$ 时间段的整体变异系数，先利用前置综合法对数据进行“时间维”上的综合，时序立体数据矩阵 $x_{ij}(t_k)$ 就成为平面数据矩阵 x_{ij}，再计算变异系数，$\eta_j=s_j/|\bar{x}_j|$，第 j 个指标的权重 $w_j=\eta_j/\sum_{j=1}^{n}\eta_j$。

这种加权方法是为了突出各指标的相对变化幅度即变异程度。从评价的目的来看，是为了区别评价对象，η_j 值大表示第 j 项指标在不同的对象上变化大，区别对象的能力强，所以应给予重视。

利用变异系数法计算出 2001～2010 年各年各指标权重，如表 3-51 所示，权重排序见表 3-52。

表 3-51　2001～2010 年变异系数法确定的各指标权重

指标代码	2001 年	2002 年	2003 年	2004 年	2005 年	2006 年	2007 年	2008 年	2009 年	2010 年
a_1	0.0266	0.0280	0.0281	0.0302	0.0299	0.0298	0.0313	0.0331	0.0327	0.0346
a_2	0.0388	0.0388	0.0384	0.0395	0.0382	0.0382	0.0379	0.0380	0.0355	0.0365
a_3	0.0309	0.0357	0.0343	0.0365	0.0397	0.0399	0.0367	0.0356	0.0389	0.0378
a_4	0.0401	0.0439	0.0454	0.0463	0.0476	0.0473	0.0476	0.0491	0.0506	0.0512
a_5	0.0411	0.0431	0.0457	0.0502	0.0501	0.0501	0.0524	0.0529	0.0558	0.0564
a_6	0.0269	0.0272	0.0274	0.0282	0.0275	0.0276	0.0269	0.0262	0.0250	0.0256
a_7	0.0319	0.0316	0.0317	0.0319	0.0309	0.0306	0.0291	0.0294	0.0282	0.0285
a_8	0.0543	0.0528	0.0508	0.0488	0.0453	0.0436	0.0425	0.0418	0.0393	0.0389
a_9	0.0260	0.0262	0.0271	0.0276	0.0277	0.0282	0.0281	0.0279	0.0268	0.0266
a_{10}	0.0899	0.0874	0.0885	0.0866	0.0851	0.0845	0.0848	0.0754	0.0832	0.0832
a_{11}	0.0437	0.0437	0.0433	0.0425	0.0405	0.0399	0.0382	0.0401	0.0382	0.0412
a_{12}	0.0481	0.0496	0.0494	0.0611	0.0613	0.0773	0.0793	0.0787	0.0800	0.0804
a_{13}	0.0412	0.0373	0.0400	0.0393	0.0391	0.0362	0.0429	0.0437	0.0429	0.0404
a_{14}	0.0637	0.0597	0.0498	0.0433	0.0538	0.0462	0.0447	0.0403	0.0400	0.0409
a_{15}	0.0261	0.0286	0.0315	0.0316	0.0294	0.0257	0.0267	0.0275	0.0261	0.0297
a_{16}	0.0654	0.0579	0.0468	0.0334	0.0397	0.0436	0.0404	0.0381	0.0399	0.0383
a_{17}	0.0550	0.0553	0.0540	0.0545	0.0532	0.0530	0.0521	0.0518	0.0497	0.0501
a_{18}	0.0413	0.0419	0.0410	0.0387	0.0403	0.0397	0.0389	0.0394	0.0342	0.0351
a_{19}	0.0547	0.0534	0.0657	0.0614	0.0553	0.0547	0.0483	0.0526	0.0701	0.0579
a_{20}	0.0303	0.0264	0.0260	0.0275	0.0281	0.0282	0.0309	0.0300	0.0256	0.0246

续表

指标代码	2001年	2002年	2003年	2004年	2005年	2006年	2007年	2008年	2009年	2010年
a_{21}	0.0267	0.0282	0.0290	0.0304	0.0295	0.0291	0.0313	0.0316	0.0305	0.0327
a_{22}	0.0369	0.0389	0.0412	0.0480	0.0460	0.0456	0.0472	0.0516	0.0481	0.0492
a_{23}	0.0194	0.0200	0.0207	0.0206	0.0199	0.0195	0.0198	0.0189	0.0178	0.0180
a_{24}	0.0191	0.0202	0.0185	0.0179	0.0189	0.0202	0.0202	0.0206	0.0192	0.0196
a_{25}	0.0089	0.0095	0.0105	0.0106	0.0106	0.0110	0.0126	0.0131	0.0121	0.0123
a_{26}	0.0129	0.0147	0.0153	0.0134	0.0125	0.0103	0.0094	0.0127	0.0096	0.0103

表 3-52　2001～2010 年变异系数法确定的各指标权重排序

指标代码	2001年	2002年	2003年	2004年	2005年	2006年	2007年	2008年	2009年	2010年
a_1	20	19	19	19	17	17	17	16	16	16
a_2	13	13	14	11	15	14	14	14	14	14
a_3	16	15	15	14	13	12	15	15	12	13
a_4	12	8	9	8	7	6	6	7	5	5
a_5	11	10	8	5	6	5	3	3	4	4
a_6	18	20	20	20	22	21	21	22	22	21
a_7	15	16	16	16	16	16	19	19	18	19
a_8	6	6	4	6	9	10	10	9	11	11
a_9	22	22	21	21	21	20	20	20	19	20
a_{10}	1	1	1	1	1	1	1	2	1	1
a_{11}	8	9	10	10	10	12	13	11	13	8
a_{12}	7	7	6	3	2	2	2	1	2	2
a_{13}	10	14	13	12	14	15	9	8	8	10
a_{14}	3	2	5	9	4	7	8	10	9	9
a_{15}	21	17	17	17	19	22	22	21	20	18
a_{16}	2	3	7	15	13	10	11	13	10	12
a_{17}	4	4	3	4	5	4	4	5	6	6
a_{18}	9	11	12	13	11	13	12	12	15	15
a_{19}	5	5	2	2	3	3	5	4	3	3
a_{20}	17	21	22	22	20	20	18	18	21	22
a_{21}	19	18	18	18	18	18	17	17	17	17
a_{22}	14	12	11	7	8	8	7	6	7	7
a_{23}	23	24	23	23	23	24	24	24	24	24
a_{24}	24	23	24	24	24	23	23	23	23	23
a_{25}	26	26	26	26	26	25	25	25	25	25
a_{26}	25	25	25	25	25	26	26	26	26	26

2001～2010 年，高技术产品出口额、技术市场成交合同金额、研究与开发机构研究开发来自企业的资金额、外商投资企业年底注册资金中外资部分这四个指标每年权重都较大，权重排名都在前 10 位，指标值差异较大。技术市场成交合同金额、研究与开发机构 R&D 课题数、专利申请受理数、高技术产业企业数量这四个指标的权重呈现变大趋势，排序也呈上升趋势。国外主要检索工具收录我国科技论文数、新产品销售收入、消化吸收技术经费支出、购买国内技

术经费支出这四个指标权重呈变小趋势，排序也呈下降趋势。

利用前置综合法对数据进行“时间维”上的综合，得到2001～2010年加权指标值数据，再计算该指标值的变异系数和权重，权重及其排序如表3-53所示。

表3-53表明，高技术产品出口额、技术市场成交合同金额、研究与开发机构R&D课题数、研究与开发机构研究开发来自企业的资金额、外商投资企业年底注册资金中外资部分、专利申请受理数、高技术产业企业数量、国外主要检索工具收录我国科技论文数、新产品销售收入这9个指标权重大于0.04，排名前9名，差异较大。

表3-53　变异系数法确定的指标权重及其排序

指标名称	权重	排序	指标名称	权重	排序
高技术产品出口额	0.0830	1	R&D经费额	0.0382	14
技术市场成交合同金额	0.0785	2	购买国内技术经费支出	0.0336	15
研究与开发机构R&D课题数	0.0541	3	R&D人员全时当量	0.0327	16
研究与开发机构研究开发来自企业的资金额	0.0537	4	年末实有道路长度	0.0315	17
外商投资企业年底注册资金中外资部分	0.0530	5	国内中文期刊科技论文数	0.0304	18
专利申请受理数	0.0505	6	地区生产总值	0.0282	19
高技术产业企业数量	0.0494	7	互联网上网人数	0.0275	20
国外主要检索工具收录我国科技论文数	0.0430	8	技术改造经费支出	0.0275	21
新产品销售收入	0.0409	9	高等学校R&D课题数	0.0271	22
引进技术经费支出	0.0397	10	大专以上学历人口数	0.0199	23
高等学校研究开发来自企业的资金额	0.0386	11	教育经费投入额	0.0193	24
地方财政科技拨款	0.0385	12	工业污水排放总量	0.0120	25
消化吸收技术经费支出	0.0382	13	工业废气排放总量	0.0110	26

（二）熵值法

利用熵值法计算出2001～2010年各年各指标权重，如表3-54所示，权重排序见表3-55。

表3-54　2001～2010年熵值法确定的各指标权重

指标代码	2001年	2002年	2003年	2004年	2005年	2006年	2007年	2008年	2009年	2010年
a_1	0.0236	0.0252	0.0249	0.0263	0.0261	0.0264	0.0283	0.0308	0.0298	0.0320
a_2	0.0405	0.0397	0.0389	0.0404	0.0387	0.0391	0.0390	0.0391	0.0354	0.0371
a_3	0.0254	0.0294	0.0289	0.0325	0.0362	0.0382	0.0329	0.0314	0.0356	0.0354
a_4	0.0376	0.0425	0.0460	0.0455	0.0476	0.0491	0.0509	0.0540	0.0567	0.0579
a_5	0.0315	0.0327	0.0351	0.0389	0.0387	0.0391	0.0420	0.0423	0.0467	0.0474
a_6	0.0239	0.0237	0.0239	0.0245	0.0233	0.0236	0.0222	0.0215	0.0202	0.0207

续表

指标代码	2001年	2002年	2003年	2004年	2005年	2006年	2007年	2008年	2009年	2010年
a_7	0.0289	0.0286	0.0285	0.0286	0.0277	0.0269	0.0249	0.0249	0.0235	0.0236
a_8	0.0566	0.0546	0.0517	0.0502	0.0460	0.0449	0.0434	0.0422	0.0394	0.0392
a_9	0.0208	0.0207	0.0213	0.0217	0.0217	0.0222	0.0223	0.0218	0.0208	0.0206
a_{10}	0.1189	0.1152	0.1199	0.1202	0.1175	0.1172	0.1173	0.1084	0.1135	0.1135
a_{11}	0.0498	0.0488	0.0486	0.0471	0.0436	0.0414	0.0396	0.0422	0.0404	0.0435
a_{12}	0.0500	0.0516	0.0514	0.0626	0.0642	0.0835	0.0849	0.0847	0.0857	0.0849
a_{13}	0.0419	0.0369	0.0403	0.0411	0.0396	0.0370	0.0472	0.0456	0.0455	0.0428
a_{14}	0.0740	0.0666	0.0544	0.0492	0.0622	0.0504	0.0469	0.0427	0.0420	0.0438
a_{15}	0.0219	0.0252	0.0278	0.0278	0.0258	0.0220	0.0229	0.0235	0.0225	0.0259
a_{16}	0.0617	0.0600	0.0489	0.0327	0.0431	0.0452	0.0436	0.0388	0.0397	0.0386
a_{17}	0.0614	0.0628	0.0613	0.0620	0.0604	0.0601	0.0587	0.0588	0.0555	0.0566
a_{18}	0.0509	0.0499	0.0469	0.0443	0.0442	0.0435	0.0423	0.0425	0.0357	0.0365
a_{19}	0.0588	0.0631	0.0777	0.0717	0.0651	0.0629	0.0561	0.0626	0.0843	0.0691
a_{20}	0.0281	0.0222	0.0199	0.0212	0.0216	0.0214	0.0232	0.0219	0.0185	0.0175
a_{21}	0.0215	0.0226	0.0231	0.0245	0.0238	0.0229	0.0249	0.0252	0.0242	0.0266
a_{22}	0.0349	0.0370	0.0398	0.0497	0.0466	0.0467	0.0495	0.0551	0.0507	0.0521
a_{23}	0.0126	0.0128	0.0133	0.0131	0.0122	0.0120	0.0121	0.0112	0.0102	0.0103
a_{24}	0.0135	0.0144	0.0127	0.0119	0.0123	0.0143	0.0142	0.0146	0.0133	0.0132
a_{25}	0.0037	0.0040	0.0047	0.0047	0.0049	0.0053	0.0068	0.0071	0.0062	0.0065
a_{26}	0.0074	0.0097	0.0101	0.0076	0.0068	0.0047	0.0040	0.0070	0.0042	0.0047

表 3-55　2001～2010 年熵值法确定的各指标权重排序

指标代码	2001年	2002年	2003年	2004年	2005年	2006年	2007年	2008年	2009年	2010年
a_1	19	18	18	18	17	17	16	16	16	16
a_2	11	11	13	12	14	13	14	13	15	13
a_3	17	15	15	15	15	14	15	15	14	15
a_4	12	10	10	9	6	6	5	6	4	4
a_5	14	14	14	13	14	13	12	10	7	7
a_6	18	19	19	20	20	18	22	22	21	20
a_7	15	16	16	16	16	16	18	18	18	19
a_8	6	6	5	5	8	9	10	12	12	11
a_9	22	22	21	21	21	20	21	21	20	21
a_{10}	1	1	1	1	1	1	1	1	1	1
a_{11}	9	9	8	8	10	11	13	12	10	9
a_{12}	8	7	6	3	3	2	2	2	2	2
a_{13}	10	13	11	11	12	15	7	7	8	10
a_{14}	2	2	4	7	4	5	8	8	9	8
a_{15}	20	18	17	17	18	21	20	19	19	18
a_{16}	3	5	7	14	11	8	9	14	11	12
a_{17}	4	4	3	4	5	4	3	4	5	5
a_{18}	7	8	9	10	9	10	11	9	13	14
a_{19}	5	3	2	2	2	3	4	3	3	3
a_{20}	16	21	22	22	22	22	19	20	22	22
a_{21}	21	20	20	20	19	19	18	17	17	17
a_{22}	13	12	12	6	7	7	6	5	6	6
a_{23}	24	24	23	23	24	24	24	24	24	24
a_{24}	23	23	24	24	23	23	23	23	23	23
a_{25}	26	26	26	26	26	25	25	25	25	25
a_{26}	25	25	25	25	25	26	26	26	26	26

2001～2010 年，高技术产品出口额、技术市场成交合同金额、外商投资企业年底注册资金中外资部分、研究与开发机构研究开发来自企业的资金额每年权重都较大，排名都在前十名。技术市场成交合同金额、专利申请受理数、高技术产业企业数量、研究与开发机构 R&D 课题数、R&D 人员全时当量权重呈现变大趋势，排序也呈上升趋势，说明这些指标的差异在变大。国外主要检索工具收录我国科技论文数、消化吸收技术经费支出和国内中文期刊科技论文数权重呈变小趋势，排序也呈下降趋势，这些指标的差异在变小。

利用前置综合法对数据进行“时间维”上的综合，得到 2001～2010 年加权指标值数据，再利用熵值法确定指标权重，权重及其排序如表 3-56 所示。

表 3-56 表明高技术产品出口额、技术市场成交合同金额、外商投资企业年底注册资金中外资部分、研究与开发机构研究开发来自企业的资金额、专利申请受理数、高技术产业企业数量、国外主要检索工具收录我国科技论文数、研究与开发机构 R&D 课题数、新产品销售收入、高等学校研究开发来自企业的资金额、引进技术经费支出、消化吸收技术经费支出这 12 个指标权重大于等于 0.04，指标权重排名前 50%，这些指标差异较大。

表 3-56　熵值法确定的指标权重及其排序

指标名称	权重	排序	指标名称	权重	排序
高技术产品出口额	0.1147	1	地方财政科技拨款	0.0358	14
技术市场成交合同金额	0.0842	2	购买国内技术经费支出	0.0326	15
外商投资企业年底注册资金中外资部分	0.0611	3	R&D 人员全时当量	0.0304	16
研究与开发机构研究开发来自企业的资金额	0.0594	4	国内中文期刊科技论文数	0.0264	17
专利申请受理数	0.0567	5	年末实有道路长度	0.0254	18
高技术产业企业数量	0.0527	6	技术改造经费支出	0.0237	19
国外主要检索工具收录我国科技论文数	0.0444	7	高等学校 R&D 课题数	0.0228	20
研究与开发机构 R&D 课题数	0.0443	8	地区生产总值	0.0225	21
新产品销售收入	0.0438	9	互联网上网人数	0.0204	22
高等学校研究开发来自企业的资金额	0.0424	10	大专以上学历人口数	0.0138	23
引进技术经费支出	0.0401	11	教育经费投入额	0.0115	24
消化吸收技术经费支出	0.0400	12	工业污水排放总量	0.0060	25
R&D 经费额	0.0396	13	工业废气排放总量	0.0053	26

（三）灰靶贡献度

利用前置综合法对数据进行“时间维”上的综合，得到 2001～2010 年加权指标值数据，利用灰靶贡献度计算得到各指标的贡献度及其排序见表 3-57。

表 3-57　灰靶贡献度及其排序

指标名称	权重	排序	指标名称	权重	排序
研究与开发机构 R&D 课题数	0.8857	1	国内中文期刊科技论文数	0.7755	14
技术市场成交合同金额	0.8834	2	新产品销售收入	0.7742	15
研究与开发机构研究开发来自企业的资金额	0.8465	3	互联网上网人数	0.7577	16
国外主要检索工具收录我国科技论文数	0.8345	4	R&D 人员全时当量	0.7567	17
高技术产品出口额	0.8148	5	年末实有道路长度	0.7445	18
高技术产业企业数量	0.8141	6	购买国内技术经费支出	0.7396	19
外商投资企业年底注册资金中外资部分	0.8094	7	高等学校 R&D 课题数	0.7360	20
专利申请受理数	0.7951	8	地区生产总值	0.7307	21
引进技术经费支出	0.7930	9	技术改造经费支出	0.7242	22
高等学校研究开发来自企业的资金额	0.7917	10	教育经费投入额	0.6453	23
地方财政科技拨款	0.7881	11	大专以上学历人口数	0.6183	24
R&D 经费额	0.7858	12	工业污水排放总量	0.4791	25
消化吸收技术经费支出	0.7849	13	工业废气排放总量	0.4720	26

表 3-57 表明，研究与开发机构 R&D 课题数、技术市场成交合同金额、研究与开发机构研究开发来自企业的资金额、国外主要检索工具收录我国科技论文数、高技术产品出口额、高技术产业企业数量、外商投资企业年底注册资金中外资部分的贡献度属于 2 级，专利申请授理数、引进技术经费支出、高等学校研究开发来自企业的资金额、地方财政科技拨款、R&D 经费额、消化吸收技术经费支出、国内中文期刊科技论文数、新产品销售收入、互联网上网人数、R&D 人员全时当量、年末实有道路长度、购买国内技术经费支出、高等学校 R&D 课题数、地区生产总值、技术改造经费支出的贡献度属于 3 级，教育经费投入额和大专以上学历人口数的贡献度属于 4 级，工业污水排放总量和工业废气排放总量的贡献度属于 6 级。

（四）差异原因分析

综上所述，研究与开发机构 R&D 课题数、技术市场成交合同金额、研究与开发机构研究开发来自企业的资金额、国外主要检索工具收录我国科技论文数、高技术产品出口额、高技术产业企业数量、外商投资企业年底注册资金中外资部分、专利申请受理数这些指标排名都在前十名，指标值差异较大。

第五节　本章小结

通过常用的指标标准化方法进行比较分析，提出改进的归一化法，利用改进的归一化法对评价指标值进行标准化处理，利用基于灰靶理论的动态评价方法、基于理想解法的动态评价方法、基于改进理想解法的动态评价方法和基于加权离差平方和最大的动态评价方法对 2001～2010 年中国内地 31 个省（自治区、直辖市）（不含香港、澳门、台湾地区）各年及总体区域自主创新实力的综合能力及分项能力［区域自主创新投入实力、区域自主创新产出实力、区域技术转移（扩散）实力、区域自主创新支撑实力（区域自主创新环境）］分别进行评价，确定相容动态评价方法集，利用基于一致性的动态组合评价方法对相容动态评价方法集的评价结论进行组合评价，得到一致性的动态组合评价结果，对评价结果进行比较分析。

计算出“十五”、“十一五”和 2001～2010 年中国区域自主创新实力评价排序结果的最大序差，按照最大序差把区域自主创新实力分为三类：稳步发展、亚稳步发展和跳跃式发展。

利用前置综合法对数据进行“时间维”上的综合，得到 2001～2010 年加权指标值数据，利用灰靶贡献度计算得到各区域自主创新实力的靶心度，根据靶心度对区域自主创新实力进行分类，分为超强、强、较强、居中和较弱五类。

通过计算区域自主创新实力动态组合评价值和区域自主创新实力评价指标值的相关系数，对区域自主创新实力评价值和评价指标值的相关性进行分析，找出区域自主创新实力的关键影响因素。

利用变异系数法、熵值法计算区域自主创新实力评价指标的权重，根据灰靶理论计算各指标的贡献度，对权重和贡献度进行分析和排序，找出区域自主创新实力差异原因。

2001～2010 年中国区域自主创新实力地域差异化明显。就总体排名来看，对于区域自主创新实力综合能力和分项能力（区域自主创新投入实力、区域自主创新产出实力、区域技术转移（扩散）实力、区域自主创新支撑实力）东部沿海地区较强，西部地区较弱，东北和中部地区处于中游水平；对于区域自主创新实力综合及分项能力绝大多数省（自治区、直辖市）（不含香港、澳门、台湾地区）各年评价排序结果排名相差不大。

第四章

中国区域自主创新效率动态评价及比较分析

第一节　中国区域自主创新效率动态组合评价

一　动态评价

区域自主创新效率评价指标体系见第一章表1-13，指标值数据来源具体说明见第一章，评价指标值见附表37～附表71中最终25个区域自主创新效率评价指标。

首先利用改进的归一化法对区域自主创新效率指标值进行标准化处理，然后利用基于灰靶理论的动态评价方法、基于理想解法的动态评价方法、基于改进理想解法的动态评价方法和基于加权离差平方和最大的动态评价方法对中国31个省（自治区、直辖市）（不含香港、澳门、台湾地区）2001～2010年的区域自主创新效率进行评价。

（1）利用基于灰靶理论的动态评价方法对中国31个省（自治区、直辖市）（不含香港、澳门、台湾地区）2001～2010年的区域自主创新效率进行评价。

当$\alpha=1$与$\beta=0$时，只考虑各指标值差异，各省（自治区、直辖市）（不含香港、澳门、台湾地区）的区域自主创新效率的靶心度如表4-1所示，靶心度排序见表4-2。

表4-1　区域自主创新效率的靶心度（$\alpha=1$，$\beta=0$）

区域＼年份	2001	2002	2003	2004	2005	2006	2007	2008	2009	2010
北京	0.5606	0.5454	0.5288	0.5265	0.5420	0.5192	0.5040	0.5189	0.5113	0.4977
天津	0.4579	0.4572	0.4463	0.4603	0.4681	0.4536	0.4503	0.4450	0.4416	0.4343
河北	0.3843	0.3846	0.3800	0.3928	0.4073	0.3753	0.3829	0.3861	0.3827	0.3877
山西	0.3808	0.3835	0.3849	0.3960	0.3963	0.3896	0.3917	0.3889	0.3916	0.3921
内蒙古	0.4005	0.4087	0.3975	0.3900	0.3966	0.4000	0.3933	0.3913	0.3923	0.4099
辽宁	0.4112	0.4099	0.4046	0.4040	0.4031	0.4021	0.4083	0.4023	0.4151	0.4097
吉林	0.4039	0.4063	0.3981	0.3958	0.4062	0.4096	0.4071	0.4086	0.4335	0.4006
黑龙江	0.4008	0.4019	0.3969	0.4237	0.3990	0.4165	0.4048	0.3989	0.3994	0.3974
上海	0.5298	0.5470	0.5358	0.5319	0.5251	0.5255	0.5017	0.4923	0.5120	0.4821
江苏	0.4134	0.4143	0.4167	0.4190	0.4170	0.4184	0.4295	0.4247	0.4405	0.4304
浙江	0.4340	0.4401	0.4375	0.4294	0.4317	0.4407	0.4376	0.4379	0.4312	0.4248
安徽	0.3906	0.3967	0.3925	0.3970	0.3998	0.3928	0.3939	0.3915	0.3885	0.3920

续表

区域＼年份	2001	2002	2003	2004	2005	2006	2007	2008	2009	2010
福建	0.4318	0.4307	0.4331	0.4138	0.4136	0.4136	0.4142	0.4092	0.4218	0.4231
江西	0.3884	0.3863	0.3988	0.3857	0.3915	0.3904	0.3882	0.3866	0.3836	0.3841
山东	0.4166	0.4141	0.4064	0.4077	0.4065	0.4061	0.4081	0.4029	0.4082	0.4063
河南	0.3800	0.3808	0.3817	0.3868	0.3830	0.3850	0.3897	0.3926	0.3849	0.3829
湖北	0.3938	0.3923	0.3977	0.3978	0.3982	0.3991	0.4027	0.4045	0.4013	0.3982
湖南	0.3947	0.3920	0.3912	0.3962	0.3956	0.3999	0.4004	0.4160	0.4030	0.4035
广东	0.4689	0.4710	0.4663	0.4696	0.4670	0.4529	0.4506	0.4408	0.4490	0.4398
广西	0.3858	0.3878	0.3911	0.3924	0.3999	0.3809	0.3855	0.3854	0.3901	0.3935
海南	0.4551	0.4344	0.4935	0.4142	0.4240	0.4693	0.4118	0.4334	0.3995	0.4036
重庆	0.4050	0.4289	0.4127	0.4495	0.4135	0.4111	0.4048	0.4176	0.4095	0.4283
四川	0.3880	0.3842	0.3873	0.3856	0.3906	0.3851	0.3920	0.3956	0.3998	0.3976
贵州	0.3789	0.3838	0.3873	0.3903	0.3911	0.3970	0.3957	0.3938	0.4053	0.4028
云南	0.3955	0.3880	0.3965	0.3853	0.3838	0.3930	0.3910	0.3882	0.3887	0.3963
西藏	0.4068	0.4051	0.4035	0.3989	0.3987	0.4027	0.4024	0.4112	0.4150	0.4128
陕西	0.3928	0.3890	0.3919	0.3906	0.3922	0.3895	0.3905	0.3908	0.3910	0.3929
甘肃	0.3882	0.3866	0.3792	0.3876	0.3895	0.3993	0.4001	0.3965	0.4072	0.4166
青海	0.3866	0.3907	0.3958	0.3853	0.3831	0.3879	0.3838	0.3805	0.3823	0.3833
宁夏	0.3875	0.3738	0.3737	0.3841	0.3777	0.3769	0.3898	0.4319	0.4018	0.3970
新疆	0.4105	0.4180	0.4253	0.4059	0.3979	0.3995	0.4062	0.3937	0.3866	0.3906
平均值	0.4015	0.4014	0.4015	0.4014	0.4014	0.4015	0.4015	0.4014	0.4014	0.4014

表 4-2　区域自主创新效率的靶心度排序（$\alpha=1$，$\beta=0$）

区域＼年份	2001	2002	2003	2004	2005	2006	2007	2008	2009	2010
北京	1	2	2	2	1	2	1	1	2	1
天津	4	4	5	4	3	4	4	3	4	4
河北	29	27	30	21	10	32	32	30	31	29
山西	30	30	28	19	22	25	24	27	23	26
内蒙古	17	13	18	25	21	16	22	25	22	11
辽宁	10	12	12	13	13	14	9	16	9	12
吉林	14	14	16	20	12	11	11	13	6	18
黑龙江	16	16	19	7	17	8	13	18	21	21
上海	2	1	1	1	2	1	2	2	1	2
江苏	9	10	9	8	7	7	6	8	5	5
浙江	6	5	6	6	5	6	5	5	7	7
安徽	22	18	22	17	16	23	21	24	27	27
福建	7	7	7	10	8	9	7	12	8	8
江西	23	26	15	28	25	24	29	29	30	30
山东	8	11	11	11	11	12	10	15	12	13
河南	31	31	29	27	31	29	28	23	29	32
湖北	20	19	17	16	19	20	15	14	18	19

续表

区域＼年份	2001	2002	2003	2004	2005	2006	2007	2008	2009	2010
湖南	19	20	24	18	23	17	18	10	15	15
广东	3	3	4	3	4	5	3	4	3	3
广西	28	24	25	22	15	30	30	31	25	24
海南	5	6	3	9	6	3	8	6	20	14
重庆	13	8	10	5	9	10	14	9	11	6
四川	25	28	26	29	27	28	23	20	19	20
贵州	32	29	27	24	26	21	20	21	14	16
云南	18	23	20	31	29	22	25	28	26	23
西藏	12	15	13	15	18	13	16	11	10	10
陕西	21	22	23	23	24	26	26	26	24	25
甘肃	24	25	31	26	28	19	19	19	13	9
青海	27	21	21	30	30	27	31	32	32	31
宁夏	26	32	32	32	32	31	27	7	16	22
新疆	11	9	8	12	20	18	12	22	28	28
平均值	15	17	14	14	14	15	17	17	17	17

当$\alpha=0$与$\beta=1$时，只考虑各指标值增长性，各省（自治区、直辖市）（不含香港、澳门、台湾地区）的区域自主创新效率的靶心度如表 4-3 所示，靶心度排序见表 4-4。

表 4-3　区域自主创新效率的靶心度（$\alpha=0$，$\beta=1$）

区域＼年份	2002	2003	2004	2005	2006	2007	2008	2009	2010
北京	0.8246	0.8195	0.8169	0.8226	0.8131	0.8074	0.8150	0.8113	0.8040
天津	0.7899	0.7840	0.7916	0.7970	0.7886	0.7873	0.7835	0.7805	0.7770
河北	0.7431	0.7398	0.7470	0.7520	0.7366	0.7423	0.7445	0.7418	0.7455
山西	0.7410	0.7427	0.7502	0.7497	0.7464	0.7481	0.7461	0.7486	0.7492
内蒙古	0.7542	0.7513	0.7452	0.7498	0.7515	0.7481	0.7473	0.7471	0.7584
辽宁	0.7624	0.7588	0.7587	0.7576	0.7573	0.7613	0.7569	0.7657	0.7611
吉林	0.7578	0.7511	0.7500	0.7580	0.7596	0.7580	0.7585	0.7676	0.7536
黑龙江	0.7544	0.7509	0.7622	0.7518	0.7605	0.7556	0.7514	0.7522	0.7514
上海	0.8288	0.8263	0.8250	0.8232	0.8240	0.8135	0.8074	0.8152	0.8038
江苏	0.7656	0.7674	0.7692	0.7675	0.7682	0.7755	0.7718	0.7804	0.7762
浙江	0.7785	0.7780	0.7735	0.7746	0.7790	0.7781	0.7782	0.7735	0.7706
安徽	0.7514	0.7480	0.7511	0.7533	0.7484	0.7497	0.7487	0.7465	0.7485
福建	0.7732	0.7745	0.7633	0.7628	0.7631	0.7633	0.7589	0.7641	0.7649
江西	0.7429	0.7509	0.7434	0.7474	0.7466	0.7453	0.7442	0.7418	0.7428
山东	0.7629	0.7576	0.7588	0.7580	0.7572	0.7593	0.7558	0.7595	0.7591
河南	0.7404	0.7407	0.7445	0.7411	0.7427	0.7459	0.7479	0.7424	0.7416
湖北	0.7491	0.7529	0.7536	0.7532	0.7528	0.7554	0.7568	0.7545	0.7533
湖南	0.7482	0.7474	0.7512	0.7505	0.7532	0.7534	0.7603	0.7542	0.7553
广东	0.7922	0.7911	0.7918	0.7918	0.7852	0.7847	0.7801	0.7835	0.7796
广西	0.7464	0.7475	0.7489	0.7538	0.7406	0.7434	0.7429	0.7461	0.7485
海南	0.7687	0.7921	0.7590	0.7642	0.7853	0.7575	0.7678	0.7490	0.7522

续表

区域\年份	2002	2003	2004	2005	2006	2007	2008	2009	2010
重庆	0.7639	0.7595	0.7802	0.7596	0.7603	0.7555	0.7611	0.7594	0.7671
四川	0.7428	0.7441	0.7435	0.7468	0.7437	0.7483	0.7497	0.7523	0.7514
贵州	0.7407	0.7431	0.7443	0.7451	0.7477	0.7478	0.7461	0.7512	0.7528
云南	0.7443	0.7510	0.7429	0.7408	0.7484	0.7473	0.7448	0.7455	0.7509
西藏	0.7438	0.7434	0.7421	0.7426	0.7436	0.7445	0.7499	0.7518	0.7494
陕西	0.7439	0.7469	0.7460	0.7469	0.7446	0.7458	0.7468	0.7467	0.7482
甘肃	0.7441	0.7388	0.7444	0.7456	0.7517	0.7533	0.7513	0.7578	0.7627
青海	0.7415	0.7419	0.7379	0.7379	0.7422	0.7418	0.7398	0.7409	0.7414
宁夏	0.7360	0.7358	0.7423	0.7369	0.7367	0.7434	0.7629	0.7514	0.7488
新疆	0.7624	0.7624	0.7539	0.7498	0.7517	0.7568	0.7488	0.7435	0.7464
平均值	0.7566	0.7566	0.7566	0.7566	0.7566	0.7566	0.7566	0.7566	0.7566

表 4-4 区域自主创新效率的靶心度排序（$\alpha=0$，$\beta=1$）

区域\年份	2002	2003	2004	2005	2006	2007	2008	2009	2010
北京	2	2	2	2	2	2	1	2	1
天津	4	5	4	3	3	3	3	4	4
河北	25	30	21	17	32	31	29	30	29
山西	29	27	18	22	24	22	27	22	23
内蒙古	16	15	23	20	19	21	24	23	12
辽宁	11	11	12	12	12	8	13	8	10
吉林	13	16	19	11	11	10	12	7	15
黑龙江	15	19	9	18	9	14	17	17	19
上海	1	1	1	1	1	1	2	1	2
江苏	8	8	7	6	7	6	6	5	5
浙江	5	6	6	5	6	5	5	6	6
安徽	17	20	17	15	20	19	22	25	25
福建	6	7	8	8	8	7	11	9	8
江西	26	18	28	23	23	27	30	31	30
山东	10	12	11	10	13	9	16	10	11
河南	31	29	24	29	28	25	23	29	31
湖北	18	14	15	16	16	16	14	14	16
湖南	19	22	16	19	15	17	10	15	14
广东	3	4	3	4	5	4	4	3	3
广西	20	21	20	14	30	30	31	26	26
海南	7	3	10	7	4	11	7	21	18
重庆	9	10	5	9	10	15	9	11	7
四川	27	24	27	25	26	20	20	16	20
贵州	30	26	26	27	22	23	26	20	17
云南	21	17	29	30	21	24	28	27	21
西藏	24	25	31	28	27	28	19	18	22

续表

区域＼年份	2002	2003	2004	2005	2006	2007	2008	2009	2010
陕西	23	23	22	24	25	26	25	24	27
甘肃	22	31	25	26	17	18	18	12	9
青海	28	28	32	31	29	32	32	32	32
宁夏	32	32	30	32	31	29	8	19	24
新疆	12	9	14	21	18	12	21	28	28
平均值	14	13	13	13	14	13	15	13	13

当$\alpha=0.9$与$\beta=0.1$时，同时考虑各指标值差异和增长性，更关注各指标值差异，各省（自治区、直辖市）（不含香港、澳门、台湾地区）的区域自主创新效率的靶心度如表 4-5 所示，靶心度排序见表 4-6。

表 4-5　区域自主创新效率的靶心度（$\alpha=0.9$，$\beta=0.1$）

区域＼年份	2001	2002	2003	2004	2005	2006	2007	2008	2009	2010
北京	0.5046	0.5733	0.5579	0.5555	0.5701	0.5486	0.5343	0.5485	0.5413	0.5283
天津	0.4121	0.4904	0.4801	0.4934	0.5010	0.4871	0.4840	0.4788	0.4755	0.4686
河北	0.3459	0.4204	0.4160	0.4282	0.4418	0.4114	0.4188	0.4219	0.4186	0.4234
山西	0.3427	0.4192	0.4206	0.4314	0.4317	0.4253	0.4274	0.4246	0.4273	0.4278
内蒙古	0.3604	0.4432	0.4329	0.4256	0.4319	0.4351	0.4288	0.4269	0.4278	0.4448
辽宁	0.3701	0.4452	0.4401	0.4395	0.4386	0.4376	0.4436	0.4378	0.4502	0.4449
吉林	0.3635	0.4414	0.4334	0.4313	0.4414	0.4446	0.4422	0.4436	0.4669	0.4359
黑龙江	0.3607	0.4371	0.4323	0.4576	0.4343	0.4509	0.4399	0.4341	0.4346	0.4328
上海	0.4768	0.5752	0.5648	0.5612	0.5549	0.5554	0.5329	0.5238	0.5423	0.5142
江苏	0.3721	0.4494	0.4518	0.4541	0.4521	0.4534	0.4641	0.4594	0.4745	0.4650
浙江	0.3906	0.4740	0.4715	0.4638	0.4660	0.4745	0.4717	0.4719	0.4654	0.4594
安徽	0.3516	0.4321	0.4280	0.4324	0.4351	0.4284	0.4295	0.4272	0.4243	0.4277
福建	0.3886	0.4649	0.4672	0.4488	0.4485	0.4485	0.4491	0.4442	0.4560	0.4573
江西	0.3495	0.4220	0.4340	0.4215	0.4271	0.4260	0.4239	0.4224	0.4194	0.4200
山东	0.3749	0.4489	0.4415	0.4428	0.4417	0.4412	0.4432	0.4382	0.4433	0.4416
河南	0.3420	0.4167	0.4176	0.4225	0.4188	0.4208	0.4253	0.4281	0.4207	0.4187
湖北	0.3544	0.4279	0.4332	0.4334	0.4337	0.4345	0.4379	0.4397	0.4367	0.4337
湖南	0.3552	0.4276	0.4268	0.4317	0.4311	0.4353	0.4357	0.4505	0.4381	0.4387
广东	0.4220	0.5031	0.4988	0.5018	0.4994	0.4862	0.4840	0.4748	0.4825	0.4738
广西	0.3472	0.4236	0.4267	0.4281	0.4353	0.4168	0.4213	0.4212	0.4257	0.4290
海南	0.4096	0.4679	0.5233	0.4486	0.4580	0.5009	0.4464	0.4668	0.4344	0.4384
重庆	0.3645	0.4624	0.4474	0.4826	0.4481	0.4460	0.4399	0.4519	0.4445	0.4622
四川	0.3492	0.4201	0.4230	0.4214	0.4262	0.4209	0.4276	0.4310	0.4351	0.4329
贵州	0.3410	0.4195	0.4229	0.4257	0.4265	0.4321	0.4309	0.4290	0.4399	0.4378
云南	0.3560	0.4236	0.4319	0.4211	0.4195	0.4285	0.4267	0.4239	0.4244	0.4317
西藏	0.3661	0.4390	0.4375	0.4332	0.4331	0.4368	0.4366	0.4451	0.4487	0.4464
陕西	0.3535	0.4245	0.4274	0.4261	0.4277	0.4250	0.4261	0.4264	0.4266	0.4284

续表

区域＼年份	2001	2002	2003	2004	2005	2006	2007	2008	2009	2010
甘肃	0.3494	0.4224	0.4152	0.4232	0.4251	0.4345	0.4354	0.4320	0.4422	0.4512
青海	0.3479	0.4258	0.4304	0.4206	0.4186	0.4233	0.4196	0.4165	0.4181	0.4191
宁夏	0.3487	0.4101	0.4099	0.4199	0.4136	0.4129	0.4251	0.4650	0.4367	0.4321
新疆	0.3694	0.4525	0.4590	0.4407	0.4331	0.4347	0.4412	0.4292	0.4223	0.4262
平均值	0.3613	0.4370	0.4370	0.4370	0.4370	0.4370	0.4370	0.4370	0.4370	0.4370

表 4-6　区域自主创新效率的靶心度排序（$\alpha=0.9$，$\beta=0.1$）

区域＼年份	2001	2002	2003	2004	2005	2006	2007	2008	2009	2010
北京	1	2	2	2	1	2	1	1	2	1
天津	4	4	5	4	3	4	4	3	4	4
河北	29	27	30	21	10	32	32	30	31	29
山西	30	30	28	19	22	25	24	27	23	26
内蒙古	17	13	18	25	21	17	22	25	22	12
辽宁	10	12	12	13	13	13	9	16	9	11
吉林	14	14	16	20	12	11	11	13	6	18
黑龙江	16	16	19	7	17	8	13	18	20	21
上海	2	1	1	1	2	1	2	2	1	2
江苏	9	10	9	8	7	7	6	8	5	5
浙江	6	5	6	6	5	6	5	5	7	7
安徽	22	18	22	17	16	23	21	24	27	27
福建	7	7	7	9	8	9	7	12	8	8
江西	23	26	15	28	25	24	29	29	30	30
山东	8	11	11	11	11	12	10	15	12	13
河南	31	31	29	27	30	29	27	23	29	32
湖北	20	19	17	15	18	20	15	14	18	19
湖南	19	20	24	18	23	16	18	10	15	14
广东	3	3	4	3	4	5	3	4	3	3
广西	28	23	25	22	15	30	30	31	25	24
海南	5	6	3	10	6	3	8	6	21	15
重庆	13	8	10	5	9	10	14	9	11	6
四川	25	28	26	29	27	28	23	20	19	20
贵州	32	29	27	24	26	21	20	22	14	16
云南	18	24	20	30	29	22	25	28	26	23
西藏	12	15	13	16	19	15	17	11	10	10
陕西	21	22	23	23	24	26	26	26	24	25
甘肃	24	25	31	26	28	19	19	19	13	9
青海	27	21	21	31	31	27	31	32	32	31
宁夏	26	32	32	32	32	31	28	7	17	22
新疆	11	9	8	12	20	18	12	21	28	28
平均值	15	17	14	14	14	14	16	17	16	17

为了比较各省（自治区、直辖市）（不含香港、澳门、台湾地区）区域自主创新效率的总体情况，可以进行二次加权，各省（自治区、直辖市）（不含香港、澳门、台湾地区）的区域自主创新效率的靶心度及其排序见表 4-7。北京和上海属 5 级，其他省（自治区、直辖市）（不含香港、澳门、台湾地区）都属 6 级。

表 4-7　2001～2010 年区域自主创新总体效率靶心度及其排序

区域	靶心度	排序	区域	靶心度	排序	区域	靶心度	排序	区域	靶心度	排序
北京	0.5450	1	上海	0.5385	2	湖北	0.4340	17	云南	0.4248	27
天津	0.4803	4	江苏	0.4594	6	湖南	0.4358	15	西藏	0.4399	13
河北	0.4206	30	浙江	0.4663	5	广东	0.4839	3	陕西	0.4254	25
山西	0.4253	26	安徽	0.4272	23	广西	0.4237	28	甘肃	0.4338	18
内蒙古	0.4315	20	福建	0.4513	8	海南	0.4574	7	青海	0.4187	32
辽宁	0.5450	1	江西	0.4217	29	重庆	0.4508	9	宁夏	0.4286	22
吉林	0.4803	4	山东	0.4407	12	四川	0.4270	24	新疆	0.4322	19
黑龙江	0.4206	30	河南	0.4202	31	贵州	0.4302	21	平均值	0.4356	16

(2) 利用基于理想解法的动态评价方法对 2001～2010 年中国 31 个省（自治区、直辖市）（不含香港、澳门、台湾地区）的区域自主创新效率进行评价。

先利用变异系数法和熵值法确定指标权重，再利用简单加权法求组合权重。

当 $\alpha=1$ 与 $\beta=0$ 时，只考虑各指标值差异，各省（自治区、直辖市）（不含香港、澳门、台湾地区）的区域自主创新效率的动态评价值如表 4-8 所示，动态评价值排序见表 4-9。

表 4-8　基于理想解法的区域自主创新效率动态评价值（$\alpha=1$，$\beta=0$）

区域＼年份	2001	2002	2003	2004	2005	2006	2007	2008	2009	2010
北京	0.1843	0.1810	0.1520	0.1961	0.1852	0.1713	0.1414	0.1636	0.1624	0.1542
天津	0.1406	0.1489	0.1313	0.1519	0.1912	0.1419	0.1558	0.1278	0.1205	0.1196
河北	0.0293	0.0270	0.0243	0.0452	0.0947	0.0231	0.0476	0.0481	0.0756	0.0772
山西	0.0310	0.0319	0.0408	0.0499	0.0469	0.0438	0.0453	0.0440	0.0774	0.0690
内蒙古	0.0687	0.0905	0.1098	0.0397	0.0397	0.0540	0.0349	0.0446	0.0447	0.2265
辽宁	0.0810	0.0793	0.0606	0.0630	0.0578	0.0592	0.0674	0.0664	0.0766	0.0654
吉林	0.0388	0.0401	0.0317	0.0361	0.0388	0.0403	0.0377	0.0348	0.0442	0.0312
黑龙江	0.0372	0.0411	0.0388	0.0531	0.0370	0.0800	0.0420	0.0364	0.0384	0.0354
上海	0.2396	0.2477	0.2574	0.3007	0.2847	0.2811	0.3104	0.2499	0.3033	0.2948
江苏	0.2073	0.2305	0.2506	0.2868	0.3037	0.3147	0.3485	0.2422	0.3300	0.3374
浙江	0.0642	0.0658	0.0647	0.0702	0.0755	0.0825	0.0841	0.0899	0.0768	0.0788
安徽	0.0351	0.0514	0.0435	0.0476	0.0725	0.0389	0.0437	0.2302	0.0436	0.0316
福建	0.0965	0.1053	0.0885	0.0910	0.0825	0.0872	0.0838	0.0648	0.0751	0.0782
江西	0.0369	0.0330	0.1134	0.0443	0.0787	0.0430	0.0406	0.0415	0.0362	0.0363
山东	0.1041	0.0857	0.0455	0.0482	0.0564	0.0556	0.0598	0.0509	0.0676	0.0676
河南	0.0315	0.0346	0.0356	0.0472	0.0336	0.0609	0.0400	0.0529	0.0313	0.0271
湖北	0.0392	0.0434	0.0447	0.0533	0.0513	0.0370	0.0384	0.0389	0.0368	0.0369
湖南	0.0421	0.0335	0.0315	0.0411	0.0403	0.0363	0.0395	0.0903	0.0357	0.0405
广东	0.4785	0.4651	0.4397	0.4458	0.4305	0.4195	0.4537	0.3228	0.4336	0.4249
广西	0.0401	0.0487	0.0412	0.0474	0.1196	0.0303	0.0326	0.0286	0.0405	0.0411

续表

区域 \ 年份	2001	2002	2003	2004	2005	2006	2007	2008	2009	2010
海南	0.1171	0.0868	0.3818	0.0489	0.0913	0.2081	0.0518	0.2738	0.0560	0.0673
重庆	0.0544	0.0964	0.0671	0.1433	0.0463	0.0515	0.0450	0.0545	0.0522	0.0505
四川	0.0347	0.0350	0.0300	0.0330	0.0462	0.0309	0.0386	0.0315	0.0344	0.0384
贵州	0.0273	0.0309	0.0576	0.0302	0.0394	0.0323	0.0391	0.0295	0.0460	0.0440
云南	0.0498	0.0406	0.1309	0.0354	0.0242	0.0492	0.0419	0.0342	0.0448	0.0605
西藏	0.0320	0.0371	0.0329	0.0332	0.0361	0.0398	0.0466	0.0664	0.0522	0.0716
陕西	0.0480	0.0443	0.0436	0.0440	0.0380	0.0355	0.0355	0.0389	0.0322	0.0612
甘肃	0.0534	0.0504	0.0374	0.0343	0.0352	0.0810	0.0782	0.0654	0.1358	0.1678
青海	0.0936	0.0251	0.0205	0.0195	0.0202	0.0844	0.0641	0.0335	0.0433	0.0572
宁夏	0.1683	0.0888	0.0253	0.0394	0.0330	0.0414	0.0470	0.2817	0.0777	0.0917
新疆	0.0447	0.0848	0.0533	0.0378	0.0343	0.0415	0.0802	0.0349	0.0319	0.0267
平均值	0.0675	0.0663	0.0695	0.0676	0.0675	0.0681	0.0702	0.0699	0.0690	0.0723

表 4-9　基于理想解法的区域自主创新效率动态评价值排序（$\alpha=1$，$\beta=0$）

区域 \ 年份	2001	2002	2003	2004	2005	2006	2007	2008	2009	2010
北京	4	4	5	4	5	5	5	7	4	6
天津	6	5	6	5	4	6	4	8	6	7
河北	31	31	31	19	7	32	15	19	11	11
山西	30	29	22	13	17	19	18	21	8	14
内蒙古	12	8	9	23	21	16	31	20	20	4
辽宁	11	13	14	10	14	14	11	13	10	17
吉林	23	23	27	26	23	23	29	27	21	30
黑龙江	24	21	23	12	25	11	21	25	25	28
上海	2	2	3	2	3	3	3	4	3	3
江苏	3	3	4	3	2	2	2	5	2	2
浙江	14	15	13	8	11	9	6	10	9	9
安徽	26	16	20	16	12	25	20	6	22	29
福建	9	6	10	7	9	7	7	15	12	10
江西	25	28	8	20	10	20	23	22	27	27
山东	8	11	17	15	15	15	13	18	14	15
河南	29	26	25	18	29	13	24	17	32	31
湖北	22	20	18	11	16	26	28	23	26	26
湖南	20	27	28	22	20	27	25	9	28	24
广东	1	1	1	1	1	1	1	1	1	1
广西	21	18	21	17	6	31	32	32	24	23
海南	7	10	2	14	8	4	14	3	15	16
重庆	15	7	12	6	18	17	19	16	16	21
江西	25	28	8	20	10	20	23	22	27	27
四川	27	25	29	30	19	30	27	30	29	25
贵州	32	30	15	31	22	29	26	31	18	22

续表

年份 区域	2001	2002	2003	2004	2005	2006	2007	2008	2009	2010
云南	17	22	7	27	31	18	22	28	19	19
西藏	28	24	26	29	26	24	17	12	17	13
陕西	18	19	19	21	24	28	30	24	30	18
甘肃	16	17	24	28	27	10	9	14	5	5
青海	10	32	32	32	32	8	12	29	23	20
宁夏	5	9	30	24	30	22	16	2	7	8
新疆	19	12	16	25	28	21	8	26	31	32
平均值	13	14	11	9	13	12	10	11	13	12

当$\alpha=0$与$\beta=1$时，只考虑各指标值增长性，各省（自治区、直辖市）（不含香港、澳门、台湾地区）的区域自主创新效率基于理想解法的动态评价值如表 4-10 所示，动态评价值排序见表 4-11。

表 4-10　基于理想解法的区域自主创新效率动态评价值（$\alpha=0$，$\beta=1$）

年份 区域	2002	2003	2004	2005	2006	2007	2008	2009	2010
北京	0.3818	0.3792	0.3941	0.3875	0.3884	0.3751	0.4032	0.3910	0.3920
天津	0.3917	0.3701	0.3963	0.4263	0.3535	0.3889	0.3470	0.3868	0.3872
河北	0.3847	0.3857	0.3997	0.3943	0.3726	0.4058	0.3727	0.3903	0.3825
山西	0.3875	0.3933	0.3932	0.3848	0.3858	0.3866	0.3806	0.4033	0.3810
内蒙古	0.4058	0.3577	0.3803	0.3816	0.3989	0.3752	0.3889	0.3913	0.4957
辽宁	0.3837	0.3807	0.3852	0.3802	0.3920	0.3947	0.3807	0.3959	0.3678
吉林	0.3917	0.3819	0.3882	0.3895	0.3866	0.3875	0.3847	0.3853	0.3875
黑龙江	0.3918	0.3812	0.3956	0.3756	0.3955	0.3835	0.3752	0.3947	0.3836
上海	0.3888	0.4130	0.4000	0.3786	0.3940	0.3926	0.3567	0.4240	0.3792
江苏	0.4057	0.4027	0.3978	0.3978	0.3932	0.3928	0.3463	0.4271	0.3887
浙江	0.3877	0.3881	0.3859	0.3941	0.3922	0.3855	0.3848	0.3824	0.3881
安徽	0.4002	0.3733	0.3842	0.4007	0.3703	0.3916	0.4792	0.2859	0.3702
福建	0.3937	0.3681	0.3870	0.3795	0.3918	0.3858	0.3645	0.3971	0.3832
江西	0.3870	0.4046	0.3769	0.4047	0.3735	0.3821	0.3880	0.3838	0.3847
山东	0.3814	0.3379	0.3902	0.3912	0.3900	0.3895	0.3791	0.3961	0.3831
河南	0.3928	0.3812	0.3969	0.3777	0.3972	0.3853	0.3898	0.3784	0.3726
湖北	0.3882	0.3885	0.3934	0.3757	0.3817	0.3892	0.3863	0.3866	0.3908
湖南	0.3829	0.3824	0.3911	0.3835	0.3864	0.3884	0.3961	0.3778	0.3881
广东	0.3814	0.3707	0.3666	0.3814	0.3692	0.3904	0.3285	0.4462	0.3780
广西	0.3949	0.3626	0.3945	0.4331	0.3523	0.3844	0.3847	0.3905	0.3835
海南	0.3707	0.6264	0.3326	0.4085	0.4241	0.3592	0.5057	0.3604	0.3996
重庆	0.3914	0.3909	0.4470	0.3325	0.3901	0.3871	0.3777	0.3970	0.3771
四川	0.3923	0.3803	0.3892	0.3956	0.3795	0.3952	0.3760	0.3874	0.3899
贵州	0.3854	0.4088	0.3838	0.3951	0.3798	0.3913	0.3811	0.3935	0.3876
云南	0.3862	0.4353	0.3611	0.3737	0.4087	0.3806	0.3695	0.3989	0.3804
西藏	0.3871	0.3877	0.3863	0.3878	0.3871	0.3873	0.3886	0.3870	0.3879

续表

区域＼年份	2002	2003	2004	2005	2006	2007	2008	2009	2010
陕西	0.3881	0.3952	0.3865	0.3811	0.3899	0.3866	0.3887	0.3848	0.4112
甘肃	0.3885	0.3700	0.3874	0.3903	0.4094	0.3950	0.3810	0.4131	0.3840
青海	0.3519	0.3777	0.3860	0.3879	0.4111	0.3930	0.3804	0.3863	0.3945
宁夏	0.3622	0.3250	0.3979	0.3764	0.3973	0.3882	0.5296	0.3479	0.3763
新疆	0.4108	0.3529	0.3753	0.3846	0.3949	0.4055	0.3403	0.3846	0.3818
平均值	0.3873	0.3873	0.3873	0.3873	0.3873	0.3873	0.3873	0.3873	0.3873

表 4-11 基于理想解法的区域自主创新效率动态评价值排序（$\alpha=0$，$\beta=1$）

区域＼年份	2002	2003	2004	2005	2006	2007	2008	2009	2010
北京	27	21	10	16	18	31	4	14	5
天津	11	25	7	2	31	14	29	20	15
河北	24	14	3	9	28	1	25	16	22
山西	18	8	12	18	23	21	19	5	24
内蒙古	2	29	27	21	5	30	7	13	1
辽宁	25	19	24	24	13	5	18	10	32
吉林	10	16	16	13	21	17	14	23	13
黑龙江	9	17	8	30	8	27	24	11	18
上海	13	3	2	26	10	8	28	3	26
江苏	3	6	5	6	11	7	30	2	8
浙江	17	11	23	10	12	24	13	27	10
安徽	4	23	25	5	29	9	3	32	31
福建	6	27	19	25	14	23	27	7	20
江西	21	5	28	4	27	28	10	26	16
山东	29	31	14	11	16	12	21	9	21
河南	7	18	6	27	7	25	6	28	30
湖北	15	10	11	29	24	13	12	21	6
湖南	26	15	13	20	22	15	5	29	9
广东	28	24	30	22	30	11	32	1	27
广西	5	28	9	1	32	26	15	15	19
海南	30	1	32	3	1	32	2	30	3
重庆	12	9	1	32	15	20	22	8	28
四川	8	20	15	7	26	3	23	17	7
贵州	23	4	26	8	25	10	16	12	12
云南	22	2	31	31	4	29	26	6	25
西藏	20	12	21	15	20	18	9	19	11
陕西	16	7	20	23	17	22	8	24	2
甘肃	14	26	17	12	3	4	17	4	17
青海	32	22	22	14	2	6	20	22	4
宁夏	31	32	4	28	6	16	1	31	29
新疆	1	30	29	19	9	2	31	25	23
平均值	19	13	18	17	19	19	11	18	14

当α=0.9与β=0.1时，同时考虑各指标值差异和增长性，更关注各指标值差异，各省（自治区、直辖市）（不含香港、澳门、台湾地区）的区域自主创新效率基于理想解法的动态评价值如表4-12所示，动态评价值排序见表4-13。

表4-12 基于理想解法的区域自主创新效率动态评价值（α=0.9，β=0.1）

区域＼年份	2001	2002	2003	2004	2005	2006	2007	2008	2009	2010
北京	0.1658	0.2011	0.1748	0.2159	0.2054	0.1930	0.1648	0.1875	0.1853	0.1780
天津	0.1265	0.1732	0.1552	0.1763	0.2147	0.1630	0.1791	0.1498	0.1471	0.1463
河北	0.0263	0.0627	0.0604	0.0806	0.1246	0.0580	0.0834	0.0806	0.1071	0.1077
山西	0.0279	0.0675	0.0761	0.0843	0.0807	0.0780	0.0795	0.0777	0.1100	0.1002
内蒙古	0.0618	0.1221	0.1346	0.0737	0.0739	0.0885	0.0689	0.0791	0.0794	0.2534
辽宁	0.0729	0.1097	0.0926	0.0952	0.0900	0.0925	0.1001	0.0978	0.1086	0.0957
吉林	0.0350	0.0752	0.0668	0.0713	0.0739	0.0749	0.0726	0.0697	0.0783	0.0668
黑龙江	0.0335	0.0762	0.0730	0.0873	0.0709	0.1115	0.0761	0.0702	0.0741	0.0703
上海	0.2156	0.2618	0.2729	0.3106	0.2941	0.2924	0.3186	0.2606	0.3154	0.3032
江苏	0.1866	0.2480	0.2658	0.2979	0.3131	0.3226	0.3530	0.2526	0.3397	0.3426
浙江	0.0578	0.0980	0.0971	0.1018	0.1074	0.1135	0.1142	0.1194	0.1074	0.1098
安徽	0.0316	0.0863	0.0765	0.0812	0.1053	0.0720	0.0785	0.2551	0.0679	0.0654
福建	0.0868	0.1341	0.1164	0.1206	0.1122	0.1176	0.1140	0.0947	0.1073	0.1087
江西	0.0332	0.0684	0.1426	0.0775	0.1113	0.0760	0.0748	0.0762	0.0710	0.0711
山东	0.0937	0.1153	0.0747	0.0824	0.0899	0.0891	0.0928	0.0837	0.1005	0.0992
河南	0.0283	0.0704	0.0702	0.0822	0.0680	0.0945	0.0745	0.0866	0.0660	0.0616
湖北	0.0353	0.0779	0.0791	0.0873	0.0837	0.0714	0.0734	0.0736	0.0718	0.0723
湖南	0.0379	0.0684	0.0666	0.0761	0.0746	0.0713	0.0744	0.1209	0.0699	0.0753
广东	0.4306	0.4568	0.4328	0.4379	0.4256	0.4145	0.4474	0.3234	0.4349	0.4202
广西	0.0361	0.0833	0.0734	0.0821	0.1509	0.0625	0.0678	0.0642	0.0755	0.0753
海南	0.1054	0.1152	0.4063	0.0772	0.1230	0.2297	0.0826	0.2970	0.0865	0.1005
重庆	0.0490	0.1259	0.0995	0.1737	0.0749	0.0854	0.0792	0.0868	0.0867	0.0832
四川	0.0313	0.0707	0.0650	0.0686	0.0812	0.0658	0.0743	0.0659	0.0697	0.0736
贵州	0.0245	0.0664	0.0927	0.0655	0.0749	0.0670	0.0743	0.0647	0.0808	0.0784
云南	0.0448	0.0752	0.1613	0.0680	0.0591	0.0851	0.0758	0.0677	0.0803	0.0925
西藏	0.0288	0.0721	0.0684	0.0685	0.0713	0.0745	0.0806	0.0986	0.0857	0.1032
陕西	0.0432	0.0787	0.0787	0.0783	0.0723	0.0710	0.0706	0.0738	0.0674	0.0962
甘肃	0.0481	0.0842	0.0707	0.0696	0.0707	0.1138	0.1099	0.0970	0.1635	0.1894
青海	0.0842	0.0577	0.0562	0.0562	0.0570	0.1171	0.0970	0.0682	0.0776	0.0909
宁夏	0.1515	0.1161	0.0553	0.0753	0.0673	0.0770	0.0811	0.3065	0.1047	0.1202
新疆	0.0402	0.1174	0.0832	0.0715	0.0693	0.0768	0.1127	0.0654	0.0671	0.0622
平均值	0.0607	0.0984	0.1013	0.0996	0.0995	0.1000	0.1019	0.1016	0.1009	0.1038

表4-13 基于理想解法的区域自主创新效率动态评价值排序（α=0.9，β=0.1）

区域＼年份	2001	2002	2003	2004	2005	2006	2007	2008	2009	2010
北京	4	4	5	4	5	5	5	7	4	6
天津	6	5	7	5	4	6	4	8	6	7

续表

年份 区域	2001	2002	2003	2004	2005	2006	2007	2008	2009	2010
河北	31	31	30	18	7	32	14	19	11	11
山西	30	29	20	13	18	19	18	21	7	15
内蒙古	12	8	9	24	22	16	31	20	20	4
辽宁	11	13	15	10	14	14	11	13	8	18
吉林	23	22	27	26	23	23	29	26	21	29
黑龙江	24	21	23	11	26	11	21	25	24	28
上海	2	2	3	2	3	3	3	4	3	3
江苏	3	3	4	3	2	2	2	6	2	2
浙江	14	15	13	8	11	10	6	10	9	9
安徽	26	16	19	17	12	25	20	5	29	30
福建	9	6	10	7	9	7	7	15	10	10
江西	25	28	8	20	10	22	23	22	26	27
山东	8	11	21	14	15	15	13	18	14	16
河南	29	26	25	15	29	13	24	17	32	32
湖北	22	20	17	12	16	26	28	24	25	26
湖南	20	27	28	22	21	27	25	9	27	24
广东	1	1	1	1	1	1	1	1	1	1
广西	21	18	22	16	6	31	32	32	23	23
海南	7	12	2	21	8	4	15	3	16	14
重庆	15	7	12	6	19	17	19	16	15	21
四川	27	25	29	28	17	30	27	29	28	25
贵州	32	30	14	31	20	29	26	31	18	22
云南	17	23	6	30	31	18	22	28	19	19
西藏	28	24	26	29	25	24	17	12	17	13
陕西	18	19	18	19	24	28	30	23	30	17
甘肃	16	17	24	27	27	9	9	14	5	5
青海	10	32	31	32	32	8	12	27	22	20
宁夏	5	10	32	23	30	20	16	2	12	8
新疆	19	9	16	25	28	21	8	30	31	31
平均值	13	14	11	9	13	12	10	11	13	12

为了比较各省（自治区、直辖市）（不含香港、澳门、台湾地区）区域自主创新效率的总体情况，可以进行二次加权，各省（自治区、直辖市）（不含香港、澳门、台湾地区）的区域自主创新总体效率基于理想解法的动态评价值及其排序见表 4-14。

表 4-14　2001～2010 年基于理想解法的区域自主创新总体效率动态评价值及其排序

区域	评价值	排序	区域	评价值	排序	区域	评价值	排序	区域	评价值	排序
北京	0.1862	4	上海	0.2948	3	湖北	0.0745	28	云南	0.0814	20
天津	0.1624	5	江苏	0.3118	2	湖南	0.0791	23	西藏	0.0839	19
河北	0.0890	17	浙江	0.1089	11	广东	0.4153	1	陕西	0.0762	26
山西	0.0867	18	安徽	0.1013	12	广西	0.0782	24	甘肃	0.1210	8

续表

区域	评价值	排序	区域	评价值	排序	区域	评价值	排序	区域	评价值	排序
内蒙古	0.1140	9	福建	0.1102	10	海南	0.1563	6	青海	0.0802	21
辽宁	0.0977	14	江西	0.0801	22	重庆	0.0917	16	宁夏	0.1239	7
吉林	0.0714	31	山东	0.0923	15	四川	0.0701	32	新疆	0.0756	27
黑龙江	0.0771	25	河南	0.0735	29	贵州	0.0731	30	平均值	0.1005	13

（3）利用基于改进理想解法的动态评价方法对 2001～2010 年中国 31 个省（自治区、直辖市）（不含香港、澳门、台湾地区）的区域自主创新效率进行评价。

当 $\alpha=1$ 与 $\beta=0$ 时，只考虑各指标值差异，各省（自治区、直辖市）（不含香港、澳门、台湾地区）的区域自主创新效率的评价值如表 4-15 所示，评价值排序见表 4-16。

表 4-15　基于改进理想解法的区域自主创新效率动态评价值（$\alpha=1$，$\beta=0$）

区域＼年份	2001	2002	2003	2004	2005	2006	2007	2008	2009	2010
北京	1.0000	1.0000	1.0000	1.0000	1.0000	1.0000	1.0000	1.0000	1.0000	1.0000
天津	0.9119	0.8985	0.9044	0.9545	0.9401	0.9640	0.9392	0.9444	0.9535	0.9555
河北	0.6934	0.7083	0.7259	0.7011	0.7656	0.6865	0.6082	0.6931	0.5589	0.7691
山西	0.3559	0.4843	0.4942	0.6547	0.7378	0.6896	0.6112	0.5928	0.5355	0.7442
内蒙古	0.6388	0.6741	0.6943	0.5582	0.7990	0.8102	0.7577	0.7577	0.7142	0.8632
辽宁	0.7111	0.7651	0.7777	0.7905	0.7794	0.8044	0.7870	0.6386	0.8283	0.8882
吉林	0.8147	0.8401	0.8591	0.8662	0.8852	0.9012	0.8866	0.8900	0.8931	0.8845
黑龙江	0.8433	0.8623	0.8662	0.9074	0.9208	0.9262	0.9059	0.8926	0.8803	0.8957
上海	0.9215	0.9367	0.9546	0.9713	0.9838	0.9948	0.9757	0.9680	0.9774	0.9797
江苏	0.5906	0.6421	0.7686	0.7706	0.8279	0.8197	0.8474	0.8578	0.8421	0.8359
浙江	0.7701	0.7836	0.8459	0.8652	0.8780	0.8612	0.8608	0.8534	0.8042	0.7759
安徽	0.7532	0.7611	0.7959	0.8346	0.8672	0.8168	0.7822	0.7689	0.7623	0.8189
福建	0.8782	0.8502	0.8071	0.7327	0.7635	0.7200	0.7394	0.7434	0.6735	0.7297
江西	0.7889	0.7689	0.7817	0.7804	0.8502	0.7995	0.7529	0.7801	0.7417	0.7325
山东	0.8652	0.8978	0.9019	0.9065	0.9223	0.9282	0.8955	0.8805	0.8801	0.8627
河南	0.7048	0.7056	0.7523	0.7957	0.8463	0.8392	0.8271	0.8266	0.7892	0.7786
湖北	0.6406	0.6392	0.7294	0.7406	0.8318	0.8285	0.8359	0.8368	0.8278	0.8297
湖南	0.6117	0.5801	0.6114	0.6679	0.7806	0.8230	0.8216	0.8502	0.8284	0.8354
广东	0.9716	0.9451	0.9535	0.9485	0.9399	0.9372	0.9128	0.9243	0.9307	0.9291
广西	0.1036	0.0462	0.0000	0.0000	0.2095	0.1767	0.0000	0.0000	0.0000	0.0000
海南	0.9151	0.9163	0.9288	0.9281	0.9202	0.9563	0.9248	0.9104	0.8925	0.9305
重庆	0.0000	0.0784	0.3318	0.3675	0.6481	0.4883	0.6208	0.7459	0.6375	0.8502
四川	0.6099	0.5920	0.6839	0.7221	0.7989	0.7641	0.7313	0.8171	0.8139	0.8362
贵州	0.4957	0.6804	0.7683	0.7903	0.8769	0.8133	0.6562	0.8274	0.8089	0.8981
云南	0.8097	0.8067	0.8157	0.8170	0.8687	0.8713	0.8360	0.8357	0.8164	0.8694
西藏	0.9180	0.9176	0.9297	0.9311	0.9416	0.9509	0.9269	0.9274	0.9417	0.9305
陕西	0.8144	0.8106	0.8228	0.8352	0.8680	0.8799	0.8257	0.8167	0.8065	0.8500
甘肃	0.6374	0.7012	0.6718	0.7988	0.8434	0.8580	0.8221	0.8096	0.7935	0.8865
青海	0.6180	0.7243	0.7760	0.7801	0.7493	0.7245	0.6435	0.5593	0.4976	0.7127
宁夏	0.0479	0.0000	0.3648	0.4125	0.0000	0.0000	0.0174	0.2125	0.0291	0.0026

续表

区域＼年份	2001	2002	2003	2004	2005	2006	2007	2008	2009	2010
新疆	0.8606	0.8733	0.8842	0.8772	0.8867	0.8933	0.8614	0.8396	0.7927	0.8483
平均值	0.7599	0.7773	0.8063	0.8212	0.8503	0.8471	0.8167	0.8225	0.8097	0.8395

表 4-16　基于改进理想解法的区域自主创新效率动态评价值排序（$\alpha=1$，$\beta=0$）

区域＼年份	2001	2002	2003	2004	2005	2006	2007	2008	2009	2010
北京	1	1	1	1	1	1	1	1	1	1
天津	6	6	6	3	4	3	3	3	3	3
河北	20	20	24	26	26	29	30	27	28	26
山西	29	29	29	28	29	28	29	29	29	27
内蒙古	22	24	25	29	22	22	22	24	25	13
辽宁	18	17	18	18	25	23	20	28	12	9
吉林	11	11	10	10	10	9	9	8	6	11
黑龙江	10	9	9	7	7	8	7	7	8	8
上海	3	3	2	2	2	2	2	2	2	2
江苏	27	25	20	22	21	19	12	10	10	20
浙江	15	14	11	11	11	13	11	11	19	25
安徽	17	18	16	13	15	20	21	23	23	23
福建	7	10	14	24	27	27	24	26	26	29
江西	14	16	17	20	17	24	23	22	24	28
山东	8	7	7	8	6	7	8	9	9	14
河南	19	21	22	17	18	16	15	17	22	24
湖北	21	26	23	23	20	17	14	14	13	22
湖南	25	28	28	27	24	18	18	12	11	21
广东	2	2	3	4	5	6	6	5	5	6
广西	30	31	32	32	31	31	32	32	32	32
海南	5	5	5	6	8	4	5	6	7	5
重庆	32	30	31	31	30	30	28	25	27	15
四川	26	27	26	25	23	25	25	19	15	19
贵州	28	23	21	19	12	21	26	16	17	7
云南	13	13	13	15	13	12	13	15	14	12
西藏	4	4	4	5	3	5	4	4	4	4
陕西	12	12	12	12	14	11	16	20	18	16
甘肃	23	22	27	16	19	14	17	21	20	10
青海	24	19	19	21	28	26	27	30	30	30
宁夏	31	32	30	30	32	32	31	31	31	31
新疆	9	8	8	9	9	10	10	13	21	17
平均值	16	15	15	14	16	15	19	18	16	18

当$\alpha=0$与$\beta=1$时，只考虑各指标值增长性，各省（自治区、直辖市）（不含香港、澳门、台湾地区）的区域自主创新效率基于改进理想解法的动态评价值如表 4-17 所示，动态评价值排序见表 4-18。

表 4-17　基于改进理想解法的区域自主创新效率动态评价值（$\alpha=0$，$\beta=1$）

区域＼年份	2002	2003	2004	2005	2006	2007	2008	2009	2010
北京	0.6695	0.1686	0.6834	0.8167	0.8777	0.3554	0.6378	0.6875	0.1752
天津	0.3432	0.2939	0.9187	0.7648	0.9372	0.5223	0.6841	0.7142	0.3821
河北	0.4483	0.2679	0.4335	0.8645	0.1574	0.6064	0.8871	0.0730	0.8590
山西	0.7184	0.2259	0.9386	0.9062	0.3529	0.5937	0.6405	0.4297	0.7750
内蒙古	0.5231	0.2454	0.0000	1.0000	0.8337	0.5155	0.6482	0.4550	0.7816
辽宁	0.6009	0.2595	0.6083	0.7597	0.8808	0.8207	0.0000	1.0000	0.7095
吉林	0.5511	0.3415	0.6017	0.8460	0.8838	0.7540	0.6820	0.6486	0.3463
黑龙江	0.5434	0.2485	0.8411	0.8020	0.7915	0.6249	0.5935	0.5058	0.5412
上海	0.5731	0.3596	0.7250	0.8681	0.8866	0.4446	0.6072	0.7017	0.3264
江苏	0.5370	0.6519	0.5464	0.8870	0.7295	1.0000	0.7131	0.5678	0.3936
浙江	0.4910	0.4773	0.6310	0.8375	0.6802	0.8070	0.6596	0.4326	0.3734
安徽	0.4199	0.4026	0.7469	0.8579	0.3263	0.6546	0.5865	0.5942	0.7173
福建	0.2403	0.0083	0.2203	0.8266	0.5660	0.9085	0.7004	0.4087	0.5235
江西	0.2716	0.2622	0.5397	0.9066	0.4519	0.6337	0.7150	0.4661	0.5036
山东	0.7017	0.2442	0.6037	0.8592	0.8078	0.5184	0.5932	0.6127	0.4112
河南	0.3666	0.4445	0.7490	0.8859	0.7289	0.8274	0.6799	0.4434	0.4936
湖北	0.3439	0.5865	0.5321	0.9278	0.7869	0.8938	0.6714	0.5756	0.4702
湖南	0.2247	0.3131	0.7150	0.9084	0.9423	0.8090	0.7830	0.5073	0.4455
广东	0.2474	0.3269	0.5945	0.7971	0.7251	0.6477	0.7026	0.6466	0.3203
广西	0.1781	0.0260	0.2124	0.9546	0.6225	0.6756	0.7420	0.5442	0.7309
海南	0.4398	0.3813	0.5084	0.7575	1.0000	0.3255	0.5614	0.5337	0.5408
重庆	0.4356	0.5797	0.5386	0.9362	0.0000	0.7168	1.0000	0.0000	1.0000
四川	0.1598	0.6282	0.6535	0.9020	0.3343	0.6383	0.9897	0.6112	0.4838
贵州	1.0000	0.6084	0.6530	0.9601	0.2002	0.0000	0.9359	0.5445	0.7642
云南	0.3945	0.2639	0.5703	0.8979	0.7447	0.6030	0.6818	0.4970	0.7071
西藏	0.4134	0.3347	0.5323	0.8228	0.9823	0.3823	0.6350	0.7518	0.0000
陕西	0.3463	0.2880	0.6191	0.8755	0.8329	0.4947	0.5669	0.5505	0.6562
甘肃	0.6102	0.0000	1.0000	0.8889	0.8971	0.5795	0.6091	0.5229	0.8201
青海	0.8448	0.4504	0.5506	0.6519	0.5793	0.5056	0.4216	0.3526	0.8396
宁夏	0.0000	1.0000	0.5641	0.0000	0.7602	0.9840	0.9366	0.1076	0.6175
新疆	0.5401	0.2974	0.4956	0.8286	0.8111	0.5629	0.5522	0.3724	0.7133
平均值	0.4829	0.3865	0.6305	0.8627	0.7236	0.6769	0.7053	0.5468	0.6272

表 4-18　基于改进理想解法的区域自主创新效率动态评价值排序（$\alpha=0$，$\beta=1$）

区域＼年份	2002	2003	2004	2005	2006	2007	2008	2009	2010
北京	5	29	9	25	9	30	21	5	31
天津	25	19	3	28	4	23	13	3	26
河北	16	21	29	16	31	18	5	31	2
山西	3	28	2	8	27	20	20	26	6
内蒙古	13	26	32	1	10	25	19	23	5
辽宁	7	24	15	29	8	6	32	1	11

续表

区域＼年份	2002	2003	2004	2005	2006	2007	2008	2009	2010
吉林	9	14	17	20	7	9	14	6	28
黑龙江	10	25	4	26	14	17	25	20	16
上海	8	13	7	15	6	28	24	4	29
江苏	12	2	22	12	18	1	9	12	25
浙江	14	7	12	21	22	8	18	25	27
安徽	19	10	6	19	29	13	27	10	9
福建	28	31	30	23	25	3	12	27	18
江西	26	23	23	7	26	16	8	22	19
山东	4	27	16	18	13	24	26	8	24
河南	22	9	5	13	19	5	16	24	20
湖北	24	5	26	5	15	4	17	11	22
湖南	29	17	8	6	3	7	6	19	23
广东	27	16	18	27	20	14	11	7	30
广西	30	30	31	3	23	12	7	16	8
海南	17	12	27	30	1	31	29	17	17
重庆	18	6	24	4	32	10	1	32	1
江苏	12	2	22	12	18	1	9	12	25
四川	31	3	10	9	28	15	2	9	21
贵州	1	4	11	2	30	32	4	15	7
云南	21	22	19	10	17	19	15	21	12
西藏	20	15	25	24	2	29	22	2	32
陕西	23	20	14	14	11	27	28	13	13
甘肃	6	32	1	11	5	21	23	18	4
青海	2	8	21	31	24	26	31	29	3
宁夏	32	1	20	32	16	2	3	30	15
新疆	11	18	28	22	12	22	30	28	10
平均值	15	11	13	17	21	11	10	14	14

当 $\alpha=0.9$ 与 $\beta=0.1$ 时，同时考虑各指标值差异和增长性，更关注各指标值差异，各省（自治区、直辖市）（不含香港、澳门、台湾地区）的区域自主创新效率基于改进理想解法的动态评价值如表 4-19 所示，动态评价值排序见表 4-20。

表 4-19　基于改进理想解法的区域自主创新效率动态评价值（$\alpha=0.9$，$\beta=0.1$）

区域＼年份	2001	2002	2003	2004	2005	2006	2007	2008	2009	2010
北京	1.0000	0.9669	0.9169	0.9683	0.9817	0.9878	0.9355	0.9638	0.9688	0.9175
天津	0.9119	0.8429	0.8433	0.9510	0.9225	0.9613	0.8975	0.9184	0.9295	0.8982
河北	0.6934	0.6823	0.6801	0.6744	0.7755	0.6336	0.6081	0.7125	0.5103	0.7781
山西	0.3559	0.5077	0.4674	0.6831	0.7546	0.6560	0.6095	0.5975	0.5250	0.7473
内蒙古	0.6388	0.6590	0.6494	0.5023	0.8191	0.8126	0.7335	0.7468	0.6883	0.8550
辽宁	0.7111	0.7487	0.7259	0.7723	0.7774	0.8121	0.7903	0.5748	0.8455	0.8703
吉林	0.8147	0.8112	0.8073	0.8397	0.8813	0.8995	0.8734	0.8692	0.8686	0.8307

续表

年份 区域	2001	2002	2003	2004	2005	2006	2007	2008	2009	2010
黑龙江	0.8433	0.8304	0.8045	0.9008	0.9089	0.9127	0.8778	0.8627	0.8428	0.8603
上海	0.9215	0.9003	0.8951	0.9467	0.9723	0.9840	0.9225	0.9319	0.9498	0.9144
江苏	0.5906	0.6316	0.7569	0.7481	0.8338	0.8106	0.8627	0.8434	0.8146	0.7917
浙江	0.7701	0.7543	0.8090	0.8418	0.8739	0.8431	0.8554	0.8340	0.7670	0.7357
安徽	0.7532	0.7270	0.7566	0.8259	0.8662	0.7677	0.7694	0.7507	0.7455	0.8087
福建	0.8782	0.7892	0.7272	0.6815	0.7698	0.7046	0.7563	0.7391	0.6470	0.7090
江西	0.7889	0.7192	0.7297	0.7563	0.8558	0.7647	0.7410	0.7736	0.7142	0.7096
山东	0.8652	0.8782	0.8361	0.8762	0.9159	0.9162	0.8578	0.8517	0.8534	0.8176
河南	0.7048	0.6717	0.7215	0.7910	0.8502	0.8282	0.8271	0.8119	0.7546	0.7501
湖北	0.6406	0.6096	0.7151	0.7197	0.8414	0.8244	0.8417	0.8202	0.8026	0.7938
湖南	0.6117	0.5445	0.5815	0.6726	0.7933	0.8349	0.8203	0.8435	0.7963	0.7964
广东	0.9716	0.8754	0.8908	0.9131	0.9256	0.9160	0.8863	0.9021	0.9023	0.8682
广西	0.1036	0.0594	0.0026	0.0212	0.2840	0.2213	0.0676	0.0742	0.0544	0.0731
海南	0.9151	0.8686	0.8741	0.8862	0.9039	0.9606	0.8648	0.8755	0.8566	0.8915
重庆	0.0000	0.1141	0.3566	0.3846	0.6769	0.4395	0.6304	0.7713	0.5738	0.8652
四川	0.6099	0.5488	0.6783	0.7152	0.8092	0.7212	0.7220	0.8343	0.7937	0.8010
贵州	0.4957	0.7124	0.7523	0.7765	0.8852	0.7520	0.5906	0.8383	0.7824	0.8847
云南	0.8097	0.7655	0.7605	0.7924	0.8716	0.8586	0.8127	0.8203	0.7845	0.8532
西藏	0.9180	0.8672	0.8702	0.8912	0.9297	0.9540	0.8724	0.8981	0.9227	0.8375
陕西	0.8144	0.7642	0.7693	0.8136	0.8688	0.8752	0.7926	0.7917	0.7809	0.8307
甘肃	0.6374	0.6921	0.6046	0.8189	0.8479	0.8620	0.7978	0.7896	0.7665	0.8799
青海	0.6180	0.7364	0.7435	0.7572	0.7395	0.7100	0.6297	0.5455	0.4831	0.7254
宁夏	0.0479	0.0000	0.4283	0.4276	0.0000	0.0760	0.1141	0.2849	0.0370	0.0641
新疆	0.8606	0.8400	0.8256	0.8391	0.8809	0.8850	0.8316	0.8108	0.7506	0.8348
平均值	0.7599	0.7479	0.7643	0.8021	0.8516	0.8347	0.8027	0.8108	0.7834	0.8183

表 4-20 基于改进理想解法的区域自主创新效率动态评价值排序（$\alpha=0.9$，$\beta=0.1$）

年份 区域	2001	2002	2003	2004	2005	2006	2007	2008	2009	2010
北京	1	1	1	1	1	1	1	1	1	1
天津	6	7	6	2	5	3	3	3	3	3
河北	20	22	24	27	26	29	29	27	29	24
山西	29	29	29	25	28	28	28	28	28	26
内蒙古	22	24	26	29	22	19	24	25	25	11
辽宁	18	15	21	19	25	20	20	29	9	7
吉林	11	10	10	10	10	9	6	7	6	15
黑龙江	10	9	11	5	7	8	5	8	10	10
上海	3	2	2	3	2	2	2	2	2	2
江苏	27	25	15	22	21	21	9	11	11	23
浙江	15	14	9	9	12	14	11	14	19	27
安徽	17	18	16	12	15	22	21	24	23	19
福建	7	11	20	26	27	27	22	26	26	30

续表

年份 区域	2001	2002	2003	2004	2005	2006	2007	2008	2009	2010
江西	14	19	19	21	16	23	23	22	24	29
山东	8	3	7	8	6	6	10	9	8	18
河南	19	23	22	17	18	17	14	17	21	25
湖北	21	26	23	23	20	18	12	16	12	22
湖南	25	28	28	28	24	15	15	10	13	21
广东	2	4	3	4	4	7	4	4	5	8
广西	30	31	32	32	31	31	32	32	31	31
海南	5	5	4	7	8	4	8	6	7	4
重庆	32	30	31	31	30	30	26	23	27	9
四川	26	27	25	24	23	25	25	13	14	20
贵州	28	20	17	18	9	24	30	12	17	5
云南	13	12	14	16	13	13	16	15	15	12
西藏	4	6	5	6	3	5	7	5	4	13
陕西	12	13	12	14	14	11	19	20	18	16
甘肃	23	21	27	13	19	12	18	21	20	6
青海	24	17	18	20	29	26	27	30	30	28
宁夏	31	32	30	30	32	32	31	31	32	32
新疆	9	8	8	11	11	10	13	18	22	14
平均值	16	16	13	15	17	16	17	19	16	17

为了比较各省（自治区、直辖市）（不含香港、澳门、台湾地区）区域自主创新效率的总体情况，可以进行二次加权，各省（自治区、直辖市）（不含香港、澳门、台湾地区）的区域自主创新总体效率基于改进理想解法的动态评价值及其排序见表 4-21。

表 4-21　2001～2010 年基于改进理想解法的区域自主创新总体效率动态评价值及其排序

区域	评价值	排序	区域	评价值	排序	区域	评价值	排序	区域	评价值	排序
北京	0.9554	1	上海	0.9375	2	湖北	0.7937	17	云南	0.8208	11
天津	0.9143	3	江苏	0.8033	15	湖南	0.7770	21	西藏	0.8940	5
河北	0.6692	27	浙江	0.8077	13	广东	0.8981	4	陕西	0.8130	12
山西	0.6265	29	安徽	0.7801	20	广西	0.0973	32	甘肃	0.8022	16
内蒙古	0.7407	25	福建	0.7193	26	海南	0.8870	6	青海	0.6488	28
辽宁	0.7760	22	江西	0.7493	24	重庆	0.6047	30	宁夏	0.1373	31
吉林	0.8584	9	山东	0.8616	8	四川	0.7611	23	新疆	0.8273	10
黑龙江	0.8687	7	河南	0.7850	18	贵州	0.7809	19	平均值	0.8066	14

(4) 利用基于加权离差平方和最大的动态评价方法对 2001～2010 年中国 31 个省（自治区、直辖市）（不含香港、澳门、台湾地区）的区域自主创新效率进行评价。

当 $\alpha=1$ 与 $\beta=0$ 时，只考虑各指标值差异，各省（自治区、直辖市）（不含香港、澳门、台湾地区）的区域自主创新效率的动态评价值如表 4-22 所示，动态评价值排序见表 4-23。

表 4-22　基于加权离差平方和最大的区域自主创新效率动态评价值（$\alpha=1$，$\beta=0$）

区域＼年份	2001	2002	2003	2004	2005	2006	2007	2008	2009	2010
北京	3.6188	3.5283	3.4190	3.3649	3.5249	3.2330	2.6945	3.2420	3.0800	2.4578
天津	2.2184	2.2577	2.1726	2.2872	2.2154	2.1870	2.1892	2.0858	1.9251	1.8532
河北	0.5900	0.6146	0.5956	0.5736	0.7517	0.5426	0.4940	0.5206	0.5067	0.5760
山西	0.5140	0.4971	0.5167	0.5216	0.5012	0.5267	0.5982	0.5714	0.6026	0.6455
内蒙古	0.3070	0.2594	0.4315	0.4620	0.5215	0.4255	0.5770	0.6026	0.5295	0.4387
辽宁	1.3969	1.4321	1.3007	1.2378	1.1711	1.1596	1.2068	1.1244	1.2088	1.2307
吉林	0.9725	0.9028	0.8260	0.8219	0.8598	0.9024	0.9321	0.8710	1.0129	0.9564
黑龙江	0.8413	0.7934	0.7719	0.8488	0.8049	0.9606	0.9014	0.8276	0.8295	0.8472
上海	3.2474	3.4166	3.3592	3.3762	3.3811	3.3591	3.1440	2.9715	3.1074	2.5918
江苏	1.5036	1.5147	1.6179	1.7290	1.7811	1.8479	1.9600	1.8094	2.0236	1.9399
浙江	1.2780	1.3002	1.3266	1.4064	1.4391	1.5365	1.5906	1.5978	1.5313	1.4405
安徽	0.6333	0.6302	0.5363	0.6254	0.5599	0.5663	0.5646	0.8895	0.6443	0.8173
福建	1.3565	1.3718	1.4068	1.2475	1.2196	1.1884	1.2148	1.1343	1.1226	1.0617
江西	0.4628	0.4797	0.4721	0.4466	0.4369	0.5031	0.5658	0.5439	0.5737	0.6518
山东	0.8706	0.8623	0.9711	0.9690	0.9930	0.9944	1.0400	1.0035	1.0556	1.1041
河南	0.5213	0.5014	0.5011	0.4966	0.4732	0.4626	0.5305	0.5813	0.5276	0.6541
湖北	0.8397	0.8468	0.9235	0.8661	0.9029	0.8595	0.8871	0.8735	0.8734	0.9794
湖南	0.7276	0.6922	0.6320	0.6961	0.7082	0.7295	0.7892	0.8683	0.7539	0.7633
广东	2.4942	2.4808	2.3994	2.3276	2.2552	2.2146	2.2545	2.0327	2.1777	1.9312
广西	0.4847	0.4616	0.5227	0.4903	0.3480	0.4731	0.4862	0.4542	0.4931	0.6087
海南	1.1630	0.9904	0.7158	0.8474	0.6626	0.8858	0.8146	0.7671	0.7265	0.6696
重庆	0.7654	0.8287	0.8227	0.7160	0.8786	0.8585	0.8368	0.9021	0.8530	1.0217
四川	0.7305	0.6843	0.7334	0.6595	0.6514	0.6533	0.6936	0.6874	0.7338	0.7749
贵州	0.2432	0.3297	0.3032	0.2861	0.2670	0.3168	0.3117	0.2992	0.2846	0.4744
云南	0.4973	0.4529	0.3409	0.4339	0.4538	0.3816	0.4416	0.4622	0.4455	0.5494
西藏	0.3742	0.3892	0.4071	0.4415	0.4182	0.4771	0.4995	0.5985	0.5880	0.6416
陕西	0.9319	0.8760	0.9163	0.8726	0.8956	0.8402	0.8786	0.8770	0.8549	0.9029
甘肃	0.5149	0.4934	0.5333	0.5568	0.5682	0.5223	0.5233	0.4927	0.4311	0.6209
青海	0.2260	0.3493	0.4564	0.4258	0.4196	0.3993	0.4153	0.4816	0.5315	0.6380
宁夏	0.2303	0.3252	0.5287	0.4457	0.3998	0.4469	0.4040	0.1656	0.3375	0.4590
新疆	0.4445	0.4374	0.5395	0.5200	0.5366	0.5459	0.5605	0.6612	0.6346	0.6984
平均值	1.0000	1.0000	1.0000	1.0000	1.0000	1.0000	1.0000	1.0000	1.0000	1.0000

表 4-23　基于加权离差平方和最大的区域自主创新效率动态评价值排序（$\alpha=1$，$\beta=0$）

区域＼年份	2001	2002	2003	2004	2005	2006	2007	2008	2009	2010
北京	1	1	1	2	1	2	2	1	2	2
天津	4	4	4	4	4	4	4	3	5	5
河北	20	20	19	20	16	21	27	26	27	28
山西	23	22	25	22	24	22	19	24	21	23
内蒙古	29	32	29	26	23	29	20	21	25	32
辽宁	6	6	8	8	8	8	8	8	7	7

续表

区域＼年份	2001	2002	2003	2004	2005	2006	2007	2008	2009	2010
吉林	11	11	13	15	14	12	11	15	10	13
黑龙江	14	16	15	13	15	11	12	17	15	15
上海	2	2	2	1	2	1	1	2	1	1
江苏	5	5	5	5	5	5	5	5	4	3
浙江	8	8	7	6	6	6	6	6	6	6
安徽	19	19	21	19	21	19	22	12	19	16
福建	7	7	6	7	7	7	7	7	8	9
江西	26	24	27	27	27	24	21	25	23	22
山东	13	13	10	10	10	10	9	9	9	8
河南	21	21	26	24	25	27	24	23	26	21
湖北	15	14	11	12	11	14	13	14	12	12
湖南	18	17	18	17	17	17	17	16	16	18
广东	3	3	3	3	3	3	3	4	3	4
广西	25	25	24	25	31	26	28	30	28	27
海南	9	10	17	14	18	13	16	18	18	20
重庆	16	15	14	16	13	15	15	11	14	10
四川	17	18	16	18	19	18	18	19	17	17
贵州	30	30	32	32	32	32	32	31	32	30
云南	24	26	31	30	26	31	29	29	29	29
西藏	28	28	30	29	29	25	26	22	22	24
陕西	12	12	12	11	12	16	14	13	13	14
甘肃	22	23	22	21	20	23	25	27	30	26
青海	32	29	28	31	28	30	30	28	24	25
宁夏	31	31	23	28	30	28	31	32	31	31
新疆	27	27	20	23	22	20	23	20	20	19
平均值	10	9	9	9	9	9	10	10	11	11

当 $\alpha=0$ 与 $\beta=1$ 时，只考虑各指标值增长性，各省（自治区、直辖市）（不含香港、澳门、台湾地区）的区域自主创新效率基于加权离差平方和最大的动态评价值如表 4-24 所示，动态评价值排序见表 4-25。

表 4-24　基于加权离差平方和最大的区域自主创新效率动态评价值（$\alpha=0$，$\beta=1$）

区域＼年份	2002	2003	2004	2005	2006	2007	2008	2009	2010
北京	−0.0561	0.0450	−0.1769	0.1825	−0.2223	−0.2709	0.4286	−0.0997	−0.4007
天津	−0.0047	−0.0831	0.2126	−0.1086	0.0112	0.1231	−0.0959	−0.1597	−0.0099
河北	0.0176	−0.0484	−0.0173	0.1588	−0.2379	−0.1058	0.0890	−0.0372	0.0119
山西	−0.0250	0.0075	0.0323	−0.0253	−0.0106	0.0863	−0.0302	0.0722	0.0033
内蒙古	−0.0448	0.1909	−0.0262	0.1079	−0.1491	0.1804	0.0307	−0.0656	0.0216
辽宁	0.0219	−0.0932	−0.0511	−0.1319	−0.0012	0.1163	−0.0995	0.1571	0.0641
吉林	−0.0785	−0.1279	−0.0083	0.0815	0.0530	0.0538	−0.0447	0.1920	−0.1380
黑龙江	−0.0702	−0.0455	0.1041	−0.0548	0.1296	−0.0299	−0.1120	0.0218	−0.0179

续表

年份 区域	2002	2003	2004	2005	2006	2007	2008	2009	2010
上海	0.1619	−0.0013	0.0775	−0.0029	0.0834	−0.1665	−0.2042	0.0800	−0.4083
江苏	−0.0045	0.0699	0.0976	0.0097	0.0841	0.2373	−0.1095	0.1761	−0.0433
浙江	0.0291	0.0161	0.1022	−0.0095	0.1275	0.1245	−0.0246	−0.0668	−0.0942
安徽	0.0078	−0.1564	0.1674	−0.0805	−0.0506	−0.0345	0.1535	−0.0498	0.1463
福建	0.0003	0.0503	−0.1879	−0.0428	−0.0336	0.0478	−0.0997	0.0005	−0.0435
江西	0.0219	−0.0259	−0.0692	0.0553	0.0158	0.0055	−0.0156	0.0151	0.0007
山东	−0.0441	0.0794	0.0087	−0.0054	0.0194	0.0675	−0.0452	0.0600	0.0302
河南	−0.0093	−0.0406	0.0149	−0.0114	−0.0356	0.0342	0.0712	−0.0824	0.0490
湖北	0.0115	0.0986	−0.0682	0.0296	−0.0320	0.0540	−0.0170	0.0029	0.0927
湖南	−0.0413	−0.1175	0.0898	0.0158	0.0344	0.0475	0.0480	−0.1021	−0.0682
广东	0.0246	−0.0659	0.0416	−0.1083	−0.0295	0.1172	−0.1349	0.0265	−0.1811
广西	−0.0253	0.0418	−0.0636	−0.0748	0.0539	−0.0515	−0.0638	0.0353	0.0865
海南	−0.1024	−0.0613	−0.0716	−0.2249	0.4243	−0.2985	−0.0297	−0.1467	−0.0554
重庆	0.0498	−0.0177	−0.0528	0.2223	−0.0453	−0.0498	0.1138	−0.0765	0.2146
四川	−0.0668	0.0491	−0.0731	0.0442	−0.0464	0.0027	0.0152	0.0623	−0.0354
贵州	0.1223	−0.0230	−0.0373	−0.0140	0.0024	−0.0569	0.0155	−0.0695	0.1720
云南	−0.0471	−0.1168	0.0383	0.0548	−0.1160	−0.0083	0.0551	−0.0587	0.0797
西藏	0.0315	−0.0394	0.0474	−0.0249	0.0360	−0.0589	0.0878	0.0403	0.0641
陕西	−0.0440	0.0556	−0.0409	0.0718	−0.0726	0.0103	−0.0037	0.0135	0.0439
甘肃	−0.0048	−0.0056	0.0542	0.0445	−0.0468	−0.0618	−0.0340	−0.0583	0.2251
青海	0.1126	0.0972	−0.0336	−0.0038	−0.0237	−0.0546	0.0996	0.0346	0.0969
宁夏	0.0404	0.1899	−0.0845	−0.1599	0.0779	−0.0592	−0.1973	0.1520	0.0183
新疆	0.0154	0.0781	−0.0260	0.0051	0.0005	−0.0013	0.1537	−0.0691	0.0748
平均值	0.0000	0.0000	0.0000	0.0000	0.0000	0.0000	0.0000	0.0000	0.0000

表 4-25　基于加权离差平方和最大的区域自主创新效率动态评价值排序（$\alpha=0$，$\beta=1$）

年份 区域	2002	2003	2004	2005	2006	2007	2008	2009	2010
北京	28	11	31	2	31	31	1	29	31
天津	18	27	1	29	13	4	25	32	21
河北	11	24	17	3	32	29	6	19	17
山西	21	14	12	23	18	7	20	6	18
内蒙古	26	1	19	4	30	2	11	23	15
辽宁	9	28	23	30	17	6	26	3	10
吉林	31	31	16	5	8	10	22	1	29
黑龙江	30	23	3	25	2	20	29	13	22
上海	1	16	7	16	5	30	32	5	32
江苏	17	7	5	13	4	1	28	2	24
浙江	7	13	4	19	3	3	18	24	28
安徽	14	32	2	27	27	21	3	20	4
福建	15	9	32	24	22	11	27	17	25

续表

区域＼年份	2002	2003	2004	2005	2006	2007	2008	2009	2010
江西	10	20	27	7	12	15	16	14	19
山东	25	5	14	18	11	8	23	8	14
河南	20	22	13	20	23	13	8	28	12
湖北	13	3	26	11	21	9	17	16	6
湖南	23	30	6	12	10	12	10	30	27
广东	8	26	10	28	20	5	30	12	30
广西	22	12	25	26	7	23	24	10	7
海南	32	25	28	32	1	32	19	31	26
重庆	4	18	24	1	24	22	4	27	2
四川	29	10	29	10	25	16	13	7	23
贵州	2	19	21	21	14	25	12	26	3
云南	27	29	11	8	29	19	9	22	8
西藏	6	21	9	22	9	26	7	9	11
陕西	24	8	22	6	28	14	15	15	13
甘肃	19	17	8	9	26	28	21	21	1
青海	3	4	20	17	19	24	5	11	5
宁夏	5	2	30	31	6	27	31	4	16
新疆	12	6	18	14	15	18	2	25	9
平均值	16	15	15	15	16	17	14	18	20

当$\alpha=0.9$与$\beta=0.1$时，同时考虑各指标值差异和增长性，更关注各指标值差异，各省（自治区、直辖市）（不含香港、澳门、台湾地区）的区域自主创新效率基于加权离差平方和最大的动态评价值如表4-26所示，动态评价值排序见表4-27。

表 4-26　基于加权离差平方和最大的区域自主创新效率动态评价值（$\alpha=0.9$，$\beta=0.1$）

区域＼年份	2001	2002	2003	2004	2005	2006	2007	2008	2009	2010
北京	3.2569	3.1698	3.0816	3.0107	3.1907	2.8874	2.3979	2.9607	2.7620	2.1720
天津	1.9966	2.0314	1.9470	2.0798	1.9830	1.9694	1.9826	1.8676	1.7166	1.6669
河北	0.5310	0.5549	0.5312	0.5145	0.6924	0.4645	0.4340	0.4775	0.4523	0.5196
山西	0.4626	0.4449	0.4658	0.4727	0.4486	0.4730	0.5470	0.5113	0.5495	0.5813
内蒙古	0.2763	0.2290	0.4074	0.4132	0.4802	0.3680	0.5373	0.5454	0.4700	0.3970
辽宁	1.2572	1.2911	1.1614	1.1089	1.0408	1.0435	1.0977	1.0020	1.1036	1.1141
吉林	0.8752	0.8047	0.7306	0.7389	0.7820	0.8174	0.8443	0.7795	0.9308	0.8469
黑龙江	0.7572	0.7070	0.6902	0.7744	0.7189	0.8775	0.8083	0.7337	0.7487	0.7607
上海	2.9227	3.0911	3.0232	3.0464	3.0427	3.0315	2.8129	2.6539	2.8046	2.2918
江苏	1.3533	1.3627	1.4631	1.5658	1.6040	1.6715	1.7877	1.6175	1.8388	1.7415
浙江	1.1502	1.1731	1.1955	1.2759	1.2942	1.3956	1.4440	1.4355	1.3715	1.2870
安徽	0.5699	0.5679	0.4670	0.5796	0.4958	0.5047	0.5047	0.8159	0.5749	0.7502
福建	1.2208	1.2347	1.2711	1.1039	1.0933	1.0662	1.0981	1.0109	1.0104	0.9512
江西	0.4165	0.4339	0.4223	0.3950	0.3988	0.4544	0.5098	0.4880	0.5179	0.5867
山东	0.7835	0.7717	0.8819	0.8730	0.8932	0.8969	0.9428	0.8986	0.9561	0.9967

续表

区域 \ 年份	2001	2002	2003	2004	2005	2006	2007	2008	2009	2010
河南	0.4692	0.4503	0.4469	0.4484	0.4248	0.4128	0.4809	0.5303	0.4666	0.5936
湖北	0.7557	0.7633	0.8410	0.7727	0.8155	0.7703	0.8038	0.7845	0.7863	0.8907
湖南	0.6549	0.6188	0.5570	0.6355	0.6390	0.6600	0.7150	0.7862	0.6683	0.6801
广东	2.2448	2.2352	2.1529	2.0990	2.0188	1.9902	2.0408	1.8159	1.9626	1.7200
广西	0.4362	0.4129	0.4746	0.4349	0.3057	0.4312	0.4324	0.4024	0.4473	0.5565
海南	1.0467	0.8811	0.6381	0.7555	0.5739	0.8396	0.7033	0.6874	0.6392	0.5971
重庆	0.6889	0.7508	0.7387	0.6391	0.8129	0.7681	0.7481	0.8233	0.7601	0.9410
四川	0.6574	0.6092	0.6650	0.5863	0.5907	0.5833	0.6245	0.6202	0.6666	0.6939
贵州	0.2188	0.3090	0.2706	0.2538	0.2389	0.2854	0.2748	0.2708	0.2492	0.4442
云南	0.4476	0.4029	0.2952	0.3943	0.4139	0.3318	0.3966	0.4215	0.3951	0.5024
西藏	0.3368	0.3535	0.3625	0.4021	0.3739	0.4330	0.4436	0.5474	0.5332	0.5839
陕西	0.8387	0.7840	0.8303	0.7813	0.8132	0.7489	0.7918	0.7889	0.7708	0.8170
甘肃	0.4634	0.4436	0.4794	0.5065	0.5159	0.4654	0.4648	0.4400	0.3822	0.5813
青海	0.2034	0.3256	0.4205	0.3798	0.3772	0.3570	0.3683	0.4434	0.4818	0.5839
宁夏	0.2073	0.2967	0.4948	0.3927	0.3438	0.4100	0.3577	0.1293	0.3189	0.4149
新疆	0.4000	0.3952	0.4934	0.4654	0.4834	0.4914	0.5043	0.6104	0.5643	0.6361
平均值	0.9000	0.9000	0.9000	0.9000	0.9000	0.9000	0.9000	0.9000	0.9000	0.9000

表 4-27 基于加权离差平方和最大的区域自主创新效率动态评价值排序（$\alpha=0.9$，$\beta=0.1$）

区域 \ 年份	2001	2002	2003	2004	2005	2006	2007	2008	2009	2010
北京	1	1	1	2	1	2	2	1	2	2
天津	4	4	4	4	4	4	4	3	5	5
河北	20	20	19	20	16	23	27	26	27	28
山西	23	22	25	22	24	21	19	24	21	26
内蒙古	29	32	29	26	23	29	20	22	25	32
辽宁	6	6	8	7	8	8	8	8	7	7
吉林	11	11	14	15	14	13	11	16	10	13
黑龙江	14	16	15	12	15	11	12	17	15	15
上海	2	2	2	1	2	1	1	2	1	1
江苏	5	5	5	5	5	5	5	5	4	3
浙江	8	8	7	6	6	6	6	6	6	6
安徽	19	19	24	19	21	19	22	12	19	16
福建	7	7	6	8	7	7	7	7	8	9
江西	26	24	27	28	27	24	21	25	23	22
山东	13	13	10	10	10	10	9	10	9	8
河南	21	21	26	24	25	27	24	23	26	21
湖北	15	14	11	13	11	14	13	15	12	12
湖南	18	17	18	17	17	17	16	14	16	18
广东	3	3	3	3	3	3	3	4	3	4
广西	25	25	23	25	31	26	28	30	28	27

续表

区域＼年份	2001	2002	2003	2004	2005	2006	2007	2008	2009	2010
海南	9	10	17	14	19	12	17	18	18	20
重庆	16	15	13	16	13	15	15	11	14	10
四川	17	18	16	18	18	18	18	19	17	17
贵州	30	30	32	32	32	32	32	31	32	30
云南	24	26	31	29	26	31	29	29	29	29
西藏	28	28	30	27	29	25	26	21	22	23
陕西	12	12	12	11	12	16	14	13	13	14
甘肃	22	23	22	21	20	22	25	28	30	25
青海	32	29	28	31	28	30	30	27	24	24
宁夏	31	31	20	30	30	28	31	32	31	31
新疆	27	27	21	23	22	20	23	20	20	19
平均值	10	9	9	9	9	9	10	9	11	11

为了比较各省（自治区、直辖市）（不含香港、澳门、台湾地区）区域自主创新效率的总体情况，可以进行二次加权，各省（自治区、直辖市）（不含香港、澳门、台湾地区）的区域自主创新总体效率基于加权离差平方和最大的动态评价值及其排序见表 4-28。

表 4-28　2001～2010 年基于加权离差平方和最大的区域自主创新总体效率动态评价值及其排序

区域	评价值	排序	区域	评价值	排序	区域	评价值	排序	区域	评价值	排序
北京	2.7493	2	上海	2.7790	1	湖北	0.8088	12	云南	0.4092	30
天津	1.8707	4	江苏	1.6764	5	湖南	0.6795	17	西藏	0.4787	25
河北	0.5030	22	浙江	1.3425	6	广东	1.9506	3	陕西	0.7917	14
山西	0.5163	21	安徽	0.6121	19	广西	0.4432	28	甘肃	0.4766	26
内蒙古	0.4462	27	福建	1.0575	8	海南	0.6872	16	青海	0.4357	29
辽宁	1.0909	7	江西	0.4882	23	重庆	0.7947	13	宁夏	0.3381	31
吉林	0.8261	11	山东	0.9213	9	四川	0.6353	18	新疆	0.5409	20
黑龙江	0.7649	15	河南	0.4881	24	贵州	0.2972	32	平均值	0.9000	10

二 基于一致性的动态组合评价结论

利用基于灰靶理论的动态评价方法、基于理想解法的动态评价方法、基于改进理想解法的动态评价方法和基于加权离差平方和最大的动态评价方法对区域自主创新总体效率进行评价，得到的评价结论不一致。通过模糊聚类分析，当阈值为 0.9 时，基于改进理想解法的动态评价方法从可比动态评价方法集中分离出来，求可比动态评价方法集中除基于改进理想解法的动态评价方法外的其他三种方法所得评价结论的平均向量 $\bar{u}(t_k)$，并求得其与基于改进理想解法的动态评价方法的评价结论向量 $u_l(t_k)$ 的相关系数，小于给定置信度 0.9，故基于改进理想解法的动态评价方法为不相容方法，将其剔除，得到相容动态评价方法集={基于灰靶理论的动态评价方法，基于理想解法的动态评价方法，基于加权离差平方和最大的动态评价方法}。

利用基于一致性的动态组合评价方法对相容动态评价方法集的评价结论进行组合评价。经过4～6次组合，得到一致性评价排序结果。2001～2010年区域自主创新各年效率评价排序结果见表4-29第2～11列，2001～2010年区域自主创新总体效率评价排序结果见表4-29最后一列。

表 4-29　基于一致性的区域自主创新效率动态组合评价排序结果

区域＼年份	2001	2002	2003	2004	2005	2006	2007	2008	2009	2010	总体
上海	2	2	1	1	2	1	1	2	1	1	1
北京	1	1	2	2	1	2	2	1	2	2	2
广东	3	3	3	3	3	3	3	3	3	3	3
天津	4	4	4	4	4	4	4	4	5	5	4
江苏	5	5	5	5	5	5	5	5	4	4	5
浙江	8	8	7	6	6	6	6	6	6	6	6
辽宁	6	6	8	8	8	8	8	8	7	7	7
福建	7	7	6	7	7	7	7	7	8	9	8
山东	12	11	11	10	10	12	9	12	9	8	9
平均值	10	10	10	9	9	10	10	11	11	11	10
吉林	11	13	15	16	14	13	11	17	10	14	11
重庆	16	12	14	14	12	14	15	13	13	10	12
湖北	15	15	12	12	11	15	13	15	12	12	13
陕西	13	14	13	13	13	16	14	16	14	13	14
海南	9	9	9	15	18	9	16	10	18	21	15
黑龙江	14	16	16	11	16	11	12	18	15	16	16
湖南	17	17	18	17	17	17	17	14	16	19	17
安徽	19	19	24	18	20	20	22	9	20	17	18
四川	18	18	17	19	19	18	18	19	17	18	19
新疆	26	21	19	23	23	21	19	20	22	24	20
甘肃	21	22	25	21	21	19	23	27	24	15	21
山西	24	24	27	22	24	22	20	24	19	23	22
河北	20	20	20	20	15	24	27	26	25	28	23
西藏	29	28	31	27	29	25	26	21	21	22	24
江西	27	25	21	28	25	23	24	25	23	26	25
内蒙古	30	32	22	26	22	30	21	22	27	20	26
河南	23	23	28	24	26	26	25	23	28	27	27
广西	25	26	23	25	28	27	28	31	29	29	28
青海	31	30	29	31	30	29	30	28	26	25	29
云南	22	27	30	30	27	31	29	30	30	30	30
宁夏	28	29	26	29	31	28	31	29	31	31	31
贵州	32	31	32	32	32	32	32	32	32	32	32
组合次数	5	5	4	4	4	5	6	5	4	4	6

第二节 中国区域自主创新效率分项动态组合评价及比较分析

一 中国区域自主创新投入效率动态组合评价及比较分析

首先利用改进的归一化法对区域自主创新投入效率指标值进行标准化处理，然后利用基于灰靶理论的动态评价方法、基于理想解法的动态评价方法、基于改进理想解法的动态评价方法和基于加权离差平方和最大的动态评价方法对中国31个省（自治区、直辖市）（不含香港、澳门、台湾地区）2001～2010年的区域自主创新投入效率进行评价，得到的评价结论不一致。

经过相容性判断，这四种方法都相容，因此相容动态评价方法集={基于灰靶理论的动态评价方法，基于理想解法的动态评价方法，基于改进理想解法的动态评价方法，基于加权离差平方和最大的动态评价方法}。

利用基于一致性的动态组合评价方法对相容动态评价方法集的评价结论进行组合评价，经过4～6次组合，得到一致性评价排序结果。2001～2010年区域自主创新投入各年效率评价排序结果见表4-30第2～11列，2001～2010年区域自主创新投入总体效率评价排序结果见表4-30最后一列。

表4-30 基于一致性的区域自主创新投入效率动态组合评价排序结果

区域＼年份	2001	2002	2003	2004	2005	2006	2007	2008	2009	2010	总体
北京	1	1	1	1	1	1	2	1	1	1	1
上海	2	2	2	2	2	2	1	2	2	2	2
天津	3	3	3	3	3	3	3	3	3	3	3
浙江	8	7	7	4	4	4	4	4	4	4	4
广东	5	4	5	5	5	5	5	6	5	5	5
江苏	7	8	8	8	7	6	6	5	6	6	6
辽宁	6	6	6	6	6	7	7	7	7	8	7
陕西	4	5	4	7	8	8	8	9	9	9	8
山东	12	9	9	11	11	9	10	8	8	7	9
福建	13	15	12	9	9	11	9	10	11	11	10
平均值	11	11	13	10	10	10	11	11	10	10	11
湖北	14	12	11	13	12	12	13	12	12	13	12
黑龙江	9	10	14	12	13	13	15	14	15	14	13
四川	10	14	10	14	14	16	16	18	19	17	14
重庆	17	22	18	15	15	14	14	13	17	16	15
吉林	15	13	15	16	16	15	18	19	14	19	16
安徽	23	24	27	22	23	20	20	15	13	12	17
湖南	16	16	19	20	17	18	19	17	16	15	18

续表

区域＼年份	2001	2002	2003	2004	2005	2006	2007	2008	2009	2010	总体
山西	20	19	22	17	20	17	17	16	18	20	19
宁夏	22	23	21	18	19	25	12	22	22	21	20
河南	21	20	24	23	21	21	22	21	20	18	21
甘肃	18	17	17	19	18	19	21	20	23	24	22
河北	19	21	20	21	22	23	24	24	21	23	23
江西	26	28	28	24	24	26	23	23	24	22	24
广西	27	25	16	28	25	27	26	27	26	25	25
云南	24	18	23	25	30	24	27	26	31	30	26
贵州	25	26	25	26	29	22	28	28	30	29	27
内蒙古	28	29	29	29	26	28	30	25	28	26	28
新疆	30	30	30	30	28	30	25	29	27	27	29
青海	29	27	26	27	27	29	29	30	25	31	30
海南	31	32	31	31	31	31	31	31	29	28	31
西藏	32	31	32	32	32	32	32	32	32	32	32
组合次数	5	4	6	5	4	4	4	5	4	4	5

2001～2010年，东部地区北京、上海和天津区域自主创新投入效率排名稳居全国前三名。浙江、广东和江苏区域自主创新投入效率排名前十名，属于上游区，高于全国平均水平，浙江和江苏区域自主创新投入效率呈上升趋势。山东和福建区域自主创新投入效率接近全国平均值，有些年份比平均值好，有些年份不如平均值，总体比平均值略好，呈上升趋势，排名前十名，属于上游区。河北区域自主创新投入效率“十一五”期间和“十五”期间相比呈下降趋势，排名全国末十位，处于下游区。海南区域自主创新投入效率较弱，排名全国末五位，处于下游区。

2001～2010年，东北地区辽宁区域自主创新投入效率排名全国前十名，属于上游区，比全国平均水平高，“十一五”期间呈下降趋势；黑龙江和吉林区域自主创新投入效率低于全国平均水平，属于中游区，呈下降趋势。

2001～2010年，中部地区湖北区域自主创新投入效率接近全国平均水平，略低于全国平均水平，属于中上游区。湖南区域自主创新投入效率低于全国平均水平，属于中游区。安徽区域自主创新投入效率呈现上升趋势，由下游区上升到中游区。山西和河南区域自主创新投入效率低于全国平均水平，属于中下游区。江西区域自主创新投入效率较弱，属于下游区，呈上升趋势。

2001～2010年，西部地区陕西区域自主创新投入效率高于全国平均水平，排名全国前十名，属于上游区，呈下降趋势。四川区域自主创新投入效率低于全国平均水平，属于中游区，呈下降趋势。重庆区域自主创新投入效率低于全国平均水平，属于中游区。甘肃区域自主创新投入效率呈下降趋势，由中下游区降入下游区。宁夏区域自主创新投入效率处于中下游区。其他8个省（自治区）（内蒙古、广西、贵州、云南、西藏、青海、宁夏、新疆）区域自主创新投入效率都远低于全国平均水平，排名全国末十位，属于下游区。

二 中国区域自主创新产出效率动态组合评价及比较分析

首先利用改进的归一化法对区域自主创新产出效率指标值进行标准化处理，然后利用基于灰靶理论的动态评价方法、基于理想解法的动态评价方法、基于改进理想解法的动态评价方法和基于加权离差平方和最大的动态评价方法对2001～2010年中国31个省（自治区、直辖市）（不含香港、澳门、台湾地区）的区域自主创新产出效率进行评价，得到的评价结论不一致。

经过相容性判断，这四种方法都相容，因此相容动态评价方法集={基于灰靶理论的动态评价方法，基于理想解法的动态评价方法，基于改进理想解法的动态评价方法，基于加权离差平方和最大的动态评价方法}。

利用基于一致性的动态组合评价方法对相容动态评价方法集的评价结论进行组合评价，经过4～8次组合，得到一致性评价排序结果。2001～2010年区域自主创新产出各年效率评价排序结果见表4-31第2～11列，2001～2010年区域自主创新产出总体效率评价排序结果见表4-31最后一列。

表4-31　基于一致性的区域自主创新产出效率动态组合评价排序结果

区域＼年份	2001	2002	2003	2004	2005	2006	2007	2008	2009	2010	总体
广东	1	1	1	1	1	1	1	1	1	1	1
上海	2	2	2	2	2	2	2	2	2	3	2
江苏	3	3	3	3	3	3	3	3	3	2	3
浙江	6	6	7	5	5	5	4	5	5	5	4
天津	5	4	6	4	4	6	6	7	9	9	5
北京	4	5	8	6	7	7	5	6	6	6	6
福建	8	7	5	7	6	8	7	9	7	7	7
重庆	12	9	9	8	8	10	8	8	8	4	8
山东	9	10	12	10	11	11	10	11	10	8	9
吉林	10	13	18	17	9	9	11	10	4	13	10
海南	7	8	4	9	10	4	9	17	26	14	11
平均值	11	11	10	11	12	12	12	12	11	10	12
广西	13	14	11	12	13	14	13	13	13	12	13
湖南	16	16	14	13	14	13	14	15	12	11	14
安徽	15	15	23	14	16	18	19	4	21	17	15
辽宁	14	12	13	15	15	15	16	16	14	18	16
湖北	17	19	16	16	17	23	15	14	18	16	17
四川	20	17	19	21	20	17	18	19	15	19	18
贵州	26	24	24	22	22	16	17	21	20	15	19

续表

年份 区域	2001	2002	2003	2004	2005	2006	2007	2008	2009	2010	总体
黑龙江	24	18	17	19	18	21	21	22	19	23	20
宁夏	21	29	21	23	23	20	28	18	16	21	21
新疆	18	20	20	20	21	27	22	20	22	20	22
内蒙古	25	25	15	18	19	22	24	28	28	27	23
云南	19	26	27	27	31	24	20	24	24	26	24
甘肃	27	30	31	28	27	26	23	25	25	22	25
江西	23	21	25	29	25	25	26	26	30	25	26
青海	29	23	28	31	26	19	25	23	23	31	27
河北	22	22	26	25	29	29	27	27	31	28	28
陕西	31	31	29	30	30	31	31	31	27	24	29
山西	28	28	22	24	24	28	30	30	29	30	30
河南	30	27	30	26	28	30	29	29	32	29	31
西藏	32	32	32	32	32	32	32	32	17	32	32
组合次数	5	5	5	6	4	5	8	7	7	5	7

2001～2010 年，东部地区广东、上海、江苏、浙江、天津、北京和福建区域自主创新产出效率排名全国前七名，都高于全国平均水平，属于上游区；山东和海南区域自主创新产出效率接近全国平均值，略高于全国平均水平；河北区域自主创新产出效率较低，并呈下降趋势，由全国中下游区降到下游区，总体在全国末五位，处于下游区。

2001～2010 年，东北地区吉林区域自主创新产出效率接近全国平均值，有些年份高于全国平均值，有些年份低于全国平均值，总体排名全国前十名，属于上游区。辽宁区域自主创新产出效率低于全国平均水平，属于中游区，呈下降趋势。黑龙江区域自主创新产出效率低于全国平均水平，属于中下游区。

2001～2010 年，中部地区湖南、安徽和湖北区域自主创新产出效率低于全国平均水平，属于中游区，安徽区域自主创新产出效率变化较大，排名从第 4 名到第 23 名。江西、山西和河南区域自主创新产出效率远低于全国平均水平，属于下游区。

2001～2010 年，西部地区重庆区域自主创新产出效率总体排名全国前十名，高于全国平均水平，属于上游区，并呈上升趋势。广西区域自主创新产出效率接近全国平均值，属于中上游区。四川和贵州区域自主创新效率低于全国平均水平，属于中下游区，并呈上升趋势。宁夏、新疆区域自主创新产出效率远低于全国平均水平，属于中下游区。内蒙古、云南、甘肃、青海、陕西、西藏区域自主创新产出效率都远低于全国平均水平，属于下游区。

三 中国区域技术转移（扩散）效率动态组合评价及比较分析

首先利用改进的归一化法对区域技术转移（扩散）效率指标值进行标准化

处理，然后利用基于灰靶理论的动态评价方法、基于理想解法的动态评价方法、基于改进理想解法的动态评价方法和基于加权离差平方和最大的动态评价方法对中国 31 个省（自治区、直辖市）（不含香港、澳门、台湾地区）2001～2010 年的区域技术转移（扩散）效率进行评价，得到的评价结论不一致。

经过相容性判断，这四种方法都相容，因此相容动态评价方法集＝{基于灰靶理论的动态评价方法，基于理想解法的动态评价方法，基于改进理想解法的动态评价方法，基于加权离差平方和最大的动态评价方法}。

利用基于一致性的动态组合评价方法对相容动态评价方法集的评价结论进行组合评价，经过 5～13 次组合，得到一致性评价排序结果。2001～2010 年区域技术转移（扩散）各年效率评价排序结果见表 4-32 第 2～11 列，2001～2010 年区域技术转移（扩散）总体效率评价排序结果见表 4-32 最后一列。

2001～2010 年，东部地区海南区域技术转移（扩散）效率变化很大，排名在第 1 名到第 30 名间跳动，总体排名全国前十名。河北区域技术转移（扩散）效率变化也很大，“十一五”期间和“十五”期间相比，呈上升趋势，总体排名全国前十名。山东区域技术转移（扩散）效率变化也较大，“十一五”期间和“十五”期间相比，呈下降趋势，总体排名居中。天津区域技术转移（扩散）效率变化也较大，总体排名在全国末十位。福建、浙江、江苏、广东、上海、北京区域技术转移（扩散）效率总体排名在全国末十位。东部地区区域技术转移（扩散）效率排名较靠后，主要是由于这些地区基数（R&D 经费额）较大造成引进技术经费与 R&D 经费额比例、消化吸收技术经费与 R&D 经费额比例、技术改造经费与 R&D 经费额比例和购买国内技术经费与 R&D 经费额比例相对较小。

表 4-32　基于一致性的区域技术转移（扩散）效率动态组合评价排序结果

区域＼年份	2001	2002	2003	2004	2005	2006	2007	2008	2009	2010	总体
宁夏	1	4	23	4	11	11	4	1	2	3	1
甘肃	7	6	15	16	12	4	2	3	1	2	2
内蒙古	2	1	4	5	8	3	15	13	5	1	3
山西	14	8	8	3	6	7	7	5	4	6	4
云南	6	10	2	13	19	2	6	15	7	5	5
海南	16	25	1	26	5	1	30	2	28	17	6
河北	12	18	16	7	29	15	3	4	3	4	7
重庆	17	11	11	1	22	10	12	9	6	9	8
江西	9	14	3	6	2	6	10	6	15	13	9
贵州	10	20	7	12	7	12	9	7	8	7	10
广西	8	5	9	2	1	17	18	11	14	18	11
安徽	13	7	6	10	4	9	5	8	10	20	12
新疆	5	2	5	11	14	5	1	18	26	24	13
河南	19	15	18	8	10	8	11	12	12	21	14
平均值	11	16	13	15	13	13	14	10	13	12	15

续表

年份 区域	2001	2002	2003	2004	2005	2006	2007	2008	2009	2010	总体
四川	23	21	20	18	9	18	13	20	20	14	16
湖南	20	13	14	19	20	19	24	24	16	8	17
山东	3	3	21	17	18	16	21	17	19	22	18
黑龙江	18	12	12	9	15	29	19	22	17	16	19
湖北	21	22	19	14	24	23	20	16	18	19	20
辽宁	27	27	26	23	25	22	17	14	9	25	21
青海	4	23	28	29	28	14	8	19	29	10	22
天津	28	28	29	27	3	20	16	28	21	26	23
福建	24	24	25	25	26	25	22	23	11	15	24
吉林	25	17	22	22	16	21	23	21	23	27	25
浙江	15	9	10	20	17	24	25	30	25	23	26
陕西	26	26	24	21	27	26	27	25	24	11	27
江苏	22	19	17	24	21	27	26	27	31	30	28
广东	31	29	30	28	23	30	29	26	27	28	29
上海	30	32	31	31	32	28	28	32	22	29	30
西藏	29	30	27	30	30	31	31	29	30	31	31
北京	32	31	32	32	31	32	32	31	32	32	32
组合次数	8	6	5	8	13	6	7	7	7	8	7

2001～2010 年，东北地区黑龙江区域技术转移（扩散）效率变动较大，从第 9 名到第 29 名，总体排名第 19 名，处于中下游。辽宁区域技术转移（扩散）效率变动也较大，总体处于中下游，“十一五”期间和“十五”期间相比，处于上升趋势。吉林区域技术转移（扩散）效率处于下游区。

2001～2010 年，中部地区山西区域技术转移（扩散）效率总体排名全国前十名，高于全国平均水平。江西区域技术转移（扩散）效率有些年份高于全国平均水平，有些年份低于全国平均水平，总体排名全国前十名。安徽区域技术转移（扩散）效率有些年份高于全国平均水平，有些年份低于全国平均水平，变化较大，排名从第 4 名到第 20 名，总体高于全国平均水平。河南区域技术转移（扩散）效率接近全国平均水平，有些年份高于全国平均水平，有些年份低于全国平均水平，总体略高于全国平均水平。湖南区域技术转移（扩散）效率接近全国平均水平，略低于全国平均水平，处于中游。湖北区域技术转移（扩散）效率低于全国平均水平，处于中下游。

2001～2010 年，西部地区四川区域技术转移（扩散）效率接近全国平均水平，有些年份不如全国平均水平，有些年份比全国平均水平高，总体排名比全国平均水平略低，呈上升趋势。宁夏、甘肃、内蒙古、云南、重庆、贵州、广西、新疆区域技术转移（扩散）效率变化较大，有些年份高于全国平均水平，有些年份低于全国平均水平，总体高于全国平均水平。青海、陕西和西藏区域技术转移（扩散）效率低于全国平均水平。

综上所述，中国区域技术转移（扩散）效率变动较大，呈现西强东弱的特征，主要是由于东部地区基数（R&D 经费额）较大造成引进技术经费与 R&D 经费额比例、消化吸收技术经费与 R&D 经费额比例、技术改造经费与 R&D 经费额比例和购买国内技术经费与 R&D 经费额比例相对较小；西部地区基数较小，引进技术经费与 R&D 经费额比例、消化吸收技术经费与 R&D 经费额比例、技术改造经费与 R&D 经费额比例和购买国内技术经费与 R&D 经费额比例相对较大。

四 中国区域自主创新支撑效率动态组合评价及比较分析

首先利用改进的归一化法对区域自主创新支撑效率指标值进行标准化处理，然后利用基于灰靶理论的动态评价方法、基于理想解法的动态评价方法、基于改进理想解法的动态评价方法和基于加权离差平方和最大的动态评价方法对中国 31 个省（自治区、直辖市）（不含香港、澳门、台湾地区）2001～2010 年的自主创新支撑效率进行评价，得到的评价结论不一致。

经过相容性判断，基于改进理想解法的动态评价方法不适用，将其剔除，因此相容动态评价方法集＝{基于灰靶理论的动态评价方法，基于理想解法的动态评价方法，基于加权离差平方和最大的动态评价方法}。

利用基于一致性的动态组合评价方法对相容动态评价方法集的评价结论进行组合评价，经过 5～10 次组合，得到一致性评价排序结果。2001～2010 年区域自主创新支撑各年效率评价排序结果见表 4-33 第 2～11 列，2001～2010 年区域自主创新支撑总体效率评价排序结果见表 4-33 最后一列。

2001～2010 年，东部地区北京、上海、天津、广东、江苏、浙江、海南区域自主创新支撑效率排名全国前十名，都高于全国平均水平，属于上游区。福建和山东区域自主创新支撑效率接近全国平均水平，稍微高于全国平均水平，属于中上游区。河北区域自主创新支撑效率较低，处于下游区，并呈下降趋势。

2001～2010 年，东北地区辽宁区域自主创新支撑效率排名全国前十名，比全国平均水平高，处于上游区，在“十五”期间呈下降趋势，在“十一五”期间呈上升趋势。黑龙江和吉林区域自主创新支撑效率接近全国平均水平，比全国平均水平略低，处于中游区。

2001～2010 年，中部地区湖北区域自主创新支撑效率低于全国平均水平，处于中游区。安徽区域自主创新支撑效率处于中下游区，“十一五”期间和“十五”期间相比，呈下降趋势。湖南区域自主创新支撑效率处于中下游区，“十一五”期间和“十五”期间相比，呈增长趋势。山西区域自主创新支撑效率较低，处于下游区，“十五”期间呈增长趋势，“十一五”期间呈衰退趋势。江西区域自主创新支撑效率较低，处于下游区，“十五”和“十一五”期间都呈衰退趋势。河南区域自主创新支撑效率较低，处于下游区。

表 4-33　基于一致性的区域自主创新支撑效率动态组合评价排序结果

区域＼年份	2001	2002	2003	2004	2005	2006	2007	2008	2009	2010	总体
北京	1	1	1	1	1	1	1	1	1	1	1
上海	2	2	2	2	2	2	2	2	2	3	2
天津	3	3	3	3	3	3	4	3	4	5	3
广东	4	4	4	4	4	4	3	4	3	4	4
西藏	10	10	8	8	7	7	7	5	6	2	5
江苏	8	12	5	5	5	5	5	7	5	7	6
浙江	9	8	6	7	6	6	6	6	7	10	7
海南	6	7	9	6	9	8	11	11	9	6	8
辽宁	7	5	10	10	14	9	10	14	8	9	9
新疆	15	9	7	11	12	14	9	8	12	8	10
福建	5	6	11	12	8	11	8	9	10	15	11
山东	11	11	12	9	10	10	14	12	11	18	12
平均值	13	13	13	13	11	12	13	10	13	11	13
黑龙江	12	14	14	14	13	13	12	13	14	12	14
吉林	14	15	15	15	15	15	15	15	15	16	15
湖北	17	19	16	16	16	16	16	16	16	23	16
陕西	16	17	17	17	17	17	18	17	17	22	17
内蒙古	22	18	22	29	18	18	17	18	18	17	18
甘肃	27	24	25	18	24	22	24	25	22	14	19
安徽	21	21	19	19	19	21	21	27	23	25	20
湖南	23	27	28	26	27	20	19	19	20	28	21
青海	26	23	21	24	28	27	27	29	29	13	22
云南	20	22	26	21	23	24	25	26	24	19	23
山西	28	26	29	20	20	19	22	23	26	26	24
江西	18	20	18	25	26	23	20	21	21	29	25
四川	25	29	23	23	21	25	28	22	19	24	26
河北	19	16	20	22	22	28	29	24	30	27	27
重庆	32	31	31	31	25	29	26	20	27	21	28
河南	24	25	30	27	29	26	23	28	25	30	29
贵州	29	28	27	30	30	30	31	30	28	20	30
宁夏	30	30	24	28	32	31	30	31	31	31	31
广西	31	32	32	32	31	32	32	32	32	32	32
组合次数	6	6	6	6	7	5	7	7	6	8	10

2001～2010 年，西部地区西藏区域自主创新支撑效率高于全国平均水平，排名全国前十名，属于上游区，呈增长趋势。新疆区域自主创新支撑效率总体高于全国平均水平，总体排名全国前十名，属于上游区。陕西、内蒙古、甘肃区域自主创新支撑效率低于全国平均水平，处于中游区。其余 7 个省（自治区、直辖市）（不含香港、澳门、台湾地区）（青海、云南、四川、重庆、贵州、宁

夏、广西）区域自主创新支撑效率都远低于全国平均水平，处于下游区。

第三节　中国区域自主创新效率比较分析

一　中国区域自主创新效率评价排序结果的最大序差及其分类分析

2001～2010 年各省（自治区、直辖市）（不含香港、澳门、台湾地区）区域自主创新效率评价排序结果的最大序差如表 4-34 最后一列所示。

表 4-34　2001～2010 年区域自主创新效率评价排序结果的最大序差

区域	2001 年	2002 年	2003 年	2004 年	2005 年	2006 年	2007 年	2008 年	2009 年	2010 年	最大序差
广东	3	3	3	3	3	3	3	3	3	3	0
北京	1	1	2	2	1	2	2	1	2	2	1
天津	4	4	4	4	4	4	4	4	5	5	1
上海	2	2	1	1	2	1	1	2	1	1	1
江苏	5	5	5	5	5	5	5	5	4	4	1
贵州	32	31	32	32	32	32	32	32	32	32	1
辽宁	6	6	8	8	8	8	8	8	7	7	2
浙江	8	8	7	6	6	6	6	6	6	6	2
四川	18	18	17	19	19	18	18	19	17	18	2
平均值	10	10	10	9	9	10	10	11	11	11	2
福建	7	7	6	7	7	7	7	7	8	9	3
陕西	13	14	13	13	13	16	14	16	14	13	3
山东	12	11	11	10	10	12	9	12	9	8	4
湖北	15	15	12	12	11	15	13	15	12	12	4
河南	23	23	28	24	26	26	25	23	28	27	5
湖南	17	17	18	17	17	17	17	14	16	19	5
宁夏	28	29	26	29	31	28	31	29	31	31	5
重庆	16	12	14	14	12	14	15	13	13	10	6
青海	31	30	29	31	30	29	30	28	26	25	6
吉林	11	13	15	16	14	13	11	17	10	14	7
黑龙江	14	16	16	11	16	11	12	18	15	16	7
江西	27	25	21	28	25	23	24	25	23	26	7
新疆	26	21	19	23	23	21	19	20	22	24	7
山西	24	24	27	22	24	22	20	24	19	23	8
广西	25	26	23	25	28	27	28	31	29	29	8
云南	22	27	30	30	27	31	29	30	30	30	9
西藏	29	28	31	27	29	25	26	21	21	22	10
内蒙古	30	32	22	26	22	30	21	22	27	20	12
海南	9	9	9	15	18	9	16	10	18	21	12
甘肃	21	22	25	21	21	19	23	27	24	15	12
河北	20	20	20	20	15	24	27	26	25	28	13
安徽	19	19	24	18	20	20	22	9	20	17	15

“十五”期间各省（自治区、直辖市）（不含香港、澳门、台湾地区）区域自主创新效率评价排序结果的最大序差如表 4-35 最后一列所示。

表 4-35 2001～2005 年区域自主创新效率评价排序结果的最大序差

区域	2001 年	2002 年	2003 年	2004 年	2005 年	最大序差
天津	4	4	4	4	4	0
江苏	5	5	5	5	5	0
广东	3	3	3	3	3	0
北京	1	1	2	2	1	1
上海	2	2	1	1	2	1
福建	7	7	6	7	7	1
湖南	17	17	18	17	17	1
贵州	32	31	32	32	32	1
陕西	13	14	13	13	13	1
平均值	10	10	10	9	9	1
辽宁	6	6	8	8	8	2
浙江	8	8	7	6	6	2
山东	12	11	11	10	10	2
四川	18	18	17	19	19	2
青海	31	30	29	31	30	2
湖北	15	15	12	12	11	4
重庆	16	12	14	14	12	4
西藏	29	28	31	27	29	4
甘肃	21	22	25	21	21	4
河北	20	20	20	20	15	5
山西	24	24	27	22	24	5
吉林	11	13	15	16	14	5
黑龙江	14	16	16	11	16	5
河南	23	23	28	24	26	5
广西	25	26	23	25	28	5
宁夏	28	29	26	29	31	5
安徽	19	19	24	18	20	6
江西	27	25	21	28	25	7
新疆	26	21	19	23	23	7
云南	22	27	30	30	27	8
海南	9	9	9	15	18	9
内蒙古	30	32	22	26	22	10

“十一五”期间各省（自治区、直辖市）（不含香港、澳门、台湾地区）区域自主创新效率评价排序结果的最大序差如表 4-36 最后一列所示。

表 4-36 2006～2010 年区域自主创新效率评价排序结果的最大序差

区域	2006 年	2007 年	2008 年	2009 年	2010 年	最大序差
浙江	6	6	6	6	6	0
广东	3	3	3	3	3	0
贵州	32	32	32	32	32	0

续表

区域	2006年	2007年	2008年	2009年	2010年	最大序差
北京	2	2	1	2	2	1
天津	4	4	4	5	5	1
辽宁	8	8	8	7	7	1
上海	1	1	2	1	1	1
江苏	5	5	5	4	4	1
平均值	10	10	11	11	11	1
福建	7	7	7	8	9	2
四川	18	18	19	17	18	2
云南	31	29	30	30	30	2
江西	23	24	25	23	26	3
湖北	15	13	15	12	12	3
陕西	16	14	16	14	13	3
宁夏	28	31	29	31	31	3
河北	24	27	26	25	28	4
山东	12	9	12	9	8	4
广西	27	28	31	29	29	4
山西	22	20	24	19	23	5
河南	26	25	23	28	27	5
湖南	17	17	14	16	19	5
重庆	14	15	13	13	10	5
西藏	25	26	21	21	22	5
青海	29	30	28	26	25	5
新疆	21	19	20	22	24	5
吉林	13	11	17	10	14	7
黑龙江	11	12	18	15	16	7
内蒙古	30	21	22	27	20	10
海南	9	16	10	18	21	12
甘肃	19	23	27	24	15	12
安徽	20	22	9	20	17	13

区域自主创新效率评价排序结果的最大序差分类见表4-37。

表4-37 区域自主创新效率评价排序结果的最大序差分类

项目	2001～2005年最大序差	2006～2010年最大序差	2001～2010年最大序差
稳步 $h_{\max}(i)=0$ 或 $h_{\max}(i)=1$	天津、江苏、广东、北京、上海、福建、湖南、贵州、陕西、平均值	浙江、广东、贵州、北京、天津、辽宁、上海、江苏、平均值	广东、北京、天津、上海、江苏、贵州
亚稳步 $2\leqslant h_{\max}(i)\leqslant 4$	辽宁、浙江、山东、四川、青海、湖北、重庆、西藏、甘肃	福建、四川、云南、江西、湖北、陕西、宁夏、河北、山东、广西	辽宁、浙江、四川、平均值、福建、陕西、山东、湖北
跳跃 $h_{\max}(i)\geqslant 5$	河北、山西、吉林、黑龙江、河南、广西、宁夏、安徽、江西、新疆、云南、海南、内蒙古	山西、河南、湖南、重庆、西藏、青海、新疆、吉林、黑龙江、内蒙古、海南、甘肃、安徽	河南、湖南、宁夏、重庆、青海、吉林、黑龙江、江西、新疆、山西、广西、云南、西藏、内蒙古、海南、甘肃、河北、安徽

由表 4-34～表 4-37 可以看出，“十五”期间各省（自治区、直辖市）（不含香港、澳门、台湾地区）区域自主创新效率比“十一五”期间更平稳发展。

“十五”期间，天津、江苏、广东、北京、上海、福建、湖南、贵州、陕西区域自主创新效率稳步发展。浙江、山东和湖北区域自主创新效率持续上升亚稳步发展；辽宁区域自主创新效率下降亚稳步发展；重庆区域自主创新效率波动上升亚稳步发展；四川、青海、西藏和甘肃区域自主创新效率亚稳步发展。河北区域自主创新效率上升跳跃式发展；吉林和云南区域自主创新效率波动下降跳跃式发展；海南区域自主创新效率持续下降跳跃式发展；山西、黑龙江、河南、广西、宁夏、安徽、江西、新疆和内蒙古区域自主创新效率跳跃式发展。

“十一五”期间，浙江、广东、贵州、北京、天津、辽宁、上海、江苏区域自主创新效率稳步发展。福建区域自主创新效率持续下降亚稳步发展；湖北、陕西和山东区域自主创新效率波动上升亚稳步发展；宁夏、河北和广西区域自主创新效率波动下降亚稳步发展；四川、云南和江西区域自主创新效率亚稳步发展。重庆、西藏、青海和安徽区域自主创新效率波动上升跳跃式发展；新疆、黑龙江和海南区域自主创新效率波动下降跳跃式发展；山西、河南、湖南、吉林、内蒙古和甘肃区域自主创新效率跳跃式发展。

2001～2010 年，广东、北京、天津、上海、江苏和贵州区域自主创新效率稳步发展。浙江区域自主创新效率亚稳步上升；福建区域自主创新效率波动下降亚稳步发展；山东区域自主创新效率波动上升亚稳步发展；辽宁、四川、陕西和湖北区域自主创新效率亚稳步发展。河南、宁夏、广西、云南、海南和河北区域自主创新效率波动下降跳跃式发展；重庆、青海、西藏和内蒙古区域自主创新效率波动上升跳跃式发展；湖南、吉林、黑龙江、江西、新疆、山西、甘肃和安徽区域自主创新效率跳跃式发展。

2001～2010 年，东部地区上海、北京、广东、天津、江苏和浙江区域自主创新效率排在全国前六名，高于全国平均水平；福建区域自主创新效率比全国平均水平略高；山东区域自主创新效率有的年份比全国平均水平高，有的年份不如全国平均水平，总体比全国平均水平略高；海南区域自主创新效率有些年份比全国平均水平高，有些年份不如全国平均水平，总体不如全国平均水平；河北区域自主创新效率低于全国平均水平。

2001～2010 年，东北地区辽宁区域自主创新效率高于全国平均水平；吉林区域自主创新效率接近全国平均水平，比全国平均水平略低；黑龙江区域自主创新效率低于全国平均水平。

2001～2010 年，中部地区六省区域自主创新效率都低于全国平均水平。

2001～2010 年，西部地区 12 个省（自治区、直辖市）（不含香港、澳门、台湾地区）区域自主创新效率都低于全国平均水平。

二 中国区域自主创新效率综合和分项比较分析

2001～2010年中国省（自治区、直辖市）（不含香港、澳门、台湾地区）区域自主创新效率的综合和分项能力评价排序结果见表4-38。

表4-38 2001～2010年区域自主创新效率综合能力和分项能力评价排序

区域	综合	投入	产出	扩散	支撑	区域	综合	投入	产出	扩散	支撑
上海	1	2	2	30	2	湖南	17	18	14	17	21
北京	2	1	6	32	1	安徽	18	17	15	12	20
广东	3	5	1	29	4	四川	19	14	18	16	26
天津	4	3	5	23	3	新疆	20	29	22	13	10
江苏	5	6	3	28	6	甘肃	21	22	25	2	19
浙江	6	4	4	26	7	山西	22	19	30	4	24
辽宁	7	7	16	21	9	河北	23	23	28	7	27
福建	8	10	7	24	11	西藏	24	32	32	31	5
山东	9	9	9	18	12	江西	25	24	26	9	25
平均值	10	11	12	15	13	内蒙古	26	28	23	3	18
吉林	11	16	10	25	15	河南	27	21	31	14	29
重庆	12	15	8	8	28	广西	28	25	13	11	32
湖北	13	12	17	20	16	青海	29	30	27	22	22
陕西	14	8	29	27	17	云南	30	26	24	5	23
海南	15	31	11	6	8	宁夏	31	20	21	1	31
黑龙江	16	13	20	19	14	贵州	32	27	19	10	30

2001～2010年，东部地区上海、北京、广东、天津、江苏、浙江、福建、山东区域自主创新效率总体排名全国前十名，属于上游区，高于全国平均水平；区域自主创新投入效率和区域自主创新产出效率都高于全国平均水平，排名全国前十名，属于上游区；但区域技术转移（扩散）效率除了山东处于中游区，其余省市（上海、北京、广东、天津、江苏、浙江、福建）都属于下游区；区域自主创新支撑能力，除了福建和山东处于中上游区，其他省市（上海、北京、广东、天津、江苏、浙江）都处于上游区。海南区域自主创新效率总体排名第15名，属于中游区；区域自主创新投入效率很弱，处于下游区；区域自主创新产出效率处于中上游区，高于全国平均水平；区域自主创新转移（扩散）效率和区域自主创新支撑效率都较高，高于全国平均水平，排名全国前十名，处于上游区。河北区域自主创新效率总体排名第23名，远低于全国平均水平，属于下游区；区域技术转移（扩散）效率排名全国前十名，处于上游区；区域自主创新投入效率、区域自主创新产出效率和区域自主创新支撑效率都较弱，处于下游区。

2001～2010年，东北地区辽宁区域自主创新投入效率和自主创新支撑效率排名全国前十名，处于上游区，区域自主创新产出效率处于中游区，区域技术转移（扩散）效率处于中下游区，总体排名全国前十名，属于上游区。吉林区域自主创新投入效率和区域自主创新支撑效率处于中游，区域自主创新产出效率处于上游，区域技术转移（扩散）效率处于下游，总体排名第 11 名，接近全国平均值，处于中上游区。黑龙江区域自主创新投入效率、区域自主创新产出效率、区域技术转移（扩散）效率和区域自主创新支撑效率都居中，总体能力也处于中游区，低于全国平均水平。

2001～2010 年，中部地区湖北区域自主创新投入效率、区域自主创新产出效率、区域技术转移（扩散）效率和区域自主创新支撑效率都居中，总体能力也处于中游，低于全国平均水平。湖南和安徽区域自主创新投入效率、区域自主创新产出效率、区域技术转移（扩散）效率和区域自主创新支撑效率都处于中下游，总体能力也处于中下游，低于全国平均水平。山西区域自主创新投入效率处于中下游，区域自主创新产出效率和区域自主创新支撑效率都处于下游，区域技术转移（扩散）效率处于上游，总体处于中下游，低于全国平均水平。江西除了区域技术转移（扩散）效率处于上游，区域自主创新投入效率、区域自主创新产出效率和区域自主创新支撑效率都处于下游，总体处于下游区。河南区域自主创新投入效率处于中下游，区域自主创新产出效率和区域自主创新支撑效率处于下游，区域技术转移（扩散）效率处于中游，总体处于下游。

2001～2010 年，西部地区重庆区域自主创新投入效率处于中游区，区域自主创新产出效率和区域技术转移（扩散）效率处于上游区，区域自主创新支撑效率处于下游区，区域自主创新总体效率处于中上游区，接近全国平均水平。陕西区域自主创新投入效率处于上游区，区域自主创新产出效率和区域技术转移（扩散）效率处于下游区，区域自主创新支撑效率处于中游区，区域自主创新总体效率处于中游区，低于全国平均水平。四川区域自主创新投入效率、区域自主创新产出效率和区域技术转移（扩散）效率处于中游区，区域自主创新支撑效率处于下游区，区域自主创新总体效率处于中下游区，低于全国平均水平。新疆区域自主创新投入效率处于下游区，区域自主创新产出效率处于中下游区，区域技术转移（扩散）效率处于中游区，区域自主创新支撑效率处于上游区，区域自主创新总体效率处于中下游区，低于全国平均水平。甘肃区域自主创新投入效率和区域自主创新产出效率处于下游区，区域技术转移（扩散）效率处于上游区，区域自主创新支撑效率处于中下游区，区域自主创新总体效率处于中下游区，低于全国平均水平。西藏区域自主创新投入效率、区域自主创新产出效率和区域技术转移（扩散）效率处于下游区，区域自主创新支撑效率处于上游区，区域自主创新总体效率处于下游区，远低于全国平均水平。内蒙古区域自主创新投入效率和区域自主创新产出效率处于下游区，区域技术转移（扩散）效率处于上游区，区域自主创新支撑效率处于中下游区，区域自主创新总体效率处于下游区。广西区域自主创新投入效率和区域自主创新支撑效率处于下游区，区域自主创新产出效率和区域技术转移（扩散）效率处于中游区，总体处于下游区。青海区域自主创新投入效率、区域自主创新产出效率、区域技术转移（扩散）效率和区域自主创新支撑效率都处于下游区，总体也处于下游区。云南和宁夏区域自主创新投入效率、区域自主创新产出效率和区域自主创新支撑效率处于下游区，区域技术转移（扩散）效率处于上游区，区域自主创新总体效率处于下游区。贵州区域自主创新投入效率和区域自主创新支撑效率处于下游区，区域自主创新产出效率处于中下游区，区域技术转移（扩散）效率处于上游区，区域自主创新总体效率处于下游区。

第四节　本章小结

利用改进的归一化法对区域自主创新效率三维时序立体指标值数据进行标准化处理，利用可比动态评价方法集中的基于灰靶理论的动态评价方法、基于理想解法的动态评价方法、基于改进理想解法的动态评价方法和基于加权离差平方和最大的动态评价方法对 2001～2010 年中国 31 个省（自治区、直辖市）（不含香港、澳门、台湾地区）的区域自主创新效率、区域自主创新投入效率、区域自主创新产出效率、区域技术转移（扩散）效率和区域自主创新支撑效率各年及总体情况进行评价，确定相容动态评价方法集，利用基于一致性的动态组合评价方法对相容动态评价方法集评价结论进行组合评价，得到一致性的动态组合评价结论，对评价结论进行比较分析。

区域自主创新效率地区差异较明显，总体而言，呈东强西弱的特征。东部地区多数省市区域自主创新效率较强，区域自主创新投入效率、区域自主创新产出效率和区域自主创新支撑效率较强，但区域自主创新技术转移（扩散）效率较弱，主要是由于这些省市基数较大；西部地区多数省（自治区、直辖市）（不含香港、澳门、台湾地区）区域自主创新效率较弱，区域自主创新投入效率、区域自主创新产出效率和区域自主创新支撑效率也较弱，但区域技术转移（扩散）效率较强；东北地区和中部地区居中。东部地区除了海南和河北跳跃式发展，其余省市发展较平稳；西部地区除了贵州、四川和陕西发展较平稳，多数省（自治区、直辖市）（不含香港、澳门、台湾地区）跳跃式发展；东北地区辽宁亚稳步发展，吉林和黑龙江跳跃式发展；中部地区多数省跳跃式发展。区域自主创新投入效率、区域自主创新产出效率和区域自主创新支撑效率不同年份排名变化不大，但区域技术转移（扩散）效率不同年份排名变化很大。

第五章 中国区域自主创新潜力动态评价及比较分析

第一节 中国区域自主创新潜力动态组合评价

一 动态评价

区域自主创新潜力评价指标体系见第 1 章表 1-14，数据来源具体见第 1 章，原始指标值数据见附表 72～附表 107 最终 24 个区域自主创新潜力评价指标。首先利用改进的归一化法对区域自主创新潜力评价指标值进行标准化处理，然后利用基于灰靶理论的动态评价方法、基于理想解法的动态评价方法、基于改进理想解法的动态评价方法和基于加权离差平方和最大的动态评价方法对中国 31 个省（自治区、直辖市）（不含香港、澳门、台湾地区）的区域自主创新潜力进行评价。

（1）利用基于灰靶理论的动态评价方法对 2002～2010 年中国 31 个省（自治区、直辖市）（不含香港、澳门、台湾地区）的区域自主创新潜力进行评价。

当 $\alpha=1$ 与 $\beta=0$ 时，只考虑各指标值差异，各省（自治区、直辖市）（不含香港、澳门、台湾地区）的区域自主创新潜力的靶心度如表 5-1 所示，靶心度排序见表 5-2。

表 5-1 区域自主创新潜力的靶心度（$\alpha=1$，$\beta=0$）

区域＼年份	2002	2003	2004	2005	2006	2007	2008	2009	2010
北京	0.3944	0.3875	0.4059	0.3980	0.3752	0.3792	0.3723	0.3696	0.3728
天津	0.3692	0.3769	0.4033	0.3781	0.3820	0.3716	0.3846	0.3750	0.3737
河北	0.3727	0.3674	0.3711	0.4054	0.3705	0.3760	0.3794	0.3798	0.3757
山西	0.3793	0.3743	0.3878	0.3824	0.3846	0.3807	0.3728	0.3694	0.3633
内蒙古	0.3788	0.3836	0.3944	0.4037	0.3781	0.3903	0.3792	0.3880	0.3757
辽宁	0.3827	0.3644	0.3863	0.3650	0.3825	0.3777	0.3724	0.3947	0.3733
吉林	0.3947	0.3658	0.3783	0.3732	0.3902	0.3800	0.3692	0.3864	0.3689
黑龙江	0.3745	0.3764	0.3786	0.3737	0.3795	0.3752	0.3676	0.3776	0.3734
上海	0.3810	0.3996	0.3897	0.3823	0.3741	0.3771	0.3711	0.3835	0.3656
江苏	0.3789	0.3888	0.3907	0.3777	0.3841	0.3865	0.3936	0.3809	0.3824
浙江	0.3898	0.3863	0.3927	0.3897	0.3964	0.3823	0.3674	0.3668	0.3747
安徽	0.3782	0.3801	0.3772	0.3752	0.3728	0.3800	0.4109	0.4021	0.3896
福建	0.3706	0.3774	0.3692	0.3712	0.3799	0.3755	0.3727	0.3822	0.3784
江西	0.3754	0.3873	0.3732	0.3820	0.3871	0.3843	0.3739	0.3752	0.3815

续表

区域＼年份	2002	2003	2004	2005	2006	2007	2008	2009	2010
山东	0.3886	0.3871	0.3866	0.3806	0.3779	0.3755	0.3738	0.3765	0.3744
河南	0.3709	0.3669	0.3891	0.3813	0.3834	0.3872	0.3751	0.3797	0.3756
湖北	0.3712	0.3836	0.3665	0.3783	0.3773	0.3821	0.3792	0.3784	0.3785
湖南	0.3762	0.3702	0.3771	0.3737	0.3795	0.3811	0.3912	0.3821	0.3783
广东	0.3753	0.3810	0.3888	0.3832	0.3728	0.3823	0.3796	0.3712	0.3801
广西	0.3819	0.3757	0.3710	0.3800	0.3738	0.3739	0.3781	0.3927	0.3882
海南	0.3740	0.4143	0.3991	0.3913	0.4387	0.3874	0.4288	0.3942	0.4262
重庆	0.3826	0.3816	0.3777	0.3786	0.3673	0.3781	0.4067	0.3774	0.4086
四川	0.3719	0.3988	0.3837	0.3769	0.3693	0.3720	0.3918	0.3795	0.3768
贵州	0.4249	0.3874	0.3779	0.3837	0.3668	0.3776	0.3945	0.3837	0.3820
云南	0.3691	0.3652	0.3800	0.3738	0.3732	0.3736	0.3805	0.3753	0.3827
西藏	0.4944	0.4372	0.3832	0.4353	0.4293	0.3987	0.4377	0.4651	0.4249
陕西	0.3710	0.3945	0.3756	0.3756	0.3785	0.3693	0.3726	0.3791	0.3824
甘肃	0.3786	0.3720	0.3893	0.3684	0.3696	0.3775	0.3694	0.3855	0.3788
青海	0.3859	0.4002	0.3719	0.4269	0.4174	0.4128	0.3954	0.3852	0.3927
宁夏	0.3705	0.3942	0.3841	0.3864	0.3841	0.3875	0.4082	0.3835	0.3623
新疆	0.3774	0.3752	0.3733	0.3968	0.3818	0.3963	0.3796	0.3638	0.3896
平均值	0.3785	0.3785	0.3785	0.3785	0.3785	0.3785	0.3785	0.3785	0.3785

表 5-2　区域自主创新潜力的靶心度排序（$\alpha=1$，$\beta=0$）

区域＼年份	2002	2003	2004	2005	2006	2007	2008	2009	2010
北京	4	9	1	5	22	17	27	29	28
天津	31	21	2	21	12	31	11	27	25
河北	24	28	29	3	28	24	15	16	21
山西	12	25	11	12	7	14	23	30	31
内蒙古	14	15	4	4	19	4	17	6	20
辽宁	8	32	13	32	11	20	26	3	27
吉林	3	30	20	29	5	16	30	7	29
黑龙江	22	22	18	27	16	27	31	22	26
上海	11	4	7	13	23	23	28	12	30
江苏	13	8	6	22	9	8	8	15	10
浙江	5	13	5	8	4	10	32	31	23
安徽	17	18	23	25	26	15	3	2	5
福建	29	20	31	30	14	26	24	13	17
江西	20	11	27	14	6	9	21	26	12
山东	6	12	12	16	20	25	22	24	24
河南	28	29	9	15	10	7	20	17	22
湖北	26	14	32	20	21	12	16	21	15
湖南	19	27	24	28	15	13	10	14	18
广东	21	17	10	11	27	11	13	28	13
广西	10	23	30	17	24	28	19	5	7

续表

区域\年份	2002	2003	2004	2005	2006	2007	2008	2009	2010
海南	23	2	3	7	1	6	2	4	1
重庆	9	16	22	18	31	19	5	23	3
四川	25	5	15	23	30	30	9	18	19
贵州	2	10	21	10	32	21	7	10	11
云南	32	31	17	26	25	29	12	25	8
西藏	1	1	16	1	2	2	1	1	2
陕西	27	6	25	24	17	32	25	19	9
甘肃	15	26	8	31	29	22	29	8	14
青海	7	3	28	2	3	1	6	9	4
宁夏	30	7	14	9	8	5	4	11	32
新疆	18	24	26	6	13	3	14	32	6
平均值	16	19	19	19	18	18	18	20	16

当$\alpha=0$与$\beta=1$时，只考虑各指标值增长性，各省（自治区、直辖市）（不含香港、澳门、台湾地区）的区域自主创新潜力的靶心度如表 5-3 所示，靶心度排序见表 5-4。

表 5-3　区域自主创新潜力的靶心度（$\alpha=0$，$\beta=1$）

区域\年份	2003	2004	2005	2006	2007	2008	2009	2010
北京	0.6268	0.6430	0.6319	0.6181	0.6229	0.6153	0.6136	0.6168
天津	0.6208	0.6369	0.6225	0.6244	0.6154	0.6265	0.6177	0.6177
河北	0.6119	0.6153	0.6385	0.6148	0.6202	0.6219	0.6218	0.6197
山西	0.6186	0.6291	0.6257	0.6270	0.6242	0.6166	0.6136	0.6076
内蒙古	0.6264	0.6282	0.6434	0.6211	0.6317	0.6226	0.6303	0.6198
辽宁	0.6087	0.6269	0.6093	0.6244	0.6207	0.6150	0.6325	0.6169
吉林	0.6094	0.6217	0.6176	0.6307	0.6224	0.6126	0.6291	0.6127
黑龙江	0.6198	0.6214	0.6172	0.6223	0.6188	0.6119	0.6210	0.6174
上海	0.6363	0.6310	0.6240	0.6179	0.6201	0.6147	0.6252	0.6097
江苏	0.6306	0.6313	0.6210	0.6270	0.6290	0.6307	0.6245	0.6262
浙江	0.6296	0.6348	0.6309	0.6379	0.6254	0.6117	0.6109	0.6185
安徽	0.6235	0.6202	0.6189	0.6169	0.6235	0.6437	0.6398	0.6312
福建	0.6210	0.6135	0.6155	0.6235	0.6193	0.6167	0.6250	0.6218
江西	0.6306	0.6174	0.6252	0.6291	0.6274	0.6169	0.6191	0.6251
山东	0.6289	0.6287	0.6232	0.6212	0.6193	0.6179	0.6198	0.6188
河南	0.6112	0.6313	0.6243	0.6263	0.6296	0.6192	0.6227	0.6194
湖北	0.6263	0.6108	0.6206	0.6204	0.6247	0.6223	0.6214	0.6217
湖南	0.6143	0.6211	0.6174	0.6226	0.6247	0.6321	0.6252	0.6216
广东	0.6238	0.6298	0.6267	0.6166	0.6252	0.6222	0.6147	0.6239
广西	0.6197	0.6151	0.6211	0.6172	0.6180	0.6214	0.6326	0.6311
海南	0.6472	0.6380	0.6284	0.6625	0.6293	0.6584	0.6339	0.6612
重庆	0.6231	0.6222	0.6202	0.6119	0.6205	0.6412	0.6209	0.6459
四川	0.6354	0.6267	0.6205	0.6131	0.6162	0.6314	0.6222	0.6204

续表

年份 / 区域	2003	2004	2005	2006	2007	2008	2009	2010
贵州	0.6297	0.6216	0.6259	0.6109	0.6212	0.6330	0.6253	0.6257
云南	0.6099	0.6216	0.6174	0.6173	0.6177	0.6231	0.6182	0.6265
西藏	0.6552	0.6167	0.6610	0.6572	0.6350	0.6636	0.6791	0.6516
陕西	0.6323	0.6188	0.6190	0.6218	0.6137	0.6164	0.6227	0.6255
甘肃	0.6157	0.6303	0.6124	0.6133	0.6212	0.6134	0.6271	0.6221
青海	0.6380	0.6159	0.6535	0.6492	0.6456	0.6338	0.6274	0.6335
宁夏	0.6323	0.6276	0.6231	0.6267	0.6299	0.6398	0.6261	0.6063
新疆	0.6184	0.6175	0.6308	0.6251	0.6356	0.6226	0.6083	0.6330
平均值	0.6226	0.6226	0.6226	0.6226	0.6226	0.6226	0.6226	0.6226

表 5-4　区域自主创新潜力的靶心度排序（$\alpha=0$，$\beta=1$）

年份 / 区域	2003	2004	2005	2006	2007	2008	2009	2010
北京	13	1	5	22	16	26	30	28
天津	21	3	18	13	31	11	27	25
河北	28	29	4	28	23	18	20	21
山西	24	10	11	8	14	24	29	31
内蒙古	14	12	3	20	4	15	6	20
辽宁	32	14	32	12	21	27	5	27
吉林	31	18	26	5	18	30	7	29
黑龙江	22	21	29	17	27	31	22	26
上海	4	7	14	23	24	28	12	30
江苏	8	6	20	7	8	10	15	9
浙江	11	4	6	4	10	32	31	24
安徽	17	23	25	26	15	3	2	6
福建	20	31	30	14	26	23	14	16
江西	9	26	12	6	9	22	25	12
山东	12	11	15	19	25	21	24	23
河南	29	5	13	10	6	20	16	22
湖北	15	32	21	21	12	16	21	17
湖南	27	22	27	16	13	8	13	18
广东	16	9	9	27	11	17	28	13
广西	23	30	19	25	28	19	4	7
海南	2	2	8	1	7	2	3	1
重庆	18	17	23	31	22	4	23	3
四川	5	15	22	30	30	9	19	19
贵州	10	19	10	32	19	7	11	10
云南	30	20	28	24	29	12	26	8
西藏	1	27	1	2	3	1	1	2
陕西	6	24	24	18	32	25	17	11
甘肃	26	8	31	29	20	29	9	15

续表

年份 区域	2003	2004	2005	2006	2007	2008	2009	2010
青海	3	28	2	3	1	6	8	4
宁夏	7	13	16	9	5	5	10	32
新疆	25	25	7	11	2	13	32	5
平均值	19	16	17	15	17	14	18	14

当$\alpha=0.9$与$\beta=0.1$时，同时考虑各指标值差异和增长性，更关注各指标值差异，各省（自治区、直辖市）（不含香港、澳门、台湾地区）的区域自主创新潜力的靶心度如表 5-5 所示，靶心度排序见表 5-6。

表 5-5　区域自主创新潜力的靶心度（$\alpha=0.9$，$\beta=0.1$）

年份 区域	2002	2003	2004	2005	2006	2007	2008	2009	2010
北京	0.3549	0.4115	0.4296	0.4214	0.3995	0.4036	0.3966	0.3940	0.3972
天津	0.3323	0.4013	0.4267	0.4025	0.4062	0.3960	0.4088	0.3993	0.3981
河北	0.3355	0.3918	0.3955	0.4287	0.3949	0.4004	0.4037	0.4040	0.4001
山西	0.3414	0.3987	0.4119	0.4067	0.4088	0.4050	0.3971	0.3938	0.3877
内蒙古	0.3409	0.4079	0.4178	0.4276	0.4024	0.4145	0.4035	0.4123	0.4002
辽宁	0.3445	0.3889	0.4104	0.3894	0.4067	0.4020	0.3967	0.4184	0.3976
吉林	0.3552	0.3902	0.4026	0.3976	0.4143	0.4042	0.3935	0.4107	0.3933
黑龙江	0.3370	0.4008	0.4028	0.3981	0.4038	0.3996	0.3921	0.4020	0.3978
上海	0.3429	0.4233	0.4138	0.4065	0.3985	0.4014	0.3955	0.4076	0.3900
江苏	0.3410	0.4130	0.4147	0.4020	0.4084	0.4108	0.4173	0.4053	0.4068
浙江	0.3508	0.4106	0.4169	0.4138	0.4205	0.4066	0.3918	0.3912	0.3991
安徽	0.3404	0.4044	0.4015	0.3996	0.3973	0.4043	0.4341	0.4259	0.4138
福建	0.3335	0.4018	0.3936	0.3956	0.4042	0.3999	0.3971	0.4064	0.4028
江西	0.3378	0.4116	0.3976	0.4063	0.4113	0.4086	0.3982	0.3995	0.4058
山东	0.3497	0.4113	0.4108	0.4049	0.4022	0.3999	0.3982	0.4008	0.3988
河南	0.3338	0.3913	0.4133	0.4056	0.4077	0.4114	0.3995	0.4040	0.3999
湖北	0.3340	0.4079	0.3909	0.4025	0.4016	0.4063	0.4035	0.4027	0.4028
湖南	0.3386	0.3946	0.4015	0.3981	0.4038	0.4054	0.4153	0.4064	0.4027
广东	0.3378	0.4053	0.4129	0.4076	0.3971	0.4065	0.4039	0.3955	0.4045
广西	0.3437	0.4001	0.3954	0.4041	0.3982	0.3983	0.4024	0.4167	0.4125
海南	0.3366	0.4376	0.4230	0.4150	0.4611	0.4115	0.4518	0.4181	0.4497
重庆	0.3443	0.4058	0.4021	0.4027	0.3918	0.4024	0.4302	0.4018	0.4323
四川	0.3347	0.4224	0.4080	0.4012	0.3937	0.3965	0.4157	0.4038	0.4012
贵州	0.3824	0.4116	0.4023	0.4079	0.3912	0.4019	0.4184	0.4079	0.4064
云南	0.3322	0.3896	0.4042	0.3982	0.3976	0.3980	0.4047	0.3996	0.4071
西藏	0.4450	0.4590	0.4066	0.4579	0.4521	0.4224	0.4603	0.4865	0.4476
陕西	0.3339	0.4183	0.3999	0.4000	0.4028	0.3937	0.3970	0.4035	0.4068
甘肃	0.3407	0.3963	0.4134	0.3928	0.3940	0.4019	0.3938	0.4096	0.4031
青海	0.3473	0.4240	0.3963	0.4495	0.4406	0.4361	0.4193	0.4094	0.4168

续表

区域＼年份	2002	2003	2004	2005	2006	2007	2008	2009	2010
宁夏	0.3334	0.4180	0.4084	0.4101	0.4084	0.4117	0.4313	0.4077	0.3867
新疆	0.3397	0.3995	0.3977	0.4202	0.4061	0.4202	0.4039	0.3882	0.4140
平均值	0.3406	0.4029	0.4029	0.4029	0.4029	0.4029	0.4029	0.4029	0.4029

表 5-6　区域自主创新潜力的靶心度排序（$\alpha=0.9$，$\beta=0.1$）

区域＼年份	2002	2003	2004	2005	2006	2007	2008	2009	2010
北京	4	11	1	5	22	17	27	29	28
天津	31	21	2	21	12	31	11	27	25
河北	24	28	29	3	28	24	15	16	21
山西	12	25	11	12	7	14	23	30	31
内蒙古	14	15	4	4	19	4	16	6	20
辽宁	8	32	13	32	11	20	26	3	27
吉林	3	30	20	29	5	16	30	7	29
黑龙江	22	22	19	27	16	27	31	22	26
上海	11	4	7	13	23	23	28	12	30
江苏	13	8	6	22	8	8	8	15	9
浙江	5	13	5	8	4	10	32	31	23
安徽	17	18	23	25	26	15	3	2	6
福建	29	20	31	30	14	26	24	13	17
江西	20	9	27	14	6	9	21	26	12
山东	6	12	12	16	20	25	22	24	24
河南	28	29	9	15	10	7	20	17	22
湖北	26	14	32	20	21	12	17	21	16
湖南	19	27	24	28	15	13	10	14	18
广东	21	17	10	11	27	11	14	28	13
广西	10	23	30	17	24	28	19	5	7
海南	23	2	3	7	1	6	2	4	1
重庆	9	16	22	19	31	19	5	23	3
四川	25	5	15	23	30	30	9	18	19
贵州	2	10	21	10	32	21	7	10	11
贵州	2	10	21	10	32	21	7	10	11
云南	32	31	17	26	25	29	12	25	8
西藏	1	1	16	1	2	2	1	1	2
陕西	27	6	25	24	18	32	25	19	10
甘肃	15	26	8	31	29	22	29	8	14
青海	7	3	28	2	3	1	6	9	4
宁夏	30	7	14	9	9	5	4	11	32
新疆	18	24	26	6	13	3	13	32	5
平均值	16	19	18	18	17	18	18	20	15

为了比较各省（自治区、直辖市）（不含香港、澳门、台湾地区）区域自主

创新潜力的总体情况，可以进行二次加权，各省（自治区、直辖市）（不含香港、澳门、台湾地区）的区域自主创新总体潜力的靶心度及其排序见表 5-7。

表 5-7　区域自主创新总体潜力的靶心度及其排序

区域	靶心度	排序	区域	靶心度	排序	区域	靶心度	排序	区域	靶心度	排序
北京	0.4017	17	上海	0.3999	27	湖北	0.4011	23	云南	0.3997	29
天津	0.4016	19	江苏	0.4078	6	湖南	0.4035	12	西藏	0.4522	1
河北	0.4012	22	浙江	0.4019	16	广东	0.4016	18	陕西	0.4003	25
山西	0.3977	32	安徽	0.4119	4	广西	0.4042	11	甘肃	0.3997	28
内蒙古	0.4076	7	福建	0.3995	30	海南	0.4327	2	青海	0.4214	3
辽宁	0.4013	21	江西	0.4028	13	重庆	0.4103	5	宁夏	0.4069	8
吉林	0.4002	26	山东	0.4004	24	四川	0.4024	15	新疆	0.4050	10
黑龙江	0.3977	31	河南	0.4025	14	贵州	0.4058	9	平均值	0.4015	20

（2）利用基于理想解法的动态评价方法对 2002～2010 年中国 31 个省（自治区、直辖市）（不含香港、澳门、台湾地区）的区域自主创新潜力进行评价。

先利用变异系数法和熵值法确定指标权重，再利用简单加权法求组合权重。

当 $\alpha=1$ 与 $\beta=0$ 时，只考虑各指标值差异，各省（自治区、直辖市）（不含香港、澳门、台湾地区）的区域自主创新潜力动态评价值如表 5-8 所示，动态评价值排序见表 5-9。

表 5-8　基于理想解法的区域自主创新潜力动态评价值（$\alpha=1$，$\beta=0$）

区域＼年份	2002	2003	2004	2005	2006	2007	2008	2009	2010
北京	0.0150	0.0119	0.0684	0.0338	0.0305	0.0113	0.0099	0.0095	0.0134
天津	0.0120	0.0091	0.0190	0.0471	0.0097	0.0137	0.0099	0.0097	0.0704
河北	0.0129	0.0094	0.0271	0.3020	0.0094	0.0375	0.0092	0.0120	0.0127
山西	0.0395	0.0153	0.0211	0.0639	0.0159	0.0139	0.0095	0.0223	0.0104
内蒙古	0.0205	0.0100	0.0211	0.1119	0.0176	0.0250	0.0127	0.0139	0.0346
辽宁	0.0137	0.0080	0.0205	0.0072	0.0130	0.0166	0.0088	0.0122	0.0095
吉林	0.2268	0.0083	0.0119	0.0170	0.0112	0.0119	0.0127	0.0152	0.0173
黑龙江	0.0144	0.0094	0.0156	0.0088	0.1544	0.0150	0.0076	0.0866	0.0130
上海	0.0201	0.0170	0.0155	0.0102	0.0147	0.0123	0.0075	0.0193	0.0126
江苏	0.0147	0.0113	0.0164	0.0090	0.0115	0.0160	0.0109	0.0172	0.0175
浙江	0.0164	0.0120	0.0135	0.0119	0.0132	0.0123	0.0091	0.0096	0.0136
安徽	0.0338	0.0091	0.0161	0.0127	0.0090	0.0163	0.3370	0.0186	0.0103
福建	0.0108	0.0141	0.0127	0.0083	0.0146	0.0145	0.0102	0.0137	0.0165
江西	0.0176	0.0303	0.0221	0.0136	0.0114	0.0188	0.0131	0.0121	0.0174
山东	0.0153	0.0096	0.0146	0.0105	0.0106	0.0160	0.0100	0.0129	0.0143
河南	0.0183	0.0110	0.0176	0.0105	0.0203	0.0161	0.0122	0.0123	0.0209
湖北	0.0137	0.0103	0.0141	0.0069	0.0090	0.0196	0.0113	0.0109	0.0169
湖南	0.0137	0.0081	0.0196	0.0075	0.0086	0.0136	0.0168	0.0137	0.0160
广东	0.0347	0.0097	0.0160	0.0122	0.0101	0.0180	0.0088	0.0107	0.0165
广西	0.0190	0.0108	0.0163	0.0162	0.0084	0.0147	0.0126	0.0161	0.0209
海南	0.0170	0.3599	0.0471	0.0337	0.0761	0.0186	0.1431	0.0460	0.0597

续表

年份 区域	2002	2003	2004	2005	2006	2007	2008	2009	2010
重庆	0.0131	0.0165	0.0645	0.0178	0.0098	0.0149	0.0114	0.0162	0.0203
四川	0.0156	0.0091	0.0826	0.0118	0.0096	0.0180	0.0097	0.0109	0.0164
贵州	0.0983	0.0440	0.0351	0.0144	0.0120	0.0783	0.0139	0.2899	0.0418
云南	0.0118	0.0293	0.0135	0.0123	0.0256	0.0120	0.0155	0.0135	0.0195
西藏	0.0599	0.0214	0.0186	0.0834	0.0351	0.0331	0.1086	0.0820	0.0241
陕西	0.0234	0.3078	0.0128	0.0076	0.0112	0.0137	0.0312	0.0109	0.0477
甘肃	0.0283	0.0112	0.0584	0.0102	0.0204	0.0137	0.0098	0.0147	0.0142
青海	0.0170	0.0107	0.0123	0.2143	0.3525	0.2796	0.0747	0.0224	0.1828
宁夏	0.0111	0.0112	0.0338	0.0107	0.0221	0.0290	0.0492	0.0240	0.0125
新疆	0.0248	0.0212	0.0143	0.0284	0.0482	0.0262	0.0156	0.0162	0.0298
平均值	0.0212	0.0268	0.0191	0.0234	0.0244	0.0232	0.0234	0.0231	0.0204

表 5-9 基于理想解法的区域自主创新潜力动态评价值排序（$\alpha=1$，$\beta=0$）

年份 区域	2002	2003	2004	2005	2006	2007	2008	2009	2010
北京	21	14	2	7	6	32	22	32	25
天津	29	27	15	6	26	24	23	30	2
河北	28	26	8	1	28	3	27	25	27
山西	4	11	10	5	13	23	26	8	30
内蒙古	11	22	11	3	12	7	14	17	6
辽宁	26	32	12	31	17	14	29	23	32
吉林	1	30	32	12	22	31	13	15	16
黑龙江	23	25	22	27	2	19	31	2	26
上海	12	9	23	25	14	28	32	9	28
江苏	22	15	18	26	19	18	19	11	14
浙江	18	13	28	19	16	29	28	31	24
安徽	6	28	20	16	30	15	1	10	31
福建	32	12	30	28	15	22	20	18	19
江西	15	4	9	15	20	10	12	24	15
山东	20	24	24	22	23	17	21	21	22
河南	14	18	17	23	11	16	16	22	9
湖北	24	21	26	32	29	9	18	28	17
湖南	25	31	13	30	31	27	8	19	21
广东	5	23	21	18	24	12	30	29	18
广西	13	19	19	13	32	21	15	14	10
海南	17	1	5	8	3	11	2	4	3
重庆	27	10	3	11	25	20	17	13	12
四川	19	29	1	20	27	13	25	26	20
贵州	2	3	6	14	18	2	11	1	5
云南	30	5	27	17	7	30	10	20	13
西藏	3	7	16	4	5	4	3	3	8

续表

区域＼年份	2002	2003	2004	2005	2006	2007	2008	2009	2010
陕西	9	2	29	29	21	26	6	27	4
甘肃	7	16	4	24	10	25	24	16	23
青海	16	20	31	2	1	1	4	7	1
宁夏	31	17	7	21	9	5	5	5	29
新疆	8	8	25	9	4	6	9	12	7
平均值	10	6	14	10	8	8	7	6	11

当$\alpha=0$与$\beta=1$时，只考虑各指标值增长性，各省（自治区、直辖市）（不含香港、澳门、台湾地区）的区域自主创新潜力基于理想解法的动态评价值如表5-10所示，动态评价值排序见表5-11。

表5-10　基于理想解法的区域自主创新潜力动态评价值（$\alpha=0$，$\beta=1$）

区域＼年份	2003	2004	2005	2006	2007	2008	2009	2010
北京	0.3067	0.3405	0.2980	0.3249	0.3011	0.3126	0.3071	0.3122
天津	0.3047	0.3163	0.3207	0.2706	0.3141	0.3083	0.3075	0.3399
河北	0.3085	0.3243	0.4417	0.2410	0.3264	0.3010	0.3077	0.3104
山西	0.3102	0.3130	0.3104	0.3113	0.3123	0.3106	0.3171	0.3014
内蒙古	0.3072	0.3183	0.3240	0.3095	0.3135	0.3083	0.3030	0.3167
辽宁	0.3055	0.3191	0.3028	0.3163	0.3109	0.3052	0.3117	0.3083
吉林	0.2789	0.3140	0.3150	0.3006	0.3138	0.3111	0.3104	0.3156
黑龙江	0.2976	0.3132	0.3041	0.3784	0.2918	0.3079	0.3532	0.2851
上海	0.2918	0.3110	0.3111	0.3159	0.3090	0.3101	0.3142	0.3063
江苏	0.3078	0.3140	0.3042	0.3137	0.3159	0.3083	0.3134	0.3120
浙江	0.3071	0.3104	0.3114	0.3108	0.3131	0.3096	0.3066	0.3136
安徽	0.2668	0.3132	0.3110	0.3072	0.3148	0.4236	0.3087	0.3042
福建	0.3081	0.3094	0.3069	0.3151	0.3104	0.3101	0.3131	0.3104
江西	0.3203	0.3027	0.3036	0.3098	0.3157	0.3095	0.3092	0.3121
山东	0.3068	0.3158	0.3094	0.3096	0.3139	0.3087	0.3145	0.3121
河南	0.2916	0.3166	0.3049	0.3170	0.3112	0.3069	0.3054	0.3163
湖北	0.3032	0.3144	0.3062	0.3108	0.3186	0.3097	0.3082	0.3157
湖南	0.3121	0.3191	0.2993	0.3138	0.3137	0.3147	0.2949	0.3118
广东	0.2712	0.3149	0.3091	0.3096	0.3162	0.3086	0.3090	0.3132
广西	0.2936	0.3145	0.3097	0.3090	0.3156	0.3077	0.3136	0.3137
海南	0.4813	0.2663	0.3187	0.2965	0.3133	0.3537	0.3107	0.3052
重庆	0.3132	0.3362	0.2966	0.3120	0.3121	0.3119	0.3087	0.3084
四川	0.3042	0.3518	0.2565	0.3084	0.3199	0.3036	0.3106	0.3157
贵州	0.3088	0.3174	0.3046	0.3059	0.3424	0.3053	0.4510	0.2719
云南	0.3164	0.2950	0.3146	0.3144	0.3002	0.3100	0.3080	0.3127
西藏	0.3069	0.3129	0.3168	0.3129	0.3127	0.3246	0.3147	0.3105
陕西	0.4444	0.2507	0.3105	0.3149	0.3113	0.3210	0.2741	0.3318
甘肃	0.3078	0.3355	0.2733	0.3155	0.3115	0.3113	0.3130	0.3065

续表

区域＼年份	2003	2004	2005	2006	2007	2008	2009	2010
青海	0.3103	0.3131	0.4046	0.4624	0.3785	0.3141	0.2551	0.3920
宁夏	0.3094	0.3241	0.3001	0.3217	0.3045	0.3186	0.3127	0.3113
新疆	0.3100	0.3109	0.3184	0.2994	0.2886	0.3056	0.3131	0.3096
平均值	0.3125	0.3125	0.3125	0.3125	0.3125	0.3125	0.3125	0.3125

表 5-11　基于理想解法的区域自主创新潜力动态评价值排序（$\alpha=0$，$\beta=1$）

区域＼年份	2003	2004	2005	2006	2007	2008	2009	2010
北京	21	2	29	3	29	8	26	14
天津	23	12	4	31	11	23	25	2
河北	13	5	1	32	3	32	24	22
山西	9	22	15	17	20	13	3	30
内蒙古	17	9	3	23	15	24	29	4
辽宁	22	8	26	6	25	30	14	25
吉林	30	17	8	28	13	12	17	8
黑龙江	26	20	24	2	31	25	2	31
上海	28	25	12	7	27	15	6	27
江苏	16	18	23	13	7	22	8	17
浙江	18	27	11	19	17	18	27	10
安徽	32	19	13	26	10	1	21	29
福建	14	28	19	9	26	14	10	21
江西	3	29	25	20	8	19	18	15
山东	20	13	17	21	12	20	5	16
河南	29	11	21	5	24	27	28	5
湖北	25	16	20	18	5	17	22	6
湖南	7	7	28	12	14	6	30	18
广东	31	14	18	22	6	21	19	11
广西	27	15	16	24	9	26	7	9
海南	1	31	5	30	16	2	15	28
重庆	5	3	30	16	21	10	20	24
四川	24	1	32	25	4	31	16	7
贵州	12	10	22	27	2	29	1	32
云南	4	30	9	11	30	16	23	12
西藏	19	23	7	14	18	3	4	20
陕西	2	32	14	10	23	4	31	3
甘肃	15	4	31	8	22	11	11	26
青海	8	21	2	1	1	7	32	1
宁夏	11	6	27	4	28	5	12	19
新疆	10	26	6	29	32	28	9	23
平均值	6	24	10	15	19	9	13	13

当 $\alpha=0.9$ 与 $\beta=0.1$ 时，同时考虑各指标值差异和增长性，更关注各指标值

差异，各省（自治区、直辖市）（不含香港、澳门、台湾地区）的区域自主创新潜力基于理想解法的动态评价值如表 5-12 所示，动态评价值排序见表 5-13。

表 5-12　基于理想解法的区域自主创新潜力动态评价值（α=0.9，β=0.1）

区域＼年份	2002	2003	2004	2005	2006	2007	2008	2009	2010
北京	0.0135	0.0413	0.0956	0.0602	0.0600	0.0403	0.0402	0.0393	0.0433
天津	0.0108	0.0387	0.0487	0.0744	0.0358	0.0438	0.0397	0.0394	0.0974
河北	0.0116	0.0393	0.0569	0.3160	0.0326	0.0664	0.0384	0.0416	0.0425
山西	0.0355	0.0448	0.0503	0.0886	0.0454	0.0437	0.0396	0.0518	0.0395
内蒙古	0.0184	0.0397	0.0508	0.1331	0.0468	0.0539	0.0422	0.0428	0.0628
辽宁	0.0123	0.0377	0.0504	0.0367	0.0433	0.0461	0.0385	0.0421	0.0393
吉林	0.2041	0.0353	0.0421	0.0468	0.0401	0.0421	0.0425	0.0447	0.0472
黑龙江	0.0130	0.0382	0.0454	0.0383	0.1768	0.0427	0.0376	0.1133	0.0402
上海	0.0181	0.0445	0.0451	0.0403	0.0449	0.0419	0.0377	0.0488	0.0420
江苏	0.0132	0.0410	0.0461	0.0385	0.0417	0.0460	0.0406	0.0468	0.0470
浙江	0.0148	0.0415	0.0432	0.0419	0.0430	0.0424	0.0391	0.0393	0.0436
安徽	0.0304	0.0348	0.0458	0.0426	0.0388	0.0462	0.3457	0.0476	0.0397
福建	0.0097	0.0435	0.0424	0.0381	0.0447	0.0441	0.0402	0.0436	0.0459
江西	0.0158	0.0593	0.0502	0.0426	0.0413	0.0485	0.0428	0.0418	0.0469
山东	0.0137	0.0393	0.0447	0.0404	0.0405	0.0458	0.0399	0.0431	0.0440
河南	0.0164	0.0391	0.0475	0.0399	0.0499	0.0456	0.0416	0.0416	0.0505
湖北	0.0123	0.0396	0.0441	0.0369	0.0392	0.0495	0.0411	0.0406	0.0468
湖南	0.0123	0.0385	0.0496	0.0367	0.0391	0.0436	0.0465	0.0418	0.0456
广东	0.0312	0.0358	0.0459	0.0419	0.0400	0.0478	0.0388	0.0406	0.0462
广西	0.0171	0.0391	0.0461	0.0456	0.0384	0.0448	0.0421	0.0459	0.0502
海南	0.0153	0.3721	0.0690	0.0622	0.0981	0.0480	0.1642	0.0724	0.0843
重庆	0.0118	0.0462	0.0917	0.0457	0.0400	0.0446	0.0415	0.0454	0.0491
四川	0.0141	0.0386	0.1095	0.0363	0.0395	0.0482	0.0390	0.0409	0.0463
甘肃	0.0255	0.0409	0.0861	0.0365	0.0500	0.0435	0.0399	0.0446	0.0434
青海	0.0153	0.0407	0.0424	0.2333	0.3635	0.2895	0.0986	0.0456	0.2037
宁夏	0.0100	0.0410	0.0628	0.0397	0.0520	0.0566	0.0761	0.0529	0.0424
新疆	0.0223	0.0501	0.0440	0.0574	0.0733	0.0525	0.0446	0.0459	0.0578
平均值	0.0191	0.0554	0.0484	0.0523	0.0532	0.0521	0.0523	0.0520	0.0496

表 5-13　基于理想解法的区域自主创新潜力动态评价值排序（α=0.9，β=0.1）

区域＼年份	2002	2003	2004	2005	2006	2007	2008	2009	2010
北京	21	14	2	8	6	32	20	30	25
天津	29	25	14	6	31	22	24	29	2
河北	28	22	8	1	32	3	30	24	26
山西	4	10	11	5	13	23	25	7	31
内蒙古	11	19	9	3	12	6	14	20	6
辽宁	26	29	10	29	16	15	29	21	32
吉林	1	31	30	11	23	29	13	15	14

续表

区域\年份	2002	2003	2004	2005	2006	2007	2008	2009	2010
黑龙江	23	28	22	25	2	27	32	2	29
上海	12	11	23	21	14	30	31	8	28
江苏	22	16	18	24	18	16	19	10	15
浙江	18	13	27	19	17	28	26	31	23
安徽	6	32	21	16	29	14	1	9	30
福建	32	12	28	26	15	21	21	17	20
江西	15	4	12	15	21	10	12	22	16
山东	20	21	24	20	22	17	23	18	22
河南	14	24	17	22	11	18	16	25	9
湖北	24	20	25	28	27	9	18	27	17
湖南	25	27	13	30	28	24	8	23	21
广东	5	30	20	18	25	13	28	28	19
广西	13	23	19	13	30	19	15	11	10
海南	17	1	5	7	3	12	2	4	3
重庆	27	9	3	12	24	20	17	14	12
四川	19	26	1	32	26	11	27	26	18
贵州	2	3	6	14	20	2	11	1	5
云南	30	5	31	17	7	31	9	19	13
西藏	3	8	16	4	5	4	3	3	8
陕西	9	2	32	27	19	26	6	32	4
甘肃	7	17	4	31	10	25	22	16	24
青海	16	18	29	2	1	1	4	13	1
宁夏	31	15	7	23	9	5	5	5	27
新疆	8	7	26	9	4	7	10	12	7
平均值	10	6	15	10	8	8	7	6	11

为了比较各省（自治区、直辖市）（不含香港、澳门、台湾地区）区域自主创新潜力的总体情况，可以进行二次加权，各省（自治区、直辖市）（不含香港、澳门、台湾地区）的区域自主创新总体潜力基于理想解法的动态评价值及其排序见表 5-14。

表 5-14 基于理想解法的区域自主创新总体潜力动态评价值及其排序

区域	评价值	排序	区域	评价值	排序	区域	评价值	排序	区域	评价值	排序
北京	0.0478	15	上海	0.0425	26	湖北	0.0422	29	云南	0.0453	20
天津	0.0543	10	江苏	0.0434	24	湖南	0.0425	25	西藏	0.0807	5
河北	0.0682	6	浙江	0.0410	31	广东	0.0424	28	陕西	0.0622	8
山西	0.0481	14	安徽	0.0897	4	广西	0.0442	23	甘肃	0.0455	19
内蒙古	0.0565	9	福建	0.0424	27	海南	0.0996	3	青海	0.1689	1
辽宁	0.0409	32	江西	0.0446	21	重庆	0.0472	16	宁夏	0.0528	11
吉林	0.0471	17	山东	0.0419	30	四川	0.0460	18	新疆	0.0525	12
黑龙江	0.0678	7	河南	0.0444	22	贵州	0.1058	2	平均值	0.0509	13

(3) 利用基于改进理想解法的动态评价方法对中国 31 个省（自治区、直辖市）(不含香港、澳门、台湾地区) 的区域自主创新潜力进行评价。

当$\alpha=1$与$\beta=0$时，只考虑各指标值差异，各省（自治区、直辖市）(不含香港、澳门、台湾地区) 的区域自主创新潜力动态评价值如表 5-15 所示，动态评价值排序见表 5-16。

表 5-15　基于改进理想解法的区域自主创新潜力动态评价值（$\alpha=1$，$\beta=0$）

区域\年份	2002	2003	2004	2005	2006	2007	2008	2009	2010
北京	0.8792	0.8689	0.9408	0.5727	0.5749	0.6952	0.5127	0.3307	0.6254
天津	0.2080	0.5914	1.0000	0.3322	0.7856	0.5566	0.7250	0.6499	0.5863
河北	0.4730	0.2079	0.3764	0.6979	0.4249	0.4126	0.5648	0.4658	0.6769
山西	0.4547	0.2539	0.8726	0.7165	0.4085	0.6528	0.4434	0.3593	0.4623
内蒙古	0.4246	0.5647	0.0338	1.0000	0.7223	0.9539	0.4080	0.7085	0.3986
辽宁	0.7220	0.0947	0.8298	0.0000	0.8636	0.8424	0.0000	1.0000	0.7124
吉林	0.5969	0.5072	0.7492	0.4160	0.8823	0.9453	0.4215	0.6993	0.6065
黑龙江	0.6501	0.6727	0.8043	0.5983	0.4748	0.6419	0.2889	0.3881	0.5953
上海	0.6765	0.8536	0.8426	0.6434	0.5572	0.8290	0.4695	0.3844	0.5190
江苏	0.5542	0.9805	0.7852	0.5685	0.8091	1.0000	0.5541	0.5594	0.7280
浙江	0.7558	0.6722	0.9098	0.7716	0.8075	0.8231	0.2330	0.3781	0.6648
安徽	0.5797	0.7078	0.7811	0.6186	0.3619	0.5528	0.4880	0.8050	0.8739
福建	0.4352	0.1020	0.5002	0.4581	0.6804	0.6998	0.3732	0.5141	0.7281
江西	0.4474	0.3831	0.5504	0.7851	0.6822	0.5827	0.4567	0.5389	0.7269
山东	0.7657	0.7941	0.8097	0.7574	0.6454	0.4535	0.2785	0.5999	0.5248
河南	0.3176	0.3869	0.9320	0.7426	0.7388	0.9728	0.4213	0.5111	0.6895
湖北	0.4812	0.8313	0.2608	0.7627	0.6721	0.8558	0.4959	0.6930	0.7753
湖南	0.5676	0.4395	0.6780	0.6662	0.7232	0.7560	0.7611	0.6079	0.7446
广东	0.2534	0.8205	0.8493	0.7042	0.6189	0.8114	0.5029	0.3515	0.6424
广西	0.6066	0.2180	0.1022	0.8188	0.6556	0.2238	0.2041	0.7053	0.7858
海南	0.5172	0.7339	0.7093	0.1701	0.8139	0.7368	0.4100	0.0802	0.9083
重庆	0.7169	0.5464	0.0517	0.7882	0.2230	0.0281	1.0000	0.0322	1.0000
四川	0.0000	1.0000	0.8071	0.7321	0.0143	0.0000	0.7922	0.5408	0.7035
贵州	0.9407	0.8518	0.6264	0.7920	0.0000	0.0075	0.8075	0.1947	0.6401
云南	0.4883	0.2690	0.6708	0.6335	0.4669	0.4489	0.5891	0.4137	0.7061
西藏	1.0000	0.9570	0.0000	0.8439	1.0000	0.6665	0.0853	0.5990	0.9432
陕西	0.3699	0.5159	0.6865	0.7441	0.6784	0.2700	0.2117	0.5758	0.7969
甘肃	0.6893	0.0000	0.7649	0.5157	0.5689	0.6683	0.1462	0.6394	0.7705
青海	0.7412	0.9895	0.5709	0.6233	0.5838	0.5403	0.4733	0.1591	0.6487
宁夏	0.2487	0.8866	0.4435	0.2256	0.5753	0.4986	0.7260	0.6751	0.0000
新疆	0.5514	0.4596	0.2891	0.6777	0.6735	0.8244	0.1899	0.0000	0.7773
平均值	0.5986	0.6630	0.6920	0.6898	0.6524	0.6776	0.5245	0.5516	0.7030

表 5-16　基于改进理想解法的区域自主创新潜力动态评价值排序（$\alpha=1$，$\beta=0$）

区域\年份	2002	2003	2004	2005	2006	2007	2008	2009	2010
北京	3	6	2	24	22	14	11	27	24
天津	31	17	1	29	7	21	6	8	27
河北	22	29	26	15	27	27	8	20	19

续表

区域＼年份	2002	2003	2004	2005	2006	2007	2008	2009	2010
山西	23	27	5	13	28	18	18	25	30
内蒙古	26	18	31	1	10	3	22	3	31
辽宁	7	31	8	32	3	6	32	1	14
吉林	14	21	15	28	2	4	19	5	25
黑龙江	11	14	11	23	25	19	24	22	26
上海	10	7	7	19	24	7	16	23	29
江苏	17	3	12	25	5	1	9	14	12
浙江	5	15	4	7	6	9	26	24	20
安徽	15	13	13	22	29	22	14	2	4
福建	25	30	24	27	12	13	23	18	11
江西	24	25	23	6	11	20	17	17	13
山东	4	11	9	9	18	25	25	11	28
河南	28	24	3	11	8	2	20	19	18
湖北	21	9	28	8	15	5	13	6	8
湖南	16	23	19	18	9	11	4	10	10
广东	29	10	6	14	19	10	12	26	22
广西	12	28	29	3	16	29	28	4	6
海南	19	12	16	31	4	12	21	30	3
重庆	8	19	30	5	30	30	1	31	1
四川	32	1	10	12	31	32	3	16	16
贵州	2	8	21	4	32	31	2	28	23
云南	20	26	20	20	26	26	7	21	15
西藏	1	4	32	2	1	17	31	12	2
陕西	27	20	18	10	13	28	27	13	5
甘肃	9	32	14	26	23	16	30	9	9
青海	6	2	22	21	20	23	15	29	21
宁夏	30	5	25	30	21	24	5	7	32
新疆	18	22	27	17	14	8	29	32	7
平均值	13	16	17	16	17	15	10	15	17

当 $\alpha=0$ 与 $\beta=1$ 时，只考虑各指标值增长性，各省（自治区、直辖市）（不含香港、澳门、台湾地区）的区域自主创新潜力基于改进理想解法的动态评价值如表 5-17 所示，动态评价值排序见表 5-18。

表 5-17　基于改进理想解法的区域自主创新潜力动态评价值（$\alpha=0$，$\beta=1$）

区域＼年份	2003	2004	2005	2006	2007	2008	2009	2010
北京	0.4538	0.6972	0.4090	0.6504	0.7567	0.5275	0.5910	0.6888
天津	0.8009	0.9568	0.0000	0.8837	0.3327	0.6635	0.6663	0.4530
河北	0.3891	0.7766	0.8602	0.4653	0.8055	0.6155	0.5616	0.5912
山西	0.3618	0.9219	0.5955	0.4395	0.7874	0.4842	0.6547	0.5880
内蒙古	0.6817	0.5120	0.9851	0.3527	0.9453	0.2441	0.8027	0.3084
辽宁	0.0423	1.0000	0.1312	1.0000	0.5569	0.0000	1.0000	0.2083

续表

区域 \ 年份	2003	2004	2005	2006	2007	2008	2009	2010
吉林	0.5033	0.8134	0.5293	0.8838	0.7041	0.2845	0.8027	0.4869
黑龙江	0.5430	0.7947	0.5997	0.5570	0.9651	0.3503	0.7198	0.6076
上海	0.6970	0.7158	0.6070	0.5710	1.0000	0.3824	0.6593	0.5750
江苏	0.8228	0.6302	0.5108	0.7467	0.9161	0.3909	0.5613	0.6474
浙江	0.3311	0.8531	0.6278	0.6490	0.6764	0.2335	0.7806	0.7043
安徽	0.6426	0.7787	0.6084	0.4800	0.9998	0.5688	0.8512	0.5543
福建	0.3727	0.8400	0.6656	0.7698	0.7329	0.4149	0.7614	0.6795
江西	0.5427	0.7955	0.8251	0.5571	0.5354	0.5081	0.7047	0.6656
山东	0.4217	0.7454	0.7021	0.5522	0.5274	0.4077	0.8565	0.4776
河南	0.6396	0.9522	0.6000	0.6335	0.9569	0.2577	0.7325	0.6505
湖北	0.8065	0.4595	0.9169	0.5506	0.9791	0.3312	0.7813	0.6051
湖南	0.4790	0.8118	0.7232	0.6803	0.6219	0.6647	0.5782	0.6425
广东	0.9179	0.7506	0.5948	0.5860	0.9225	0.4190	0.5976	0.6639
广西	0.2464	0.6461	0.9143	0.4085	0.1058	0.5489	0.7924	0.5186
海南	0.6879	0.7000	0.4149	0.9046	0.3259	0.3048	0.5465	0.8968
重庆	0.3751	0.4854	0.9673	0.1476	0.6940	1.0000	0.0000	1.0000
四川	1.0000	0.5547	0.6776	0.2021	0.8575	0.8566	0.4498	0.6018
贵州	0.3348	0.5928	0.8299	0.0000	0.9641	0.8425	0.2225	0.7585
云南	0.4056	0.8994	0.6856	0.5424	0.7704	0.6071	0.6172	0.6891
西藏	0.2985	0.0000	1.0000	0.6357	0.0000	0.0959	0.8795	0.6381
陕西	0.6799	0.8134	0.7413	0.5992	0.1697	0.4244	0.8360	0.6904
甘肃	0.0000	0.8897	0.4761	0.6640	0.8399	0.2739	0.8808	0.6154
青海	0.6194	0.4996	0.7495	0.3088	0.6351	0.5522	0.4287	0.7188
宁夏	0.9592	0.4901	0.5904	0.5074	0.5316	0.7022	0.6194	0.0000
新疆	0.5013	0.6383	0.8795	0.4694	0.8092	0.1866	0.5987	0.9009
平均值	0.5953	0.7606	0.7245	0.6161	0.7526	0.5234	0.7211	0.6467

表 5-18　基于改进理想解法的区域自主创新潜力动态评价值排序（$\alpha=0$，$\beta=1$）

区域 \ 年份	2003	2004	2005	2006	2007	2008	2009	2010
北京	20	21	30	9	16	12	24	9
天津	6	2	32	4	28	6	17	29
河北	23	15	7	25	13	7	26	22
山西	26	4	23	26	14	15	19	23
内蒙古	9	27	2	28	7	28	7	30
辽宁	31	1	31	1	24	32	1	31
吉林	17	10	26	3	19	25	8	27
黑龙江	15	13	22	18	4	22	15	19
上海	7	19	20	16	1	21	18	24
江苏	4	24	27	6	9	20	27	14
浙江	28	7	18	10	21	29	11	6

续表

年份 区域	2003	2004	2005	2006	2007	2008	2009	2010
安徽	11	14	19	23	2	9	5	25
福建	25	8	17	5	18	18	12	10
江西	16	12	9	17	25	14	16	11
山东	21	18	14	19	27	19	4	28
河南	12	3	21	12	6	27	13	13
湖北	5	31	4	20	3	23	10	20
湖南	19	11	13	7	23	5	25	16
广东	3	17	24	15	8	17	23	12
广西	30	22	5	27	31	11	9	26
海南	8	20	29	2	29	24	28	3
重庆	24	30	3	31	20	1	32	1
四川	1	26	16	30	10	2	29	21
贵州	27	25	8	32	5	3	31	4
云南	22	5	15	21	15	8	21	8
西藏	29	32	1	11	32	31	3	17
陕西	10	9	11	14	30	16	6	7
甘肃	32	6	28	8	11	26	2	18
青海	13	28	10	29	22	10	30	5
宁夏	2	29	25	22	26	4	20	32
新疆	18	23	6	24	12	30	22	2
平均值	14	16	12	13	17	13	14	15

当 $\alpha=0.9$ 与 $\beta=0.1$ 时，同时考虑各指标值差异和增长性，更关注各指标值差异，各省（自治区、直辖市）（不含香港、澳门、台湾地区）的区域自主创新潜力基于改进理想解法的动态评价值如表 5-19 所示，动态评价值排序见表 5-20。

表 5-19 基于改进理想解法的区域自主创新潜力动态评价值（$\alpha=0.9$，$\beta=0.1$）

年份 区域	2002	2003	2004	2005	2006	2007	2008	2009	2010
北京	0.8792	0.8274	0.9164	0.5563	0.5825	0.7013	0.5141	0.3568	0.6318
天津	0.2080	0.6123	0.9957	0.2990	0.7954	0.5342	0.7188	0.6515	0.5729
河北	0.4730	0.2260	0.4165	0.7141	0.4289	0.4519	0.5698	0.4753	0.6683
山西	0.4547	0.2647	0.8775	0.7044	0.4116	0.6663	0.4474	0.3888	0.4748
内蒙古	0.4246	0.5764	0.0816	0.9985	0.6853	0.9530	0.3916	0.7179	0.3896
辽宁	0.7220	0.0895	0.8468	0.0131	0.8772	0.8139	0.0000	1.0000	0.6620
吉林	0.5969	0.5068	0.7556	0.4273	0.8824	0.9212	0.4078	0.7096	0.5945
黑龙江	0.6501	0.6597	0.8033	0.5985	0.4830	0.6742	0.2951	0.4212	0.5965
上海	0.6765	0.8379	0.8300	0.6397	0.5585	0.8461	0.4608	0.4119	0.5246
江苏	0.5542	0.9647	0.7697	0.5628	0.8028	0.9916	0.5378	0.5596	0.7199
浙江	0.7558	0.6381	0.9041	0.7572	0.7916	0.8084	0.2330	0.4184	0.6687
安徽	0.5797	0.7012	0.7808	0.6175	0.3738	0.5975	0.4961	0.8096	0.8419
福建	0.4352	0.1291	0.5341	0.4789	0.6893	0.7031	0.3773	0.5388	0.7233

续表

年份 区域	2002	2003	2004	2005	2006	2007	2008	2009	2010
江西	0.4474	0.3990	0.5749	0.7891	0.6697	0.5780	0.4618	0.5555	0.7208
山东	0.7657	0.7569	0.8033	0.7519	0.6360	0.4609	0.2914	0.6255	0.5201
河南	0.3176	0.4122	0.9340	0.7283	0.7283	0.9712	0.4049	0.5332	0.6856
湖北	0.4812	0.8288	0.2807	0.7781	0.6599	0.8681	0.4794	0.7018	0.7583
湖南	0.5676	0.4435	0.6914	0.6719	0.7189	0.7426	0.7514	0.6049	0.7344
广东	0.2534	0.8302	0.8394	0.6933	0.6156	0.8225	0.4945	0.3761	0.6445
广西	0.6066	0.2209	0.1566	0.8284	0.6309	0.2120	0.2386	0.7140	0.7591
海南	0.5172	0.7293	0.7084	0.1946	0.8230	0.6957	0.3995	0.1268	0.9072
重庆	0.7169	0.5292	0.0951	0.8061	0.2155	0.0947	1.0000	0.0290	1.0000
四川	0.0000	1.0000	0.7818	0.7266	0.0331	0.0858	0.7986	0.5317	0.6933
贵州	0.9407	0.8001	0.6230	0.7958	0.0000	0.1031	0.8110	0.1975	0.6519
云南	0.4883	0.2827	0.6937	0.6387	0.4745	0.4811	0.5909	0.4341	0.7044
西藏	1.0000	0.8911	0.0000	0.8596	0.9636	0.5998	0.0864	0.6271	0.9127
陕西	0.3699	0.5323	0.6992	0.7438	0.6705	0.2600	0.2330	0.6018	0.7862
甘肃	0.6893	0.0000	0.7774	0.5118	0.5784	0.6854	0.1589	0.6635	0.7550
青海	0.7412	0.9525	0.5637	0.6359	0.5563	0.5498	0.4812	0.1861	0.6557
宁夏	0.2487	0.8939	0.4482	0.2620	0.5685	0.5019	0.7236	0.6696	0.0000
新疆	0.5514	0.4638	0.3240	0.6979	0.6530	0.8229	0.1896	0.0599	0.7897
平均值	0.5986	0.6562	0.6989	0.6933	0.6487	0.6851	0.5244	0.5686	0.6973

表 5-20　基于改进理想解法的区域自主创新潜力动态评价值排序（$\alpha=0.9$，$\beta=0.1$）

年份 区域	2002	2003	2004	2005	2006	2007	2008	2009	2010
北京	3	9	3	25	20	13	11	27	24
天津	31	17	1	29	6	23	6	9	27
河北	22	28	26	13	27	27	8	20	19
山西	23	27	5	14	28	18	18	25	30
内蒙古	26	18	31	1	11	3	22	3	31
辽宁	7	31	6	32	3	9	32	1	20
吉林	14	21	15	28	2	4	19	5	26
黑龙江	11	14	9	23	25	17	24	22	25
上海	10	6	8	19	23	6	17	24	28
江苏	17	2	14	24	5	1	9	15	13
浙江	5	16	4	8	7	10	27	23	18
安徽	15	13	12	22	29	20	12	2	4
福建	25	30	24	27	10	12	23	17	11
江西	24	25	22	6	13	21	16	16	12
山东	4	11	10	9	17	26	25	11	29
河南	28	24	2	11	8	2	20	18	17
湖北	21	8	28	7	14	5	15	6	8
湖南	16	23	20	18	9	11	4	12	10

续表

年份 区域	2002	2003	2004	2005	2006	2007	2008	2009	2010
广东	29	7	7	16	19	8	13	26	23
广西	12	29	29	3	18	29	26	4	7
海南	19	12	16	31	4	14	21	30	3
重庆	8	20	30	4	30	31	1	32	1
四川	32	1	11	12	31	32	3	19	16
贵州	2	10	21	5	32	30	2	28	22
云南	20	26	19	20	26	25	7	21	14
西藏	1	5	32	2	1	19	31	10	2
陕西	27	19	17	10	12	28	28	13	6
甘肃	9	32	13	26	21	15	30	8	9
青海	6	3	23	21	24	22	14	29	21
宁夏	30	4	25	30	22	24	5	7	32
新疆	18	22	27	15	15	7	29	31	5
平均值	13	15	18	17	16	16	10	14	15

为了比较各省（自治区、直辖市）（不含香港、澳门、台湾地区）区域自主创新潜力的总体情况，可以进行二次加权，各省（自治区、直辖市）（不含香港、澳门、台湾地区）的区域自主创新总体潜力基于改进理想解法的动态评价值及其排序见表 5-21。

表 5-21　基于改进理想解法的区域自主创新总体潜力动态评价值及其排序

区域	评价值	排序	区域	评价值	排序	区域	评价值	排序	区域	评价值	排序
北京	0.5948	14	上海	0.5892	16	湖北	0.6755	3	云南	0.5533	22
天津	0.6266	9	江苏	0.7050	1	湖南	0.6883	2	西藏	0.6327	8
河北	0.5265	26	浙江	0.6129	10	广东	0.6109	11	陕西	0.5543	21
山西	0.5112	29	安徽	0.6617	4	广西	0.5216	27	甘肃	0.5620	19
内蒙古	0.5989	13	福建	0.5631	18	海南	0.5588	20	青海	0.5271	25
辽宁	0.5938	15	江西	0.6024	12	重庆	0.5147	28	宁夏	0.4601	32
吉林	0.6535	6	山东	0.5637	17	四川	0.5337	24	新疆	0.4969	30
黑龙江	0.5342	23	河南	0.6577	5	贵州	0.4741	31	平均值	0.6362	7

（4）利用基于加权离差平方和最大的动态评价方法对中国 31 个省（自治区、直辖市）（不含香港、澳门、台湾地区）的区域自主创新潜力进行评价。

当 $\alpha=1$ 与 $\beta=0$ 时，只考虑各指标值差异，各省（自治区、直辖市）（不含香港、澳门、台湾地区）的区域自主创新潜力动态评价值如表 5-22 所示，动态评价值排序见表 5-23。

表 5-22　基于加权离差平方和最大的区域自主创新潜力动态评价值（$\alpha=1$，$\beta=0$）

年份 区域	2002	2003	2004	2005	2006	2007	2008	2009	2010
北京	0.8612	0.8906	2.1223	0.5251	1.0564	0.9534	0.4047	0.9743	0.9999
天津	0.5671	1.2654	0.9853	1.2551	1.0244	0.8159	0.8018	0.8976	0.4828
河北	0.7562	0.8017	0.8247	−0.4937	0.8355	1.1382	0.5779	0.8379	0.8627
山西	0.8768	1.0067	1.0997	1.1558	1.4966	1.1230	0.6800	0.8643	0.6692

续表

年份 区域	2002	2003	2004	2005	2006	2007	2008	2009	2010
内蒙古	1.0388	1.0527	0.5210	1.6943	0.9466	0.4974	1.1765	1.0978	1.1269
辽宁	0.8253	0.7937	1.2229	0.6838	0.7135	0.6574	0.4996	0.9397	0.6662
吉林	2.3726	0.5464	0.8665	1.1581	0.6817	0.8522	0.6889	1.3135	0.3897
黑龙江	0.5867	1.1829	0.6811	0.7301	−0.0537	0.8247	0.8049	0.5149	1.0179
上海	0.6704	1.0560	1.4238	1.0813	0.9837	0.9145	0.5569	1.5198	0.5812
江苏	0.7532	1.1507	1.0691	0.7424	1.0115	0.8881	1.1023	0.9484	1.1517
浙江	1.1864	1.2835	1.2246	1.1449	1.3875	0.9538	0.6219	0.7043	1.1179
安徽	0.6105	1.3191	0.6582	0.9088	0.9211	1.1136	2.1142	1.3098	1.0774
福建	0.5766	1.4154	0.9398	0.7772	1.0731	0.8873	0.9012	0.9274	1.1277
江西	0.8317	1.7357	0.9568	0.8752	0.9628	0.9639	0.7506	0.7526	0.9213
山东	1.1846	1.1408	0.9603	0.9814	0.9562	1.1135	1.1499	0.7491	1.1375
河南	0.6812	0.9044	0.8999	0.8569	1.2258	0.9636	0.5972	1.0709	0.7814
湖北	0.7819	0.9631	0.4798	0.8890	0.9235	1.0355	0.9801	1.0452	0.9355
湖南	0.8352	0.7724	0.7335	0.7913	0.6571	1.0101	1.1280	1.2987	1.1594
广东	0.9477	1.1498	0.8291	1.0769	1.0599	1.0361	0.7701	0.9152	1.0257
广西	1.0700	1.4577	0.4824	0.9995	0.6009	1.0170	1.1521	0.8514	1.1323
海南	0.7363	1.8291	2.4144	1.2174	1.1177	0.7524	3.5317	2.1650	2.3672
重庆	0.7415	0.9643	1.6941	0.6994	0.8304	0.8120	0.8740	0.7517	1.2188
四川	0.9932	0.9788	0.4795	0.9720	0.4763	0.9390	0.7482	0.6952	0.7074
贵州	0.9688	1.3261	1.0002	1.3784	0.7025	1.0639	0.8958	0.1177	1.1836
云南	0.8615	1.1535	0.5660	0.9410	0.8822	0.8005	0.7022	0.5858	0.8585
西藏	4.8813	0.1872	0.9865	3.0196	2.0819	0.4203	4.3095	1.3222	0.3651
陕西	0.7206	−0.1265	0.7434	0.7551	0.8834	0.9582	0.3111	1.0189	0.7740
甘肃	0.6872	1.0873	0.5937	0.8685	0.7818	0.9384	0.6640	0.8288	0.6434
青海	0.8180	0.6850	0.8358	1.1587	2.3993	2.2271	0.0421	2.1305	2.6468
宁夏	0.7627	0.4686	1.6807	0.9406	0.9280	2.2154	0.6209	0.9002	0.3993
新疆	0.8148	0.5580	1.0247	1.2156	1.4525	1.1137	0.8412	0.9514	1.4716
平均值	1.0000	1.0000	1.0001	1.0000	1.0000	1.0000	1.0000	0.9999	0.9999

表 5-23　基于加权离差平方和最大的区域自主创新潜力动态评价值排序（$\alpha=1$，$\beta=0$）

年份 区域	2002	2003	2004	2005	2006	2007	2008	2009	2010
北京	13	23	2	31	10	18	30	13	17
天津	32	8	14	4	11	26	16	20	29
河北	21	24	22	32	23	3	27	23	20
山西	11	17	8	9	3	4	22	21	25
内蒙古	6	16	29	2	17	31	4	8	11
辽宁	16	25	7	30	26	30	29	16	26
吉林	2	29	19	8	28	24	21	5	31
黑龙江	30	9	25	28	32	25	15	31	15
上海	28	15	5	11	14	21	28	3	28
江苏	22	11	9	27	12	22	8	15	7

续表

年份 区域	2002	2003	2004	2005	2006	2007	2008	2009	2010
浙江	3	7	6	10	5	17	24	28	12
安徽	29	6	26	19	20	6	3	6	13
福建	31	4	17	25	8	23	11	17	10
江西	15	2	16	21	15	14	18	25	19
山东	4	13	15	15	16	7	6	27	8
河南	27	22	18	23	6	15	26	9	22
湖北	19	21	31	20	19	10	10	10	18
湖南	14	26	24	24	29	12	7	7	6
广东	10	12	21	12	9	9	17	18	14
广西	5	3	30	14	30	11	5	22	9
海南	24	1	1	5	7	29	2	1	2
重庆	23	20	3	29	24	27	13	26	4
四川	8	19	32	16	31	19	19	29	24
贵州	9	5	11	3	27	8	12	32	5
贵州	9	5	11	3	27	8	12	32	5
云南	12	10	28	17	22	28	20	30	21
西藏	1	31	13	1	2	32	1	4	32
陕西	25	32	23	26	21	16	31	11	23
甘肃	26	14	27	22	25	20	23	24	27
青海	17	27	20	7	1	1	32	2	1
宁夏	20	30	4	18	18	2	25	19	30
新疆	18	28	10	6	4	5	14	14	3
平均值	7	18	12	13	13	13	9	12	16

当$\alpha=0$与$\beta=1$时，只考虑各指标值增长性，各省（自治区、直辖市）（不含香港、澳门、台湾地区）的区域自主创新潜力基于加权离差平方和最大的动态评价值如表 5-24 所示，动态评价值排序见表 5-25。

表 5-24　基于加权离差平方和最大的区域自主创新潜力动态评价值（$\alpha=0$，$\beta=1$）

年份 区域	2003	2004	2005	2006	2007	2008	2009	2010
北京	0.0361	1.5292	−1.8343	0.6214	−0.1441	−0.6404	0.8041	−0.0719
天津	1.1657	−0.5020	0.0442	0.1827	−0.4105	0.0940	0.0059	−0.1474
河北	−0.2078	0.1946	−0.3128	0.4922	0.0663	−0.4122	−0.0552	0.2613
山西	0.3636	0.2861	−0.0266	0.7347	−0.8093	−0.3876	−0.0213	−0.2611
内蒙古	0.1663	−0.6936	1.3147	−0.7095	−0.8012	1.6285	−0.7370	0.2567
辽宁	−0.2750	0.9157	−0.9536	0.1684	−0.0568	−0.2533	0.7454	−0.5005
吉林	−2.3400	1.1596	0.1547	−0.6660	0.4577	−0.1408	0.6710	−1.5904
黑龙江	0.7282	−0.7863	0.0317	−0.3391	0.3535	0.2363	−0.4802	0.6448
上海	0.4015	0.6680	−0.4582	−0.3983	0.0905	−0.4585	1.1502	−1.4591
江苏	0.5810	−0.1393	−0.4243	0.4532	−0.3769	0.6315	−0.6738	0.5259
浙江	0.4444	0.0030	−0.1893	0.2142	−0.4738	−0.6130	−0.1260	0.9086
安徽	0.7412	−1.2684	0.4230	0.2919	0.1841	0.6914	−0.6402	0.2009

续表

年份/区域	2003	2004	2005	2006	2007	2008	2009	2010
福建	1.2095	−0.7625	−0.4372	0.5160	−0.1932	0.1971	−0.1193	0.4841
江西	1.5377	−1.2631	−0.3388	0.3777	−0.0124	−0.4156	−0.0925	0.2640
山东	0.0450	−0.4631	0.2174	−0.0445	0.4920	−0.0280	−0.7953	0.7907
河南	0.0598	0.1393	−0.0434	0.5376	−0.0944	−0.7114	0.5012	−0.1122
湖北	0.2267	−0.8660	0.9299	0.1765	−0.1708	0.1649	−0.1445	−0.0347
湖南	−0.2950	0.2265	0.0910	−0.3193	0.6978	0.3251	−0.0692	0.0200
广东	0.1390	−0.5896	0.5109	−0.1171	0.3454	−0.5972	−0.0274	0.5224
广西	0.7842	−1.7447	0.8379	−0.5740	0.6936	0.3160	−0.7844	0.6519
海南	1.5153	0.1407	−2.2252	0.3698	−0.2350	2.0030	−0.4932	0.6491
重庆	0.0993	0.7422	−0.7487	−0.0477	−0.0876	0.3621	−0.4880	0.8719
四川	−0.1144	−0.7209	0.6105	−0.6492	0.7478	−0.1687	−0.1851	−0.1561
贵州	0.7104	−0.7365	1.0142	−1.2038	−0.0525	0.4308	0.0561	0.1733
云南	−0.1220	−0.3167	0.3936	−0.1511	0.0498	−0.2986	−0.1353	0.1805
西藏	−6.1529	1.7159	1.5807	0.1713	−2.5822	3.5289	−2.2766	−1.2898
陕西	0.0137	−0.1575	0.1843	0.1425	0.0297	−0.6045	0.8297	−0.3228
甘肃	0.3546	−0.3715	0.3678	−0.1417	0.1520	−0.2004	0.0335	−0.5298
青海	−0.6284	0.6146	0.1558	0.1003	−0.1946	−1.1062	2.8912	−1.0084
宁夏	−0.7853	1.9243	−0.6964	−0.4457	2.3740	−3.1474	0.8017	−1.1192
新疆	−0.4025	1.1219	−0.1733	0.2569	−0.0394	−0.4255	−0.1454	1.1972
平均值	0.0000	0.0001	−0.0001	−0.0002	0.0003	−0.0002	−0.0002	0.0000

表 5-25　基于加权离差平方和最大的区域自主创新潜力动态评价值排序（$\alpha=0$，$\beta=1$）

年份/区域	2003	2004	2005	2006	2007	2008	2009	2010
北京	20	3	31	2	22	29	4	20
天津	4	22	16	12	28	13	11	22
河北	25	12	23	5	12	22	15	12
山西	12	10	19	1	31	21	13	24
内蒙古	15	24	2	31	30	3	29	13
辽宁	26	6	30	15	19	19	6	26
吉林	31	4	14	30	6	16	7	32
黑龙江	7	28	17	25	7	10	24	7
上海	11	8	27	26	11	25	2	31
江苏	9	17	25	6	27	5	28	8
浙江	10	15	22	11	29	28	19	2
安徽	6	31	8	9	9	4	27	14
福建	3	27	26	4	24	11	18	10
江西	1	30	24	7	16	23	17	11
山东	19	21	11	19	5	15	31	4
河南	18	14	20	3	21	30	8	21
湖北	14	29	4	13	23	12	21	19
湖南	27	11	15	24	3	8	16	17

续表

区域\年份	2003	2004	2005	2006	2007	2008	2009	2010
广东	16	23	7	21	8	26	14	9
广西	5	32	5	28	4	9	30	5
海南	2	13	32	8	26	2	26	6
重庆	17	7	29	20	20	7	25	3
四川	23	25	6	29	2	17	23	23
贵州	8	26	3	32	18	6	9	16
云南	24	19	9	23	13	20	20	15
西藏	32	2	1	14	32	1	32	30
陕西	21	18	12	16	14	27	3	25
甘肃	13	20	10	22	10	18	10	27
青海	29	9	13	17	25	31	1	28
宁夏	30	1	28	27	1	32	5	29
新疆	28	5	21	10	17	24	22	1
平均值	22	16	18	18	15	14	12	18

当 $\alpha=0.9$ 与 $\beta=0.1$ 时，同时考虑各指标值差异和增长性，更关注各指标值差异，各省（自治区、直辖市）（不含香港、澳门、台湾地区）的区域自主创新潜力基于加权离差平方和最大的动态评价值如表 5-26 所示，动态评价值排序见表 5-27。

表 5-26　基于加权离差平方和最大的区域自主创新潜力动态评价值（$\alpha=0.9$，$\beta=0.1$）

区域\年份	2002	2003	2004	2005	2006	2007	2008	2009	2010
北京	0.7751	0.8051	2.0630	0.2892	1.0129	0.8436	0.3002	0.9572	0.8927
天津	0.5104	1.2555	0.8365	1.1340	0.9402	0.6933	0.7310	0.8084	0.4198
河北	0.6806	0.7008	0.7617	−0.4756	0.8011	1.0310	0.4789	0.7486	0.8026
山西	0.7891	0.9424	1.0183	1.0376	1.4204	0.9298	0.5733	0.7758	0.5762
内蒙古	0.9349	0.9641	0.3995	1.6564	0.7810	0.3675	1.2217	0.9144	1.0399
辽宁	0.7428	0.6869	1.1922	0.5201	0.6590	0.5859	0.4243	0.9202	0.5496
吉林	2.1354	0.2578	0.8958	1.0578	0.5469	0.8127	0.6060	1.2492	0.1917
黑龙江	0.5280	1.1374	0.5344	0.6603	−0.0822	0.7776	0.7481	0.4154	0.9806
上海	0.6033	0.9905	1.3482	0.9274	0.8455	0.8321	0.4554	1.4829	0.3772
江苏	0.6779	1.0938	0.9482	0.6257	0.9557	0.7616	1.0552	0.7862	1.0891
浙江	1.0677	1.1995	1.1025	1.0115	1.2701	0.8111	0.4984	0.6213	1.0969
安徽	0.5494	1.2613	0.4656	0.8602	0.8582	1.0207	1.9720	1.1148	0.9898
福建	0.5190	1.3948	0.7696	0.6558	1.0174	0.7793	0.8308	0.8227	1.0633
江西	0.7486	1.7159	0.7348	0.7538	0.9042	0.8663	0.6340	0.6681	0.8555
山东	1.0661	1.0312	0.8180	0.9050	0.8561	1.0513	1.0321	0.5946	1.1029
河南	0.6131	0.8199	0.8238	0.7669	1.1569	0.8578	0.4663	1.0139	0.6921
湖北	0.7037	0.8895	0.3452	0.8930	0.8488	0.9149	0.8986	0.9262	0.8385
湖南	0.7516	0.6656	0.6828	0.7213	0.5595	0.9788	1.0477	1.1619	1.0454
广东	0.8529	1.0487	0.6872	1.0203	0.9422	0.9670	0.6333	0.8209	0.9753
广西	0.9630	1.3903	0.2597	0.9833	0.4834	0.9846	1.0685	0.6878	1.0843

续表

区域＼年份	2002	2003	2004	2005	2006	2007	2008	2009	2010
海南	0.6627	1.7977	2.1871	0.8732	1.0429	0.6536	3.3788	1.8992	2.1954
重庆	0.6673	0.8778	1.5989	0.5546	0.7426	0.7220	0.8228	0.6277	1.1841
四川	0.8938	0.8695	0.3594	0.9358	0.3637	0.9199	0.6565	0.6072	0.6211
贵州	0.8719	1.2646	0.8265	1.3420	0.5119	0.9523	0.8493	0.1115	1.0826
云南	0.7754	1.0259	0.4778	0.8863	0.7789	0.7254	0.6021	0.5137	0.7907
西藏	4.3931	−0.4468	1.0594	2.8757	1.8908	0.1200	4.2315	0.9623	0.1996
陕西	0.6486	−0.1125	0.6533	0.6981	0.8093	0.8653	0.2196	1.0000	0.6643
甘肃	0.6185	1.0140	0.4972	0.8184	0.6895	0.8598	0.5776	0.7493	0.5261
青海	0.7362	0.5537	0.8137	1.0584	2.1694	1.9849	−0.0727	2.2066	2.2813
宁夏	0.6864	0.3432	1.7051	0.7769	0.7906	2.2313	0.2441	0.8904	0.2475
新疆	0.7333	0.4619	1.0345	1.0767	1.3330	0.9984	0.7145	0.8417	1.4441
平均值	0.9000	0.9000	0.9001	0.9000	0.8999	0.9001	0.9000	0.8999	0.8999

表 5-27　基于加权离差平方和最大的区域自主创新潜力动态评价值排序（$\alpha=0.9$，$\beta=0.1$）

区域＼年份	2002	2003	2004	2005	2006	2007	2008	2009	2010
北京	13	23	2	31	9	19	29	10	17
天津	32	7	14	4	12	28	15	19	28
河北	21	24	20	32	20	4	25	23	20
山西	11	17	10	8	3	11	23	21	25
内蒙古	6	16	29	2	22	31	4	13	12
辽宁	16	25	6	30	26	30	28	12	26
吉林	2	30	13	7	28	21	20	4	32
黑龙江	30	9	25	26	32	24	14	31	14
上海	28	15	5	13	18	20	27	3	29
江苏	22	10	11	28	10	25	6	20	7
广东	10	11	22	9	11	9	19	18	15
广西	5	4	32	11	30	7	5	24	8
海南	24	1	1	18	7	29	2	2	2
重庆	23	20	4	29	24	27	13	26	4
四川	8	21	30	12	31	12	17	28	24
贵州	9	5	15	3	29	10	11	32	9
云南	12	13	27	17	23	26	21	30	21
西藏	1	32	8	1	2	32	1	9	31
陕西	25	31	24	25	19	16	31	8	23
甘肃	26	14	26	20	25	17	22	22	27
青海	17	27	18	6	1	2	32	1	1
宁夏	20	29	3	21	21	1	30	15	30
新疆	18	28	9	5	4	6	16	16	3
平均值	7	18	12	15	14	14	9	14	16

为了比较各省（自治区、直辖市）（不含香港、澳门、台湾地区）区域自主

创新潜力的总体情况，可以进行二次加权，各省（自治区、直辖市）（不含香港、澳门、台湾地区）的区域自主创新总体潜力基于加权离差平方和最大的动态评价值及其排序见表 5-28。

表 5-28　基于加权离差平方和最大的区域自主创新总体潜力动态评价值及其排序

区域	评价值	排序	区域	评价值	排序	区域	评价值	排序	区域	评价值	排序
北京	0.8367	20	上海	0.8445	17	湖北	0.8460	16	云南	0.6998	26
天津	0.7620	24	江苏	0.9120	9	湖南	0.9272	7	西藏	1.4993	3
河北	0.6493	31	浙江	0.8971	11	广东	0.8752	14	陕西	0.6651	28
山西	0.8437	19	安徽	1.1101	4	广西	0.8782	13	甘肃	0.6842	27
内蒙古	0.9338	6	福建	0.8882	12	海南	1.8234	1	青海	1.5322	2
辽宁	0.6636	29	江西	0.8134	21	重庆	0.8649	15	宁夏	0.8443	18
吉林	0.7365	25	山东	0.9266	8	四川	0.6630	30	新疆	1.0323	5
黑龙江	0.6375	32	河南	0.8073	22	贵州	0.8023	23	平均值	0.9000	10

二 基于一致性的动态组合评价结论

利用基于灰靶理论的动态评价方法、基于理想解法的动态评价方法、基于改进理想解法的动态评价方法和基于加权离差平方和最大的动态评价方法对区域自主创新潜力进行评价，得到的评价结论不一致。通过直观判断和模糊聚类分析，基于改进理想解法的动态评价方法不适用，将其剔除。所以相容动态评价方法集＝{基于灰靶理论的动态评价方法，基于理想解法的动态评价方法，基于加权离差平方和最大的动态评价方法}。

利用基于一致性的动态组合评价方法对相容动态评价方法集的评价结论进行组合评价，经过 4～13 次组合，得到一致性评价排序结果。2002～2010 年区域自主创新各年潜力评价排序结果见表 5-29 第 2～10 列，2002～2010 年区域自主创新总体潜力评价排序结果见表 5-29 最后一列。

表 5-29　基于一致性的区域自主创新潜力动态组合评价排序结果

区域＼年份	2002	2003	2004	2005	2006	2007	2008	2009	2010	总体
海南	24	1	1	15	6	29	2	2	2	1
青海	17	27	18	3	1	1	32	1	1	2
西藏	1	32	8	1	2	32	1	7	30	3
安徽	29	7	28	19	17	6	3	6	13	4
新疆	14	28	10	7	4	7	16	16	3	5
内蒙古	7	16	30	2	22	31	4	14	11	6
贵州	3	5	15	4	29	3	11	24	5	7
湖南	16	26	23	24	27	9	7	5	12	8
山东	5	13	17	16	15	5	8	30	6	9
平均值	8	18	12	14	13	14	9	13	16	10
江苏	20	10	11	28	10	25	6	20	8	11
浙江	4	8	7	10	5	22	24	28	9	12

续表

区域＼年份	2002	2003	2004	2005	2006	2007	2008	2009	2010	总体
福建	31	3	20	27	9	23	13	17	10	13
广西	6	4	32	11	30	8	5	25	7	14
重庆	25	20	4	29	24	26	12	27	4	15
广东	9	12	22	9	11	10	19	18	14	16
宁夏	21	30	3	21	19	2	30	15	31	17
山西	11	17	9	6	3	11	23	21	25	18
北京	12	23	2	31	8	19	29	10	17	19
湖北	19	19	31	18	18	12	10	12	19	20
上海	28	15	5	13	16	20	27	3	29	21
江西	15	2	21	23	14	15	18	26	18	22
河南	27	22	16	22	7	16	26	8	23	23
天津	32	6	14	5	12	28	15	19	28	24
吉林	2	31	13	8	28	21	21	4	32	25
陕西	23	29	24	25	20	17	31	9	22	26
河北	22	24	19	32	23	4	25	23	20	27
云南	13	11	27	17	21	27	20	32	21	28
黑龙江	30	9	26	26	32	24	14	31	15	29
甘肃	26	14	25	20	25	18	22	22	27	30
四川	10	21	29	12	31	13	17	29	24	31
辽宁	18	25	6	30	26	30	28	11	26	32
组合次数	6	13	4	5	4	7	4	9	4	5

第二节 中国区域自主创新潜力分项动态组合评价

一 中国区域自主创新投入潜力动态组合评价及比较分析

首先利用改进的归一化法对区域自主创新投入潜力（增长率）指标值进行标准化处理，然后利用基于灰靶理论的动态评价方法、基于理想解法的动态评价方法、基于改进理想解法的动态评价方法和基于加权离差平方和最大的动态评价方法对中国 31 个省（自治区、直辖市）（不含香港、澳门、台湾地区）2002～2010 年的区域自主创新投入潜力进行评价，得到的评价结论不一致。

经过相容性判断，这四种方法都相容，因此相容动态评价方法集＝{基于灰靶理论的动态评价方法，基于理想解法的动态评价方法，基于改进理想解法的动态评价方法，基于加权离差平方和最大的动态评价方法}。

利用基于一致性的动态组合评价方法对相容动态评价方法集的评价结论进行组合评价，直到得到一致性的评价结论。经过 3～5 次组合，得到一致性评价排序结果。2002～2010 年区域自主创新投入各年潜力评价排序结果见表 5-30 第 2～10 列，区域自主创新投入总体潜力评价排序结果见表 5-30 最后一列。

表 5-30 基于一致性的区域自主创新投入潜力动态组合评价排序结果

区域\年份	2002	2003	2004	2005	2006	2007	2008	2009	2010	总体
海南	8	2	1	32	12	9	4	1	18	1
安徽	24	12	23	26	8	4	1	5	7	2
西藏	1	32	27	12	1	2	3	6	32	3
内蒙古	20	16	17	3	15	11	2	9	13	4
江苏	14	8	7	8	6	23	8	10	8	5
浙江	5	3	3	5	3	24	15	24	3	6
新疆	16	23	4	23	20	6	9	8	10	7
广东	11	20	22	11	5	16	22	15	2	8
山东	2	9	16	7	11	20	5	32	1	9
广西	9	4	32	19	22	21	7	12	6	10
河南	28	22	14	6	4	18	23	7	14	11
湖南	27	31	15	13	25	5	6	16	12	12
青海	3	6	24	31	31	10	30	2	27	13
天津	21	7	11	18	9	26	11	26	4	14
上海	17	10	2	1	14	30	28	3	30	15
平均值	10	17	13	17	16	13	16	14	20	16
福建	32	1	18	29	18	14	13	23	5	17
江西	13	5	12	20	7	12	19	20	19	18
山西	19	14	5	22	2	3	18	27	29	19
重庆	29	15	6	15	23	8	14	28	15	20
湖北	15	24	30	9	17	31	12	13	16	21
宁夏	18	28	9	25	10	1	32	11	26	22
贵州	30	18	29	2	24	32	10	18	21	23
北京	7	25	8	30	19	19	29	25	11	24
河北	22	19	21	16	21	29	24	17	25	25
陕西	25	26	20	24	13	25	26	19	24	26
吉林	4	29	19	10	26	15	31	4	31	27
黑龙江	31	13	26	27	28	28	21	30	9	28
辽宁	6	30	10	28	27	27	27	21	17	29
四川	26	21	31	21	30	7	25	22	23	30
云南	12	27	28	4	32	22	17	29	22	31
甘肃	23	11	25	14	29	17	20	31	28	32
组合次数	5	4	5	4	4	5	4	5	5	3

2002～2010 年，东部地区海南区域自主创新投入潜力变动较大，排名从第 1 名到第 32 名，总体排名第 1 名，处于上游区。江苏、浙江、广东和山东区域自主创新投入潜力变动也较大，总体排名全国前十名，高于全国平均水平，属于上游区。天津、上海和福建区域自主创新投入潜力变动也较大，总体排名接近全国平均水平，属于中游区。河北和北京区域自主创新投入潜力变动也较大，

总体排名低于全国平均水平，属于下游区。东部多数地区基数（绝对指标值）较大，增长率较低，所以区域自主创新投入潜力水平较低。

2002～2010年，东北地区辽宁、吉林和黑龙江区域自主创新投入潜力变动也较大，从第4名到第31名，总体排名全国末十位，属于下游区。

2002～2010年，中部地区安徽区域自主创新投入潜力变动较大，排名从第1名到第26名，总体排名第2名，处于上游区。湖南区域自主创新投入潜力变动也较大，“十一五”期间和“十五”期间相比，呈上升趋势，总体排名第12名，高于全国平均水平，属于中上游区。河南区域自主创新投入潜力变动也较大，总体排名高于全国平均水平，属于中上游区。江西和山西区域自主创新投入潜力变动也较大，总体排名处于中游区，低于全国平均水平。湖北区域自主创新投入潜力变动也较大，总体排名处于中下游区，低于全国平均水平。

2002～2010年，西部地区西藏、内蒙古、新疆和广西区域自主创新投入潜力变动较大，总体排名全国前十名，处于上游区，高于全国平均水平。青海区域自主创新投入潜力变动也较大，总体排名处于中上游，高于全国平均水平。西藏、内蒙古、新疆、广西和青海，原来基数（绝对指标值）较小，增长率较高，所以区域自主创新投入潜力水平较高。重庆和宁夏区域自主创新投入潜力变动也较大，总体排名处于中下游区，低于全国平均水平。贵州、陕西、四川、云南、甘肃区域自主创新投入潜力变动也较大，总体排名处于下游区。

综上所述，区域自主创新投入潜力变动较大，除了个别省（自治区、直辖市）（不含香港、澳门、台湾地区）个别年份自主创新投入潜力（增长率）指标值为负数，区域自主创新投入潜力衰退外，其余绝大多数年份绝大多数区域的区域自主创新投入潜力都在增强，有些区域自主创新投入潜力强些，有些弱些。

二 中国区域自主创新产出潜力动态组合评价及比较分析

首先利用改进的归一化法对区域自主创新产出潜力指标值进行标准化处理，然后利用基于灰靶理论的动态评价方法、基于理想解法的动态评价方法、基于改进理想解法的动态评价方法和基于加权离差平方和最大的动态评价方法对中国31个省（自治区、直辖市）（不含香港、澳门、台湾地区）2002～2010年的区域自主创新产出潜力进行评价，得到的评价结论不一致。

经过相容性判断，这四种方法都相容，因此相容动态评价方法集＝{基于灰靶理论的动态评价方法，基于理想解法的动态评价方法，基于改进理想解法的动态评价方法，基于加权离差平方和最大的动态评价方法}。

利用基于一致性的动态组合评价方法对相容动态评价方法集的评价结论进行组合评价，经过5～18次组合，得到一致性评价排序结果。2002～2010年区域自主创新产出各年潜力评价排序结果见表 5-31 第 2～10 列，2002～2010 年区域自主创新产出总体潜力评价排序结果见表 5-31 最后一列。

表 5-31　基于一致性的区域自主创新产出潜力动态组合评价排序结果

区域＼年份	2002	2003	2004	2005	2006	2007	2008	2009	2010	总体
西藏	1	1	32	1	2	32	1	1	32	1
海南	29	3	30	30	1	21	9	2	1	2
宁夏	22	9	28	32	3	30	2	10	24	3
新疆	24	28	1	26	22	2	8	24	2	4
安徽	17	30	9	7	21	7	7	3	4	5
江苏	26	24	15	11	10	9	3	4	8	6
贵州	8	27	23	15	5	11	16	8	3	7
河南	12	16	8	4	9	15	6	12	23	8
四川	7	13	12	22	12	12	4	13	17	9
平均值	14	12	18	9	7	16	11	9	11	10
广西	4	6	21	23	19	4	5	7	7	11
青海	28	26	16	3	4	1	27	14	31	12
湖南	15	21	3	27	6	28	19	18	5	13
云南	32	23	19	19	17	3	31	6	22	14
江西	19	19	25	2	16	23	13	21	9	15
陕西	9	29	10	29	23	17	15	20	16	16
浙江	3	7	7	28	14	10	10	17	27	17
广东	5	11	4	20	25	31	12	16	14	18
山西	20	5	27	21	28	14	20	11	26	19
河北	30	31	22	6	15	19	18	15	21	20
甘肃	31	25	6	13	8	18	28	22	15	21
重庆	2	4	17	14	27	26	21	5	12	22
山东	10	22	20	12	11	13	17	29	20	23
内蒙古	18	15	11	31	13	5	32	30	13	24
北京	13	20	13	25	31	8	24	27	10	25
湖北	25	14	5	24	30	6	14	28	28	26
福建	6	8	29	16	24	27	29	19	6	27
上海	11	2	31	8	20	25	30	25	19	28
黑龙江	16	18	14	10	32	20	26	31	18	29
辽宁	21	17	26	17	26	22	22	26	29	30
吉林	23	32	2	5	29	29	25	23	30	31
天津	27	10	24	18	18	24	23	32	25	32
组合次数	5	5	6	18	7	7	8	8	6	9

2002～2010 年，东部地区海南区域自主创新产出潜力变动较大，排名从第 1 名到第 30 名，总体排名第 2 名，处于上游区。江苏区域自主创新产出潜力变动也较大，总体排名全国前十名，高于全国平均水平，属于上游区。浙江和广东区域自主创新产出潜力变动也较大，总体排名处于中游区，低于全国平均水平。河北区域自主创新产出潜力变动也较大，总体排名处于中下游区。山东、北京、

福建、上海和天津区域自主创新产出潜力变动也较大，总体排名处于下游。

2002～2010 年，东北地区黑龙江、辽宁和吉林区域自主创新产出潜力变动也较大，总体排名处于下游区。

2002～2010 年，中部地区安徽区域自主创新产出潜力变动较大，“十一五”期间和“十五”期间相比，呈增长趋势，总体排名全国前十名，高于全国平均值，处于上游区。河南区域自主创新产出潜力变动也较大，总体排名全国前十名，高于全国平均值，处于上游区。湖南区域自主创新产出潜力变动也较大，总体排名低于全国平均值，处于中上游区。江西区域自主创新产出潜力变动也较大，总体排名低于全国平均值，处于中游区。山西区域自主创新产出潜力变动也较大，总体排名低于全国平均值，处于中下游区。湖北区域自主创新产出潜力变动也较大，总体排名低于全国平均值，处于下游区。

2001～2010 年，西部地区西藏、宁夏、新疆、贵州和四川区域自主创新产出潜力变动也较大，总体排名全国前十名，高于全国平均值，处于上游区。广西和青海区域自主创新产出潜力变动也较大，总体排名接近全国平均值，处于中上游区。云南和陕西区域自主创新产出潜力变动也较大，总体排名低于全国平均值，处于中游区。甘肃和重庆区域自主创新产出潜力变动也较大，总体排名低于全国平均值，处于中下游区。内蒙古区域自主创新产出潜力变动也较大，总体排名处于下游区。

综上所述，区域自主创新产出潜力变动也较大，西强东弱。除了个别省（自治区、直辖市）（不含香港、澳门、台湾地区）个别年份自主创新产出潜力（增长率）指标值为负数，区域自主创新产出潜力衰退外，其余绝大多数年份绝大多数区域的区域自主创新产出潜力都在增强，有些区域自主创新产出潜力强些，有些弱些。

三 中国区域技术转移（扩散）潜力动态组合评价及比较分析

首先利用改进的归一化法对区域技术转移（扩散）（增长率）潜力指标值进行标准化处理，然后利用基于灰靶理论的动态评价方法、基于理想解法的动态评价方法、基于改进理想解法的动态评价方法和基于加权离差平方和最大的动态评价方法对中国 31 个省（自治区、直辖市）（不含香港、澳门、台湾地区）2002～2010 年的区域技术转移（扩散）潜力进行评价，得到的评价结论不一致。

经过相容性判断，这四种方法都相容，因此相容动态评价方法集＝{基于灰靶理论的动态评价方法，基于理想解法的动态评价方法，基于改进理想解法的动态评价方法，基于加权离差平方和最大的动态评价方法}。

利用基于一致性的动态组合评价方法对相容动态评价方法集的评价结论进

行组合评价，经过5～11次组合，得到一致性评价排序结果。2002～2010年区域技术转移（扩散）各年潜力评价排序结果见表5-32第2～10列，2002～2010年区域技术转移（扩散）总体潜力评价排序结果见表5-32最后一列。

表5-32　基于一致性的区域技术转移（扩散）潜力动态组合评价排序结果

区域＼年份	2002	2003	2004	2005	2006	2007	2008	2009	2010	总体
青海	19	31	12	3	1	1	32	5	1	1
海南	26	2	3	1	17	28	1	24	2	2
贵州	2	8	5	5	30	2	7	9	3	3
宁夏	32	24	4	20	6	3	3	31	18	4
新疆	13	28	27	6	2	10	31	30	4	5
西藏	27	16	28	27	21	29	2	32	20	6
北京	31	27	1	30	3	27	23	4	19	7
平均值	5	9	9	14	9	9	5	17	6	8
内蒙古	4	13	30	7	14	24	11	3	8	9
云南	29	3	32	10	4	30	26	11	5	10
重庆	11	11	2	31	10	32	8	10	12	11
山西	3	10	8	23	20	15	10	2	26	12
湖南	15	20	23	29	16	19	4	12	13	13
天津	28	7	20	2	8	31	17	19	32	14
黑龙江	23	14	21	16	31	8	27	1	11	15
江西	14	1	26	13	18	17	15	29	10	16
福建	30	4	31	15	11	23	22	7	25	17
甘肃	8	26	16	12	12	21	18	6	22	18
广西	17	22	11	19	32	11	6	27	9	19
河北	10	30	7	32	7	4	21	22	23	20
四川	6	15	19	11	26	14	16	13	24	21
广东	22	18	22	8	22	16	12	28	16	22
山东	21	19	13	17	27	6	13	21	14	23
陕西	16	17	17	28	25	5	14	14	15	24
江苏	18	12	24	21	28	12	25	25	7	25
湖北	24	21	15	26	24	7	9	23	21	26
安徽	9	6	25	9	23	13	24	18	28	27
吉林	1	32	18	4	29	26	19	20	31	28
上海	25	23	14	24	15	20	29	8	27	29
辽宁	12	29	6	18	13	22	20	16	30	30
河南	20	25	10	22	5	18	30	15	29	31
浙江	7	5	29	25	19	25	28	26	17	32
组合次数	9	6	5	7	8	9	11	8	8	8

2002～2010年，东部地区海南和北京区域技术转移（扩散）潜力变动较大，总体排名全国前十名，处于上游区，高于全国平均水平。天津和福建区域技术转移（扩散）潜力变动较大，总体排名低于全国平均水平，处于中游区。河北和广东区域技术转移（扩散）潜力变动较大，总体排名低于全国平均水平，处

于中下游区。山东、江苏、上海和浙江区域技术转移（扩散）潜力变动较大，总体排名处于下游区。

2002～2010年，东北地区黑龙江区域技术转移（扩散）潜力变动较大，总体排名低于全国平均水平，处于中游区。辽宁和吉林区域技术转移（扩散）潜力变动较大，总体排名处于下游区。

2002～2010年，中部地区山西和湖南区域技术转移（扩散）潜力变动较大，总体排名低于全国平均水平，处于中上游区。江西区域技术转移（扩散）潜力变动较大，总体排名低于全国平均水平，处于中游区。湖北、安徽和河南区域技术转移（扩散）潜力变动较大，总体排名处于下游区。

2002～2010年，西部地区青海、贵州、宁夏、新疆、西藏区域技术转移（扩散）潜力变动较大，总体排名全国前十名，处于上游区，高于全国平均水平。内蒙古和云南区域技术转移（扩散）潜力变动较大，总体排名全国前十名，处于上游区，接近全国平均水平。重庆区域技术转移（扩散）潜力变动较大，总体排名第11名，处于中上游区，低于全国平均水平。甘肃、广西和四川区域技术转移（扩散）潜力变动较大，总体排名处于中下游区，低于全国平均水平。陕西区域技术转移（扩散）潜力变动较大，总体排名处于下游区。

综上所述，中国区域技术转移（扩散）潜力呈现西强东弱的特征，而且变动较大。除了少数省（自治区、直辖市）有些年份技术转移（扩散）潜力（增长率）指标值为负数，区域技术转移（扩散）潜力衰退外，其余多数年份多数区域的区域技术转移（扩散）潜力都在增强，有些区域技术转移（扩散）潜力强些，有些弱些。

四 中国区域自主创新支撑潜力动态组合评价及比较分析

首先利用改进的归一化法对区域自主创新支撑潜力指标值进行标准化处理，然后利用基于灰靶理论的动态评价方法、基于理想解法的动态评价方法、基于改进理想解法的动态评价方法和基于加权离差平方和最大的动态评价方法对中国31个省（自治区、直辖市）（不含香港、澳门、台湾地区）2002～2010年的区域自主创新支撑潜力进行评价，得到的评价结论不一致。

经过相容性判断，基于改进理想解法的动态评价方法不适用，将其剔除，因此相容动态评价方法集={基于灰靶理论的动态评价方法，基于理想解法的动态评价方法，基于加权离差平方和最大的动态评价方法}。

利用基于一致性的动态组合评价方法对相容动态评价方法集的评价结论进行组合评价，经过4～7次组合，得到一致性评价排序结果。2002～2010年区域自主创新支撑各年潜力评价排序结果见表5-33第2～10列，区域自主创新支撑总体潜力评价排序结果见表 5-33 最后一列。

2002～2010 年，东部地区江苏和海南区域自主创新支撑潜力变动较大，总体排名全国前十名，高于全国平均水平，属于上游区。天津、福建和河北区域自主创新支撑潜力变动较大，总体排名低于全国平均水平，属于中下游区。广东、浙江、山东、北京和上海区域自主创新支撑潜力变动较大，总体排名属于下游区。

2002～2010 年，东北地区辽宁区域自主创新支撑潜力变动较大，比全国平均水平高，处于中上游区；黑龙江和吉林区域自主创新支撑潜力变动较大，总体排名低于全国平均水平，处于下游区。

表 5-33　基于一致性的区域自主创新支撑潜力动态组合评价排序结果

区域＼年份	2002	2003	2004	2005	2006	2007	2008	2009	2010	总体
西藏	5	4	32	3	1	4	10	27	1	1
重庆	7	8	31	9	32	28	2	22	2	2
青海	14	1	29	1	28	12	3	30	19	3
安徽	20	7	13	27	22	25	25	4	5	4
河南	27	31	3	11	20	8	16	8	18	5
云南	26	28	1	24	30	16	15	11	4	6
江苏	31	6	21	4	12	5	28	13	13	7
海南	29	5	22	6	3	19	26	25	7	8
内蒙古	16	19	20	2	24	2	30	7	21	9
甘肃	4	21	5	32	26	11	19	6	6	10
贵州	1	10	27	23	31	14	1	31	3	11
湖北	25	3	26	22	5	21	21	14	10	12
辽宁	9	27	14	28	6	13	24	2	28	13
湖南	15	29	11	26	15	6	8	21	11	14
四川	32	2	17	18	25	32	6	5	20	15
平均值	18	15	16	16	17	15	11	17	14	16
陕西	28	11	8	17	10	29	9	20	9	17
天津	24	24	2	29	14	27	7	15	25	18
福建	23	32	24	10	11	20	14	3	31	19
江西	22	9	30	12	4	3	31	19	22	20
河北	12	26	19	15	27	26	4	16	16	21
吉林	21	23	10	25	7	10	27	9	24	22
黑龙江	19	20	9	7	29	23	29	10	12	23
山西	2	30	4	8	16	17	12	23	26	24
广东	30	13	15	5	23	7	13	29	29	25
广西	11	22	23	14	18	31	32	1	15	26
浙江	6	25	7	13	2	22	20	26	27	27
山东	13	17	12	21	13	30	23	12	17	28
新疆	3	16	28	20	19	1	17	32	8	29
北京	8	14	6	30	9	18	22	24	23	30
宁夏	17	12	25	31	8	24	5	18	32	31

续表

年份 区域	2002	2003	2004	2005	2006	2007	2008	2009	2010	总体
上海	10	18	18	19	21	9	18	28	30	32
组合次数	5	5	4	4	5	5	4	5	7	6

2002～2010 年，中部地区安徽和河南区域自主创新支撑潜力变动较大，总体排名全国前十名，高于全国平均水平，属于上游区。湖北和湖南区域自主创新支撑潜力变动较大，总体排名高于全国平均水平，处于中游区。江西区域自主创新支撑潜力变动较大，总体排名低于全国平均水平，处于中下游区。山西区域自主创新支撑潜力变动较大，总体排名低于全国平均水平，处于下游区。

2002～2010 年，西部地区西藏、重庆、青海、云南、内蒙古、甘肃区域自主创新支撑潜力变动较大，总体排名全国前十名，高于全国平均水平，属于上游区。贵州区域自主创新支撑潜力变动较大，总体排名高于全国平均水平，属于中上游区。四川和陕西区域自主创新支撑潜力变动较大，总体排名接近全国平均水平，属于中游区。广西、新疆和宁夏区域自主创新支撑潜力变动较大，总体排名全国末十名，属于下游区。

综上所述，区域自主创新支撑潜力变动较大，总体排名西强东弱。绝大多数地区绝大多数年份每亿元 GDP 工业污水排放量增长率和每亿元 GDP 工业废气排放量增长率两个逆向指标的增长率为负数，其余正向指标的增长率为正数。除了个别省（自治区、直辖市）（不含香港、澳门、台湾地区）个别年份自主创新支撑潜力（增长率）正向指标值为负数，逆向指标值为正数，区域自主创新支撑潜力衰退外，其余绝大多数年份绝大多数省（自治区、直辖市）（不含香港、澳门、台湾地区）的区域自主创新支撑潜力都在增强，有些区域自主创新支撑潜力强些，有些弱些。

第三节　中国区域自主创新潜力比较分析

一　中国区域自主创新潜力评价排序结果的最大序差及其分类

2002～2010 年各省（自治区、直辖市）（不含香港、澳门、台湾地区）区域自主创新潜力评价排序结果的最大序差如表 5-34 最后一列所示。

表 5-34　2002～2010 年区域自主创新潜力评价排序结果的最大序差

区域	2002 年	2003 年	2004 年	2005 年	2006 年	2007 年	2008 年	2009 年	2010 年	最大序差
平均值	8	18	12	14	13	14	9	13	16	10
广东	9	12	22	9	11	10	19	18	14	13
甘肃	26	14	25	20	25	18	22	22	27	13

续表

区域	2002 年	2003 年	2004 年	2005 年	2006 年	2007 年	2008 年	2009 年	2010 年	最大序差
河南	27	22	16	22	7	16	26	8	23	20
湖北	19	19	31	18	18	12	10	12	19	21
四川	10	21	29	12	31	13	17	29	24	21
云南	13	11	27	17	21	27	20	32	21	21
山西	11	17	9	6	3	11	23	21	25	22
江苏	20	10	11	28	10	25	6	20	8	22
湖南	16	26	23	24	27	9	7	5	12	22
陕西	23	29	24	25	20	17	31	9	22	22
黑龙江	30	9	26	26	32	24	14	31	15	23
辽宁	18	25	6	30	26	30	28	11	26	24
浙江	4	8	7	10	5	22	24	28	9	24
江西	15	2	21	23	14	15	18	26	18	24
山东	5	13	17	16	15	5	8	30	6	25
重庆	25	20	4	29	24	26	12	27	4	25
新疆	14	28	10	7	4	7	16	16	3	25
上海	28	15	5	13	16	20	27	3	29	26
安徽	29	7	28	19	17	6	3	6	13	26
贵州	3	5	15	4	29	3	11	24	5	26
天津	32	6	14	5	12	28	15	19	28	27
河北	22	24	19	32	23	4	25	23	20	28
福建	31	3	20	27	9	23	13	17	10	28
广西	6	4	32	11	30	8	5	25	7	28
海南	24	1	1	15	6	29	2	2	2	28
北京	12	23	2	31	8	19	29	10	17	29
内蒙古	7	16	30	2	22	31	4	14	11	29
宁夏	21	30	3	21	19	2	30	15	31	29
吉林	2	31	13	8	28	21	21	4	32	30
西藏	1	32	8	1	2	32	1	7	30	31
青海	17	27	18	3	1	1	32	1	1	31

2002～2005 年各省（自治区、直辖市）（不含香港、澳门、台湾地区）区域自主创新潜力评价排序结果的最大序差如表 5-35 最后一列所示。

表 5-35　2002～2005 年区域自主创新潜力评价排序结果的最大序差

区域	2002 年	2003 年	2004 年	2005 年	最大序差	区域	2002 年	2003 年	2004 年	2005 年	最大序差
浙江	4	8	7	10	6	江西	15	2	21	23	21
陕西	23	29	24	25	6	新疆	14	28	10	7	21
湖南	16	26	23	24	10	安徽	29	7	28	19	22
平均值	8	18	12	14	10	上海	28	15	5	13	23
山西	11	17	9	6	11	海南	24	1	1	15	23
河南	27	22	16	22	11	辽宁	18	25	6	30	24
山东	5	13	17	16	12	青海	17	27	18	3	24
贵州	3	5	15	4	12	重庆	25	20	4	29	25
甘肃	26	14	25	20	12	天津	32	6	14	5	27

续表

区域	2002年	2003年	2004年	2005年	最大序差	区域	2002年	2003年	2004年	2005年	最大序差
河北	22	24	19	32	13	宁夏	21	30	3	21	27
湖北	19	19	31	18	13	内蒙古	7	16	30	2	28
广东	9	12	22	9	13	福建	31	3	20	27	28
云南	13	11	27	17	16	广西	6	4	32	11	28
江苏	20	10	11	28	18	北京	12	23	2	31	29
四川	10	21	29	12	19	吉林	2	31	13	8	29
黑龙江	30	9	26	26	21	西藏	1	32	8	1	31

2006～2010年各省（自治区、直辖市）（不含香港、澳门、台湾地区）区域自主创新潜力评价排序结果的最大序差如表5-36最后一列所示。

表5-36　2006～2010年区域自主创新潜力评价排序结果的最大序差

区域	2006年	2007年	2008年	2009年	2010年	最大序差
平均值	13	14	9	13	16	7
湖北	18	12	10	12	19	9
广东	11	10	19	18	14	9
甘肃	25	18	22	22	27	9
江西	14	15	18	26	18	12
云南	21	27	20	32	21	12
新疆	4	7	16	16	3	13
安徽	17	6	3	6	13	14
福建	9	23	13	17	10	14
天津	12	28	15	19	28	16
黑龙江	32	24	14	31	15	18
四川	31	13	17	29	24	18
辽宁	26	30	28	11	26	19
江苏	10	25	6	20	8	19
河南	7	16	26	8	23	19
北京	8	19	29	10	17	21
河北	23	4	25	23	20	21
山西	3	11	23	21	25	22
湖南	27	9	7	5	12	22
陕西	20	17	31	9	22	22
浙江	5	22	24	28	9	23
重庆	24	26	12	27	4	23
山东	15	5	8	30	6	25
广西	30	8	5	25	7	25
上海	16	20	27	3	29	26
贵州	29	3	11	24	5	26
内蒙古	22	31	4	14	11	27
海南	6	29	2	2	2	27
吉林	28	21	21	4	32	28
宁夏	19	2	30	15	31	29
西藏	2	32	1	7	30	31
青海	1	1	32	1	1	31

由表 5-34～表 5-36 可以看出，2002～2005 年和 2006～2010 年各省（自治区、直辖市）（不含香港、澳门、台湾地区）自主创新潜力评价排序结果最大序差都较大，处于跳跃式发展状态。因此，2002～2010 年各省（自治区、直辖市）（不含香港、澳门、台湾地区）自主创新潜力都处于跳跃式发展状态。

2002～2010 年，东部地区海南区域自主创新潜力最大，海南区域自主创新实力和效率较低，绝对指标值和相对指标值较小，基数较小，有较大的增长空间，区域自主创新潜力（增长率）指标值较大。山东区域自主创新潜力接近平均值，有些年份比全国平均水平高，有些年份比全国平均水平低，总体比全国平均水平高。浙江、江苏和福建区域自主创新潜力接近平均值，有些年份比全国平均水平高，有些年份比全国平均水平低，总体比全国平均水平低。广东区域自主创新潜力有些年份高于全国平均水平，有些年份低于全国平均水平，总体低于全国平均水平。北京、上海、天津和河北区域自主创新潜力有些年份高于全国平均水平，多数年份比全国平均水平低，总体比全国平均水平低。

2002～2010 年，东北地区吉林、黑龙江和辽宁区域自主创新潜力有些年份高于全国平均水平，多数年份比全国平均水平低，总体比全国平均水平低。

2002～2010 年，中部地区安徽和湖南区域自主创新潜力有些年份高于全国平均水平，有些年份比全国平均水平低，总体比全国平均水平高。山西区域自主创新潜力有些年份高于全国平均水平，有些年份低于全国平均水平，总体低于全国平均水平。湖北、江西和河南区域自主创新潜力有些年份高于全国平均水平，多数年份比全国平均水平低，总体比全国平均水平低。

2002～2010 年，西部地区青海、西藏、新疆、内蒙古和贵州区域自主创新实力和效率较低，绝对指标值和相对指标值较小，基数较小，有较大的增长空间，区域自主创新潜力（增长率）指标值较大，区域自主创新潜力较大，高于全国平均水平。广西区域自主创新潜力有些年份高于全国平均水平，有些年份低于全国平均水平，总体低于全国平均水平。重庆、宁夏、陕西、云南、甘肃、四川区域自主创新潜力有些年份高于全国平均水平，多数年份比全国平均水平低，总体比全国平均水平低。

二 中国区域自主创新潜力综合和分项比较分析

中国区域自主创新综合潜力和分项潜力如表 5-37 所示。

表 5-37　2002～2010 年区域自主创新综合和分项潜力评价排序

区域	综合	投入	产出	扩散	支撑	区域	综合	投入	产出	扩散	支撑
海南	1	1	2	2	8	天津	17	14	32	14	18
青海	2	13	12	1	3	浙江	18	6	17	32	27
西藏	3	3	1	6	1	广东	19	8	18	22	25
安徽	4	2	5	27	4	四川	20	30	9	21	15
内蒙古	5	4	24	9	9	山东	21	9	23	23	28
新疆	6	7	4	5	29	河北	22	25	20	20	21
宁夏	7	22	3	4	31	湖北	23	21	26	26	12
重庆	8	20	22	11	2	陕西	24	26	16	24	17
江苏	9	5	6	25	7	山西	25	19	19	12	24
贵州	10	23	7	3	11	吉林	26	27	31	28	22
平均值	11	16	10	8	16	上海	27	15	28	29	32
广西	12	10	11	19	26	福建	28	17	27	17	19
湖南	13	12	13	13	14	甘肃	29	32	21	18	10
北京	14	24	25	7	30	云南	30	31	14	10	6
江西	15	18	15	16	20	辽宁	31	29	30	30	13
河南	16	11	8	31	5	黑龙江	32	28	29	15	23

综上所述，2002～2010 年，东部地区海南区域自主创新投入潜力、区域自主创新产出潜力、区域技术转移（扩散）潜力和区域自主创新支撑潜力都较强，排名全国前十名，区域自主创新总体潜力排名全国前十名，高于全国平均值，处于上游区。江苏除了区域技术转移（扩散）潜力处于下游区，其余潜力都较强，排名全国前十名，区域自主创新总体潜力排名全国前十名，高于全国平均值，处于上游区。北京除了区域技术转移（扩散）潜力处于上游区，其余潜力都处于下游区，区域自主创新总体潜力排名低于全国平均值，处于中游区。天津除了区域自主创新产出潜力处于下游区，其余潜力都处于中游区，区域自主创新总体潜力处于中游区。浙江和广东区域自主创新投入潜力处于上游区，区域自主创新产出潜力处于中游区，区域技术转移（扩散）潜力和区域自主创新支撑潜力处于下游区，区域自主创新总体潜力处于中游区。山东区域自主创新投入潜力处于上游区，其余潜力处于下游区，区域自主创新总体潜力处于中下游区。河北区域自主创新投入潜力处于下游区，其余潜力处于中下游区，区域自主创新总体潜力处于中下游区。上海区域自主创新投入潜力处于中游区，其余潜力处于下游区，区域自主创新总体潜力处于下游区。福建区域自主创新产出潜力处于下游区，其余潜力处于中游区，区域自主创新总体潜力处于下游区。

2002～2010 年，东北地区吉林各方面潜力都较弱，区域自主创新总体潜力处于下游区。辽宁除了区域自主创新支撑潜力处于中游区，区域自主创新投入潜力、区域自主创新产出潜力和区域技术转移（扩散）潜力都处于下游区，区域自主创新总体潜力处于下游区。黑龙江除了区域技术转移（扩散）潜力处于中游区，区域自主创新投入潜力、区域自主创新产出潜力和区域自主创新支撑潜力都处于下游区，区域自主创新总体潜力处于下游区。

2002～2010年，中部地区安徽除了区域技术转移（扩散）潜力处于下游区，区域自主创新投入潜力、区域自主创新产出潜力和区域自主创新支撑潜力都较强，排名全国前十名，区域自主创新总体潜力排名全国前十名，高于全国平均值，处于上游区。湖南和江西区域自主创新投入潜力、区域自主创新产出潜力、区域技术转移（扩散）潜力和区域自主创新支撑潜力都处于中游区，区域自主创新总体潜力也处于中游区，低于全国平均水平。河南区域自主创新投入潜力处于中游区，区域自主创新产出潜力和区域自主创新支撑潜力处于上游区，区域技术转移（扩散）潜力处于下游区，区域自主创新总体潜力处于中游区。湖北区域自主创新投入潜力处于中下游，区域自主创新产出潜力和区域技术转移（扩散）潜力处于下游区，区域自主创新支撑潜力处于中游区，区域自主创新总体潜力处于下游区。山西区域自主创新投入潜力、区域自主创新产出潜力和区域技术转移（扩散）潜力处于中游区，区域自主创新支撑潜力处于下游区，区域自主创新总体潜力处于下游区。

2002～2010年，西部地区青海区域自主创新投入潜力和区域自主创新产出潜力处于中游区，区域技术转移（扩散）潜力和区域自主创新支撑潜力处于上游区，区域自主创新总体潜力排名全国前十名，高于全国平均值，处于上游区。西藏区域自主创新投入潜力、区域自主创新产出潜力、区域技术转移（扩散）潜力和区域自主创新支撑潜力都较强，区域自主创新总体潜力也较强，排名全国前十名，高于全国平均值，处于上游区。内蒙古除了区域自主创新产出潜力处于下游区，区域自主创新投入潜力、区域技术转移（扩散）潜力和区域自主创新支撑潜力都较强，排名全国前十名，处于上游区，区域自主创新总体潜力也排名全国前十名，处于上游区，高于全国平均水平。新疆除了区域自主创新支撑潜力处于下游区，区域自主创新投入潜力、区域技术转移（扩散）潜力和区域自主创新产出潜力都较强，排名全国前十名，处于上游区，区域自主创新总体潜力也排名全国前十名，处于上游区，高于全国平均水平。宁夏区域自主创新投入潜力和区域自主创新支撑潜力处于下游区，区域技术转移（扩散）潜力和区域自主创新产出潜力处于上游区，区域自主创新总体潜力排名全国前十名，高于全国平均水平，处于上游区。重庆区域自主创新投入潜力和区域自主创新产出潜力处于全国中下游区，区域技术转移（扩散）潜力处于中游区，区域自主创新支撑潜力处于上游区，区域自主创新总体潜力排名全国前十名，处于上游区，高于全国平均水平。贵州区域自主创新投入潜力处于下游区，区域自主创新产出潜力和区域技术转移（扩散）潜力处于上游区，区域自主创新支撑潜力处于中上游区，区域自主创新总体潜力排名全国前十名，处于上游区，高于全国平均水平。广西区域自主创新投入潜力处于上游区，区域自主创新产出潜力处于中上游区，区域技术转移（扩散）潜力处于中下游区，区域自主创新支撑潜力处于下游区，区域自主创新总体潜力处于中上游区，接近全国平均水平。四川区域自主创新投入潜力处于下游区，区域自主创新产出潜力处于上游区，区域技术转移（扩散）潜力处于中下游区，区域自主创新支撑潜力处于中游区，区域自主创新总体潜力处于中下游区，低于全国平均水平。陕西区域自主创新投入潜力和区域技术转移（扩散）潜力处于下游区，区域自主创新产出潜力和区域自主创新支撑潜力处于中游区，区域自主创新总体潜力处于下游区。甘肃区域自主创新投入潜力处于下游区，区域自主创新产出潜力和区域技术转移（扩散）潜力处于中下游区，区域自主创新支撑潜力处于上游区，区域自主创新总体潜力处于下游区。云南区域自主创新投入潜力处于下游区，区域自主创新产出潜力处于中游区，区域自主创新支撑潜力和区域技术转移（扩散）潜力处于上游区，区域自主创新总体潜力处于下游区。

第四节　本章小结

利用改进的归一化法对区域自主创新潜力（增长率）评价指标值进行标准化处理，利于基于灰靶理论的动态评价方法、基于理想解法的动态评价方法、基于改进理想解法的动态评价方法和基于加权离差平方和最大的动态评价方法对区域自主创新潜力、区域自主创新投入潜力、区域自主创新产出潜力、区域技术转移（扩散）潜力和区域自主创新支撑潜力分别进行评价，确定相容动态评价方法集，利用基于一致性的动态组合评价方法对相容动态评价结论进行组合评价，得到一致性的动态组合评价结论，并对评价结果进行比较分析。

不同年份不同省（自治区、直辖市）（不含香港、澳门、台湾地区）区域自主创新综合潜力和分项潜力变化很大，跳跃式发展，总体而言，西部地区区域自主创新潜力较强，东部地区区域自主创新潜力较弱。

第六章 中国区域自主创新能力发展趋势分析

第一节 中国区域自主创新能力预测思路

对于中国区域自主创新能力预测，总体而言有两种思路：第一种思路是先对区域自主创新能力评价指标值进行预测，然后根据评价指标预测值进行评价，从而得到区域自主创新能力未来几年的评价值，依此对未来几年区域自主创新能力进行预测；第二种思路是先对区域自主创新能力进行评价，根据过去几年区域自主创新能力的评价值，预测未来几年区域自主创新能力的评价值。这两种思路各有优缺点。第一种思路的优点是利用预测方法对原始评价指标值进行预测比利用预测方法对评价值进行预测科学，预测结果更精确；缺点是计算量较大，如中国 31 个省（自治区、直辖市）（不含香港、澳门、台湾地区），区域自主创新实力指标有 26 个，需要进行 806 次预测。第二种思路的优点是计算量较小，如中国 31 个省（自治区、直辖市）（不含香港、澳门、台湾地区）只需进行 31 次预测；缺点是利用预测方法对评价值进行预测精确度和科学性不如第一种。比较两种思路的优缺点，科学性和精确度更重要，而且利用本书开发的区域自主创新能力动态评价与预测软件进行计算，可以克服第一种方法计算量大的缺点。因此，本书选择第一种思路，利用单项预测方法和组合预测方法对 2011～2015 年区域自主创新能力评价指标值进行预测，再利用基于一致性的动态组合评价方法对“十二五”期间区域自主创新能力进行动态组合评价，得到区域自主创新能力的预测结果。

第二节 中国区域自主创新能力评价指标值预测方法选择

中国区域自主创新能力评价指标值预测的准确性，除了取决于各省（自治区、直辖市）（不含香港、澳门、台湾地区）历年数据资料搜集的完整性、精确性外，很大程度上还取决于所选择的预测方法的合理性。预测方法的选择是建立在相关的经济理论与具体中国区域自主创新能力评价指标值的基础上的。预测方法的科学性与适用性直接关系着预测结果的科学性和精确性（李闽榕等，2007），常用的预测方法有很多种，每一种预测方法都有其自身的特征和适用的范围，因此需要结合预测对象的特征和预测方法本身的特性以及预测的成本和预测收益等方面选择合适的预测方法。

预测方法按照属性不同，可以分为定性预测方法和定量预测方法。定性预测方法进一步可以划分为：判断分析法、专家评估法、市场调查法、类推法（比拟法）、主观概率法等。定量预测方法则可划分为：时间序列预测方法（移动平均法、指数平滑法、季节系数法、随机时间序列预测法和用于时间序列的灰色系统预测法等）、因果分析方法（线性回归、非线性预测模型、投入产出方法及计量经济模型等）、马尔可夫预测法、神经网络等。

中国区域自主创新能力评价指标众多，这些指标反映了区域自主创新能力的各个方面，每个省（自治区、直辖市）（不含香港、澳门、台湾地区）的评价指标发展水平也不同，因此对每个评价指标进行预测要选择不同的预测方法（模型）。本书选择预测方法时定性分析与定量分析相结合。定性分析方面，要考虑预测方法的特性、适用条件和预测对象的性质特点及发展趋势。定量分析方面，根据每个省（自治区、直辖市）（不含香港、澳门、台湾地区）每个评价指标样本的数据，分别绘制曲线图（散点图），直观判断发展趋势符合哪几种预测方法，并使用这几种预测方法进行预测，根据预测结果，确定相容预测方法集。根据预测误差e_{it}判断哪些预测模型是互补的、可以进行组合的，确定互补预测模型集，利用基于漂移度的组合预测方法对评价指标值进行预测。如果不存在互补预测模型集，存在优超预测模型，就利用优超预测模型对评价指标值进行预测。

第三节 中国区域自主创新能力评价指标值预测

根据各省（自治区、直辖市）（不含香港、澳门、台湾地区）区域自主创新能力各项评价指标 2001～2010 年指标值性质特点及其发展趋势，利用以下五种时间序列预测方法，即 GM（1，1）模型（方法 1）、移动平均法（方法 2）、一次指数平滑法（方法 3）、二次指数平滑法（方法 4）和三次指数平滑法（方法 5）对各省（自治区、直辖市）（不含香港、澳门、台湾地区）区域自主创新能力各评价指标进行预测。移动平均步长和平滑系数通过比较确定。由于不同预测方法针对不同预测对象其适用性和预测精度不同，所以根据预测效果确定采用组合预测方法或单一预测方法。若存在相容预测方法集和互补预测模型集，组合预测效果好，则利用基于漂移度的组合预测模型对 2011～2015 年区域自主创新能力评价指标值进行预测；否则，利用较优（优超）单项预测模型进行预测。按此原则，本书中各省（自治区、直辖市）（不含香港、澳门、台湾地区）各评价指标值所采用的预测方法见表 6-1，指标代码见表 1-6。在表 6-1 中，如果某省（自治区、直辖市）（不含香港、澳门、台湾地区）某项评价指标的预测方法仅为某一种方法，表示用这种单一预测方法直接进行预测；如果预测方法为五种，表示利用基于漂移度的组合预测方法对五种单一预测方法进行组合，建立基于漂移度的组合预测模型对区域自主创新能力评价指标值进行预测；如果预测方法为 2～4 种，则表示剔除某些不适用的预测方法，利用基于漂移度的组合预测方法对剩下的这些相容互补方法进行组合，建立基于漂移度的组合预测模型对区域自主创新能力评价指标值进行预测。

表 6-1　评价指标值预测方法

指标 / 方法 / 区域	a_1	a_2	a_3	a_4	a_5	a_6	a_7	a_8	a_9
北京	1，2，3，4，5	1，3，4，5	1	1，3	1，2，3，4，5	1，2，3，4，5	1，2，3，4，5	1，2，3，4，5	1，2，3，4，5
天津	1，2，3，4，5	1	1	1，3，4，5	1，2，3，4，5	1，2，3，4，5	1，2，3，4，5	1，2，3，4，5	1，3，4，5
河北	1，2，3，4，5	1，3	1，3，5	1，2，3，4，5	1	1，2，3，4，5	1，3，4，5	1，3	1，2，3，4，5
山西	1，2，3	1	1，3	1	3	1，2，3，4，5	1，2，3，4，5	1，2，3	1，2，3，4，5
内蒙古	1，2，3，4，5	1	1	1，2，3，4，5	1，2，3，4，5	1，2，3，4，5	1，2，3，4，5	1，3	1
辽宁	1，2，3，4，5	1，3，4，5	1，3，4，5	1，2，3，4，5	1，2，3，4，5	1，2，3，4，5	1，2，3，4，5	1，2，3，4，5	1，3，4，5
吉林	1，2，3，4，5	1，2，3，5	1，3	1，2，3，4，5	1，2，3，4，5	1，2，3，4，5	1，2，3，4，5	1，2，3，4，5	1，3，4，5
黑龙江	1，2，3，4，5	1，3	1，2，3，4，5	1，2，3，4，5	1，2，3，4，5	1，2，3，4，5	1，2，3，4，5	1，3，4，5	1，2，3，4，5
上海	1，2，3	1，3，4，5	1，3	1，3	1，2，3，4，5	1，2，3，4，5	1，2，3，4，5	1，2，3，4，5	1，2，3，4，5
江苏	1，3	1	1	1	1，2，3，4，5	1，2，3，4，5	1，2，3，4，5	1，3，5	1，3，4，5
浙江	1，3，5	1，5	1，3，4，5	1，3	3	1，2，3，4，5	1，2，3，4，5	1，2，3，4，5	1，2，3，4，5
安徽	1，3	1	3	3	1，3，4	1	1，2，3，4，5	1，2，3，4，5	1，3，4，5
福建	1，2，3，4，5	1	1，3，4，5	1，3，5	1，2，3，4	1，2，3，4，5	1，2，3，4，5	1，3，5	1，3，4，5
江西	1，2，3，4，5	1	1	1，2，3，4，5	1，2，3，4，5	1，2，3，4，5	1，2，3，4，5	1	1，3，4，5
山东	1，2，3，5	1	1	1，3	1，2，3，4，5	1，2，3，4，5	1，2，3，4，5	1，3	1，3，4，5
河南	1，2，3，5	1	1	1，3，5	1	1，3，5	1，2，3，4，5	1	1，3，4，5
湖北	1，2，3，4，5	1	1，3，5	1，3	1，2，3，4，5	1，2，3，4，5	1，2，3，4，5	1，2，3，4，5	1，3，4，5
湖南	1，2，3，4，5	1	1，3	1，3，4，5	1，2，3，4，5	1，3，4，5	1，2，3，4，5	1，3，4，5	1，3，4，5

续表

指标 方法 区域	a_1	a_2	a_3	a_4	a_5	a_6	a_7	a_8	a_9
广东	1，3	1	1，3	1，3，4，5	1，2，3	1，2，3，4，5	1，2，3，4，5	1，3，4，5	1，2，3，4，5
广西	1，2，3，4，5	1	1，3	1，2，3，4，5	1，2，3，4，5	1，3，4，5	1，3，5	1	1，3，4，5
海南	1	1	1	1，3	1	1，3	1	1	1，3，4，5
重庆	1，2，3，4，5	1	1，3	1	1，2，3，4，5	1，2，3，4，5	1，2，3，4，5	1，3	1，3，5
四川	1，2，3，4，5	1，3	1，3	1	1，2，3	1，2，3，4，5	1，2，3，4，5	1，3，4，5	1，3，4，5
贵州	1，2，3，4，5	1，3	1，3	1，2，3，4，5	1，3	1	1，2，3，4，5	1，3	1，3，4，5
云南	1，2，3，4，5	1，3，4，5	1，2，3	1，3，4，5	1，2，3，4，5	1，3，4，5	1，2，3，4，5	1，3	1，2，3，4，5
西藏	1	1	3	3	1	5	1，2，3，4，5	5	1，2，3，4，5
陕西	1，2，3，4，5	1,3,4,5	1	1	1，2，3，4，5	1，2，3，4，5	1，2，3，4，5	1，2，3，4，5	1，3，5
甘肃	1，2，3，4，5	1，3，4，5	1，3	1，2，3	1，2，3，4	1，2，3，4，5	1，2，3，4，5	1，2，3，4，5	1，2，3，4，5
青海	1，2，3，4，5	1	1	1，3	1，2，3，4，5	1，3，5	1，2，3，4，5	1，2，3	1，3，4，5
宁夏	1，2，3	1	1，3	1	3	1，3	1，3，4，5	1，3	1，3
新疆	1，2，3，4，5	1	1	1，2，3，4，5	1，2，3，4，5	1，3，5	1，3，4，5	1，3	1，2，3，4，5

指标 方法 区域	a_{10}	a_{11}	a_{12}	a_{13}	a_{14}	a_{15}	a_{16}	a_{17}	a_{18}
北京	1，2，3，4，5	1	1	3	1	1	1	1，3，4，5	2
天津	1，2，3，4，5	1，2，3，4，5	1，3，4，5	3	2，3	1	3	1，2，3，4，5	1，2，3，4，5
河北	3	1，5	1，2，3，4，5	1	3	1	3	1，2，3，4，5	3
山西	3	1，3	1	1，2	3	3	1，3	1	1，2，3，4，5

续表

方法 指标 区域	a_{10}	a_{11}	a_{12}	a_{13}	a_{14}	a_{15}	a_{16}	a_{17}	a_{18}
内蒙古	2	1，2，3，4，5	2	2	5	1，3	2	1，3，4，5	1
辽宁	1，2，3，4，5	1，3，4，5	1，2，3，4，5	1	1	1，2，3，4	3	1，3，4，5	1，2，3
吉林	1	2	1，2，3，4，5	1	1，3	1	5	1	1，2，3
黑龙江	3	1，2，3，4，5	1	1	3	1，2，3，4，5	1	1，2，3，4，5	1
上海	1，3，4，5	1，2，3，4，5	1，2，3，4，5	1，2，3，4，5	1	1，2，3，4，5	1	1，2，3，4，5	3
江苏	1，4，5	1	3	1	1	1，2，3，4，5	1，2，3，4，5	1，2，3，4，5	1
浙江	1	1，4，5	1，2，3	1，3，4	1	1，2，3	1，2，3	1，2，3，4，5	1，2，3，4，5
安徽	3	1	1	1	2	3	1	1，3，4，5	1，2，3
福建	1，2，3，4，5	1，2，3，4，5	1	1	3	1，2，3	1	1，2，3，4，5	1
江西	3	1	4	1	4	1	1	1，3，4，5	1，2，3，4，5
山东	1	1	2	1	1	1，2，3，4，5	1，2，3	1，2，3，4，5	1
河南	1	1，5	1，2，3，4，5	1	1	1，2，3	1	1，2，3，4，5	1
湖北	1	1	1，2，3，4	1	5	1	4	1，2，3，4，5	1
湖南	1	1	1，2，3，4，5	，3	3	1，3	2	1，2，3，4，5	1，2，3，4，5
广东	1，2，3，4，5	1	1，3	，3	1，2，3，4，5	1，2，3，4，5	4	1，2，3，4，5	1
广西	1	1	1	3	1	1	3	1，2，3，4，5	1，2，3，5
海南	1	3	2	3	4	3	3	，3	2
重庆	5	1	4	1，2	3	1，2，3，4，5	1	1	1，2，3，4，5
四川	1	1	1，3	1	1，2，3	1，2，3，4，5	3	1	1，2，3
贵州	，2	1	3	1	2	1	3	1，2，3，4，5	3

续表

指标 方法 区域	a_{10}	a_{11}	a_{12}	a_{13}	a_{14}	a_{15}	a_{16}	a_{17}	a_{18}
云南	1	1	1	1，2	1	1	1	1，3	1
西藏	1	3	1	2，3，4，5	2，3，4，5	，3	1	1，2，3，4，5	3
陕西	3	1	3	3	1，4，5	1	3	1，2，3，4，5	3
甘肃	3	1	1，3，4，5	1，3	3	1，3	1	1，2，3，5	1
青海	1，3	1	1	4	4	1	2	1	1
宁夏	3	1	1	3	3	3	2	1	3
新疆	1，2	1	1	1	3	1	4	1	1

指标 方法 区域	a_{19}	a_{20}	a_{21}	a_{22}	a_{23}	a_{24}	a_{25}	a_{26}
北京	1，3	1，3	1，3，4	1，2，3，4，5	1	1，2，3，4，5	1，2，3，4，5	1，2，3，5
天津	1	1，3	1，2，3，4，5	1，2，3，4，5	1	1，2，3，4，5	1，2，3，4，5	1，2，3，4，5
河北	3	1	1，2，3，4，5	1，2，3，4，5	1	3	1，2，3，4，5	1
山西	1	1	1，2，3，4，5	1，2，3，4	1	1，2，3，4，5	1，2，3，4，5	1，2，3，4，5
内蒙古	4	1	1，2，3，4，5	1，2，3，4，5	1	1，2，3，4，5	1，2，3，4，5	1，2，3，4，5
辽宁	1，3，4，5	1	1，2，3，4，5	1，2，3，4，5	1，3	1，2，3，4，5	1，2，3，4，5	1
吉林	1	1	1，2，3，4，5	1，2，3，4，5	1	1，2，3，4，5	1，2，3，4，5	1，2，3，4，5
黑龙江	1	1	1，2，3，4，5	1，2，3，4，5	1，3	1，2，3，4，5	1，2，3，4，5	1，2，3，5
上海	3	1，3	1	1，2，3，4，5	1，3，4，5	1，2，3，4，5	1，2，3，4，5	1，2，3，4，5
江苏	4	1	1，2，3，4，5	1，2，3，4，5	1	1，2，3	1，2，3，4，5	1，2，3，4，5
浙江	1	1	1，2，3，4，5	1，2，3，4，5	1，3，5	1，2，3，4，5	1，2，3，4，5	1，2，3，4，5
安徽	1	1	1，2，3，4，5	1，3，5	1	1，2，3，4，5	1，2，3，4，5	1，3

续表

方法 指标 区域	a_{19}	a_{20}	a_{21}	a_{22}	a_{23}	a_{24}	a_{25}	a_{26}
福建	1	1	1，2，3，4，5	1，2，3，4，5	1	1，2，3，5	1，2，3，4，5	1，2，3，4，5
江西	3	1	1，2，3，4，5	1，2，3，4，5	1	1，2，3，4，5	1，2，3，4，5	1，3，4，5
山东	1	1	1，2，3，4，5	1，2，3，4，5	1	1，2，3，4，5	1，2，3，4，5	1，2，3，4，5
河南	3	1	1，2，3，4，5	1，2，3，4，5	1	1，2，3，4，5	1，2，3，4，5	1，2，3，4，5
湖北	1	1	1，2，3，4，5	1，2，3，4，5	1	1，2，3，4，5	1，2，3，4，5	1，2，3，4，5
湖南	3	1	1，2，3，4，5	1，2，3，4，5	1	1，2，3，4，5	1，2，3，4，5	1，3，4，5
广东	3	1	1，2，3，4，5	1，2，3，4，5	1，3	1，2，3，4，5	1，2，3	1，2，3，4，5
广西	2	1	1，2，3，4，5	1，2，3，4，5	1	1，2，3，4，5	1，2，3	1，2，3，4，5
海南	3	1	1，2，3，4，5	1，2，3，4，5	1	1，2，3，4，5	1，2，3，4，5	1，2，3，4，5
重庆	1	1	1，2，3，4，5	1，2，3	1	3	1，2，3，4，5	1
四川	3	1	1，2，3，4，5	1，2，3，4，5	1	1，2，3，4，5	1，2，3，4，5	1
贵州	1	1	1，2，3，4，5	1，2，3，4，5	1	3，4，5	1，2，3，4，5	1
云南	1	1	1，2，3，4，5	1，2，3，4，5	1	1，2，3	1，2，3，4，5	1，2，3，4，5
西藏	2，3，4，5	1	1，2，3	1	1，3	3	1，2，3，4，5	1，2，3，4，5
陕西	4	1	1，2，3，4，5	1，2，3，4，5	1	1，2，3，4，5	1，2，3，4，5	1，3
甘肃	1	1	1，2，3，4，5	1，2，3，4，5	1	3，5	1，2，3，4，5	1，2，3，4，5
青海	3	3	1，2，3，4，5	1，2，3，4，5	1	1，2，3，4，5	1，2，3，4，5	1，3
宁夏	1	1	1，2，3，4，5	1，2，3，4，5	1	1，2，3，4，5	1，2，3，4，5	5
新疆	1	1	1，2，3，4，5	1，2，3，4，5	1	1，2，3，4，5	1，2，3，4，5	1，2，3，4，5

注：预测方法1，2，3，4，5分别表示GM（1，1）模型（方法1）、移动平均法（方法2）、一次指数平滑法（方法3）、二次指数平滑法（方法4）和三次指数平滑法（方法5）

区域自主创新能力可以分解为实力、效率和潜力，对区域自主创新实力进行预测比较有意义，因此，本书对区域自主创新能力发展趋势研究，只对实力进行预测。2011～2015 年各省（自治区、直辖市）（不含香港、澳门、台湾地区）区域自主创新实力各指标预测值见表 6-2～表 6-6。

表 6-2　2011 年区域自主创新实力评价指标预测值

区域＼指标	a_1	a_2	a_3	a_4	a_5	a_6	a_7	a_8	a_9
北京	20.10	927.67	235.37	68 504	21 719	67 440	73 320	54 085	15 782
天津	6.32	296.94	52.38	29 696	992	15 665	13 037	8 171	10 602
河北	6.45	190.96	35.30	13 171	686	14 540	22 701	5 125	22 892
山西	5.28	122.25	25.37	9 725	937	7 949	7 669	2 146	10 301
内蒙古	2.71	93.53	26.22	3 078	707	5 449	3 750	700	15 138
辽宁	8.68	325.93	79.04	36 714	1 446	23 404	22 984	14 251	20 981
吉林	4.84	85.68	23.31	6 800	1 776	14 627	9 737	7 726	10 067
黑龙江	6.39	151.83	28.84	11 014	1 860	15 693	17 125	12 087	11 340
上海	14.76	573.21	275.65	84 613	6 249	38 997	36 560	29 167	18 984
江苏	35.02	1 125.63	200.94	377 889	3 816	38 015	56 708	32 375	48 341
浙江	27.76	663.64	144.33	161 916	1 736	41 311	27 925	15 973	30 870
安徽	7.25	202.38	56.87	45 575	1 032	23 430	16 038	7 087	13 974
福建	8.53	207.63	37.48	23 634	2 175	17 231	10 114	5 727	16 722
江西	3.74	119.01	21.40	6 724	676	14 052	8 047	4 618	10 837
山东	20.73	872.14	98.25	103 716	3 300	25 065	29 475	13 738	45 765
河南	10.92	274.65	56.30	30 741	728	18 492	24 936	8 466	27 003
湖北	10.14	309.83	36.01	39 979	2 255	33 251	24 920	18 269	18 329
湖南	7.80	233.49	40.81	24 607	1 120	28 210	23 405	12 847	18 521
广东	40.42	972.94	238.96	176 085	3 597	39 777	40 714	15 165	51 595
广西	3.66	68.66	24.56	5 507	1 665	13 802	13 942	2 784	11 059
海南	0.42	7.59	10.39	1 149	679	2 216	4 532	367	2 313
重庆	3.97	126.88	22.93	19 519	735	14 727	15 837	7 017	9 028
四川	8.94	295.78	40.72	51 489	1 715	33 057	26 284	12 547	19 794
贵州	1.54	35.07	20.18	4 867	972	8 724	6 158	801	5 332
云南	2.37	51.73	23.06	6 217	1 576	12 082	8 603	2 621	8 060
西藏	0.14	1.89	2.71	180	107	426	221	14	567
陕西	7.37	243.43	32.92	25 357	1 548	24 886	28 623	16 694	11 957
甘肃	2.23	48.83	13.79	3 771	1 587	7 438	9 355	4 474	4 594
青海	0.51	9.98	6.30	718	233	835	1 420	161	1 559
宁夏	0.72	15.47	6.94	1 226	154	3 111	1 738	111	1 974
新疆	1.54	33.67	26.48	3 744	1 202	3 642	7 363	847	6 009
平均值	8.93	274.47	61.40	43 490	2 217	19 285	18 905	10 025	15 854

区域＼指标	a_{10}	a_{11}	a_{12}	a_{13}	a_{14}	a_{15}	a_{16}	a_{17}	a_{18}
北京	171.89	33 110 881	2 031.63	108 993	19 549	1 364 124	23 470	664	242 242
天津	160.04	35 426 837	135.23	232 528	46 937	1 350 283	56 059	577	95 976

续表

指标 区域	a10	a11	a12	a13	a14	a15	a16	a17	a18
河北	35.67	17 422 721	21.11	141 270	190 067	2 406 326	40 267	177	29 323
山西	4.73	8 063 591	23.02	75 205	85 466	1 184 376	42 251	90	25 112
内蒙古	0.79	5 259 099	20.96	27 497	27 479	1 388 209	195 857	116	8 086
辽宁	54.73	26 652 039	140.08	181 239	83 083	2 470 112	159 927	913	140 582
吉林	3.47	22 306 134	19.54	22 060	6 479	533 679	9 868	105	47 329
黑龙江	1.75	6 293 825	71.77	47 359	38 176	689 037	11 765	101	97 101
上海	978.71	66 856 228	468.86	601 230	319 784	1 367 596	502 316	1 824	154 269
江苏	1 553.33	119 104 705	242.25	300 408	202 585	5 161 361	166 802	2 626	273 586
浙江	203.65	76 022 427	58.19	161 868	126 071	2 551 066	128 373	932	110 338
安徽	87.59	20 812 070	60.04	49 032	37 316	851 079	71 254	149	40 208
福建	140.51	21 564 053	31.56	241 167	24 312	778 057	74 240	636	20 796
江西	27.63	9 683 151	15.31	85 078	23 997	716 439	47 739	297	33 925
山东	295.30	111 772 411	61.37	399 656	205 414	3 065 590	132 103	597	81 339
河南	11.20	25 152 059	27.88	44 266	63 919	1 613 542	108 762	169	53 532
湖北	53.70	30 587 844	93.48	102 192	28 739	3 078 368	17 199	202	152 480
湖南	9.10	29 642 089	40.75	59 331	64 499	3 020 422	32 737	123	68 703
广东	1 997.65	136 288 455	261.11	562 660	82 139	1 901 721	112 358	2 244	89 039
广西	9.38	12 078 336	2.36	3 824	5 575	1 287 809	10 000	137	18 217
海南	1.76	587 908	2.03	7 145	2 308	8 603	2 012	99	842
重庆	9.73	31 032 766	59.72	144 565	10 490	630 339	52 728	200	53 132
四川	46.05	22 741 889	72.42	41 479	48 694	2 767 257	68 938	337	204 332
贵州	0.86	3 624 483	6.53	7 273	2 029	809 127	9 479	20	9 059
云南	2.26	3 954 697	6.89	51 517	8 643	444 493	46 605	91	31 041
西藏	0.06	44 343	0	0	15	1 346	0	3	4
陕西	18.95	10 544 199	100.72	36 471	9 469	1 184 655	126 226	85	78 995
甘肃	0.67	5 281 217	53.05	68 520	120 930	483 090	54 614	16	30 089
青海	0.01	550 211	18.61	5 505	3 105	52 341	1 104	12	247
宁夏	0.47	1 477 012	0.85	21 183	8 377	271 997	15 074	10	502
新疆	1.13	3 200 523	3.94	12 861	2 885	201 769	3 557	35	2 335
平均值	186.18	28 337 947	133.91	123 980	61 243	1 392 181	74 958	431	70 260

指标 区域	a19	a20	a21	a22	a23	a24	a25	a26
北京	88 129	1 478	6 252	1 193	566.66	6 381 579	7 522	4 923
天津	7 133	785	5 587	893	272.08	2 367 440	20 931	7 804
河北	5 702	2 863	11 994	449	648.55	5 169 851	114 776	69 981
山西	6 559	1 842	5 924	158	428.31	3 166 574	48 074	36 302
内蒙古	1 555	1 167	6 859	116	404.59	2 461 506	36 347	31 474
辽宁	25 612	2 158	14 547	1 120	498.51	5 616 459	72 689	36 904
吉林	3 251	1 150	8 827	476	329.69	2 679 936	39 304	8 852
黑龙江	7 677	1 365	10 260	207	369.18	3 286 202	35 958	10 994

续表

指标 区域	a_{19}	a_{20}	a_{21}	a_{22}	a_{23}	a_{24}	a_{25}	a_{26}
上海	39 057	1 503	5 012	1 575	477.56	5 347 643	34 749	12 679
江苏	59 524	4 594	32 441	5 425	1 082.04	8 218 333	267 005	33 617
浙江	16 784	4 147	16 296	3 677	727.38	5 537 703	219 599	21 897
安徽	1 965	1 825	10 612	832	493.66	3 298 265	72 351	21 321
福建	3 926	2 664	7 117	853	394.04	3 343 476	129 172	15 274
江西	106	1 321	6 069	627	380.86	3 217 009	75 180	11 350
山东	13 677	4 269	34 752	2 008	952.32	7 429 609	218 268	50 142
河南	8 947	3 522	9 807	803	795.15	5 417 456	152 325	24 405
湖北	15 434	2 291	13 767	838	468.72	5 449 624	92 665	14 820
湖南	8 499	2 148	9 084	744	531.38	4 918 285	92 859	16 123
广东	8 284	8 181	42 025	6 485	1 105.65	8 658 117	198 449	26 380
广西	2 979	1 626	6 680	359	455.11	2 132 615	178 595	15 405
海南	7	462	1 443	55	118.00	661 932	6 329	1 511
重庆	1 417	1 329	5 400	350	305.31	2 441 988	49 771	15 986
四川	17 471	2 522	9 505	875	694.09	5 110 780	95 791	22 311
贵州	1 194	1 046	2 301	149	393.21	1 505 328	13 641	11 643
云南	5 424	1 193	4 210	151	441.86	2 188 843	32 191	12 113
西藏	14	133	331	8	79.38	159 620	845	16
陕西	11 148	1 712	5 092	387	501.30	4 110 439	47 796	15 334
甘肃	4 984	746	3 385	80	313.50	1 398 808	15 076	6 820
青海	345	186	742	29	101.30	531 155	9 578	4 821
宁夏	236	210	1 903	17	107.42	591 252	23 406	20 692
新疆	1 010	1 342	5 433	35	388.46	2 230 199	26 543	10 589
平均值	11 873	1 947	9 725	987	468.31	3 667 595	78 214	18 815

表 6-3　2012 年区域自主创新实力评价指标预测值

指标 区域	a_1	a_2	a_3	a_4	a_5	a_6	a_7	a_8	a_9
北京	20.49	1071.40	307.76	81 057	22 262	75 284	76 781	57 270	17 641
天津	6.85	375.09	64.96	34 579	981	17 143	13 227	8 608	12 335
河北	6.87	229.43	41.58	14 365	671	15 739	25 333	5 867	25 706
山西	5.66	154.51	29.66	12 400	937	8 720	8 107	2 237	11 645
内蒙古	3.00	130.48	32.90	3 350	702	5 949	4 028	843	18 882
辽宁	8.94	380.40	91.90	42 100	1 408	25 782	23 958	15 414	24 224
吉林	5.31	93.84	27.69	7 220	1 797	16 143	10 050	8 323	11 726
黑龙江	6.77	183.10	32.26	12 008	1 885	16 798	18 499	13 351	12 567
上海	16.16	665.41	332.49	98 818	6 526	42 101	38 400	31 428	20 922
江苏	40.87	1 424.08	263.51	538 622	3 866	41 292	61 502	38 157	56 254
浙江	33.56	829.93	170.03	198 501	1 736	44 359	28 933	17 205	34 603
安徽	8.26	259.51	56.87	45 575	1 021	28 517	17 223	7 325	16 193
福建	9.61	261.03	42.93	27 096	2 263	18 984	10 596	6 557	19 261
江西	3.99	149.29	27.23	7 563	678	15 366	8 669	6 291	12 581

续表

区域＼指标	a_1	a_2	a_3	a_4	a_5	a_6	a_7	a_8	a_9
山东	22.96	1 124.94	119.38	125 964	3 410	27 423	30 591	15 699	52 410
河南	12.01	355.49	70.35	36 763	685	21 720	26 816	10 966	31 137
湖北	10.78	397.02	42.16	48 951	2 300	36 508	24 556	19 939	21 461
湖南	8.62	309.23	48.16	28 804	1 140	32 222	24 503	14 540	21 722
广东	48.31	1 217.97	281.16	202 429	3 641	44 096	43 076	17 345	57 666
广西	4.06	91.35	28.56	6 098	1 737	15 330	16 591	3 645	12 881
海南	0.56	9.91	14.39	1 275	723	2 565	5 922	506	2 666
重庆	4.18	162.08	27.50	25 632	735	16 463	16 890	8 788	10 477
四川	9.21	351.62	48.21	66 915	1 712	36 851	28 143	13 895	23 032
贵州	1.64	41.85	23.84	5 462	985	11 132	6 819	951	6 155
云南	2.50	60.30	25.33	7 045	1 573	13 855	9 409	3 167	9 027
西藏	0.15	2.38	2.71	180	108	513	237	16	635
陕西	7.59	278.59	41.74	34 777	1 552	27 380	29 594	18 539	14 257
甘肃	2.30	55.85	16.27	4 349	1 625	8 088	10 158	4 875	5 173
青海	0.55	12.54	7.87	846	238	989	1 508	183	1 818
宁夏	0.77	19.33	8.11	1 373	154	3 646	1 958	130	2 363
新疆	1.70	44.46	33.12	4 123	1 219	4 184	8 365	1 022	6 774
平均值	9.99	339.36	74.58	54 423	2 260	21 455	20 116	11 220	18 203

区域＼指标	a_{10}	a_{11}	a_{12}	a_{13}	a_{14}	a_{15}	a_{16}	a_{17}	a_{18}
北京	189.37	39 126 674	2 542.78	108 993	22 875	1 656 162	31 333	756	257 715
天津	179.20	39 512 689	154.38	232 528	48 036	1 551 284	56 059	633	105 660
河北	35.67	21 309 950	22.77	144 804	190 067	2 708 305	40 267	196	29 323
山西	4.73	9 229 559	29.23	74 168	85 466	1 184 376	49 210	109	27 252
内蒙古	0.81	6 030 639	24.05	29 135	32 529	1 648 100	274 159	133	8 827
辽宁	59.77	30 276 932	151.59	181 735	109 197	2 546 351	159 927	1 035	144 529
吉林	4.26	19 423 912	19.25	18 807	6 672	532 963	10 431	116	49 182
黑龙江	1.75	6 999 952	90.15	44 893	38 176	701 717	11 141	112	103 335
上海	1 115.73	73 540 426	486.37	613 227	416 518	1 392 214	637 730	2 004	154 269
江苏	1 822.10	149 986 957	242.25	279 392	233 380	5 602 497	176 590	2 909	293 074
浙江	245.52	90 265 500	59.68	158 576	147 117	2 537 648	137 351	1 035	111 850
安徽	87.59	28 472 626	75.54	41 381	41 766	851 079	84 289	166	41 373
福建	152.49	23 999 493	35.86	277 238	24 312	848 217	101 635	671	23 448
江西	27.63	11 937 834	16.06	89 358	25 386	758 417	52 550	352	36 296
山东	392.35	143 481 163	69.01	426 253	245 367	3 190 132	136 708	657	92 226
河南	16.15	30 854 718	28.54	39 840	71 229	1 669 239	129 147	188	64 206
湖北	76.39	40 081 123	101.57	100 228	31 090	3 457 397	17 561	224	164 003
湖南	13.04	41 369 253	39.19	59 331	64 499	3 627 817	35 937	123	70 628
广东	2 228.26	173 087 866	300.66	562 660	86 083	1 986 942	118 489	2 385	97 383
广西	14.26	15 355 364	2.12	3 824	6 264	1 481 551	10 000	147	19 364

续表

指标 区域	a_{10}	a_{11}	a_{12}	a_{13}	a_{14}	a_{15}	a_{16}	a_{17}	a_{18}
海南	2.32	587 908	2.35	7 145	2 375	8 603	2 012	99	894
重庆	12.81	40 682 772	61.43	154 809	10 490	658 424	63 489	268	56 215
四川	61.49	27 581 507	87.00	36 210	53 556	3 077 988	68 938	434	223 929
贵州	0.91	4 474 276	6.53	6 748	2 270	889 447	9 479	21	9 059
云南	2.64	4 717 983	6.04	53 050	9 522	480 359	54 705	107	38 973
西藏	0.07	44 343	0	0	15	1 346	0	3	4
陕西	18.95	13 387 338	100.72	36 471	9 957	1 366 524	126 226	91	78 995
甘肃	0.67	6 813 243	62.96	78 401	120 930	518 701	70 875	17	33 622
青海	0.01	638 889	25.89	6 360	3 218	60 037	1 354	14	295
宁夏	0.47	1 902 587	0.83	21 183	8 377	271 997	16 401	10	502
新疆	1.32	4 637 081	3.46	11 636	2 885	195 522	3 612	45	3 027
平均值	214.45	34 744 525	156.40	125 754	69 343	1 514 979	86 697	478	75 065

指标 区域	a_{19}	a_{20}	a_{21}	a_{22}	a_{23}	a_{24}	a_{25}	a_{26}
北京	86 171	1 744	6 228	1 224	702.59	6 872 988	7 224	5 087
天津	7 370	947	5 590	932	343.84	2 547 031	20 727	8 386
河北	5 702	3 866	12 645	468	804.17	5 169 851	114 661	81 709
山西	6 930	2 468	6 080	158	538.30	3 392 306	50 116	40 757
内蒙古	1 595	1 643	7 434	123	526.01	2 645 554	38 233	35 517
辽宁	25 712	2 873	15 299	1 212	596.23	5 961 113	70 383	41 209
吉林	3 111	1 506	9 528	506	413.23	2 841 032	39 586	9 732
黑龙江	7 550	1 765	10 426	211	432.93	3 505 523	35 322	11 888
上海	39 057	1 735	4 549	1 635	544.53	5 741 853	32 379	13 435
江苏	61 005	5 993	33 363	5 964	1 357.33	8 913 396	266 282	36 509
浙江	17 333	5 365	16 993	3 976	856.53	5 890 412	224 376	23 279
安徽	1 560	2 494	11 067	970	614.19	3 427 693	72 802	24 357
福建	3 504	3 512	7 480	914	479.12	3 577 568	125 165	17 776
江西	106	1 738	6 458	697	477.52	3 422 933	77 823	13 116
山东	13 472	5 551	36 661	2 082	1 176.28	7 902 592	232 579	58 716
河南	8 947	4 956	10 138	874	991.02	5 687 568	156 950	25 716
湖北	13 708	3 036	13 788	895	576.70	5 788 656	92 664	15 918
湖南	8 499	2 910	9 585	827	664.59	5 265 240	91 251	18 619
广东	8 284	10 425	45 692	6 988	1 305.70	9 405 182	200 232	28 647
广西	3 586	2 122	7 004	385	571.89	2 184 044	183 981	16 494
海南	7	607	1 471	55	156.33	706 899	6 290	1 606
重庆	1 332	1 819	5 659	388	393.28	2 441 988	45 126	19 749
四川	17 471	3 259	9 729	891	882.60	5 415 203	92 344	25 128
贵州	1 128	1 500	2 337	147	491.63	1 535 918	13 838	13 256
云南	6 396	1 616	4 446	155	543.81	2 355 057	31 739	13 420

续表

区域＼指标	a_{19}	a_{20}	a_{21}	a_{22}	a_{23}	a_{24}	a_{25}	a_{26}
西藏	14	189	329	7	96.47	159 620	837	16
陕西	11 575	2 272	5 331	402	645.99	4 433 502	47 562	18 118
甘肃	6 137	1 026	3 462	80	394.82	1 429 767	14 739	7 174
青海	345	186	772	30	133.52	574 697	10 136	5 687
宁夏	234	286	2 012	18	138.38	631 175	24 331	27 928
新疆	912	1 837	5 692	36	508.24	2 317 612	27 716	12 535
平均值	11 895	2 560	10 161	1 059	579.90	3 894 208	78 882	21 325

表 6-4　2013 年区域自主创新实力评价指标预测值

区域＼指标	a_1	a_2	a_3	a_4	a_5	a_6	a_7	a_8	a_9
北京	20.85	1 237.07	402.43	96 179	22 694	83 739	80 269	60 672	19 694
天津	7.41	473.81	80.57	40 232	984	18 736	13 385	9 059	14 379
河北	7.29	276.25	49.08	15 662	656	17 006	28 294	6 748	28 793
山西	6.10	195.27	34.89	15 811	937	9 560	8 554	2 356	13 127
内蒙古	3.32	182.02	41.29	3 638	705	6 467	4 322	1 023	23 552
辽宁	9.20	444.04	106.99	47 904	1 364	28 390	24 919	16 664	27 977
吉林	5.80	103.46	33.04	7 661	1 819	17 796	10 348	8 963	13 659
黑龙江	7.16	221.30	35.79	13 087	1 910	17 906	19 971	14 776	13 886
上海	17.74	773.10	405.74	115 658	6 808	45 244	40 283	33 864	23 017
江苏	47.89	1 801.66	345.56	767 720	3 864	44 731	66 613	45 140	65 442
浙江	40.60	1 036.40	200.33	244 476	1 736	47 504	29 918	18 517	38 679
安徽	9.45	332.76	56.87	45 575	1 011	34 708	18 470	7 553	18 769
福建	10.80	328.17	49.23	31 150	2 330	20 854	11 078	7 533	22 182
江西	4.26	187.27	34.67	8 468	672	16 785	9 326	8 569	14 607
山东	25.42	1 451.02	145.06	153 563	3 504	29 918	31 679	18 026	59 998
河南	13.21	460.14	87.90	44 028	644	25 569	28 794	14 204	35 881
湖北	11.43	508.75	49.45	60 072	2 323	40 013	24 122	21 794	25 124
湖南	9.51	409.55	57.06	33 691	1 156	36 832	25 605	16 501	25 471
广东	57.92	1 524.71	331.76	232 909	3 649	48 799	45 521	19 885	64 303
广西	4.49	121.53	33.30	6 741	1 787	17 045	19 776	4 773	14 997
海南	0.75	12.93	19.93	1 420	769	2 980	7 740	696	3 072
重庆	4.40	207.04	33.13	33 660	746	18 353	17 986	11 051	12 195
四川	9.51	419.45	57.24	86 962	1 696	41 027	30 089	15 424	26 789
贵州	1.74	50.17	28.23	6 120	999	14 204	7 544	1 134	7 112
云南	2.65	70.48	27.83	7 992	1 567	15 918	10 276	3 841	10 096
西藏	0.17	3.00	2.71	180	108	607	253	19	709
陕西	7.80	319.46	52.94	47 696	1 557	29 999	30 530	20 625	17 022
甘肃	2.37	63.99	19.30	5 012	1 656	8 784	11 022	5 320	5 810
青海	0.59	15.76	9.83	1 001	241	1 173	1 600	209	2 120

续表

指标 区域	a_1	a_2	a_3	a_4	a_5	a_6	a_7	a_8	a_9
宁夏	0.83	24.15	9.55	1 538	154	4 285	2 209	153	2 836
新疆	1.88	58.70	41.41	4 520	1 224	4 820	9 519	1 241	7 599
平均值	11.21	420.57	91.11	68 808	2 296	23 850	21 405	12 600	20 894

指标 区域	a_{10}	a_{11}	a_{12}	a_{13}	a_{14}	a_{15}	a_{16}	a_{17}	a_{18}
北京	210.04	46 235 454	3 182.53	108 993	26 767	2 010 721	41 831	861	249 978
天津	200.72	43 940 077	176.51	232 528	49 876	1 782 205	56 059	693	116 279
河北	35.67	26 056 980	24.48	148 426	190 067	3 048 181	40 267	217	29 323
山西	4.73	10 626 538	37.12	77 222	85 466	1 184 376	57 676	131	29 647
内蒙古	0.93	6 818 955	22.51	28 316	37 938	1 963 396	235 008	153	9 636
辽宁	64.56	34 488 815	163.73	182 233	143 518	2 623 638	159 927	1 174	149 052
吉林	5.22	20 865 023	18.76	16 034	6 880	532 247	11 012	128	50 832
黑龙江	1.75	7 784 021	113.23	42 555	38 176	713 645	10 551	123	109 969
上海	1 271.73	80 543 076	503.28	620 242	542 515	1 407 753	809 649	2 198	154 269
江苏	2 130.08	188 876 564	242.25	259 847	268 856	6 053 905	187 728	3 216	313 950
浙江	296.01	106 993 194	61.09	155 546	171 677	2 574 500	148 497	1 147	111 850
安徽	87.59	38 952 899	95.04	34 925	46 109	851 079	99 710	186	42 010
福建	164.21	26 601 411	40.74	318 704	24 312	922 661	139 138	707	26 437
江西	27.63	14 717 512	16.81	93 852	26 775	802 856	57 846	418	38 537
山东	521.31	184 185 382	73.80	454 622	293 091	3 294 847	140 746	721	104 570
河南	23.28	37 882 130	29.14	35 857	79 375	1 757 221	153 353	210	77 009
湖北	108.67	52 520 746	109.62	98 302	33 539	3 883 094	17 922	248	176 397
湖南	18.70	57 735 981	37.77	59 331	64 499	4 378 894	34 337	124	72 378
广东	2 470.97	219 823 531	347.44	562 660	89 525	2 065 069	124 619	2 532	106 508
广西	21.68	19 521 498	1.90	3 824	7 037	1 704 441	10 000	156	20 597
海南	3.07	587 908	2.05	7 145	2 443	8 603	2 012	99	868
重庆	16.27	53 333 562	63.15	163 298	10 490	682 344	76 445	358	59 258
四川	82.11	33 451 027	105.08	31 610	59 205	3 419 566	68 938	559	245 222
贵州	0.97	5 523 309	6.53	6 262	2 360	977 740	9 479	23	9 059
云南	3.09	5 628 589	5.30	55 707	10 490	519 120	64 213	126	48 932
西藏	0.07	44 343	0	0	15	1 346	0	3	4
陕西	18.95	16 997 101	100.72	36 471	10 456	1 576 313	126 226	97	78 995
甘肃	0.67	8 789 693	74.76	90 007	120 930	558 353	91 978	18	37 570
青海	0.01	741 861	36.01	7 215	3 332	68 864	1 117	16	354
宁夏	0.47	2 450 783	0.81	21 183	8 377	271 997	15 737	10	502
新疆	1.52	6 718 439	3.04	10 527	2 885	189 468	3 666	56	3 924
平均值	247.12	42 951 459	183.72	127 853	79 257	1 655 867	96 635	531	79 456

指标 区域	a_{19}	a_{20}	a_{21}	a_{22}	a_{23}	a_{24}	a_{25}	a_{26}
北京	84 279	2 066	6 205	1 255	871.13	7 357 002	6 984	5 229
天津	7 614	1 149	5 591	976	434.52	2 732 216	20 550	8 964
河北	5 702	5 219	13 310	486	997.13	5 169 851	114 111	95 402
山西	7 321	3 308	6 240	159	676.52	3 614 085	51 512	45 347
内蒙古	1 635	2 315	8 039	130	683.87	2 803 358	39 519	40 089
辽宁	25 813	3 826	16 056	1 315	715.74	6 326 260	68 287	46 017
吉林	2 977	1 973	10 239	539	517.94	2 987 514	39 863	10 678
黑龙江	7 426	2 283	10 591	215	509.98	3 671 933	34 369	12 882
上海	39 057	2 012	4 129	1 694	621.50	6 149 112	30 132	14 101
江苏	62 487	7 818	34 294	6 558	1 702.66	9 469 684	265 981	39 577
浙江	17 899	6 942	17 707	4 295	1 010.92	6 261 619	228 472	24 696
安徽	1 238	3 407	11 532	1 134	764.13	3 564 890	73 463	27 941
福建	3 127	4 630	7 856	978	582.57	3 854 930	122 315	20 594
江西	106	2 286	6 866	774	598.70	3 638 554	80 252	15 159
山东	13 271	7 217	38 643	2 154	1 452.91	8 253 251	247 320	68 700
河南	8 947	6 974	10 458	951	1 235.15	5 874 918	161 448	27 078
湖北	12 175	4 024	13 766	953	709.56	6 070 589	92 380	17 078
湖南	8 499	3 943	10 111	917	831.20	5 575 867	89 724	21 453
广东	8 284	13 285	49 267	7 533	1 547.52	10 141 008	202 289	31 106
广西	4 015	2 770	7 332	411	718.63	2 253 975	189 334	17 591
海南	7	798	1 498	55	207.11	752 448	6 188	1 710
重庆	1 252	2 490	5 924	431	506.60	2 441 988	41 505	24 399
四川	17 471	4 213	9 954	905	1 122.31	5 688 165	89 417	28 300
贵州	1 065	2 151	2 372	146	614.69	1 567 089	14 048	15 093
云南	7 542	2 190	4 654	159	669.28	2 564 529	31 360	14 829
西藏	14	269	327	7	118.01	159 620	826	17
陕西	12 001	3 016	5 571	416	832.44	4 767 660	47 360	21 490
甘肃	7 558	1 411	3 534	80	497.23	1 461 651	14 469	7 555
青海	345	186	803	31	175.98	621 627	10 699	6 733
宁夏	233	390	2 114	18	178.27	670 546	25 279	36 187
新疆	823	2 514	5 961	37	664.94	2 385 436	28 938	14 748
平均值	11 941	3 374	10 597	1 139	719.31	4 110 597	79 589	24 163

表 6-5　2014 年区域自主创新实力评价指标预测值

指标 区域	a_1	a_2	a_3	a_4	a_5	a_6	a_7	a_8	a_9
北京	21.20	1 427.88	526.22	114 398	23 195	93 220	83 925	64 353	21 999
天津	8.04	598.52	99.92	46 787	988	20 483	13 517	9 544	16 793
河北	7.76	333.25	58.04	17 119	641	18 408	31 646	7 791	32 253
山西	6.59	246.79	41.26	20 161	937	10 509	9 032	2 509	14 814
内蒙古	3.68	253.92	51.81	3 961	710	7 057	4 649	1 249	29 377
辽宁	9.47	518.40	124.70	54 619	1 322	31 316	25 918	18 066	32 322

续表

区域＼指标	a_1	a_2	a_3	a_4	a_5	a_6	a_7	a_8	a_9
吉林	6.35	114.33	39.59	8 136	1 841	19 654	10 649	9 673	15 912
黑龙江	7.58	267.97	39.85	14 275	1 936	19 126	21 583	16 405	15 350
上海	19.55	899.14	500.15	135 625	7 108	48 740	42 266	36 555	25 340
江苏	56.29	2 279.35	453.15	1 094 263	3 888	48 559	72 226	53 583	76 109
浙江	49.15	1 292.44	236.11	302 252	1 736	50 951	30 929	19 976	43 256
安徽	10.84	426.70	56.87	45 575	1 001	42 244	19 825	7 784	21 762
福建	12.17	412.57	56.52	35 890	2 413	22 985	11 584	8 682	25 544
江西	4.54	234.91	44.13	9 507	670	18 379	10 051	11 673	16 962
山东	28.29	1 871.61	176.25	187 799	3 612	32 727	32 793	20 791	68 684
河南	14.59	595.58	109.84	52 802	606	30 177	30 956	18 399	41 335
湖北	12.16	651.92	58.11	73 858	2 358	43 929	23 549	23 905	29 409
湖南	10.53	542.40	67.85	39 390	1 174	42 134	26 764	18 798	29 867
广东	69.63	1 908.70	392.41	268 113	3 676	54 126	48 161	22 863	71 749
广西	4.97	161.69	38.93	7 469	1 851	18 990	23 609	6 250	17 458
海南	1.00	16.87	27.60	1 584	818	3 470	10 114	959	3 537
重庆	4.62	264.48	40.08	44 202	743	20 494	19 161	13 942	14 230
四川	9.82	501.82	68.12	113 015	1 687	45 731	32 190	17 184	31 154
贵州	1.86	60.37	33.51	6 879	1 013	18 124	8 358	1 357	8 227
云南	2.80	82.58	30.75	9 076	1 555	18 325	11 227	4 673	11 300
西藏	0.20	3.78	2.71	180	109	708	269	22	792
陕西	8.02	367.03	67.14	65 413	1 561	32 944	31 478	23 030	20 345
甘肃	2.45	73.44	23.00	5 831	1 692	9 551	11 967	5 827	6 526
青海	0.63	19.81	12.28	1 188	246	1 394	1 701	241	2 473
宁夏	0.90	30.17	11.29	1 724	154	5 047	2 494	181	3 410
新疆	2.08	77.50	51.79	4 968	1 235	5 564	10 852	1 516	8 527
平均值	12.65	522.35	111.88	87 904	2 339	26 554	22 813	14 241	24 009

区域＼指标	a_{10}	a_{11}	a_{12}	a_{13}	a_{14}	a_{15}	a_{16}	a_{17}	a_{18}
北京	234.93	54 635 801	3 983.23	108 993	31 321	2 441 185	55 845	981	253 847
天津	227.84	48 977 975	202.10	232 528	52 190	2 047 500	56 059	760	128 235
河北	35.67	31 865 810	26.43	152 139	190 067	3 430 710	40 267	240	29 323
山西	4.73	12 300 297	47.14	78 646	85 466	1 184 376	67 977	157	32 280
内蒙古	0.99	7 793 564	23.28	28 725	43 706	2 345 909	254 583	177	10 519
辽宁	70.00	39 396 936	177.04	182 732	188 627	2 700 846	159 927	1 332	153 825
吉林	6.40	20 144 467	18.04	13 669	7 105	531 533	11 610	141	52 813
黑龙江	1.75	8 687 198	142.22	40 339	38 176	718 157	9 992	136	117 028
上海	1 450.37	88 389 556	520.04	625 712	706 626	1 430 016	1 027 913	2 414	154 269
江苏	2 485.18	237 849 725	242.25	241 670	309 725	6 558 804	199 920	3 564	336 313
浙江	356.87	126 723 179	62.03	152 760	200 337	2 626 451	160 931	1 273	112 517
安徽	87.59	53 290 775	119.57	29 475	49 622	851 079	117 952	208	42 991

续表

区域＼指标	a_{10}	a_{11}	a_{12}	a_{13}	a_{14}	a_{15}	a_{16}	a_{17}	a_{18}
福建	177.56	29 549 223	46.28	366 373	24 312	1 009 708	190 480	746	29 808
江西	27.63	18 144 426	17.56	98 573	28 164	849 898	63 675	495	41 123
山东	692.66	236 436 994	75.36	484 878	350 097	3 419 948	144 902	793	118 566
河南	33.57	46 586 866	29.81	32 272	88 453	1 841 016	182 095	235	92 364
湖北	154.60	68 821 145	118.83	96 413	36 088	4 361 207	18 283	275	189 727
湖南	26.81	80 577 803	35.95	59 331	64 499	5 307 639	35 137	123	74 706
广东	2 747.92	279 178 349	402.77	562 660	92 479	2 151 658	130 749	2 690	116 489
广西	32.96	24 817 964	1.71	3 824	7 905	1 960 862	10 000	167	21 969
海南	4.04	587 908	2.42	7 145	2 510	8 603	2 012	99	881
重庆	20.12	69 918 265	64.86	171 988	10 490	710 023	92 046	480	62 573
四川	109.65	40 569 619	127.49	27 594	65 845	3 807 576	68 938	720	270 690
贵州	0.99	6 818 298	6.53	5 810	2 220	1 074 798	9 479	25	9 059
云南	3.61	6 714 948	4.65	58 300	11 557	561 008	75 373	149	61 436
西藏	0.07	44 343	0	0	15	1 346	0	3	4
陕西	18.95	21 580 201	100.72	36 471	10 968	1 818 310	126 226	103	78 995
甘肃	0.67	11 339 491	88.83	103 638	120 930	602 507	119 364	19	41 982
青海	0.01	861 428	50.09	8 070	3 445	78 988	972	19	423
宁夏	0.47	3 156 932	0.79	21 183	8 377	271 997	16 069	10	502
新疆	1.76	9 734 016	2.67	9 524	2 885	183 602	3 721	71	5 087
平均值	286.20	53 253 164	217.44	130 369	91 426	1 817 158	111 371	592	84 888

区域＼指标	a_{19}	a_{20}	a_{21}	a_{22}	a_{23}	a_{24}	a_{25}	a_{26}
北京	82 450	2 458	6 183	1 288	1 080.09	7 898 430	6 815	5 395
天津	7 867	1 400	5 585	1 022	549.13	2 934 724	20 393	9 613
河北	5 702	7 047	14 024	506	1 236.39	5 169 851	113 713	111 390
山西	7 735	4 433	6 408	161	850.25	3 863 252	53 354	50 657
内蒙古	1 675	3 261	8 694	138	889.10	2 988 848	41 218	45 337
辽宁	25 916	5 095	16 885	1 428	861.88	6 713 900	66 023	51 386
吉林	2 849	2 585	11 026	574	649.17	3 153 812	40 173	11 728
黑龙江	7 304	2 953	10 761	219	603.09	3 882 161	33 585	13 996
上海	39 057	2 344	3 748	1 755	710.11	6 591 501	27 883	14 868
江苏	63 968	10 199	35 242	7 244	2 135.84	10 205 758	265 903	42 907
浙江	18 483	8 982	18 463	4 645	1 195.61	6 658 854	233 121	26 225
安徽	983	4 655	12 022	1 328	950.68	3 696 733	74 033	32 169
福建	2 790	6 105	8 252	1 047	708.35	4 155 429	118 153	23 889
江西	106	3 006	7 303	862	750.64	3 861 693	82 885	17 525
山东	13 072	9 382	40 741	2 223	1 794.59	8 690 835	263 375	80 424
河南	8 947	9 815	10 795	1 037	1 539.41	6 118 666	166 276	28 519
湖北	10 814	5 333	13 766	1 019	873.04	6 413 939	92 244	18 326
湖南	8 499	5 342	10 672	1 019	1 039.57	5 933 108	88 180	24 676

续表

区域＼指标	a_{19}	a_{20}	a_{21}	a_{22}	a_{23}	a_{24}	a_{25}	a_{26}
广东	8 284	16 929	53 276	8 134	1 839.85	10 979 107	204 300	33 823
广西	3 527	3 616	7 682	441	903.03	2 312 772	195 235	18 813
海南	7	1 050	1 526	55	274.39	797 122	6 156	1 824
重庆	1 177	3 408	6 202	482	652.57	2 441 988	37 171	30 144
四川	17 471	5 445	10 175	916	1 427.13	6 003 367	86 033	31 872
贵州	1 006	3 085	2 407	145	768.55	1 598 842	14 343	17 185
云南	8 893	2 968	4 896	163	823.70	2 687 948	30 991	16 399
西藏	14	382	326	6	145.17	159 620	812	17
陕西	12 428	4 004	5 820	431	1 072.70	5 133 889	46 807	25 577
甘肃	9 307	1 941	3 604	80	626.21	1 494 461	14 168	7 962
青海	345	186	835	31	231.96	673 929	11 340	7 996
宁夏	231	530	2 229	18	229.66	713 392	26 312	45 468
新疆	743	3 441	6 246	39	869.96	2 465 774	30 239	17 332
平均值	11 989	4 454	11 075	1 227	893.50	4 352 147	80 325	27 423

表 6-6　2015 年区域自主创新实力评价指标预测值

区域＼指标	a_1	a_2	a_3	a_4	a_5	a_6	a_7	a_8	a_9
北京	21.54	1 647.57	688.08	136 346	23 676	103 673	87 702	68 338	24 575
天津	8.73	756.05	123.93	54 398	987	22 386	13 623	10 061	19 648
河北	8.25	402.62	68.77	18 731	627	19 934	35 461	9 029	36 106
山西	7.16	311.91	49.02	25 707	937	11 566	9 537	2 659	16 714
内蒙古	4.08	354.22	65.01	4 312	711	7 703	5 009	1 532	36 643
辽宁	9.76	605.30	145.52	62 094	1 278	34 579	26 941	19 630	37 356
吉林	6.94	126.85	47.59	8 641	1 864	21 726	10 947	10 454	18 543
黑龙江	8.02	324.99	44.29	15 575	1 962	20 419	23 334	18 291	16 955
上海	21.62	1 046.87	621.82	159 296	7 422	52 463	44 332	39 506	27 892
江苏	66.35	2 883.69	594.25	1 559 698	3 900	52 708	78 342	63 800	88 501
浙江	59.55	1 609.92	278.43	374 859	1 736	54 636	31 960	21 587	48 346
安徽	12.47	547.14	56.87	45 575	992	51 416	21 289	8 019	25 243
福建	13.70	518.68	64.98	41 429	2 495	25 349	12 108	10 033	29 415
江西	4.85	294.68	56.17	10 666	666	20 151	10 842	15 901	19 701
山东	31.54	2 414.12	214.16	230 270	3 719	35 816	33 918	24 074	78 645
河南	16.15	770.89	137.26	63 412	570	35 712	33 299	23 831	47 620
湖北	12.93	835.38	68.40	90 945	2 389	48 237	22 873	26 312	34 426
湖南	11.66	718.34	80.93	46 053	1 191	48 240	27 972	21 512	35 025
广东	83.87	2 389.39	465.13	308 736	3 694	60 064	50 955	26 373	80 037
广西	5.51	215.12	45.61	8 279	1 911	21 216	28 232	8 183	20 322
海南	1.33	22.01	38.23	1 773	870	4 051	13 218	1 320	4 073
重庆	4.86	337.86	48.65	58 046	745	22 880	20 410	17 635	16 643
四川	10.15	601.86	81.25	146 873	1 675	50 990	34 440	19 235	36 227

续表

区域＼指标	a_1	a_2	a_3	a_4	a_5	a_6	a_7	a_8	a_9
贵州	1.98	72.88	39.85	7 740	1 027	23 126	9 269	1 630	9 525
云南	2.96	96.95	34.05	10 316	1 557	21 143	12 267	5 699	12 649
西藏	0.22	4.76	2.71	180	110	817	287	25	886
陕西	8.25	422.48	85.14	89 712	1 566	36 152	32 423	25 796	24 342
甘肃	2.53	84.41	27.53	6 814	1 728	10 390	12 994	6 400	7 327
青海	0.69	24.89	15.34	1 414	250	1 660	1 812	279	2 887
宁夏	0.97	37.69	13.42	1 931	154	5 955	2 822	215	4 109
新疆	2.31	102.32	64.76	5 458	1 242	6 436	12 394	1 859	9 552
平均值	14.34	650.14	138.05	113 406	2 373	29 630	24 330	16 199	27 606

区域＼指标	a_{10}	a_{11}	a_{12}	a_{13}	a_{14}	a_{15}	a_{16}	a_{17}	a_{18}
北京	263.97	64 562 377	4 985.39	108 993	36 650	2 963 806	74 555	1 121	251 913
天津	258.99	54 612 004	231.76	232 528	51 966	2 352 287	56 059	834	141 564
河北	35.67	38 987 442	28.56	155 945	190 067	3 861 243	40 267	266	29 323
山西	4.73	14 305 672	59.86	79 896	85 466	1 184 376	80 511	189	35 209
内蒙古	1.09	8 908 632	22.89	28 521	49 832	2 809 969	244 795	206	11 483
辽宁	75.70	45 131 507	191.38	183 233	247 914	2 786 781	159 927	1 515	159 056
吉林	7.85	20 504 745	17.11	11 654	7 347	530 819	12 226	155	54 880
黑龙江	1.75	9 716 217	178.63	38 238	38 176	731 464	9 462	150	124 541
上海	1 656.06	96 935 073	537.55	633 792	920 379	1 452 993	1 305 017	2 653	154 269
江苏	2 896.99	299 520 970	242.25	224 763	356 806	7 101 416	212 806	3 953	360 269
浙江	430.25	150 089 996	63.09	150 200	233 781	2 654 391	175 453	1 414	112 763
安徽	87.59	72 906 171	150.44	24 876	41 635	851 079	139 531	233	43 885
福建	191.77	32 812 963	52.58	421 171	24 312	1 107 184	260 766	786	33 609
江西	27.63	22 369 285	18.31	103 532	29 553	899 696	70 092	588	43 873
山东	920.32	303 511 884	76.04	517 147	418 191	3 536 299	149 627	871	134 436
河南	48.40	57 412 809	30.48	29 045	98 569	1 940 093	216 225	264	110 781
湖北	219.93	90 180 554	128.73	94 561	38 736	4 898 187	18 645	305	204 065
湖南	38.44	112 456 431	34.00	59 331	64 499	6 456 082	34 737	122	76 933
广东	3 054.76	354 559 634	468.21	562 660	96 122	2 239 919	136 880	2 857	127 404
广西	50.10	31 551 439	1.54	3 824	8 881	2 255 861	10 000	179	23 473
海南	5.34	587 908	2.21	7 145	2 578	8 603	2 012	99	874
重庆	24.35	91 660 177	66.57	180 192	10 490	739 750	110 830	642	66 036
四川	146.42	49 203 092	155.29	24 088	73 610	4 243 367	68 938	927	299 906
贵州	0.89	8 416 909	6.53	5 391	2 283	1 181 491	9 479	27	9 059
云南	4.22	8 010 982	4.08	59 983	12 733	606 276	88 473	176	77 136
西藏	0.07	44 343	0	0	15	1 346	0	4	4
陕西	18.95	27 399 089	100.72	36 471	11 493	2 097 458	126 226	110	78 995
甘肃	0.67	14 628 959	105.65	119 647	120 930	651 674	154 905	20	506

续表

指标 区域	a_{10}	a_{11}	a_{12}	a_{13}	a_{14}	a_{15}	a_{16}	a_{17}	a_{18}
青海	0.01	1 000 266	69.68	8 925	3 558	90 601	1 137	22	506
宁夏	0.47	4 066 544	0.78	21 183	8 377	271 997	15 903	10	502
新疆	2.05	14 103 138	2.34	8 617	2 885	177 917	3 776	90	6595
平均值	332.41	66 354 622	259.12	133 405	106 059	1 999 735	128 686	662	90 289

指标 区域	a_{19}	a_{20}	a_{21}	a_{22}	a_{23}	a_{24}	a_{25}	a_{26}
北京	80 682	2 932	6 162	1 322	1 339.18	8 468 870	6 702	5 563
天津	8 128	1 712	5 575	1 070	693.95	3 150 191	20 260	10 303
河北	5 702	9 514	14 770	527	1 533.06	5 169 851	113 173	130 056
山西	8 172	5 940	6 580	162	1 068.59	4 126 163	55 101	56 499
内蒙古	1 715	4 593	9 395	146	1 155.92	3 175 514	42 831	51 341
辽宁	26 021	6 786	17 754	1 554	1 040.61	7 130 345	63 779	57 381
吉林	2 726	3 386	11 859	612	813.66	3 323 001	40 509	12 872
黑龙江	7 183	3 819	10 931	224	715.60	4 088 666	32 727	15 240
上海	39 057	2 741	3 402	1 821	812.30	7 060 537	25 691	15 642
江苏	65 449	13 305	36 198	8 021	2 679.23	10 975 820	265 948	46 478
浙江	19 087	11 621	19 250	5 024	1 416.70	7 081 512	237 712	27 841
安徽	780	6 360	12 530	1 559	1 182.78	3 782 200	74 663	37 159
福建	2 490	8 049	8 667	1 121	861.30	4 494 194	113 919	27 631
江西	106	3 954	7 767	961	941.14	4 107 639	85 518	20 266
山东	12 876	12 198	42 942	2 291	2 216.63	9 111 731	280 404	93 795
河南	8 947	13 812	11 136	1 131	1 918.61	6 349 989	171 210	30 039
湖北	9 604	7 068	13 755	1 090	1 074.17	6 762 041	92 041	19 658
湖南	8 499	7 237	11 266	1 133	1 300.18	6 296 702	86 668	28 347
广东	8 284	21 572	57 483	8 794	2 193.23	11 871 577	206 427	36 802
广西	3 709	4 720	8 046	472	1 134.75	2 330 776	201 427	20 113
海南	7	1 381	1 555	55	363.53	847 583	6 100	1 949
重庆	1 107	4 666	6 490	542	840.61	2 441 988	32 989	37 241
四川	17 471	7 038	10 383	925	1 814.73	6 325 636	82 679	35 896
贵州	951	4 424	2 442	143	960.91	1 631 178	14 686	19 566
云南	10 487	4 022	5 143	168	1 013.76	2 892 509	30 677	18 125
西藏	14	542	324	6	179.41	159 620	809	17
陕西	12 855	5 314	6 076	447	1 382.31	5 524 850	46 097	30 528
甘肃	11 461	2 669	3 681	80	788.64	1 528 197	13 885	8 398
青海	345	186	868	32	305.74	731 395	12 030	9 522
宁夏	230	722	2 346	18	295.86	757 884	27 409	55 773
新疆	671	4 711	6 544	40	1 138.19	2 542 593	31 608	20 262
平均值	12 091	5 891	11 572	1 325	1 111.25	4 604 336	81 057	31 126

第四节 中国区域自主创新能力预测分析

利用相容动态评价方法集中的基于灰靶理论的动态评价方法、基于理想解法的动态评价方法和基于加权离差平方和最大的动态评价方法对 2011～2015 年中国区域自主创新实力进行评价，确定相容动态评价方法集，再利用基于一致性的动态组合评价方法对相容动态评价方法集中的评价结论进行组合评价，得到一致性的动态组合评价排序结果，见表 6-7。

表 6-7 2011～2015 年区域自主创新实力评价值排序

区域	2011 年	2012 年	2013 年	2014 年	2015 年	区域	2011 年	2012 年	2013 年	2014 年	2015 年
江苏	1	1	1	1	1	安徽	17	17	17	17	17
广东	2	2	2	2	2	黑龙江	18	18	19	19	19
北京	3	3	3	3	3	重庆	19	19	18	18	18
上海	4	4	4	4	4	山西	20	21	21	22	23
山东	5	5	5	5	5	江西	21	20	20	20	20
浙江	6	6	6	6	6	吉林	22	24	24	24	24
辽宁	7	7	7	7	7	广西	23	23	22	21	21
四川	8	8	8	8	8	内蒙古	24	22	23	23	22
湖北	9	9	9	9	9	甘肃	25	25	25	26	26
平均值	10	10	11	11	11	云南	26	26	26	25	25
河南	11	11	10	10	10	新疆	27	27	27	27	27
河北	12	13	13	13	14	贵州	28	28	28	28	28
湖南	13	12	12	12	12	海南	29	29	29	29	29
天津	14	14	15	15	15	宁夏	30	30	30	30	30
福建	15	15	14	14	13	青海	31	31	31	31	31
陕西	16	16	16	16	16	西藏	32	32	32	32	32

“十二五”期间，东部地区的区域自主创新实力较强，江苏、广东、北京、上海、山东、浙江区域自主创新实力排名全国前六名，高于全国平均水平，处于上游区，排名保持不变，稳步发展。天津、福建和河北区域自主创新实力略低于全国平均水平，处于中游区，河北和天津呈下降衰退趋势，福建呈上升增长趋势，亚稳步发展。海南区域自主创新实力较弱，在全国排名后五名，处于下游区，排名保持不变，稳步发展。

“十二五”期间，东北地区辽宁区域自主创新实力较强，排名第七名，高于全国平均水平，属于上游区，排名保持不变，稳步发展；黑龙江区域自主创新实力低于全国平均水平，处于中游区；吉林区域自主创新实力远低于全国平均水平，处于下游区；黑龙江和吉林区域自主创新实力呈下降衰退趋势，亚稳步发展。

“十二五”期间，中部地区湖北区域自主创新实力较强，排名全国前十名，高于全国平均水平，属于上游区，排名保持不变，稳步发展；河南区域自主创新实力接近全国平均水平，比全国平均水平略低，处于中上游区，呈上升增长趋势；湖南、安徽和江西区域自主创新实力低于全国平均水平，处于中游区；山西区域自主创新实力呈下降衰退趋势，由第 20 名持续下降为第 23 名。

“十二五”期间，西部地区四川区域自主创新实力较强，排名全国前十名，高于全国平均水平，处于上游区；陕西和重庆区域自主创新实力低于全国平均水平，处于中游区；西部地区其他省（自治区）（广西、云南、甘肃、内蒙古、贵州、新疆、宁夏、青海和西藏）区域自主创新实力排名全国后十名，处于下游区，区域自主创新实力较弱。广西区域自主创新实力呈持续上升增长趋势。

“十二五”期间，中国区域自主创新实力还是东强西弱，排名全国前六名的都位于东部地区，东部地区海南区域自主创新实力较弱，其他省市区域自主创新实力较强；西部地区四川区域自主创新实力较强，其他省（自治区、直辖市）（不含香港、澳门、台湾地区）区域自主创新实力较弱；中部地区和东北地区区域自主创新实力属于中游水平。

第五节　本章小结

对于中国区域自主创新能力预测，总体而言有两种思路，经过比较分析，本书选择先利用单项预测方法和组合预测方法对 2011～2015 年区域自主创新能力评价指标值进行预测，再利用基于一致性的动态组合评价方法对“十二五”期间区域自主创新能力进行动态组合评价，得到区域自主创新能力预测结果的思路。区域自主创新能力可以分解为实力、效率和潜力，对区域自主创新实力进行预测比较有意义，因此本书通过对区域自主创新实力进行预测和评价对区域自主创新能力发展趋势进行研究。

结合预测对象的特征和预测方法本身的特性以及预测的成本和预测收益等方面选择合适的预测方法，根据各省（自治区、直辖市）（不含香港、澳门、台湾地区）区域自主创新能力各评价指标 2001～2010 年指标值性质特点及其发展趋势，分别选择若干种适合的时间序列预测方法对区域自主创新能力评价指标值进行预测，根据预测误差，确定相容预测方法集和互补预测模型集，利用基于漂移度的组合预测模型或某种合适的单项预测模型对区域自主创新能力评价指标值进行预测，得到“十二五”期间中国区域自主创新实力评价指标值。

利用相容动态评价方法集中的基于灰靶理论的动态评价方法、基于理想解法的动态评价方法和基于加权离差平方和最大的动态评价方法对 2011～2015 年中国区域自主创新实力进行评价，确定相容动态评价方法集，再利用基于一致性的动态组合评价方法对相容动态评价方法集中的评价结论进行动态组合评价，得到一致性的动态组合评价结论。根据评价结论对“十二五”期间中国区域自主创新实力进行比较分析。“十二五”期间，中国区域自主创新实力还是呈东强西弱的发展趋势。

参 考 文 献

陈国宏，等 .2008. 区域自主创新能力评价及相关问题研究——基于福建省背景的实证分析 . 北京：经济科学出版社 .

陈国宏，李美娟 .2004. 基于方法集的综合评价方法集化研究 . 中国管理科学，12 (1)：101 - 105.

陈国宏，李美娟 .2005. 组合评价收敛性验证的计算机模拟实验 . 系统工程理论与实践，25 (5)：74 - 82.

陈国宏，李美娟，陈衍泰 .2007. 组合评价及其计算机集成系统研究 . 北京：清华大学出版社 .

陈国宏，肖细凤，李美娟 .2008. 区域技术创新能力评价指标识别研究 . 中国科技论坛，(11)：67 - 71.

陈华友 .2008. 组合预测方法有效性理论及其应用 . 北京：科学出版社 .

陈华友，刘春林，盛昭瀚 .2004. IOWHA 算子及其在组合预测中的应用 . 中国管理科学，12 (5)：35 - 40.

陈涛 .2010. 基于 AGA-SVM 的非线性组合预测模型 . 数学的实践与认识，40 (4)：57 - 62.

陈至立 .2005. 加强自主创新 促进可持续发展 . 中国软科学，(9)：1 - 6.

郭显光 .1995. 一种新的综合评价方法——组合评价法 . 统计研究，(5)：56 - 59.

郭亚军 .2008. 综合评价理论、方法及应用 . 北京：科学出版社 .

黄鲁成 .2002. 宏观区域创新体系的理论模式研究 . 中国软科学，(1)：95 - 98.

黄岩，张国春，王其藩，等 .2001. 一种新的计算组合预测权重的方法 . 管理工程学报，15 (2)：44 - 46.

江蕾，李小娟 .2010. 我国区域自主创新能力的评价体系构建与实际测度研究 . 自然辩证法通讯，32 (3)：70 - 80.

焦少飞，刘延松，张薇，等 .2009. 区域自主创新能力的内涵解析与模式分析 . 科技进步与对策，26 (6)：41 - 43.

李工农，陆晓青，徐晨 .2007. 经济预测与决策及其 Matlab 实现 . 北京：清华大学出版社 .

李美娟，陈国宏，林志炳 .2011. 基于漂移度的组合预测方法研究 . 中国管理科学，19 (3)：111 - 117.

李美娟，陈国宏，肖细凤 .2009. 基于一致性组合评价的区域技术创新能力评价与比较分析 . 中国管理科学，17 (2)：131 - 139.

李闽榕，李建平，黄茂兴 .2007. 中国省域经济综合竞争力评价与预测研究 . 北京：社会科学文献出版社 .

刘斌 . 2003. 构建区域创新系统的难点与对策 . 中国科技论坛，(2)：22 - 24.
刘凤朝，潘雄锋，施定国 . 2005. 基于集对分析法的区域自主创新能力评价研究 . 中国软科学，(11)：83 - 92.
刘启浩 . 2008. Var 的组合预测方法 . 预测，27 (3)：75 - 80.
刘友金 . 2001. 基于政行区划的区划创新体系研究 . 企业经济，(30)：13 - 16.
刘泽双，闫付强 . 2009. 基于遗传算法的就业需求量组合预测模型 . 系统工程，27 (8)：62 - 68.
柳卸林 . 2003. 区域创新体系成立的条件和建设的关键因素 . 中国科技论坛，(1)：18 - 22.
卢奇，顾培亮，邱世明 . 2003. 组合预测模型在我国能源消费系统中的建构及应用 . 系统工程理论与实践，(3)：24 - 30.
聂鸣，张利斌，卢玉廷 . 2005. 灰靶理论在高科技企业核心刚性识别中的应用 . 统计研究，(6)：62 - 65.
潘德均 . 2001. 西部地区区域创新系统建设 . 科学学与科学技术管理，(1)：38 - 40.
彭建娟，李建华 . 2007. 区域自主创新能力及其特征研究 . 中国科技论坛，(11)：12 - 15.
彭勇行 . 2000. 管理决策分析 . 北京：科学出版社：147 - 285.
曲永义 . 2010. 鲁苏浙粤区域技术创新能力评价与比较 . 济南：山东大学出版社 .
王鹏，曹兴，龙凤珍 . 2011. 区域自主创新能力研究综述 . 学术论坛，(1)：128 - 133.
王硕，杨善林，马溪骏 . 2008. 基于 WNN-RAGA 的非线性组合预测方法 . 系统工程理论与实践，(12)：160 - 165.
王欣荣，樊治平 . 2002. 上市公司财务状况的动态多指标综合评价方法 . 系统工程理论与实践，(4)：54 - 57.
熊彼特 . 1991. 经济发展理论 . 北京：商务印书馆 .
杨志良，薄玉成，白云，等 . 2006. 灰靶贡献度技术的改进与应用 . 火炮发射与控制学报，(3)：23 - 26.
虞震 . 2011. 泛长三角区域科技创新能力评价与比较研究 . 社会科学，(11)：47 - 52.
曾波，刘思峰，方志耕，等 . 2009. 灰色组合预测模型及其应用 . 中国管理科学，17 (5)：150 - 155.
张军涛，陈蕾 . 2011. 基于因子分析和聚类分析的中国区域自主创新能力评价——创新系统视角 . 工业技术经济，(4)：36 - 44.
张序萍，刘中文，张峰 . 2010. 区域技术创新能力指标体系的构建及评价 . 科技管理研究，(21)：69 - 74.
中国科技发展战略研究小组 . 2003a. 中国区域创新能力报告 2002. 北京：经济管理出版社 .
中国科技发展战略研究小组 . 2003b. 解读中国区域创新能力评价 . 科学学与科学技术管理，(5)：5 - 10.
中国科技发展战略研究小组 . 2009. 中国区域创新能力报告 2008. 北京：科学出版社 .
朱海就 . 2004. 区域创新能力评估的指标体系研究 . 科研管理，25 (3)：30 - 35.
Asheim B，Isaksen A. 2002. Regional innovation systems：the integration of local "sticky" and global "ubiquitous" knowledge. Journal of Technology Transfer，(27)：77 - 86.
Autio E. 1998. Evaluation of RTD in regional systems of innovation. European Planning Studies，6 (2)：131 - 140.

Bates J M，Granger C W J. 1969. The Combination of forecasts. Operations Research Quarterly，20 (4)：451－468.

Cooke P. 1996. Regional Innovation System：the Role of Governance in the Globalized Word. London：UCL Press.

Deng J L. 1993. On grey target. The Journal of Grey System，(3)：172.

Deng J L. 2000. Contributing degree in grey target theory . The Journal of Grey System，(1)：40.

Díaz-Robles L A，Ortega J C，Fu J S，et al. 2008. A hybrid ARIMA and artificial neural networks model to forecast particulate matter in urban areas：the case of Temuco，Chile. Atmospheric Environment，42 (35)：8331－8340.

Freeman C. 1987. Technology Policy and Economic Performance：Lessons from Japan. London：Pinter press.

Guidolina M，Timmermannc A. 2009. Forecasts of US short-term interest rates：a flexible forecast combination approach. Journal of Econometrics，(150)：297－311.

Kapetanios G，Labhard V，Price S. 2008. Forecast combination and the bank of England's suite of statistical forecasting models. Economic Modelling，(25)：772－792.

Kuhimann S. 2004. European/German efforts and policy evaluation in regional innovation. University Utrecht Fraunhofer Institute Systems and Innovation Research. International Workshop on the Comprehensive Review of the S&T Basic Plans in Japan-Towards the Effective Benchmarking of Integrated S&T Policy：1－25.

Nelson R. 1993. National Innovation Systems. London：Oxford University Press.

Sánchez I. 2008. Adaptive combination of forecasts with application to wind energy. International Journal of Forecasting，(24)：679－693.

附　　录

附表 1　R&D 人员全时当量　　单位：万人年

区域＼年份	2001	2002	2003	2004	2005	2006	2007	2008	2009	2010
北京	9.53	11.49	10.99	15.15	17.10	16.84	18.76	18.96	19.18	19.37
天津	2.39	2.62	2.88	2.96	3.34	3.72	4.49	4.83	5.20	5.88
河北	2.82	3.29	3.44	3.48	4.17	4.37	4.53	4.62	5.65	6.23
山西	1.62	1.72	1.85	1.85	2.74	3.88	3.69	4.40	4.78	4.63
内蒙古	0.80	0.87	0.87	1.14	1.35	1.48	1.54	1.83	2.17	2.48
辽宁	5.28	6.47	5.60	6.00	6.61	6.90	7.72	7.67	8.09	8.47
吉林	1.79	1.96	1.95	2.22	2.56	2.85	3.25	3.17	3.94	4.53
黑龙江	3.22	3.42	3.46	3.92	4.42	4.51	4.82	5.07	5.42	6.19
上海	5.20	5.48	5.62	5.91	6.70	8.02	9.01	9.51	13.29	13.50
江苏	7.88	9.06	9.81	10.33	12.80	13.89	16.05	19.53	27.33	31.58
浙江	3.59	4.00	4.66	6.31	8.01	10.28	12.94	15.96	18.51	22.35
安徽	2.44	2.37	2.51	2.41	2.84	2.99	3.62	4.95	5.97	6.42
福建	2.48	2.24	2.66	3.18	3.57	4.02	4.76	5.93	6.33	7.67
江西	1.51	1.53	1.70	1.92	2.20	2.58	2.71	2.82	3.31	3.48
山东	4.68	7.26	7.83	7.23	9.11	9.66	11.65	16.04	16.46	19.03
河南	3.61	4.15	4.07	4.21	5.12	5.97	6.49	7.15	9.26	10.15
湖北	4.42	5.55	5.19	5.03	6.12	6.21	6.74	7.28	9.12	9.79
湖南	2.87	2.92	2.70	3.13	3.80	3.98	4.49	5.03	6.38	7.26
广东	7.91	8.69	9.38	9.31	11.94	14.72	19.95	23.87	28.37	34.47
广西	0.95	1.21	1.32	1.48	1.79	1.89	2.01	2.32	2.99	3.40
海南	0.09	0.08	0.10	0.14	0.12	0.12	0.13	0.17	0.42	0.49
重庆	1.65	1.76	1.77	2.07	2.46	2.68	3.16	3.44	3.50	3.71
四川	4.82	6.13	5.79	6.01	6.64	6.86	7.88	8.67	8.59	8.38
贵州	0.95	0.90	0.86	0.78	0.98	1.07	1.14	1.15	1.31	1.51
云南	1.17	1.39	1.29	1.47	1.48	1.60	1.78	1.98	2.11	2.26
西藏	0.02	0.06	0.06	0.04	0.06	0.10	0.07	0.06	0.13	0.13
陕西	5.73	6.05	5.42	4.90	5.37	5.95	6.51	6.48	6.80	7.32
甘肃	1.73	1.47	1.69	1.44	1.68	1.67	1.88	2.01	2.12	2.17
青海	0.20	0.20	0.23	0.26	0.26	0.26	0.29	0.25	0.46	0.49
宁夏	0.28	0.30	0.27	0.35	0.40	0.44	0.56	0.52	0.69	0.64
新疆	0.46	0.53	0.53	0.61	0.70	0.74	0.89	0.88	1.27	1.44
平均值	2.97	3.39	3.44	3.72	4.40	4.85	5.60	6.34	7.39	8.24

附表 2　R&D 经费额　　单位：亿元

区域＼年份	2001	2002	2003	2004	2005	2006	2007	2008	2009	2010
北京	171.20	219.54	256.25	317.33	382.07	432.99	505.39	550.35	668.64	821.82
天津	25.20	31.19	40.43	53.75	72.57	95.24	114.69	155.72	178.47	229.56
河北	25.80	33.60	38.05	43.84	58.93	76.66	90.02	109.11	134.84	155.45
山西	10.80	14.41	15.83	23.36	26.28	36.34	49.25	62.56	80.86	89.88
内蒙古	3.90	4.83	6.39	7.80	11.70	16.49	24.20	33.90	52.07	63.72
辽宁	53.90	71.56	82.97	106.91	124.71	135.79	165.40	190.07	232.37	287.47
吉林	16.50	26.41	27.80	35.51	39.30	40.92	50.87	52.84	81.36	75.80
黑龙江	20.10	23.29	32.68	35.35	48.91	57.03	66.04	86.70	109.17	123.04
上海	88.10	110.27	128.92	171.12	208.35	258.84	307.46	355.39	423.38	481.70
江苏	92.30	117.26	150.46	213.98	269.83	346.07	430.20	580.91	701.95	857.95
浙江	41.40	54.29	75.23	115.55	163.29	224.03	281.60	344.57	398.84	494.23
安徽	21.10	25.70	32.42	37.94	45.90	59.34	71.79	98.32	135.95	163.72
福建	22.60	24.40	37.50	45.89	53.62	67.43	82.17	101.93	135.38	170.90
江西	7.80	11.72	16.98	21.53	28.53	37.76	48.79	63.15	75.89	87.15
山东	60.90	88.16	103.84	142.12	195.14	234.13	312.31	433.72	519.59	672.00
河南	28.30	29.32	34.19	42.36	55.58	79.84	101.13	122.28	174.76	211.17
湖北	36.80	47.88	54.82	56.62	74.95	94.43	111.32	148.99	213.45	264.12
湖南	24.00	26.21	30.09	37.04	44.52	53.62	73.55	112.70	153.50	186.56
广东	137.40	156.45	179.84	211.21	243.76	313.04	404.29	502.56	652.98	808.75
广西	8.00	9.05	11.24	11.87	14.59	18.24	22.00	32.83	47.20	62.87
海南	0.80	1.22	1.21	2.09	1.59	2.10	2.60	3.35	5.78	7.02
重庆	10.00	12.62	17.44	23.65	31.96	36.91	46.99	60.15	79.46	100.27
四川	57.50	61.92	79.42	78.01	96.58	107.84	139.14	160.26	214.46	264.27
贵州	5.30	6.07	7.89	8.68	11.03	14.51	13.74	18.93	26.41	29.97
云南	7.70	9.79	11.01	12.51	21.32	20.92	25.88	30.99	37.23	44.17
西藏	0.20	0.49	0.31	0.36	0.35	0.48	0.70	1.23	1.44	1.46
陕西	51.70	60.71	67.99	83.48	92.45	101.36	121.71	143.27	189.51	217.50
甘肃	8.40	10.96	12.77	14.39	19.61	23.95	25.72	31.80	37.26	41.94
青海	1.20	2.08	2.41	3.04	2.96	3.34	3.81	3.91	7.59	9.94
宁夏	1.50	1.95	2.38	3.05	3.17	4.97	7.47	7.55	10.44	11.51
新疆	3.20	3.52	3.80	6.01	6.41	8.48	10.02	16.01	21.80	26.65
平均值	33.66	41.83	50.41	63.43	79.03	96.87	119.69	148.90	187.16	227.83

附表 3　地方财政科技拨款　　单位：亿元

区域＼年份	2001	2002	2003	2004	2005	2006	2007	2008	2009	2010
北京	17.46	21.60	25.15	32.60	37.61	60.50	90.74	112.19	126.31	178.92
天津	7.52	8.40	9.74	11.50	13.65	18.30	22.34	28.65	34.00	43.25
河北	8.57	7.70	8.23	9.90	11.18	13.50	17.41	21.67	26.43	29.65
山西	3.84	4.00	4.72	6.30	6.52	8.10	15.80	17.64	17.61	20.12
内蒙古	4.05	4.60	5.13	5.00	7.02	7.90	9.22	15.36	18.07	21.39

续表

年份 / 区域	2001	2002	2003	2004	2005	2006	2007	2008	2009	2010
辽宁	15.06	18.30	19.99	23.50	27.98	34.50	38.69	49.02	57.49	68.90
吉林	5.65	5.80	5.17	4.60	6.95	8.50	11.09	13.41	18.98	19.12
黑龙江	11.56	10.90	10.65	12.20	11.58	13.60	17.47	20.09	19.96	27.69
上海	12.39	15.20	19.84	39.30	79.34	94.90	105.77	120.27	215.31	202.03
江苏	15.18	17.90	21.22	26.80	35.68	54.40	68.73	91.52	117.02	150.35
浙江	18.55	24.90	29.41	38.40	50.01	62.90	71.54	86.79	99.30	121.40
安徽	3.90	4.40	4.58	5.50	5.96	8.90	15.96	23.78	36.47	57.98
福建	8.48	8.90	10.18	11.60	13.55	15.40	21.27	25.63	27.89	32.31
江西	3.25	3.30	3.63	4.30	4.93	6.00	8.74	11.14	13.40	18.26
山东	19.10	18.90	23.22	22.80	26.51	41.10	46.41	57.13	62.88	84.36
河南	7.18	8.30	9.04	10.80	13.84	17.60	25.23	30.44	35.52	44.67
湖北	6.46	6.70	8.37	9.50	11.39	16.20	18.76	23.06	25.33	30.09
湖南	9.33	11.30	9.14	9.40	12.26	14.30	20.49	26.59	29.62	35.04
广东	40.77	57.70	56.58	65.40	83.77	104.10	119.26	132.52	168.50	214.44
广西	4.64	6.00	8.87	6.80	7.82	9.30	13.19	16.21	18.07	21.66
海南	0.61	0.70	0.98	1.00	1.29	1.70	2.79	4.50	6.07	7.47
重庆	3.90	3.60	3.69	5.00	5.99	7.50	11.05	15.13	15.55	17.90
四川	8.59	8.90	10.07	10.80	12.70	14.60	20.78	25.82	28.64	34.71
贵州	3.56	3.90	4.31	5.10	7.76	7.60	9.98	12.99	14.27	16.66
云南	7.84	9.00	9.17	8.40	10.52	11.40	13.06	17.67	18.99	21.43
西藏	0.39	0.90	0.61	0.70	0.85	0.90	1.93	2.90	2.69	2.71
陕西	3.97	4.40	4.82	5.30	6.78	10.30	13.30	17.14	20.84	25.25
甘肃	2.37	2.70	2.46	3.30	3.79	4.40	7.31	9.47	10.18	10.89
青海	0.89	0.90	1.12	1.00	1.32	1.50	2.52	3.97	4.78	4.08
宁夏	1.24	1.40	1.34	1.50	2.03	2.00	4.79	4.33	4.40	5.97
新疆	2.64	3.60	4.15	4.50	6.21	7.30	12.84	14.84	16.14	20.19
平均值	8.35	9.83	10.83	12.99	16.99	21.91	27.69	33.93	42.28	51.25

附表 4　专利申请受理数　　单位：件

年份 / 区域	2001	2002	2003	2004	2005	2006	2007	2008	2009	2010
北京	12 174	13 842	17 003	18 402	22 572	26 555	31 680	43 508	50 236	57 296
天津	3 081	5 630	6 812	8 406	11 657	13 299	15 744	18 230	19 624	25 973
河北	4 695	5 390	5 623	5 647	6 401	7 220	7 853	9 128	11 361	12 295
山西	1 473	1 630	1 743	1 949	1 985	2 824	3 333	5 386	6 822	7 927
内蒙古	1 087	1 202	1 393	1 457	1 455	1 946	2 015	2 221	2 484	2 912
辽宁	7 514	9 851	13 545	14 695	15 672	17 052	19 518	20 893	25 803	34 216
吉林	2 627	3 413	4 267	3 657	4 101	4 578	5 251	5 536	5 934	6 445
黑龙江	3 670	4 392	4 972	4 919	6 050	6 535	7 242	7 974	9 014	10 269
上海	12 777	19 970	22 374	20 471	32 741	36 042	47 205	52 835	62 241	71 196
江苏	10 352	13 075	18 393	23 532	34 811	53 267	88 950	128 002	174 329	235 873

续表

区域 \ 年份	2001	2002	2003	2004	2005	2006	2007	2008	2009	2010
浙江	12 828	17 265	21 463	25 294	43 221	52 980	68 933	89 931	108 482	120 742
安徽	2 045	2 312	2 676	2 943	3 516	4 679	6 070	10 409	16 386	47 128
福建	4 971	6 522	7 236	7 498	9 460	10 351	11 341	13 181	17 559	21 994
江西	1 778	2 037	2 434	2 685	2 815	3 171	3 548	3 746	5 224	6 307
山东	11 170	12 856	15 794	18 388	28 835	38 284	46 849	60 247	66 857	80 856
河南	4 093	4 441	5 261	6 318	8 981	11 538	14 916	19 090	19 589	25 149
湖北	4 322	4 960	6 635	7 960	11 534	14 576	17 376	21 147	27 206	31 311
湖南	4 292	4 859	6 054	7 693	8 763	10 249	11 233	14 016	15 948	22 381
广东	27 596	34 352	43 186	52 201	72 220	90 886	102 449	103 883	125 673	152 907
广西	1 838	1 927	2 250	2 202	2 379	2 784	3 480	3 884	4 277	5 117
海南	390	546	445	375	489	538	632	873	1 040	1 019
重庆	2 047	3 142	4 589	5 171	6 260	6 471	6 715	8 324	13 482	22 825
四川	5 039	5 997	7 443	7 260	10 567	13 109	19 165	24 335	33 047	40 230
贵州	950	1 260	1 242	1 486	2 226	2 674	2 759	2 943	3 709	4 414
云南	1 793	1 780	1 966	2 132	2 556	3 085	3 108	4 089	4 633	5 645
西藏	23	15	24	62	102	89	97	350	195	162
陕西	2 326	2 530	3 421	3 217	4 166	5 717	8 499	11 898	15 570	22 949
甘肃	734	781	961	910	1 759	1 460	1 608	2 178	2 676	3 558
青海	162	151	173	124	216	325	387	431	499	602
宁夏	412	503	441	399	516	671	838	1 087	1 277	739
新疆	1 086	1 239	1 473	1 492	1 851	2 256	2 270	2 412	2 872	3 560
平均值	4 818	6 060	7 461	8 353	11 609	14 362	18 099	22 328	27 550	34 968

附表 5　专利申请授权数　　单位：件

区域 \ 年份	2001	2002	2003	2004	2005	2006	2007	2008	2009	2010
北京	6 246	6 345	8 247	9 005	10 100	11 238	14 954	17 747	22 921	33 511
天津	1 829	1 827	2 505	2 578	3 045	4 159	5 584	6 790	7 404	11 006
河北	2 791	3 353	3 572	3 407	3 585	4 131	5 358	5 496	6 839	10 061
山西	1 047	934	1 175	1 189	1 220	1 421	1 992	2 279	3 227	4 752
内蒙古	743	679	817	831	845	978	1 313	1 328	1 494	2 096
辽宁	4 448	4 551	5 656	5 749	6 195	7 399	9 615	10 665	12 198	17 093
吉林	1 443	1 507	1 690	2 145	2 023	2 319	2 855	2 984	3 275	4 343
黑龙江	1 870	2 083	2 794	2 809	2 906	3 622	4 303	4 574	5 079	6 780
上海	5 371	6 695	16 671	10 625	12 603	16 602	24 481	24 468	34 913	48 215
江苏	6 158	7 595	9 840	11 330	13 580	19 352	31 770	44 438	87 286	138 382
浙江	8 312	10 479	14 402	15 249	19 056	30 968	42 069	52 953	79 945	114 643
安徽	1 278	1 419	1 610	1 607	1 939	2 235	3 413	4 346	8 594	16 012
福建	3 296	4 001	5 377	4 758	5 147	6 412	7 761	7 937	11 282	18 063
江西	999	1 044	1 238	1 169	1 361	1 536	2 069	2 295	2 915	4 349
山东	6 725	7 293	9 067	9 733	10 743	15 937	22 821	26 688	34 513	51 490
河南	2 582	2 590	2 961	3 318	3 748	5 242	6 998	9 133	11 425	16 539

续表

区域＼年份	2001	2002	2003	2004	2005	2006	2007	2008	2009	2010
湖北	2 204	2 209	2 871	3 280	3 860	4 734	6 616	8 374	11 357	17 362
湖南	2 401	2 347	3 175	3 281	3 659	5 608	5 687	6 133	8 309	13 873
广东	18 259	22 761	29 235	31 446	36 894	43 516	56 451	62 031	83 621	119 343
广西	1 099	1 054	1 331	1 272	1 225	1 442	1 907	2 228	2 702	3 647
海南	303	199	296	278	200	248	296	341	630	714
重庆	1 197	1 761	2 883	3 601	3 591	4 590	4 994	4 820	7 501	12 080
四川	3 357	3 403	4 051	4 430	4 606	7 138	9 935	13 369	20 132	32 212
贵州	642	615	723	737	925	1 337	1 727	1 728	2 084	3 086
云南	1 347	1 128	1 213	1 264	1 381	1 637	2 139	2 021	2 923	3 823
西藏	22	7	16	23	44	81	68	93	292	124
陕西	1 354	1 524	1 609	2 007	1 894	2 473	3 451	4 392	6 087	10 034
甘肃	512	397	474	514	547	832	1 025	1 047	1 274	1 868
青海	101	85	90	70	79	97	222	228	368	264
宁夏	231	216	338	293	214	290	296	606	910	1 081
新疆	755	627	752	792	921	1 187	1 534	1 493	1 866	2 562
平均值	2 868	3 249	4 409	4 477	5 101	6 734	9 152	10 743	15 592	23 207

附表 6　研究与开发机构 R&D 课题数　　单位：项

区域＼年份	2001	2002	2003	2004	2005	2006	2007	2008	2009	2010
北京	12 730	13 695	14 767	16 061	17 080	18 105	21 470	22 913	19 204	21 075
天津	981	915	941	946	1 016	978	1 049	1 206	900	890
河北	954	768	816	779	791	769	939	1 010	490	572
山西	1 180	1 181	1 294	1 242	1 337	1 459	1 665	1 787	940	935
内蒙古	607	653	745	689	733	679	635	842	673	658
辽宁	1 996	1 972	1 830	1 808	1 867	1 934	1 753	1 829	1 406	1 466
吉林	1 517	1 618	1 525	1 442	1 411	1 519	1 680	2 050	1 727	1 726
黑龙江	1 485	1 540	1 660	1 535	1 494	1 725	1 842	2 086	1 784	1 785
上海	3 491	3 589	3 813	3 956	4 151	4 290	5 196	5 650	5 673	5 933
江苏	3 885	3 401	3 494	3 527	3 578	3 955	4 281	4 661	3 205	3 823
浙江	1 829	1 851	1 817	1 775	2 253	3 006	3 811	3 199	1 543	1 738
安徽	1 085	1 100	1 254	1 147	1 116	1 099	1 176	1 353	816	888
福建	1 285	1 379	1 333	1 356	1 476	1 792	1 992	2 315	1 831	2 113
江西	730	698	723	723	719	736	800	772	589	684
山东	2 294	2 328	2 360	2 401	2 464	2 504	2 985	3 364	2 922	3 227
河南	1 290	1 223	1 155	1 105	1 075	963	1 083	1 103	609	672
湖北	2 029	1 913	1 967	1 761	1 797	1 888	2 285	2 615	2 013	2 305
湖南	970	882	913	866	926	955	1 073	1 152	1 052	1 100
广东	2 743	3 179	3 450	3 378	3 702	3 638	4 314	4 568	3 177	3 499
广西	967	1 169	1 244	1 188	1 241	1 280	1 444	1 712	1 305	1 729
海南	379	336	373	452	474	545	623	656	415	662

续表

区域＼年份	2001	2002	2003	2004	2005	2006	2007	2008	2009	2010
重庆	784	800	599	620	574	652	743	763	553	868
四川	1 950	2 127	2 032	1 982	2 090	2 186	2 270	2 405	1 544	1 661
贵州	715	767	807	895	1 010	1 108	1 241	1 347	913	841
云南	1 667	1 706	1 580	1 398	1 334	1 640	1 707	1 860	1 389	1 486
西藏	63	104	70	96	125	111	128	144	68	91
陕西	1 347	1 347	1 434	1 324	1 498	1 731	1 702	1 738	1 507	1 492
甘肃	1 282	1 223	1 203	1 149	1 124	1 222	1 509	1 749	1 452	1 545
青海	217	182	177	173	183	239	218	228	219	229
宁夏	189	202	179	200	231	259	267	262	168	153
新疆	1 010	1 014	1 063	1 019	1 097	1 202	1 250	1 381	1 048	1 204
平均值	1 731	1 770	1 826	1 838	1 934	2 070	2 359	2 539	1 972	2 163

附表 7　高等学校 R&D 课题数　　单位：项

区域＼年份	2001	2002	2003	2004	2005	2006	2007	2008	2009	2010
北京	13 502	16 813	20 798	25 206	31 394	38 569	43 765	46 282	51 091	60 477
天津	4 682	5 189	6 394	7 348	8 258	9 279	10 247	11 778	12 666	14 289
河北	3 737	4 727	5 413	6 090	7 329	9 713	10 100	11 035	12 116	13 301
山西	2 362	2 602	2 933	2 962	3 872	4 927	5 036	5 416	6 505	7 286
内蒙古	1 313	1 626	1 793	2 255	2 444	3 579	3 733	4 172	4 226	5 031
辽宁	6 248	6 197	7 368	9 139	10 488	13 472	14 442	17 001	19 247	20 876
吉林	3 318	3 682	3 852	5 471	6 762	8 252	8 893	10 904	11 695	13 040
黑龙江	4 418	4 572	5 856	7 458	8 927	11 272	11 376	13 287	12 787	14 632
上海	12 461	14 385	16 044	19 588	22 070	29 810	26 511	29 916	31 468	36 656
江苏	13 280	14 794	16 245	17 543	19 413	26 719	23 918	28 327	31 307	35 481
浙江	9 558	13 779	16 137	20 661	24 250	31 112	28 972	31 764	34 765	38 269
安徽	4 087	4 503	5 454	5 623	6 710	9 249	10 559	13 198	16 170	19 706
福建	4 352	5 370	6 048	6 443	7 564	10 413	10 981	12 474	13 184	15 925
江西	2 631	3 141	4 053	4 792	6 600	8 619	9 064	10 479	11 499	12 579
山东	5 667	6 677	7 802	9 321	11 378	15 847	16 392	19 231	19 786	22 810
河南	2 463	2 911	3 329	4 336	5 905	8 075	9 517	11 134	13 482	14 846
湖北	8 415	10 255	12 992	14 944	15 517	21 068	20 155	23 402	26 920	30 613
湖南	5 159	7 225	7 726	9 356	10 447	14 184	15 347	17 382	20 515	25 253
广东	9 261	10 397	12 141	14 835	17 617	24 221	24 956	27 575	31 262	35 749
广西	1 934	2 433	3 196	4 383	5 846	7 445	8 294	10 202	11 029	11 801
海南	406	435	646	621	869	1 122	1 140	1 211	1 653	1 956
重庆	3 310	3 911	4 808	5 384	6 875	8 462	8 167	9 479	11 333	13 415
四川	6 701	8 177	10 373	12 053	14 977	17 516	19 885	23 239	25 639	29 498
贵州	908	1 254	1 507	1 590	1 824	2 666	3 296	4 492	5 683	7 160
云南	1 920	2 346	2 924	3 531	4 234	5 512	6 377	8 124	9 215	10 183
西藏	14	48	48	9	53	134	44	168	320	352

续表

年份 / 区域	2001	2002	2003	2004	2005	2006	2007	2008	2009	2010
陕西	6 634	8 119	9 640	11 092	12 516	16 398	15 202	16 908	19 545	23 212
甘肃	1 762	2 179	2 766	3 202	3 581	4 462	4 988	5 653	6 185	6 744
青海	140	142	136	222	258	385	397	498	574	688
宁夏	566	733	755	935	950	1 281	1 700	1 951	2 294	2 617
新疆	783	1 021	943	1 070	1 399	1 531	1 971	2 414	2 547	3 272
平均值	4 580	5 472	6 455	7 660	9 043	11 784	12 110	13 842	15 378	17 668

附表 8　国内中文期刊科技论文数　　单位：篇

年份 / 区域	2001	2002	2003	2004	2005	2006	2007	2008	2009	2010
北京	31 325	35 437	40 011	43 973	48 532	54 477	59 375	62 663	65 951	69 239
天津	5 433	6 397	7 541	8 342	9 466	10 906	12 332	12 402	12 472	12 542
河北	4 845	5 760	6 254	7 150	8 847	11 901	14 589	16 280	17 970	19 661
山西	2 556	2 749	3 417	3 790	4 276	5 163	6 034	6 396	6 757	7 119
内蒙古	1 080	1 228	1 295	1 440	1 673	1 989	2 822	3 018	3 214	3 410
辽宁	8 137	9 586	11 001	12 093	14 858	16 839	19 126	19 964	20 801	21 639
吉林	3 584	4 181	5 036	5 635	6 581	7 661	8 463	8 725	8 987	9 249
黑龙江	6 036	7 070	7 120	8 289	9 388	10 302	12 253	13 403	14 553	15 703
上海	16 602	18 455	20 612	22 841	25 058	27 116	29 141	30 937	32 733	34 529
江苏	16 376	18 877	21 602	24 025	28 486	34 043	38 987	43 214	47 441	51 668
浙江	8 623	10 887	12 927	14 922	17 331	19 233	24 526	25 082	25 638	26 194
安徽	5 365	5 602	6 475	7 129	8 167	9 740	11 691	12 695	13 699	14 703
福建	4 140	4 485	4 826	5 356	6 246	7 368	8 214	8 645	9 075	9 506
江西	2 092	2 447	2 730	3 091	3 811	5 074	5 778	6 295	6 811	7 328
山东	11 173	13 322	15 270	16 874	19 847	21 846	25 037	25 989	26 941	27 893
河南	5 283	7 215	9 222	10 435	13 303	15 209	18 098	19 643	21 188	22 733
湖北	12 045	15 047	16 649	19 871	22 034	24 457	26 768	26 018	25 268	24 518
湖南	7 550	9 107	10 362	12 010	13 489	15 908	19 442	20 242	21 042	21 842
广东	14 677	17 032	20 003	24 188	28 296	31 150	31 049	33 411	35 773	38 135
广西	2 121	2 523	3 218	3 633	4 163	5 115	6 755	8 369	9 982	11 596
海南	415	506	511	554	589	1 107	1 722	2 224	2 726	3 228
重庆	4 402	6 224	7 345	8 288	9 085	10 385	11 867	12 802	13 737	14 672
四川	7 716	9 256	11 127	12 901	14 798	16 557	19 311	20 940	22 568	24 197
贵州	1 687	1 604	1 911	2 249	2 614	3 008	3 849	4 398	4 946	5 495
云南	4 715	3 080	3 408	3 628	4 038	4 715	5 617	6 359	7 101	7 843
西藏	73	75	148	148	111	138	126	158	190	222
陕西	11 728	14 171	16 220	17 670	19 382	21 704	24 783	25 593	26 403	27 213
甘肃	2 885	3 555	3 809	4 614	5 054	5 475	6 468	7 162	7 856	8 550
青海	339	369	501	618	635	874	1 132	1 186	1 240	1 294
宁夏	436	504	526	569	560	827	1 068	1 217	1 365	1 514
新疆	1 467	1 739	2 122	2 458	2 742	3 121	4 368	5 028	5 688	6 348
平均值	6 610	7 693	8 813	9 961	11 402	13 013	14 864	15 821	16 778	17 735

附表 9　国外主要检索工具收录我国科技论文数　　单位：篇

年份 区域	2001	2002	2003	2004	2005	2006	2007	2008	2009	2010
北京	14 507	17 586	21 393	23 533	34 674	36 578	41 162	48 076	48 554	49 032
天津	1 440	2 070	2 686	3 439	5 507	6 112	6 009	7 101	7 299	7 497
河北	618	663	1 288	1 046	2 184	2 336	2 876	4 484	4 107	3 730
山西	481	583	1 029	889	1 860	1 401	1 423	2 365	2 053	1 741
内蒙古	63	80	96	89	207	213	313	439	481	523
辽宁	1 938	3 071	3 539	4 369	6 856	8 484	10 318	11 103	11 933	12 763
吉林	1 485	1 744	2 386	2 675	4 456	5 012	5 282	6 251	6 597	6 943
黑龙江	1 222	1 713	2 379	3 230	5 106	6 424	7 664	9 137	9 693	10 249
上海	6 085	7 824	9 844	11 385	17 821	19 133	19 928	24 011	25 066	26 121
江苏	3 636	4 445	5 550	6 930	11 337	13 162	15 659	20 252	23 051	25 850
浙江	1 936	2 799	4 053	5 392	9 083	10 365	11 016	12 633	13 495	14 357
安徽	1 920	2 066	2 042	3 188	4 639	5 411	5 784	6 375	6 510	6 645
福建	702	950	1 868	1 554	2 197	2 598	3 131	3 925	4 369	4 813
江西	123	150	178	231	573	875	1 183	1 690	2 152	2 614
山东	1 681	2 205	2 694	3 287	5 664	6 512	8 216	10 842	10 698	10 554
河南	409	485	588	929	1 508	1 961	2 766	4 372	4 774	5 176
湖北	2 389	3 013	4 294	5 188	9 068	9 822	11 994	14 654	15 286	15 918
湖南	1 338	1 609	2 219	2 839	4 451	6 231	7 427	8 983	9 787	10 591
广东	1 707	1 996	2 847	3 442	5 777	6 966	8 363	10 044	11 312	12 580
广西	113	155	168	328	524	672	887	1 255	1 535	1 815
海南	14	15	23	20	54	75	102	124	183	242
重庆	438	627	819	1 045	2 012	2 173	2 532	3 419	4 423	5 427
四川	1 512	1 708	2 493	3 497	5 193	6 265	7 682	9 554	10 058	10 562
贵州	80	139	176	167	241	275	397	525	581	637
云南	409	496	579	539	800	971	1 101	1 438	1 849	2 260
西藏	0	1	1	1	2	2	7	2	8	14
陕西	2 536	3 173	3 793	4 494	7 682	8 734	10 056	12 761	13 546	14 331
甘肃	910	1 111	1 324	1 681	2 614	2 501	2 871	3 658	3 793	3 928
青海	22	19	23	41	72	73	86	110	122	134
宁夏	25	12	18	9	39	57	50	79	81	83
新疆	48	83	150	148	275	257	341	510	586	662
平均值	1 606	2 019	2 598	3 084	4 919	5 537	6 343	7 747	8 193	8 638

附表 10　地区生产总值　　单位：亿元

年份 区域	2001	2002	2003	2004	2005	2006	2007	2008	2009	2010
北京	3 711	4 330	5 024	6 060	6 970	8 118	9 353	11 115	12 153	14 114
天津	1 919	2 151	2 578	3 111	3 906	4 463	5 050	6 719	7 522	9 224
河北	5 517	6 018	6 921	8 478	10 012	11 468	13 710	16 012	17 235	20 394
山西	2 030	2 325	2 855	3 571	4 231	4 879	5 733	7 315	7 358	9 201
内蒙古	1 714	1 941	2 388	3 041	3 905	4 944	6 091	8 496	9 740	11 672
辽宁	5 033	5 458	6 003	6 672	8 047	9 305	11 023	13 669	15 212	18 457
吉林	2 120	2 349	2 662	3 122	3 620	4 275	5 285	6 426	7 279	8 668
黑龙江	3 390	3 637	4 057	4 751	5 514	6 212	7 065	8 314	8 587	10 369
上海	5 210	5 741	6 694	8 073	9 248	10 572	12 189	14 070	15 046	17 166
江苏	9 457	10 607	12 443	15 004	18 599	21 742	25 741	30 982	34 457	41 425

续表

区域 \ 年份	2001	2002	2003	2004	2005	2006	2007	2008	2009	2010
浙江	6 898	8 004	9 705	11 649	13 418	15 718	18 780	21 463	22 990	27 722
安徽	3 247	3 520	3 923	4 759	5 350	6 113	7 364	8 852	10 063	12 359
福建	4 073	4 468	4 984	5 763	6 555	7 584	9 249	10 823	12 237	14 737
江西	2 176	2 451	2 807	3 457	4 057	4 821	5 500	6 971	7 655	9 451
山东	9 195	10 276	12 078	15 022	18 367	21 900	25 966	30 933	33 897	39 170
河南	5 533	6 035	6 868	8 554	10 587	12 363	15 012	18 019	19 480	23 092
湖北	3 881	4 213	4 757	5 633	6 590	7 617	9 231	11 329	12 961	15 968
湖南	3 832	4 152	4 660	5 642	6 596	7 689	9 200	11 555	13 060	16 038
广东	12 039	13 502	15 845	18 865	22 557	26 588	31 084	36 797	39 483	46 013
广西	2 279	2 524	2 821	3 434	3 984	4 746	5 956	7 021	7 759	9 570
海南	558	622	693	799	898	1 045	1 223	1 503	1 654	2 065
重庆	1 766	1 990	2 273	2 693	3 468	3 907	4 123	5 794	6 530	7 926
四川	4 293	4 725	5 333	6 380	7 385	8 690	10 505	12 601	14 151	17 185
贵州	1 133	1 243	1 426	1 678	2 005	2 339	2 742	3 562	3 913	4 602
云南	2 138	2 313	2 556	3 082	3 462	3 988	4 741	5 692	6 170	7 224
西藏	146	167	189	220	249	291	342	395	441	507
陕西	2 011	2 253	2 588	3 176	3 934	4 744	5 466	7 315	8 170	10 123
甘肃	1 125	1 232	1 400	1 688	1 934	2 277	2 702	3 167	3 388	4 121
青海	300	341	390	466	543	649	784	1019	1 081	1 350
宁夏	337	377	445	537	613	726	889	1 204	1 353	1 690
新疆	1 492	1 613	1 886	2 209	2 604	3 045	3 523	4 183	4 277	5 437
平均值	3 502	3 890	4 492	5 406	6 426	7 510	8 891	10 752	11 784	14 098

附表 11 工业总产值 单位：亿元

区域 \ 年份	2001	2002	2003	2004	2005	2006	2007	2008	2009	2010
北京	2 909	3 173	3 810	5 975	6 946	8 210	9 648	10 413	11 039	13 700
天津	2 940	3 323	4 050	6 119	6 774	8 528	10 075	12 503	13 084	16 752
河北	3 767	4 295	5 709	10 194	11 008	13 490	17 055	23 031	24 063	31 143
山西	1 397	1 718	2 439	4 174	4 851	5 903	7 792	10 024	9 250	12 471
内蒙古	830	995	1 356	2 327	2 996	4 140	5 813	8 740	10 699	13 406
辽宁	4 480	4 888	6 113	9 141	10 815	14 168	18 250	24 769	28 153	36 219
吉林	1 877	2 171	2 662	3 552	3 792	4 753	6 486	8 407	10 027	13 098
黑龙江	2 365	2 488	2 910	3 956	4 715	5 440	6 143	7 625	7 302	9 535
上海	7 004	7 741	10 343	14 594	15 768	18 573	22 260	25 121	24 091	30 114
江苏	11 748	13 866	18 037	29 477	32 707	41 410	53 316	67 799	73 200	92 056
浙江	7 882	9 779	12 864	21 227	23 106	29 130	36 074	40 832	41 035	51 394
安徽	1 825	2 124	2 610	4 236	4 567	5 916	7 945	11 162	13 313	18 732
福建	2 945	3 676	4 954	7 516	8 136	10 005	12 518	15 213	16 763	21 901
江西	1 016	1 189	1 472	2 737	2 979	4 245	6 194	8 500	9 784	13 883
山东	9 377	11 498	15 380	24 688	30 523	38 780	49 873	62 959	71 209	83 851
河南	3 843	4 304	5 366	9 237	10 487	13 890	20 442	26 028	27 708	34 996
湖北	3 240	3 589	4 030	5 329	6 067	7 454	9 602	13 455	15 567	21 623
湖南	1 811	2 099	2 611	4 342	4 755	6 131	8 464	11 553	13 508	19 009
广东	14 035	16 379	21 513	31 520	35 943	44 675	55 253	65 425	68 276	85 825
广西	1 059	1 181	1 436	2 242	2 547	3 357	4 587	6 072	6 880	9 644

续表

区域 \ 年份	2001	2002	2003	2004	2005	2006	2007	2008	2009	2010
海南	220	265	333	429	473	640	1 003	1 103	1 057	1 381
重庆	1 073	1 228	1 588	2 599	2 526	3 213	4 363	5 756	6 773	9 144
四川	2 305	2 737	3 387	5 304	6 178	7 934	11 047	14 762	18 072	23 147
贵州	697	798	978	1 543	1 690	2 067	2 520	3 111	3 427	4 206
云南	1 157	1 321	1 557	2 344	2 596	3 393	4 298	5 145	5 197	6 465
西藏	18	19	21	25	27	33	41	48	52	62
陕西	1 338	1 505	1 879	3 151	3 398	4 443	5 692	7 481	8 470	11 200
甘肃	951	1 036	1 148	1 696	1 988	2 484	3 232	3 668	3 770	4 883
青海	194	208	248	388	487	641	823	1 103	1 080	1 482
宁夏	269	269	353	605	672	860	1 071	1 366	1 462	1 924
新疆	877	917	1 113	1 656	2 103	2 683	3 297	4 276	4 001	5 342
平均值	3 079	3 573	4 589	7 172	8 117	10 213	13 070	16 369	17 687	22 535

附表 12　高技术产业规模以上企业产值　　单位：亿元

区域 \ 年份	2001	2002	2003	2004	2005	2006	2007	2008	2009	2010
北京	1 096	1 091	1 189	1 540	2 134	2 660	3 187	2 987	2 757	2 993
天津	762	934	1 022	1 520	1 793	2 259	2 211	1 944	1 901	2 242
河北	197	225	251	251	301	338	437	572	629	843
山西	43	52	54	61	75	110	155	192	196	249
内蒙古	29	53	64	82	113	138	171	188	237	235
辽宁	381	451	524	611	641	753	1 019	1 196	1 314	1 712
吉林	118	130	141	155	186	231	314	429	538	727
黑龙江	174	203	255	155	304	212	246	288	311	352
上海	1 235	1 428	2 251	3 260	3 905	4 473	5 631	5 968	5 557	6 901
江苏	1 424	1 846	3 122	5 030	6 178	7 557	9 661	12 088	13 015	16 278
浙江	605	761	1 055	1 379	1 734	2 435	2 848	2 805	2 672	3 413
安徽	90	108	122	148	173	220	282	371	460	682
福建	526	748	1 002	1 292	1 439	1 655	1 798	1 995	1 972	2 621
江西	125	156	142	165	234	332	446	592	756	1 038
山东	495	655	891	1 204	1 786	2 372	3 135	3 994	4 556	5 176
河南	143	161	195	258	329	462	642	876	953	1 227
湖北	268	286	306	274	448	585	696	859	1 040	1 312
湖南	116	135	155	179	219	255	328	537	649	931
广东	3 433	4 532	6 583	8 838	10 711	12 975	14 702	16 804	17 162	21 050
广西	58	59	71	85	115	139	174	230	274	432
海南	25	28	27	31	35	38	39	48	55	86
重庆	81	82	101	129	145	168	219	291	353	532
四川	356	431	448	465	618	771	1 107	1 484	1 767	2 154
贵州	83	101	115	125	156	175	204	224	294	323
云南	42	50	48	56	65	79	101	124	147	169
西藏	3	3	3	4	4	5	6	6	6	6
陕西	302	333	353	406	444	505	591	661	717	858
甘肃	36	38	43	36	44	52	55	60	67	81
青海	4	5	6	7	8	10	14	14	19	23

续表

区域＼年份	2001	2002	2003	2004	2005	2006	2007	2008	2009	2010
宁夏	7	10	11	14	19	16	23	25	33	36
新疆	5	4	5	10	11	14	20	21	24	29
平均值	396	487	663	896	1 109	1 355	1 628	1 867	1 949	2 410

附表 13　高技术产品出口额　　单位：亿美元

区域＼年份	2001	2002	2003	2004	2005	2006	2007	2008	2009	2010
北京	24.38	29.28	36.69	54.28	77.24	114.72	143.59	150.99	141.03	151.56
天津	27.78	44.90	58.00	100.45	125.55	154.92	162.65	149.32	119.16	146.89
河北	0.56	0.89	1.02	1.55	2.64	5.20	11.09	22.11	21.23	36.43
山西	0.05	0.06	0.04	0.05	1.06	1.96	2.67	4.28	4.16	4.76
内蒙古	0.01	0.01	0.02	0.04	1.52	0.73	0.20	0.60	0.51	1.93
辽宁	17.53	21.60	26.70	29.00	26.46	31.65	38.28	42.31	37.67	54.52
吉林	0.17	0.34	0.49	0.63	0.91	1.40	1.74	2.03	1.95	2.62
黑龙江	0.76	0.99	0.68	0.87	1.15	2.28	3.17	1.75	1.78	1.76
上海	54.06	74.94	163.32	287.72	360.32	440.43	577.95	710.46	633.17	839.35
江苏	72.77	122.58	229.44	359.55	530.30	707.33	875.06	1053.97	939.60	1268.98
浙江	9.79	12.73	22.03	39.38	60.95	102.23	107.76	137.87	102.06	150.07
安徽	0.65	1.04	1.32	1.84	2.98	3.46	4.97	1053.97	5.02	5.40
福建	17.60	32.18	46.49	68.16	77.98	88.86	100.51	128.83	103.44	130.33
江西	0.45	0.23	0.47	0.47	0.69	1.56	5.12	15.51	15.41	28.27
山东	7.78	11.27	15.37	24.94	42.28	63.96	83.53	137.55	137.90	180.41
河南	0.25	0.41	0.47	0.66	0.95	1.24	2.45	4.23	4.58	7.00
湖北	1.43	2.03	2.96	3.30	4.42	9.57	14.05	20.82	20.42	37.65
湖南	0.41	0.47	0.47	0.63	0.99	1.54	2.42	3.25	4.44	6.67
广东	222.88	310.69	483.49	666.57	851.08	1062.40	1311.93	1519.15	1420.69	1788.63
广西	0.13	0.17	0.21	0.37	0.57	0.96	2.05	2.85	2.72	6.02
海南	0.21	0.13	0.11	0.19	0.39	0.71	0.63	0.71	0.58	1.61
重庆	0.25	0.61	0.73	0.96	1.37	1.35	1.81	2.05	2.12	8.30
四川	2.45	8.93	9.14	6.78	5.43	9.46	15.81	25.98	37.07	39.99
贵州	0.03	0.06	0.60	1.43	0.93	0.57	0.61	0.87	1.50	0.73
云南	0.62	0.54	0.56	0.63	0.73	1.01	1.48	1.86	1.15	1.94
西藏	0.07	0.06	0.03	0.04	0.03	0.05	0.09	0.08	0.04	0.05
陕西	1.29	1.20	1.81	1.85	2.68	3.63	5.31	8.13	8.25	19.51
甘肃	0.06	0.08	0.23	0.93	0.48	0.71	0.25	0.32	0.49	0.97
青海	0.01	0.01	0.01	0.01	0.03	0.01	0.01	0.01	0.01	0.01
宁夏	0.03	0.05	0.07	0.03	0.03	0.06	0.14	0.46	0.38	0.49
新疆	0.08	0.07	0.26	0.35	0.42	0.51	0.86	0.67	0.76	0.95
平均值	14.99	21.89	35.59	53.34	70.41	90.79	112.20	167.84	121.59	158.83

附表 14　新产品销售收入

单位：万元

区域 \ 年份	2001	2002	2003	2004	2005	2006	2007	2008	2009	2010
北京	5 556 642	6 397 192	4 785 479	11 052 142	8 782 024	12 137 823	23 458 795	24 967 084	19 829 168	24 955 308
天津	5 492 431	7 038 474	8 017 435	13 557 417	15 456 202	18 865 124	21 430 074	25 897 623	26 215 887	31 704 983
河北	1 377 613	1 579 836	2 212 139	3 694 886	4 364 557	6 130 657	7 966 486	10 205 694	10 952 204	13 062 233
山西	370 023	563 815	1 274 984	1 946 480	2 841 529	4 041 806	5 199 061	6 380 437	6 081 847	5 970 902
内蒙古	336 030	341 489	1 068 807	2 643 012	1 870 613	2 295 693	2 519 956	3 398 956	3 188 152	5 261 434
辽宁	3 620 611	4 762 138	6 667 503	9 397 620	9 183 210	12 104 654	14 092 440	17 921 367	23 723 459	21 610 398
吉林	2 238 703	1 990 741	622 790	1 563 069	4 479 058	8 213 265	8 623 421	11 442 419	28 070 578	16 541 690
黑龙江	829 047	1 039 337	1 498 981	1 949 849	2 959 176	3 027 846	4 370 457	4 307 003	4 911 381	5 519 335
上海	16 104 417	19 523 287	21 888 701	28 221 766	31 487 202	41 371 705	45 290 856	47 153 459	50 784 738	61 808 136
江苏	10 630 372	14 427 222	17 303 532	27 638 099	26 796 653	32 703 283	49 953 133	65 893 529	72 939 425	93 872 085
浙江	5 120 454	5 269 806	10 136 713	23 409 319	21 497 764	29 468 344	40 165 796	47 673 633	45 261 993	62 826 183
安徽	1 508 050	2 194 789	1 731 512	4 198 972	4 075 444	5 126 821	6 882 901	9 240 920	12 689 635	19 971 178
福建	2 591 347	3 387 197	8 283 563	8 281 089	9 904 990	11 296 263	13 495 735	15 707 985	15 279 620	19 853 442
江西	731 576	878 261	1 273 105	1 763 042	2 359 924	3 871 219	4 908 385	5 696 891	4 715 900	7 620 428
山东	8 648 825	11 662 176	13 715 364	23 285 960	24 805 404	30 738 703	42 127 047	53 800 156	68 376 264	89 056 730
河南	1 326 398	1 918 248	2 569 996	4 671 530	5 949 447	8 377 136	11 126 601	13 567 047	16 312 978	18 287 436
湖北	2 357 364	2 511 275	3 622 921	5 087 244	5 906 004	5 419 113	10 915 374	16 573 052	16 505 431	23 301 606
湖南	1 188 038	1 660 921	1 944 218	4 572 202	4 574 776	5 446 587	8 022 426	11 461 305	17 731 532	23 501 254
广东	10 758 096	11 681 009	20 075 977	32 780 523	33 838 765	42 165 346	47 703 380	71 034 758	78 547 987	113 016 974
广西	1 053 938	1 182 812	1 797 380	2 757 457	2 670 757	3 313 648	5 016 089	5 610 945	7 818 720	9 515 760
海南	172 605	305 742	556 280	670 854	91 997	1 119 128	813 863	603 299	101 895	940 477
重庆	1 946 622	2 743 419	3 614 583	5 089 043	6 000 693	7 438 664	11 077 527	15 325 533	16 889 747	24 780 319
四川	2 122 189	3 165 315	3 458 541	5 001 408	5 558 261	8 212 515	11 015 527	14 680 731	17 785 186	14 357 774
贵州	235 804	370 303	529 511	757 732	807 378	1 712 377	1 848 784	1 776 192	1 774 830	3 106 451
云南	361 304	321 705	352 063	739 428	604 351	1 556 440	3 349 171	2 850 308	2 307 527	2 328 834
西藏	300	300	300	559	559	3 000	3 000	3 696	44 445	44 445
陕西	819 226	1 048 244	1 439 536	2 181 959	2 721 400	3 227 901	4 441 316	4 724 004	6 281 446	8 682 771
甘肃	218 672	182 187	221 936	446 930	789 934	1 654 715	2 259 022	2 288 385	2 268 508	3 442 373
青海	22 804	48 966	58 646	38 551	136 809	383 453	386 045	484 338	541 425	170 695
宁夏	88 676	78 673	152 065	261 582	236 112	468 508	474 727	695 037	898 957	1 012 001
新疆	111 258	103 833	102 546	425 117	220 481	439 349	827 286	1 553 986	949 684	2 559 793
平均值	2 836 756	3 496 087	4 547 649	7 357 608	7 773 273	10 075 196	13 218 216	16 545 799	18 702 598	23 505 917

附表 15 新产品产值

单位：万元

区域＼年份	2001	2002	2003	2004	2005	2006	2007	2008	2009	2010
北京	5 707 206	6 397 955	6 449 803	10 361 927	8 781 042	12 290 230	24 287 918	24 710 709	20 996 833	25 389 060
天津	5 785 017	7 281 185	8 080 558	13 939 993	15 516 388	19 757 200	22 002 827	26 639 610	27 085 102	32 244 555
河北	1 393 458	1 593 561	2 211 473	3 698 145	4 285 716	6 098 097	7 972 699	10 049 685	11 018 765	12 864 549
山西	398 948	571 004	1 330 819	2 236 504	2 961 953	4 077 364	5 347 791	6 459 130	7 189 338	6 759 309
内蒙古	340 264	396 632	1 103 024	1 355 988	1 979 058	2 237 279	2 398 971	3 244 168	5 494 910	6 068 070
辽宁	3 799 651	5 059 802	7 275 299	9 725 732	9 511 499	12 455 277	14 538 635	18 466 349	23 603 211	21 229 829
吉林	2 382 071	2 168 989	707 863	1 567 694	8 690 951	10 810 323	12 937 254	15 275 555	28 153 274	15 260 102
黑龙江	873 883	1 054 000	1 517 314	2 332 658	3 437 786	3 145 129	4 295 793	4 523 993	4 947 915	5 952 697
上海	16 544 120	19 796 139	21 890 627	27 681 960	31 235 422	39 629 922	44 130 105	45 464 938	45 684 640	55 043 843
江苏	11 187 250	14 823 336	17 720 431	29 233 039	28 477 752	33 907 167	51 601 011	66 038 703	72 754 081	96 085 211
浙江	5 182 338	5 913 661	10 763 841	24 148 446	22 775 914	31 227 535	41 902 139	49 588 848	48 262 194	65 844 633
安徽	1 359 643	1 962 187	1 735 628	4 425 967	4 377 648	4 917 246	7 744 391	9 430 186	14 208 985	19 837 705
福建	3 040 011	3 329 667	8 152 575	8 426 464	10 247 953	11 799 725	14 067 201	15 901 561	15 594 329	21 587 590
江西	713 425	936 620	1 279 474	1 931 602	2 450 352	4 062 650	5 059 820	5 907 089	4 913 423	7 834 975
山东	8 598 488	11 970 707	14 639 181	22 771 762	25 031 944	31 259 540	41 679 963	54 125 306	68 490 916	87 972 651
河南	1 575 165	2 126 437	2 821 028	4 996 447	6 086 203	8 354 238	11 373 023	13 477 337	14 331 092	17 092 736
湖北	2 634 801	2 672 367	3 944 043	5 649 222	6 375 571	5 759 529	11 077 193	16 807 369	16 668 050	24 227 652
湖南	1 227 301	1 634 716	1 978 076	4 822 235	4 802 643	5 559 056	8 175 227	11 744 505	17 756 675	24 252 900
广东	11 261 673	12 742 074	20 273 127	32 222 318	35 371 491	44 195 607	54 360 988	74 367 684	80 276 649	114 983 738
广西	1 093 899	1 175 983	1 790 774	2 940 477	2 717 242	3 274 720	4 827 272	5 101 835	7 342 792	9 860 600
海南	202 125	306 119	577 850	667 396	780 687	1 163 932	909 943	554 576	99 829	983 000
重庆	1 837 990	2 870 082	3 798 354	5 198 017	5 924 160	7 838 314	11 567 536	15 699 640	17 440 933	26 420 397
四川	2 226 752	3 450 678	3 705 589	5 001 444	5 746 148	8 518 269	11 866 664	15 483 679	19 342 516	15 629 200
贵州	257 572	269 896	596 010	781 158	1 038 504	1 733 127	1 847 384	1 812 296	1 872 691	3 300 410
云南	375 963	315 856	404 394	812 715	628 358	1 682 478	2 891 177	2 608 721	2 269 845	2 408 279
西藏	200	200	200	448	448	3 000	4 560	4 560	51 029	51 029
陕西	969 959	1 108 335	1 602 745	2 360 473	2 914 765	3 835 983	4 524 883	5 139 942	6 550 195	9 419 636
甘肃	287 641	216 246	199 362	503 843	853 430	1 678 053	2 514 164	2 394 842	1 594 080	3 641 918
青海	31 737	47 755	55 549	58 139	150 570	443 126	392 053	492 449	539 098	165 564
宁夏	131 014	92 536	169 245	255 623	345 955	500 759	495 621	805 370	1 050 319	1 020 787
新疆	120 869	129 192	97 387	309 613	326 183	407 752	848 006	1 626 598	1 560 342	2 681 227
平均值	2 952 917	3 626 255	4 737 795	7 432 821	8 187 862	10 407 182	13 794 910	16 901 524	18 940 131	23 745 608

附表 16　技术市场成交合同金额　　单位：亿元

区域＼年份	2001	2002	2003	2004	2005	2006	2007	2008	2009	2010
北京	191.00	221.17	265.36	425.00	489.59	697.33	882.56	1027.22	1236.25	1579.54
天津	30.60	36.33	42.00	45.03	51.71	58.86	72.34	86.61	105.46	119.34
河北	4.70	6.04	6.80	7.27	10.38	15.61	16.43	16.59	17.21	19.29
山西	1.50	3.90	3.23	6.00	4.80	5.92	8.27	12.84	16.21	18.49
内蒙古	6.24	5.82	10.85	10.41	10.99	10.71	10.98	9.44	14.77	27.15
辽宁	40.90	50.83	62.02	75.28	86.52	80.65	92.93	99.73	119.71	130.68
吉林	8.90	8.29	8.73	10.79	12.23	15.37	17.48	19.61	19.76	18.81
黑龙江	11.10	12.01	12.12	12.57	14.26	15.69	35.02	41.26	48.86	52.91
上海	106.20	120.22	142.78	171.70	231.73	309.51	354.89	386.17	435.41	431.44
江苏	52.90	59.49	76.52	89.79	100.83	68.83	78.42	94.02	108.22	249.34
浙江	31.70	38.94	53.04	58.15	38.70	39.96	45.35	58.92	56.46	60.35
安徽	6.40	7.54	8.80	9.07	14.26	18.49	26.45	32.49	35.62	46.15
福建	13.69	12.90	16.68	14.14	17.20	11.32	14.56	17.97	23.26	35.66
江西	6.27	6.29	8.33	9.37	11.12	9.31	9.95	7.76	9.79	23.05
山东	32.19	34.77	52.57	75.09	98.36	23.20	45.03	66.01	71.94	100.68
河南	21.26	17.85	19.27	20.32	26.37	23.73	26.19	25.44	26.30	27.20
湖北	33.86	34.86	41.25	46.17	50.18	44.44	52.21	62.89	77.03	90.72
湖南	29.39	32.34	36.93	40.83	41.74	45.53	46.08	47.70	44.04	40.09
广东	53.97	68.45	80.57	57.27	112.47	107.03	132.84	201.63	170.98	235.89
广西	3.78	4.44	4.18	9.10	9.41	0.94	1.00	2.70	1.77	4.14
海南	8.40	0.91	1.20	0.19	1.00	0.85	0.73	3.56	0.56	3.27
重庆	28.95	40.94	55.51	59.62	35.71	55.35	39.57	62.19	38.32	79.44
四川	12.63	7.75	12.87	16.56	19.08	25.93	30.39	43.53	54.60	54.74
贵州	0.06	1.35	1.79	1.35	1.05	0.54	0.66	2.04	1.78	7.72
云南	25.53	17.95	22.87	21.56	20.00	8.27	9.75	5.05	10.25	10.88
西藏	0.00	0.00	0.00	0.00	0.00	0.00	0.00	0.00	0.00	0.00
陕西	8.46	15.16	16.80	13.91	18.90	17.95	30.17	43.83	69.81	102.41
甘肃	2.74	5.46	7.76	11.96	17.72	21.45	26.21	29.76	35.63	43.08
青海	0.47	1.24	0.83	1.28	1.18	2.47	5.30	7.70	8.50	11.41
宁夏	0.89	0.85	1.00	1.28	1.41	0.53	0.66	0.89	0.90	1.00
新疆	8.24	10.07	12.04	13.34	8.00	7.61	7.17	7.40	1.21	4.52
平均值	25.26	28.52	34.99	43.05	50.22	56.24	68.37	81.39	92.28	117.08

附表 17 引进技术经费支出　　单位：万元

区域＼年份	2001	2002	2003	2004	2005	2006	2007	2008	2009	2010
北京	86 132	79 512	29 141	314 287	54 434	150 328	63 811	67 999	122 254	198 649
天津	69 523	66 557	135 850	163 259	313 480	351 848	545 326	427 603	204 314	233 073
河北	63 016	125 360	89 174	137 388	69 069	107 079	245 042	126 833	92 789	132 992
山西	26 054	49 231	69 269	54 788	60 431	63 403	79 525	90 400	55 300	71 000
内蒙古	41 962	41 313	32 797	20 988	9 959	16 138	14 832	16 433	24 220	30 773
辽宁	83 101	172 515	167 341	210 968	92 632	194 040	206 192	227 323	274 163	63 851
吉林	23 967	96 192	71 965	84 493	39 533	39 404	48 648	44 818	42 816	11 647
黑龙江	71 831	64 801	103 050	74 177	51 214	39 731	64 245	38 411	67 388	59 939
上海	458 798	564 616	584 885	540 190	424 185	406 284	611 830	667 002	570 849	610 943
江苏	391 544	505 839	626 985	549 744	415 481	342 820	517 358	363 885	271 520	360 461
浙江	135 046	230 426	409 981	151 700	159 523	175 181	157 628	161 615	161 357	213 300
安徽	68 641	146 324	373 925	85 003	96 646	79 261	149 714	89 610	64 894	44 742
福建	89 730	72 131	106 874	64 123	80 269	120 221	219 774	100 257	165 276	233 197
江西	22 149	22 445	47 419	48 822	124 904	97 155	33 575	94 478	59 089	73 512
山东	397 591	371 894	203 134	138 257	194 546	233 461	339 657	432 601	483 912	249 955
河南	71 547	100 835	89 311	127 227	79 070	116 238	46 859	35 481	41 948	60 907
湖北	116 954	163 436	129 952	154 054	83 022	29 910	60 190	95 030	109 364	190 418
湖南	111 565	186 839	84 185	66 696	40 376	46 365	51 673	38 424	55 478	59 577
广东	233 569	244 637	248 383	258 259	283 619	296 694	660 264	706 674	676 216	556 612
广西	38 166	47 902	29 996	33 388	37 095	19 140	8 180	4 249	2 758	3 875
海南	1 153	616	291	486	2 676	1 875	1 691	72 882	1 708	1 708
重庆	24 009	51 906	55 358	253 162	48 138	71 348	119 764	127 639	146 722	141 710
四川	89 437	159 062	156 767	47 248	100 440	43 922	76 998	57 689	74 881	75 453
贵州	9 652	14 166	18 834	3 966	16 469	8 310	6 179	13 418	2 421	13 472
云南	39 647	36 701	50 527	9 627	24 129	65 376	50 914	39 418	42 945	54 820
西藏	0	0	0	0	0	0	0	0	0	0
陕西	37 810	39 957	67 541	60 553	28 992	23 206	29 276	43 750	42 250	34 735
甘肃	21 735	22 079	23 870	16 013	31 375	26 990	33 583	45 701	57 359	59 894
青海	5 661	7 265	1 183	90	60	50	2 450	90	302	7 364
宁夏	4 460	4 919	5 132	9 012	3 403	11 629	11 148	160 280	26 351	13 876
新疆	24 213	35 560	40 957	1 529	2 481	26 866	68 202	14 263	5 287	576
平均值	92 215	120 162	130 777	118 693	95 731	103 364	145 953	142 073	127 295	124 614

附表 18　消化吸收技术经费支出　　　　单位：万元

年份 区域	2001	2002	2003	2004	2005	2006	2007	2008	2009	2010
北京	827	1 314	239	2 872	455	11 441	16 143	22 390	11 873	7 274
天津	4 151	1 516	1 518	7 901	166 667	39 212	35 431	34 660	56 450	70 228
河北	5 718	3 066	5 291	18 568	16 002	6 391	55 340	86 301	206 652	189 601
山西	99	1 139	4 734	7 736	9 317	14 495	17 286	18 838	113 064	85 866
内蒙古	444	1 069	530	1 529	4 479	1 449	5 600	12 602	24 368	22 204
辽宁	1 642	2 687	2 469	10 182	8 344	20 632	27 273	31 964	46 810	45 904
吉林	66	5 346	1 344	1 415	7 723	6 179	7 223	7 080	6 318	5 691
黑龙江	2 245	3 020	7 040	15 585	12 181	7 734	6 987	6 613	32 159	38 560
上海	28 244	35 400	66 111	79 823	47 823	166 418	76 682	76 719	284 888	286 757
江苏	14 118	27 451	33 994	63 688	60 633	91 583	210 738	152 806	131 945	131 012
浙江	16 591	23 822	19 691	35 094	43 295	76 518	97 116	73 522	71 235	105 928
安徽	3 995	5 508	3 448	22 844	50 616	15 066	20 053	28 539	89 559	33 363
福建	4 632	2 735	9 583	9 801	8 247	42 042	28 385	20 775	25 336	24 025
江西	622	2 596	25 660	11 270	7 552	7 870	31 897	25 993	37 914	7 081
山东	64 519	77 903	15 205	34 805	59 385	62 841	145 022	157 581	120 687	160 965
河南	7 329	8 016	6 557	18 360	10 413	87 592	66 552	50 729	49 570	30 946
湖北	7 435	7 639	10 529	13 862	16 312	8 182	24 747	32 923	16 591	29 705
湖南	2 973	4 706	5 919	9 492	3 214	2 533	4 156	17 665	33 634	66 167
广东	18 024	18 396	17 310	82 962	113 983	51 799	70 535	86 297	73 403	77 690
广西	1 369	1 317	3 239	1 762	2 543	4 640	3 411	2 959	3 762	5 729
海南	679	242	242	242	2 188	9 720	206	397	3 853	1 745
重庆	843	653	1 736	50 241	3 409	3 480	6 716	6 528	18 598	20 970
四川	4 869	7 561	9 327	19 216	26 535	22 689	30 434	47 888	39 869	40 294
贵州	419	40	25	414	495	233	5 412	1 304	2 002	2 780
云南	876	1 088	11 105	723	2 756	6 463	6 716	6 046	5 552	9 230
西藏	15	15	15	15	15	15	15	15	15	15
陕西	1 227	3 730	5 828	15 510	4 990	7 047	4 809	8 245	7 840	10 800
甘肃	693	5 564	2 335	2 985	2 145	34 611	45 545	38 107	107 998	121 793
青海	671	66	30	30	13	5 546	5 828	528	348	8 440
宁夏	384	317	101	629	330	2 526	2 659	6 263	8 343	8 384
新疆	571	3 770	89	143	1 779	1 680	7 232	2 194	7 842	2 883
平均值	6 332	8 313	8 750	17 410	22 382	26 407	34 392	34 338	52 854	53 291

附表 19 技术改造经费支出

单位：万元

区域\年份	2001	2002	2003	2004	2005	2006	2007	2008	2009	2010
北京	379 430	126 580	227 354	319 115	367 984	665 000	747 901	551 510	987 928	1 024 916
天津	280 182	228 056	350 294	301 090	402 717	1 083 551	804 795	1 101 271	1 060 259	859 686
河北	686 830	775 734	733 676	997 904	926 436	1 226 615	1 843 005	2 357 275	1 810 961	1 701 417
山西	389 691	553 290	468 764	1 155 824	1 245 733	1 204 387	1 682 387	1 915 636	1 171 228	1 183 143
内蒙古	252 076	304 613	251 575	310 510	466 087	600 087	687 576	777 428	929 537	1 207 194
辽宁	1 017 161	1 005 539	1 012 278	1 920 915	2 898 341	2 277 147	2 414 435	2 595 061	2 303 016	2 087 007
吉林	150 829	481 591	367 144	386 558	775 151	766 057	678 688	541 659	593 886	244 771
黑龙江	490 731	656 813	677 248	430 401	675 563	572 773	615 127	824 793	576 845	737 803
上海	757 379	851 991	807 001	1 453 102	1 395 843	1 226 949	1 537 701	1 325 116	1 325 462	1 232 054
江苏	1 343 202	1 643 125	2 316 401	2 666 644	2 795 706	2 741 791	3 679 305	4 173 159	4 046 570	4 839 487
浙江	872 870	1 348 014	2 214 499	2 328 232	2 454 674	2 535 296	2 960 576	3 066 194	2 402 404	2 266 417
安徽	442 105	694 376	1 109 257	1 097 978	1 555 730	1 825 764	2 325 842	2 032 917	1 164 168	832 279
福建	282 504	288 728	287 426	311 979	350 103	535 603	471 799	509 104	647 704	736 203
江西	213 189	221 329	428 991	497 761	416 877	658 738	784 455	958 700	448 981	455 698
山东	1 111 137	1 530 272	1 951 762	3 358 731	2 440 006	2 000 695	2 470 036	3 122 826	2 663 543	3 012 620
河南	445 020	488 171	574 054	960 696	1 098 572	1 425 279	1 927 336	1 508 242	1 587 321	1 363 941
湖北	637 842	523 546	716 953	1 172 728	1 253 563	1 689 710	2 502 039	3 683 065	2 655 716	1 326 521
湖南	382 656	433 554	773 795	918 096	911 755	954 036	1 190 962	1 715 150	1 977 051	2 780 257
广东	625 303	534 851	878 111	961 223	1 301 399	1 722 080	1 566 764	1 715 430	1 641 997	1 809 480
广西	185 054	285 054	446 931	518 229	604 810	452 819	713 690	1 038 615	1 043 545	990 863
海南	1 185	953	1 813	16 007	33 821	4 390	3 083	34 353	3 221	15 832
重庆	220 458	205 830	297 780	622 896	503 224	530 288	493 822	679 410	577 274	551 117
四川	387 565	689 099	684 189	1 068 697	1 287 144	1 443 084	1 659 542	2 054 226	2 132 381	2 462 135
贵州	227 981	237 109	330 325	467 524	405 860	586 481	559 051	712 991	783 959	543 698
云南	190 166	175 932	288 918	219 630	189 607	414 228	381 469	416 252	224 466	451 592
西藏	560	560	560	560	560	560	560	4 618	1 300	1 300
陕西	218 358	218 358	329 790	594 114	459 690	377 838	692 458	984 525	1 004 757	827 212
甘肃	182 249	164 943	127 479	318 315	307 751	347 830	366 017	543 700	503 343	371 699
青海	28 917	31 518	7 074	16 351	21 518	18 022	34 861	39 343	47 129	40 750
宁夏	68 267	43 847	50 440	142 265	142 548	104 546	360 958	399 607	292 005	270 668
新疆	189 746	178 041	253 011	350 956	240 291	204 487	344 509	294 742	105 558	158 468
平均值	408 408	481 336	611 771	835 001	900 938	974 069	1 177 443	1 344 417	1 184 307	1 173 749

附表 20 购买国内技术经费支出 单位：万元

区域＼年份	2001	2002	2003	2004	2005	2006	2007	2008	2009	2010
北京	5 352	7 596	933	2 865	8 452	4 865	6 570	17 849	14 229	25 350
天津	6 861	13 561	7 084	6 578	15 922	17 169	46 857	47 468	45 008	56 634
河北	7 034	3 230	4 550	29 658	11 813	12 063	68 699	79 238	44 261	30 971
山西	3 962	3 313	6 446	18 144	13 792	14 534	17 669	31 311	28 195	35 472
内蒙古	7 801	11 787	19 717	6 157	3 437	21 873	8 440	13 059	39 252	352 461
辽宁	1 887	1 991	3 545	14 075	11 822	27 638	122 642	202 529	189 247	158 360
吉林	3 616	3 511	5 045	2 695	4 556	3 870	4 412	17 765	3 541	14 789
黑龙江	4 070	11 602	19 190	29 977	19 308	7 759	15 176	8 399	19 460	9 351
上海	8 165	8 366	24 338	33 743	35 912	152 615	224 744	226 309	324 561	226 509
江苏	47 347	51 704	103 492	90 289	96 164	92 222	108 985	168 645	151 609	147 820
浙江	9 031	10 876	35 178	40 682	95 157	86 352	96 130	120 976	115 814	106 951
安徽	8 118	16 964	10 170	10 095	21 319	27 833	48 818	47 869	65 419	38 699
福建	16 039	17 721	10 132	25 842	22 322	15 111	16 796	40 654	87 460	86 687
江西	7 885	6 949	4 231	24 384	54 565	33 157	33 276	47 180	22 150	41 375
山东	132 550	123 298	55 171	80 177	85 219	128 449	107 762	129 707	131 752	123 207
河南	2 916	10 140	11 862	27 226	32 531	24 713	51 564	104 874	109 317	36 635
湖北	8 126	6 851	16 773	38 464	7 387	16 921	10 233	13 947	19 086	21 561
湖南	13 210	3 253	5 651	7 769	7 783	8 179	11 949	42 969	26 337	39 138
广东	8 294	70 722	110 421	61 465	104 638	45 582	81 690	116 697	92 571	108 304
广西	7 291	8 877	3 162	11 368	46 937	3 749	3 779	9 767	13 455	7 432
海南	136	50	17 897	1 108	519	350	1 243	523	1 207	7 474
重庆	1 413	1 010	8 569	36 568	12 191	13 107	20 169	28 831	46 852	38 040
四川	13 911	6 218	1 707	41 492	89 255	41 791	109 354	42 649	33 814	115 429
贵州	2 608	595	11 984	4 525	8 390	3 061	3 266	5 216	10 307	19 666
云南	7 506	7 655	34 587	15 479	4 546	22 257	26 390	19 361	38 730	46 160
西藏	0	0	0	0	0	0	0	0	0	0
陕西	1 001	4 848	34 587	27 010	8 357	28 886	21 420	18 848	19 174	256 302
甘肃	11 953	7 710	9 349	5 579	9 608	16 412	19 457	26 082	37 813	42 032
青海	3 571	500	106	4	292	59	105	2 302	1 699	311
宁夏	9 383	5 098	378	1 850	518	1 171	4 842	22 456	12 420	17 728
新疆	2 298	2 937	1 591	3 925	1 165	2 564	3 418	8 265	2 484	3 283
平均值	11 720	13 837	18 640	22 555	26 899	28 204	41 802	53 605	56 362	71 423

附表 21 外商投资企业年底注册资金中外资部分 单位：亿美元

区域＼年份	2001	2002	2003	2004	2005	2006	2007	2008	2009	2010
北京	168	179	183	207	238	276	379	456	507	579
天津	147	160	195	221	269	293	391	454	461	521
河北	50	54	60	68	82	95	105	129	141	159
山西	13	17	19	21	23	37	54	52	64	69
内蒙古	8	9	14	36	41	50	58	76	95	91
辽宁	246	280	282	280	362	432	539	642	693	802
吉林	33	34	36	42	47	103	103	68	79	84
黑龙江	30	25	29	36	45	60	64	74	81	91
上海	449	516	615	718	854	963	1170	1377	1479	1640
江苏	363	496	600	901	1124	1409	1734	1901	2045	2326
浙江	125	163	242	339	414	511	617	686	722	825
安徽	35	37	42	48	59	73	102	108	116	129
福建	249	287	319	344	378	442	481	540	562	594
江西	23	36	51	67	93	117	154	173	195	243
山东	156	182	242	293	339	371	387	425	479	545
河南	38	44	48	56	75	84	94	117	139	149
湖北	60	56	68	85	100	105	122	145	162	181
湖南	23	33	42	53	71	85	100	117	124	115
广东	966	1045	1107	1219	1367	1503	1702	1806	1988	2091
广西	40	41	43	54	61	76	93	109	121	125
海南	107	37	43	43	45	54	102	113	118	98
重庆	27	25	23	26	28	33	76	101	120	157
四川	40	45	52	55	66	80	116	196	214	259
贵州	8	8	9	10	10	12	12	14	16	19
云南	21	22	25	27	29	38	45	55	68	78
西藏	1	1	1	1	2	2	2	2	3	3
陕西	38	41	48	50	56	61	69	56	72	83
甘肃	9	8	9	13	14	10	11	12	15	19
青海	3	2	4	4	3	5	7	10	8	9
宁夏	5	6	12	15	15	15	8	9	10	10
新疆	4	4	5	6	8	10	13	21	23	25
平均值	112	126	144	172	204	239	287	324	352	391

附表 22　高等学校研究开发来自企业的资金额　　单位：万元

区域＼年份	2001	2002	2003	2004	2005	2006	2007	2008	2009	2010
北京	92 008	131 430	170 492	205 146	291 558	311 960	336 845	376 630	211 295	273 188
天津	25 664	28 777	34 396	44 022	46 763	49 198	54 011	66 738	80 093	87 813
河北	8 988	14 523	16 010	35 046	33 594	38 155	41 160	51 027	27 918	29 337
山西	3 847	5 302	9 426	11 392	12 645	15 391	15 180	19 519	22 872	21 944
内蒙古	409	1 883	2 827	2 333	6 454	6 848	7 936	8 800	4 175	5 956
辽宁	48 818	54 370	64 962	103 400	117 556	136 901	151 486	172 868	129 066	126 995
吉林	11 641	21 649	21 143	24 959	37 477	44 118	46 722	53 897	40 656	43 880
黑龙江	32 159	32 552	32 540	96 265	62 687	101 702	81 270	93 124	53 258	91 693
上海	101 540	120 686	136 721	171 713	193 883	239 304	246 788	281 342	136 841	154 640
江苏	93 767	118 282	136 432	164 287	185 001	208 862	230 912	312 673	193 574	214 942
浙江	66 108	79 001	95 958	105 033	104 687	114 869	126 142	127 520	94 852	109 909
安徽	16 505	17 557	23 324	29 079	41 553	43 325	40 807	46 461	34 837	38 805
福建	4 226	4 083	8 207	8 362	7 817	11 316	14 069	21 457	16 749	13 261
江西	1 619	3 477	6 950	14 461	21 582	25 301	26 206	30 622	25 770	31 695
山东	7 663	11 444	19 498	27 818	43 173	54 182	57 825	73 408	47 990	61 621
河南	2 503	3 604	7 690	9 703	10 399	19 938	30 571	48 439	31 878	30 479
湖北	45 647	61 099	73 132	87 899	101 801	113 758	137 555	162 651	104 823	122 112
湖南	24 672	30 812	41 185	69 395	56 288	60 721	66 994	72 405	57 994	63 422
广东	25 143	26 023	36 628	41 684	56 405	61 004	79 925	91 081	58 527	68 237
广西	3 315	4 591	7 910	10 652	9 817	10 655	16 775	17 627	15 748	16 086
海南	7	25	68	84	52	162	335	1 056	738	945
重庆	11 492	14 016	20 346	31 154	34 964	42 070	40 201	48 508	44 823	49 502
四川	31 122	40 273	62 492	77 686	91 777	100 948	155 380	179 246	161 352	178 654
贵州	451	233	399	792	1 826	2 184	5 089	4 986	6 016	9 222
云南	2 636	3 251	3 974	5 299	7 213	8 211	10 122	23 392	16 248	22 162
西藏	1	1	3	3	3	3	3	36	1	1
陕西	55 304	58 682	73 313	105 429	134 141	131 859	144 824	160 061	79 821	78 742
甘肃	6 493	7 699	10 384	12 718	17 105	19 976	25 474	21 000	17 545	28 086
青海	0	0	50	23	45	168	152	198	59	201
宁夏	23	13	9	55	156	200	492	505	329	511
新疆	793	471	340	327	442	695	762	1 816	857	2 263
平均值	23 373	28 897	36 026	48 265	55 770	63 677	70 710	82 874	55 378	63 752

附表 23 研究与开发机构研究开发来自企业的资金额 单位：万元

区域＼年份	2001	2002	2003	2004	2005	2006	2007	2008	2009	2010
北京	73 923	56 806	157 100	141 950	137 015	133 421	107 894	102 870	71 442	81 318
天津	7 769	3 708	3 125	6 887	6 560	7 778	9 167	9 673	338	7 397
河北	775	763	176	440	87 778	980	507	506	76	51
山西	4 011	1 528	2 413	7 010	4 941	7 648	6 734	3 751	5 685	5 331
内蒙古	734	94	60	196	365	405	2 353	4 779	759	1 790
辽宁	25 394	26 878	20 936	22 489	18 510	23 780	40 288	21 727	27 400	22 126
吉林	3 670	3 521	5 160	4 266	4 170	4 388	7 882	2 564	2 367	2 319
黑龙江	5 256	6 649	1 758	3 347	1 174	47 884	9 968	127	2 726	1 398
上海	18 073	91 096	67 037	29 963	69 695	76 720	38 007	27 514	28 650	66 077
江苏	23 569	22 497	38 288	87 810	28 442	53 601	85 236	41 007	93 539	49 643
浙江	7 971	8 069	10 232	9 359	13 837	13 411	28 524	34 652	5 690	4 892
安徽	2 193	20 606	6 343	5 840	10 606	11 209	3 098	2 759	3 779	2 837
福建	10 610	11 536	7 525	8 481	6 583	11 162	10 958	3 281	1 260	3 949
江西	1 063	539	1 463	2 343	1 613	1 660	1 365	909	339	92
山东	10 067	9 442	14 316	14 795	20 370	19 510	29 513	3 549	7 839	13 455
河南	3 919	8 351	18 584	23 643	6 510	5 738	15 846	22 854	1 786	9 957
湖北	13 586	31 439	39 297	45 535	58 419	19 068	24 215	17 570	9 148	15 752
湖南	8 817	3 504	2 197	7 807	8 674	7 683	10 981	26 836	2 926	1 586
广东	13 179	29 974	38 343	45 013	36 831	38 353	35 088	20 057	8 406	8 244
广西	1 237	4 864	1 796	1 554	964	1 251	2 879	1 161	2 298	5 479
海南	22	45	85	110	136	111	166	111	4	7
重庆	3 234	2 108	1 744	571	4 721	4 405	880	1 261	583	1 207
四川	8 281	11 717	1 707	14 150	16 534	24 793	54 700	18 303	9 219	19 680
贵州	577	2 568	724	1 126	1 827	2 666	3 341	23	2 068	50
云南	1 204	1 854	3 745	2 261	390	1 509	2 412	3 535	4 077	5 865
西藏	14	14	14	14	14	14	14	14	14	14
陕西	296	185	20 749	7 500	9 750	4 954	5 125	40 648	1 474	6 653
甘肃	2 277	930	118	1 442	2 864	1 294	2 087	2 013	3 310	4 479
青海	333	296	296	222	32	32	32	388	723	326
宁夏	320	219	224	219	209	415	422	44	224	224
新疆	1 289	923	4 267	1 586	2 188	1 587	2 865	1 191	414	490
平均值	8 183	11 701	15 156	16 062	18 120	17 014	17 502	13 409	9 631	11 054

附表 24 固定电话和移动电话用户数 单位：万户

区域＼年份	2001	2002	2003	2004	2005	2006	2007	2008	2009	2010
北京	1 143	1 505	1 793	2 188	2 403	2 476	2 513	2 501	2 719	3 015
天津	493	605	744	831	931	1 026	1 136	1 262	1 378	1 457
河北	1 450	1 945	2 592	3 068	3 367	3 852	4 342	4 672	5 127	5 605
山西	724	949	1 275	1 525	1 779	1 843	2 244	2 502	2 711	2 926
内蒙古	491	658	907	1 087	1 238	1 394	1 550	1 807	2 058	2 448
辽宁	1 566	1 917	2 359	2 665	2 985	3 258	3 626	4 026	4 411	4 770

续表

区域\年份	2001	2002	2003	2004	2005	2006	2007	2008	2009	2010
吉林	760	940	1 228	1 419	1 672	1 856	2 041	1 985	2 156	2 401
黑龙江	1 063	1 345	1 731	2 100	2 189	2 318	2 530	2 674	2 736	2 886
上海	1 233	1 586	1 833	2 180	2 441	2 722	2 799	2 896	3 049	3 293
江苏	2 430	3 147	3 970	4 815	5 609	6 098	6 537	6 925	7 603	8 422
浙江	2 227	2 842	3 612	4 297	4 918	5 403	5 937	6 274	6 587	7 033
安徽	1 059	1 333	1 696	2 065	2 396	2 718	2 906	3 095	3 422	4 030
福建	1 370	1 729	2 069	2 403	2 701	3 013	3 291	3 799	3 884	4 068
江西	752	947	1 162	1 365	1 628	1 814	2 068	2 124	2 297	2 521
山东	2 305	2 931	3 599	4 374	4 985	5 460	6 232	7 049	7 552	8 183
河南	1 590	1 914	2 435	2 976	3 611	4 299	4 769	5 063	5 448	5 829
湖北	1 071	1 351	1 764	2 203	2 638	3 008	3 221	3 701	4 225	4 481
湖南	1 128	1 440	1 788	2 122	2 494	2 836	3 120	3 498	3 919	4 334
广东	4 122	5 211	6 574	8 329	9 849	10 751	11 592	11 969	12 290	12 794
广西	686	949	1 288	1 685	1 891	2 120	2 275	2 472	2 748	2 923
海南	187	248	299	362	434	489	565	623	679	774
重庆	584	838	1 153	1 454	1 632	1 790	1 899	1 961	2 069	2 247
四川	1 282	1 748	2 324	2 885	3 267	3 688	4 156	4 513	5 018	5 576
贵州	381	521	664	828	976	1 143	1 355	1 679	1 905	2 232
云南	699	940	1 112	1 280	1 497	1 713	1 975	2 252	2 520	2 807
西藏	26	41	61	77	99	128	141	158	178	202
陕西	718	1 006	1 290	1 581	1 797	2 098	2 538	2 793	3 152	3 300
甘肃	393	529	678	835	956	1 153	1 272	1 414	1 649	1 802
青海	94	135	176	212	245	298	345	367	410	501
宁夏	114	158	223	278	320	362	410	445	497	549
新疆	420	615	833	985	1 124	1 359	1 486	1 664	1 664	1 888
平均值	1 050	1 356	1 717	2 080	2 389	2 661	2 931	3 166	3 421	3 719

附表 25　互联网上网人数　　单位：万人

区域\年份	2001	2002	2003	2004	2005	2006	2007	2008	2009	2010
北京	212	266	398	402	428	468	737	980	1103	1218
天津	73	128	145	193	229	260	287	485	564	648
河北	159	273	289	387	486	631	762	1334	1842	2197
山西	56	130	149	211	269	380	536	819	1064	1250
内蒙古	18	34	75	93	116	160	322	385	575	747
辽宁	218	441	292	322	372	483	783	1138	1595	1916
吉林	89	118	147	179	201	271	434	520	726	882
黑龙江	91	136	226	278	316	366	476	620	912	1127
上海	197	336	432	441	463	510	830	1110	1171	1239
江苏	411	315	611	661	790	1027	1757	2084	2765	3306
浙江	231	319	451	534	707	977	1509	2108	2452	2786
安徽	69	107	184	240	276	337	587	723	1069	1392

续表

年份 区域	2001	2002	2003	2004	2005	2006	2007	2008	2009	2010
福建	177	250	318	326	397	516	866	1379	1629	1848
江西	66	119	169	156	187	285	511	610	790	950
山东	261	280	627	848	988	1126	1256	1983	2769	3332
河南	188	212	226	305	396	517	956	1283	2007	2417
湖北	101	152	381	429	463	532	706	1050	1469	1902
湖南	133	217	265	312	348	408	690	999	1406	1747
广东	445	572	950	1188	1486	1831	3344	4554	4860	5324
广西	68	109	229	285	330	374	560	734	1030	1226
海南	22	24	40	47	69	117	144	216	244	303
重庆	30	56	177	181	189	220	356	598	803	990
四川	121	126	424	523	609	690	809	1103	1635	1998
贵州	18	43	83	98	109	142	224	433	573	751
云南	72	104	166	206	241	275	303	548	844	1021
西藏	2	3	9	7	9	16	36	47	53	81
陕西	70	111	197	258	314	395	517	790	995	1295
甘肃	23	52	122	120	125	152	219	327	535	655
青海	3	6	20	20	29	37	60	130	154	188
宁夏	9	18	33	31	32	42	61	102	141	175
新疆	26	46	118	119	126	155	363	625	634	819
平均值	118	165	256	303	358	442	677	962	1239	1475

附表 26　年末实有道路面积　　单位：万平方米

年份 区域	2001	2002	2003	2004	2005	2006	2007	2008	2009	2010
北京	5 917	7 645	10 570	11 213	16 227	9 858	7 734	8 941	9 179	9 395
天津	5 164	5 213	5 489	5 897	6 669	7 933	7 775	9 196	8 357	9 159
河北	12 463	13 105	14 134	14 988	16 124	17 928	19 901	21 436	23 399	26 639
山西	6 348	5 753	6 371	6 472	7 137	8 250	8 075	9 045	9 605	10 312
内蒙古	4 103	4 657	5 344	5 936	6 502	7 332	9 016	9 776	10 789	12 476
辽宁	13 793	14 270	14 885	15 635	16 337	17 623	19 452	20 546	21 857	23 658
吉林	5 677	6 024	6 951	7 166	8 452	8 833	9 415	10 279	11 174	13 243
黑龙江	9 655	9 901	10 654	10 731	11 285	11 685	12 047	12 453	12 720	13 569
上海	13 334	14 730	15 933	19 795	20 942	21 490	8 363	8 744	8 609	9 299
江苏	20 309	26 987	31 859	35 596	40 829	41 623	44 595	47 330	50 075	53 723
浙江	11 930	13 716	16 743	18 777	21 774	24 040	25 534	26 736	28 244	30 381
安徽	8 751	9 891	11 355	12 109	13 454	13 511	15 072	16 276	17 974	19 927
福建	4 974	5 296	6 092	6 802	7 703	8 456	9 947	10 919	11 959	12 560
江西	3 931	4 448	5 466	6 072	6 667	7 266	7 670	8 296	9 362	11 330
山东	24 433	28 002	34 166	40 083	42 605	46 232	49 677	51 755	55 756	60 615
河南	10 434	11 624	12 410	13 829	15 653	17 728	18 777	19 689	20 535	21 768
湖北	17 569	19 288	18 815	19 959	20 525	18 939	19 884	21 395	23 298	24 599

续表

区域\年份	2001	2002	2003	2004	2005	2006	2007	2008	2009	2010
湖南	6 230	6 900	7 981	8 788	9 936	11 063	12 740	13 684	14 967	15 972
广东	26 061	26 656	30 324	38 856	43 696	47 572	48 702	51 049	54 810	55 869
广西	5 398	5 729	6 327	7 273	8 123	8 599	9 152	9 885	11 007	12 118
海南	2 054	2 078	2 184	2 234	2 353	2 551	2 606	2 718	2 816	3 152
重庆	3 728	4 263	4 784	5 206	5 605	6 779	7 802	8 353	8 953	9 931
四川	8 957	11 057	13 296	14 015	15 266	14 146	14 858	15 821	17 293	18 743
贵州	1 843	1 928	2 079	2 623	2 960	2 884	3 238	3 268	3 356	3 604
云南	2 624	2 831	3 271	3 393	3 837	4 533	5 515	7 448	6 595	7 983
西藏	552	416	429	429	529	541	560	618	619	596
陕西	3 579	4 005	4 686	5 527	6 457	7 458	8 969	9 588	9 995	10 537
甘肃	3 415	4 244	5 282	4 813	4 972	5 980	5 090	5 490	6 018	6 599
青海	602	700	844	889	936	1 010	1 058	1 173	1 286	1 357
宁夏	1 248	1 402	1 797	2 318	2 626	3 106	3 484	3 167	3 627	3 889
新疆	4 353	4 419	5 125	5 532	5 984	6 500	6 954	7 359	7 715	8 323
平均值	8 046	8 941	10 182	11 386	12 651	13 273	13 667	14 595	15 547	16 817

附表 27　年末实有道路长度

单位：千米

区域\年份	2001	2002	2003	2004	2005	2006	2007	2008	2009	2010
北京	4 245	5 444	7 948	7 483	15 948	5 866	5 540	6 186	6 247	6 355
天津	3 893	4 051	4 084	4 240	5 460	5 991	5 679	6 012	5 482	5 439
河北	7 090	7 392	7 737	7 996	8 369	9 033	9 453	9 941	10 395	11 639
山西	4 488	4 225	4 421	4 562	4 965	5 184	5 035	5 446	5 652	5 733
内蒙古	2 886	3 151	3 393	3 628	3 867	4 279	4 871	5 175	5 611	6 447
辽宁	9 462	9 875	10 204	10 407	10 556	11 096	11 530	12 111	12 866	14 238
吉林	4 145	4 395	4 486	4 563	5 423	5 828	6 084	6 592	7 000	8 543
黑龙江	8 261	8 333	8 839	9 096	9 318	9 369	9 553	9 728	9 866	10 091
上海	9 169	9 562	9 802	11 028	12 227	14 619	4 295	4 347	4 401	4 713
江苏	16 702	22 656	25 541	26 598	28 674	27 058	28 456	28 761	30 003	31 899
浙江	8 251	9 169	10 342	11 289	12 523	12 954	13 695	14 135	14 773	15 550
安徽	6 173	6 524	6 931	7 263	7 985	7 824	8 771	9 271	9 718	10 157
福建	3 746	3 945	4 355	4 644	4 919	5 100	5 787	6 011	6 380	6 756
江西	2 954	3 053	3 430	3 671	3 916	4 179	4 630	4 752	5 313	5 742
山东	16 013	17 472	20 915	23 617	25 162	25 307	27 092	28 700	30 793	32 944
河南	5 312	5 739	5 987	6 506	7 090	8 460	8 453	8 704	9 018	9 414
湖北	13 514	14 018	13 838	14 434	14 171	12 624	12 912	13 699	13 583	14 168
湖南	4 837	4 979	5 369	5 540	5 978	6 577	7 144	7 412	8 197	8 585
广东	17 763	18 260	18 409	22 529	24 289	23 763	29 327	31 577	31 348	40 847
广西	3 951	3 997	4 268	4 761	5 075	4 948	5 334	5 633	5 976	6 439
海南	1 027	1 326	1 075	1 097	1 132	1 221	1 292	1 362	1 391	1 435
重庆	2 837	3 057	3 279	3 448	3 630	4 011	4 349	4 589	4 882	5 130

续表

区域＼年份	2001	2002	2003	2004	2005	2006	2007	2008	2009	2010
四川	5 837	6 856	7 840	8 264	9 021	7 842	8 128	8 479	9 084	9 584
贵州	1 725	1 749	1 804	2 058	2 204	2 040	2 146	2 165	2 226	2 257
云南	2 223	2 242	2 431	2 503	2 767	2 895	3 129	4 465	3 471	4 049
西藏	265	268	408	408	487	313	316	318	321	341
陕西	2 458	2 574	2 909	3 060	3 191	3 595	4 072	4 349	4 604	4 810
甘肃	2 444	2 523	2 968	2 810	2 960	3 280	2 532	3 102	3 302	3 399
青海	441	471	514	540	557	593	610	650	690	711
宁夏	891	924	1 045	1 215	1 301	1 457	1 681	1 380	1 610	1 852
新疆	3 012	3 169	3 482	3 706	3 849	4 044	4 276	4 687	4 940	5 178
平均值	5 678	6 174	6 711	7 192	7 968	7 785	7 941	8 379	8 682	9 498

附表 28　邮电业务总量　　单位：亿元

区域＼年份	2001	2002	2003	2004	2005	2006	2007	2008	2009	2010
北京	216	256	287	344	406	503	705	840	970	1227
天津	71	92	114	142	175	225	304	357	390	433
河北	168	224	293	429	523	639	848	1058	1200	1352
山西	86	110	145	216	274	330	438	562	635	736
内蒙古	60	86	108	157	197	254	364	467	554	601
辽宁	220	260	296	369	444	560	706	827	965	1172
吉林	96	118	153	213	260	337	410	461	526	613
黑龙江	146	186	222	285	338	407	513	605	697	746
上海	222	232	292	349	410	553	830	971	1035	1275
江苏	295	344	442	556	724	997	1320	1582	1813	2329
浙江	290	375	493	677	830	1034	1362	1574	1737	2102
安徽	120	148	169	223	278	355	448	563	703	888
福建	197	241	307	430	519	632	800	890	999	1214
江西	90	122	140	202	259	318	409	494	593	692
山东	259	326	382	539	712	968	1237	1500	1677	1961
河南	176	226	290	434	549	717	928	1125	1279	1473
湖北	134	170	211	291	371	458	584	714	842	1039
湖南	145	189	227	286	367	491	635	769	900	1058
广东	783	919	1160	1786	2129	2657	3172	3689	4149	4553
广西	95	128	162	263	324	386	481	588	694	822
海南	33	39	40	62	75	98	125	161	192	225
重庆	72	90	121	169	210	276	367	427	491	581
四川	168	223	253	336	458	591	783	934	1173	1451
贵州	49	77	100	131	172	223	293	372	466	512
云南	104	127	153	206	262	328	470	578	679	773
西藏	7	7	10	13	16	22	31	41	53	64
陕西	96	134	164	244	324	424	531	642	747	857

续表

区域＼年份	2001	2002	2003	2004	2005	2006	2007	2008	2009	2010
甘肃	49	65	82	108	136	167	219	288	362	423
青海	13	18	22	26	32	40	54	84	91	114
宁夏	16	22	29	38	47	60	80	97	120	135
新疆	65	97	115	152	172	229	305	380	463	556
平均值	146	182	225	312	387	493	637	763	877	1032

附表 29　高技术产业企业数量　　单位：个

区域＼年份	2001	2002	2003	2004	2005	2006	2007	2008	2009	2010
北京	605	679	625	1125	1101	1107	1163	1134	1150	1103
天津	474	480	497	607	602	698	708	776	868	817
河北	283	288	275	288	312	338	346	355	424	438
山西	313	132	137	147	145	164	151	149	154	157
内蒙古	55	57	67	65	71	82	89	95	109	107
辽宁	345	342	363	614	547	687	779	870	999	987
吉林	238	244	217	285	246	294	329	397	447	436
黑龙江	124	133	151	171	155	154	174	198	209	199
上海	810	833	915	1364	1248	1229	1318	1542	1536	1423
江苏	1251	1386	1575	2668	2220	2501	2936	4381	4542	4868
浙江	1033	1139	1294	1945	1991	2301	2695	2849	3094	3339
安徽	179	209	220	258	287	332	391	489	617	745
福建	326	342	417	547	517	572	605	677	743	791
江西	158	168	197	248	272	314	371	469	502	555
山东	441	528	677	1035	1219	1378	1591	1721	1907	1847
河南	316	318	289	386	383	460	546	629	678	728
湖北	411	426	441	381	446	489	534	683	739	798
湖南	219	246	270	318	316	361	387	522	603	683
广东	1791	2013	2280	3757	3693	3829	4424	5649	5603	5774
广西	164	163	176	212	214	242	254	292	303	338
海南	51	50	51	65	57	58	48	55	52	57
重庆	118	121	113	130	149	159	172	254	287	324
四川	300	348	383	523	563	643	739	863	830	830
贵州	149	161	162	183	178	167	151	147	151	150
云南	96	110	100	125	122	128	137	147	143	144
西藏	14	17	15	14	12	13	8	8	10	11
陕西	263	273	284	302	307	304	320	322	359	381
甘肃	76	76	84	83	84	86	80	71	80	81
青海	11	12	14	18	24	25	26	26	28	28
宁夏	15	13	13	15	20	17	15	17	20	16
新疆	32	26	20	19	26	29	30	30	31	34
平均值	344	366	397	577	565	618	694	833	878	909

附表 30 教育经费投入额 单位：亿元

区域＼年份	2001	2002	2003	2004	2005	2006	2007	2008	2009	2010
北京	72.26	85.82	98.82	121.39	145.87	175.18	263.00	316.30	365.67	450.22
天津	36.26	41.57	47.58	55.40	67.20	81.58	110.02	141.70	173.61	229.56
河北	89.56	110.02	119.07	142.35	170.54	189.55	283.39	376.98	439.33	514.30
山西	50.38	58.68	67.41	80.27	102.09	120.87	181.22	234.99	278.07	328.58
内蒙古	39.74	48.28	54.35	66.22	78.66	95.03	153.57	206.40	243.48	322.11
辽宁	75.00	87.43	98.34	121.00	142.20	166.89	252.13	306.36	346.73	405.39
吉林	44.27	50.01	53.69	60.74	74.15	91.28	144.42	188.03	216.99	250.20
黑龙江	64.97	76.22	81.10	91.80	106.57	133.71	199.75	256.62	266.61	299.14
上海	99.74	116.07	131.37	155.35	182.94	205.46	283.33	326.06	346.95	417.28
江苏	144.61	162.41	179.08	214.37	258.24	298.23	492.90	592.60	680.63	865.36
浙江	108.30	136.94	164.21	200.08	231.55	269.04	383.89	453.99	519.33	606.54
安徽	66.68	76.91	84.56	105.56	117.43	152.09	212.97	286.26	323.79	386.31
福建	72.44	81.25	92.97	100.90	111.51	136.24	183.66	233.29	277.55	327.77
江西	48.43	59.22	64.47	73.71	87.93	103.76	173.81	206.86	251.93	297.50
山东	137.75	162.78	179.15	204.83	248.75	292.28	453.36	550.99	613.49	770.45
河南	96.00	123.32	131.16	153.29	187.32	233.15	366.12	444.03	526.14	609.37
湖北	70.46	83.32	89.07	104.51	118.85	145.47	217.20	284.19	317.29	366.57
湖南	65.09	82.98	90.06	104.33	123.00	142.26	228.52	311.26	357.58	403.10
广东	180.28	233.12	265.25	287.95	329.21	392.62	575.90	703.33	803.20	921.48
广西	62.01	72.17	79.10	90.54	105.26	135.46	189.38	251.22	296.60	366.84
海南	11.15	14.13	14.80	17.92	24.21	27.85	40.33	55.63	74.50	98.33
重庆	33.21	39.39	42.95	49.78	60.66	78.64	121.55	153.50	190.28	240.46
四川	85.24	102.26	108.90	122.52	140.53	181.87	292.86	369.28	451.44	540.65
贵州	44.42	54.51	60.13	73.77	93.37	111.92	166.27	229.77	256.72	292.06
云南	76.28	86.05	93.17	111.82	122.28	150.39	190.54	241.95	308.18	374.79
西藏	8.95	12.02	13.07	15.11	20.38	20.60	33.57	47.08	61.04	60.80
陕西	52.36	61.00	66.33	74.35	99.31	128.01	184.52	264.91	310.96	377.79
甘肃	35.98	42.23	47.57	53.66	67.48	87.48	123.97	182.93	206.36	228.23
青海	10.18	11.51	12.63	15.26	20.31	24.38	34.85	48.81	61.82	82.47
宁夏	10.89	12.99	13.78	16.10	19.52	24.62	47.31	54.06	63.50	81.59
新疆	42.85	50.13	53.03	61.39	72.65	89.28	142.77	199.21	240.15	313.84
平均值	65.67	78.54	87.00	101.49	120.32	144.68	217.00	274.79	318.38	381.58

附表 31 大专以上学历人口数 单位：万人

区域＼年份	2001	2002	2003	2004	2005	2006	2007	2008	2009	2010
北京	228.49	274.60	280.86	340.48	362.27	445.65	468.11	449.38	507.79	617.98
天津	88.60	101.82	105.60	140.37	140.38	156.01	166.44	169.22	196.22	227.12
河北	179.91	296.86	421.38	378.67	302.16	257.99	272.67	317.70	370.33	524.85
山西	111.11	141.50	166.40	164.80	175.07	214.88	233.89	235.85	251.78	311.70
内蒙古	88.98	127.02	123.63	151.24	178.57	150.72	173.33	173.51	185.45	252.35
辽宁	258.54	221.56	362.63	337.58	335.12	397.02	418.33	465.39	500.69	523.46

续表

年份 区域	2001	2002	2003	2004	2005	2006	2007	2008	2009	2010
吉林	132.19	167.71	167.21	179.81	172.32	186.33	198.89	202.14	219.13	271.64
黑龙江	174.16	177.33	179.43	172.46	233.12	228.67	239.00	223.22	244.10	347.57
上海	179.50	235.93	266.50	310.66	306.03	385.45	384.11	417.93	441.58	505.47
江苏	286.23	268.83	351.73	351.24	482.33	528.56	595.00	520.97	572.16	851.04
浙江	146.79	252.63	272.81	333.95	249.92	400.33	414.11	467.64	496.56	508.16
安徽	136.39	157.29	294.70	269.57	218.92	275.52	228.22	232.58	270.33	398.92
福建	101.17	136.64	153.16	151.24	165.11	197.68	193.44	200.00	334.25	308.77
江西	104.48	112.55	246.54	186.13	150.54	189.53	293.11	260.32	280.30	305.55
山东	300.08	481.68	468.53	473.19	384.22	510.47	516.89	492.56	541.58	833.61
河南	243.95	383.30	288.09	401.76	365.66	367.25	359.67	417.47	458.88	601.76
湖北	232.07	220.04	311.91	334.16	273.86	428.34	450.78	447.01	419.47	546.03
湖南	185.17	270.24	293.38	329.09	263.52	306.17	376.00	396.73	372.74	498.99
广东	303.13	373.79	371.18	389.23	501.96	505.95	578.56	638.90	631.39	857.62
广西	104.71	155.36	203.67	237.16	170.23	200.66	178.44	147.46	184.77	275.54
海南	24.04	26.42	43.38	39.65	41.69	42.56	49.67	45.89	55.21	67.47
重庆	86.01	97.67	106.42	107.87	121.68	121.50	102.00	114.88	148.91	249.31
四川	203.87	302.83	305.91	299.28	266.39	357.11	322.33	342.50	440.32	537.03
贵州	67.49	121.66	186.46	160.46	112.43	95.48	114.00	124.92	118.56	184.11
云南	85.26	77.53	72.51	155.69	136.73	130.54	171.11	150.39	131.96	265.88
西藏	3.36	1.92	2.04	2.38	2.21	2.76	3.22	4.62	4.58	16.56
陕西	148.60	137.04	223.22	255.49	216.86	269.57	280.56	315.90	330.47	394.29
甘肃	67.24	73.58	108.15	139.86	102.92	82.25	96.00	112.63	120.62	192.51
青海	15.64	15.08	24.64	22.36	35.34	30.65	36.78	39.12	46.16	48.51
宁夏	20.25	29.05	28.92	38.30	36.94	40.79	42.22	43.97	48.68	57.93
新疆	94.65	182.19	175.76	179.40	161.06	165.16	174.11	191.54	189.92	232.39
平均值	142.00	181.34	213.12	226.89	215.02	247.47	262.29	269.75	294.03	381.10

附表 32　政府财政支出　　单位：亿元

年份 区域	2001	2002	2003	2004	2005	2006	2007	2008	2009	2010
北京	559	628	735	898	1058	1297	1650	1959	2319	2717
天津	235	265	312	375	442	543	674	868	1124	1377
河北	514	577	647	786	979	1180	1507	1882	2348	2820
山西	290	334	416	519	669	916	1050	1315	1562	1931
内蒙古	319	394	447	564	682	812	1082	1455	1927	2274
辽宁	635	691	784	931	1024	1423	1764	2153	2682	3196
吉林	326	363	409	508	631	718	884	1180	1479	1787
黑龙江	478	532	565	698	788	969	1187	1542	1878	2253
上海	708	862	1088	1383	1646	1796	2182	2594	2990	3303
江苏	730	860	1048	1312	1673	2013	2554	3247	4017	4914
浙江	597	750	897	1063	1266	1472	1807	2209	2653	3208
安徽	404	457	507	602	713	940	1244	1647	2142	2588

续表

年份 区域	2001	2002	2003	2004	2005	2006	2007	2008	2009	2010
福建	373	398	452	517	593	729	911	1138	1412	1695
江西	284	341	382	454	564	696	905	1210	1562	1923
山东	754	861	1011	1189	1466	1833	2262	2705	3268	4145
河南	509	629	717	880	1116	1440	1871	2282	2906	3416
湖北	484	511	540	646	779	1047	1277	1650	2091	2501
湖南	432	533	574	720	873	1065	1357	1765	2210	2702
广东	1321	1521	1696	1853	2289	2553	3160	3779	4334	5422
广西	352	420	444	507	612	730	986	1297	1622	2008
海南	79	92	105	127	151	175	245	358	486	581
重庆	238	306	342	396	487	594	768	1016	1292	1709
四川	594	702	732	895	1082	1347	1759	2949	3591	4258
贵州	275	317	332	418	521	611	795	1054	1372	1631
云南	496	527	587	664	766	894	1135	1470	1952	2286
西藏	105	138	146	134	186	200	275	381	470	551
陕西	350	405	418	516	639	824	1054	1429	1842	2219
甘肃	236	274	300	357	429	529	675	968	1246	1469
青海	101	119	122	137	170	215	282	364	487	743
宁夏	94	115	106	123	160	193	242	325	432	558
新疆	263	361	368	421	519	678	795	1059	1347	1699
平均值	424	493	556	664	806	982	1237	1589	1969	2383

附表 33　进出口额　　单位：亿美元

年份 区域	2001	2002	2003	2004	2005	2006	2007	2008	2009	2010
北京	515.40	525.05	685.00	945.76	1255.06	1580.37	1930.00	2716.93	2147.33	3017.22
天津	181.70	228.11	293.42	420.29	532.77	644.62	714.50	804.01	638.31	821.00
河北	57.40	66.65	89.78	135.26	160.70	185.31	255.23	384.21	296.27	420.60
山西	19.40	23.11	30.90	53.82	55.46	66.27	115.79	143.95	85.69	125.76
内蒙古	20.30	24.34	28.29	37.22	48.76	59.61	77.36	89.18	67.74	87.30
辽宁	198.10	217.40	265.09	344.11	410.13	483.90	594.74	724.34	629.34	807.12
吉林	32.10	37.02	61.48	67.90	65.28	79.14	102.98	133.32	117.42	168.45
黑龙江	33.80	43.49	53.29	67.89	95.66	128.57	172.97	231.31	162.30	255.15
上海	608.90	726.27	1123.40	1600.00	1863.37	2275.24	2828.54	3220.55	2777.14	3689.51
江苏	513.50	702.89	1136.17	1708.00	2279.23	2839.78	3494.72	3922.72	3387.40	4657.99
浙江	328.00	419.56	614.11	852.05	1073.90	1391.42	1768.47	2111.34	1877.31	2535.35
安徽	36.20	41.81	59.48	72.12	91.19	122.45	159.32	201.84	156.78	242.73
福建	226.30	283.97	353.26	475.27	544.11	626.60	744.47	848.21	796.50	1087.83
江西	15.30	16.94	25.28	35.28	40.65	61.95	94.49	136.18	127.79	216.19
山东	289.50	339.34	446.37	606.58	767.36	952.14	1224.74	1584.08	1390.53	1891.56
河南	27.80	32.03	47.12	66.20	72.25	97.95	127.85	174.79	134.76	178.32
湖北	35.80	39.53	51.09	67.66	90.55	117.62	148.69	207.06	172.51	259.32

续表

年份 区域	2001	2002	2003	2004	2005	2006	2007	2008	2009	2010
湖南	27.60	28.76	37.32	54.44	60.00	73.52	96.86	125.47	101.49	146.56
广东	1764.90	2210.96	2835.25	3571.00	4279.65	5271.99	6341.86	6849.69	6110.94	7848.96
广西	18.00	24.30	31.87	42.77	51.82	66.68	92.59	132.36	142.55	177.39
海南	17.50	18.67	22.75	34.02	25.42	28.46	35.14	45.29	48.82	86.49
重庆	18.30	17.93	25.95	38.57	42.93	54.70	74.38	95.21	77.13	124.27
四川	31.00	44.69	56.34	68.67	79.02	110.21	143.78	221.14	241.69	326.94
贵州	6.50	6.91	9.84	15.14	14.04	16.18	22.70	33.66	23.04	31.47
云南	19.90	22.27	26.69	37.41	47.43	62.25	87.94	95.97	80.48	134.30
西藏	0.90	1.30	1.60	2.00	2.05	3.28	3.93	7.66	4.02	8.36
陕西	20.60	22.24	27.83	36.42	45.77	53.60	68.87	83.29	84.05	121.02
甘肃	7.80	8.77	13.27	17.63	26.30	38.25	55.24	60.95	38.66	74.03
青海	2.00	1.97	3.39	5.76	4.13	6.52	6.12	6.89	5.87	7.89
宁夏	5.30	4.43	6.53	9.08	9.67	14.37	15.82	18.79	12.02	19.60
新疆	17.70	26.92	47.70	56.35	79.40	91.03	137.16	222.17	139.48	171.30
平均值	164.44	200.25	274.51	372.41	458.52	567.87	701.20	826.86	712.11	959.35

附表 34　居民消费水平　　单位：万元

年份 区域	2001	2002	2003	2004	2005	2006	2007	2008	2009	2010
北京	1 134	1 322	1 620	1 822	2 037	2 651	3 088	3 449	3 888	4 908
天津	683	721	795	901	1 007	1 136	1 333	1 646	1 861	2 311
河北	1 866	2 057	3 682	3 962	4 590	3 411	3 939	4 592	5 060	5 796
山西	730	844	1 692	1 886	2 128	1 635	1 875	2 110	2 349	2 916
内蒙古	667	821	1 290	1 483	1 653	1 390	1 698	1 957	2 342	2 739
辽宁	2 009	2 141	2 559	2 759	3 111	2 959	3 423	4 153	4 685	5 658
吉林	982	1 044	1 485	1 644	1 845	1 555	1 822	2 075	2 304	2 511
黑龙江	1 535	1 654	1 913	2 125	2 360	1 965	2 289	2 692	2 960	3 414
上海	2 028	2 323	1 889	2 200	2 449	3 801	4 508	5 162	5 681	7 431
江苏	3 179	3 472	4 968	5 450	6 445	6 268	7 365	8 455	9 265	11 045
浙江	2 201	2 563	4 546	5 020	6 002	5 558	6 360	7 113	8 179	9 857
安徽	1 733	1 894	3 246	3 690	3 897	2 713	3 229	3 912	4 187	4 907
福建	1 586	1 698	2 566	2 865	3 109	2 784	3 141	3 734	3 972	4 753
江西	1 047	1 119	2 091	2 287	2 634	1 811	2 054	2 531	2 761	3 557
山东	3 391	3 589	5 538	6 127	6 897	6 540	7 564	9 015	9 938	11 132
河南	2 279	2 481	4 777	5 144	5 664	4 350	4 812	5 541	6 268	7 371
湖北	1 902	2 117	3 579	3 849	3 847	3 150	3 712	4 230	4 456	5 142
湖南	1 877	1 997	4 053	4 611	4 748	3 487	3 966	4 559	5 079	5 862
广东	3 921	4 466	7 665	8 881	10 858	10 075	11 965	13 734	14 737	17 977
广西	1 076	1 160	2 799	3 151	3 277	2 043	2 378	2 939	3 347	3 564
海南	236	257	446	475	491	396	469	559	578	656
重庆	818	881	2 228	2 489	2 413	1 521	1 843	2 792	2 375	2 805

续表

区域＼年份	2001	2002	2003	2004	2005	2006	2007	2008	2009	2010
四川	2 131	2 273	5 011	5 559	5 659	3 677	4 274	4 941	5 617	6 582
贵州	620	653	1 915	2 145	2 297	1 315	1 526	1 679	1 916	2 045
云南	940	1 030	2 636	3 019	3 114	1 827	2 055	2 068	2 709	3 094
西藏	51	62	217	228	239	82	91	101	118	136
陕西	787	883	2 091	2 309	2 476	1 484	1 976	2 366	2 666	3 090
甘肃	474	512	1 379	1 555	1 694	993	1 119	1 280	1 393	1 545
青海	128	140	288	310	339	232	275	323	362	407
宁夏	134	148	309	342	382	309	355	445	491	569
新疆	541	600	1 072	1 133	1 248	862	1 024	1 181	1 293	1 590
平均值	1 377	1 514	2 592	2 885	3 191	2 645	3 082	3 591	3 963	4 689

附表 35　工业污水排放总量　　单位：万吨

区域＼年份	2001	2002	2003	2004	2005	2006	2007	2008	2009	2010
北京	21 165	18 044	13 107	12 617	12 813	10 170	9 134	8 367	8 713	8 198
天津	21 250	21 959	21 605	22 628	30 081	22 978	21 444	20 433	19 441	19 680
河北	103 041	106 772	108 324	127 386	124 533	130 340	123 537	121 172	110 058	114 232
山西	31 093	30 777	30 929	31 393	32 099	44 091	41 140	41 150	39 720	49 881
内蒙古	20 960	22 737	23 577	22 848	24 967	27 823	25 021	29 167	28 616	39 536
辽宁	99 505	92 001	89 186	91 810	105 072	94 724	95197	83 073	75 159	71 521
吉林	35 574	34 783	31 365	33 568	41 189	39 321	39 666	38 353	37 563	38 656
黑龙江	49 444	47 983	50 286	45 190	45 158	44 801	38 388	38 910	34 188	38 921
上海	68 012	64 857	61 112	56 359	51 097	48 336	47 570	41 871	41 192	36 696
江苏	271 029	262 715	247 524	263 538	296 318	287 181	268 762	259 999	256 160	263 760
浙江	158 113	168 048	168 088	165 274	192 426	199 593	201 211	200 488	203 442	217 426
安徽	63 229	64 577	63 525	64 054	63 487	70 119	73 556	67 007	73 441	70 971
福建	69 724	78 511	98 388	115 228	130 939	127 583	136 408	139 997	142 747	124 168
江西	41 507	46 119	50 135	54 949	53 972	64 074	71 410	68 681	67 192	72 526
山东	115 233	106 668	115 933	128 706	139 071	144 365	166 574	176 977	182 673	208 257
河南	110 152	114 431	114 224	117 328	123 476	130 158	134 344	133 144	140 325	150 406
湖北	97 714	98 481	96 498	97 451	92 432	91 146	91 001	93 687	91 324	94 593
湖南	107 175	111 788	124 132	123 126	122 440	100 024	100 113	92 340	96 396	95 605
广东	112 812	145 236	148 867	164 728	231 568	234 713	246 331	213 314	188 844	187 031
广西	90 512	97 126	119 291	122 731	145 609	128 932	183 981	205 745	161 596	165 211
海南	7 001	7 170	7 181	6 894	7 428	7 351	5 960	5 991	7 031	5 782
重庆	81 214	79 872	81 973	83 031	84 885	86 496	69 003	67 027	65 684	45 180
四川	114 920	117 638	120 160	119 223	122 590	115 348	114 687	108 700	105 910	93 444
贵州	20 812	17 117	16 815	16 119	14 850	13 928	12 101	11 695	13 478	14 130
云南	32 713	33 696	34 655	38 402	32 928	34 286	35 352	32 996	32 375	30 926
西藏	1 114	1 063	612	993	991	790	856	924	942	736
陕西	28 634	30 496	33 526	36 833	42 819	40 479	48 523	48 477	49 137	45 487

续表

年份 区域	2001	2002	2003	2004	2005	2006	2007	2008	2009	2010
甘肃	20 722	19 677	20 899	18 293	16 798	16 570	15 856	16 405	16 364	15 352
青海	4 385	3 583	3 453	3 544	7 619	7 168	7 318	7 098	8 404	9 031
宁夏	10 450	11 534	10 740	9 510	21 411	18 500	21 089	20 448	21 542	21 977
新疆	16 797	16 426	16 417	17 671	20 052	20 558	20 960	22 875	24 201	25 413
平均值	65 355	66 835	68 469	71 336	78 423	77 482	79 564	77 952	75 608	76 604

附表 36　工业废气排放总量　　单位：亿标立方米

年份 区域	2001	2002	2003	2004	2005	2006	2007	2008	2009	2010
北京	3 035	2 966	3 005	3 198	3 532	4 339	5 146	4 316	4 408	4 750
天津	2 859	3 677	4 360	3 058	4 602	5 054	5 506	6 005	5 983	7 686
河北	11 457	12 743	15 768	21 696	26 518	37 277	48 036	37 558	50 779	56 324
山西	8 027	9 402	12 849	13 351	15 142	18 286	21 429	23 180	23 693	35 190
内蒙古	4 959	5 998	7 961	13 518	12 071	15 135	18 200	20 190	24 844	27 488
辽宁	10 042	10 462	12 774	13 015	20 903	22 424	23 946	40 219	25 211	26 955
吉林	3 237	3 516	3 869	4 316	4 939	5 335	5 730	6 155	7 124	8 240
黑龙江	4 617	4 628	4 841	4 968	5 261	6 272	7 283	7 796	9 977	10 111
上海	6 964	7 440	7 799	8 834	8 482	9 036	9 591	10 436	10 059	12 969
江苏	13 344	14 286	14 633	17 818	20 197	21 891	23 585	25 245	27 432	31 213
浙江	8 530	8 532	10 432	11 749	13 025	15 246	17 467	17 633	18 860	20 434
安徽	4 808	5 119	5 383	5 934	6 960	10 107	13 254	15 749	15 273	17 849
福建	3 305	3 565	4 189	5 020	6 265	7 709	9 153	9 150	10 497	13 507
江西	2 231	2 612	3 202	3 972	4 379	5 241	6 103	7 456	8 286	9 812
山东	14 453	14 306	16 139	20 357	24 129	27 735	31 341	33 505	35 127	43 837
河南	9 239	10 645	11 992	13 103	15 498	17 194	18 890	20 264	22 186	22 709
湖北	5 820	6 440	6 707	8 838	9 404	9 889	10 373	11 558	12 523	13 865
湖南	3 960	4 190	4 603	5 527	6 014	7 388	8 762	9 249	10 973	14 673
广东	9 456	10 579	11 075	12 543	13 447	15 193	16 939	20 510	22 682	24 092
广西	5 461	5 693	6 636	10 656	8 339	10 531	12 724	11 643	13 184	14 520
海南	502	528	533	634	910	1 012	1 115	1 345	1 353	1 360
重庆	1 856	1 979	2 277	3 541	3 655	5 636	7 617	7 351	12 587	10 943
四川	5 550	7 287	6 634	7 466	8 140	15 555	22 970	12 997	13 410	20 107
贵州	3 629	3 515	3 477	4 182	3 852	7 104	10 356	6 842	7 786	10 192
云南	3 346	3 659	4 197	4 940	5 444	6 763	8 082	8 316	9 484	10 978
西藏	15	14	14	16	13	13	13	13	15	16
陕西	2 858	3 424	3 861	4 374	4 916	5 693	6 469	9 706	11 032	13 510
甘肃	2 793	2 972	4 033	3 690	4 250	5 034	5 818	5 685	6 314	6 252
青海	846	937	1 002	1 238	1 370	1 931	2 492	3 237	3 308	3 952
宁夏	1 312	1 631	1 727	2 338	2 844	3 413	3 981	4 403	4 701	16 324
新疆	2 353	2 512	2 934	3 806	4 485	5 141	5 797	6 154	6 975	9 310
平均值	5 189	5 653	6 416	7 668	8 677	10 599	12 522	13 028	14 067	16 747

附表 37　每万人平均 R&D 人员全时当量　　单位：人年/万人

区域＼年份	2001	2002	2003	2004	2005	2006	2007	2008	2009	2010
北京	66.97	80.74	75.48	101.47	111.18	106.51	114.87	111.83	109.28	98.74
天津	23.73	26.02	28.49	28.91	32.02	34.60	4022.79	41.11	42.37	45.23
河北	4.19	4.88	5.08	5.11	6.09	6.34	652.94	6.60	8.03	8.66
山西	4.92	5.22	5.58	5.55	8.17	11.50	1086.48	12.90	13.94	12.95
内蒙古	3.36	3.66	3.66	4.78	5.66	6.17	639.19	7.57	8.95	10.02
辽宁	12.56	15.39	13.30	14.23	15.66	16.16	1795.18	17.77	18.74	19.35
吉林	6.63	7.26	7.21	8.19	9.43	10.47	1190.82	11.61	14.38	16.50
黑龙江	8.44	8.97	9.07	10.27	11.57	11.80	1260.58	13.26	14.16	16.14
上海	32.00	33.72	32.85	33.93	37.68	44.19	4851.72	50.37	69.16	58.61
江苏	10.68	12.27	13.25	13.90	17.12	18.40	2104.68	25.44	35.38	40.13
浙江	7.73	8.61	9.96	13.37	16.35	20.64	2557.18	31.17	35.73	41.03
安徽	3.85	3.74	3.92	3.73	4.64	4.89	591.09	8.06	9.74	10.77
福建	7.16	6.46	7.63	9.06	10.10	11.30	1329.05	16.45	17.44	20.78
江西	3.58	3.62	4.00	4.48	5.10	5.95	620.95	6.42	7.46	7.80
山东	5.15	7.99	8.58	7.88	9.85	10.38	1243.41	17.03	17.38	19.85
河南	3.76	4.32	4.21	4.33	5.46	6.36	693.15	7.58	9.76	10.79
湖北	7.38	9.27	8.65	8.36	10.72	10.91	1182.71	12.74	15.94	17.10
湖南	4.33	4.40	4.05	4.67	6.01	6.28	707.20	7.88	9.97	11.06
广东	10.06	11.06	11.79	11.21	12.99	15.82	2110.95	25.01	29.43	33.01
广西	1.97	2.51	2.72	3.03	3.84	4.01	422.42	4.83	6.15	7.37
海南	1.12	1.00	1.23	1.71	1.45	1.44	149.35	2.02	4.87	5.63
重庆	5.31	5.66	5.65	6.63	8.79	9.54	1120.85	12.12	12.24	12.85
四川	5.56	7.07	6.66	6.89	8.09	8.40	970.21	10.66	10.50	10.42
贵州	2.48	2.35	2.22	2.00	2.63	2.85	302.09	3.02	3.45	4.34
云南	2.70	3.21	2.95	3.33	3.33	3.57	394.75	4.35	4.62	4.90
西藏	0.75	2.25	2.22	1.46	2.17	3.56	237.78	2.21	4.59	4.19
陕西	15.60	16.47	14.69	13.23	14.44	15.93	1736.18	17.21	18.04	19.60
甘肃	6.67	5.67	6.49	5.50	6.48	6.41	717.19	7.65	8.03	8.46
青海	3.78	3.78	4.31	4.82	4.79	4.74	528.01	4.51	8.26	8.63
宁夏	4.90	5.24	4.66	5.95	6.71	7.28	912.26	8.34	11.07	10.08
新疆	2.41	2.78	2.74	3.11	3.48	3.61	423.06	4.13	5.86	6.58
平均值	9.02	10.18	10.11	11.33	12.97	13.87	1182.87	16.51	18.87	19.41

附表 38　R&D 经费额占 GDP 的比重　　单位：%

区域＼年份	2001	2002	2003	2004	2005	2006	2007	2008	2009	2010
北京	4.61	5.07	5.10	5.24	5.55	5.50	5.40	5.25	5.50	5.82
天津	1.31	1.45	1.57	1.73	1.96	2.18	2.27	2.45	2.37	2.49
河北	0.47	0.56	0.55	0.52	0.58	0.66	0.66	0.67	0.78	0.76
山西	0.53	0.62	0.55	0.65	0.63	0.76	0.86	0.90	1.10	0.98
内蒙古	0.23	0.25	0.27	0.26	0.30	0.34	0.40	0.44	0.53	0.55
辽宁	1.07	1.31	1.38	1.60	1.56	1.47	1.50	1.41	1.53	1.56

续表

区域＼年份	2001	2002	2003	2004	2005	2006	2007	2008	2009	2010
吉林	0.78	1.12	1.04	1.14	1.09	0.96	0.96	0.82	1.12	0.87
黑龙江	0.59	0.88	0.81	0.74	0.89	0.92	0.93	1.04	1.27	1.19
上海	1.69	1.92	1.93	2.21	2.28	2.50	2.52	2.59	2.81	2.81
江苏	0.98	1.11	1.21	1.43	1.47	1.60	1.67	1.92	2.04	2.07
浙江	0.60	0.68	0.78	0.99	1.22	1.42	1.50	1.60	1.73	1.78
安徽	0.65	0.73	0.83	0.80	0.85	0.97	0.97	1.11	1.35	1.32
福建	0.55	0.55	0.75	0.80	0.82	0.89	0.89	0.94	1.11	1.16
江西	0.36	0.48	0.60	0.62	0.70	0.81	0.89	0.97	0.99	0.92
山东	0.66	0.86	0.86	0.95	1.05	1.06	1.20	1.40	1.53	1.72
河南	0.51	0.49	0.50	0.50	0.52	0.64	0.67	0.66	0.90	0.91
湖北	0.95	1.14	1.15	1.01	1.15	1.25	1.21	1.31	1.65	1.65
湖南	0.63	0.63	0.65	0.66	0.68	0.71	0.80	1.01	1.18	1.16
广东	1.14	1.16	1.14	1.12	1.09	1.19	1.30	1.41	1.65	1.76
广西	0.35	0.36	0.40	0.35	0.36	0.38	0.37	0.46	0.61	0.66
海南	0.14	0.20	0.17	0.26	0.18	0.20	0.21	0.23	0.35	0.34
重庆	0.57	0.63	0.77	0.89	1.04	1.06	1.14	1.18	1.22	1.27
四川	1.36	1.31	1.49	1.22	1.31	1.25	1.32	1.28	1.52	1.54
贵州	0.47	0.49	0.55	0.52	0.56	0.64	0.50	0.57	0.68	0.65
云南	0.36	0.42	0.43	0.41	0.61	0.52	0.55	0.54	0.60	0.61
西藏	0.14	0.29	0.16	0.16	0.14	0.17	0.20	0.31	0.33	0.29
陕西	2.57	2.69	2.63	2.63	2.52	2.24	2.23	2.09	2.32	2.15
甘肃	0.75	0.89	0.91	0.85	1.01	1.05	0.95	1.00	1.10	1.02
青海	0.40	0.61	0.62	0.65	0.54	0.52	0.49	0.41	0.70	0.74
宁夏	0.44	0.52	0.53	0.57	0.52	0.70	0.84	0.69	0.77	0.68
新疆	0.21	0.22	0.20	0.27	0.25	0.28	0.28	0.38	0.51	0.49
平均值	0.84	0.96	0.98	1.02	1.08	1.12	1.15	1.19	1.35	1.35

附表 39　地方财政科技拨款占财政支出比例　　单位：%

区域＼年份	2001	2002	2003	2004	2005	2006	2007	2008	2009	2010
北京	3.12	3.43	3.42	2.63	3.55	4.66	5.50	5.73	5.45	6.58
天津	2.89	2.82	2.78	2.66	2.62	2.79	3.31	3.30	3.02	3.14
河北	1.67	1.33	1.27	1.26	1.14	1.14	1.16	1.15	1.13	1.05
山西	1.33	1.21	1.14	1.21	0.98	0.88	1.50	1.34	1.13	1.04
内蒙古	1.27	1.16	1.15	0.89	1.03	0.97	0.85	1.06	0.94	0.94
辽宁	2.37	2.36	2.55	2.53	2.32	2.43	2.19	2.28	2.14	2.16
吉林	1.73	1.59	1.26	0.91	1.10	1.18	1.25	1.14	1.28	1.07
黑龙江	2.42	2.04	1.88	1.75	1.50	1.40	1.47	1.30	1.06	1.23
上海	1.71	1.74	1.80	2.82	4.78	5.23	4.85	4.64	7.20	6.12
江苏	2.08	2.08	2.03	2.04	2.13	2.70	2.69	2.82	2.91	3.06
浙江	3.10	3.33	3.28	3.61	3.95	4.29	3.96	3.93	3.74	3.78
安徽	0.97	0.96	0.73	0.92	0.84	0.94	1.28	1.44	1.70	2.24

续表

区域＼年份	2001	2002	2003	2004	2005	2006	2007	2008	2009	2010
福建	2.27	2.26	2.25	2.29	2.29	2.11	2.34	2.25	1.98	1.91
江西	1.15	0.96	0.95	0.95	0.87	0.86	0.97	0.92	0.86	0.95
山东	2.53	2.22	2.30	1.91	1.81	2.24	2.05	2.11	1.92	2.04
河南	1.41	1.41	1.26	1.23	1.24	1.22	1.35	1.33	1.22	1.31
湖北	1.33	1.32	1.55	1.47	1.46	1.55	1.47	1.40	1.21	1.20
湖南	2.19	2.13	1.59	1.30	1.40	1.34	1.51	1.51	1.34	1.30
广东	3.09	3.79	3.34	3.53	3.66	4.08	3.77	3.51	3.89	3.96
广西	1.32	1.44	2.00	1.34	1.28	1.27	1.34	1.25	1.11	1.08
海南	0.73	0.75	0.84	0.69	0.77	0.86	1.14	1.26	1.25	1.28
重庆	1.64	1.17	1.08	1.26	1.23	1.26	1.44	1.49	1.20	1.05
四川	1.45	1.26	1.37	1.21	1.17	1.08	1.18	0.88	0.80	0.82
贵州	1.30	1.24	1.30	1.21	0.49	1.25	1.25	1.23	1.04	1.02
云南	1.58	1.70	1.56	1.27	0.37	1.27	1.15	1.20	0.97	0.94
西藏	0.38	0.66	0.42	0.52	0.46	0.45	0.70	0.76	0.57	0.49
陕西	1.13	1.09	1.15	1.02	1.06	1.25	1.26	1.20	1.13	1.14
甘肃	1.01	0.97	0.82	0.94	0.88	0.83	1.08	0.98	0.82	0.74
青海	0.88	0.79	0.92	0.75	0.78	0.68	0.89	1.09	0.98	0.55
宁夏	1.33	1.19	1.27	1.25	1.27	1.01	1.98	1.33	1.02	1.07
新疆	0.94	0.95	1.05	0.98	1.12	1.01	1.61	1.40	1.20	1.19
平均值	1.69	1.66	1.62	1.56	1.60	1.75	1.89	1.85	1.81	1.82

附表 40　每万人平均专利申请受理数　　单位：件/万人

区域＼年份	2001	2002	2003	2004	2005	2006	2007	2008	2009	2010
北京	1277	1205	1547	1215	1320	1577	1689	2295	2619	2958
天津	1289	2149	2365	2840	3490	3575	3506	3774	3774	4417
河北	1665	1638	1635	1623	1535	1652	1734	1976	2011	1974
山西	909	948	942	1054	724	728	903	1224	1427	1712
内蒙古	1359	1382	1601	1278	1078	1315	1308	1214	1145	1174
辽宁	1423	1523	2419	2449	2371	2471	2528	2724	3189	4040
吉林	1468	1741	2188	1647	1602	1606	1616	1746	1506	1423
黑龙江	1140	1284	1437	1255	1369	1449	1502	1573	1663	1659
上海	2457	3644	3981	3464	4887	4494	5239	5556	4683	5274
江苏	1314	1443	1875	2278	2720	3835	5542	6554	6379	7469
浙江	3573	4316	4606	4009	5396	5154	5327	5635	5861	5402
安徽	838	976	1066	1221	1238	1565	1677	2103	2745	7341
福建	2004	2912	2720	2358	2650	2575	2383	2223	2774	2868
江西	1177	1331	1432	1398	1280	1229	1309	1328	1578	1812
山东	2387	1771	2017	2543	3165	3963	4021	3756	4062	4249
河南	1134	1070	1293	1501	1754	1933	2298	2670	2115	2478
湖北	978	894	1278	1583	1885	2347	2578	2905	2983	3198

续表

年份 区域	2001	2002	2003	2004	2005	2006	2007	2008	2009	2010
湖南	1495	1664	2242	2458	2306	2575	2502	2786	2500	3083
广东	3489	3953	4604	5607	6049	6174	5135	4352	4430	4436
广西	1935	1593	1705	1488	1329	1473	1731	1674	1430	1505
海南	4333	6825	4450	2679	4075	4483	4862	5135	2476	2080
重庆	1241	1785	2593	2498	2545	2415	2125	2420	3852	6152
四川	1045	978	1285	1208	1591	1911	2432	2807	3847	4801
贵州	1000	1400	1444	1905	2271	2499	2420	2559	2831	2923
云南	1532	1281	1524	1450	1727	1928	1746	2065	2196	2498
西藏	1150	250	400	1550	1700	890	1386	5833	1500	1246
陕西	406	418	631	657	776	961	1306	1836	2290	3135
甘肃	424	531	569	632	1047	874	855	1084	1262	1640
青海	810	755	752	477	831	1250	1334	1724	1085	1229
宁夏	1471	1677	1633	1140	1290	1525	1496	2090	1851	1155
新疆	2361	2338	2779	2446	2644	3049	2551	2741	2261	2472
平均值	1583	1796	1968	1933	2214	2370	2485	2850	2720	3155

附表 41 每万人平均专利申请授权数 单位：件/万人

年份 区域	2001	2002	2003	2004	2005	2006	2007	2008	2009	2010
北京	655	552	750	594	591	667	797	936	1195	1730
天津	765	697	870	871	912	1118	1244	1406	1424	1872
河北	990	1019	1038	979	860	945	1183	1190	1210	1615
山西	646	543	635	643	445	366	540	518	675	1026
内蒙古	929	780	939	729	626	661	853	726	688	845
辽宁	842	703	1010	958	937	1072	1245	1390	1508	2018
吉林	806	769	867	966	790	814	878	941	831	959
黑龙江	581	609	808	717	657	803	893	902	937	1095
上海	1033	1222	2966	1798	1881	2070	2717	2573	2627	3571
江苏	781	838	1003	1097	1061	1393	1979	2275	3194	4382
浙江	2315	2620	3091	2417	2379	3012	3251	3318	4319	5129
安徽	524	599	641	667	683	747	943	878	1440	2494
福建	1329	1786	2021	1496	1442	1595	1630	1338	1782	2355
江西	662	682	728	609	619	595	763	814	881	1250
山东	1437	1005	1158	1346	1179	1650	1959	1664	2097	2706
河南	715	624	728	788	732	878	1078	1277	1234	1629
湖北	499	398	553	652	631	762	982	1150	1245	1773
湖南	837	804	1176	1048	963	1409	1267	1219	1302	1911
广东	2308	2619	3117	3378	3090	2956	2830	2599	2948	3462
广西	1157	871	1008	859	684	763	949	960	904	1073
海南	3367	2488	2960	1986	1667	2067	2277	2006	1500	1457
重庆	725	1001	1629	1740	1460	1713	1580	1401	2143	3256
四川	696	555	700	737	694	1041	1261	1542	2344	3844

续表

年份 区域	2001	2002	2003	2004	2005	2006	2007	2008	2009	2010
贵州	676	683	841	945	944	1250	1515	1503	1591	2044
云南	1151	812	940	860	933	1023	1202	1021	1385	1692
西藏	1100	117	267	575	733	810	971	1550	2246	954
陕西	236	252	297	410	353	416	530	678	895	1371
甘肃	296	270	280	357	326	498	545	521	601	861
青海	505	425	391	269	304	373	766	912	800	539
宁夏	825	720	1252	837	535	659	529	1165	1319	1689
新疆	1641	1183	1419	1298	1316	1604	1724	1697	1469	1779
平均值	1001	911	1164	1052	981	1153	1319	1357	1572	2012

附表 42　人均研究与开发机构 R&D 课题数　　　单位：项/人

年份 区域	2001	2002	2003	2004	2005	2006	2007	2008	2009	2010
北京	0.29	0.31	0.30	0.33	0.34	0.28	0.31	0.32	0.31	0.31
天津	0.22	0.25	0.19	0.19	0.20	0.20	0.17	0.22	0.16	0.15
河北	0.22	0.21	0.15	0.17	0.15	0.14	0.16	0.17	0.09	0.10
山西	0.25	0.25	0.24	0.25	0.24	0.26	0.26	0.29	0.22	0.21
内蒙古	0.23	0.24	0.24	0.22	0.26	0.30	0.33	0.29	0.25	0.26
辽宁	0.20	0.21	0.20	0.19	0.19	0.17	0.15	0.15	0.14	0.15
吉林	0.33	0.35	0.35	0.35	0.36	0.33	0.30	0.37	0.31	0.30
黑龙江	0.29	0.29	0.32	0.32	0.29	0.32	0.30	0.33	0.29	0.29
上海	0.28	0.28	0.29	0.30	0.28	0.25	0.26	0.28	0.32	0.32
江苏	0.31	0.28	0.29	0.31	0.26	0.27	0.28	0.29	0.23	0.27
浙江	0.51	0.50	0.42	0.42	0.49	0.63	0.58	0.52	0.40	0.43
安徽	0.21	0.22	0.23	0.24	0.21	0.19	0.20	0.23	0.16	0.18
福建	0.57	0.57	0.59	0.56	0.61	0.61	0.62	0.68	0.85	0.91
江西	0.22	0.19	0.19	0.20	0.20	0.18	0.20	0.19	0.16	0.18
山东	0.34	0.34	0.36	0.35	0.35	0.29	0.33	0.37	0.42	0.42
河南	0.17	0.16	0.15	0.14	0.13	0.12	0.13	0.13	0.09	0.09
湖北	0.18	0.19	0.17	0.18	0.16	0.15	0.18	0.19	0.18	0.21
湖南	0.25	0.25	0.24	0.23	0.22	0.19	0.21	0.20	0.19	0.19
广东	0.47	0.46	0.53	0.50	0.57	0.48	0.52	0.55	0.56	0.54
广西	0.51	0.46	0.45	0.47	0.46	0.43	0.47	0.51	0.51	0.58
海南	0.68	0.47	0.48	0.48	0.55	0.47	0.59	0.45	0.64	0.72
重庆	0.26	0.28	0.20	0.21	0.19	0.20	0.23	0.23	0.24	0.35
四川	0.11	0.14	0.12	0.13	0.11	0.11	0.11	0.11	0.12	0.10
贵州	0.44	0.35	0.35	0.38	0.42	0.41	0.45	0.47	0.47	0.53
云南	0.39	0.37	0.36	0.34	0.33	0.33	0.36	0.38	0.36	0.38
西藏	0.27	0.29	0.23	0.25	0.24	0.22	0.26	0.31	0.24	0.28
陕西	0.07	0.07	0.07	0.07	0.08	0.08	0.07	0.07	0.07	0.07
甘肃	0.31	0.31	0.28	0.30	0.29	0.25	0.28	0.30	0.34	0.31

续表

区域＼年份	2001	2002	2003	2004	2005	2006	2007	2008	2009	2010
青海	0.53	0.73	0.82	0.69	0.73	0.69	0.51	0.46	0.54	0.49
宁夏	0.42	0.42	0.38	0.47	0.52	0.61	0.57	0.63	0.68	0.57
新疆	0.45	0.45	0.47	0.47	0.49	0.39	0.40	0.44	0.48	0.51
平均值	0.32	0.32	0.31	0.31	0.32	0.31	0.32	0.33	0.32	0.34

附表 43 人均高等学校 R&D 课题数 单位：项/人

区域＼年份	2001	2002	2003	2004	2005	2006	2007	2008	2009	2010
北京	0.77	0.92	1.09	1.08	1.28	1.41	1.76	1.76	1.84	2.01
天津	0.97	1.03	1.21	1.19	1.26	1.26	1.30	1.41	1.46	1.61
河北	0.67	0.82	0.92	1.23	1.35	1.32	1.54	1.63	1.80	1.80
山西	0.65	0.74	0.86	0.78	0.74	0.72	0.75	0.83	1.02	1.23
内蒙古	0.77	0.85	0.96	1.00	1.45	1.36	1.40	1.44	1.38	1.44
辽宁	0.76	0.72	0.69	0.76	0.85	0.84	0.98	1.06	1.24	1.33
吉林	0.61	0.69	0.72	0.71	0.77	0.73	0.73	0.81	0.94	0.96
黑龙江	0.60	0.66	0.84	0.79	0.90	0.99	0.99	1.01	1.02	1.14
上海	1.18	1.35	1.49	1.60	1.51	1.52	1.64	1.63	1.50	1.70
江苏	1.01	1.13	1.18	1.20	1.18	1.26	1.36	1.63	1.84	2.03
浙江	1.85	1.98	2.33	2.06	2.30	2.66	2.68	2.80	2.89	2.95
安徽	0.87	0.88	0.96	1.09	1.23	1.52	1.62	1.73	1.93	2.04
福建	1.33	1.43	1.57	1.62	1.92	2.21	2.28	2.28	2.52	2.70
江西	1.07	1.45	1.39	1.23	1.46	1.40	1.89	1.93	2.33	2.50
山东	0.73	0.76	0.83	0.78	0.87	1.15	1.27	1.37	1.41	1.57
河南	0.80	0.94	1.09	1.13	1.41	1.66	2.02	2.30	2.56	2.50
湖北	0.80	0.92	1.12	1.12	1.15	1.47	1.64	1.96	2.04	2.19
湖南	0.87	1.08	1.19	1.25	1.36	1.68	1.83	2.06	2.06	2.31
广东	0.96	1.11	1.15	1.26	1.47	1.68	1.70	1.78	2.00	2.22
广西	0.70	0.73	0.91	0.84	0.81	0.88	1.01	1.12	1.16	1.21
海南	1.29	1.52	1.84	1.38	3.32	3.27	4.01	3.57	3.50	3.75
重庆	0.66	0.87	1.14	1.26	1.33	1.25	1.21	1.47	1.75	1.88
四川	0.84	0.93	1.05	1.05	1.23	1.31	1.57	1.72	1.86	2.02
贵州	0.92	1.15	1.21	1.12	1.27	1.62	1.81	1.94	2.27	2.50
云南	0.53	0.62	0.77	0.76	0.90	1.00	1.04	1.44	1.68	2.01
西藏	0.29	0.25	0.15	0.75	0.34	0.22	0.20	1.04	0.81	0.85
陕西	0.94	1.13	1.34	1.37	1.52	1.60	1.74	1.94	1.98	2.34
甘肃	0.96	1.09	1.15	1.33	1.53	1.96	2.24	2.48	2.60	2.55
青海	0.35	0.44	0.34	0.50	0.49	0.54	0.56	0.74	0.76	0.98
宁夏	0.78	1.04	2.23	2.31	1.66	1.06	1.62	2.01	1.99	2.38
新疆	0.63	0.71	0.64	0.70	0.81	1.12	1.00	1.35	1.16	1.40
平均值	0.84	0.97	1.11	1.14	1.28	1.38	1.53	1.69	1.78	1.94

附表 44　每万人平均发表国内中文期刊科技论文数　单位：篇/万人

区域 \ 年份	2001	2002	2003	2004	2005	2006	2007	2008	2009	2010
北京	3287	3084	3641	2903	2838	3235	3165	3305	3439	3575
天津	2273	2442	2618	2818	2834	2932	2747	2568	2398	2133
河北	1718	1751	1818	2055	2122	2723	3221	3524	3181	3156
山西	1578	1598	1847	2049	1561	1331	1635	1454	1414	1538
内蒙古	1350	1411	1489	1263	1239	1344	1832	1649	1481	1375
辽宁	1541	1482	1964	2016	2248	2440	2477	2603	2571	2555
吉林	2002	2133	2583	2538	2571	2688	2604	2752	2281	2042
黑龙江	1875	2067	2058	2115	2124	2284	2542	2644	2685	2537
上海	3193	3368	3668	3865	3740	3381	3234	3253	2463	2558
江苏	2078	2084	2202	2326	2225	2451	2429	2213	1736	1636
浙江	2402	2722	2774	2365	2164	1871	1895	1572	1385	1172
安徽	2199	2364	2580	2958	2876	3258	3230	2565	2295	2290
福建	1669	2002	1814	1684	1750	1833	1726	1458	1434	1239
江西	1385	1599	1606	1610	1732	1967	2132	2232	2058	2106
山东	2387	1835	1950	2334	2179	2261	2149	1620	1637	1466
河南	1463	1739	2266	2479	2598	2548	2789	2747	2288	2240
湖北	2725	2711	3208	3950	3600	3938	3972	3574	2771	2504
湖南	2631	3119	3838	3837	3550	3997	4330	4024	3298	3009
广东	1855	1960	2133	2598	2370	2116	1556	1400	1261	1106
广西	2233	2085	2438	2455	2326	2706	3361	3607	3338	3411
海南	4611	6325	5110	3957	4908	9225	13246	13082	6490	6588
重庆	2668	3536	4150	4004	3693	3875	3755	3722	3925	3955
四川	1601	1510	1922	2147	2229	2414	2451	2415	2627	2887
贵州	1776	1782	2222	2883	2667	2811	3376	3824	3776	3639
云南	4030	2216	2642	2468	2728	2947	3156	3212	3365	3470
西藏	3650	1250	2467	3700	1850	1380	1800	2633	1462	1708
陕西	2047	2342	2993	3606	3609	3648	3807	3950	3883	3718
甘肃	1668	2418	2254	3204	3008	3278	3440	3563	3706	3940
青海	1695	1845	2178	2377	2442	3362	3903	4744	2696	2641
宁夏	1557	1680	1948	1626	1400	1880	1907	2340	1978	2366
新疆	3189	3281	4004	4030	3917	4218	4908	5714	4479	4408
平均值	2269	2314	2593	2717	2616	2914	3186	3225	2703	2676

附表 45　每万人平均国外主要检索工具收录我国科技论文数　单位：篇/万人

区域 \ 年份	2001	2002	2003	2004	2005	2006	2007	2008	2009	2010
北京	1522	1531	1947	1553	2028	2172	2194	2536	2531	2531
天津	603	790	933	1162	1649	1643	1338	1470	1404	1275
河北	219	202	374	301	524	535	635	971	727	599
山西	297	339	556	481	679	361	386	538	429	376
内蒙古	79	92	110	78	153	144	203	240	222	211
辽宁	367	475	632	728	1037	1230	1337	1448	1475	1507

续表

区域＼年份	2001	2002	2003	2004	2005	2006	2007	2008	2009	2010
吉林	830	890	1224	1205	1741	1759	1625	1972	1674	1533
黑龙江	380	501	688	824	1155	1424	1590	1802	1788	1656
上海	1170	1428	1752	1926	2660	2386	2212	2525	1886	1935
江苏	461	491	566	671	886	948	976	1037	843	819
浙江	539	700	870	855	1134	1008	851	792	729	642
安徽	787	872	814	1323	1633	1810	1598	1288	1090	1035
福建	283	424	702	489	615	646	658	662	690	628
江西	81	98	105	120	260	339	437	599	650	751
山东	359	304	344	455	622	674	705	676	650	555
河南	113	117	144	221	295	328	426	611	516	510
湖北	540	543	827	1031	1482	1582	1780	2013	1676	1626
湖南	466	551	822	907	1171	1566	1654	1786	1534	1459
广东	216	230	304	370	484	473	419	421	399	365
广西	119	128	127	222	293	356	441	541	513	534
海南	156	188	230	143	450	625	785	729	436	494
重庆	265	356	463	505	818	811	801	994	1264	1463
四川	314	279	431	582	782	913	975	1102	1171	1260
贵州	84	154	205	214	246	257	348	457	444	422
云南	350	357	449	367	541	607	619	726	876	1000
西藏	0	17	17	25	33	20	100	33	62	108
陕西	443	524	700	917	1431	1468	1545	1969	1992	1958
甘肃	526	756	783	1167	1556	1498	1527	1820	1789	1810
青海	110	95	100	158	277	281	297	440	265	273
宁夏	89	40	67	26	98	130	89	152	117	130
新疆	104	157	283	243	393	347	383	580	461	460
平均值	383	440	567	621	875	914	933	1062	978	965

附表 46　人均地区生产总值　　单位：元/人

区域＼年份	2001	2002	2003	2004	2005	2006	2007	2008	2009	2010
北京	28 449	28 449	32 061	37 058	45 315	51 346	60 299	65 575	69 248	71 938
天津	22 380	22 380	26 532	31 550	37 446	41 514	47 110	57 134	61 245	70 996
河北	9 115	9 115	10 513	12 918	14 614	16 625	19 599	22 910	24 502	28 351
山西	6 146	6 146	7 435	9 150	12 610	14 455	17 756	21 447	21 469	25 743
内蒙古	7 241	7 241	8 975	11 305	16 366	20 627	26 708	35 196	40 215	47 213
辽宁	12 986	12 986	14 258	16 297	19 065	21 785	25 976	31 677	35 222	42 189
吉林	8 334	8 334	9 338	10 932	13 329	15 700	19 358	23 504	26 569	31 557
黑龙江	10 184	10 184	11 615	13 897	14 434	16 249	18 577	21 737	22 444	27 048
上海	40 646	40 646	46 718	55 307	52 012	58 249	67 244	74 523	78 326	74 548
江苏	14 391	14 391	16 809	20 705	24 881	28 797	34 123	40 357	44 605	52 642
浙江	16 838	16 838	20 147	23 942	27 394	31 563	37 063	41 919	44 383	50 899

续表

区域＼年份	2001	2002	2003	2004	2005	2006	2007	2008	2009	2010
安徽	5 817	5 817	6 455	7 768	8 742	10 004	12 032	14 428	16 413	20 749
福建	13 497	13 497	14 979	17 218	18 542	21 315	25 827	30 031	33 737	39 906
江西	5 829	5 829	6 678	8 189	9 410	11 110	13 279	15 843	17 272	21 180
山东	11 645	11 645	13 661	16 925	19 860	23 526	27 519	32 848	35 793	40 854
河南	6 436	6 436	7 570	9 470	11 287	13 163	16 039	19 110	20 534	24 552
湖北	8 319	8 319	9 011	10 500	11 541	13 380	16 377	19 837	22 659	27 877
湖南	6 565	6 565	7 554	9 117	10 427	12 123	14 854	18 111	20 387	24 411
广东	15 030	15 030	17 213	19 707	24 535	28 577	33 630	38 555	40 966	44 070
广西	5 099	5 099	5 969	7 196	8 550	10 058	12 214	14 578	15 979	20 759
海南	7 803	7 803	8 316	9 450	10 845	12 499	14 842	17 600	19 144	23 769
重庆	6 347	6 347	7 209	9 608	12 394	13 915	16 606	20 407	22 840	27 475
四川	5 766	5 766	6 418	8 113	8 993	10 638	12 997	15 484	17 289	21 362
贵州	3 153	3 153	3 603	4 215	5 376	6 226	7 666	9 390	10 302	13 229
云南	5 179	5 179	5 662	6 733	7 779	8 896	10 573	12 529	13 498	15 699
西藏	6 093	6 093	6 871	7 779	8 982	10 347	12 022	13 758	15 218	16 875
陕西	5 523	5 523	6 480	7 757	10 575	12 700	15 361	19 443	21 659	27 103
甘肃	4 493	4 493	5 022	5 970	7 456	8 736	10 326	12 050	12 854	16 097
青海	6 426	6 426	7 277	8 606	10 006	11 834	14 445	18 387	19 402	23 986
宁夏	5 804	5 804	6 691	7 880	10 279	12 018	15 067	19 481	21 646	26 694
新疆	8 382	8 382	9 700	11 199	12 956	14 855	16 817	19 630	19 814	24 884
平均值	10 320	10 320	11 830	14 079	16 323	18 801	22 332	26 370	28 569	33 053

附表 47　人均工业总产值　　单位：元/人

区域＼年份	2001	2002	2003	2004	2005	2006	2007	2008	2009	2010
北京	21 033	22 301	26 170	40 018	45 163	51 929	59 084	61 434	62 901	69 829
天津	29 287	33 000	40 055	59 757	64 948	79 327	90 359	106 320	106 530	128 931
河北	5 623	6 377	8 434	14 972	16 068	19 556	24 564	32 953	34 207	43 293
山西	4 269	5 215	7 361	12 516	14 459	17 490	22 964	29 387	26 989	34 893
内蒙古	3 493	4 181	5 696	9 763	12 555	17 272	24 170	36 206	44 175	54 228
辽宁	10 683	11 630	14 520	21 676	25 621	33 172	42 461	57 402	65 183	82 789
吉林	6 974	8 044	9 846	13 111	13 962	17 454	23 758	30 749	36 599	47 689
黑龙江	6 207	6 524	7 628	10 363	12 343	14 230	16 065	19 933	19 084	24 874
上海	43 395	47 634	60 449	83 778	88 681	102 331	119 806	133 056	125 410	130 781
江苏	15 973	18 786	24 354	39 656	43 755	54 848	69 923	88 314	94 757	116 981
浙江	17 088	21 044	27 488	44 973	47 175	58 494	71 292	79 750	79 219	94 362
安徽	2 883	3 351	4 072	6 557	7 463	9 682	12 987	18 194	21 714	31 447
福建	8 561	10 607	14 202	21 407	23 016	28 120	34 956	42 211	46 217	59 305
江西	2 427	2 816	3 461	6 388	6 910	9 784	14 181	19 317	22 075	31 112
山东	10 372	12 660	16 854	26 893	33 005	41 659	53 243	66 856	75 192	87 456
河南	4 022	4 477	5 550	9 506	11 181	14 789	21 840	27 605	29 206	37 208

续表

年份 区域	2001	2002	2003	2004	2005	2006	2007	2008	2009	2010
湖北	5 423	5 994	6 715	8 858	10 625	13 093	16 848	23 560	27 215	37 750
湖南	2 746	3 167	3 919	6 482	7 516	9 668	13 319	18 109	21 086	28 932
广东	18 033	20 841	27 047	37 957	39 094	48 017	58 475	68 551	70 840	82 200
广西	2 212	2 448	2 957	4 586	5 466	7 113	9 621	12 608	14 168	20 920
海南	2 758	3 295	4 112	5 250	5 713	7 659	11 867	12 917	12 238	15 903
重庆	3 464	3 954	5 073	8 324	9 027	11 444	15 494	20 274	23 690	31 698
四川	2 667	3 156	3 894	6 079	7 523	9 713	13 593	18 139	22 079	28 773
贵州	1 834	2 079	2 526	3 953	4 532	5 501	6 700	8 202	9 022	12 091
云南	2 700	3 048	3 558	5 309	5 834	7 569	9 522	11 324	11 370	14 049
西藏	680	730	792	907	985	1 186	1 456	1 679	1 779	2 069
陕西	3 657	4 098	5 093	8 505	9 134	11 895	15 188	19 885	22 456	29 984
甘肃	3 694	3 994	4 408	6 475	7 665	9 530	12 348	13 956	14 306	19 073
青海	3 712	3 924	4 642	7 201	8 966	11 691	14 904	19 912	19 385	26 323
宁夏	4 775	4 696	6 083	10 292	11 267	14 233	17 553	22 111	23 378	30 403
新疆	4 673	4 814	5 756	8 436	10 460	13 090	15 736	20 066	18 535	24 447
平均值	8 236	9 319	11 701	17 740	19 681	24 243	30 138	36 806	38 742	47 735

附表 48　高技术产业规模以上企业产值占全国比例　　单位：%

年份 区域	2001	2002	2003	2004	2005	2006	2007	2008	2009	2010
北京	8.94	7.22	5.78	5.55	6.18	6.33	6.32	5.16	4.56	4.01
天津	6.22	6.19	4.97	5.47	6.20	5.38	4.38	3.36	3.15	3.00
河北	1.60	1.49	1.22	0.90	0.76	0.80	0.87	0.99	1.04	1.13
山西	0.35	0.35	0.26	0.22	0.18	0.26	0.31	0.33	0.33	0.33
内蒙古	0.24	0.35	0.31	0.30	0.29	0.33	0.34	0.32	0.39	0.31
辽宁	3.11	2.99	2.55	2.20	1.82	1.79	2.02	2.07	2.17	2.29
吉林	0.96	0.86	0.69	0.56	0.44	0.55	0.62	0.74	0.89	0.97
黑龙江	1.42	1.34	1.24	0.56	0.92	0.50	0.49	0.50	0.52	0.47
上海	10.07	9.46	10.95	11.74	11.34	10.65	11.16	10.31	9.20	9.24
江苏	11.61	12.22	15.19	18.11	19.29	17.99	19.15	20.89	21.54	21.79
浙江	4.94	5.04	5.13	4.97	3.78	5.80	5.64	4.85	4.42	4.57
安徽	0.80	0.71	0.59	0.53	0.42	0.52	0.56	0.64	0.76	0.91
福建	4.29	4.95	4.87	4.65	4.57	3.94	3.56	3.45	3.26	3.51
江西	1.02	1.03	0.69	0.60	0.63	0.79	0.88	1.02	1.25	1.39
山东	4.04	4.34	4.34	4.33	4.52	5.65	6.21	6.90	7.54	6.93
河南	1.16	1.06	0.95	0.93	0.72	1.10	1.27	1.51	1.58	1.64
湖北	2.19	1.89	1.49	0.99	1.01	1.39	1.38	1.48	1.72	1.76
湖南	0.95	0.90	0.76	0.64	0.42	0.61	0.65	0.93	1.07	1.25
广东	28.00	30.02	32.03	31.83	32.06	30.90	29.14	29.04	28.40	28.18
广西	0.47	0.39	0.35	0.30	0.18	0.33	0.34	0.40	0.45	0.58
海南	0.20	0.19	0.13	0.11	0.04	0.09	0.08	0.08	0.09	0.11

续表

年份 区域	2001	2002	2003	2004	2005	2006	2007	2008	2009	2010
重庆	0.66	0.54	0.49	0.47	0.55	0.40	0.43	0.50	0.58	0.71
四川	2.91	2.85	2.18	1.67	1.63	1.84	2.19	2.56	2.92	2.88
贵州	0.67	0.67	0.56	0.45	0.41	0.42	0.40	0.39	0.49	0.43
云南	0.34	0.33	0.23	0.20	0.11	0.19	0.20	0.22	0.24	0.23
西藏	0.02	0.02	0.02	0.01	0.00	0.01	0.01	0.01	0.01	0.01
陕西	2.46	2.20	1.72	1.46	1.32	1.20	1.17	1.14	1.19	1.15
甘肃	0.30	0.25	0.21	0.13	0.09	0.12	0.11	0.10	0.11	0.11
青海	0.03	0.03	0.03	0.02	0.01	0.02	0.03	0.02	0.03	0.03
宁夏	0.06	0.07	0.05	0.05	0.06	0.04	0.04	0.04	0.05	0.05
新疆	0.04	0.03	0.02	0.04	0.02	0.03	0.04	0.04	0.04	0.04
平均值	3.23	3.23	3.23	3.23	3.22	3.22	3.23	3.23	3.23	3.23

附表 49　高技术产品出口额占全国份额　　单位:%

年份 区域	2001	2002	2003	2004	2005	2006	2007	2008	2009	2010
北京	5.25	4.32	3.33	3.28	3.54	4.08	4.13	2.90	3.74	3.08
天津	5.98	6.62	5.26	6.07	5.75	5.50	4.68	2.87	3.16	2.98
河北	0.12	0.13	0.09	0.09	0.12	0.18	0.32	0.42	0.56	0.74
山西	0.01	0.01	0.00	0.00	0.05	0.07	0.08	0.08	0.11	0.10
内蒙古	0.00	0.00	0.00	0.00	0.07	0.03	0.01	0.01	0.01	0.04
辽宁	3.77	3.18	2.42	1.75	1.21	1.12	1.10	0.81	1.00	1.11
吉林	0.04	0.05	0.04	0.04	0.04	0.05	0.05	0.04	0.05	0.05
黑龙江	0.16	0.15	0.06	0.05	0.05	0.08	0.09	0.03	0.05	0.04
上海	11.64	11.04	14.80	17.40	16.51	15.65	16.62	13.65	16.80	17.05
江苏	15.67	18.06	20.80	21.74	24.30	25.13	25.16	20.26	24.93	25.77
浙江	2.11	1.88	2.00	2.38	2.79	3.63	3.10	2.65	2.71	3.05
安徽	0.14	0.15	0.12	0.11	0.14	0.12	0.14	20.26	0.13	0.11
福建	3.79	4.74	4.21	4.21	3.57	3.16	2.89	2.48	2.74	2.65
江西	0.10	0.03	0.04	0.03	0.03	0.06	0.15	0.30	0.41	0.57
山东	1.67	1.66	1.39	1.51	1.94	2.27	2.40	2.64	3.66	3.66
河南	0.05	0.07	0.04	0.04	0.04	0.04	0.07	0.08	0.12	0.14
湖北	0.31	0.30	0.27	0.20	0.20	0.34	0.40	0.40	0.54	0.76
湖南	0.09	0.08	0.04	0.04	0.05	0.05	0.07	0.06	0.12	0.14
广东	47.98	45.79	43.83	40.31	39.00	37.75	37.72	29.20	37.69	36.33
广西	0.03	0.03	0.02	0.02	0.03	0.03	0.06	0.05	0.07	0.12
海南	0.05	0.02	0.01	0.01	0.02	0.03	0.02	0.01	0.02	0.03
重庆	0.05	0.09	0.07	0.06	0.06	0.05	0.05	0.04	0.06	0.17
四川	0.53	1.32	0.83	0.41	0.25	0.34	0.45	0.50	0.98	0.81
贵州	0.01	0.01	0.05	0.09	0.04	0.02	0.02	0.02	0.04	0.01
云南	0.13	0.08	0.05	0.04	0.03	0.04	0.04	0.04	0.03	0.04
西藏	0.02	0.01	0.00	0.00	0.00	0.00	0.00	0.00	0.00	0.00

续表

区域＼年份	2001	2002	2003	2004	2005	2006	2007	2008	2009	2010
陕西	0.28	0.18	0.16	0.11	0.12	0.13	0.15	0.16	0.22	0.40
甘肃	0.01	0.01	0.02	0.06	0.02	0.03	0.01	0.01	0.01	0.02
青海	0.00	0.00	0.00	0.00	0.00	0.00	0.00	0.00	0.00	0.00
宁夏	0.01	0.01	0.01	0.00	0.00	0.00	0.00	0.01	0.01	0.01
新疆	0.02	0.01	0.02	0.02	0.02	0.02	0.02	0.01	0.02	0.02
平均值	3.23	3.23	3.23	3.23	3.23	3.23	3.23	3.23	3.23	3.23

附表 50　新产品销售收入占产品销售收入的比重　　单位：%

区域＼年份	2001	2002	2003	2004	2005	2006	2007	2008	2009	2010
北京	24.90	30.06	19.76	18.44	16.23	17.64	29.26	29.08	21.81	21.91
天津	27.87	29.84	27.05	23.13	29.10	28.12	28.01	27.77	27.58	24.34
河北	6.52	6.39	5.22	4.31	5.85	6.75	6.79	6.67	6.87	6.24
山西	4.57	5.90	6.50	5.18	7.40	8.48	8.03	7.63	7.89	5.51
内蒙古	5.35	4.98	10.73	12.50	8.74	8.38	6.72	6.31	5.08	6.24
辽宁	10.62	12.90	14.00	11.00	11.48	12.44	12.15	12.51	16.07	10.56
吉林	15.29	11.40	2.78	4.95	15.05	24.36	19.62	20.63	46.00	20.88
黑龙江	4.05	4.92	5.84	5.15	7.19	6.02	7.89	6.42	8.09	7.48
上海	32.22	33.75	28.02	19.21	28.57	30.14	27.08	25.79	27.52	25.95
江苏	16.65	19.15	14.69	10.64	13.45	13.14	15.89	16.61	17.36	18.04
浙江	16.20	15.24	15.38	12.77	17.98	18.91	20.30	21.48	21.77	24.00
安徽	13.03	13.54	8.75	11.54	12.16	12.24	12.84	12.69	16.14	17.85
福建	15.38	16.38	27.76	12.58	20.52	19.02	18.17	17.74	16.56	15.41
江西	10.89	12.56	11.69	8.06	12.39	15.36	14.51	13.66	10.60	11.52
山东	13.70	16.09	13.10	10.68	13.21	13.05	14.28	14.84	17.32	18.29
河南	7.16	8.88	7.20	6.41	9.20	9.76	9.29	9.01	9.59	8.39
湖北	11.94	11.15	13.34	10.53	13.32	10.17	16.35	18.34	16.12	16.32
湖南	10.48	13.89	12.14	12.90	17.05	16.41	18.46	19.82	29.70	27.29
广东	14.46	12.91	14.63	11.30	15.17	14.10	12.83	16.66	17.72	20.69
广西	15.02	14.11	20.72	14.63	17.66	19.04	18.70	17.93	20.07	17.49
海南	10.12	19.02	31.94	16.32	3.40	28.78	11.76	7.49	1.38	9.15
重庆	23.54	29.68	29.32	24.13	32.84	31.46	35.89	39.93	38.82	41.30
四川	14.36	17.18	15.76	10.79	16.56	19.73	19.78	17.76	18.77	10.78
贵州	5.71	7.84	7.37	5.71	6.98	14.72	12.30	8.37	7.47	14.45
云南	3.92	2.99	2.99	3.61	3.46	6.43	10.63	7.66	6.22	5.03
西藏	0.24	0.24	0.24	0.24	0.24	0.24	0.24	1.96	18.85	0.24
陕西	8.60	8.79	11.18	8.29	9.84	8.79	9.73	8.41	10.25	10.78
甘肃	3.87	2.93	2.43	2.79	4.74	7.63	8.16	7.11	6.88	7.66
青海	1.52	2.57	2.52	1.04	3.42	6.63	5.93	5.79	6.10	1.38
宁夏	4.33	3.32	4.74	4.95	4.88	7.50	6.03	7.27	8.60	7.11
新疆	1.63	1.53	1.12	2.68	0.77	0.74	2.91	3.25	3.04	5.93
平均值	11.42	12.58	12.55	9.89	12.22	14.07	14.21	14.08	15.68	14.14

附表51　每万元R&D经费内部支出产生新产品产值　单位：万元/万元

年份 区域	2001	2002	2003	2004	2005	2006	2007	2008	2009	2010
北京	3.33	2.91	2.52	3.27	2.30	2.84	4.81	4.49	3.14	3.09
天津	22.96	23.34	19.99	25.93	21.38	20.74	19.18	17.11	15.18	14.05
河北	5.40	4.74	5.81	8.44	7.27	7.95	8.86	9.21	8.17	8.28
山西	3.69	3.96	8.41	9.57	11.27	11.22	10.86	10.32	8.89	7.52
内蒙古	8.72	8.21	17.26	17.38	16.92	13.57	9.91	9.57	10.55	9.52
辽宁	7.05	7.07	8.77	9.10	7.63	9.17	8.79	9.72	10.16	7.39
吉林	14.44	8.21	2.55	4.41	22.11	26.42	25.43	28.91	34.60	20.13
黑龙江	4.35	4.53	4.64	6.60	7.03	5.51	6.50	5.22	4.53	4.84
上海	18.78	17.95	16.98	16.18	14.99	15.31	14.35	12.79	10.79	11.43
江苏	12.12	12.64	11.78	13.66	10.55	9.80	11.99	11.37	10.36	11.20
浙江	12.52	10.89	14.31	20.90	13.95	13.94	14.88	14.39	12.10	13.32
安徽	6.44	7.63	5.35	11.67	9.54	8.29	10.79	9.59	10.45	12.12
福建	13.45	13.65	21.74	18.36	19.11	17.50	17.12	15.60	11.52	12.63
江西	9.15	7.99	7.54	8.97	8.59	10.76	10.37	9.35	6.47	8.99
山东	14.12	13.58	14.10	16.02	12.83	13.35	13.35	12.48	13.18	13.09
河南	5.57	7.25	8.25	11.80	10.95	10.46	11.25	11.02	8.20	8.09
湖北	7.16	5.58	7.19	9.98	8.51	6.10	9.95	11.28	7.81	9.17
湖南	5.11	6.24	6.57	13.02	10.79	10.37	11.12	10.42	11.57	13.00
广东	8.20	8.14	11.27	15.26	14.51	14.12	13.45	14.80	12.29	14.22
广西	13.67	12.99	15.93	24.77	18.62	17.95	21.94	15.54	15.56	15.68
海南	25.27	25.09	47.76	31.93	49.10	55.43	35.00	16.55	1.73	14.00
重庆	18.38	22.74	21.78	21.98	18.54	21.24	24.62	26.10	21.95	26.35
四川	3.87	5.57	4.67	6.41	5.95	7.90	8.53	9.66	9.02	5.91
贵州	4.86	4.45	7.55	9.00	9.42	11.94	13.45	9.57	7.09	11.01
云南	4.88	3.23	3.67	6.50	2.95	8.04	11.17	8.42	6.10	5.45
西藏	0.10	0.04	0.06	0.12	0.13	0.63	0.65	0.37	3.54	3.50
陕西	1.88	1.83	2.36	2.83	3.15	3.78	3.72	3.59	3.46	4.33
甘肃	3.42	1.97	1.56	3.50	4.35	7.01	9.78	7.53	4.28	8.68
青海	2.64	2.30	2.30	1.91	5.09	13.27	10.29	12.59	7.10	1.67
宁夏	8.73	4.75	7.11	8.38	10.91	10.08	6.63	10.67	10.06	8.87
新疆	3.78	3.67	2.56	5.15	5.09	4.81	8.46	10.16	7.16	10.06
平均值	8.84	8.49	10.08	11.71	11.73	12.56	12.49	11.56	9.90	10.24

附表52　技术市场成交合同平均金额　单位：万元/项

年份 区域	2001	2002	2003	2004	2005	2006	2007	2008	2009	2010
北京	79.85	81.80	82.48	119.55	130.12	139.64	173.15	194.76	247.56	300.35
天津	41.72	52.74	57.71	56.27	45.78	59.80	86.32	93.01	107.15	121.30
河北	24.92	31.77	31.60	27.73	31.10	35.54	47.65	40.46	39.18	37.91
山西	58.59	55.87	79.36	136.67	86.33	71.67	176.33	154.51	196.25	237.98
内蒙古	29.05	75.00	159.79	90.76	94.74	123.82	116.44	88.39	170.75	253.11
辽宁	40.11	53.11	53.80	65.44	62.58	51.27	61.52	56.22	76.11	95.99

续表

年份 区域	2001	2002	2003	2004	2005	2006	2007	2008	2009	2010
吉林	17.84	18.22	19.68	29.98	31.53	47.70	49.35	53.77	61.33	68.89
黑龙江	49.80	47.14	41.54	50.58	69.87	75.87	217.92	241.85	236.27	230.68
上海	44.59	46.22	52.32	62.83	76.50	114.84	128.27	135.06	161.55	188.04
江苏	17.14	17.95	25.18	28.95	38.52	49.38	54.59	66.73	77.64	88.55
浙江	9.40	10.14	10.43	14.55	18.76	31.25	27.66	33.88	44.16	54.44
安徽	15.87	20.95	21.56	22.17	27.89	31.40	56.91	57.33	60.50	63.66
福建	29.83	27.63	30.35	25.00	26.42	23.66	28.87	34.64	48.61	62.58
江西	20.67	21.70	30.61	30.09	33.48	40.96	35.42	34.25	43.07	51.90
山东	18.04	18.05	21.57	28.71	30.83	30.24	64.08	95.56	93.77	91.98
河南	75.28	55.62	52.54	55.05	69.95	60.64	69.41	56.81	67.21	77.61
湖北	37.52	35.46	45.21	37.66	45.08	78.12	62.93	87.99	135.40	182.81
湖南	12.91	17.33	17.33	21.08	21.47	86.59	76.97	86.55	83.76	80.96
广东	58.22	82.82	67.57	50.56	77.93	74.29	73.09	126.45	118.67	110.89
广西	33.84	49.01	55.88	138.93	168.64	32.41	31.35	61.78	61.03	60.28
海南	219.90	293.55	387.10	65.52	82.64	137.10	61.34	367.01	90.32	90.32
重庆	181.62	372.86	288.36	337.22	130.81	224.54	104.99	266.68	155.46	44.23
四川	67.54	39.42	39.26	38.76	38.68	33.98	53.10	67.25	71.54	75.83
贵州	13.04	24.50	56.29	33.17	22.53	5.47	14.44	28.61	18.02	7.42
云南	141.68	87.18	109.85	116.10	107.93	80.45	113.50	56.81	99.71	142.61
西藏	0.00	0.00	0.00	0.00	0.00	0.00	0.00	0.00	0.00	0.00
陕西	14.05	27.58	52.16	56.38	55.72	28.75	62.13	90.45	111.82	133.20
甘肃	86.44	54.98	50.85	72.66	94.41	80.04	137.37	129.05	132.95	136.84
青海	19.92	37.69	40.49	39.14	37.11	57.58	109.05	181.60	198.14	214.67
宁夏	33.46	22.02	30.12	49.61	43.65	11.78	16.50	19.87	20.00	20.13
新疆	62.76	74.59	79.42	82.40	39.98	158.87	23.52	29.18	25.26	21.34
平均值	50.18	59.77	67.43	63.98	59.39	67.02	75.30	97.95	98.49	107.95

附表 53　引进技术经费与 R&D 经费比例　　单位：%

年份 区域	2001	2002	2003	2004	2005	2006	2007	2008	2009	2010
北京	5.03	3.62	1.14	9.90	1.42	3.47	1.26	1.24	1.83	2.42
天津	27.59	21.34	33.60	30.37	43.20	36.94	47.55	27.46	11.45	10.15
河北	24.42	37.31	23.44	31.34	11.72	13.97	27.22	11.62	6.88	8.56
山西	24.12	34.16	43.76	23.45	23.00	17.45	16.15	14.45	6.84	7.90
内蒙古	107.59	85.53	51.33	26.91	8.51	9.79	6.13	4.85	4.65	4.83
辽宁	15.42	24.11	20.17	19.73	7.43	14.29	12.47	11.96	11.80	2.22
吉林	14.53	36.42	25.89	23.79	10.06	9.63	9.56	8.48	5.26	1.54
黑龙江	35.74	27.82	31.53	20.98	10.47	6.97	9.73	4.43	6.17	4.87
上海	52.08	51.20	45.37	31.57	20.36	15.70	19.90	18.77	13.48	12.68
江苏	42.42	43.14	41.67	25.69	15.40	9.91	12.03	6.26	3.87	4.20
浙江	32.62	42.44	54.50	13.13	9.77	7.82	5.60	4.69	4.05	4.32
安徽	32.53	56.94	115.34	22.40	21.06	13.36	20.85	9.11	4.77	2.73

续表

年份 区域	2001	2002	2003	2004	2005	2006	2007	2008	2009	2010
福建	39.70	29.56	28.50	13.97	14.97	17.83	26.75	9.84	12.21	13.65
江西	28.40	19.15	27.93	22.68	43.78	25.73	6.88	14.96	7.79	8.44
山东	65.29	42.18	19.56	9.73	9.97	9.97	10.88	9.97	9.31	3.72
河南	25.28	34.39	26.12	30.03	14.23	14.56	4.63	2.90	2.40	2.88
湖北	31.78	34.13	23.71	27.21	11.08	3.17	5.41	6.38	5.12	7.21
湖南	46.49	71.29	27.98	18.01	9.07	8.65	7.03	3.41	3.61	3.19
广东	17.00	15.64	13.81	12.23	11.64	9.48	16.33	14.06	10.36	6.88
广西	47.71	52.93	26.69	28.13	25.42	10.49	3.72	1.29	0.58	0.62
海南	14.41	5.05	2.40	2.33	16.83	8.93	6.50	217.56	2.96	2.43
重庆	24.01	41.13	31.74	107.05	15.06	19.33	25.49	21.22	18.46	14.13
四川	15.55	25.69	19.74	6.06	10.40	4.07	5.53	3.60	3.49	2.86
贵州	18.21	23.34	23.87	4.57	14.93	5.73	4.50	7.09	0.92	4.50
云南	51.49	37.49	45.89	7.70	11.32	31.25	19.67	12.72	11.54	12.41
西藏	0.00	0.00	0.00	0.00	0.00	0.00	0.00	0.00	0.00	0.00
陕西	7.31	6.58	9.93	7.25	3.14	2.29	2.41	3.05	2.23	1.60
甘肃	25.88	20.15	18.69	11.13	16.00	11.27	13.06	14.37	15.39	14.28
青海	47.18	34.93	4.91	0.30	0.20	0.15	6.43	0.23	0.40	7.41
宁夏	29.73	25.23	21.56	29.55	10.74	23.40	14.92	212.29	25.24	12.06
新疆	75.67	101.02	107.78	2.54	3.87	31.68	68.07	8.91	2.43	0.22
平均值	33.07	34.96	31.24	19.99	13.71	12.81	14.09	22.17	6.95	5.96

附表 54 消化吸收技术经费与 R&D 经费比例 单位:%

年份 区域	2001	2002	2003	2004	2005	2006	2007	2008	2009	2010
北京	0.05	0.06	0.01	0.09	0.01	0.26	0.32	0.41	0.18	0.09
天津	1.65	0.49	0.38	1.47	22.97	4.12	3.09	2.23	3.16	3.06
河北	2.22	0.91	1.39	4.24	2.72	0.83	6.15	7.91	15.33	12.20
山西	0.09	0.79	2.99	3.31	3.55	3.99	3.51	3.01	13.98	9.55
内蒙古	1.14	2.21	0.83	1.96	3.83	0.88	2.31	3.72	4.68	3.48
辽宁	0.30	0.38	0.30	0.95	0.67	1.52	1.65	1.68	2.01	1.60
吉林	0.04	2.02	0.48	0.40	1.97	1.51	1.42	1.34	0.78	0.75
黑龙江	1.12	1.30	2.15	4.41	2.49	1.36	1.06	0.76	2.95	3.13
上海	3.21	3.21	5.13	4.66	2.30	6.43	2.49	2.16	6.73	5.95
江苏	1.53	2.34	2.26	2.98	2.25	2.65	4.90	2.63	1.88	1.53
浙江	4.01	4.39	2.62	3.04	2.65	3.42	3.45	2.13	1.79	2.14
安徽	1.89	2.14	1.06	6.02	11.03	2.54	2.79	2.90	6.59	2.04
福建	2.05	1.12	2.56	2.14	1.54	6.23	3.45	2.04	1.87	1.41
江西	0.80	2.22	15.11	5.23	2.65	2.08	6.54	4.12	5.00	0.81
山东	10.59	8.84	1.46	2.45	3.04	2.68	4.64	3.63	2.32	2.40
河南	2.59	2.73	1.92	4.33	1.87	10.97	6.58	4.15	2.84	1.47
湖北	2.02	1.60	1.92	2.45	2.18	0.87	2.22	2.21	0.78	1.12
湖南	1.24	1.80	1.97	2.56	0.72	0.47	0.57	1.57	2.19	3.55

续表

区域＼年份	2001	2002	2003	2004	2005	2006	2007	2008	2009	2010
广东	1.31	1.18	0.96	3.93	4.68	1.65	1.74	1.72	1.12	0.96
广西	1.71	1.46	2.88	1.48	1.74	2.54	1.55	0.90	0.80	0.91
海南	8.49	1.98	2.00	1.16	13.76	46.29	0.79	1.19	6.67	2.49
重庆	0.84	0.52	1.00	21.24	1.07	0.94	1.43	1.09	2.34	2.09
四川	0.85	1.22	1.17	2.46	2.75	2.10	2.19	2.99	1.86	1.52
贵州	0.79	0.07	0.03	0.48	0.45	0.16	3.94	0.69	0.76	0.93
云南	1.14	1.11	10.09	0.58	1.29	3.09	2.60	1.95	1.49	2.09
西藏	0.75	0.31	0.48	0.42	0.43	0.31	0.21	0.12	0.10	0.10
陕西	0.24	0.61	0.86	1.86	0.54	0.70	0.40	0.58	0.41	0.50
甘肃	0.83	5.08	1.83	2.07	1.09	14.45	17.71	11.98	28.98	29.04
青海	5.59	0.32	0.12	0.10	0.04	16.60	15.30	1.35	0.46	8.49
宁夏	2.56	1.63	0.42	2.06	1.04	5.08	3.56	8.30	7.99	7.28
新疆	1.78	10.71	0.23	0.24	2.78	1.98	7.22	1.37	3.60	1.08
平均值	2.05	2.09	2.15	2.93	3.23	4.80	3.73	2.67	4.25	3.67

附表 55　技术改造经费与 R&D 经费比例　　单位：%

区域＼年份	2001	2002	2003	2004	2005	2006	2007	2008	2009	2010
北京	22.16	5.77	8.87	10.06	9.63	15.36	14.80	10.02	14.78	12.47
天津	111.18	73.12	86.64	56.02	55.49	113.77	70.17	70.72	59.41	37.45
河北	266.21	230.87	192.82	227.62	157.21	160.01	204.73	216.05	134.30	109.45
山西	360.83	383.96	296.12	494.79	474.02	331.42	341.60	306.21	144.85	131.64
内蒙古	646.35	630.67	393.70	398.09	398.36	363.91	284.12	229.33	178.52	189.45
辽宁	188.71	140.52	122.01	179.68	232.41	167.70	145.98	136.53	99.11	72.60
吉林	91.41	182.35	132.07	108.86	197.24	187.21	133.42	102.51	72.99	32.29
黑龙江	244.14	282.02	207.24	121.75	138.12	100.43	93.14	95.13	52.84	59.96
上海	85.97	77.26	62.60	84.92	67.00	47.40	50.01	37.29	31.31	25.58
江苏	145.53	140.13	153.95	124.62	103.61	79.23	85.53	71.84	57.65	56.41
浙江	210.84	248.30	294.36	201.49	150.33	113.17	105.13	88.99	60.23	45.86
安徽	209.53	270.19	342.15	289.40	338.94	307.68	323.98	206.77	85.63	50.84
福建	125.00	118.33	76.65	67.98	65.29	79.43	57.42	49.95	47.84	43.08
江西	273.32	188.85	252.64	231.19	146.12	174.45	160.78	151.81	59.16	52.29
山东	182.45	173.58	187.96	236.33	125.04	85.45	79.09	72.00	51.26	44.83
河南	157.25	166.50	167.90	226.79	197.66	178.52	190.58	123.34	90.83	64.59
湖北	173.33	109.35	130.78	207.12	167.25	178.94	224.76	247.20	124.42	50.22
湖南	159.44	165.42	257.16	247.87	204.80	177.93	161.93	152.19	128.80	149.03
广东	45.51	34.19	48.83	45.51	53.39	55.01	38.75	34.13	25.15	22.37
广西	231.32	314.98	397.63	436.59	414.54	248.26	324.40	316.36	221.09	157.61
海南	14.81	7.81	14.98	76.59	212.71	20.90	11.86	102.55	5.57	22.55
重庆	220.46	163.10	170.75	263.38	157.45	143.67	105.09	112.95	72.65	54.96
四川	67.40	111.29	86.15	136.99	133.27	133.82	119.27	128.18	99.43	93.17

续表

年份 区域	2001	2002	2003	2004	2005	2006	2007	2008	2009	2010
贵州	430.15	390.62	418.66	538.62	367.96	404.19	406.88	376.65	296.84	181.41
云南	246.97	179.71	262.41	175.56	88.93	198.01	147.40	134.32	60.29	102.24
西藏	28.00	11.43	18.06	15.56	16.00	11.67	8.00	37.54	9.03	8.90
陕西	42.24	35.97	48.51	71.17	49.72	37.28	56.89	68.72	53.02	38.03
甘肃	216.96	150.50	99.83	221.21	156.94	145.23	142.31	170.97	135.09	88.63
青海	240.98	151.53	29.35	53.79	72.70	53.96	91.50	100.62	62.09	41.00
宁夏	455.11	224.86	211.93	466.44	449.68	210.35	483.21	529.28	279.70	235.16
新疆	592.96	505.80	665.82	583.95	374.87	241.14	343.82	184.10	48.42	59.46
平均值	209.24	189.32	188.34	212.90	186.34	153.73	161.50	150.46	92.33	75.28

附表 56　购买国内技术经费与 R&D 经费比例　　单位：%

年份 区域	2001	2002	2003	2004	2005	2006	2007	2008	2009	2010
北京	0.31	0.35	0.04	0.09	0.22	0.11	0.13	0.32	0.21	0.31
天津	2.72	4.35	1.75	1.22	2.19	1.80	4.09	3.05	2.52	2.47
河北	2.73	0.96	1.20	6.77	2.00	1.57	7.63	7.26	3.28	1.99
山西	3.67	2.30	4.07	7.77	5.25	4.00	3.59	5.00	3.49	3.95
内蒙古	20.00	24.40	30.86	7.89	2.94	13.26	3.49	3.85	7.54	55.31
辽宁	0.35	0.28	0.43	1.32	0.95	2.04	7.41	10.66	8.14	5.51
吉林	2.19	1.33	1.81	0.76	1.16	0.95	0.87	3.36	0.44	1.95
黑龙江	2.02	4.98	5.87	8.48	3.95	1.36	2.30	0.97	1.78	0.76
上海	0.93	0.76	1.89	1.97	1.72	5.90	7.31	6.37	7.67	4.70
江苏	5.13	4.41	6.88	4.22	3.56	2.66	2.53	2.90	2.16	1.72
浙江	2.18	2.00	4.68	3.52	5.83	3.85	3.41	3.51	2.90	2.16
安徽	3.85	6.60	3.14	2.66	4.64	4.69	6.80	4.87	4.81	2.36
福建	7.10	7.26	2.70	5.63	4.16	2.24	2.04	3.99	6.46	5.07
江西	10.11	5.93	2.49	11.33	19.13	8.78	6.82	7.47	2.92	4.75
山东	21.77	13.99	5.31	5.64	4.37	5.49	3.45	2.99	2.54	1.83
河南	1.03	3.46	3.47	6.43	5.85	3.10	5.10	8.58	6.26	1.73
湖北	2.21	1.43	3.06	6.79	0.99	1.79	0.92	0.94	0.89	0.82
湖南	5.50	1.24	1.88	2.10	1.75	1.53	1.62	3.81	1.72	2.10
广东	0.60	4.52	6.14	2.91	4.29	1.46	2.02	2.32	1.42	1.34
广西	9.11	9.81	2.81	9.58	32.17	2.06	1.72	2.98	2.85	1.18
海南	1.70	0.41	147.91	5.30	3.26	1.67	4.78	1.56	2.09	10.65
重庆	1.41	0.80	4.91	15.46	3.81	3.55	4.29	4.79	5.90	3.79
四川	2.42	1.00	0.21	5.32	9.24	3.88	7.86	2.66	1.58	4.37
贵州	4.92	0.98	15.19	5.21	7.61	2.11	2.38	2.76	3.90	6.56
云南	9.75	7.82	31.41	12.37	2.13	10.64	10.20	6.25	10.40	10.45
西藏	0.00	0.00	0.00	0.00	0.00	0.00	0.00	0.00	0.00	0.00
陕西	0.19	0.80	5.09	3.24	0.90	2.85	1.76	1.32	1.01	11.78
甘肃	14.23	7.03	7.32	3.88	4.90	6.85	7.56	8.20	10.15	10.02

续表

区域＼年份	2001	2002	2003	2004	2005	2006	2007	2008	2009	2010
青海	29.76	2.40	0.44	0.01	0.99	0.18	0.28	5.89	2.24	0.31
宁夏	62.55	26.14	1.59	6.07	1.63	2.36	6.48	29.74	11.90	15.40
新疆	7.18	8.34	4.19	6.53	1.82	3.02	3.41	5.16	1.14	1.23
平均值	7.67	5.04	9.96	5.18	4.63	3.41	3.94	4.95	3.88	5.70

附表 57　人均外商投资企业年底注册资金中外资部分　　单位：美元

区域＼年份	2001	2002	2003	2004	2005	2006	2007	2008	2009	2010
北京	1211.15	1257.34	1254.05	1386.47	1547.46	1745.73	2320.88	2690.27	2888.89	2951.22
天津	1468.18	1590.67	1933.73	2158.20	2579.10	2725.58	3506.73	3860.54	3753.58	4009.88
河北	75.22	80.04	89.02	99.87	119.69	137.72	151.23	184.58	200.44	221.03
山西	40.09	52.43	56.49	62.97	68.55	109.63	159.15	152.45	186.73	193.05
内蒙古	33.61	39.93	57.94	151.01	171.84	208.59	241.16	314.83	392.23	368.10
辽宁	585.36	665.14	670.36	663.98	857.62	1011.47	1254.07	1487.83	1604.54	1833.18
吉林	122.40	125.82	132.06	155.04	173.05	378.26	377.29	248.72	288.37	305.83
黑龙江	78.91	66.59	77.12	94.31	117.80	156.94	167.36	193.46	211.71	237.39
上海	2782.82	3177.42	3595.21	4121.70	4803.15	5305.79	6297.09	7293.43	7699.12	7122.20
江苏	493.89	671.33	810.76	1212.16	1503.68	1866.23	2274.10	2476.23	2647.25	2955.78
浙江	270.26	350.36	517.88	718.22	845.24	1026.10	1219.37	1339.84	1393.82	1514.73
安徽	55.68	58.28	65.60	74.29	96.41	119.48	166.72	176.04	189.20	216.56
福建	723.17	827.70	913.85	979.78	1069.31	1242.27	1343.20	1498.34	1549.49	1608.45
江西	55.30	84.53	119.39	156.40	215.73	269.65	352.56	393.18	439.97	544.57
山东	172.58	200.70	265.06	319.17	366.57	398.54	413.15	451.31	505.79	568.43
河南	39.76	45.27	49.67	57.63	79.96	89.44	100.43	124.09	146.52	158.42
湖北	101.06	93.64	113.88	141.29	175.13	184.44	214.07	253.90	283.22	316.00
湖南	35.07	50.28	63.48	79.13	112.24	134.03	157.36	183.39	193.57	175.04
广东	1241.05	1330.11	1391.34	1467.97	1486.84	1615.43	1801.25	1892.29	2062.67	2002.69
广西	83.33	85.46	88.47	110.45	130.90	161.05	195.05	226.33	249.18	271.15
海南	1341.14	466.38	525.15	525.67	543.48	645.93	1207.10	1323.19	1365.63	1128.32
重庆	86.87	81.36	72.62	83.28	100.07	117.52	269.89	355.76	419.73	544.27
四川	46.61	52.00	59.97	63.04	80.37	97.93	142.73	240.85	261.45	321.94
贵州	20.76	21.27	24.26	25.61	26.81	31.94	31.90	36.91	42.13	54.61
云南	47.94	51.42	56.10	61.16	65.17	84.76	99.69	121.07	148.76	169.51
西藏	46.15	46.82	47.04	36.50	72.20	71.17	70.42	69.69	103.44	99.76
陕西	103.35	112.22	128.97	134.95	150.54	163.32	184.10	148.86	190.88	222.21
甘肃	36.18	31.78	33.92	49.64	53.97	38.37	42.03	45.66	56.92	74.22
青海	51.68	46.50	69.29	74.21	55.25	91.24	126.81	180.51	143.55	159.86
宁夏	82.11	105.24	199.66	255.10	251.68	248.34	131.15	145.63	159.95	157.99
新疆	21.02	21.99	23.37	30.57	39.80	48.78	62.05	98.55	106.55	114.41
平均值	372.67	383.55	435.67	501.61	579.34	662.12	809.04	909.93	964.04	987.77

附表 58　高等学校研究开发来自企业的资金比例　　单位：%

区域＼年份	2001	2002	2003	2004	2005	2006	2007	2008	2009	2010
北京	27.11	32.49	33.55	32.89	36.12	34.57	31.90	30.42	30.17	24.80
天津	41.39	40.69	44.32	72.09	32.56	28.16	27.58	28.13	37.13	34.87
河北	25.29	33.17	27.43	103.26	44.65	42.10	42.90	43.45	41.14	39.33
山西	18.81	18.24	28.45	39.27	26.15	42.47	24.58	29.31	38.45	35.00
内蒙古	8.26	25.31	30.48	22.74	35.89	50.35	33.70	31.01	20.87	24.05
辽宁	52.23	43.42	39.39	46.80	54.94	57.04	56.66	54.76	54.08	51.92
吉林	28.73	45.44	38.88	36.89	43.30	40.50	35.82	36.40	33.21	30.45
黑龙江	32.02	29.65	21.54	126.96	30.22	46.58	30.71	29.71	27.14	36.52
上海	44.57	44.71	41.37	89.22	39.37	42.85	37.35	36.58	34.02	33.77
江苏	46.11	46.78	43.88	40.86	41.72	43.58	41.15	44.37	43.80	38.62
浙江	59.54	54.09	53.87	45.86	38.63	67.24	36.04	31.98	39.68	31.81
安徽	24.89	17.86	18.11	34.42	28.19	26.68	23.87	24.71	25.80	24.75
福建	19.13	19.06	28.30	25.55	14.68	25.93	17.52	20.33	28.18	19.10
江西	19.26	30.27	31.23	32.93	38.70	68.18	33.77	33.05	40.99	42.77
山东	15.34	16.84	22.83	25.27	30.16	29.26	28.73	29.81	29.79	30.01
河南	14.59	19.26	28.24	27.45	17.89	32.31	35.78	48.13	42.30	33.24
湖北	37.99	43.51	42.41	38.77	39.96	85.13	41.44	38.29	41.65	34.39
湖南	31.82	30.36	36.17	52.31	40.73	72.01	32.45	27.38	29.01	30.22
广东	25.05	21.09	24.79	21.40	24.39	25.82	24.90	25.01	24.40	23.88
广西	27.80	30.08	27.27	46.55	31.80	30.75	26.47	28.36	28.75	23.99
海南	0.33	0.72	2.24	1.55	0.96	100.00	4.84	12.72	10.30	9.90
重庆	37.26	36.23	36.88	97.19	41.55	84.53	33.66	31.02	41.55	34.52
四川	44.27	38.90	50.43	48.51	47.34	46.55	57.49	55.84	58.83	49.18
贵州	8.34	4.07	5.46	11.61	16.14	25.92	28.12	18.92	25.70	31.81
云南	15.23	16.47	17.56	23.40	27.44	52.05	28.43	41.49	33.39	40.57
西藏	3.33	2.13	1.03	0.15	0.14	0.15	0.15	0.15	0.06	0.04
陕西	40.48	34.52	37.22	36.39	44.11	40.92	36.77	34.40	38.28	31.77
甘肃	47.92	39.89	39.50	44.03	36.46	93.73	49.87	41.69	39.39	44.83
青海	0.00	0.00	1.89	0.79	1.46	5.45	3.10	2.38	1.07	3.77
宁夏	1.27	0.39	0.37	3.36	7.44	5.53	7.84	6.47	7.01	8.52
新疆	10.72	8.59	6.79	5.42	4.47	9.73	5.76	10.92	7.61	12.38
平均值	26.10	26.59	27.80	39.80	29.60	43.74	29.66	29.91	30.77	29.38

附表 59　研究与开发机构研究开发来自企业的资金比例　　单位：%

区域＼年份	2001	2002	2003	2004	2005	2006	2007	2008	2009	2010
北京	3.51	2.58	6.57	5.49	4.54	4.12	2.65	2.38	2.22	2.02
天津	6.36	3.51	2.21	4.75	2.80	4.54	4.91	3.44	0.19	3.02
河北	0.72	0.67	0.12	0.27	36.52	0.44	0.21	0.18	0.03	0.02
山西	4.26	1.82	2.69	8.88	6.14	6.71	4.85	2.42	6.04	6.25
内蒙古	2.01	0.27	0.15	0.50	0.76	0.81	3.45	5.80	1.43	3.46
辽宁	11.39	9.97	8.17	8.51	5.91	7.48	9.15	4.45	8.78	5.01

续表

年份 区域	2001	2002	2003	2004	2005	2006	2007	2008	2009	2010
吉林	2.83	2.30	3.21	2.78	2.11	2.23	2.92	1.08	1.43	1.30
黑龙江	6.34	6.64	1.85	3.19	0.93	28.49	4.00	0.06	1.32	0.99
上海	4.01	14.94	10.93	4.35	8.54	9.68	3.81	2.31	3.29	6.27
江苏	5.12	4.43	7.13	16.34	4.35	8.13	9.60	4.18	14.56	6.31
浙江	7.06	6.67	6.69	5.43	6.05	5.03	9.43	11.08	4.43	3.18
安徽	2.01	13.54	3.90	2.87	5.15	5.05	1.22	1.07	1.82	1.35
福建	20.17	20.82	13.17	13.94	10.44	13.60	10.88	2.75	2.06	6.04
江西	1.97	1.01	3.03	4.55	3.26	2.22	1.22	0.82	0.45	0.10
山东	6.34	5.75	7.36	7.87	10.45	8.41	9.07	0.97	3.54	4.98
河南	2.94	5.55	10.87	12.72	3.04	2.11	5.55	7.31	0.88	4.05
湖北	5.54	11.52	13.38	15.77	14.48	4.67	4.10	3.00	2.29	3.88
湖南	11.61	4.55	2.87	10.40	11.28	7.14	9.54	16.23	2.55	1.30
广东	6.74	11.45	13.60	15.35	13.09	13.42	9.84	4.58	4.78	3.86
广西	2.81	7.06	2.39	2.29	1.61	1.77	2.81	1.00	4.32	7.34
海南	0.16	0.17	0.38	0.53	0.60	0.34	0.38	0.19	0.02	0.02
重庆	6.03	5.20	4.59	1.28	8.06	7.83	1.39	1.38	0.86	1.33
四川	1.59	1.97	0.26	2.40	2.13	2.49	5.21	1.49	1.01	1.59
贵州	1.97	8.45	2.27	3.32	5.11	5.98	5.42	0.03	5.60	0.18
云南	1.58	2.23	4.10	2.18	0.29	0.93	1.40	1.66	3.16	4.14
西藏	0.41	0.20	0.27	0.19	0.22	0.17	0.10	0.09	0.26	0.30
陕西	0.07	0.04	4.13	1.29	1.25	0.65	0.57	4.18	0.15	0.62
甘肃	2.60	0.83	0.11	1.44	2.61	1.19	1.41	1.16	2.74	3.72
青海	3.34	3.09	2.90	2.22	0.34	0.33	0.21	2.49	6.92	2.51
宁夏	3.72	3.30	3.42	2.95	2.36	3.52	3.40	0.37	4.61	4.00
新疆	2.96	1.91	8.31	3.20	4.00	2.68	3.75	1.30	1.08	1.11
平均值	4.46	5.24	4.87	5.40	5.76	5.23	4.27	2.89	3.00	2.91

附表 60　百人固定电话和移动电话用户数　　单位：户/百人

年份 区域	2001	2002	2003	2004	2005	2006	2007	2008	2009	2010
北京	83	106	125	147	156	157	154	148	155	154
天津	49	60	73	81	89	95	102	107	112	112
河北	22	29	38	45	49	56	63	67	73	78
山西	22	29	38	46	53	55	66	73	79	82
内蒙古	21	28	38	46	52	58	64	75	85	99
辽宁	37	46	56	63	71	76	84	93	102	109
吉林	28	35	45	52	62	68	75	73	79	87
黑龙江	28	35	45	55	57	61	66	70	72	75
上海	76	98	112	125	137	150	151	153	159	143
江苏	33	43	53	65	75	81	86	90	98	107
浙江	48	61	77	91	100	108	117	123	127	129
安徽	17	21	27	32	39	44	48	50	56	68

续表

年份 区域	2001	2002	2003	2004	2005	2006	2007	2008	2009	2010
福建	40	50	59	68	76	85	92	105	107	110
江西	18	22	27	32	38	42	47	48	52	56
山东	25	32	39	48	54	59	67	75	80	85
河南	17	20	25	31	38	46	51	54	57	62
湖北	18	23	29	37	46	53	57	65	74	78
湖南	17	22	27	32	39	45	49	55	61	66
广东	53	66	83	100	107	116	123	125	128	123
广西	14	20	27	34	41	45	48	51	57	63
海南	23	31	37	44	52	58	67	73	79	89
重庆	19	27	37	47	58	64	67	69	72	78
四川	15	20	27	33	40	45	51	55	61	69
贵州	10	14	17	21	26	30	36	44	50	64
云南	16	22	25	29	34	38	44	50	55	61
西藏	10	15	23	28	36	46	50	55	61	67
陕西	20	27	35	43	48	56	68	74	84	88
甘肃	15	20	26	32	37	44	49	54	63	70
青海	18	26	33	39	45	54	63	66	74	89
宁夏	20	28	39	47	54	60	67	72	80	87
新疆	22	32	43	50	56	66	71	78	77	86
平均值	28	36	45	53	60	66	72	77	83	88

附表 61　万人国际互联网络用户数　　单位：户/万人

年份 区域	2001	2002	2003	2004	2005	2006	2007	2008	2009	2010
北京	1529	1870	2778	2693	2783	2960	4513	5782	6285	6208
天津	723	1273	1426	1885	2196	2419	2574	4124	4592	4987
河北	237	406	426	568	709	915	1098	1909	2619	3054
山西	170	395	449	633	802	1126	1580	2401	3104	3497
内蒙古	74	144	313	390	486	668	1339	1595	2374	3022
辽宁	519	1050	689	764	881	1131	1822	2637	3693	4380
吉林	333	438	539	661	740	995	1590	1902	2650	3211
黑龙江	238	357	589	728	827	957	1245	1621	2384	2940
上海	1222	2070	2639	2532	2604	2810	4467	5879	6096	5381
江苏	559	426	822	889	1057	1360	2304	2715	3579	4201
浙江	501	685	965	1131	1443	1962	2982	4117	4734	5115
安徽	109	169	288	371	451	552	959	1178	1744	2337
福建	515	721	912	929	1123	1450	2418	3826	4491	5004
江西	157	283	399	364	434	657	1170	1386	1782	2129
山东	289	308	685	924	1068	1210	1341	2106	2924	3475
河南	196	220	233	314	422	550	1021	1361	2116	2570
湖北	169	254	632	713	811	934	1239	1839	2568	3321

续表

区域\年份	2001	2002	2003	2004	2005	2006	2007	2008	2009	2010
湖南	201	327	398	466	550	643	1086	1566	2195	2659
广东	571	728	1201	1431	1616	1968	3539	4772	5043	5099
广西	142	227	471	583	708	793	1175	1524	2121	2659
海南	281	296	491	575	833	1400	1704	2529	2824	3489
重庆	96	181	565	580	675	783	1264	2106	2809	3432
四川	140	146	486	599	742	845	995	1355	1998	2484
贵州	46	113	215	251	292	378	595	1142	1509	2159
云南	168	240	381	467	542	613	671	1206	1846	2219
西藏	62	120	320	255	325	569	1268	1638	1827	2694
陕西	191	301	532	696	844	1058	1379	2100	2638	3467
甘肃	91	200	469	458	482	583	837	1244	2030	2559
青海	67	110	366	371	534	675	1087	2347	2763	3339
宁夏	153	306	579	527	537	695	1000	1650	2255	2765
新疆	141	240	614	606	627	756	1733	2933	2937	3748
平均值	319	471	706	786	908	1110	1677	2403	2985	3471

附表 62 人均拥有道路面积 单位：平方米/人

区域\年份	2001	2002	2003	2004	2005	2006	2007	2008	2009	2010
北京	4.28	5.37	7.26	7.51	10.55	6.24	4.74	5.27	5.23	4.79
天津	5.14	5.18	5.43	5.76	6.39	7.38	6.97	7.82	6.80	7.05
河北	1.86	1.95	2.09	2.20	2.35	2.60	2.87	3.07	3.33	3.70
山西	1.94	1.75	1.92	1.94	2.13	2.44	2.38	2.65	2.80	2.89
内蒙古	1.73	1.96	2.25	2.49	2.73	3.06	3.75	4.05	4.45	5.05
辽宁	3.29	3.40	3.54	3.71	3.87	4.13	4.53	4.76	5.06	5.41
吉林	2.11	2.23	2.57	2.65	3.11	3.24	3.45	3.76	4.08	4.82
黑龙江	2.53	2.60	2.79	2.81	2.95	3.06	3.15	3.26	3.32	3.54
上海	8.26	9.06	9.31	11.36	11.78	11.84	4.50	4.63	4.48	4.04
江苏	2.76	3.66	4.30	4.79	5.46	5.51	5.85	6.17	6.48	6.83
浙江	2.59	2.95	3.58	3.98	4.45	4.83	5.05	5.22	5.45	5.58
安徽	1.38	1.56	1.77	1.87	2.20	2.21	2.46	2.65	2.93	3.35
福建	1.45	1.53	1.75	1.94	2.18	2.38	2.78	3.03	3.30	3.40
江西	0.94	1.05	1.28	1.42	1.55	1.67	1.76	1.89	2.11	2.54
山东	2.70	3.08	3.74	4.37	4.61	4.97	5.30	5.50	5.89	6.32
河南	1.09	1.21	1.28	1.42	1.67	1.89	2.01	2.09	2.16	2.31
湖北	2.94	3.22	3.13	3.32	3.59	3.33	3.49	3.75	4.07	4.29
湖南	0.94	1.04	1.20	1.31	1.57	1.74	2.00	2.14	2.34	2.43
广东	3.35	3.39	3.81	4.68	4.75	5.11	5.15	5.35	5.69	5.35
广西	1.13	1.19	1.30	1.49	1.74	1.82	1.92	2.05	2.27	2.63
海南	2.58	2.59	2.69	2.73	2.84	3.05	3.08	3.18	3.26	3.63
重庆	1.20	1.37	1.53	1.67	2.00	2.41	2.77	2.94	3.13	3.44
四川	1.04	1.27	1.53	1.61	1.86	1.73	1.83	1.94	2.11	2.33

续表

年份 区域	2001	2002	2003	2004	2005	2006	2007	2008	2009	2010
贵州	0.49	0.50	0.54	0.67	0.79	0.77	0.86	0.86	0.88	1.04
云南	0.61	0.65	0.75	0.77	0.86	1.01	1.22	1.64	1.44	1.73
西藏	2.10	1.56	1.59	1.57	1.91	1.93	1.97	2.15	2.13	1.98
陕西	0.98	1.09	1.27	1.49	1.74	2.00	2.39	2.55	2.65	2.82
甘肃	1.33	1.64	2.03	1.84	1.92	2.29	1.94	2.09	2.28	2.58
青海	1.15	1.32	1.58	1.65	1.72	1.84	1.92	2.12	2.31	2.41
宁夏	2.22	2.45	3.10	3.94	4.41	5.14	5.71	5.12	5.80	6.14
新疆	2.32	2.32	2.65	2.82	2.98	3.17	3.32	3.45	3.57	3.81
平均值	2.21	2.39	2.70	2.96	3.31	3.38	3.26	3.46	3.61	3.81

附表 63　每万人平均道路长度　　　单位：千米/万人

年份 区域	2001	2002	2003	2004	2005	2006	2007	2008	2009	2010
北京	3.07	3.83	5.46	5.01	10.37	3.71	3.39	3.65	3.56	3.24
天津	3.88	4.02	4.04	4.14	5.23	5.57	5.09	5.11	4.46	4.19
河北	1.06	1.10	1.14	1.17	1.22	1.31	1.36	1.42	1.48	1.62
山西	1.37	1.28	1.33	1.37	1.48	1.54	1.48	1.60	1.65	1.60
内蒙古	1.21	1.32	1.43	1.52	1.62	1.79	2.03	2.14	2.32	2.61
辽宁	2.26	2.35	2.42	2.47	2.50	2.60	2.68	2.81	2.98	3.25
吉林	1.54	1.63	1.66	1.68	2.00	2.14	2.23	2.41	2.56	3.11
黑龙江	2.17	2.19	2.32	2.38	2.44	2.45	2.50	2.54	2.58	2.63
上海	5.68	5.88	5.73	6.33	6.88	8.05	2.31	2.30	2.29	2.05
江苏	2.27	3.07	3.45	3.58	3.84	3.58	3.73	3.75	3.88	4.05
浙江	1.79	1.97	2.21	2.39	2.56	2.60	2.71	2.76	2.85	2.86
安徽	0.98	1.03	1.08	1.12	1.30	1.28	1.43	1.51	1.59	1.71
福建	1.09	1.14	1.25	1.32	1.39	1.43	1.62	1.67	1.76	1.83
江西	0.71	0.72	0.81	0.86	0.91	0.96	1.06	1.08	1.20	1.29
山东	1.77	1.92	2.29	2.57	2.72	2.72	2.89	3.05	3.25	3.44
河南	0.56	0.60	0.62	0.67	0.76	0.90	0.90	0.92	0.95	1.00
湖北	2.26	2.34	2.31	2.40	2.48	2.22	2.27	2.40	2.37	2.47
湖南	0.73	0.75	0.81	0.83	0.95	1.04	1.12	1.16	1.28	1.31
广东	2.28	2.32	2.31	2.71	2.64	2.55	3.10	3.31	3.25	3.91
广西	0.83	0.83	0.88	0.97	1.09	1.05	1.12	1.17	1.23	1.40
海南	1.29	1.65	1.33	1.34	1.37	1.46	1.53	1.59	1.61	1.65
重庆	0.92	0.98	1.05	1.10	1.30	1.43	1.54	1.62	1.71	1.78
四川	0.68	0.79	0.90	0.95	1.10	0.96	1.00	1.04	1.11	1.19
贵州	0.45	0.46	0.47	0.53	0.59	0.54	0.57	0.57	0.59	0.65
云南	0.52	0.52	0.56	0.57	0.62	0.65	0.69	0.98	0.76	0.88
西藏	1.01	1.00	1.51	1.49	1.76	1.11	1.11	1.11	1.11	1.13
陕西	0.67	0.70	0.79	0.83	0.86	0.96	1.09	1.16	1.22	1.29
甘肃	0.95	0.97	1.14	1.07	1.14	1.26	0.97	1.18	1.25	1.33

续表

年份 区域	2001	2002	2003	2004	2005	2006	2007	2008	2009	2010
青海	0.84	0.89	0.96	1.00	1.03	1.08	1.11	1.17	1.24	1.26
宁夏	1.58	1.62	1.80	2.07	2.18	2.41	2.76	2.23	2.58	2.93
新疆	1.61	1.66	1.80	1.89	1.91	1.97	2.04	2.20	2.29	2.37
平均值	1.55	1.66	1.80	1.88	2.20	2.04	1.92	1.99	2.03	2.13

附表 64　人均邮电业务量　　单位：元/人

年份 区域	2001	2002	2003	2004	2005	2006	2007	2008	2009	2010
北京	1561.00	1800.77	1973.15	2303.01	2639.14	3184.63	4315.25	4953.81	5529.63	6255.87
天津	708.24	914.00	1126.90	1390.53	1673.54	2096.56	2724.39	3035.37	3176.62	3334.90
河北	250.35	332.37	433.12	629.46	764.03	925.69	1221.10	1513.68	1705.66	1878.93
山西	262.83	334.37	436.06	648.07	818.03	977.07	1292.01	1649.02	1852.94	2059.06
内蒙古	253.89	363.56	455.29	657.01	826.32	1060.66	1515.01	1932.52	2288.37	2432.55
辽宁	524.20	618.42	703.11	876.12	1051.46	1310.61	1643.49	1915.87	2234.57	2678.07
吉林	355.00	436.46	565.46	784.94	956.19	1236.58	1502.82	1685.55	1919.80	2232.47
黑龙江	381.83	486.89	581.70	747.24	885.76	1064.11	1341.68	1583.01	1822.14	1944.96
上海	1374.18	1426.22	1708.65	2003.73	2304.11	3049.53	4469.64	5144.39	5386.36	5538.11
江苏	400.52	466.33	596.42	748.67	968.41	1321.03	1730.69	2060.52	2346.77	2959.28
浙江	629.11	806.78	1054.29	1434.68	1695.37	2076.97	2691.03	3074.63	3352.66	3859.06
安徽	189.60	232.96	264.23	345.12	454.54	581.28	732.30	917.16	1147.32	1490.00
福建	573.05	695.99	880.71	1226.06	1469.36	1776.11	2233.76	2470.12	2754.84	3288.36
江西	214.24	289.55	328.11	470.66	601.90	733.60	936.61	1122.23	1337.23	1550.79
山东	286.73	358.60	419.02	586.99	769.59	1040.35	1321.00	1592.35	1770.38	2044.96
河南	184.10	235.09	300.47	446.62	585.72	763.78	991.10	1192.74	1347.70	1566.59
湖北	224.03	284.69	351.40	483.01	649.28	804.13	1025.20	1250.71	1471.64	1813.98
湖南	219.08	284.88	340.70	426.25	579.58	774.36	999.81	1205.94	1405.56	1610.31
广东	1005.56	1169.40	1458.90	2150.83	2315.91	2855.91	3356.68	3864.90	4304.95	4361.07
广西	199.16	264.95	334.07	537.70	694.81	817.80	1009.31	1221.55	1429.78	1782.84
海南	408.35	489.04	498.27	762.22	905.43	1169.38	1477.51	1880.56	2221.81	2586.61
重庆	230.98	288.54	387.57	540.20	750.93	984.58	1301.92	1504.02	1717.00	2015.17
四川	193.88	257.43	290.23	384.62	558.05	723.09	963.32	1148.07	1433.19	1803.24
贵州	127.72	200.52	258.45	336.14	461.34	594.81	778.04	980.65	1225.83	1473.06
云南	241.94	292.68	349.75	467.27	589.17	730.98	1041.14	1272.02	1485.41	1679.94
西藏	258.56	277.15	363.33	486.86	589.89	765.84	1087.32	1423.69	1827.40	2139.52
陕西	263.02	364.92	443.52	658.65	869.73	1136.52	1416.49	1705.61	1979.24	2295.01
甘肃	192.00	252.06	313.95	413.86	526.06	641.75	838.02	1094.37	1372.63	1652.94
青海	252.58	346.88	414.61	484.97	590.42	729.20	978.62	1518.59	1629.64	2030.20
宁夏	287.92	382.52	491.72	649.32	790.10	992.05	1309.84	1573.46	1919.23	2136.00
新疆	344.46	508.19	594.00	774.38	857.61	1116.10	1454.13	1782.59	2143.21	2544.27
平均值	406.39	498.78	603.78	801.78	973.93	1226.94	1603.20	1911.93	2178.69	2485.10

附表 65　政府财政支出占 GDP 比重　　单位：%

区域＼年份	2001	2002	2003	2004	2005	2006	2007	2008	2009	2010
北京	15.07	14.51	14.63	14.82	15.18	15.98	17.64	17.63	19.08	19.25
天津	12.23	12.33	12.11	12.05	11.32	12.17	13.35	12.91	14.95	14.93
河北	9.32	9.58	9.34	9.27	9.78	10.29	10.99	11.75	13.62	13.83
山西	14.26	14.38	14.56	14.53	15.81	18.77	18.31	17.98	21.22	20.99
内蒙古	18.63	20.28	18.73	18.55	17.46	16.43	17.77	17.12	19.78	19.48
辽宁	12.62	12.66	13.07	13.96	12.73	15.29	16	15.75	17.63	17.31
吉林	15.39	15.44	15.37	16.26	17.43	16.8	16.72	18.36	20.32	20.62
黑龙江	14.11	14.62	13.92	14.68	14.29	15.59	16.8	18.55	21.87	21.73
上海	13.59	15.02	16.26	17.13	17.8	16.98	17.9	18.44	19.87	19.24
江苏	7.72	8.11	8.42	8.74	9	9.26	9.92	10.48	11.66	11.86
浙江	8.66	9.37	9.24	9.13	9.43	9.36	9.62	10.29	11.54	11.57
安徽	12.44	12.98	12.93	12.64	13.33	15.38	16.89	18.61	21.29	20.94
福建	9.16	8.9	9.08	8.96	9.05	9.61	9.85	10.51	11.54	11.5
江西	13.04	13.93	13.61	13.14	13.9	14.45	16.45	17.36	20.41	20.35
山东	8.2	8.38	8.37	7.92	7.98	8.37	8.71	8.74	9.64	10.58
河南	9.19	10.42	10.43	10.29	10.54	11.65	12.46	12.66	14.92	14.79
湖北	12.48	12.14	11.36	11.47	11.82	13.74	13.84	14.57	16.13	15.67
湖南	11.27	12.84	12.31	12.75	13.24	13.85	14.75	15.28	16.93	16.85
广东	10.97	11.27	10.7	9.82	10.15	9.6	10.16	10.27	10.98	11.78
广西	15.43	16.64	15.72	14.78	15.35	15.37	16.55	18.47	20.9	20.98
海南	14.13	14.83	15.2	15.92	16.84	16.7	20.04	23.82	29.38	28.16
重庆	13.45	15.37	15.03	14.7	14.06	15.21	18.64	17.54	19.79	21.56
四川	13.84	14.85	13.73	14.03	14.65	15.5	16.75	23.4	25.37	24.78
贵州	24.28	25.47	23.3	24.94	25.96	26.11	29.01	29.59	35.07	35.45
云南	23.21	22.78	22.98	21.53	22.14	22.41	23.94	25.83	31.64	31.64
西藏	71.62	82.76	77.16	60.74	74.56	68.85	80.47	96.41	106.52	108.59
陕西	17.41	17.97	16.16	16.26	16.24	17.37	19.28	19.53	22.54	21.92
甘肃	20.93	22.24	21.43	21.14	22.2	23.22	24.99	30.58	36.79	35.64
青海	33.75	34.85	31.28	29.47	31.25	33.1	36.01	35.7	45.02	55.05
宁夏	27.74	30.37	23.75	22.9	26.17	26.62	27.2	26.96	31.95	33
新疆	17.65	22.4	19.53	19.06	19.93	22.28	22.57	25.32	31.49	31.24
平均值	16.83	17.99	17.09	16.5	17.41	17.95	19.47	20.98	24.19	24.56

附表 66　每亿元工业总产值进出口额　　单位：万美元/亿元

区域＼年份	2001	2002	2003	2004	2005	2006	2007	2008	2009	2010
北京	1771.85	1654.49	1797.73	1582.94	1806.86	1924.93	2000.34	2609.15	1945.20	2202.38
天津	617.94	686.43	724.56	686.85	786.48	755.91	709.18	643.04	487.87	490.10
河北	152.38	155.19	157.27	132.68	145.98	137.37	149.65	166.82	123.12	135.05
山西	138.90	134.53	126.68	128.94	114.33	112.27	148.61	143.61	92.64	100.84
内蒙古	244.48	244.68	208.67	159.92	162.77	143.98	133.08	102.03	63.31	65.12
辽宁	442.16	444.76	433.65	376.46	379.24	341.55	325.89	292.44	223.54	222.84

续表

区域\年份	2001	2002	2003	2004	2005	2006	2007	2008	2009	2010
吉林	171.05	170.51	230.93	191.17	172.15	166.52	158.77	158.58	117.11	128.60
黑龙江	142.89	174.83	183.13	171.63	202.89	236.33	281.56	303.38	222.28	267.59
上海	869.37	938.27	1086.16	1096.33	1181.78	1225.02	1270.69	1282.02	1152.76	1225.16
江苏	437.10	506.92	629.92	579.44	696.86	685.76	655.47	578.58	462.76	505.99
浙江	416.11	429.04	477.38	401.40	464.77	477.66	490.23	517.08	457.49	493.31
安徽	198.40	196.88	227.89	170.24	199.66	207.00	200.52	180.83	117.77	129.58
福建	768.42	772.42	713.12	632.34	668.77	626.28	594.72	557.56	475.16	496.70
江西	150.59	142.50	171.70	128.91	136.46	145.92	152.55	160.22	130.61	155.72
山东	308.72	295.14	290.24	245.70	251.41	245.52	245.57	251.61	195.27	225.58
河南	72.34	74.43	87.82	71.67	68.89	70.52	62.54	67.15	48.64	50.96
湖北	110.51	110.13	126.77	126.96	149.25	157.79	154.86	153.89	110.82	119.93
湖南	152.38	136.99	142.91	125.38	126.19	119.91	114.44	108.60	75.14	77.10
广东	1257.47	1349.91	1317.90	1132.95	1190.69	1180.08	1147.79	1046.96	895.04	914.53
广西	169.93	205.84	221.87	190.75	203.43	198.64	201.84	217.98	207.19	183.94
海南	797.27	705.65	682.24	792.23	537.35	444.51	350.43	410.58	461.68	626.17
重庆	170.58	145.97	163.41	148.41	169.96	170.22	170.47	165.41	113.88	135.91
四川	134.52	163.26	166.32	129.48	127.90	138.90	130.15	149.80	133.74	141.24
贵州	93.31	86.60	100.65	98.11	83.06	78.29	90.07	108.19	67.24	74.82
云南	171.94	168.63	171.40	159.59	182.69	183.46	204.59	186.55	154.85	207.75
西藏	503.36	667.35	748.01	804.83	751.19	984.10	950.19	1589.54	779.07	1343.62
陕西	153.94	147.73	148.09	115.58	134.71	120.64	120.99	111.34	99.23	108.06
甘肃	82.00	84.69	115.64	103.96	132.28	154.01	170.94	166.19	102.54	151.62
青海	103.01	94.90	136.75	148.41	84.83	101.77	74.39	62.46	54.33	53.24
宁夏	197.14	164.92	185.09	150.04	144.00	167.15	147.75	137.51	82.24	101.85
新疆	201.92	293.56	428.52	340.27	377.64	339.23	416.06	519.57	348.60	320.67
平均值	361.35	372.49	400.08	365.28	381.76	388.43	387.88	424.15	322.62	369.55

附表 67　人均居民消费水平　　单位：元/人

区域\年份	2001	2002	2003	2004	2005	2006	2007	2008	2009	2010
北京	8 197	9 291	11 124	12 200	13 244	16 770	18 911	20 346	22 154	25 015
天津	6 802	7 162	7 868	8 802	9 653	10 564	11 957	14 000	15 149	17 784
河北	2 785	3 054	5 440	5 819	6 700	4 945	5 674	6 570	7 193	8 057
山西	2 232	2 562	5 105	5 654	6 343	4 843	5 525	6 187	6 854	8 159
内蒙古	2 806	3 453	5 419	6 219	6 929	5 800	7 062	8 108	9 668	11 080
辽宁	4 789	5 095	6 078	6 543	7 369	6 929	7 965	9 625	10 848	12 934
吉林	3 651	3 869	5 492	6 069	6 795	5 710	6 675	7 591	8 410	9 141
黑龙江	4 029	4 337	5 015	5 568	6 178	5 141	5 986	7 039	7 737	8 906
上海	12 562	14 295	11 040	12 631	13 773	20 944	24 260	27 343	29 572	32 271
江苏	4 322	4 704	6 709	7 332	8 622	8 302	9 659	11 013	11 993	14 035
浙江	4 772	5 515	9 713	10 636	12 254	11 161	12 569	13 893	15 790	18 097
安徽	2 739	2 988	5 064	5 711	6 368	4 441	5 278	6 377	6 829	8 237

续表

区域\年份	2001	2002	2003	2004	2005	2006	2007	2008	2009	2010
福建	4 611	4 900	7 356	8 161	8 794	7 826	8 772	10 361	10 950	12 871
江西	2 500	2 651	4 915	5 338	6 109	4 173	4 702	5 753	6 229	7 972
山东	3 751	3 952	6 069	6 674	7 457	7 025	8 075	9 573	10 494	11 611
河南	2 385	2 581	4 942	5 294	6 038	4 632	5 141	5 877	6 607	7 837
湖北	3 183	3 535	5 963	6 399	6 737	5 533	6 513	7 406	7 791	8 977
湖南	2 845	3 013	6 083	6 885	7 505	5 498	6 240	7 145	7 929	8 922
广东	5 038	5 683	9 636	10 695	11 810	10 829	12 663	14 390	15 291	17 218
广西	2 247	2 405	5 764	6 446	7 033	4 330	4 987	6 103	6 893	7 732
海南	2 961	3 198	5 502	5 802	5 929	4 736	5 552	6 550	6 695	7 553
重庆	2 642	2 836	7 118	7 973	8 623	5 417	6 545	9 835	8 308	9 723
四川	2 466	2 621	5 759	6 371	6 891	4 501	5 259	6 072	6 863	8 182
贵州	1 631	1 701	4 949	5 494	6 159	3 499	4 057	4 426	5 044	5 879
云南	2 192	2 377	6 024	6 837	6 997	4 075	4 553	4 553	5 926	6 724
西藏	1 939	2 313	8 045	8 338	8 617	2 915	3 215	3 504	4 060	4 513
陕西	2 150	2 404	5 667	6 233	6 656	3 972	5 272	6 290	7 069	8 273
甘肃	1 839	1 975	5 299	5 937	6 529	3 810	4 274	4 869	5 284	6 035
青海	2 443	2 644	5 400	5 759	6 245	4 229	4 978	5 830	6 495	7 234
宁夏	2 384	2 583	5 330	5 821	6 404	5 112	5 816	7 193	7 858	8 992
新疆	2 882	3 150	5 541	5 774	6 208	4 206	4 890	5 542	5 990	7 276
平均值	3 606	3 963	6 433	7 078	7 773	6 512	7 517	8 689	9 483	10 879

附表 68 教育经费投入额占财政支出比例 单位：%

区域\年份	2001	2002	2003	2004	2005	2006	2007	2008	2009	2010
北京	12.92	13.66	13.45	13.51	13.78	13.51	15.94	16.14	15.77	16.57
天津	15.45	15.68	15.25	14.77	15.20	15.02	16.32	16.33	15.44	16.67
河北	17.42	19.08	18.41	18.12	17.42	16.06	18.81	20.03	18.71	18.24
山西	17.40	17.55	16.22	15.46	15.26	13.20	17.26	17.87	17.81	17.01
内蒙古	12.45	12.27	12.15	11.74	11.54	11.70	14.19	14.19	12.64	14.17
辽宁	11.80	12.65	12.54	12.99	13.88	11.73	14.29	14.23	12.93	12.69
吉林	13.56	13.79	13.12	11.96	11.75	12.71	16.34	15.93	14.67	14.00
黑龙江	13.58	14.33	14.36	13.16	13.53	13.80	16.82	16.64	14.20	13.28
上海	14.09	13.46	12.07	11.23	11.11	11.44	12.99	12.57	11.61	12.63
江苏	19.82	18.88	17.09	16.34	15.43	14.81	19.30	18.25	16.94	17.61
浙江	18.13	18.26	18.31	18.82	18.30	18.28	21.25	20.56	19.57	18.91
安徽	16.51	16.83	16.66	17.55	16.47	16.18	17.12	17.38	15.12	14.93
福建	19.41	20.44	20.55	19.53	18.80	18.70	20.17	20.51	19.66	19.34
江西	17.07	17.35	16.87	16.23	15.59	14.90	19.20	17.09	16.12	15.47
山东	18.27	18.91	17.73	17.23	16.97	15.94	20.04	20.37	18.77	18.59
河南	18.88	19.60	18.30	17.42	16.79	16.19	19.57	19.46	18.11	17.84
湖北	14.55	16.29	16.48	16.17	15.26	13.89	17.00	17.22	15.17	14.65

续表

年份 区域	2001	2002	2003	2004	2005	2006	2007	2008	2009	2010
湖南	15.08	15.57	15.70	14.50	14.08	13.36	16.84	17.63	16.18	14.92
广东	13.64	15.33	15.64	15.54	14.38	15.38	18.23	18.61	18.53	17.00
广西	17.64	17.19	17.83	17.84	17.21	18.57	19.21	19.37	18.29	18.27
海南	14.14	15.31	14.04	14.09	16.01	15.96	16.45	15.54	15.33	16.91
重庆	13.98	12.88	12.57	12.58	12.45	13.23	15.82	15.11	14.73	14.07
四川	14.35	14.57	14.87	13.69	12.99	13.50	16.65	12.52	12.57	12.70
贵州	16.14	17.21	18.09	17.63	17.93	18.33	20.90	21.80	18.71	17.90
云南	15.37	16.33	15.86	16.85	15.96	16.83	16.78	16.46	15.79	16.40
西藏	8.55	8.72	8.96	11.29	10.99	10.29	12.19	12.37	12.98	11.03
陕西	14.96	15.06	15.86	14.40	15.54	15.53	17.51	18.54	16.88	17.03
甘肃	15.28	15.41	15.86	15.03	15.72	16.55	18.36	18.89	16.56	15.54
青海	10.05	9.70	10.35	11.11	11.96	11.36	12.35	13.42	12.70	11.09
宁夏	11.63	11.34	13.03	13.09	12.18	12.74	19.56	16.65	14.69	14.63
新疆	16.27	13.88	14.39	14.58	14.00	13.16	17.95	18.81	17.83	18.47
平均值	15.11	15.40	15.25	14.98	14.79	14.61	17.27	17.11	15.97	15.76

附表 69　大专以上学历人口所占比例　　单位：%

年份 区域	2001	2002	2003	2004	2005	2006	2007	2008	2009	2010
北京	16.52	19.30	19.29	22.80	23.55	28.19	28.67	26.51	28.93	31.50
天津	8.82	10.11	10.45	13.71	13.46	14.51	14.93	14.39	15.98	17.48
河北	2.69	4.41	6.23	5.56	4.41	3.74	3.93	4.55	5.26	7.30
山西	3.40	4.30	5.02	4.94	5.22	6.37	6.89	6.91	7.35	8.72
内蒙古	3.74	5.34	5.19	6.34	7.48	6.29	7.21	7.19	7.66	10.21
辽宁	6.16	5.27	8.61	8.01	7.94	9.30	9.73	10.79	11.59	11.97
吉林	4.91	6.21	6.18	6.64	6.34	6.84	7.29	7.39	8.00	9.89
黑龙江	4.57	4.65	4.70	4.52	6.10	5.98	6.25	5.84	6.38	9.07
上海	11.12	14.52	15.58	17.83	17.21	21.24	20.67	22.14	22.99	21.95
江苏	3.89	3.64	4.75	4.73	6.45	7.00	7.80	6.79	7.41	10.81
浙江	3.18	5.44	5.83	7.08	5.10	8.04	8.18	9.13	9.59	9.33
安徽	2.16	2.48	4.60	4.17	3.58	4.51	3.73	3.79	4.41	6.70
福建	2.94	3.94	4.39	4.31	4.67	5.56	5.40	5.55	9.22	8.36
江西	2.50	2.67	5.80	4.34	3.49	4.37	6.71	5.92	6.32	6.85
山东	3.32	5.30	5.13	5.15	4.15	5.48	5.52	5.23	5.72	8.69
河南	2.55	3.99	2.98	4.13	3.90	3.91	3.84	4.43	4.84	6.40
湖北	3.88	3.67	5.20	5.55	4.80	7.52	7.91	7.83	7.33	9.53
湖南	2.81	4.08	4.40	4.91	4.17	4.83	5.92	6.22	5.82	7.59
广东	3.89	4.76	4.67	4.69	5.46	5.44	6.12	6.69	6.55	8.21
广西	2.19	3.22	4.19	4.85	3.65	4.25	3.74	3.06	3.80	5.98
海南	3.02	3.29	5.35	4.85	5.04	5.09	5.88	5.37	6.39	7.77
重庆	2.78	3.14	3.40	3.46	4.35	4.33	3.62	4.05	5.21	8.64

续表

年份/区域	2001	2002	2003	2004	2005	2006	2007	2008	2009	2010
四川	2.36	3.49	3.52	3.43	3.24	4.37	3.97	4.21	5.38	6.68
贵州	1.78	3.17	4.82	4.11	3.01	2.54	3.03	3.29	3.12	5.29
云南	1.99	1.79	1.66	3.53	3.07	2.91	3.79	3.31	2.89	5.78
西藏	1.28	0.72	0.75	0.87	0.80	0.98	1.13	1.61	1.58	5.51
陕西	4.06	3.73	6.05	6.90	5.83	7.22	7.49	8.40	8.76	10.56
甘肃	2.61	2.84	4.15	5.34	3.97	3.16	3.67	4.29	4.58	7.52
青海	2.99	2.85	4.61	4.15	6.51	5.59	6.66	7.06	8.28	8.62
宁夏	3.60	5.08	4.99	6.51	6.20	6.75	6.92	7.11	7.79	9.15
新疆	5.05	9.56	9.09	9.14	8.01	8.06	8.31	8.99	8.80	10.63
平均值	4.09	5.06	5.86	6.34	6.17	6.91	7.26	7.36	8.00	9.76

附表 70　每亿元 GDP 工业污水排放总量　　单位：万吨/亿元

年份/区域	2001	2002	2003	2004	2005	2006	2007	2008	2009	2010
北京	5.70	4.17	2.61	2.08	1.84	1.25	0.98	0.75	0.72	0.58
天津	11.07	10.21	8.38	7.27	7.70	5.15	4.25	3.04	2.58	2.13
河北	18.68	17.74	15.65	15.03	12.44	11.37	9.01	7.57	6.39	5.60
山西	15.32	13.24	10.83	8.79	7.59	9.04	7.18	5.63	5.40	5.42
内蒙古	12.23	11.71	9.87	7.51	6.39	5.63	4.11	3.43	2.94	3.39
辽宁	19.77	16.86	14.86	13.76	13.06	10.18	8.64	6.08	4.94	3.87
吉林	16.78	14.81	11.78	10.75	11.38	9.20	7.51	5.97	5.16	4.46
黑龙江	14.58	13.19	12.39	9.51	8.19	7.21	5.43	4.68	3.98	3.75
上海	13.05	11.30	9.13	6.98	5.53	4.57	3.90	2.98	2.74	2.14
江苏	28.66	24.77	19.89	17.56	15.93	13.21	10.44	8.39	7.43	6.37
浙江	22.92	21.00	17.32	14.19	14.34	12.70	10.71	9.34	8.85	7.84
安徽	19.47	18.35	16.19	13.46	11.87	11.47	9.99	7.57	7.30	5.74
福建	17.12	17.57	19.74	19.99	19.98	16.82	14.75	12.94	11.67	8.43
江西	19.08	18.82	17.86	15.90	13.30	13.29	12.98	9.85	8.78	7.67
山东	12.53	10.38	9.60	8.57	7.57	6.59	6.42	5.72	5.39	5.32
河南	19.91	18.96	16.63	13.72	11.66	10.53	8.95	7.39	7.20	6.51
湖北	25.18	23.38	20.28	17.30	14.03	11.97	9.86	8.27	7.05	5.92
湖南	27.97	26.93	26.64	21.82	18.56	13.01	10.88	7.99	7.38	5.96
广东	9.37	10.76	9.40	8.73	10.27	8.83	7.92	5.80	4.78	4.06
广西	39.71	38.49	42.29	35.75	36.55	27.17	30.89	29.30	20.83	17.26
海南	12.54	11.53	10.36	8.63	8.27	7.04	4.87	3.99	4.25	2.80
重庆	46.00	40.14	36.07	30.83	24.48	22.14	16.74	11.57	10.06	5.70
四川	26.77	24.90	22.53	18.69	16.60	13.27	10.92	8.63	7.48	5.44
贵州	18.36	13.77	11.79	9.61	7.40	5.95	4.41	3.28	3.44	3.07
云南	15.30	14.57	13.56	12.46	9.51	8.60	7.46	5.80	5.25	4.28
西藏	7.63	6.38	3.24	4.51	3.98	2.72	2.50	2.34	2.13	1.45
陕西	14.24	13.53	12.96	11.60	10.89	8.53	8.88	6.63	6.01	4.49

续表

年份 区域	2001	2002	2003	2004	2005	2006	2007	2008	2009	2010
甘肃	18.41	15.97	14.93	10.83	8.69	7.28	5.87	5.18	4.83	3.73
青海	14.61	10.52	8.85	7.60	14.02	11.05	9.34	6.97	7.77	6.69
宁夏	30.97	30.58	24.12	17.70	34.95	25.49	23.72	16.98	15.92	13.01
新疆	11.26	10.19	8.70	8.00	7.70	6.75	5.95	5.47	5.66	4.67
平均值	18.88	17.25	15.43	13.20	12.73	10.58	9.21	7.40	6.59	5.41

附表 71　每亿元 GDP 工业废气排放总量

单位：亿标立方米/亿元

年份 区域	2001	2002	2003	2004	2005	2006	2007	2008	2009	2010
北京	0.82	0.68	0.60	0.53	0.51	0.53	0.55	0.39	0.36	0.34
天津	1.49	1.71	1.69	0.98	1.18	1.13	1.09	0.89	0.80	0.83
河北	2.08	2.12	2.28	2.56	2.65	3.25	3.50	2.35	2.95	2.76
山西	3.96	4.04	4.50	3.74	3.58	3.75	3.74	3.17	3.22	3.82
内蒙古	2.89	3.09	3.33	4.45	3.09	3.06	2.99	2.38	2.55	2.36
辽宁	2.00	1.92	2.13	1.95	2.60	2.41	2.17	2.94	1.66	1.46
吉林	1.53	1.50	1.45	1.38	1.36	1.25	1.08	0.96	0.98	0.95
黑龙江	1.36	1.27	1.19	1.05	0.95	1.01	1.03	0.94	1.16	0.98
上海	1.34	1.30	1.17	1.09	0.92	0.85	0.79	0.74	0.67	0.76
江苏	1.41	1.35	1.18	1.19	1.09	1.01	0.92	0.81	0.80	0.75
浙江	1.24	1.07	1.07	1.01	0.97	0.97	0.93	0.82	0.82	0.74
安徽	1.48	1.45	1.37	1.25	1.30	1.65	1.80	1.78	1.52	1.44
福建	0.81	0.80	0.84	0.87	0.96	1.02	0.99	0.85	0.86	0.92
江西	1.03	1.07	1.14	1.15	1.08	1.09	1.11	1.07	1.08	1.04
山东	1.57	1.39	1.34	1.36	1.31	1.27	1.21	1.08	1.04	1.12
河南	1.67	1.76	1.75	1.53	1.46	1.39	1.26	1.12	1.14	0.98
湖北	1.50	1.53	1.41	1.57	1.43	1.30	1.12	1.02	0.97	0.87
湖南	1.03	1.01	0.99	0.98	0.91	0.96	0.95	0.80	0.84	0.91
广东	0.79	0.78	0.70	0.66	0.60	0.57	0.54	0.56	0.57	0.52
广西	2.40	2.26	2.35	3.10	2.09	2.22	2.14	1.66	1.70	1.52
海南	0.90	0.85	0.77	0.79	1.01	0.97	0.91	0.89	0.82	0.66
重庆	1.05	0.99	1.00	1.31	1.05	1.44	1.85	1.27	1.93	1.38
四川	1.29	1.54	1.24	1.17	1.10	1.79	2.19	1.03	0.95	1.17
贵州	3.20	2.83	2.44	2.49	1.92	3.04	3.78	1.92	1.99	2.21
云南	1.56	1.58	1.64	1.60	1.57	1.70	1.70	1.46	1.54	1.52
西藏	0.10	0.08	0.07	0.07	0.05	0.04	0.04	0.03	0.03	0.03
陕西	1.42	1.52	1.49	1.38	1.25	1.20	1.18	1.33	1.35	1.33
甘肃	2.48	2.41	2.88	2.19	2.20	2.21	2.15	1.80	1.86	1.52
青海	2.82	2.75	2.57	2.66	2.52	2.98	3.18	3.18	3.06	2.93
宁夏	3.89	4.32	3.88	4.35	4.64	4.70	4.48	3.66	3.47	9.66
新疆	1.58	1.56	1.56	1.72	1.72	1.69	1.65	1.47	1.63	1.71
平均值	1.70	1.69	1.68	1.68	1.58	1.69	1.71	1.43	1.43	1.59

附表 72　R&D 人员全时当量增长率

单位:%

区域＼年份	2002	2003	2004	2005	2006	2007	2008	2009	2010
北京	20.57	−4.35	37.85	12.87	−1.52	11.40	1.07	1.16	0.99
天津	9.62	9.92	2.78	12.84	11.38	20.70	7.57	7.66	13.08
河北	16.67	4.56	1.16	19.83	4.80	3.66	1.99	22.29	10.27
山西	6.17	7.56	0.00	48.11	41.61	−4.90	19.24	8.64	−3.14
内蒙古	8.75	0.00	31.03	18.42	9.63	4.05	18.83	18.58	14.29
辽宁	22.54	−13.45	7.14	10.17	4.39	11.88	−0.65	5.48	4.70
吉林	9.50	−0.51	13.85	15.32	11.33	14.04	−2.46	24.29	14.97
黑龙江	6.21	1.17	13.29	12.76	2.04	6.87	5.19	6.90	14.21
上海	5.38	2.55	5.16	13.37	19.70	12.34	5.55	39.75	1.58
江苏	14.97	8.28	5.30	23.91	8.52	15.55	21.68	39.94	15.55
浙江	11.42	16.50	35.41	26.94	28.34	25.88	23.34	15.98	20.75
安徽	−2.87	5.91	−3.98	17.84	5.28	21.07	36.74	20.61	7.54
福建	−9.68	18.75	19.55	12.26	12.61	18.41	24.58	6.75	21.17
江西	1.32	11.11	12.94	14.58	17.27	5.04	4.06	17.38	5.14
山东	55.13	7.85	−7.66	26.00	6.04	20.60	37.68	2.62	15.61
河南	14.96	−1.93	3.44	21.62	16.60	8.71	10.17	29.51	9.61
湖北	25.57	−6.49	−3.08	21.67	1.47	8.53	8.01	25.27	7.35
湖南	1.74	−7.53	15.93	21.41	4.74	12.81	12.03	26.84	13.79
广东	9.86	7.94	−0.75	28.25	23.28	35.53	19.65	18.85	21.50
广西	27.37	9.09	12.12	20.95	5.59	6.35	15.42	28.88	13.71
海南	−11.11	25.00	40.00	−14.29	0.00	8.33	30.77	147.06	16.67
重庆	6.67	0.57	16.95	18.84	8.94	17.91	8.86	1.74	6.00
四川	27.18	−5.55	3.80	10.48	3.31	14.87	10.03	−0.92	−2.44
贵州	−5.26	−4.44	−9.30	25.64	9.18	6.54	0.88	13.91	15.27
云南	18.80	−7.19	13.95	0.68	8.11	11.25	11.24	6.57	7.11
西藏	200.00	0.00	−33.33	50.00	66.67	−30.00	−14.29	116.67	0.00
陕西	5.58	−10.41	−9.59	9.59	10.80	9.41	−0.46	4.94	7.65
甘肃	−15.03	14.97	−14.79	16.67	−0.60	12.57	6.91	5.47	2.36
青海	0.00	15.00	13.04	0.00	0.00	11.54	−13.79	84.00	6.52
宁夏	7.14	−10.00	29.63	14.29	10.00	27.27	−7.14	32.69	−7.25
新疆	15.22	0.00	15.09	14.75	5.71	20.27	−1.12	44.32	13.39
平均值	16.27	3.06	8.61	17.61	11.46	11.89	9.73	26.57	9.29

附表 73　R&D 经费增长率

单位:%

区域＼年份	2002	2003	2004	2005	2006	2007	2008	2009	2010
北京	28.24	16.72	23.84	20.40	13.33	16.72	8.90	21.49	22.91
天津	23.77	29.62	32.95	35.01	31.24	20.42	35.77	14.61	28.63
河北	30.23	13.24	15.22	34.42	30.09	17.43	21.21	23.58	15.28
山西	33.43	9.85	47.57	12.50	38.28	35.53	27.03	29.25	11.16
内蒙古	23.85	32.30	22.07	50.00	40.94	46.76	40.08	53.60	22.37
辽宁	32.76	15.94	28.85	16.65	8.88	21.81	14.92	22.25	23.71

续表

年份 区域	2002	2003	2004	2005	2006	2007	2008	2009	2010
吉林	60.06	5.26	27.73	10.67	4.12	24.32	3.87	53.97	−6.83
黑龙江	15.87	40.32	8.17	38.36	16.60	15.80	31.28	25.92	12.70
上海	25.16	16.91	32.73	21.76	24.23	18.78	15.59	19.13	13.77
江苏	27.04	28.31	42.22	26.10	28.25	24.31	35.03	20.84	22.22
浙江	31.14	38.57	53.60	41.32	37.20	25.70	22.36	15.75	23.92
安徽	21.80	26.15	17.03	20.98	29.28	20.98	36.96	38.27	20.43
福建	7.96	53.69	22.37	16.84	25.76	21.86	24.05	32.82	26.24
江西	50.26	44.88	26.80	32.51	32.35	29.21	29.43	20.17	14.84
山东	44.76	17.79	36.86	37.31	19.98	33.39	38.87	19.80	29.33
河南	3.60	16.61	23.90	31.21	43.65	26.67	20.91	42.92	20.83
湖北	30.11	14.49	3.28	32.37	25.99	17.89	33.84	43.26	23.74
湖南	9.21	14.80	23.10	20.19	20.44	37.17	53.23	36.20	21.54
广东	13.86	14.95	17.44	15.41	28.42	29.15	24.31	29.93	23.86
广西	13.13	24.20	5.60	22.91	25.02	20.61	49.23	43.77	33.20
海南	52.50	−0.82	72.73	−23.92	32.08	23.81	28.85	72.54	21.45
重庆	26.20	38.19	35.61	35.14	15.49	27.31	28.01	32.10	26.19
四川	7.69	28.26	−1.78	23.80	11.66	29.02	15.18	33.82	23.23
贵州	14.53	29.98	10.01	27.07	31.55	−5.31	37.77	39.51	13.48
云南	27.14	12.46	13.62	70.42	−1.88	23.71	19.74	20.14	18.64
西藏	145.00	−36.73	16.13	−2.78	37.14	45.83	75.71	17.07	1.39
陕西	17.43	11.99	22.78	10.75	9.64	20.08	17.71	32.27	14.77
甘肃	30.48	16.51	12.69	36.28	22.13	7.39	23.64	17.17	12.56
青海	73.33	15.87	26.14	−2.63	12.84	14.07	2.62	94.12	30.96
宁夏	30.00	22.05	28.15	3.93	56.78	50.30	1.07	38.28	10.25
新疆	10.00	7.95	58.16	6.66	32.29	18.16	59.78	36.16	22.25
平均值	30.99	20.01	25.99	23.28	25.28	24.48	28.29	33.57	19.32

附表 74　地方财政科技拨款增长率　　单位：%

年份 区域	2002	2003	2004	2005	2006	2007	2008	2009	2010
北京	23.71	16.44	29.62	15.37	60.86	49.98	23.64	12.59	41.65
天津	11.70	15.95	18.07	18.70	34.07	22.08	28.25	18.67	27.21
河北	−10.15	6.88	20.29	12.93	20.75	28.96	24.47	21.97	12.18
山西	4.17	18.00	33.47	3.49	24.23	95.06	11.65	−0.17	14.25
内蒙古	13.58	11.52	−2.53	40.40	12.54	16.71	66.59	17.64	18.37
辽宁	21.51	9.23	17.56	19.06	23.30	12.14	26.70	17.28	19.85
吉林	2.65	−10.86	−11.03	51.09	22.30	30.47	20.92	41.54	0.74
黑龙江	−5.71	−2.29	14.55	−5.08	17.44	28.46	15.00	−0.65	38.73
上海	22.68	30.53	98.08	101.88	19.61	11.45	13.71	79.02	−6.17
江苏	17.92	18.55	26.30	33.13	52.47	26.34	33.16	27.86	28.48
浙江	34.23	18.11	30.57	30.23	25.77	13.74	21.32	14.41	22.26
安徽	12.82	4.09	20.09	8.36	49.33	79.33	49.00	53.36	58.98

续表

年份/区域	2002	2003	2004	2005	2006	2007	2008	2009	2010
福建	4.95	14.38	13.95	16.81	13.65	38.12	20.50	8.82	15.85
江西	1.54	10.00	18.46	14.65	21.70	45.67	27.46	20.29	36.27
山东	−1.05	22.86	−1.81	16.27	55.04	12.92	23.10	10.06	34.16
河南	15.60	8.92	19.47	28.15	27.17	43.35	20.65	16.69	25.76
湖北	3.72	24.93	13.50	19.89	42.23	15.80	22.92	9.84	18.79
湖南	21.11	−19.12	2.84	30.43	16.64	43.29	29.77	11.40	18.30
广东	41.53	−1.94	15.59	28.09	24.27	14.56	11.12	27.15	27.26
广西	29.31	47.83	−23.34	15.00	18.93	41.83	22.90	11.47	19.87
海南	14.75	40.00	2.04	29.00	31.78	64.12	61.29	34.89	23.06
重庆	−7.69	2.50	35.50	19.80	25.21	47.33	36.92	2.78	15.11
四川	3.61	13.15	7.25	17.59	14.96	42.33	24.25	10.92	21.19
贵州	9.55	10.51	18.33	52.16	−2.06	31.32	30.16	9.85	16.75
云南	14.80	1.89	−8.40	25.24	8.37	14.56	35.30	7.47	12.85
西藏	130.77	−32.22	14.75	21.43	5.88	114.44	50.26	−7.24	0.74
陕西	10.83	9.55	9.96	27.92	51.92	29.13	28.87	21.59	21.16
甘肃	13.92	−8.89	34.15	14.85	16.09	66.14	29.55	7.50	6.97
青海	1.12	24.44	−10.71	32.00	13.64	68.00	57.54	20.40	−14.64
宁夏	12.90	−4.29	11.94	35.33	−1.48	139.50	−9.60	1.62	35.68
新疆	36.36	15.28	8.43	38.00	17.55	75.89	15.58	8.76	25.09
平均值	16.35	10.19	15.39	26.20	24.65	43.97	28.16	17.35	20.54

附表 75 专利申请受理数增长率 单位:%

年份/区域	2002	2003	2004	2005	2006	2007	2008	2009	2010
北京	13.70	22.84	8.23	22.66	17.65	19.30	37.34	15.46	14.05
天津	82.73	20.99	23.40	38.67	14.09	18.38	15.79	7.65	32.35
河北	14.80	4.32	0.43	13.35	12.79	8.77	16.24	24.46	8.22
山西	10.66	6.93	11.82	1.85	42.27	18.02	61.60	26.66	16.20
内蒙古	10.58	15.89	4.59	−0.14	33.75	3.55	10.22	11.84	17.23
辽宁	31.10	37.50	8.49	6.65	8.81	14.46	7.04	23.50	32.60
吉林	29.92	25.02	−14.30	12.14	11.63	14.70	5.43	7.19	8.61
黑龙江	19.67	13.21	−1.07	22.99	8.02	10.82	10.11	13.04	13.92
上海	56.30	12.04	−8.51	59.94	10.08	30.97	11.93	17.80	14.39
江苏	26.30	40.67	27.94	47.93	53.02	66.99	43.90	36.19	35.30
浙江	34.59	24.32	17.85	70.87	22.58	30.11	30.46	20.63	11.30
安徽	13.06	15.74	9.98	19.47	33.08	29.73	71.48	57.42	187.61
福建	31.20	10.95	3.62	26.17	9.42	9.56	16.22	33.21	25.26
江西	14.57	19.49	10.31	4.84	12.65	11.89	5.58	39.46	20.73
山东	15.09	22.85	16.42	56.81	32.77	22.37	28.60	10.97	20.94
河南	8.50	18.46	20.09	42.15	28.47	29.28	27.98	2.61	28.38
湖北	14.76	33.77	19.97	44.90	26.37	19.21	21.70	28.65	15.09
湖南	13.21	24.59	27.07	13.91	16.96	9.60	24.78	13.78	40.34

续表

年份/区域	2002	2003	2004	2005	2006	2007	2008	2009	2010
广东	24.48	25.72	20.87	38.35	25.85	12.72	1.40	20.98	21.67
广西	4.84	16.76	−2.13	8.04	17.02	25.00	11.61	10.12	19.64
海南	40.00	−18.50	−15.73	30.40	10.02	17.47	38.13	19.13	−2.02
重庆	53.49	46.05	12.68	21.06	3.37	3.77	23.96	61.97	69.30
四川	19.01	24.11	−2.46	45.55	24.06	46.20	26.98	35.80	21.74
贵州	32.63	−1.43	19.65	49.80	20.13	3.18	6.67	26.03	19.01
云南	−0.73	10.45	8.44	19.89	20.70	0.75	31.56	13.30	21.84
西藏	−34.78	60.00	158.33	64.52	−12.75	8.99	260.82	−44.29	−16.92
陕西	8.77	35.22	−5.96	29.50	37.23	48.66	39.99	30.86	47.39
甘肃	6.40	23.05	−5.31	93.30	−17.00	10.14	35.45	22.87	32.96
青海	−6.79	14.57	−28.32	74.19	50.46	19.08	11.37	15.78	20.64
宁夏	22.09	−12.33	−9.52	29.32	30.04	24.89	29.71	17.48	−42.13
新疆	14.09	18.89	1.29	24.06	21.88	0.62	6.26	19.07	23.96
平均值	20.14	19.75	10.91	33.33	20.17	19.01	31.30	20.63	25.15

附表 76　专利申请授权数增长率　　　　单位：%

年份/区域	2002	2003	2004	2005	2006	2007	2008	2009	2010
北京	1.59	29.98	9.19	12.16	11.27	33.07	18.68	29.15	46.20
天津	−0.11	37.11	2.91	18.11	36.58	34.26	21.60	9.04	48.65
河北	20.14	6.53	−4.62	5.22	15.23	29.70	2.58	24.44	47.11
山西	−10.79	25.80	1.19	2.61	16.48	40.18	14.41	41.60	47.26
内蒙古	−8.61	20.32	1.71	1.68	15.74	34.25	1.14	12.50	40.29
辽宁	2.32	24.28	1.64	7.76	19.44	29.95	10.92	14.37	40.13
吉林	4.44	12.14	26.92	−5.69	14.63	23.11	4.52	9.75	32.61
黑龙江	11.39	34.13	0.54	3.45	24.64	18.80	6.30	11.04	33.49
上海	24.65	149.01	−36.27	18.62	31.73	47.46	−0.05	42.69	38.10
江苏	23.34	29.56	15.14	19.86	42.50	64.17	39.87	96.42	58.54
浙江	26.07	37.44	5.88	24.97	62.51	35.85	25.87	50.97	43.40
安徽	11.03	13.46	−0.19	20.66	15.27	52.71	27.34	97.75	86.32
福建	21.39	34.39	−11.51	8.18	24.58	21.04	2.27	42.14	60.10
江西	4.50	18.58	−5.57	16.42	12.86	34.70	10.92	27.02	49.19
山东	8.45	24.32	7.35	10.38	48.35	43.20	16.94	29.32	49.19
河南	0.31	14.32	12.06	12.96	39.86	33.50	30.51	25.10	44.76
湖北	0.23	29.97	14.25	17.68	22.64	39.75	26.57	35.62	52.87
湖南	−2.25	35.28	3.34	11.52	53.27	1.41	7.84	35.48	66.96
广东	24.66	28.44	7.56	17.32	17.95	29.72	9.88	34.81	42.72
广西	−4.09	26.28	−4.43	−3.69	17.71	32.25	16.83	21.27	34.97
海南	−34.32	48.74	−6.08	−28.06	24.00	19.35	15.20	84.75	13.33
重庆	47.12	63.71	24.90	−0.28	27.82	8.80	−3.48	55.62	61.05
四川	1.37	19.04	9.36	3.97	54.97	39.18	34.56	50.59	60.00

续表

区域＼年份	2002	2003	2004	2005	2006	2007	2008	2009	2010
贵州	−4.21	17.56	1.94	25.51	44.54	29.17	0.06	20.60	48.08
云南	−16.26	7.54	4.20	9.26	18.54	30.67	−5.52	44.63	30.79
西藏	−68.18	128.57	43.75	91.30	84.09	−16.05	36.76	213.98	−57.53
陕西	12.56	5.58	24.74	−5.63	30.57	39.55	27.27	38.59	64.84
甘肃	−22.46	19.40	8.44	6.42	52.10	23.20	2.15	21.68	46.62
青海	−15.84	5.88	−22.22	12.86	22.78	128.87	2.70	61.40	−28.26
宁夏	−6.49	56.48	−13.31	−26.96	35.51	2.07	104.73	50.17	18.79
新疆	−16.95	19.94	5.32	16.29	28.88	29.23	−2.67	24.98	37.30
平均值	1.13	33.03	4.13	10.48	31.19	32.68	16.35	43.79	40.58

附表 77　研究与开发机构 R&D 课题增长率　　单位：%

区域＼年份	2002	2003	2004	2005	2006	2007	2008	2009	2010
北京	7.58	7.83	8.76	6.34	6.00	18.59	6.72	−16.19	9.74
天津	−6.73	2.84	0.53	7.40	−3.74	7.26	14.97	−25.37	−1.11
河北	−19.50	6.25	−4.53	1.54	−2.78	22.11	7.56	−51.49	16.73
山西	0.08	9.57	−4.02	7.65	9.12	14.12	7.33	−47.40	−0.53
内蒙古	7.58	14.09	−7.52	6.39	−7.37	−6.48	32.60	−20.07	−2.23
辽宁	−1.20	−7.20	−1.20	3.26	3.59	−9.36	4.34	−23.13	4.27
吉林	6.66	−5.75	−5.44	−2.15	7.65	10.60	22.02	−15.76	−0.06
黑龙江	3.70	7.79	−7.53	−2.67	15.46	6.78	13.25	−14.48	0.06
上海	2.81	6.24	3.75	4.93	3.35	21.12	8.74	0.41	4.58
江苏	−12.46	2.73	0.94	1.45	10.54	8.24	8.88	−31.24	19.28
浙江	1.20	−1.84	−2.31	26.93	33.42	26.78	−16.06	−51.77	12.64
安徽	1.38	14.00	−8.53	−2.70	−1.52	7.01	15.05	−39.69	8.82
福建	7.32	−3.34	1.73	8.85	21.41	11.16	16.21	−20.91	15.40
江西	−4.38	3.58	0.00	−0.55	2.36	8.70	−3.50	−23.70	16.13
山东	1.48	1.37	1.74	2.62	1.62	19.21	12.70	−13.14	10.44
河南	−5.19	−5.56	−4.33	−2.71	−10.42	12.46	1.85	−44.79	10.34
湖北	−5.72	2.82	−10.47	2.04	5.06	21.03	14.44	−23.02	14.51
湖南	−9.07	3.51	−5.15	6.93	3.13	12.36	7.36	−8.68	4.56
广东	15.90	8.52	−2.09	9.59	−1.73	18.58	5.89	−30.45	10.14
广西	20.89	6.42	−4.50	4.46	3.14	12.81	18.56	−23.77	32.49
海南	−11.35	11.01	21.18	4.87	14.98	14.31	5.30	−36.74	59.52
重庆	2.04	−25.13	3.51	−7.42	13.59	13.96	2.69	−27.52	56.96
四川	9.08	−4.47	−2.46	5.45	4.59	3.84	5.95	−35.80	7.58
贵州	7.27	5.22	10.90	12.85	9.70	12.00	8.54	−32.22	−7.89
云南	2.34	−7.39	−11.52	−4.58	22.94	4.09	8.96	−25.32	6.98
西藏	65.08	−32.69	37.14	30.21	−11.20	15.32	12.50	−52.78	33.82
陕西	0.00	6.46	−7.67	13.14	15.55	−1.68	2.12	−13.29	−1.00
甘肃	−4.60	−1.64	−4.49	−2.18	8.72	23.49	15.90	−16.98	6.40

续表

区域＼年份	2002	2003	2004	2005	2006	2007	2008	2009	2010
青海	−16.13	−2.75	−2.26	5.78	30.60	−8.79	4.59	−3.95	4.57
宁夏	6.88	−11.39	11.73	15.50	12.12	3.09	−1.87	−35.88	−8.93
新疆	0.40	4.83	−4.14	7.65	9.57	3.99	10.48	−24.11	14.89
平均值	2.37	0.52	0.06	5.51	7.40	10.54	8.84	−26.75	11.58

附表 78　高等学校 R&D 课题增长率　　单位：%

区域＼年份	2002	2003	2004	2005	2006	2007	2008	2009	2010
北京	24.52	23.70	21.19	24.55	22.85	13.47	5.75	10.39	18.37
天津	10.83	23.22	14.92	12.38	12.36	10.43	14.94	7.54	12.81
河北	26.49	14.51	12.51	20.34	32.53	3.98	9.26	9.80	9.78
山西	10.16	12.72	0.99	30.72	27.25	2.21	7.55	20.11	12.01
内蒙古	23.84	10.27	25.77	8.38	46.44	4.30	11.76	1.29	19.05
辽宁	−0.82	18.90	24.04	14.76	28.45	7.20	17.72	13.21	8.46
吉林	10.97	4.62	42.03	23.60	22.03	7.77	22.61	7.25	11.50
黑龙江	3.49	28.08	27.36	19.70	26.27	0.92	16.80	−3.76	14.43
上海	15.44	11.53	22.09	12.67	35.07	−11.07	12.84	5.19	16.49
江苏	11.40	9.81	7.99	10.66	37.63	−10.48	18.43	10.52	13.33
浙江	44.16	17.11	28.03	17.37	28.30	−6.88	9.64	9.45	10.08
安徽	10.18	21.12	3.10	19.33	37.84	14.16	24.99	22.52	21.87
福建	23.39	12.63	6.53	17.40	37.67	5.45	13.60	5.69	20.79
江西	19.38	29.04	18.23	37.73	30.59	5.16	15.61	9.73	9.39
山东	17.82	16.85	19.47	22.07	39.28	3.44	17.32	2.89	15.28
河南	18.19	14.36	30.25	36.19	36.75	17.86	16.99	21.09	10.12
湖北	21.87	26.69	15.02	3.83	35.77	−4.33	16.11	15.03	13.72
湖南	40.05	6.93	21.10	11.66	35.77	8.20	13.26	18.02	23.10
广东	12.27	16.77	22.19	18.75	37.49	3.03	10.49	13.37	14.35
广西	25.80	31.36	37.14	33.38	27.35	11.40	23.00	8.11	7.00
海南	7.14	48.51	−3.87	39.94	29.11	1.60	6.23	36.50	18.33
重庆	18.16	22.94	11.98	27.69	23.08	−3.49	16.06	19.56	18.37
四川	22.03	26.86	16.20	24.26	16.95	13.52	16.87	10.33	15.05
贵州	38.11	20.18	5.51	14.72	46.16	23.63	36.29	26.51	25.99
云南	22.19	24.64	20.76	19.91	30.18	15.69	27.40	13.43	10.50
西藏	242.86	0.00	−81.25	488.89	152.83	−67.16	281.82	90.48	10.00
陕西	22.38	18.73	15.06	12.84	31.02	−7.29	11.22	15.60	18.76
甘肃	23.67	26.94	15.76	11.84	24.60	11.79	13.33	9.41	9.04
青海	1.43	−4.23	63.24	16.22	49.22	3.12	25.44	15.26	19.86
宁夏	29.51	3.00	23.84	1.60	34.84	32.71	14.76	17.58	14.08
新疆	30.40	−7.64	13.47	30.75	9.44	28.74	22.48	5.51	28.46
平均值	26.69	17.10	16.15	34.97	35.00	4.49	24.86	15.08	15.17

附表 79　国内中文期刊科技论文数增长率　　单位：%

区域＼年份	2002	2003	2004	2005	2006	2007	2008	2009	2010
北京	13.13	12.91	9.90	10.37	12.25	8.99	5.54	5.25	4.99
天津	17.74	17.88	10.62	13.47	15.21	13.08	0.57	0.56	0.56
河北	18.89	8.58	14.33	23.73	34.52	22.59	11.59	10.38	9.41
山西	7.55	24.30	10.92	12.82	20.74	16.87	6.00	5.64	5.36
内蒙古	13.70	5.46	11.20	16.18	18.89	41.88	6.95	6.49	6.10
辽宁	17.81	14.76	9.93	22.86	13.33	13.58	4.38	4.19	4.03
吉林	16.66	20.45	11.89	16.79	16.41	10.47	3.10	3.00	2.92
黑龙江	17.13	0.71	16.42	13.26	9.74	18.94	9.39	8.58	7.90
上海	11.16	11.69	10.81	9.71	8.21	7.47	6.16	5.81	5.49
江苏	15.27	14.44	11.22	18.57	19.51	14.52	10.84	9.78	8.91
浙江	26.26	18.74	15.43	16.14	10.97	27.52	2.27	2.22	2.17
安徽	4.42	15.58	10.10	14.56	19.26	20.03	8.59	7.91	7.33
福建	8.33	7.60	10.98	16.62	17.96	11.48	5.25	4.97	4.75
江西	16.97	11.57	13.22	23.29	33.14	13.87	8.95	8.20	7.59
山东	19.23	14.62	10.50	17.62	10.07	14.61	3.80	3.66	3.53
河南	36.57	27.82	13.15	27.48	14.33	19.00	8.54	7.87	7.29
湖北	24.92	10.65	19.35	10.89	11.00	9.45	−2.80	−2.88	−2.97
湖南	20.62	13.78	15.90	12.31	17.93	22.22	4.11	3.95	3.80
广东	16.05	17.44	20.92	16.98	10.09	−0.32	7.61	7.07	6.60
广西	18.95	27.55	12.90	14.59	22.87	32.06	23.89	19.27	16.17
海南	21.93	0.99	8.41	6.32	87.95	55.56	29.15	22.57	18.42
重庆	41.39	18.01	12.84	9.62	14.31	14.27	7.88	7.30	6.81
四川	19.96	20.21	15.94	14.70	11.89	16.63	8.44	7.77	7.22
贵州	−4.92	19.14	17.69	16.23	15.07	27.96	14.26	12.46	11.10
云南	−34.68	10.65	6.46	11.30	16.77	19.13	13.21	11.67	10.45
西藏	2.74	97.33	0.00	−25.00	24.32	−8.70	25.40	20.25	16.84
陕西	20.83	14.46	8.94	9.69	11.98	14.19	3.27	3.16	3.07
甘肃	23.22	7.14	21.13	9.54	8.33	18.14	10.73	9.69	8.83
青海	8.85	35.77	23.35	2.75	37.64	29.52	4.77	4.55	4.35
宁夏	15.60	4.37	8.17	−1.58	47.68	29.14	13.95	12.16	10.92
新疆	18.54	22.02	15.83	11.55	13.82	39.96	15.11	13.13	11.60
平均值	15.32	17.63	12.85	12.69	20.20	19.16	9.06	7.96	7.15

附表 80　国外主要检索工具收录我国科技论文数增长率　　单位：%

区域＼年份	2002	2003	2004	2005	2006	2007	2008	2009	2010
北京	21.22	21.65	10.00	47.34	5.49	12.53	16.80	0.99	0.98
天津	43.75	29.76	28.03	60.13	10.99	−1.69	18.17	2.79	2.71
河北	7.28	94.27	−18.79	108.80	6.96	23.12	55.91	−8.41	−9.18
山西	21.21	76.50	−13.61	109.22	−24.68	1.57	66.20	−13.19	−15.20
内蒙古	26.98	20.00	−7.29	132.58	2.90	46.95	40.26	9.57	8.73
辽宁	58.46	15.24	23.45	56.92	23.75	21.62	7.61	7.48	6.96

续表

区域＼年份	2002	2003	2004	2005	2006	2007	2008	2009	2010
吉林	17.44	36.81	12.11	66.58	12.48	5.39	18.35	5.54	5.24
黑龙江	40.18	38.88	35.77	58.08	25.81	19.30	19.22	6.09	5.74
上海	28.58	25.82	15.65	56.53	7.36	4.16	20.49	4.39	4.21
江苏	22.25	24.86	24.86	63.59	16.10	18.97	29.33	13.82	12.14
浙江	44.58	44.80	33.04	68.45	14.11	6.28	14.68	6.82	6.39
安徽	7.60	−1.16	56.12	45.51	16.64	6.89	10.22	2.12	2.07
福建	35.33	96.63	−16.81	41.38	18.25	20.52	25.36	11.31	10.16
江西	21.95	18.67	29.78	148.05	52.71	35.20	42.86	27.34	21.47
山东	31.17	22.18	22.01	72.32	14.97	26.17	31.96	−1.33	−1.35
河南	18.58	21.24	57.99	62.33	30.04	41.05	58.06	9.19	8.42
湖北	26.12	42.52	20.82	74.79	8.31	22.11	22.18	4.31	4.13
湖南	20.25	37.91	27.94	56.78	39.99	19.19	20.95	8.95	8.21
广东	16.93	42.64	20.90	67.84	20.58	20.05	20.10	12.62	11.21
广西	37.17	8.39	95.24	59.76	28.24	31.99	41.49	22.31	18.24
海南	7.14	53.33	−13.04	170.00	38.89	36.00	21.57	47.58	32.24
重庆	43.15	30.62	27.59	92.54	8.00	16.52	35.03	29.37	22.70
四川	12.96	45.96	40.27	48.50	20.64	22.62	24.37	5.28	5.01
贵州	73.75	26.62	−5.11	44.31	14.11	44.36	32.24	10.67	9.64
云南	21.27	16.73	−6.91	48.42	21.38	13.39	30.61	28.58	22.23
西藏	0.00	0.00	0.00	100.00	0.00	250.00	−71.43	300.00	75.00
陕西	25.12	19.54	18.48	70.94	13.69	15.14	26.90	6.15	5.80
甘肃	22.09	19.17	26.96	55.50	−4.32	14.79	27.41	3.69	3.56
青海	−13.64	21.05	78.26	75.61	1.39	17.81	27.91	10.91	9.84
宁夏	−52.00	50.00	−50.00	333.33	46.15	−12.28	58.00	2.53	2.47
新疆	72.92	80.72	−1.33	85.81	−6.55	32.68	49.56	14.90	12.97
平均值	24.51	34.88	18.46	83.29	15.63	26.85	27.17	19.11	10.09

附表 81　地区生产总值增长率　　单位：%

区域＼年份	2002	2003	2004	2005	2006	2007	2008	2009	2010
北京	16.71	16.01	20.63	15.00	16.48	15.22	18.83	9.34	16.13
天津	12.07	19.87	20.67	25.54	14.26	13.17	33.04	11.95	22.64
河北	9.09	15.00	22.49	18.10	14.54	19.55	16.79	7.64	18.33
山西	14.55	22.82	25.08	18.46	15.32	17.52	27.59	0.59	25.04
内蒙古	13.25	23.05	27.33	28.41	26.61	23.20	39.49	14.64	19.83
辽宁	8.45	9.97	11.15	20.61	15.62	18.47	24.00	11.30	21.33
吉林	10.76	13.35	17.28	15.96	18.09	23.62	21.60	13.27	19.08
黑龙江	7.29	11.55	17.08	16.06	12.66	13.74	17.68	3.28	20.75
上海	10.19	16.60	20.59	14.55	14.32	15.29	15.43	6.94	14.09
江苏	12.16	17.31	20.58	23.96	16.90	18.39	20.36	11.22	20.22
浙江	16.02	21.26	20.03	15.19	17.15	19.48	14.28	7.12	20.58
安徽	8.41	11.46	21.32	12.41	14.25	20.48	20.20	13.68	22.82

续表

区域＼年份	2002	2003	2004	2005	2006	2007	2008	2009	2010
福建	9.69	11.55	15.64	13.73	15.70	21.96	17.02	13.06	20.44
江西	12.65	14.55	23.13	17.36	18.83	14.10	26.74	9.81	23.46
山东	11.75	17.54	24.37	22.27	19.24	18.56	19.13	9.58	15.56
河南	9.08	13.79	24.55	23.77	16.77	21.43	20.02	8.11	18.54
湖北	8.56	12.93	18.41	16.99	15.59	21.18	22.73	14.41	23.20
湖南	8.34	12.25	21.07	16.91	16.56	19.66	25.60	13.02	22.81
广东	12.15	17.35	19.06	19.58	17.87	16.91	18.38	7.30	16.54
广西	10.72	11.78	21.71	16.04	19.13	25.48	17.89	10.51	23.34
海南	11.38	11.45	15.25	12.40	16.36	17.07	22.87	10.06	24.80
重庆	12.71	14.21	18.48	28.78	12.67	5.51	40.54	12.71	21.37
四川	10.05	12.87	19.62	15.76	17.67	20.89	19.95	12.30	21.44
贵州	9.72	14.71	17.63	19.53	16.63	17.23	29.89	9.86	17.62
云南	8.16	10.52	20.57	12.32	15.21	18.89	20.05	8.39	17.09
西藏	14.05	13.53	16.53	12.92	16.86	17.69	15.39	11.78	14.98
陕西	12.07	14.84	22.72	23.87	20.59	15.22	33.82	11.69	23.91
甘肃	9.48	13.62	20.62	14.54	17.72	18.70	17.19	6.97	21.64
青海	13.50	14.55	19.45	16.57	19.36	20.83	29.99	6.15	24.89
宁夏	11.77	18.08	20.61	14.05	18.49	22.50	35.39	12.41	24.85
新疆	8.12	16.97	17.11	17.89	16.94	15.69	18.73	2.24	27.13
平均值	11.06	15.01	20.02	18.05	16.92	18.31	23.25	9.72	20.79

附表 82　工业总产值增长率　　　　单位：%

区域＼年份	2002	2003	2004	2005	2006	2007	2008	2009	2010
北京	9.10	20.07	56.80	16.26	18.20	17.52	7.93	6.01	24.10
天津	13.02	21.86	51.10	10.70	25.89	18.15	24.10	4.64	28.04
河北	14.01	32.93	78.57	7.98	22.54	26.43	35.04	4.48	29.43
山西	22.99	41.99	71.11	16.22	21.69	32.00	28.65	−7.72	34.83
内蒙古	19.80	36.29	71.68	28.71	38.20	40.41	50.36	22.42	25.30
辽宁	9.10	25.06	49.53	18.31	31.01	28.81	35.72	13.66	28.65
吉林	15.69	22.62	33.41	6.76	25.34	36.47	29.62	19.27	30.64
黑龙江	5.17	16.98	35.94	19.19	15.38	12.92	24.11	−4.24	30.59
上海	10.52	33.62	41.10	8.04	17.79	19.85	12.85	−4.10	25.00
江苏	18.03	30.08	63.43	10.96	26.61	28.75	27.16	7.97	25.76
浙江	24.06	31.55	65.01	8.85	26.07	23.84	13.19	0.50	25.24
安徽	16.39	22.91	62.31	7.81	29.52	34.31	40.49	19.27	40.71
福建	24.83	34.75	51.72	8.25	22.97	25.12	21.53	10.19	30.65
江西	17.01	23.85	85.87	8.85	42.52	45.90	37.22	15.11	41.90
山东	22.61	33.76	60.52	23.64	27.05	28.60	26.24	13.11	17.75
河南	11.98	24.68	72.15	13.54	32.44	47.17	27.33	6.45	26.30
湖北	10.80	12.28	32.24	13.84	22.86	28.81	40.13	15.70	38.90

续表

区域 \ 年份	2002	2003	2004	2005	2006	2007	2008	2009	2010
湖南	15.91	24.39	66.26	9.51	28.95	38.05	36.50	16.92	40.73
广东	16.70	31.35	46.51	14.03	24.29	23.68	18.41	4.36	25.70
广西	11.45	21.67	56.10	13.61	31.78	36.66	32.36	13.31	40.18
海南	20.54	26.03	28.78	10.16	35.34	56.62	10.00	−4.14	30.62
重庆	14.50	29.28	63.65	−2.81	27.22	35.78	31.92	17.67	35.00
四川	18.78	23.75	56.57	16.49	28.43	39.23	33.63	22.42	28.09
贵州	14.54	22.53	57.85	9.54	22.27	21.95	23.44	10.14	22.75
云南	14.10	17.91	50.53	10.76	30.69	26.68	19.69	1.03	24.38
西藏	8.95	9.80	16.18	9.82	22.13	24.09	16.51	7.08	20.58
陕西	12.50	24.83	67.67	7.83	30.76	28.12	31.42	13.23	32.22
甘肃	8.86	10.82	47.78	17.25	24.91	30.12	13.49	2.80	29.50
青海	6.92	19.42	56.56	25.44	31.59	28.42	34.08	−2.06	37.18
宁夏	−0.08	31.34	71.53	10.96	28.02	24.54	27.62	6.96	31.67
新疆	4.62	21.39	48.77	26.96	27.63	22.85	29.71	−6.43	33.51
平均值	13.98	25.15	55.40	13.14	27.10	30.06	27.11	7.94	30.19

附表 83　高技术产业规模以上企业产值增长率　　单位：%

区域 \ 年份	2002	2003	2004	2005	2006	2007	2008	2009	2010
北京	−0.49	8.98	29.56	38.61	24.63	19.80	−6.27	−7.69	8.54
天津	22.51	9.42	48.69	17.99	25.98	−2.12	−12.10	−2.18	17.95
河北	14.20	11.83	−0.27	20.10	12.29	29.36	30.68	10.09	34.02
山西	22.32	3.42	12.59	22.62	46.66	41.20	23.80	2.45	26.84
内蒙古	79.84	21.64	28.00	37.22	22.77	23.87	9.54	26.08	−0.81
辽宁	18.33	16.14	16.52	4.94	17.38	35.40	17.33	9.89	30.29
吉林	9.92	9.05	9.85	19.56	24.51	35.86	36.37	25.45	35.16
黑龙江	16.62	25.67	−38.97	95.56	−30.40	16.53	16.92	8.06	12.91
上海	15.63	57.66	44.80	19.80	14.55	25.88	5.98	−6.87	24.17
江苏	29.66	69.14	61.08	22.84	22.32	27.84	25.12	7.67	25.07
浙江	25.67	38.59	30.77	25.76	40.43	16.93	−1.52	−4.72	27.74
安徽	20.02	13.32	20.67	17.23	27.24	28.14	31.52	24.15	48.20
福建	42.22	33.95	28.98	11.33	15.01	8.64	10.97	−1.15	32.91
江西	24.17	−9.02	16.69	41.58	41.67	34.41	32.86	27.62	37.30
山东	32.37	36.02	35.01	48.37	32.85	32.14	27.41	14.07	13.61
河南	12.64	21.17	32.62	27.44	40.56	38.91	36.36	8.84	28.73
湖北	6.58	6.89	−10.36	63.27	30.63	18.99	23.45	21.05	26.21
湖南	16.37	14.61	15.38	22.45	16.32	28.61	63.71	20.79	43.45
广东	32.00	45.25	34.26	21.19	21.14	13.31	14.30	2.13	22.66
广西	2.08	20.73	19.11	35.80	21.18	24.96	32.30	19.05	58.00
海南	15.40	−3.35	12.17	14.36	7.04	3.59	24.07	13.35	56.53
重庆	1.42	22.79	28.62	12.49	15.35	30.46	32.80	21.38	50.63
四川	20.85	3.89	3.84	32.96	24.84	43.56	33.98	19.09	21.94

续表

区域\年份	2002	2003	2004	2005	2006	2007	2008	2009	2010
贵州	22.34	14.02	8.48	24.78	12.19	16.48	9.85	30.94	9.83
云南	19.61	−4.85	17.59	15.51	21.31	27.56	23.68	18.25	15.10
西藏	8.58	0.00	24.62	1.71	23.74	11.24	1.05	3.28	1.84
陕西	10.09	6.16	14.95	9.36	13.84	16.90	11.80	8.55	19.71
甘肃	5.38	12.96	−17.48	22.36	20.39	4.79	9.43	12.07	20.05
青海	19.16	14.51	14.73	23.73	23.52	38.09	0.50	35.26	21.23
宁夏	41.73	8.12	31.46	36.71	−14.52	38.39	9.89	32.19	9.15
新疆	−7.48	3.37	113.04	14.90	25.40	44.05	3.34	12.94	20.05
平均值	19.35	17.16	22.16	26.53	20.67	24.96	18.68	13.29	25.77

附表 84　高技术产品出口额增长率　　单位：%

区域\年份	2002	2003	2004	2005	2006	2007	2008	2009	2010
北京	20.10	25.31	47.94	42.30	48.52	25.17	5.15	−6.60	7.47
天津	61.63	29.18	73.19	24.99	23.39	4.99	−8.20	−20.20	23.27
河北	58.93	14.61	51.96	70.32	96.97	113.27	99.37	−3.98	71.60
山西	20.00	−33.33	25.00	2 020.00	84.91	36.22	60.30	−2.80	14.42
内蒙古	0.00	100.00	100.00	3 700.00	−51.97	−72.60	200.00	−15.00	278.43
辽宁	23.22	23.61	8.61	−8.76	19.61	20.95	10.53	−10.97	44.73
吉林	100.00	44.12	28.57	44.44	53.85	24.29	16.67	−3.94	34.36
黑龙江	30.26	−31.31	27.94	32.18	98.26	39.04	−44.79	1.71	−1.12
上海	38.62	117.93	76.17	25.23	22.23	31.22	22.93	−10.88	32.56
江苏	68.45	87.18	56.71	47.49	33.38	23.71	20.45	−10.85	35.06
浙江	30.03	73.06	78.76	54.77	67.73	5.41	27.94	−25.97	47.04
安徽	60.00	26.92	39.39	61.96	16.11	43.64	21 106.64	−99.52	7.57
福建	82.84	44.47	46.61	14.41	13.95	13.11	28.18	−19.71	26.00
江西	−48.89	104.35	0.00	46.81	126.09	228.21	202.93	−0.64	83.45
山东	44.86	36.38	62.26	69.53	51.28	30.60	64.67	0.25	30.83
河南	64.00	14.63	40.43	43.94	30.53	97.58	72.65	8.27	52.84
湖北	41.96	45.81	11.49	33.94	116.52	46.81	48.19	−1.92	84.38
湖南	14.63	0.00	34.04	57.14	55.56	57.14	34.30	36.62	50.23
广东	39.40	55.62	37.87	27.68	24.83	23.49	15.80	−6.48	25.90
广西	30.77	23.53	76.19	54.05	68.42	113.54	39.02	−4.56	121.32
海南	−38.10	−15.38	72.73	105.26	82.05	−11.27	12.70	−18.31	177.59
重庆	144.00	19.67	31.51	42.71	−1.46	34.07	13.26	3.41	291.51
四川	264.49	2.35	−25.82	−19.91	74.22	67.12	64.33	42.69	7.88
贵州	100.00	900.00	138.33	−34.97	−38.71	7.02	42.62	72.41	−51.33
云南	−12.90	3.70	12.50	15.87	38.36	46.53	25.68	−38.17	68.70
西藏	−14.29	−50.00	33.33	−25.00	66.67	80.00	−11.11	−50.00	25.00
陕西	−6.98	50.83	2.21	44.86	35.45	46.28	53.11	1.48	136.48
甘肃	33.33	187.50	304.35	−48.39	47.92	−64.79	28.00	53.13	97.96

续表

年份 区域	2002	2003	2004	2005	2006	2007	2008	2009	2010
青海	0.00	0.00	0.00	200.00	－66.67	0.00	0.00	0.00	0.00
宁夏	66.67	40.00	－57.14	0.00	100.00	133.33	228.57	－17.39	28.95
新疆	－12.50	271.43	34.62	20.00	21.43	68.63	－22.09	13.43	25.00
平均值	42.08	71.36	47.41	218.16	43.85	42.35	724.44	－4.34	60.58

附表 85　新产品销售收入增长率　　单位：%

年份 区域	2002	2003	2004	2005	2006	2007	2008	2009	2010
北京	15.13	－25.19	130.95	－20.54	38.21	93.27	6.43	－20.58	25.85
天津	28.15	13.91	69.10	14.01	22.06	13.60	20.85	1.23	20.94
河北	14.68	40.02	67.03	18.12	40.46	29.95	28.11	7.31	19.27
山西	52.37	126.14	52.67	45.98	42.24	28.63	22.72	－4.68	－1.82
内蒙古	1.62	212.98	147.29	－29.22	22.72	9.77	34.88	－6.20	65.03
辽宁	31.53	40.01	40.95	－2.28	31.81	16.42	27.17	32.38	－8.91
吉林	－11.08	－68.72	150.98	186.56	83.37	4.99	32.69	145.32	－41.07
黑龙江	25.37	44.22	30.08	51.76	2.32	44.34	－1.45	14.03	12.38
上海	21.23	12.12	28.93	11.57	31.39	9.47	4.11	7.70	21.71
江苏	35.72	19.94	59.73	－3.04	22.04	52.75	31.91	10.69	28.70
浙江	2.92	92.35	130.94	－8.17	37.08	36.30	18.69	－5.06	38.81
安徽	45.54	－21.11	142.50	－2.94	25.80	34.25	34.26	37.32	57.38
福建	30.71	144.56	－0.03	19.61	14.05	19.47	16.39	－2.73	29.93
江西	20.05	44.96	38.48	33.86	64.04	26.79	16.06	－17.22	61.59
山东	34.84	17.61	69.79	6.52	23.92	37.05	27.71	27.09	30.25
河南	44.62	33.98	81.77	27.36	40.81	32.82	21.93	20.24	12.10
湖北	6.53	44.27	40.42	16.09	－8.24	101.42	51.83	－0.41	41.18
湖南	39.80	17.06	135.17	0.06	19.06	47.29	42.87	54.71	32.54
广东	8.58	71.87	63.28	3.23	24.61	13.13	48.91	10.58	43.88
广西	12.23	51.96	53.42	－3.14	24.07	51.38	11.86	39.35	21.70
海南	77.13	81.94	20.60	－86.29	1116.48	－27.28	－25.87	－83.11	822.99
重庆	40.93	31.75	40.79	17.91	23.96	48.92	38.35	10.21	46.72
四川	49.15	9.26	44.61	11.13	47.75	34.13	33.27	21.15	－19.27
贵州	57.04	42.99	43.10	6.55	112.09	7.97	－3.93	－0.08	75.03
云南	－10.96	9.44	110.03	－18.27	157.54	115.18	－14.90	－19.04	0.92
西藏	0.00	0.00	86.33	0.00	436.67	0.00	23.20	1102.52	0.00
陕西	27.96	37.33	51.57	24.72	18.61	37.59	6.36	32.97	38.23
甘肃	－16.68	21.82	101.38	76.75	109.48	36.52	1.30	－0.87	51.75
青海	114.73	19.77	－34.26	254.88	180.28	0.68	25.46	11.79	－68.47
宁夏	－11.28	93.29	72.02	－9.74	98.43	1.33	46.41	29.34	12.58
新疆	－6.67	－1.24	314.56	－48.14	99.27	88.30	87.84	－38.89	169.54
平均值	25.22	40.62	76.91	19.19	96.85	33.76	23.08	45.71	52.95

附表 86 新产品产值增长率 单位:%

区域\年份	2002	2003	2004	2005	2006	2007	2008	2009	2010
北京	12.10	0.81	60.65	−15.26	39.96	97.62	1.74	−15.03	20.92
天津	25.86	10.98	72.51	11.31	27.33	11.37	21.07	1.67	19.05
河北	14.36	38.78	67.23	15.89	42.29	30.74	26.05	9.64	16.75
山西	43.13	133.07	68.05	32.44	37.66	31.16	20.78	11.31	−5.98
内蒙古	16.57	178.10	22.93	45.95	13.05	7.23	35.23	69.38	10.43
辽宁	33.16	43.79	33.68	−2.20	30.95	16.73	27.02	27.82	−10.06
吉林	−8.95	−67.36	121.47	454.38	24.39	19.67	18.07	84.30	−45.80
黑龙江	20.61	43.96	53.74	47.38	−8.51	36.59	5.31	9.37	20.31
上海	19.66	10.58	26.46	12.84	26.87	11.36	3.02	0.48	20.49
江苏	32.50	19.54	64.97	−2.58	19.07	52.18	27.98	10.17	32.07
浙江	14.11	82.02	124.35	−5.68	37.11	34.18	18.34	−2.68	36.43
安徽	44.32	−11.55	155.01	−1.09	12.33	57.49	21.77	50.68	39.61
福建	9.53	144.85	3.36	21.62	15.14	19.22	13.04	−1.93	38.43
江西	31.28	36.61	50.97	26.86	65.80	24.54	16.75	−16.82	59.46
山东	39.22	22.29	55.55	9.93	24.88	33.34	29.86	26.54	28.44
河南	35.00	32.66	77.11	21.81	37.27	36.13	18.50	6.33	19.27
湖北	1.43	47.59	43.23	12.86	−9.66	92.33	51.73	−0.83	45.35
湖南	33.20	21.00	143.78	−0.41	15.75	47.06	43.66	51.19	36.58
广东	13.15	59.10	58.94	9.77	24.95	23.00	36.80	7.95	43.23
广西	7.50	52.28	64.20	−7.59	20.52	47.41	5.69	43.92	34.29
海南	51.45	88.77	15.50	16.98	49.09	−21.82	−39.05	−82.00	884.68
重庆	56.15	32.34	36.85	13.97	32.31	47.58	35.72	11.09	51.48
四川	54.96	7.39	34.97	14.89	48.24	39.31	30.48	24.92	−19.20
贵州	4.78	120.83	31.06	32.94	66.89	6.59	−1.90	3.33	76.24
云南	−15.99	28.03	100.97	−22.68	167.76	71.84	−9.77	−12.99	6.10
西藏	0.00	0.00	124.00	0.00	569.64	52.00	0.00	1019.06	0.00
陕西	14.27	44.61	47.28	23.48	31.61	17.96	13.59	27.44	43.81
甘肃	−24.82	−7.81	152.73	69.38	96.62	49.83	−4.75	−33.44	128.47
青海	50.47	16.32	4.66	158.98	194.30	−11.53	25.61	9.47	−69.29
宁夏	−29.37	82.90	51.04	35.34	44.75	−1.03	62.50	30.41	−2.81
新疆	6.89	−24.62	217.92	5.35	25.01	107.97	91.81	−4.07	71.84
平均值	19.57	41.54	70.49	33.45	58.82	35.10	20.86	44.09	52.60

附表 87 技术市场交易金额增长率 单位:%

区域\年份	2002	2003	2004	2005	2006	2007	2008	2009	2010
北京	15.80	19.98	60.16	15.20	42.43	26.56	16.39	20.35	27.77
天津	18.73	15.61	7.21	14.83	13.83	22.90	19.73	21.76	13.16
河北	28.51	12.58	6.91	42.78	50.39	5.25	0.97	3.74	12.10
山西	160.00	−17.18	85.76	−20.00	23.33	39.70	55.26	26.25	14.07
内蒙古	−6.73	86.43	−4.06	5.57	−2.55	2.52	−14.03	56.46	83.79
辽宁	24.28	22.01	21.38	14.93	−6.78	15.23	7.32	20.03	9.16

续表

区域＼年份	2002	2003	2004	2005	2006	2007	2008	2009	2010
吉林	−6.85	5.31	23.60	13.35	25.67	13.73	12.19	0.76	−4.81
黑龙江	8.20	0.92	3.71	13.44	10.03	123.20	17.82	18.42	8.29
上海	13.20	18.77	20.25	34.96	33.56	14.66	8.81	12.75	−0.91
江苏	12.46	28.63	17.34	12.30	−31.74	13.93	19.89	15.10	130.40
浙江	22.84	36.21	9.63	−33.45	3.26	13.49	29.92	−4.18	6.89
安徽	17.81	16.71	3.07	57.22	29.66	43.05	22.84	9.63	29.55
福建	−5.77	29.30	−15.23	21.64	−34.19	28.62	23.42	29.44	53.30
江西	0.32	32.43	12.48	18.68	−16.28	6.87	−22.01	26.16	135.42
山东	8.01	51.19	42.84	30.99	−76.41	94.09	46.59	8.98	39.95
河南	−16.04	7.96	5.45	29.77	−10.01	10.37	−2.86	3.38	3.42
湖北	2.95	18.33	11.93	8.69	−11.44	17.48	20.46	22.48	17.77
湖南	10.04	14.19	10.56	2.23	9.08	1.21	3.52	−7.67	−8.96
广东	26.83	17.71	−28.92	96.39	−4.84	24.11	51.78	−15.20	37.97
广西	17.46	−5.86	117.70	3.41	−90.01	6.38	170.00	−34.44	133.68
海南	−89.17	31.87	−84.17	426.32	−15.00	−14.12	387.67	−84.27	483.05
重庆	41.42	35.59	7.40	−40.10	55.00	−28.51	57.16	−38.38	107.31
四川	−38.64	66.06	28.67	15.22	35.90	17.20	43.24	25.43	0.26
贵州	2150.00	32.59	−24.58	−22.22	−48.57	22.22	209.09	−12.75	333.66
云南	−29.69	27.41	−5.73	−7.24	−58.65	17.90	−48.21	102.97	6.17
西藏	0.00	0.00	0.00	0.00	0.00	0.00	0.00	0.00	0.00
陕西	79.20	10.82	−17.20	35.87	−5.03	68.08	45.28	59.27	46.70
甘肃	99.27	42.12	54.12	48.16	21.05	22.19	13.54	19.72	20.92
青海	163.83	−33.06	54.22	−7.81	109.32	114.57	45.28	10.39	34.18
宁夏	−4.49	17.65	28.00	10.16	−62.41	24.53	34.85	1.12	10.80
新疆	22.21	19.56	10.80	−40.03	−4.88	−5.78	3.21	−83.65	273.45
平均值	88.58	21.35	14.95	25.85	−0.52	24.57	41.26	7.55	66.40

附表 88 引进技术经费增长率 单位：%

区域＼年份	2002	2003	2004	2005	2006	2007	2008	2009	2010
北京	−7.69	−63.35	978.50	−82.68	176.17	−57.55	6.56	79.79	62.49
天津	−4.27	104.11	20.18	92.01	12.24	54.99	−21.59	−52.22	14.08
河北	98.93	−28.87	54.07	−49.73	55.03	128.84	−48.24	−26.84	43.33
山西	88.96	40.70	−20.91	10.30	4.92	25.43	13.67	−38.83	28.39
内蒙古	−1.55	−20.61	−36.01	−52.55	62.04	−8.09	10.79	47.39	27.06
辽宁	107.60	−3.00	26.07	−56.09	109.47	6.26	10.25	20.61	−76.71
吉林	301.35	−25.19	17.41	−53.21	−0.33	23.46	−7.87	−4.47	−72.80
黑龙江	−9.79	59.03	−28.02	−30.96	−22.42	61.70	−40.21	75.44	−11.05
上海	23.06	3.59	−7.64	−21.47	−4.22	50.59	9.02	−14.42	7.02
江苏	29.19	23.95	−12.32	−24.42	−17.49	50.91	−29.66	−25.38	32.76
浙江	70.63	77.92	−63.00	5.16	9.82	−10.02	2.53	−0.16	32.19
安徽	113.17	155.55	−77.27	13.70	−17.99	88.89	−40.15	−27.58	−31.05

续表

区域＼年份	2002	2003	2004	2005	2006	2007	2008	2009	2010
福建	-19.61	48.17	-40.00	25.18	49.77	82.81	-54.38	64.85	41.10
江西	1.34	111.27	2.96	155.84	-22.22	-65.44	181.39	-37.46	24.41
山东	-6.46	-45.38	-31.94	40.71	20.00	45.49	27.36	11.86	-48.35
河南	40.94	-11.43	42.45	-37.85	47.01	-59.69	-24.28	18.23	45.20
湖北	39.74	-20.49	18.55	-46.11	-63.97	101.24	57.88	15.08	74.11
湖南	67.47	-54.94	-20.77	-39.46	14.83	11.45	-25.64	44.38	7.39
广东	4.74	1.53	3.98	9.82	4.61	122.54	7.03	-4.31	-17.69
广西	25.51	-37.38	11.31	11.10	-48.40	-57.26	-48.06	-35.09	40.50
海南	-46.57	-52.76	67.01	450.62	-29.93	-9.81	4209.99	-97.66	0.00
重庆	116.19	6.65	357.32	-80.99	48.22	67.86	6.58	14.95	-3.42
四川	77.85	-1.44	-69.86	112.58	-56.27	75.31	-25.08	29.80	0.76
贵州	46.77	32.95	-78.94	315.25	-49.54	-25.64	117.15	-81.96	456.46
云南	-7.43	37.67	-80.95	150.64	170.94	-22.12	-22.58	8.95	27.65
西藏	0.00	0.00	0.00	0.00	0.00	0.00	0.00	0.00	0.00
陕西	5.68	69.03	-10.35	-52.12	-19.96	26.16	49.44	-3.43	-17.79
甘肃	1.58	8.11	-32.92	95.93	-13.98	24.43	36.08	25.51	4.42
青海	28.33	-83.72	-92.39	-33.33	-16.67	4800.00	-96.33	235.56	2338.41
宁夏	10.29	4.33	75.60	-62.24	241.73	-4.14	1337.75	-83.56	-47.34
新疆	46.86	15.18	-96.27	62.26	982.87	153.86	-79.09	-62.93	-89.11
平均值	40.09	11.33	28.25	26.71	52.46	183.30	178.08	3.10	93.30

附表 89　消化吸收技术经费增长率　　单位：%

区域＼年份	2002	2003	2004	2005	2006	2007	2008	2009	2010
北京	58.89	-81.81	1 101.67	-84.16	2 414.51	41.10	38.70	-46.97	-38.73
天津	-63.48	0.13	420.49	2 009.44	-76.47	-9.64	-2.18	62.87	24.41
河北	-46.38	72.57	250.94	-13.82	-60.06	765.91	55.95	139.45	-8.25
山西	1 050.51	315.63	63.41	20.44	55.58	19.25	8.98	500.19	-24.06
内蒙古	140.77	-50.42	188.49	192.94	-67.65	286.47	125.04	93.37	-8.88
辽宁	63.64	-8.11	312.39	-18.05	147.27	32.19	17.20	46.45	-1.94
吉林	8 000.00	-74.86	5.28	445.80	-19.99	16.90	-1.98	-10.76	-9.92
黑龙江	34.52	133.11	121.38	-21.84	-36.51	-9.66	-5.35	386.30	19.90
上海	25.34	86.75	20.74	-40.09	247.99	-53.92	0.05	271.34	0.66
江苏	94.44	23.84	87.35	-4.80	51.04	130.11	-27.49	-13.65	-0.71
浙江	43.58	-17.34	78.22	23.37	76.74	26.92	-24.29	-3.11	48.70
安徽	37.87	-37.40	562.53	121.57	-70.23	33.10	42.32	213.81	-62.75
福建	-40.95	250.38	2.27	-15.86	409.79	-32.48	-26.81	21.95	-5.17
江西	317.36	888.44	-56.08	-32.99	4.21	305.30	-18.51	45.86	-81.32
山东	20.74	-80.48	128.90	70.62	5.82	130.78	8.66	-23.41	33.37
河南	9.37	-18.20	180.01	-43.28	741.18	-24.02	-23.78	-2.28	-37.57
湖北	2.74	37.83	31.66	17.67	-49.84	202.46	33.04	-49.61	79.04

续表

区域＼年份	2002	2003	2004	2005	2006	2007	2008	2009	2010
湖南	58.29	25.78	60.36	−66.14	−21.19	64.07	325.05	90.40	96.73
广东	2.06	−5.90	379.27	37.39	−54.56	36.17	22.35	−14.94	5.84
广西	−3.80	145.94	−45.60	44.32	82.46	−26.49	−13.25	27.14	52.29
海南	−64.36	0.00	0.00	804.13	344.24	−97.88	92.72	870.53	−54.71
重庆	−22.54	165.85	2 794.07	−93.21	2.08	92.99	−2.80	184.90	12.75
四川	55.29	23.36	106.03	38.09	−14.49	34.14	57.35	−16.75	1.07
贵州	−90.45	−37.50	1 556.00	19.57	−52.93	2 222.75	−75.91	53.53	38.86
云南	24.20	920.68	−93.49	281.19	134.51	3.91	−9.98	−8.17	66.25
西藏	0.00	0.00	0.00	0.00	0.00	0.00	0.00	0.00	0.00
陕西	203.99	56.25	166.13	−67.83	41.22	−31.76	71.45	−4.91	37.76
甘肃	702.89	−58.03	27.84	−28.14	1 513.57	31.59	−16.33	183.41	12.77
青海	−90.16	−54.55	0.00	−56.67	42 561.54	5.08	−90.94	−34.09	2 325.29
宁夏	−17.45	−68.14	522.77	−47.54	665.45	5.27	135.54	33.21	0.49
新疆	560.25	−97.64	60.67	1 144.06	−5.56	330.48	−69.66	257.43	−63.24
平均值	357.01	79.23	291.41	149.55	1 579.67	146.16	20.17	104.95	79.32

附表 90　技术改造经费增长率　　单位：%

区域＼年份	2002	2003	2004	2005	2006	2007	2008	2009	2010
北京	−66.64	79.61	40.36	15.31	80.71	12.47	−26.26	79.13	3.74
天津	−18.60	53.60	−14.05	33.75	169.06	−25.73	36.84	−3.72	−18.92
河北	12.94	−5.42	36.01	−7.16	32.40	50.25	27.90	−23.18	−6.05
山西	41.98	−15.28	146.57	7.78	−3.32	39.69	13.86	−38.86	1.02
内蒙古	20.84	−17.41	23.43	50.10	28.75	14.58	13.07	19.57	29.87
辽宁	−1.14	0.67	89.76	50.88	−21.43	6.03	7.48	−11.25	−9.38
吉林	219.30	−23.76	5.29	100.53	−1.17	−11.41	−20.19	9.64	−58.78
黑龙江	33.84	3.11	−36.45	56.96	−15.22	7.39	34.08	−30.06	27.90
上海	12.49	−5.28	80.06	−3.94	−12.10	25.33	−13.82	0.03	−7.05
江苏	22.33	40.98	15.12	4.84	−1.93	34.19	13.42	−3.03	19.59
浙江	54.43	64.28	5.14	5.43	3.28	16.77	3.57	−21.65	−5.66
安徽	57.06	59.75	−1.02	41.69	17.36	27.39	−12.59	−42.73	−28.51
福建	2.20	−0.45	8.54	12.22	52.98	−11.91	7.91	27.22	13.66
江西	3.82	93.83	16.03	−16.25	58.02	19.08	22.21	−53.17	1.50
山东	37.72	27.54	72.09	−27.35	−18.00	23.46	26.43	−14.71	13.11
河南	9.70	17.59	67.35	14.35	29.74	35.23	−21.74	5.24	−14.07
湖北	−17.92	36.94	63.57	6.89	34.79	48.08	47.20	−27.89	−50.05
湖南	13.30	78.48	18.65	−0.69	4.64	24.83	44.01	15.27	40.63
广东	−14.47	64.18	9.46	35.39	32.33	−9.02	9.49	−4.28	10.20
广西	54.04	56.79	15.95	16.71	−25.13	57.61	45.53	0.47	−5.05
海南	−19.58	90.24	782.90	111.29	−87.02	−29.77	1014.27	−90.62	391.52
重庆	−6.64	44.67	109.18	−19.21	5.38	−6.88	37.58	−15.03	−4.53

续表

区域\年份	2002	2003	2004	2005	2006	2007	2008	2009	2010
四川	77.80	−0.71	56.20	20.44	12.12	15.00	23.78	3.80	15.46
贵州	4.00	39.31	41.53	−13.19	44.50	−4.68	27.54	9.95	−30.65
云南	−7.49	64.22	−23.98	−13.67	118.47	−7.91	9.12	−46.07	101.19
西藏	0.00	0.00	0.00	0.00	0.00	0.00	724.64	−71.85	0.00
陕西	0.00	51.03	80.15	−22.63	−17.81	83.27	42.18	2.06	−17.67
甘肃	−9.50	−22.71	149.70	−3.32	13.02	5.23	48.55	−7.42	−26.15
青海	8.99	−77.56	131.14	31.60	−16.25	93.44	12.86	19.79	−13.54
宁夏	−35.77	15.04	182.05	0.20	−26.66	245.26	10.71	−26.93	−7.31
新疆	−6.17	42.11	38.71	−31.53	−14.90	68.47	−14.45	−64.19	50.12
平均值	15.58	27.59	71.27	14.76	15.37	27.28	70.81	−13.05	13.42

附表 91　购买国内技术经费增长率　　单位：%

区域\年份	2002	2003	2004	2005	2006	2007	2008	2009	2010
北京	41.93	−87.72	207.07	195.01	−42.44	35.05	171.67	−20.28	78.16
天津	97.65	−47.76	−7.14	142.05	7.83	172.92	1.30	−5.18	25.83
河北	−54.08	40.87	551.82	−60.17	2.12	469.50	15.34	−44.14	−30.03
山西	−16.38	94.57	181.48	−23.99	5.38	21.57	77.21	−9.95	25.81
内蒙古	51.10	67.28	−68.77	−44.18	536.40	−61.41	54.73	200.57	797.94
辽宁	5.51	78.05	297.04	−16.01	133.78	343.74	65.14	−6.56	−16.32
吉林	−2.90	43.69	−46.58	69.05	−15.06	14.01	302.65	−80.07	317.65
黑龙江	185.06	65.40	56.21	−35.59	−59.81	95.59	−44.66	131.69	−51.95
上海	2.46	190.92	38.64	6.43	324.97	47.26	0.70	43.41	−30.21
江苏	9.20	100.16	−12.76	6.51	−4.10	18.18	54.74	−10.10	−2.50
浙江	20.43	223.45	15.65	133.90	−9.25	11.32	25.85	−4.27	−7.65
安徽	108.97	−40.05	−0.74	111.18	30.55	75.40	−1.94	36.66	−40.84
福建	10.49	−42.82	155.05	−13.62	−32.30	11.15	142.05	115.13	−0.88
江西	−11.87	−39.11	476.32	123.77	−39.23	0.36	41.78	−53.05	86.79
山东	−6.98	−55.25	45.32	6.29	50.73	−16.11	20.36	1.58	−6.49
河南	247.74	16.98	129.52	19.49	−24.03	108.65	103.39	4.24	−66.49
湖北	−15.69	144.83	129.32	−80.80	129.06	−39.52	36.29	36.85	12.97
湖南	−75.37	73.72	37.48	0.18	5.09	46.09	259.60	−38.71	48.60
广东	752.69	56.13	−44.34	70.24	−56.44	79.22	42.85	−20.67	17.00
广西	21.75	−64.38	259.52	312.89	−92.01	0.80	158.45	37.76	−44.76
海南	−63.24	35 694.00	−93.81	−53.16	−32.56	255.14	−57.92	130.78	519.22
重庆	−28.52	748.42	326.75	−66.66	7.51	53.88	42.95	62.51	−18.81
四川	−55.30	−72.55	2 330.70	115.11	−53.18	161.67	−61.00	−20.72	241.36
贵州	−77.19	1 914.12	−62.24	85.41	−63.52	6.70	59.71	97.60	90.80
云南	1.99	351.82	−55.25	−70.63	389.60	18.57	−26.64	100.04	19.18
西藏	0.00	0.00	0.00	0.00	0.00	0.00	0.00	0.00	0.00
陕西	384.32	613.43	−21.91	−69.06	245.65	−25.85	−12.01	1.73	1 236.72

续表

区域＼年份	2002	2003	2004	2005	2006	2007	2008	2009	2010
甘肃	−35.50	21.26	−40.33	72.22	70.82	18.55	34.05	44.98	11.16
青海	−86.00	−78.80	−96.23	7 200.00	−79.79	77.97	2 092.38	−26.19	−81.70
宁夏	−45.67	−92.59	389.42	−72.00	126.06	313.49	363.78	−44.69	42.74
新疆	27.81	−45.83	146.70	−70.32	120.09	33.31	141.81	−69.95	32.17
平均值	44.98	1 286.20	168.51	257.86	51.03	75.72	132.41	19.06	103.40

附表 92　外商投资企业年底注册资金中外资部分增长率　　单位：%

区域＼年份	2002	2003	2004	2005	2006	2007	2008	2009	2010
北京	6.82	2.05	13.37	14.98	15.97	37.32	20.32	11.18	14.20
天津	8.67	22.05	13.04	21.72	8.92	33.45	16.11	1.54	13.02
河北	6.99	11.78	12.84	20.59	15.85	10.53	22.86	9.30	12.77
山西	31.66	8.40	12.18	9.52	60.87	45.95	−3.70	23.08	7.81
内蒙古	18.93	45.16	161.06	13.89	21.95	16.00	31.03	25.00	−4.21
辽宁	13.87	0.95	−0.79	29.29	19.34	24.77	19.11	7.94	15.73
吉林	3.10	5.15	17.61	11.90	119.15	0.00	−33.98	16.18	6.33
黑龙江	−15.57	15.87	22.37	25.00	33.33	6.67	15.63	9.46	12.35
上海	14.96	19.14	16.72	18.94	12.76	21.50	17.69	7.41	10.89
江苏	36.41	21.18	50.05	24.75	25.36	23.07	9.63	7.57	13.74
浙江	30.59	48.87	39.87	22.12	23.43	20.74	11.18	5.25	14.27
安徽	4.84	13.83	14.15	22.92	23.73	39.73	5.88	7.41	11.21
福建	15.32	11.11	7.92	9.88	16.93	8.82	12.27	4.07	5.69
江西	54.17	42.31	31.92	38.81	25.81	31.62	12.34	12.72	24.62
山东	16.82	32.69	21.14	15.70	9.44	4.31	9.82	12.71	13.78
河南	14.57	10.34	16.62	33.93	12.00	11.90	24.47	18.80	7.19
湖北	−7.12	21.90	24.36	17.65	5.00	16.19	18.85	11.72	11.73
湖南	44.10	26.91	25.30	33.96	19.72	17.65	17.00	5.98	−7.26
广东	8.22	5.87	10.15	12.14	9.95	13.24	6.11	10.08	5.18
广西	3.29	4.27	25.67	12.96	24.59	22.37	17.20	11.01	3.31
海南	−64.92	13.72	0.96	4.65	20.00	88.89	10.78	4.42	−16.95
重庆	−6.04	−10.09	14.39	7.69	17.86	130.30	32.89	18.81	30.83
四川	11.99	15.68	5.42	20.00	21.21	45.00	68.97	9.18	21.03
贵州	3.47	15.07	6.50	0.00	20.00	0.00	16.67	14.29	18.75
云南	8.41	10.19	9.98	7.41	31.03	18.42	22.22	23.64	14.71
西藏	2.99	1.60	−21.26	100.00	0.00	0.00	0.00	50.00	0.00
陕西	9.03	15.43	5.06	12.00	8.93	13.11	−18.84	28.57	15.28
甘肃	−11.56	7.16	47.23	7.69	−28.57	10.00	9.09	25.00	26.67
青海	−8.98	50.41	8.11	−25.00	66.67	40.00	42.86	−20.00	12.50
宁夏	30.22	92.36	29.53	0.00	0.00	−46.67	12.50	11.11	0.00
新疆	6.26	7.88	32.74	33.33	25.00	30.00	61.54	9.52	8.70
平均值	9.40	19.01	21.75	18.66	22.14	23.71	16.40	12.68	10.45

附表 93　高等学校研究开发来自企业的资金增长率　　单位：%

区域＼年份	2002	2003	2004	2005	2006	2007	2008	2009	2010
北京	42.85	29.72	20.33	42.12	7.00	7.98	11.81	-43.90	29.29
天津	12.13	19.53	27.99	6.23	5.21	9.78	23.56	20.01	9.64
河北	61.58	10.24	118.90	-4.14	13.58	7.88	23.97	-45.29	5.08
山西	37.82	77.78	20.86	11.00	21.72	-1.37	28.58	17.18	-4.06
内蒙古	360.39	50.13	-17.47	176.64	6.10	15.89	10.89	-52.56	42.66
辽宁	11.37	19.48	59.17	13.69	16.46	10.65	14.11	-25.34	-1.60
吉林	85.97	-2.34	18.05	50.15	17.72	5.90	15.36	-24.57	7.93
黑龙江	1.22	-0.04	195.84	-34.88	62.24	-20.09	14.59	-42.81	72.17
上海	18.86	13.29	25.59	12.91	23.43	3.13	14.00	-51.36	13.01
江苏	26.14	15.34	20.42	12.61	12.90	10.56	35.41	-38.09	11.04
浙江	19.50	21.46	9.46	-0.33	9.73	9.81	1.09	-25.62	15.87
安徽	6.37	32.85	24.67	42.90	4.26	-5.81	13.86	-25.02	11.39
福建	-3.38	101.00	1.89	-6.52	44.76	24.33	52.51	-21.94	-20.83
江西	114.76	99.88	108.07	49.24	17.23	3.58	16.85	-15.84	22.99
山东	49.34	70.38	42.67	55.20	25.50	6.72	26.95	-34.63	28.40
河南	43.99	113.37	26.18	7.17	91.73	53.33	58.45	-34.19	-4.39
湖北	33.85	19.69	20.19	15.82	11.75	20.92	18.24	-35.55	16.49
湖南	24.89	33.67	68.50	-18.89	7.88	10.33	8.08	-19.90	9.36
广东	3.50	40.75	13.80	35.32	8.15	31.02	13.96	-35.74	16.59
广西	38.49	72.29	34.66	-7.84	8.54	57.44	5.08	-10.66	2.15
海南	257.14	172.00	23.53	-38.10	211.54	106.79	215.22	-30.11	28.05
重庆	21.96	45.16	53.12	12.23	20.32	-4.44	20.66	-7.60	10.44
四川	29.40	55.17	24.31	18.14	9.99	53.92	15.36	-9.98	10.72
贵州	-48.34	71.24	98.50	130.56	19.61	133.01	-2.02	20.66	53.29
云南	23.33	22.24	33.34	36.12	13.84	23.27	131.10	-30.54	36.40
西藏	0.00	200.00	0.00	0.00	0.00	0.00	1100.00	-97.22	0.00
陕西	6.11	24.93	43.81	27.23	-1.70	9.83	10.52	-50.13	-1.35
甘肃	18.57	34.87	22.48	34.49	16.78	27.52	-17.56	-16.45	60.08
青海	0.00	0.00	-54.00	95.65	273.33	-9.52	30.26	-70.20	240.68
宁夏	-43.48	-30.77	511.11	183.64	28.21	146.00	2.64	-34.85	55.32
新疆	-40.61	-27.81	-3.82	35.17	57.24	9.64	138.32	-52.81	164.06
平均值	39.15	45.34	51.36	32.05	34.36	24.45	66.19	-29.84	30.35

附表 94　研究与开发机构研究开发来自企业的资金增长率　　单位：%

区域＼年份	2002	2003	2004	2005	2006	2007	2008	2009	2010
北京	-23.16	176.56	-9.64	-3.48	-2.62	-19.13	-4.66	-30.55	13.82
天津	-52.27	-15.72	120.38	-4.75	18.57	17.86	5.52	-96.51	2 088.46
河北	-1.55	-76.93	150.00	19 849.55	-98.88	-48.27	-0.20	-84.98	-32.89
山西	-61.90	57.92	190.51	-29.51	54.79	-11.95	-44.30	51.56	-6.23
内蒙古	-87.19	-36.17	226.67	86.22	10.96	480.99	103.10	-84.12	135.84
辽宁	5.84	-22.11	7.42	-17.69	28.47	69.42	-46.07	26.11	-19.25

续表

区域＼年份	2002	2003	2004	2005	2006	2007	2008	2009	2010
吉林	−4.06	46.55	−17.33	−2.25	5.23	79.63	−67.47	−7.68	−2.03
黑龙江	26.50	−73.56	90.39	−64.92	3978.71	−79.18	−98.73	2 046.46	−48.72
上海	404.04	−26.41	−55.30	132.60	10.08	−50.46	−27.61	4.13	130.64
江苏	−4.55	70.19	129.34	−67.61	88.46	59.02	−51.89	128.10	−46.93
浙江	1.23	26.81	−8.53	47.85	−3.08	112.69	21.48	−83.58	−14.02
安徽	839.63	−69.22	−7.93	81.61	5.69	−72.36	−10.94	36.97	−24.93
福建	8.73	−34.77	12.70	−22.38	69.56	−1.83	−70.06	−61.60	213.41
江西	−49.29	171.43	60.15	−31.16	2.91	−17.77	−33.41	−62.71	−72.86
山东	−6.21	51.62	3.35	37.68	−4.22	51.27	−87.97	120.88	71.64
河南	113.09	122.54	27.22	−72.47	−11.86	176.16	44.23	−92.19	457.50
湖北	131.41	24.99	15.87	28.29	−67.36	26.99	−27.44	−47.93	72.19
湖南	−60.26	−37.30	255.35	11.11	−11.42	42.93	144.39	−89.10	−45.80
广东	127.44	27.92	17.40	−18.18	4.13	−8.51	−42.84	−58.09	−1.93
广西	293.21	−63.08	−13.47	−37.97	29.77	130.14	−59.67	97.93	138.42
海南	104.55	88.89	29.41	23.64	−18.38	49.55	−33.13	−96.40	75.00
重庆	−34.82	−17.27	−67.26	726.80	−6.69	−80.02	43.30	−53.77	107.03
四川	41.49	−85.43	728.94	16.85	49.95	120.63	−66.54	−49.63	113.47
贵州	345.06	−71.81	55.52	62.26	45.92	25.32	−99.31	8 891.30	−97.58
云南	53.99	102.00	−39.63	−82.75	286.92	59.84	46.56	15.33	43.86
西藏	0.00	0.00	0.00	0.00	0.00	0.00	0.00	0.00	0.00
陕西	−37.50	11 115.68	−63.85	30.00	−49.19	3.45	693.13	−96.37	351.36
甘肃	−59.16	−87.31	1 122.03	98.61	−54.82	61.28	−3.55	64.43	35.32
青海	−11.11	0.00	−25.00	−85.59	0.00	0.00	1 112.50	86.34	−54.91
宁夏	−31.56	2.28	−2.23	−4.57	98.56	1.69	−89.57	409.09	0.00
新疆	−28.39	362.30	−62.83	37.96	−27.47	80.53	−58.43	−65.24	18.36
平均值	62.68	378.41	92.57	668.57	142.99	40.64	38.40	348.97	116.07

附表 95 固定电话和移动电话用户数增长率 单位：%

区域＼年份	2002	2003	2004	2005	2006	2007	2008	2009	2010
北京	31.67	19.10	22.07	9.82	3.04	1.48	−0.47	8.69	10.92
天津	22.73	22.95	11.71	12.15	10.15	10.75	11.03	9.21	5.72
河北	34.13	33.26	18.35	9.76	14.39	12.72	7.60	9.75	9.32
山西	31.08	34.37	19.57	16.70	3.59	21.71	11.50	8.38	7.92
内蒙古	34.17	37.79	19.85	13.90	12.59	11.22	16.57	13.87	18.98
辽宁	22.38	23.06	12.95	12.02	9.16	11.29	11.03	9.57	8.13
吉林	23.67	30.69	15.61	17.77	11.06	9.94	−2.76	8.61	11.37
黑龙江	26.46	28.71	21.31	4.25	5.89	9.17	5.69	2.31	5.46
上海	28.64	15.58	18.94	11.99	11.51	2.82	3.49	5.26	8.03
江苏	29.48	26.17	21.29	16.49	8.71	7.20	5.94	9.78	10.78
浙江	27.65	27.07	18.98	14.44	9.86	9.88	5.68	4.99	6.77
安徽	25.82	27.23	21.77	16.05	13.42	6.92	6.50	10.56	17.76

续表

区域\年份	2002	2003	2004	2005	2006	2007	2008	2009	2010
福建	26.18	19.67	16.12	12.40	11.57	9.22	15.43	2.23	4.73
江西	25.92	22.78	17.40	19.27	11.45	13.99	2.74	8.11	9.77
山东	27.16	22.77	21.52	13.99	9.53	14.14	13.11	7.13	8.35
河南	20.39	27.20	22.22	21.34	19.03	10.94	6.17	7.59	6.99
湖北	26.13	30.55	24.87	19.75	14.05	7.07	14.89	14.18	6.06
湖南	27.67	24.16	18.66	17.55	13.70	10.01	12.11	12.06	10.58
广东	26.43	26.15	26.69	18.25	9.16	7.83	3.25	2.68	4.10
广西	38.48	35.71	30.82	12.17	12.16	7.31	8.66	11.14	6.39
海南	32.57	20.85	21.13	19.83	12.61	15.54	10.20	9.11	13.97
重庆	43.65	37.53	26.13	12.26	9.67	6.10	3.22	5.51	8.63
四川	36.36	32.90	24.14	13.26	12.89	12.67	8.60	11.20	11.11
贵州	36.73	27.30	24.73	17.92	17.09	18.59	23.86	13.46	17.19
云南	34.50	18.32	15.13	16.94	14.47	15.29	14.03	11.87	11.41
西藏	55.13	48.28	27.93	27.79	29.79	9.84	11.84	12.81	13.27
陕西	40.21	28.18	22.57	13.72	16.73	20.99	10.05	12.85	4.69
甘肃	34.44	28.10	23.29	14.51	20.57	10.27	11.21	16.57	9.30
青海	44.39	30.67	20.24	15.57	21.55	15.73	6.32	11.92	22.11
宁夏	39.08	41.33	24.59	15.02	13.27	13.15	8.46	11.80	10.44
新疆	46.46	35.55	18.21	14.12	20.92	9.36	11.91	0.00	13.49
平均值	32.25	28.52	20.93	15.19	13.02	11.07	8.96	9.14	10.12

附表 96　互联网上网人数增长率　　单位：%

区域\年份	2002	2003	2004	2005	2006	2007	2008	2009	2010
北京	25.81	49.56	1.01	6.47	9.35	57.48	32.97	12.55	10.43
天津	76.69	12.81	33.47	18.65	13.54	10.38	68.99	16.29	14.89
河北	71.82	5.81	33.86	25.58	29.84	20.76	75.07	38.08	19.27
山西	133.58	14.45	41.80	27.49	41.26	41.05	52.80	29.91	17.48
内蒙古	95.75	118.34	24.17	24.73	37.93	101.25	19.57	49.35	29.91
辽宁	102.60	−33.94	10.46	15.53	29.84	62.11	45.34	40.16	20.13
吉林	32.05	23.97	22.18	12.29	34.83	60.15	19.82	39.62	21.49
黑龙江	49.92	65.95	23.01	13.67	15.82	30.05	30.25	47.10	23.57
上海	70.54	28.29	2.18	4.99	10.15	62.75	33.73	5.50	5.81
江苏	−23.40	94.10	8.20	19.52	30.00	71.08	18.61	32.68	19.57
浙江	37.96	41.64	18.35	32.40	38.19	54.45	39.70	16.32	13.62
安徽	55.67	70.86	30.79	15.00	22.10	74.18	23.17	47.86	30.22
福建	41.16	27.35	2.45	21.78	29.97	67.83	59.24	18.13	13.44
江西	81.56	41.97	−7.91	19.87	52.41	79.30	19.37	29.51	20.25
山东	7.01	124.11	35.33	16.51	13.97	11.55	57.88	39.64	20.33
河南	12.96	6.55	35.14	29.84	30.56	84.91	34.21	56.43	20.43
湖北	50.63	150.88	12.63	7.93	14.90	32.71	48.73	39.90	29.48

续表

年份 区域	2002	2003	2004	2005	2006	2007	2008	2009	2010
湖南	63.56	22.26	17.56	11.54	17.24	69.12	44.78	40.74	24.25
广东	28.72	66.07	25.03	25.08	23.22	82.63	36.18	6.72	9.55
广西	60.40	109.07	24.67	15.79	13.33	49.73	31.07	40.33	19.03
海南	6.39	66.83	18.39	46.81	69.57	23.08	50.00	12.96	24.18
重庆	88.61	214.77	2.49	4.42	16.40	61.82	67.98	34.28	23.29
四川	4.33	235.87	23.26	16.44	13.30	17.25	36.34	48.23	22.20
贵州	144.73	92.44	17.93	11.22	30.28	57.75	93.30	32.33	31.06
云南	44.80	59.78	23.80	16.99	14.11	10.18	80.86	54.01	20.97
西藏	95.41	169.51	−18.60	28.57	77.78	125.00	30.56	12.77	52.83
陕西	58.61	77.71	31.16	21.71	25.80	30.89	52.80	25.95	30.15
甘肃	121.95	135.87	−1.96	4.17	21.60	44.08	49.32	63.61	22.43
青海	66.78	235.76	2.56	45.00	27.59	62.16	116.67	18.46	22.08
宁夏	103.40	90.15	−6.91	3.23	31.25	45.24	67.21	38.24	24.11
新疆	72.56	158.15	1.02	5.88	23.02	134.19	72.18	1.44	29.18
平均值	60.73	83.13	15.73	18.36	27.71	55.97	48.67	31.91	22.12

附表 97　年末实有道路面积增长率　　单位：%

年份 区域	2002	2003	2004	2005	2006	2007	2008	2009	2010
北京	29.21	38.26	6.08	44.72	−39.25	−21.55	15.61	2.66	2.35
天津	0.95	5.29	7.44	13.09	18.95	−1.99	18.28	−9.12	9.60
河北	5.15	7.85	6.04	7.58	11.19	11.01	7.71	9.16	13.85
山西	−9.37	10.74	1.58	10.28	15.59	−2.12	12.01	6.19	7.36
内蒙古	13.50	14.76	11.07	9.54	12.76	22.97	8.43	10.36	15.64
辽宁	3.46	4.31	5.04	4.49	7.87	10.38	5.62	6.38	8.24
吉林	6.10	15.38	3.10	17.95	4.51	6.59	9.18	8.71	18.52
黑龙江	2.55	7.61	0.72	5.16	3.55	3.10	3.37	2.14	6.67
上海	10.47	8.17	24.24	5.79	2.62	−61.08	4.56	−1.54	8.01
江苏	32.88	18.05	11.73	14.70	1.94	7.14	6.13	5.80	7.29
浙江	14.97	22.07	12.15	15.96	10.41	6.21	4.71	5.64	7.57
安徽	13.02	14.81	6.64	11.11	0.42	11.55	7.99	10.43	10.87
福建	6.46	15.02	11.66	13.26	9.77	17.63	9.77	9.52	5.03
江西	13.16	22.89	11.08	9.81	8.98	5.56	8.16	12.85	21.02
山东	14.61	22.01	17.32	6.29	8.51	7.45	4.18	7.73	8.71
河南	11.40	6.76	11.44	13.19	13.25	5.92	4.86	4.30	6.00
湖北	9.78	−2.45	6.08	2.84	−7.73	4.99	7.60	8.89	5.58
湖南	10.75	15.66	10.12	13.06	11.34	15.16	7.41	9.38	6.71
广东	2.28	13.76	28.14	12.46	8.87	2.38	4.82	7.37	1.93
广西	6.12	10.44	14.95	11.69	5.86	6.43	8.01	11.35	10.09
海南	1.15	5.11	2.29	5.29	8.44	2.16	4.30	3.61	11.93
重庆	14.34	12.22	8.82	7.67	20.94	15.09	7.06	7.18	10.92

续表

区域\年份	2002	2003	2004	2005	2006	2007	2008	2009	2010
四川	23.44	20.25	5.41	8.93	−7.34	5.03	6.48	9.30	8.38
贵州	4.60	7.85	26.15	12.83	−2.55	12.27	0.93	2.69	7.39
云南	7.88	15.54	3.74	13.06	18.15	21.66	35.05	−11.45	21.05
西藏	−24.58	3.13	0.00	23.38	2.21	3.51	10.36	0.16	−3.72
陕西	11.90	17.01	17.93	16.84	15.50	20.26	6.90	4.24	5.42
甘肃	24.27	24.45	−8.87	3.30	20.27	−14.88	7.86	9.62	9.65
青海	16.22	20.50	5.36	5.31	7.92	4.75	10.87	9.63	5.52
宁夏	12.37	28.20	28.95	13.32	18.27	12.17	−9.10	14.52	7.22
新疆	1.51	15.97	7.95	8.16	8.62	6.98	5.82	4.84	7.88
平均值	9.37	14.25	9.82	11.65	7.09	4.73	7.90	5.89	8.80

附表 98　年末实有道路长度增长率　　单位：%

区域\年份	2002	2003	2004	2005	2006	2007	2008	2009	2010
北京	28.24	45.99	−5.85	113.13	−63.22	−5.56	11.66	0.99	1.73
天津	4.06	0.82	3.82	28.76	9.73	−5.21	5.86	−8.82	−0.78
河北	4.26	4.66	3.36	4.66	7.93	4.65	5.16	4.57	11.97
山西	−5.86	4.64	3.19	8.84	4.40	−2.87	8.16	3.78	1.43
内蒙古	9.19	7.68	6.92	6.59	10.65	13.84	6.24	8.43	14.90
辽宁	4.36	3.33	2.00	1.43	5.11	3.91	5.04	6.23	10.66
吉林	6.03	2.07	1.73	18.85	7.46	4.39	8.35	6.19	22.04
黑龙江	0.87	6.07	2.91	2.44	0.54	1.96	1.83	1.42	2.28
上海	4.29	2.51	12.51	10.87	19.56	−70.62	1.21	1.24	7.09
江苏	35.65	12.73	4.14	7.80	−5.63	5.17	1.07	4.32	6.32
浙江	11.12	12.79	9.16	10.94	3.44	5.72	3.21	4.51	5.26
安徽	5.69	6.24	4.79	9.95	−2.02	12.10	5.70	4.82	4.52
福建	5.31	10.39	6.63	5.94	3.67	13.47	3.87	6.14	5.89
江西	3.36	12.36	7.00	6.68	6.71	10.79	2.63	11.81	8.07
山东	9.11	19.71	12.92	6.54	0.58	7.05	5.94	7.29	6.99
河南	8.04	4.32	8.66	8.98	19.33	−0.08	2.97	3.61	4.39
湖北	3.73	−1.29	4.31	−1.83	−10.91	2.28	6.10	−0.85	4.31
湖南	2.94	7.83	3.19	7.91	10.02	8.62	3.75	10.59	4.73
广东	2.80	0.81	22.38	7.82	−2.17	23.41	7.67	−0.73	30.30
广西	1.16	6.79	11.54	6.60	−2.51	7.80	5.61	6.09	7.75
海南	29.05	−18.94	2.03	3.23	7.86	5.81	5.42	2.13	3.16
重庆	7.74	7.26	5.17	5.26	10.50	8.43	5.52	6.38	5.08
四川	17.46	14.35	5.41	9.17	−13.07	3.65	4.32	7.14	5.50
贵州	1.40	3.15	14.07	7.08	−7.42	5.20	0.89	2.82	1.39
云南	0.85	8.42	2.95	10.57	4.63	8.08	42.70	−22.26	16.65
西藏	1.17	52.20	0.00	19.39	−35.73	0.96	0.63	0.94	6.23
陕西	4.72	13.02	5.20	4.25	12.67	13.27	6.80	5.86	4.47

续表

区域＼年份	2002	2003	2004	2005	2006	2007	2008	2009	2010
甘肃	3.22	17.62	−5.30	5.34	10.80	−22.80	22.51	6.45	2.94
青海	6.80	9.19	4.98	3.22	6.41	2.87	6.56	6.15	3.04
宁夏	3.66	13.05	16.32	7.05	12.01	15.37	−17.91	16.67	15.03
新疆	5.21	9.88	6.44	3.84	5.07	5.74	9.61	5.40	4.82
平均值	7.28	9.67	5.89	11.33	1.17	2.82	6.10	3.85	7.36

附表 99　邮电业务总量增长率　　单位：%

区域＼年份	2002	2003	2004	2005	2006	2007	2008	2009	2010
北京	18.70	12.11	19.68	18.05	24.04	39.96	19.16	15.58	26.47
天津	29.44	23.78	24.98	22.59	29.12	34.78	17.51	9.30	11.06
河北	33.48	30.97	46.19	22.13	21.99	32.77	24.78	13.42	12.65
山西	28.07	31.21	49.56	26.98	20.15	32.94	28.31	12.91	15.88
内蒙古	43.31	25.29	44.55	25.88	28.95	43.31	28.04	18.81	8.50
辽宁	18.23	13.89	24.81	20.13	26.12	26.19	17.03	16.74	21.40
吉林	23.31	29.80	39.07	22.13	29.66	21.84	12.32	14.13	16.59
黑龙江	27.58	19.54	28.52	18.63	20.23	26.12	18.02	15.14	6.95
上海	4.49	26.14	19.39	17.37	35.11	50.04	16.95	6.53	23.24
江苏	16.84	28.33	25.99	30.08	37.78	32.31	19.87	14.60	28.46
浙江	29.19	31.61	37.24	22.63	24.56	31.65	15.61	10.32	21.03
安徽	23.06	14.71	31.65	24.76	27.67	26.15	25.59	25.01	26.18
福建	22.37	27.34	40.13	20.66	21.66	26.58	11.29	12.24	21.54
江西	36.32	14.18	44.45	28.69	22.67	28.53	20.70	20.03	16.76
山东	25.63	17.40	40.93	32.08	36.07	27.77	21.19	11.81	16.94
河南	28.47	28.53	49.41	26.60	30.57	29.32	21.23	13.69	15.24
湖北	27.37	23.72	37.77	27.59	23.48	27.63	22.25	17.85	23.43
湖南	30.69	20.21	25.77	28.42	33.95	29.38	21.09	17.03	17.50
广东	17.43	26.26	53.92	19.22	24.79	19.37	16.30	12.48	9.74
广西	33.98	27.00	62.01	23.17	19.19	24.70	22.25	18.02	18.38
海南	20.81	2.90	54.29	20.24	30.40	27.71	28.63	19.54	17.02
重庆	25.32	35.32	39.02	24.58	31.58	32.61	16.47	14.97	18.42
四川	33.29	13.09	32.90	36.56	28.90	32.54	19.34	25.56	23.67
贵州	58.57	30.00	31.20	31.13	29.86	30.98	27.08	25.17	10.07
云南	22.27	20.68	34.79	27.09	24.99	43.41	22.96	17.49	13.85
西藏	8.82	32.57	35.98	22.49	31.70	43.49	32.32	29.71	21.40
陕西	39.31	22.07	49.11	32.58	31.20	25.07	20.86	16.35	14.82
甘肃	32.20	25.03	32.64	25.90	22.56	31.13	31.14	25.78	16.97
青海	38.91	20.65	18.07	22.65	24.64	35.19	55.74	7.95	25.85
宁夏	34.98	30.35	33.87	23.34	27.25	33.34	21.70	23.40	12.68
新疆	49.81	18.67	32.32	13.40	32.73	33.15	24.69	21.79	20.17
平均值	28.46	23.33	36.78	24.44	27.53	31.61	22.59	16.88	17.83

附表 100　高技术产业企业数增长率　　单位：%

区域＼年份	2002	2003	2004	2005	2006	2007	2008	2009	2010
北京	12.23	−7.95	80.00	−2.13	0.54	5.06	−2.49	1.41	−4.09
天津	1.27	3.54	22.13	−0.82	15.95	1.43	9.60	11.86	−5.88
河北	1.77	−4.51	4.73	8.33	8.33	2.37	2.60	19.44	3.30
山西	−57.83	3.79	7.30	−1.36	13.10	−7.93	−1.32	3.36	1.95
内蒙古	3.64	17.54	−2.99	9.23	15.49	8.54	6.74	14.74	−1.83
辽宁	−0.87	6.14	69.15	−10.91	25.59	13.39	11.68	14.83	−1.20
吉林	2.52	−11.07	31.34	−13.68	19.51	11.90	20.67	12.59	−2.46
黑龙江	7.26	13.53	13.25	−9.36	−0.65	12.99	13.79	5.56	−4.78
上海	2.84	9.84	49.07	−8.50	−1.52	7.24	17.00	−0.39	−7.36
江苏	10.79	13.64	69.40	−16.79	12.66	17.39	49.22	3.67	7.18
浙江	10.26	13.61	50.31	2.37	15.57	17.12	5.71	8.60	7.92
安徽	16.76	5.26	17.27	11.24	15.68	17.77	25.06	26.18	20.75
福建	4.91	21.93	31.18	−5.48	10.64	5.77	11.90	9.75	6.46
江西	6.33	17.26	25.89	9.68	15.44	18.15	26.42	7.04	10.56
山东	19.73	28.22	52.88	17.78	13.04	15.46	8.17	10.81	−3.15
河南	0.63	−9.12	33.56	−0.78	20.10	18.70	15.20	7.79	7.37
湖北	3.65	3.52	−13.61	17.06	9.64	9.20	27.90	8.20	7.98
湖南	12.33	9.76	17.78	−0.63	14.24	7.20	34.88	15.52	13.27
广东	12.40	13.26	64.78	−1.70	3.68	15.54	27.69	−0.81	3.05
广西	−0.61	7.98	20.45	0.94	13.08	4.96	14.96	3.77	11.55
海南	−1.96	2.00	27.45	−12.31	1.75	−17.24	14.58	−5.45	9.62
重庆	2.54	−6.61	15.04	14.62	6.71	8.18	47.67	12.99	12.89
四川	16.00	10.06	36.55	7.65	14.21	14.93	16.78	−3.82	0.00
贵州	8.05	0.62	12.96	−2.73	−6.18	−9.58	−2.65	2.72	−0.66
云南	14.58	−9.09	25.00	−2.40	4.92	7.03	7.30	−2.72	0.70
西藏	21.43	−11.76	−6.67	−14.29	8.33	−38.46	0.00	25.00	10.00
陕西	3.80	4.03	6.34	1.66	−0.98	5.26	0.63	11.49	6.13
甘肃	0.00	10.53	−1.19	1.20	2.38	−6.98	−11.25	12.68	1.25
青海	9.09	16.67	28.57	33.33	4.17	4.00	0.00	7.69	0.00
宁夏	−13.33	0.00	15.38	33.33	−15.00	−11.76	13.33	17.65	−20.00
新疆	−18.75	−23.08	−5.00	36.84	11.54	3.45	0.00	3.33	9.68
平均值	3.60	4.82	25.75	3.27	8.77	5.20	13.28	8.56	3.23

附表 101　政府财政支出增长率　　单位：%

区域＼年份	2002	2003	2004	2005	2006	2007	2008	2009	2010
北京	12.39	16.94	22.25	17.81	22.54	27.19	18.78	18.38	17.16
天津	13.00	17.67	20.17	17.89	22.85	24.16	28.68	29.57	22.46
河北	12.13	12.17	21.46	24.65	20.54	27.64	24.89	24.76	20.13
山西	15.46	24.36	24.87	28.85	36.90	14.67	25.25	18.76	23.67
内蒙古	23.26	13.64	26.13	20.88	19.10	33.27	34.39	32.47	17.99
辽宁	8.74	13.53	18.74	9.98	38.89	24.01	22.06	24.56	19.14

续表

区域＼年份	2002	2003	2004	2005	2006	2007	2008	2009	2010
吉林	11.10	12.85	24.08	24.29	13.83	23.02	33.53	25.34	20.82
黑龙江	11.20	6.21	23.48	12.94	22.94	22.58	29.90	21.75	20.00
上海	21.79	26.21	27.06	19.04	9.07	21.50	18.90	15.26	10.48
江苏	17.91	21.79	25.23	27.55	20.31	26.85	27.17	23.71	22.32
浙江	25.55	19.59	18.54	19.05	16.31	22.76	22.24	20.14	20.90
安徽	13.14	11.07	18.54	18.55	31.85	32.29	32.42	30.04	20.81
福建	6.53	13.77	14.23	14.79	22.86	24.97	24.94	24.09	20.06
江西	20.33	11.93	18.83	24.21	23.48	29.96	33.70	29.11	23.10
山东	14.17	17.43	17.65	23.31	25.05	23.37	19.58	20.82	26.85
河南	23.71	13.89	22.80	26.82	29.04	29.90	21.97	27.36	17.56
湖北	5.57	5.68	19.59	20.49	34.45	22.00	29.20	26.70	19.63
湖南	23.47	7.64	25.41	21.38	21.88	27.48	30.08	25.22	22.26
广东	15.12	11.48	9.28	23.53	11.54	23.74	19.59	14.71	25.08
广西	19.41	5.65	14.40	20.50	19.30	35.15	31.56	25.03	23.79
海南	16.93	14.24	20.68	18.87	15.44	40.48	45.99	35.78	19.60
重庆	28.78	11.68	15.85	23.17	21.92	29.30	32.23	27.17	32.27
四川	18.10	4.37	22.25	20.88	24.51	30.56	67.63	21.77	18.58
贵州	15.07	4.95	25.90	24.44	17.27	30.26	32.49	30.22	18.89
云南	6.14	11.49	12.97	15.47	16.61	27.04	29.51	32.79	17.08
西藏	31.78	5.85	−8.28	38.61	7.92	37.55	38.24	23.50	17.21
陕西	15.66	3.28	23.46	23.77	28.98	27.88	35.54	28.92	20.48
甘肃	16.35	9.49	18.98	20.27	23.13	27.76	43.40	28.69	17.84
青海	17.21	2.79	12.54	23.63	26.42	31.46	28.84	33.87	52.73
宁夏	22.39	−7.66	16.30	30.30	20.53	25.17	34.22	33.19	28.95
新疆	37.17	2.02	14.27	23.26	30.73	17.20	33.23	27.14	26.13
平均值	17.41	11.16	18.96	21.91	22.46	27.13	30.65	25.83	22.06

附表 102　进出口额增长率　　单位：%

区域＼年份	2002	2003	2004	2005	2006	2007	2008	2009	2010
北京	1.87	30.46	38.07	32.70	25.92	22.12	40.77	−20.96	40.51
天津	25.54	28.63	43.24	26.76	20.99	10.84	12.53	−20.61	28.62
河北	16.11	34.70	50.66	18.81	15.31	37.73	50.53	−22.89	41.97
山西	19.12	33.71	74.17	3.05	19.49	74.72	24.32	−40.47	46.76
内蒙古	19.90	16.23	31.57	31.00	22.25	29.78	15.28	−24.04	28.88
辽宁	9.74	21.94	29.81	19.19	17.99	22.91	21.79	−13.12	28.25
吉林	15.33	66.07	10.44	−3.86	21.23	30.12	29.46	−11.93	43.46
黑龙江	28.67	22.53	27.40	40.90	34.40	34.53	33.73	−29.83	57.21
上海	19.28	54.68	42.42	16.46	22.10	24.32	13.86	−13.77	32.85
江苏	36.88	61.64	50.33	33.44	24.59	23.06	12.25	−13.65	37.51
浙江	27.91	46.37	38.75	26.04	29.57	27.10	19.39	−11.08	35.05
安徽	15.50	42.26	21.25	26.44	34.28	30.11	26.69	−22.32	54.82

续表

区域＼年份	2002	2003	2004	2005	2006	2007	2008	2009	2010
福建	25.48	24.40	34.54	14.48	15.16	18.81	13.93	−6.10	36.58
江西	10.72	49.23	39.56	15.22	52.40	52.53	44.12	−6.16	69.18
山东	17.22	31.54	35.89	26.51	24.08	28.63	29.34	−12.22	36.03
河南	15.22	47.11	40.49	9.14	35.57	30.53	36.71	−22.90	32.32
湖北	10.42	29.24	32.43	33.83	29.90	26.42	39.26	−16.69	50.32
湖南	4.20	29.76	45.87	10.21	22.53	31.75	29.54	−19.11	44.41
广东	25.27	28.24	25.95	19.84	23.19	20.29	8.01	−10.79	28.44
广西	35.00	31.15	34.20	21.16	28.68	38.86	42.95	7.70	24.44
海南	6.69	21.85	49.54	−25.28	11.96	23.47	28.88	7.79	77.16
重庆	−2.02	44.73	48.63	11.30	27.42	35.98	28.00	−18.99	61.12
四川	44.16	26.07	21.88	15.07	39.47	30.46	53.80	9.29	35.27
贵州	6.31	42.40	53.86	−7.27	15.24	40.30	48.28	−31.55	36.59
云南	11.91	19.85	40.16	26.78	31.25	41.27	9.13	−16.14	66.87
西藏	44.44	23.08	25.00	2.50	60.00	19.82	94.91	−47.52	107.96
陕西	7.96	25.13	30.87	25.67	17.11	28.49	20.94	0.91	43.99
甘肃	12.44	51.31	32.86	49.18	45.44	44.42	10.34	−36.57	91.49
青海	−1.50	72.08	69.91	−28.30	57.87	−6.13	12.58	−14.80	34.41
宁夏	−16.42	47.40	39.05	6.50	48.60	10.09	18.77	−36.03	63.06
新疆	52.09	77.19	18.13	40.91	14.65	50.68	61.98	−37.22	22.81
平均值	17.60	38.10	37.97	17.37	28.67	30.13	30.07	−17.80	46.40

附表 103　人均居民消费水平增长率　　单位：%

区域＼年份	2002	2003	2004	2005	2006	2007	2008	2009	2010
北京	13.35	19.73	9.68	8.56	26.62	12.77	7.59	8.89	12.91
天津	5.30	9.85	11.88	9.67	9.43	13.19	17.09	8.21	17.39
河北	9.66	78.12	6.97	15.13	−26.19	14.74	15.79	9.48	12.01
山西	14.78	99.27	10.75	12.18	−23.64	14.08	11.98	10.78	19.04
内蒙古	23.07	56.94	14.76	11.41	−16.29	21.76	14.81	19.24	14.60
辽宁	6.39	19.29	7.66	12.62	−5.97	14.95	20.84	12.71	19.23
吉林	5.98	41.95	10.50	11.96	−15.96	16.90	13.72	10.79	8.69
黑龙江	7.65	15.64	11.01	10.97	−16.79	16.44	17.59	9.92	15.11
上海	13.80	−22.77	14.41	9.04	52.06	15.83	12.71	8.15	9.13
江苏	8.84	42.61	9.30	17.59	−3.71	16.35	14.02	8.90	17.03
浙江	15.57	76.12	9.51	15.21	−8.92	12.62	10.53	13.65	14.61
安徽	9.10	69.49	12.78	11.49	−30.26	18.85	20.82	7.09	20.62
福建	6.27	50.13	10.94	7.76	−11.01	12.09	18.11	5.68	17.54
江西	6.04	85.38	8.61	14.45	−31.70	12.68	22.35	8.27	27.98
山东	5.36	53.58	9.96	11.74	−5.80	14.95	18.55	9.62	10.64
河南	8.22	91.46	7.14	14.05	−23.29	10.99	14.32	12.42	18.62
湖北	11.06	68.69	7.30	5.28	−17.87	17.71	13.71	5.20	15.22
湖南	5.91	101.88	13.18	9.01	−26.74	13.50	14.50	10.97	12.52

续表

区域＼年份	2002	2003	2004	2005	2006	2007	2008	2009	2010
广东	12.80	69.56	10.98	10.43	−8.31	16.94	13.64	6.26	12.60
广西	7.03	139.65	11.84	9.11	−38.43	15.17	22.38	12.94	12.17
海南	7.99	72.06	5.45	2.18	−20.12	17.23	17.98	2.21	12.82
重庆	7.34	150.99	12.01	8.16	−37.18	20.82	50.27	−15.53	17.03
四川	6.29	119.73	10.63	8.16	−34.69	16.84	15.46	13.03	19.22
贵州	4.27	190.95	11.02	12.10	−43.19	15.95	9.10	13.96	16.55
云南	8.44	153.41	13.50	2.34	−41.76	11.73	0.00	30.16	13.47
西藏	19.29	247.83	3.64	3.34	−66.17	10.29	8.99	15.87	11.16
陕西	11.81	135.71	10.00	6.79	−40.33	32.73	19.31	12.38	17.03
甘肃	7.40	168.30	12.05	9.97	−41.65	12.18	13.92	8.52	14.21
青海	8.23	104.25	6.64	8.44	−32.28	17.71	17.12	11.41	11.38
宁夏	8.35	106.36	9.21	10.01	−20.18	13.77	23.68	9.25	14.43
新疆	9.30	75.89	4.21	7.52	−32.24	16.26	13.33	8.08	21.47
平均值	9.51	86.84	9.92	9.89	−20.40	15.74	16.26	9.95	15.37

附表 104　教育经费投入额增长率　　单位：%

区域＼年份	2002	2003	2004	2005	2006	2007	2008	2009	2010
北京	18.77	15.15	22.83	20.17	20.09	50.14	20.26	15.61	23.12
天津	14.66	14.45	16.43	21.31	21.40	34.86	28.79	22.52	32.23
河北	22.84	8.23	19.55	19.80	11.15	49.51	33.02	16.54	17.06
山西	16.47	14.89	19.07	27.19	18.39	49.93	29.67	18.33	18.16
内蒙古	21.50	12.57	21.84	18.79	20.81	61.59	34.40	17.96	32.29
辽宁	16.58	12.48	23.05	17.51	17.37	51.08	21.51	13.18	16.92
吉林	12.95	7.37	13.13	22.07	23.10	58.22	30.20	15.40	15.30
黑龙江	17.33	6.39	13.20	16.09	25.46	49.40	28.47	3.89	12.20
上海	16.37	13.19	18.25	17.76	12.31	37.90	15.08	6.41	20.27
江苏	12.31	10.26	19.71	20.46	15.48	65.28	20.23	14.85	27.14
浙江	26.45	19.91	21.85	15.73	16.19	42.69	18.26	14.39	16.79
安徽	15.35	9.94	24.84	11.24	29.51	40.03	34.41	13.11	19.31
福建	12.16	14.42	8.53	10.52	22.18	34.80	27.03	18.97	18.09
江西	22.26	8.87	14.34	19.28	18.01	67.51	19.02	21.79	18.09
山东	18.17	10.06	14.33	21.44	17.50	55.11	21.54	11.34	25.58
河南	28.45	6.35	16.87	22.20	24.46	57.03	21.28	18.49	15.82
湖北	18.26	6.90	17.33	13.72	22.40	49.31	30.85	11.65	15.53
湖南	27.48	8.53	15.85	17.90	15.66	60.63	36.21	14.88	12.73
广东	29.31	13.78	8.56	14.33	19.26	46.68	22.13	14.20	14.73
广西	16.38	9.60	14.46	16.26	28.69	39.80	32.65	18.06	23.68
海南	26.64	4.74	21.15	35.06	15.03	44.81	37.96	33.91	31.99
重庆	18.63	9.02	15.92	21.84	29.64	54.56	26.28	23.96	26.37
四川	19.97	6.50	12.50	14.69	29.42	61.03	26.09	22.25	19.76

续表

区域＼年份	2002	2003	2004	2005	2006	2007	2008	2009	2010
贵州	22.72	10.31	22.69	26.57	19.87	48.56	38.19	11.73	13.77
云南	12.81	8.28	20.02	9.35	22.99	26.69	26.98	27.37	21.61
西藏	34.36	8.70	15.66	34.85	1.06	62.99	40.24	29.65	−0.39
陕西	16.50	8.74	12.09	33.58	28.89	44.14	43.57	17.39	21.49
甘肃	17.38	12.63	12.80	25.77	29.64	41.70	47.56	12.81	10.60
青海	13.07	9.72	20.83	33.09	20.00	42.98	40.04	26.66	33.40
宁夏	19.30	6.11	16.84	21.21	26.12	92.16	14.27	17.47	28.49
新疆	17.00	5.77	15.78	18.34	22.89	59.91	39.54	20.55	30.68
平均值	19.43	10.13	17.11	20.58	20.81	51.00	29.22	17.59	20.41

附表 105 大专以上学历人口增长率 单位：%

区域＼年份	2002	2003	2004	2005	2006	2007	2008	2009	2010
北京	20.18	2.28	21.23	6.40	23.01	5.04	−4.00	13.00	21.70
天津	14.92	3.71	32.93	0.01	11.13	6.69	1.67	15.95	15.75
河北	65.01	41.95	−10.14	−20.21	−14.62	5.69	16.52	16.57	41.72
山西	27.35	17.60	−0.96	6.23	22.74	8.84	0.84	6.75	23.80
内蒙古	42.75	−2.68	22.34	18.07	−15.60	15.01	0.10	6.89	36.07
辽宁	−14.30	63.67	−6.91	−0.73	18.47	5.37	11.25	7.58	4.55
吉林	26.88	−0.30	7.54	−4.17	8.13	6.74	1.64	8.40	23.96
黑龙江	1.82	1.19	−3.88	35.17	−1.91	4.52	−6.60	9.35	42.39
上海	31.44	12.96	16.57	−1.49	25.95	−0.35	8.80	5.66	14.47
江苏	−6.08	30.84	−0.14	37.32	9.58	12.57	−12.44	9.83	48.74
浙江	72.11	7.99	22.41	−25.16	60.18	3.44	12.93	6.18	2.34
安徽	15.32	87.37	−8.53	−18.79	25.86	−17.17	1.91	16.23	47.57
福建	35.06	12.09	−1.25	9.17	19.73	−2.14	3.39	67.12	−7.62
江西	7.73	119.05	−24.50	−19.12	25.90	54.65	−11.19	7.68	9.01
山东	60.52	−2.73	0.99	−18.80	32.86	1.26	−4.71	9.95	53.92
河南	57.12	−24.84	39.46	−8.99	0.44	−2.07	16.07	9.92	31.14
湖北	−5.18	41.75	7.13	−18.04	56.40	5.24	−0.84	−6.16	30.17
湖南	45.94	8.56	12.17	−19.92	16.18	22.81	5.51	−6.05	33.87
广东	23.31	−0.70	4.86	28.96	0.80	14.35	10.43	−1.18	35.83
广西	48.37	31.09	16.45	−28.22	17.87	−11.07	−17.36	25.30	49.13
海南	9.90	64.22	−8.60	5.15	2.08	16.70	−7.61	20.33	22.20
重庆	13.56	8.95	1.36	12.80	−0.14	−16.05	12.63	29.62	67.42
四川	48.55	1.01	−2.17	−10.99	34.05	−9.74	6.26	28.56	21.96
贵州	80.27	53.26	−13.94	−29.93	−15.08	19.40	9.57	−5.09	55.29
云南	−9.06	−6.48	114.73	−12.18	−4.53	31.08	−12.11	−12.26	101.49
西藏	−42.69	5.91	16.90	−7.13	24.65	16.90	43.45	−0.87	261.44
陕西	−7.78	62.88	14.46	−15.12	24.31	4.08	12.60	4.61	19.31
甘肃	9.43	46.97	29.32	−26.41	−20.08	16.72	17.32	7.10	59.60

续表

年份 区域	2002	2003	2004	2005	2006	2007	2008	2009	2010
青海	−3.60	63.41	−9.27	58.03	−13.26	19.99	6.37	18.00	5.08
宁夏	43.43	−0.44	32.44	−3.55	10.42	3.50	4.14	10.72	18.99
新疆	92.49	−3.53	2.07	−10.22	2.55	5.42	10.01	−0.85	22.36
平均值	25.96	24.10	10.49	−2.64	12.52	7.98	4.40	10.61	39.15

附表 106　每亿元 GDP 工业污水排放量增长率　　单位：%

年份 区域	2002	2003	2004	2005	2006	2007	2008	2009	2010
北京	−26.84	−37.41	−20.31	−11.54	−32.07	−21.60	−23.47	−4.00	−19.44
天津	−7.77	−17.92	−13.25	5.91	−33.12	−17.48	−28.47	−15.13	−17.44
河北	−5.03	−11.78	−3.96	−17.23	−8.60	−20.76	−15.98	−15.59	−12.36
山西	−13.58	−18.20	−18.84	−13.65	19.10	−20.58	−21.59	−4.09	0.37
内蒙古	−4.25	−15.71	−23.91	−14.91	−11.89	−27.00	−16.55	−14.29	15.31
辽宁	−14.72	−11.86	−7.40	−5.09	−22.05	−15.13	−29.63	−18.75	−21.66
吉林	−11.74	−20.46	−8.74	5.86	−19.16	−18.37	−20.51	−13.57	−13.57
黑龙江	−9.53	−6.07	−23.24	−13.88	−11.97	−24.69	−13.81	−14.96	−5.78
上海	−13.41	−19.20	−23.55	−20.77	−17.36	−14.66	−23.59	−8.05	−21.90
江苏	−13.57	−19.70	−11.71	−9.28	−17.07	−20.97	−19.64	−11.44	−14.27
浙江	−8.38	−17.52	−18.07	1.06	−11.44	−15.67	−12.79	−5.25	−11.41
安徽	−5.75	−11.77	−16.86	−11.81	−3.37	−12.90	−24.22	−3.57	−21.37
福建	2.63	12.35	1.27	−0.05	−15.82	−12.31	−12.27	−9.81	−27.76
江西	−1.36	−5.10	−10.97	−16.35	−0.08	−2.33	−24.11	−10.86	−12.64
山东	−17.16	−7.51	−10.73	−11.67	−12.95	−2.58	−10.90	−5.77	−1.30
河南	−4.77	−12.29	−17.50	−15.01	−9.69	−15.00	−17.43	−2.57	−9.58
湖北	−7.15	−13.26	−14.69	−18.90	−14.68	−17.63	−16.13	−14.75	−16.03
湖南	−3.72	−1.08	−18.09	−14.94	−29.90	−16.37	−26.56	−7.63	−19.24
广东	14.83	−12.64	−7.13	17.64	−14.02	−10.31	−26.77	−17.59	−15.06
广西	−3.07	9.87	−15.46	2.24	−25.66	13.69	−5.15	−28.91	−17.14
海南	−8.05	−10.15	−16.70	−4.17	−14.87	−30.82	−18.07	6.52	−34.12
重庆	−12.74	−10.14	−14.53	−20.60	−9.56	−24.39	−30.88	−13.05	−43.34
四川	−6.99	−9.52	−17.04	−11.18	−20.06	−17.71	−20.97	−13.33	−27.27
贵州	−25.00	−14.38	−18.49	−23.00	−19.59	−25.88	−25.62	4.88	−10.76
云南	−4.77	−6.93	−8.11	−23.68	−9.57	−13.26	−22.25	−9.48	−18.48
西藏	−16.38	−49.22	39.20	−11.75	−31.66	−8.09	−6.40	−8.97	−31.92
陕西	−4.99	−4.21	−10.49	−6.12	−21.67	4.10	−25.34	−9.35	−25.29
甘肃	−13.25	−6.51	−27.46	−19.76	−16.23	−19.37	−11.75	−6.76	−22.77
青海	−27.99	−15.87	−14.12	84.47	−21.18	−15.48	−25.37	11.48	−13.90
宁夏	−1.26	−21.12	−26.62	97.46	−27.07	−6.94	−28.41	−6.24	−18.28
新疆	−9.50	−14.62	−8.05	−3.75	−12.34	−11.85	−8.07	3.47	−17.49
平均值	−9.20	−12.90	−13.08	−3.37	−15.99	−14.91	−19.77	−8.63	−16.96

附表 107　每亿元 GDP 工业废气排放量增长率

单位:%

区域＼年份	2002	2003	2004	2005	2006	2007	2008	2009	2010
北京	-16.26	-12.67	-11.78	-3.96	5.47	2.93	-29.42	-6.59	-7.21
天津	14.76	-1.08	-41.88	19.87	-3.89	-3.73	-18.02	-11.00	4.75
河北	1.96	7.59	12.34	3.49	22.73	7.79	-33.06	25.60	-6.26
山西	2.25	11.27	-16.93	-4.26	4.72	-0.28	-15.22	1.62	18.78
内蒙古	6.80	7.86	33.36	-30.46	-0.97	-2.39	-20.47	7.33	-7.67
辽宁	-3.93	11.03	-8.34	33.16	-7.22	-9.86	35.45	-43.68	-11.88
吉林	-1.93	-2.92	-4.88	-1.32	-8.53	-13.11	-11.66	2.18	-2.87
黑龙江	-6.57	-6.23	-12.35	-8.76	5.82	2.10	-9.04	23.91	-16.07
上海	-3.04	-10.10	-6.07	-16.18	-6.82	-7.94	-5.74	-9.87	13.01
江苏	-4.55	-12.69	0.98	-8.56	-7.28	-9.00	-11.07	-2.30	-5.36
浙江	-13.79	0.83	-6.17	-3.76	-0.08	-4.11	-11.67	-0.15	-10.15
安徽	-1.79	-5.66	-9.13	4.34	27.10	8.85	-1.14	-14.69	-4.85
福建	-1.66	5.33	3.63	9.73	6.35	-2.65	-14.57	1.47	6.84
江西	3.93	7.02	0.75	-6.06	0.72	2.06	-3.61	1.20	-4.09
山东	-11.43	-4.02	1.42	-3.06	-3.60	-4.69	-10.26	-4.32	8.00
河南	5.63	-1.00	-12.27	-4.44	-4.99	-9.53	-10.62	1.27	-13.65
湖北	1.93	-7.78	11.29	-9.05	-9.02	-13.44	-9.21	-5.30	-10.13
湖南	-2.34	-2.13	-0.82	-6.93	5.39	-0.88	-15.96	4.97	8.89
广东	-0.25	-10.79	-4.88	-10.34	-4.14	-4.64	2.28	3.07	-8.86
广西	-5.85	4.28	31.94	-32.56	6.01	-3.71	-22.38	2.46	-10.70
海南	-5.57	-9.43	3.21	27.69	-4.43	-5.89	-1.83	-8.60	-19.46
重庆	-5.39	0.74	31.26	-19.85	36.85	28.09	-31.33	51.92	-28.37
四川	19.31	-19.34	-5.92	-5.82	62.39	22.16	-52.83	-8.12	23.47
贵州	-11.72	-13.77	2.25	-22.94	58.12	24.36	-49.14	3.59	11.29
云南	1.10	3.79	-2.38	-1.89	7.83	0.52	-14.29	5.22	-1.14
西藏	-18.17	-11.91	-1.92	-28.04	-14.43	-15.03	-13.34	3.23	-7.23
陕西	6.90	-1.81	-7.68	-9.27	-3.97	-1.38	12.12	1.76	-1.17
甘肃	-2.80	19.43	-24.15	0.56	0.62	-2.63	-16.62	3.83	-18.60
青海	-2.42	-6.64	3.43	-5.07	18.09	6.80	-0.07	-3.73	-4.34
宁夏	11.22	-10.33	12.24	6.66	1.28	-4.78	-18.31	-5.02	178.12
新疆	-1.26	-0.15	10.77	-0.04	-1.98	-2.54	-10.59	10.85	4.99
平均值	-1.45	-2.30	-0.60	-4.42	6.07	-0.53	-13.28	1.04	2.52

附表 108　区域自主创新实力初始指标代码

指标名称	代码	指标名称	代码
R&D 人员全时当量	a_{1}	技术改造经费支出	a_{19}
R&D 经费额	a_{2}	购买国内技术经费支出	a_{20}
地方财政科技拨款	a_{3}	外商投资企业年底注册资金中外资部分	a_{21}
专利申请受理数	a_{4}	高等学校研究开发来自企业的资金额	a_{22}
专利申请授权数	a_{5}	研究与开发机构研究开发来自企业的资金额	a_{23}
研究与开发机构 R&D 课题数	a_{6}	固定电话和移动电话用户数	a_{24}

续表

指标名称	代码	指标名称	代码
高等学校 R&D 课题数	a_7	互联网上网人数	a_{25}
国内中文期刊科技论文数	a_8	年末实有道路面积	a_{26}
国外主要检索工具收录我国科技论文数	a_9	年末实有道路长度	a_{27}
地区生产总值	a_{10}	邮电业务总量	a_{28}
工业总产值	a_{11}	高技术产业企业数量	a_{29}
高技术产业规模以上企业产值	a_{12}	教育经费投入额	a_{30}
高技术产品出口额	a_{13}	大专以上学历人口数	a_{31}
新产品销售收入	a_{14}	政府财政支出	a_{32}
新产品产值	a_{15}	进出口额	a_{33}
技术市场成交合同金额	a_{16}	居民消费水平	a_{34}
引进技术经费支出	a_{17}	工业污水排放总量（逆向指标）	a_{35}
消化吸收技术经费支出	a_{18}	工业废气排放总量（逆向指标）	a_{36}

附表 109　2001 年区域自主创新实力初始指标相关系数

指标＼指标	a_1	a_2	a_3	a_4	a_5	a_6	a_7	a_8	a_9	a_{10}	a_{11}	a_{12}
a_1	1.0000	0.9451	0.7524	0.7775	0.7283	0.7495	0.9136	0.9285	0.7403	0.7447	0.7197	0.7210
a_2	0.9451	1.0000	0.7876	0.8396	0.7838	0.8389	0.8753	0.9433	0.8208	0.6900	0.6987	0.8004
a_3	0.7524	0.7876	1.0000	0.9691	0.9771	0.4561	0.6752	0.6382	0.3825	0.8875	0.8828	0.8869
a_4	0.7775	0.8396	0.9691	1.0000	0.9869	0.4978	0.7487	0.6942	0.4589	0.8785	0.9027	0.9264
a_5	0.7283	0.7838	0.9771	0.9869	1.0000	0.4186	0.6705	0.6111	0.3553	0.8826	0.8981	0.9251
a_6	0.7495	0.8389	0.4561	0.4978	0.4186	1.0000	0.7166	0.8977	0.9647	0.3234	0.3168	0.4330
a_7	0.9136	0.8753	0.6752	0.7487	0.6705	0.7166	1.0000	0.9153	0.7606	0.6913	0.7153	0.6718
a_8	0.9285	0.9433	0.6382	0.6942	0.6111	0.8977	0.9153	1.0000	0.9120	0.5756	0.5753	0.6214
a_9	0.7403	0.8208	0.3825	0.4589	0.3553	0.9647	0.7606	0.9120	1.0000	0.2583	0.2738	0.3969
a_{10}	0.7447	0.6900	0.8875	0.8785	0.8826	0.3234	0.6913	0.5756	0.2583	1.0000	0.9590	0.7645
a_{11}	0.7197	0.6987	0.8828	0.9027	0.8981	0.3168	0.7153	0.5753	0.2738	0.9590	1.0000	0.8380
a_{12}	0.7210	0.8004	0.8869	0.9264	0.9251	0.4330	0.6718	0.6214	0.3969	0.7645	0.8380	1.0000
a_{13}	0.5716	0.6590	0.8294	0.8550	0.8765	0.2584	0.4968	0.4413	0.2080	0.6972	0.7766	0.9684
a_{14}	0.6868	0.7354	0.7049	0.8037	0.7248	0.4497	0.7958	0.6771	0.5007	0.7351	0.8374	0.7716
a_{15}	0.6928	0.7385	0.7070	0.8057	0.7278	0.4496	0.7995	0.6785	0.4993	0.7374	0.8404	0.7799
a_{16}	0.7426	0.8524	0.5157	0.5913	0.4886	0.9318	0.7784	0.9098	0.9463	0.3717	0.4018	0.5248
a_{17}	0.6243	0.6077	0.6115	0.6870	0.6118	0.3314	0.7242	0.5943	0.3702	0.7700	0.8243	0.6001
a_{18}	0.3817	0.3852	0.5265	0.5548	0.5189	0.1472	0.4053	0.3598	0.1504	0.6737	0.6853	0.3753
a_{19}	0.6752	0.5438	0.6333	0.6264	0.5901	0.3038	0.7099	0.5444	0.2923	0.8350	0.8163	0.4597
a_{20}	0.2586	0.2202	0.3183	0.2847	0.2778	0.1082	0.2186	0.2250	0.0546	0.5146	0.4939	0.1423
a_{21}	0.6302	0.7083	0.8523	0.8982	0.8937	0.3087	0.5950	0.5126	0.2845	0.7507	0.8274	0.9614
a_{22}	0.7975	0.7516	0.4575	0.5513	0.4494	0.6725	0.9311	0.8416	0.7674	0.4604	0.5271	0.4887
a_{23}	0.7576	0.8264	0.4711	0.5036	0.4240	0.9586	0.7314	0.8761	0.9339	0.3394	0.3353	0.4354

续表

指标\指标	a_1	a_2	a_3	a_4	a_5	a_6	a_7	a_8	a_9	a_{10}	a_{11}	a_{12}
a_{24}	0.7307	0.6892	0.9287	0.9090	0.9316	0.3066	0.6543	0.5449	0.2297	0.9786	0.9342	0.8111
a_{25}	0.8207	0.7852	0.8905	0.8948	0.8866	0.4623	0.7709	0.6730	0.3980	0.9601	0.9479	0.8209
a_{26}	0.6942	0.6188	0.8020	0.7950	0.7859	0.2592	0.6510	0.5371	0.2176	0.9352	0.9071	0.6796
a_{27}	0.7048	0.6169	0.7853	0.7740	0.7616	0.2755	0.6885	0.5562	0.2365	0.9128	0.9023	0.6821
a_{28}	0.7158	0.7393	0.9644	0.9583	0.9803	0.3475	0.6295	0.5585	0.2747	0.9008	0.8885	0.9168
a_{29}	0.7509	0.7689	0.8772	0.9256	0.9225	0.4134	0.7763	0.6386	0.3842	0.8564	0.9260	0.9253
a_{30}	0.7462	0.6907	0.8658	0.8539	0.8533	0.3554	0.6965	0.5957	0.2823	0.9739	0.9206	0.7424
a_{31}	0.8507	0.7339	0.7563	0.7266	0.7000	0.4793	0.7378	0.7047	0.4305	0.8728	0.7734	0.5872
a_{32}	0.7874	0.7671	0.9336	0.9178	0.9114	0.4100	0.7125	0.6445	0.3495	0.9314	0.8865	0.8224
a_{33}	0.6605	0.7701	0.9019	0.9411	0.9430	0.4123	0.6078	0.5768	0.3679	0.7542	0.8246	0.9838
a_{34}	0.7211	0.6319	0.8245	0.8068	0.8059	0.2699	0.6694	0.5430	0.2180	0.9734	0.8948	0.6745
a_{35}	0.5667	0.4118	0.5308	0.5291	0.5328	0.1511	0.6161	0.3928	0.1041	0.7975	0.7439	0.4202
a_{36}	0.5571	0.4407	0.6117	0.5814	0.5759	0.1761	0.5031	0.3811	0.1148	0.8446	0.7788	0.4170

指标\指标	a_{13}	a_{14}	a_{15}	a_{16}	a_{17}	a_{18}	a_{19}	a_{20}	a_{21}	a_{22}	a_{23}	a_{24}
a_1	0.5716	0.6868	0.6928	0.7426	0.6243	0.3817	0.6752	0.2586	0.6302	0.7975	0.7576	0.7307
a_2	0.6590	0.7354	0.7385	0.8524	0.6077	0.3852	0.5438	0.2202	0.7083	0.7516	0.8264	0.6892
a_3	0.8294	0.7049	0.7070	0.5157	0.6115	0.5265	0.6333	0.3183	0.8523	0.4575	0.4711	0.9287
a_4	0.8550	0.8037	0.8057	0.5913	0.6870	0.5548	0.6264	0.2847	0.8982	0.5513	0.5036	0.9090
a_5	0.8765	0.7248	0.7278	0.4886	0.6118	0.5189	0.5901	0.2778	0.8937	0.4494	0.4240	0.9316
a_6	0.2584	0.4497	0.4496	0.9318	0.3314	0.1472	0.3038	0.1082	0.3087	0.6725	0.9586	0.3066
a_7	0.4968	0.7958	0.7995	0.7784	0.7242	0.4053	0.7099	0.2186	0.5950	0.9311	0.7314	0.6543
a_8	0.4413	0.6771	0.6785	0.9098	0.5943	0.3598	0.5444	0.2250	0.5126	0.8416	0.8761	0.5449
a_9	0.2080	0.5007	0.4993	0.9463	0.3702	0.1504	0.2923	0.0546	0.2845	0.7674	0.9339	0.2297
a_{10}	0.6972	0.7351	0.7374	0.3717	0.7700	0.6737	0.8350	0.5146	0.7507	0.4604	0.3394	0.9786
a_{11}	0.7766	0.8374	0.8404	0.4018	0.8243	0.6853	0.8163	0.4939	0.8274	0.5271	0.3353	0.9342
a_{12}	0.9684	0.7716	0.7799	0.5248	0.6001	0.3753	0.4597	0.1423	0.9614	0.4887	0.4354	0.8111
a_{13}	1.0000	0.6654	0.6744	0.3563	0.4995	0.2878	0.3555	0.0703	0.9590	0.3137	0.2659	0.7636
a_{14}	0.6654	1.0000	0.9995	0.6319	0.9192	0.6781	0.6865	0.4066	0.7837	0.7041	0.4669	0.6707
a_{15}	0.6744	0.9995	1.0000	0.6307	0.9163	0.6659	0.6848	0.3953	0.7924	0.7070	0.4692	0.6747
a_{16}	0.3563	0.6319	0.6307	1.0000	0.4792	0.2437	0.3563	0.0816	0.4463	0.7524	0.9282	0.3425
a_{17}	0.4995	0.9192	0.9163	0.4792	1.0000	0.8170	0.7908	0.6355	0.6264	0.6234	0.3412	0.6614
a_{18}	0.2878	0.6781	0.6659	0.2437	0.8170	1.0000	0.6480	0.8702	0.4024	0.2455	0.1273	0.5728
a_{19}	0.3555	0.6865	0.6848	0.3563	0.7908	0.6480	1.0000	0.5546	0.4718	0.6113	0.3790	0.7464
a_{20}	0.0703	0.4066	0.3953	0.0816	0.6355	0.8702	0.5546	1.0000	0.1413	0.0537	0.0970	0.3977
a_{21}	0.9590	0.7837	0.7924	0.4463	0.6264	0.4024	0.4718	0.1413	1.0000	0.4245	0.3469	0.7946
a_{22}	0.3137	0.7041	0.7070	0.7524	0.6234	0.2455	0.6113	0.0537	0.4245	1.0000	0.6963	0.4079
a_{23}	0.2659	0.4669	0.4692	0.9282	0.3412	0.1273	0.3790	0.0970	0.3469	0.6963	1.0000	0.3201
a_{24}	0.7636	0.6707	0.6747	0.3425	0.6614	0.5728	0.7464	0.3977	0.7946	0.4079	0.3201	1.0000
a_{25}	0.7397	0.7725	0.7794	0.5072	0.7523	0.5560	0.8041	0.4138	0.8044	0.5752	0.4984	0.9459

续表

指标＼指标	a_{13}	a_{14}	a_{15}	a_{16}	a_{17}	a_{18}	a_{19}	a_{20}	a_{21}	a_{22}	a_{23}	a_{24}
a_{26}	0.6239	0.7165	0.7169	0.3166	0.7816	0.7213	0.8619	0.5621	0.6845	0.4373	0.2930	0.8913
a_{27}	0.6253	0.7218	0.7236	0.3265	0.7917	0.6758	0.8722	0.5460	0.6792	0.4917	0.3164	0.8676
a_{28}	0.8930	0.6769	0.6825	0.4068	0.5870	0.4644	0.5883	0.2390	0.9020	0.3917	0.3540	0.9574
a_{29}	0.8600	0.8053	0.8126	0.4953	0.6832	0.4450	0.6545	0.2068	0.8758	0.6102	0.4198	0.8793
a_{30}	0.6714	0.7206	0.7229	0.3868	0.7638	0.6453	0.8019	0.4810	0.7190	0.4690	0.3324	0.9550
a_{31}	0.4850	0.6138	0.6167	0.4845	0.6744	0.5530	0.8212	0.4513	0.5493	0.5510	0.5103	0.8336
a_{32}	0.7660	0.7281	0.7304	0.4677	0.7050	0.5611	0.7255	0.3437	0.8048	0.4972	0.4033	0.9433
a_{33}	0.9692	0.7477	0.7533	0.5119	0.5780	0.4028	0.4297	0.1488	0.9668	0.4189	0.4111	0.8113
a_{34}	0.6079	0.6865	0.6882	0.3206	0.7613	0.6682	0.8320	0.5219	0.6717	0.4332	0.2949	0.9454
a_{35}	0.3526	0.5236	0.5279	0.1750	0.6401	0.4305	0.8249	0.4054	0.4047	0.4831	0.2043	0.7355
a_{36}	0.3552	0.5596	0.5579	0.1809	0.6882	0.6566	0.9027	0.5799	0.4315	0.3432	0.2032	0.7671

指标＼指标	a_{25}	a_{26}	a_{27}	a_{28}	a_{29}	a_{30}	a_{31}	a_{32}	a_{33}	a_{34}	a_{35}	a_{36}
a_1	0.8207	0.6942	0.7048	0.7158	0.7509	0.7462	0.8507	0.7874	0.6605	0.7211	0.5667	0.5571
a_2	0.7852	0.6188	0.6169	0.7393	0.7689	0.6907	0.7339	0.7671	0.7701	0.6319	0.4118	0.4407
a_3	0.8905	0.8020	0.7853	0.9644	0.8772	0.8658	0.7563	0.9336	0.9019	0.8245	0.5308	0.6117
a_4	0.8948	0.7950	0.7740	0.9583	0.9256	0.8539	0.7266	0.9178	0.9411	0.8068	0.5291	0.5814
a_5	0.8866	0.7859	0.7616	0.9803	0.9225	0.8533	0.7000	0.9114	0.9430	0.8059	0.5328	0.5759
a_6	0.4623	0.2592	0.2755	0.3475	0.4134	0.3554	0.4793	0.4100	0.4123	0.2699	0.1511	0.1761
a_7	0.7709	0.6510	0.6885	0.6295	0.7763	0.6965	0.7378	0.7125	0.6078	0.6694	0.6161	0.5031
a_8	0.6730	0.5371	0.5562	0.5585	0.6386	0.5957	0.7047	0.6445	0.5768	0.5430	0.3928	0.3811
a_9	0.3980	0.2176	0.2365	0.2747	0.3842	0.2823	0.4305	0.3495	0.3679	0.2180	0.1041	0.1148
a_{10}	0.9601	0.9352	0.9128	0.9008	0.8564	0.9739	0.8728	0.9314	0.7542	0.9734	0.7975	0.8446
a_{11}	0.9479	0.9071	0.9023	0.8885	0.9260	0.9206	0.7734	0.8865	0.8246	0.8948	0.7439	0.7788
a_{12}	0.8209	0.6796	0.6821	0.9168	0.9253	0.7424	0.5872	0.8224	0.9838	0.6745	0.4202	0.4170
a_{13}	0.7397	0.6239	0.6253	0.8930	0.8600	0.6714	0.4850	0.7660	0.9692	0.6079	0.3526	0.3552
a_{14}	0.7725	0.7165	0.7218	0.6769	0.8053	0.7206	0.6138	0.7281	0.7477	0.6865	0.5236	0.5596
a_{15}	0.7794	0.7169	0.7236	0.6825	0.8126	0.7229	0.6167	0.7304	0.7533	0.6882	0.5279	0.5579
a_{16}	0.5072	0.3166	0.3265	0.4068	0.4953	0.3868	0.4845	0.4677	0.5119	0.3206	0.1750	0.1809
a_{17}	0.7523	0.7816	0.7917	0.5870	0.6832	0.7638	0.6744	0.7050	0.5780	0.7613	0.6401	0.6882
a_{18}	0.5560	0.7213	0.6758	0.4644	0.4450	0.6453	0.5530	0.5611	0.4028	0.6682	0.4305	0.6566
a_{19}	0.8041	0.8619	0.8722	0.5883	0.6545	0.8019	0.8212	0.7255	0.4297	0.8320	0.8249	0.9027
a_{20}	0.4138	0.5621	0.5460	0.2390	0.2068	0.4810	0.4513	0.3437	0.1488	0.5219	0.4054	0.5799
a_{21}	0.8044	0.6845	0.6792	0.9020	0.8758	0.7190	0.5493	0.8048	0.9668	0.6717	0.4047	0.4315
a_{22}	0.5752	0.4373	0.4917	0.3917	0.6102	0.4690	0.5510	0.4972	0.4189	0.4332	0.4831	0.3432
a_{23}	0.4984	0.2930	0.3164	0.3540	0.4198	0.3324	0.5103	0.4033	0.4111	0.2949	0.2043	0.2032
a_{24}	0.9459	0.8913	0.8676	0.9574	0.8793	0.9550	0.8336	0.9433	0.8113	0.9454	0.7355	0.7671
a_{25}	1.0000	0.8592	0.8541	0.8964	0.8991	0.9306	0.8476	0.9023	0.7979	0.9096	0.7778	0.7663
a_{26}	0.8592	1.0000	0.9856	0.8075	0.7654	0.8983	0.8848	0.8777	0.6689	0.9358	0.7323	0.8568

续表

指标	a_{25}	a_{26}	a_{27}	a_{28}	a_{29}	a_{30}	a_{31}	a_{32}	a_{33}	a_{34}	a_{35}	a_{36}
a_{27}	0.8541	0.9856	1.0000	0.7857	0.7762	0.8798	0.8692	0.8576	0.6587	0.9156	0.7567	0.8209
a_{28}	0.8964	0.8075	0.7857	1.0000	0.9030	0.8831	0.7361	0.9378	0.9299	0.8457	0.5669	0.6027
a_{29}	0.8991	0.7654	0.7762	0.9030	1.0000	0.8341	0.6668	0.8420	0.8981	0.7702	0.6470	0.5931
a_{30}	0.9306	0.8983	0.8798	0.8831	0.8341	1.0000	0.8689	0.9543	0.7297	0.9610	0.7736	0.8319
a_{31}	0.8476	0.8848	0.8692	0.7361	0.6668	0.8689	1.0000	0.8660	0.5510	0.9086	0.7205	0.8082
a_{32}	0.9023	0.8777	0.8576	0.9378	0.8420	0.9543	0.8660	1.0000	0.8222	0.9192	0.6431	0.7330
a_{33}	0.7979	0.6689	0.6587	0.9299	0.8981	0.7297	0.5510	0.8222	1.0000	0.6574	0.3630	0.4073
a_{34}	0.9096	0.9358	0.9156	0.8457	0.7702	0.9610	0.9086	0.9192	0.6574	1.0000	0.8174	0.8370
a_{35}	0.7778	0.7323	0.7567	0.5669	0.6470	0.7736	0.7205	0.6431	0.3630	0.8174	1.0000	0.7735
a_{36}	0.7663	0.8568	0.8209	0.6027	0.5931	0.8319	0.8082	0.7330	0.4073	0.8370	0.7735	1.0000

附表 110　2002 年区域自主创新实力初始指标相关系数

指标	a_1	a_2	a_3	a_4	a_5	a_6	a_7	a_8	a_9	a_{10}	a_{11}	a_{12}
a_1	1.0000	0.9399	0.6980	0.7308	0.6761	0.7407	0.8654	0.9337	0.7399	0.7569	0.7075	0.6427
a_2	0.9399	1.0000	0.7467	0.8005	0.7271	0.8559	0.8604	0.9505	0.8473	0.6872	0.6785	0.7224
a_3	0.6980	0.7467	1.0000	0.9495	0.9781	0.4371	0.6272	0.6041	0.3660	0.8518	0.8518	0.9137
a_4	0.7308	0.8005	0.9495	1.0000	0.9680	0.4686	0.7447	0.6799	0.4631	0.8614	0.8916	0.9156
a_5	0.6761	0.7271	0.9781	0.9680	1.0000	0.3783	0.6427	0.5821	0.3222	0.8800	0.8963	0.9342
a_6	0.7407	0.8559	0.4371	0.4686	0.3783	1.0000	0.6971	0.8661	0.9540	0.3157	0.2836	0.3727
a_7	0.8654	0.8604	0.6272	0.7447	0.6427	0.6971	1.0000	0.9154	0.7748	0.6773	0.6771	0.5919
a_8	0.9337	0.9505	0.6041	0.6799	0.5821	0.8661	0.9154	1.0000	0.8997	0.5969	0.5717	0.5642
a_9	0.7399	0.8473	0.3660	0.4631	0.3222	0.9540	0.7748	0.8997	1.0000	0.2752	0.2696	0.3288
a_{10}	0.7569	0.6872	0.8518	0.8614	0.8800	0.3157	0.6773	0.5969	0.2752	1.0000	0.9631	0.7767
a_{11}	0.7075	0.6785	0.8518	0.8916	0.8963	0.2836	0.6771	0.5717	0.2696	0.9631	1.0000	0.8335
a_{12}	0.6427	0.7224	0.9137	0.9156	0.9342	0.3727	0.5919	0.5642	0.3288	0.7767	0.8335	1.0000
a_{13}	0.5279	0.6118	0.8633	0.8440	0.8833	0.2538	0.4590	0.4339	0.1974	0.7113	0.7782	0.9808
a_{14}	0.6788	0.7230	0.6304	0.8052	0.6772	0.4142	0.7414	0.6618	0.5042	0.7318	0.8158	0.7106
a_{15}	0.6849	0.7273	0.6529	0.8223	0.6997	0.4089	0.7445	0.6615	0.4946	0.7477	0.8319	0.7289
a_{16}	0.7452	0.8800	0.5165	0.6098	0.4727	0.9246	0.7795	0.8985	0.9515	0.3852	0.3934	0.4808
a_{17}	0.6296	0.5931	0.5223	0.6945	0.5779	0.2661	0.7286	0.5803	0.3765	0.7591	0.7983	0.5421
a_{18}	0.4752	0.4248	0.4261	0.5394	0.4844	0.1506	0.4373	0.3892	0.1852	0.6776	0.7128	0.3593
a_{19}	0.5620	0.4127	0.4505	0.5240	0.4881	0.1171	0.5792	0.4001	0.1696	0.7769	0.7614	0.3282
a_{20}	0.4971	0.4467	0.5758	0.5593	0.6026	0.1516	0.2985	0.3376	0.0783	0.7392	0.7550	0.5471
a_{21}	0.6139	0.6907	0.8787	0.9171	0.9052	0.3188	0.5839	0.5281	0.3066	0.7827	0.8465	0.9666
a_{22}	0.7775	0.7903	0.4171	0.5662	0.4176	0.7089	0.9296	0.8715	0.8343	0.4534	0.4892	0.4162
a_{23}	0.6268	0.7341	0.4479	0.6355	0.4515	0.6443	0.7326	0.7404	0.7556	0.4090	0.4350	0.4875
a_{24}	0.7306	0.6743	0.9050	0.8804	0.9265	0.3046	0.6455	0.5661	0.2408	0.9802	0.9341	0.8228
a_{25}	0.7524	0.7340	0.8731	0.8903	0.8603	0.4064	0.7008	0.6349	0.4061	0.8859	0.8453	0.7728
a_{26}	0.7516	0.6379	0.7132	0.7509	0.7433	0.2690	0.6496	0.5890	0.2634	0.9332	0.9100	0.6618
a_{27}	0.7486	0.6362	0.6962	0.7281	0.7208	0.2806	0.6728	0.5961	0.2781	0.9053	0.9040	0.6734

续表

指标 \ 指标	a_1	a_2	a_3	a_4	a_5	a_6	a_7	a_8	a_9	a_{10}	a_{11}	a_{12}
a_{28}	0.6883	0.6907	0.9679	0.9216	0.9746	0.3373	0.5995	0.5525	0.2574	0.9088	0.8781	0.9062
a_{29}	0.7228	0.7556	0.9042	0.9359	0.9411	0.4070	0.7596	0.6518	0.3928	0.8749	0.9277	0.9286
a_{30}	0.7354	0.6695	0.8517	0.8472	0.8675	0.3252	0.6580	0.5849	0.2666	0.9743	0.9167	0.7647
a_{31}	0.7335	0.6203	0.6368	0.6462	0.6333	0.3766	0.5837	0.5966	0.3286	0.8458	0.7197	0.4792
a_{32}	0.7710	0.7388	0.9079	0.9062	0.9032	0.3932	0.6898	0.6389	0.3486	0.9342	0.8857	0.8215
a_{33}	0.6051	0.7125	0.9320	0.9322	0.9508	0.3784	0.5616	0.5418	0.3269	0.7690	0.8264	0.9881
a_{34}	0.7411	0.6358	0.7942	0.8070	0.8153	0.2668	0.6628	0.5743	0.2407	0.9750	0.9047	0.7065
a_{35}	0.5688	0.4160	0.5484	0.5679	0.5984	0.1002	0.6059	0.4130	0.0891	0.8248	0.7744	0.4958
a_{36}	0.5926	0.4419	0.5277	0.5477	0.5491	0.1255	0.4604	0.3804	0.1050	0.8289	0.7620	0.4315

指标 \ 指标	a_{13}	a_{14}	a_{15}	a_{16}	a_{17}	a_{18}	a_{19}	a_{20}	a_{21}	a_{22}	a_{23}	a_{24}
a_1	0.5279	0.6788	0.6849	0.7452	0.6296	0.4752	0.5620	0.4971	0.6139	0.7775	0.6268	0.7306
a_2	0.6118	0.7230	0.7273	0.8800	0.5931	0.4248	0.4127	0.4467	0.6907	0.7903	0.7341	0.6743
a_3	0.8633	0.6304	0.6529	0.5165	0.5223	0.4261	0.4505	0.5758	0.8787	0.4171	0.4479	0.9050
a_4	0.8440	0.8052	0.8223	0.6098	0.6945	0.5394	0.5240	0.5593	0.9171	0.5662	0.6355	0.8804
a_5	0.8833	0.6772	0.6997	0.4727	0.5779	0.4844	0.4881	0.6026	0.9052	0.4176	0.4515	0.9265
a_6	0.2538	0.4142	0.4089	0.9246	0.2661	0.1506	0.1171	0.1516	0.3188	0.7089	0.6443	0.3046
a_7	0.4590	0.7414	0.7445	0.7795	0.7286	0.4373	0.5792	0.2985	0.5839	0.9296	0.7326	0.6455
a_8	0.4339	0.6618	0.6615	0.8985	0.5803	0.3892	0.4001	0.3376	0.5281	0.8715	0.7404	0.5661
a_9	0.1974	0.5042	0.4946	0.9515	0.3765	0.1852	0.1696	0.0783	0.3066	0.8343	0.7556	0.2408
a_{10}	0.7113	0.7318	0.7477	0.3852	0.7591	0.6776	0.7769	0.7392	0.7827	0.4534	0.4090	0.9802
a_{11}	0.7782	0.8158	0.8319	0.3934	0.7983	0.7128	0.7614	0.7550	0.8465	0.4892	0.4350	0.9341
a_{12}	0.9808	0.7106	0.7289	0.4808	0.5421	0.3593	0.3282	0.5471	0.9666	0.4162	0.4875	0.8228
a_{13}	1.0000	0.6373	0.6562	0.3658	0.4775	0.2748	0.2528	0.5049	0.9545	0.2987	0.4044	0.7674
a_{14}	0.6373	1.0000	0.9992	0.6151	0.9139	0.7152	0.6350	0.5875	0.7819	0.6824	0.7545	0.6509
a_{15}	0.6562	0.9992	1.0000	0.6099	0.9119	0.7159	0.6399	0.5946	0.7964	0.6785	0.7453	0.6708
a_{16}	0.3658	0.6151	0.6099	1.0000	0.4477	0.2393	0.1768	0.1593	0.4725	0.7999	0.8012	0.3565
a_{17}	0.4775	0.9139	0.9119	0.4477	1.0000	0.7611	0.8103	0.5518	0.6381	0.6701	0.6733	0.6591
a_{18}	0.2748	0.7152	0.7159	0.2393	0.7611	1.0000	0.7354	0.8490	0.4075	0.3012	0.3391	0.5682
a_{19}	0.2528	0.6350	0.6399	0.1768	0.8103	0.7354	1.0000	0.5890	0.3966	0.4846	0.2977	0.6892
a_{20}	0.5049	0.5875	0.5946	0.1593	0.5518	0.8490	0.5890	1.0000	0.5341	0.0881	0.1314	0.6828
a_{21}	0.9545	0.7819	0.7964	0.4725	0.6381	0.4075	0.3966	0.5341	1.0000	0.4371	0.5721	0.8114
a_{22}	0.2987	0.6824	0.6785	0.7999	0.6701	0.3012	0.4846	0.0881	0.4371	1.0000	0.7699	0.3974
a_{23}	0.4044	0.7545	0.7453	0.8012	0.6733	0.3391	0.2977	0.1314	0.5721	0.7699	1.0000	0.3637
a_{24}	0.7674	0.6509	0.6708	0.3565	0.6591	0.5682	0.6892	0.6828	0.8114	0.3974	0.3637	1.0000
a_{25}	0.7023	0.7064	0.7205	0.5278	0.6763	0.4666	0.6340	0.4913	0.8275	0.5309	0.5613	0.8952
a_{26}	0.6031	0.7392	0.7505	0.3413	0.8085	0.7424	0.8279	0.7620	0.6827	0.4765	0.4484	0.8764
a_{27}	0.6253	0.7421	0.7524	0.3492	0.8109	0.6848	0.8240	0.7267	0.6942	0.5282	0.4420	0.8494
a_{28}	0.8645	0.6044	0.6272	0.3962	0.5437	0.4417	0.5030	0.6076	0.8761	0.3510	0.3901	0.9645

续表

指标＼指标	a_{13}	a_{14}	a_{15}	a_{16}	a_{17}	a_{18}	a_{19}	a_{20}	a_{21}	a_{22}	a_{23}	a_{24}
a_{29}	0.8745	0.7678	0.7867	0.5135	0.6874	0.4752	0.5633	0.5491	0.9006	0.5869	0.5072	0.8907
a_{30}	0.7020	0.6867	0.7024	0.3744	0.7197	0.6295	0.7169	0.6881	0.7597	0.4232	0.4216	0.9702
a_{31}	0.3834	0.5559	0.5655	0.3849	0.6378	0.6579	0.6947	0.6315	0.4641	0.3767	0.3714	0.8018
a_{32}	0.7637	0.7172	0.7339	0.4712	0.7166	0.5666	0.6430	0.6171	0.8206	0.4866	0.5352	0.9476
a_{33}	0.9715	0.6965	0.7151	0.4922	0.5317	0.3795	0.3154	0.5494	0.9652	0.3845	0.5044	0.8195
a_{34}	0.6430	0.6981	0.7118	0.3372	0.7719	0.6593	0.7832	0.6962	0.7228	0.4345	0.4354	0.9548
a_{35}	0.4591	0.5432	0.5560	0.1636	0.7023	0.4643	0.7914	0.4593	0.5221	0.4424	0.2145	0.7897
a_{36}	0.3844	0.5619	0.5709	0.1584	0.6880	0.6187	0.8534	0.6032	0.4762	0.3176	0.2551	0.7627

指标＼指标	a_{25}	a_{26}	a_{27}	a_{28}	a_{29}	a_{30}	a_{31}	a_{32}	a_{33}	a_{34}	a_{35}	a_{36}
a_{1}	0.7524	0.7516	0.7486	0.6883	0.7228	0.7354	0.7335	0.7710	0.6051	0.7411	0.5688	0.5926
a_{2}	0.7340	0.6379	0.6362	0.6907	0.7556	0.6695	0.6203	0.7388	0.7125	0.6358	0.4160	0.4419
a_{3}	0.8731	0.7132	0.6962	0.9679	0.9042	0.8517	0.6368	0.9079	0.9320	0.7942	0.5484	0.5277
a_{4}	0.8903	0.7509	0.7281	0.9216	0.9359	0.8472	0.6462	0.9062	0.9322	0.8070	0.5679	0.5477
a_{5}	0.8603	0.7433	0.7208	0.9746	0.9411	0.8675	0.6333	0.9032	0.9508	0.8153	0.5984	0.5491
a_{6}	0.4064	0.2690	0.2806	0.3373	0.4070	0.3252	0.3766	0.3932	0.3784	0.2668	0.1002	0.1255
a_{7}	0.7008	0.6496	0.6728	0.5995	0.7596	0.6580	0.5837	0.6898	0.5616	0.6628	0.6059	0.4604
a_{8}	0.6349	0.5890	0.5961	0.5525	0.6518	0.5849	0.5966	0.6389	0.5418	0.5743	0.4130	0.3804
a_{9}	0.4061	0.2634	0.2781	0.2574	0.3928	0.2666	0.3286	0.3486	0.3269	0.2407	0.0891	0.1050
a_{10}	0.8859	0.9332	0.9053	0.9088	0.8749	0.9743	0.8458	0.9342	0.7690	0.9750	0.8248	0.8289
a_{11}	0.8453	0.9100	0.9040	0.8781	0.9277	0.9167	0.7197	0.8857	0.8264	0.9047	0.7744	0.7620
a_{12}	0.7728	0.6618	0.6734	0.9062	0.9286	0.7647	0.4792	0.8215	0.9881	0.7065	0.4958	0.4315
a_{13}	0.7023	0.6031	0.6253	0.8645	0.8745	0.7020	0.3834	0.7637	0.9715	0.6430	0.4591	0.3844
a_{14}	0.7064	0.7392	0.7421	0.6044	0.7678	0.6867	0.5559	0.7172	0.6965	0.6981	0.5432	0.5619
a_{15}	0.7205	0.7505	0.7524	0.6272	0.7867	0.7024	0.5655	0.7339	0.7151	0.7118	0.5560	0.5709
a_{16}	0.5278	0.3413	0.3492	0.3962	0.5135	0.3744	0.3849	0.4712	0.4922	0.3372	0.1636	0.1584
a_{17}	0.6763	0.8085	0.8109	0.5437	0.6874	0.7197	0.6378	0.7166	0.5317	0.7719	0.7023	0.6880
a_{18}	0.4666	0.7424	0.6848	0.4417	0.4752	0.6295	0.6579	0.5666	0.3795	0.6593	0.4643	0.6187
a_{19}	0.6340	0.8279	0.8240	0.5030	0.5633	0.7169	0.6947	0.6430	0.3154	0.7832	0.7914	0.8534
a_{20}	0.4913	0.7620	0.7267	0.6076	0.5491	0.6881	0.6315	0.6171	0.5494	0.6962	0.4593	0.6032
a_{21}	0.8275	0.6827	0.6942	0.8761	0.9006	0.7597	0.4641	0.8206	0.9652	0.7228	0.5221	0.4762
a_{22}	0.5309	0.4765	0.5282	0.3510	0.5869	0.4232	0.3767	0.4866	0.3845	0.4345	0.4424	0.3176
a_{23}	0.5613	0.4484	0.4420	0.3901	0.5072	0.4216	0.3714	0.5352	0.5044	0.4354	0.2145	0.2551
a_{24}	0.8952	0.8764	0.8494	0.9645	0.8907	0.9702	0.8018	0.9476	0.8195	0.9548	0.7897	0.7627
a_{25}	1.0000	0.7803	0.7509	0.8818	0.8248	0.8650	0.7299	0.8902	0.7787	0.8600	0.6670	0.7128
a_{26}	0.7803	1.0000	0.9816	0.7747	0.7721	0.8881	0.8199	0.8526	0.6452	0.9373	0.7890	0.8497
a_{27}	0.7509	0.9816	1.0000	0.7484	0.7887	0.8515	0.7391	0.8194	0.6456	0.9027	0.8087	0.8057
a_{28}	0.8818	0.7747	0.7484	1.0000	0.9034	0.9151	0.7057	0.9370	0.9132	0.8723	0.6477	0.6152
a_{29}	0.8248	0.7721	0.7887	0.9034	1.0000	0.8518	0.5887	0.8628	0.9132	0.8071	0.7014	0.5748

续表

指标 指标	a_{25}	a_{26}	a_{27}	a_{28}	a_{29}	a_{30}	a_{31}	a_{32}	a_{33}	a_{34}	a_{35}	a_{36}
a_{30}	0.8650	0.8881	0.8515	0.9151	0.8518	1.0000	0.8574	0.9657	0.7607	0.9675	0.7893	0.8106
a_{31}	0.7299	0.8199	0.7391	0.7057	0.5887	0.8574	1.0000	0.8165	0.4745	0.8769	0.6676	0.8091
a_{32}	0.8902	0.8526	0.8194	0.9370	0.8628	0.9657	0.8165	1.0000	0.8260	0.9338	0.7013	0.7314
a_{33}	0.7787	0.6452	0.6456	0.9132	0.9132	0.7607	0.4745	0.8260	1.0000	0.6935	0.4558	0.4170
a_{34}	0.8600	0.9373	0.9027	0.8723	0.8071	0.9675	0.8769	0.9338	0.6935	1.0000	0.8380	0.8261
a_{35}	0.6670	0.7890	0.8087	0.6477	0.7014	0.7893	0.6676	0.7013	0.4558	0.8380	1.0000	0.7601
a_{36}	0.7128	0.8497	0.8057	0.6152	0.5748	0.8106	0.8091	0.7314	0.4170	0.8261	0.7601	1.0000

附表 111　2003 年区域自主创新实力初始指标相关系数

指标 指标	a_1	a_2	a_3	a_4	a_5	a_6	a_7	a_8	a_9	a_{10}	a_{11}	a_{12}
a_1	1.0000	0.9485	0.7801	0.7916	0.7071	0.7115	0.8787	0.9274	0.7232	0.8079	0.7632	0.6749
a_2	0.9485	1.0000	0.7905	0.8112	0.7400	0.8478	0.8827	0.9540	0.8514	0.7022	0.6873	0.6993
a_3	0.7801	0.7905	1.0000	0.9742	0.9494	0.4805	0.6818	0.6656	0.4451	0.8781	0.8782	0.8830
a_4	0.7916	0.8112	0.9742	1.0000	0.9853	0.4621	0.7336	0.6957	0.4769	0.8779	0.9030	0.9155
a_5	0.7071	0.7400	0.9494	0.9853	1.0000	0.3859	0.6742	0.6169	0.4045	0.8488	0.8839	0.9188
a_6	0.7115	0.8478	0.4805	0.4621	0.3859	1.0000	0.7141	0.8583	0.9518	0.3073	0.2665	0.3333
a_7	0.8787	0.8827	0.6818	0.7336	0.6742	0.7141	1.0000	0.9259	0.8131	0.6573	0.6366	0.5592
a_8	0.9274	0.9540	0.6656	0.6957	0.6169	0.8583	0.9259	1.0000	0.9004	0.6079	0.5710	0.5469
a_9	0.7232	0.8514	0.4451	0.4769	0.4045	0.9518	0.8131	0.9004	1.0000	0.2970	0.2805	0.3110
a_{10}	0.8079	0.7022	0.8781	0.8779	0.8488	0.3073	0.6573	0.6079	0.2970	1.0000	0.9665	0.7897
a_{11}	0.7632	0.6873	0.8782	0.9030	0.8839	0.2665	0.6366	0.5710	0.2805	0.9665	1.0000	0.8494
a_{12}	0.6749	0.6993	0.8830	0.9155	0.9188	0.3333	0.5592	0.5469	0.3110	0.7897	0.8494	1.0000
a_{13}	0.5862	0.6173	0.8176	0.8581	0.8707	0.2535	0.4642	0.4570	0.2277	0.7222	0.7947	0.9877
a_{14}	0.7077	0.7014	0.7966	0.8812	0.8809	0.3118	0.6824	0.6012	0.4001	0.8198	0.8990	0.8311
a_{15}	0.7371	0.7326	0.8106	0.8908	0.8840	0.3532	0.7079	0.6355	0.4374	0.8292	0.9039	0.8275
a_{16}	0.7404	0.8799	0.5764	0.6105	0.5458	0.9205	0.7969	0.8982	0.9484	0.4042	0.4046	0.4486
a_{17}	0.5621	0.5146	0.5209	0.6262	0.6256	0.1745	0.6603	0.4784	0.3230	0.6703	0.7327	0.5565
a_{18}	0.4243	0.4276	0.4136	0.5455	0.5899	0.1577	0.5592	0.4042	0.3073	0.5078	0.5773	0.4895
a_{19}	0.6051	0.4529	0.5638	0.5722	0.5273	0.1184	0.5884	0.4293	0.1835	0.7957	0.7852	0.4057
a_{20}	0.6135	0.5285	0.7249	0.7285	0.7228	0.1423	0.4501	0.4235	0.1074	0.7938	0.8568	0.8246
a_{21}	0.6740	0.6990	0.8750	0.9279	0.9321	0.3121	0.5871	0.5467	0.3327	0.8033	0.8740	0.9694
a_{22}	0.7940	0.8348	0.5068	0.5808	0.5101	0.7407	0.9411	0.8954	0.8684	0.4644	0.4733	0.4169
a_{23}	0.7269	0.8614	0.4886	0.5136	0.4481	0.9543	0.7589	0.8967	0.9620	0.3272	0.3112	0.3923
a_{24}	0.7707	0.6694	0.8995	0.8819	0.8600	0.2784	0.6161	0.5638	0.2416	0.9751	0.9233	0.8158
a_{25}	0.8597	0.7858	0.9076	0.9139	0.8855	0.4200	0.7423	0.7017	0.4066	0.9524	0.9205	0.8371
a_{26}	0.8145	0.6761	0.7629	0.7771	0.7277	0.2963	0.6448	0.6129	0.3053	0.9430	0.9181	0.6825
a_{27}	0.8214	0.6839	0.7229	0.7395	0.6769	0.3268	0.6738	0.6321	0.3422	0.9028	0.8926	0.6690
a_{28}	0.7126	0.6723	0.9476	0.9282	0.9243	0.3066	0.5775	0.5446	0.2563	0.9071	0.8796	0.9013
a_{29}	0.7630	0.7451	0.9183	0.9472	0.9333	0.3608	0.7166	0.6324	0.3730	0.8920	0.9374	0.9349
a_{30}	0.7851	0.6913	0.8893	0.8726	0.8577	0.3288	0.6544	0.6043	0.3019	0.9748	0.9233	0.7853

续表

指标 \ 指标	a1	a2	a3	a4	a5	a6	a7	a8	a9	a10	a11	a12
a31	0.7435	0.5995	0.5962	0.5920	0.5316	0.3219	0.6098	0.5946	0.3403	0.7963	0.6689	0.4194
a32	0.8138	0.7601	0.9183	0.9222	0.9053	0.4041	0.6999	0.6674	0.3989	0.9399	0.9036	0.8247
a33	0.6741	0.7261	0.9126	0.9429	0.9510	0.3880	0.5780	0.5720	0.3654	0.7884	0.8495	0.9893
a34	0.6605	0.4972	0.7185	0.6869	0.6691	0.1363	0.5078	0.4513	0.0866	0.8850	0.7760	0.6125
a35	0.5872	0.4177	0.5729	0.5822	0.5518	0.0571	0.5479	0.3947	0.0770	0.8126	0.7490	0.5131
a36	0.5496	0.3790	0.5176	0.4962	0.4584	0.0754	0.3654	0.3208	0.0773	0.7653	0.6990	0.3773

指标 \ 指标	a13	a14	a15	a16	a17	a18	a19	a20	a21	a22	a23	a24
a1	0.5862	0.7077	0.7371	0.7404	0.5621	0.4243	0.6051	0.6135	0.6740	0.7940	0.7269	0.7707
a2	0.6173	0.7014	0.7326	0.8799	0.5146	0.4276	0.4529	0.5285	0.6990	0.8348	0.8614	0.6694
a3	0.8176	0.7966	0.8106	0.5764	0.5209	0.4136	0.5638	0.7249	0.8750	0.5068	0.4886	0.8995
a4	0.8581	0.8812	0.8908	0.6105	0.6262	0.5455	0.5722	0.7285	0.9279	0.5808	0.5136	0.8819
a5	0.8707	0.8809	0.8840	0.5458	0.6256	0.5899	0.5273	0.7228	0.9321	0.5101	0.4481	0.8600
a6	0.2535	0.3118	0.3532	0.9205	0.1745	0.1577	0.1184	0.1423	0.3121	0.7407	0.9543	0.2784
a7	0.4642	0.6824	0.7079	0.7969	0.6603	0.5592	0.5884	0.4501	0.5871	0.9411	0.7589	0.6161
a8	0.4570	0.6012	0.6355	0.8982	0.4784	0.4042	0.4293	0.4235	0.5467	0.8954	0.8967	0.5638
a9	0.2277	0.4001	0.4374	0.9484	0.3230	0.3073	0.1835	0.1074	0.3327	0.8684	0.9620	0.2416
a10	0.7222	0.8198	0.8292	0.4042	0.6703	0.5078	0.7957	0.7938	0.8033	0.4644	0.3272	0.9751
a11	0.7947	0.8990	0.9039	0.4046	0.7327	0.5773	0.7852	0.8568	0.8740	0.4733	0.3112	0.9233
a12	0.9877	0.8311	0.8275	0.4486	0.5565	0.4895	0.4057	0.8246	0.9694	0.4169	0.3923	0.8158
a13	1.0000	0.7902	0.7807	0.3759	0.5309	0.4807	0.3321	0.8114	0.9543	0.3435	0.3253	0.7544
a14	0.7902	1.0000	0.9985	0.5369	0.8000	0.7625	0.6316	0.7202	0.9141	0.5789	0.4135	0.7477
a15	0.7807	0.9985	1.0000	0.5719	0.7946	0.7499	0.6428	0.7174	0.9089	0.6059	0.4499	0.7550
a16	0.3759	0.5369	0.5719	1.0000	0.3615	0.3740	0.2209	0.2237	0.4783	0.8253	0.9496	0.3456
a17	0.5309	0.8000	0.7946	0.3615	1.0000	0.7860	0.7886	0.5885	0.6507	0.6362	0.2703	0.5867
a18	0.4807	0.7625	0.7499	0.3740	0.7860	1.0000	0.4873	0.4557	0.6057	0.5418	0.2996	0.4114
a19	0.3321	0.6316	0.6428	0.2209	0.7886	0.4873	1.0000	0.6105	0.4640	0.4792	0.1172	0.7175
a20	0.8114	0.7202	0.7174	0.2237	0.5885	0.4557	0.6105	1.0000	0.7861	0.3186	0.1808	0.7803
a21	0.9543	0.9141	0.9089	0.4783	0.6507	0.6057	0.4640	0.7861	1.0000	0.4641	0.3999	0.8025
a22	0.3435	0.5789	0.6059	0.8253	0.6362	0.5418	0.4792	0.3186	0.4641	1.0000	0.8029	0.3980
a23	0.3253	0.4135	0.4499	0.9496	0.2703	0.2996	0.1172	0.1808	0.3999	0.8029	1.0000	0.2800
a24	0.7544	0.7477	0.7550	0.3456	0.5867	0.4114	0.7175	0.7803	0.8025	0.3980	0.2800	1.0000
a25	0.7678	0.8319	0.8429	0.5025	0.6185	0.5212	0.6848	0.7679	0.8370	0.5413	0.4377	0.9488
a26	0.6197	0.7817	0.7942	0.3847	0.6864	0.5035	0.8279	0.7568	0.7062	0.4863	0.3307	0.8823
a27	0.6124	0.7681	0.7811	0.4073	0.7112	0.5048	0.8361	0.7728	0.6923	0.5472	0.3594	0.8353
a28	0.8529	0.7434	0.7472	0.3800	0.4959	0.3830	0.5463	0.7687	0.8706	0.3569	0.3212	0.9615
a29	0.8873	0.8692	0.8734	0.4829	0.7001	0.5524	0.6559	0.8421	0.9222	0.5601	0.4098	0.8920
a30	0.7207	0.7847	0.7925	0.4043	0.6418	0.5252	0.7387	0.7718	0.7900	0.4492	0.3406	0.9708
a31	0.3430	0.5285	0.5457	0.3547	0.5129	0.3732	0.7143	0.4171	0.4548	0.4613	0.3333	0.7675

续表

指标 \ 指标	a_{13}	a_{14}	a_{15}	a_{16}	a_{17}	a_{18}	a_{19}	a_{20}	a_{21}	a_{22}	a_{23}	a_{24}
a_{32}	0.7708	0.8305	0.8387	0.5152	0.6671	0.5883	0.6710	0.7444	0.8418	0.5366	0.4364	0.9353
a_{33}	0.9706	0.8402	0.8396	0.5111	0.5563	0.5058	0.4054	0.7909	0.9690	0.4393	0.4469	0.8103
a_{34}	0.5549	0.5703	0.5760	0.1745	0.4901	0.3315	0.6966	0.6608	0.5833	0.2676	0.1251	0.9121
a_{35}	0.4682	0.6010	0.6019	0.1510	0.6524	0.4330	0.8136	0.6135	0.5407	0.3941	0.0693	0.7969
a_{36}	0.3311	0.5263	0.5334	0.1319	0.5083	0.3390	0.7245	0.4862	0.4325	0.2491	0.0836	0.7114

指标 \ 指标	a_{25}	a_{26}	a_{27}	a_{28}	a_{29}	a_{30}	a_{31}	a_{32}	a_{33}	a_{34}	a_{35}	a_{36}
a_{1}	0.8597	0.8145	0.8214	0.7126	0.7630	0.7851	0.7435	0.8138	0.6741	0.6605	0.5872	0.5496
a_{2}	0.7858	0.6761	0.6839	0.6723	0.7451	0.6913	0.5995	0.7601	0.7261	0.4972	0.4177	0.3790
a_{3}	0.9076	0.7629	0.7229	0.9476	0.9183	0.8893	0.5962	0.9183	0.9126	0.7185	0.5729	0.5176
a_{4}	0.9139	0.7771	0.7395	0.9282	0.9472	0.8726	0.5920	0.9222	0.9429	0.6869	0.5822	0.4962
a_{5}	0.8855	0.7277	0.6769	0.9243	0.9333	0.8577	0.5316	0.9053	0.9510	0.6691	0.5518	0.4584
a_{6}	0.4200	0.2963	0.3268	0.3066	0.3608	0.3288	0.3219	0.4041	0.3880	0.1363	0.0571	0.0754
a_{7}	0.7423	0.6448	0.6738	0.5775	0.7166	0.6544	0.6098	0.6999	0.5780	0.5078	0.5479	0.3654
a_{8}	0.7017	0.6129	0.6321	0.5446	0.6324	0.6043	0.5946	0.6674	0.5720	0.4513	0.3947	0.3208
a_{9}	0.4066	0.3053	0.3422	0.2563	0.3730	0.3019	0.3403	0.3989	0.3654	0.0866	0.0770	0.0773
a_{10}	0.9524	0.9430	0.9028	0.9071	0.8920	0.9748	0.7963	0.9399	0.7884	0.8850	0.8126	0.7653
a_{11}	0.9205	0.9181	0.8926	0.8796	0.9374	0.9233	0.6689	0.9036	0.8495	0.7760	0.7490	0.6990
a_{12}	0.8371	0.6825	0.6690	0.9013	0.9349	0.7853	0.4194	0.8247	0.9893	0.6125	0.5131	0.3773
a_{13}	0.7678	0.6197	0.6124	0.8529	0.8873	0.7207	0.3430	0.7708	0.9706	0.5549	0.4682	0.3311
a_{14}	0.8319	0.7817	0.7681	0.7434	0.8692	0.7847	0.5285	0.8305	0.8402	0.5703	0.6010	0.5263
a_{15}	0.8429	0.7942	0.7811	0.7472	0.8734	0.7925	0.5457	0.8387	0.8396	0.5760	0.6019	0.5334
a_{16}	0.5025	0.3847	0.4073	0.3800	0.4829	0.4043	0.3547	0.5152	0.5111	0.1745	0.1510	0.1319
a_{17}	0.6185	0.6864	0.7112	0.4959	0.7001	0.6418	0.5129	0.6671	0.5563	0.4901	0.6524	0.5083
a_{18}	0.5212	0.5035	0.5048	0.3830	0.5524	0.5252	0.3732	0.5883	0.5058	0.3315	0.4330	0.3390
a_{19}	0.6848	0.8279	0.8361	0.5463	0.6559	0.7387	0.7143	0.6710	0.4054	0.6966	0.8136	0.7245
a_{20}	0.7679	0.7568	0.7728	0.7687	0.8421	0.7718	0.4171	0.7444	0.7909	0.6608	0.6135	0.4862
a_{21}	0.8370	0.7062	0.6923	0.8706	0.9222	0.7900	0.4548	0.8418	0.9690	0.5833	0.5407	0.4325
a_{22}	0.5413	0.4863	0.5472	0.3569	0.5601	0.4492	0.4613	0.5366	0.4393	0.2676	0.3941	0.2491
a_{23}	0.4377	0.3307	0.3594	0.3212	0.4098	0.3406	0.3333	0.4364	0.4469	0.1251	0.0693	0.0836
a_{24}	0.9488	0.8823	0.8353	0.9615	0.8920	0.9708	0.7675	0.9353	0.8103	0.9121	0.7969	0.7114
a_{25}	1.0000	0.9104	0.8788	0.9179	0.9026	0.9482	0.7614	0.9429	0.8354	0.8625	0.7515	0.6253
a_{26}	0.9104	1.0000	0.9799	0.7710	0.7951	0.8898	0.8222	0.8663	0.6747	0.8204	0.7694	0.7730
a_{27}	0.8788	0.9799	1.0000	0.7178	0.7863	0.8394	0.7721	0.8199	0.6501	0.7570	0.7764	0.7272
a_{28}	0.9179	0.7710	0.7178	1.0000	0.9141	0.9242	0.6341	0.9161	0.9051	0.8261	0.6595	0.5613
a_{29}	0.9026	0.7951	0.7863	0.9141	1.0000	0.8759	0.5553	0.8772	0.9317	0.7204	0.6898	0.5107
a_{30}	0.9482	0.8898	0.8394	0.9242	0.8759	1.0000	0.7930	0.9686	0.7896	0.9117	0.7814	0.7388
a_{31}	0.7614	0.8222	0.7721	0.6341	0.5553	0.7930	1.0000	0.7615	0.4209	0.7990	0.6947	0.7783
a_{32}	0.9429	0.8663	0.8199	0.9161	0.8772	0.9686	0.7615	1.0000	0.8404	0.8373	0.6963	0.6841

续表

指标	a_{25}	a_{26}	a_{27}	a_{28}	a_{29}	a_{30}	a_{31}	a_{32}	a_{33}	a_{34}	a_{35}	a_{36}
a_{33}	0.8354	0.6747	0.6501	0.9051	0.9317	0.7896	0.4209	0.8404	1.0000	0.5897	0.4750	0.3739
a_{34}	0.8625	0.8204	0.7570	0.8261	0.7204	0.9117	0.7990	0.8373	0.5897	1.0000	0.8437	0.6866
a_{35}	0.7515	0.7694	0.7764	0.6595	0.6898	0.7814	0.6947	0.6963	0.4750	0.8437	1.0000	0.6805
a_{36}	0.6253	0.7730	0.7272	0.5613	0.5107	0.7388	0.7783	0.6841	0.3739	0.6866	0.6805	1.0000

附表 112　2004 年区域自主创新实力初始指标相关系数

指标	a_1	a_2	a_3	a_4	a_5	a_6	a_7	a_8	a_9	a_{10}	a_{11}	a_{12}
a_1	1.0000	0.9687	0.7647	0.7476	0.6922	0.8099	0.8998	0.9589	0.8399	0.7283	0.6806	0.6135
a_2	0.9687	1.0000	0.8230	0.7946	0.7402	0.8216	0.8860	0.9467	0.8586	0.7137	0.7087	0.6987
a_3	0.7647	0.8230	1.0000	0.9738	0.9600	0.4989	0.7653	0.7249	0.5481	0.8353	0.8401	0.8653
a_4	0.7476	0.7946	0.9738	1.0000	0.9894	0.4151	0.7161	0.6937	0.4523	0.8835	0.8933	0.9164
a_5	0.6922	0.7402	0.9600	0.9894	1.0000	0.3677	0.6663	0.6371	0.3863	0.8685	0.8740	0.9115
a_6	0.8099	0.8216	0.4989	0.4151	0.3677	1.0000	0.7035	0.8336	0.9365	0.2838	0.2385	0.3115
a_7	0.8998	0.8860	0.7653	0.7161	0.6663	0.7035	1.0000	0.9259	0.8436	0.6470	0.6230	0.5528
a_8	0.9589	0.9467	0.7249	0.6937	0.6371	0.8336	0.9259	1.0000	0.9010	0.6237	0.5770	0.5682
a_9	0.8399	0.8586	0.5481	0.4523	0.3863	0.9365	0.8436	0.9010	1.0000	0.3205	0.2970	0.3280
a_{10}	0.7283	0.7137	0.8353	0.8835	0.8685	0.2838	0.6470	0.6237	0.3205	1.0000	0.9681	0.7802
a_{11}	0.6806	0.7087	0.8401	0.8933	0.8740	0.2385	0.6230	0.5770	0.2970	0.9681	1.0000	0.8287
a_{12}	0.6135	0.6987	0.8653	0.9164	0.9115	0.3115	0.5528	0.5682	0.3280	0.7802	0.8287	1.0000
a_{13}	0.5243	0.6269	0.8224	0.8677	0.8650	0.2462	0.4808	0.4962	0.2701	0.7114	0.7684	0.9889
a_{14}	0.6999	0.7772	0.9004	0.9106	0.8773	0.3464	0.7273	0.6561	0.4583	0.8696	0.9298	0.8498
a_{15}	0.6988	0.7714	0.8919	0.9057	0.8704	0.3326	0.7298	0.6523	0.4504	0.8716	0.9345	0.8466
a_{16}	0.7937	0.8300	0.5294	0.4356	0.3714	0.9592	0.7429	0.8467	0.9567	0.2877	0.2666	0.3065
a_{17}	0.7172	0.7810	0.6811	0.6567	0.5864	0.4966	0.7507	0.7369	0.6481	0.6212	0.6722	0.6564
a_{18}	0.5266	0.5974	0.7638	0.7881	0.7884	0.1538	0.5856	0.5310	0.2866	0.7639	0.7989	0.7993
a_{19}	0.5356	0.5081	0.5100	0.5396	0.4889	0.1027	0.5277	0.4438	0.2305	0.7706	0.7762	0.3565
a_{20}	0.5800	0.5389	0.5705	0.6505	0.6387	0.0920	0.5266	0.4874	0.1611	0.8514	0.8494	0.6124
a_{21}	0.6299	0.7223	0.8813	0.9131	0.8925	0.2960	0.6066	0.5775	0.3590	0.8117	0.8746	0.9704
a_{22}	0.8229	0.8137	0.5768	0.5023	0.4252	0.6919	0.9050	0.8641	0.8675	0.4347	0.4292	0.3900
a_{23}	0.8819	0.8757	0.5576	0.5360	0.4676	0.8957	0.7587	0.8870	0.8707	0.4589	0.4369	0.4940
a_{24}	0.6924	0.6653	0.8464	0.9053	0.9123	0.2545	0.6067	0.5866	0.2608	0.9653	0.9129	0.8136
a_{25}	0.7428	0.7251	0.8479	0.8989	0.8943	0.3312	0.6701	0.6674	0.3531	0.9544	0.9031	0.7996
a_{26}	0.7059	0.6982	0.7645	0.8246	0.7939	0.2658	0.6201	0.6246	0.3244	0.9559	0.9365	0.7367
a_{27}	0.7164	0.6990	0.7253	0.7912	0.7493	0.2778	0.6332	0.6303	0.3434	0.9232	0.9168	0.7242
a_{28}	0.5953	0.6017	0.8691	0.9215	0.9483	0.2342	0.5178	0.5147	0.2059	0.8692	0.8267	0.8661
a_{29}	0.7233	0.7777	0.9204	0.9641	0.9537	0.3728	0.6940	0.6529	0.4112	0.8758	0.9187	0.9487
a_{30}	0.7275	0.7085	0.8548	0.8694	0.8590	0.3217	0.6761	0.6368	0.3537	0.9722	0.9204	0.7538
a_{31}	0.7263	0.6481	0.6265	0.6254	0.5831	0.3774	0.6746	0.6850	0.4435	0.8208	0.6993	0.4295
a_{32}	0.7673	0.7735	0.9010	0.8898	0.8680	0.3964	0.7347	0.7069	0.4603	0.9297	0.8814	0.7886
a_{33}	0.6502	0.7469	0.9235	0.9478	0.9449	0.3888	0.6075	0.6147	0.4059	0.7891	0.8328	0.9854

续表

指标＼指标	a_1	a_2	a_3	a_4	a_5	a_6	a_7	a_8	a_9	a_{10}	a_{11}	a_{12}
a_{34}	0.5665	0.4901	0.6570	0.7301	0.7422	0.1161	0.5019	0.4782	0.1209	0.8869	0.7840	0.6193
a_{35}	0.5203	0.4472	0.5351	0.6172	0.6006	0.0347	0.5084	0.4041	0.0981	0.8238	0.7860	0.5514
a_{36}	0.4015	0.3498	0.4217	0.4411	0.4184	0.0288	0.3033	0.2766	0.0447	0.7331	0.6789	0.3378

指标＼指标	a_{13}	a_{14}	a_{15}	a_{16}	a_{17}	a_{18}	a_{19}	a_{20}	a_{21}	a_{22}	a_{23}	a_{24}
a_1	0.5243	0.6999	0.6988	0.7937	0.7172	0.5266	0.5356	0.5800	0.6299	0.8229	0.8819	0.6924
a_2	0.6269	0.7772	0.7714	0.8300	0.7810	0.5974	0.5081	0.5389	0.7223	0.8137	0.8757	0.6653
a_3	0.8224	0.9004	0.8919	0.5294	0.6811	0.7638	0.5100	0.5705	0.8813	0.5768	0.5576	0.8464
a_4	0.8677	0.9106	0.9057	0.4356	0.6567	0.7881	0.5396	0.6505	0.9131	0.5023	0.5360	0.9053
a_5	0.8650	0.8773	0.8704	0.3714	0.5864	0.7884	0.4889	0.6387	0.8925	0.4252	0.4676	0.9123
a_6	0.2462	0.3464	0.3326	0.9592	0.4966	0.1538	0.1027	0.0920	0.2960	0.6919	0.8957	0.2545
a_7	0.4808	0.7273	0.7298	0.7429	0.7507	0.5856	0.5277	0.5266	0.6066	0.9050	0.7587	0.6067
a_8	0.4962	0.6561	0.6523	0.8467	0.7369	0.5310	0.4438	0.4874	0.5775	0.8641	0.8870	0.5866
a_9	0.2701	0.4583	0.4504	0.9567	0.6481	0.2866	0.2305	0.1611	0.3590	0.8675	0.8707	0.2608
a_{10}	0.7114	0.8696	0.8716	0.2877	0.6212	0.7639	0.7706	0.8514	0.8117	0.4347	0.4589	0.9653
a_{11}	0.7684	0.9298	0.9345	0.2666	0.6722	0.7989	0.7762	0.8494	0.8746	0.4292	0.4369	0.9129
a_{12}	0.9889	0.8498	0.8466	0.3065	0.6564	0.7993	0.3565	0.6124	0.9704	0.3900	0.4940	0.8136
a_{13}	1.0000	0.8064	0.8024	0.2508	0.6459	0.7999	0.2843	0.5528	0.9583	0.3438	0.4323	0.7505
a_{14}	0.8064	1.0000	0.9987	0.4313	0.7865	0.8515	0.6903	0.7353	0.9140	0.5544	0.4854	0.8000
a_{15}	0.8024	0.9987	1.0000	0.4175	0.7926	0.8519	0.7028	0.7472	0.9136	0.5615	0.4854	0.8013
a_{16}	0.2508	0.4313	0.4175	1.0000	0.6203	0.2523	0.1829	0.1138	0.3301	0.7524	0.8655	0.2208
a_{17}	0.6459	0.7865	0.7926	0.6203	1.0000	0.7948	0.5427	0.5952	0.7474	0.7744	0.6704	0.5264
a_{18}	0.7999	0.8515	0.8519	0.2523	0.7948	1.0000	0.5667	0.7613	0.8383	0.4695	0.3176	0.7444
a_{19}	0.2843	0.6903	0.7028	0.1829	0.5427	0.5667	1.0000	0.7892	0.4815	0.4326	0.2720	0.6455
a_{20}	0.5528	0.7353	0.7472	0.1138	0.5952	0.7613	0.7892	1.0000	0.6635	0.3877	0.3289	0.7893
a_{21}	0.9583	0.9140	0.9136	0.3301	0.7474	0.8383	0.4815	0.6635	1.0000	0.4661	0.4915	0.8056
a_{22}	0.3438	0.5544	0.5615	0.7524	0.7744	0.4695	0.4326	0.3877	0.4661	1.0000	0.7511	0.3694
a_{23}	0.4323	0.4854	0.4854	0.8655	0.6704	0.3176	0.2720	0.3289	0.4915	0.7511	1.0000	0.4158
a_{24}	0.7505	0.8000	0.8013	0.2208	0.5264	0.7444	0.6455	0.7893	0.8056	0.3694	0.4158	1.0000
a_{25}	0.7331	0.8359	0.8331	0.3109	0.5544	0.7455	0.6785	0.8218	0.7970	0.4319	0.4631	0.9610
a_{26}	0.6767	0.8499	0.8516	0.2836	0.6411	0.7550	0.8215	0.8804	0.7777	0.4465	0.4700	0.8957
a_{27}	0.6643	0.8276	0.8348	0.2906	0.6699	0.7262	0.8190	0.8915	0.7719	0.4984	0.5177	0.8593
a_{28}	0.8224	0.7484	0.7428	0.1864	0.4235	0.7000	0.4278	0.6288	0.8195	0.2523	0.3507	0.9522
a_{29}	0.9034	0.9136	0.9160	0.3722	0.6845	0.7959	0.5411	0.6958	0.9469	0.4987	0.5543	0.8868
a_{30}	0.6907	0.8350	0.8363	0.3127	0.6005	0.7405	0.7301	0.7924	0.7833	0.4575	0.4610	0.9551
a_{31}	0.3548	0.6096	0.6106	0.3847	0.5202	0.5118	0.7482	0.6473	0.4767	0.5277	0.4760	0.7691
a_{32}	0.7458	0.8608	0.8561	0.4149	0.7035	0.8005	0.6845	0.7443	0.8246	0.5751	0.5124	0.9107
a_{33}	0.9702	0.8767	0.8692	0.3953	0.6727	0.8052	0.3743	0.5779	0.9666	0.4318	0.5220	0.8166
a_{34}	0.5562	0.6387	0.6433	0.0780	0.3698	0.6377	0.6504	0.7718	0.6054	0.2462	0.2815	0.9198

续表

指标\指标	a_{13}	a_{14}	a_{15}	a_{16}	a_{17}	a_{18}	a_{19}	a_{20}	a_{21}	a_{22}	a_{23}	a_{24}
a_{35}	0.4921	0.6447	0.6660	0.0469	0.5281	0.6246	0.7211	0.8137	0.6164	0.3483	0.3025	0.8025
a_{36}	0.2901	0.5047	0.5061	0.0399	0.3957	0.4359	0.7568	0.6656	0.4092	0.1920	0.1799	0.6533

指标\指标	a_{25}	a_{26}	a_{27}	a_{28}	a_{29}	a_{30}	a_{31}	a_{32}	a_{33}	a_{34}	a_{35}	a_{36}
a_1	0.7428	0.7059	0.7164	0.5953	0.7233	0.7275	0.7263	0.7673	0.6502	0.5665	0.5203	0.4015
a_2	0.7251	0.6982	0.6990	0.6017	0.7777	0.7085	0.6481	0.7735	0.7469	0.4901	0.4472	0.3498
a_3	0.8479	0.7645	0.7253	0.8691	0.9204	0.8548	0.6265	0.9010	0.9235	0.6570	0.5351	0.4217
a_4	0.8989	0.8246	0.7912	0.9215	0.9641	0.8694	0.6254	0.8898	0.9478	0.7301	0.6172	0.4411
a_5	0.8943	0.7939	0.7493	0.9483	0.9537	0.8590	0.5831	0.8680	0.9449	0.7422	0.6006	0.4184
a_6	0.3312	0.2658	0.2778	0.2342	0.3728	0.3217	0.3774	0.3964	0.3888	0.1161	0.0347	0.0288
a_7	0.6701	0.6201	0.6332	0.5178	0.6940	0.6761	0.6746	0.7347	0.6075	0.5019	0.5084	0.3033
a_8	0.6674	0.6246	0.6303	0.5147	0.6529	0.6368	0.6850	0.7069	0.6147	0.4782	0.4041	0.2766
a_9	0.3531	0.3244	0.3434	0.2059	0.4112	0.3537	0.4435	0.4603	0.4059	0.1209	0.0981	0.0447
a_{10}	0.9544	0.9559	0.9232	0.8692	0.8758	0.9722	0.8208	0.9297	0.7891	0.8869	0.8238	0.7331
a_{11}	0.9031	0.9365	0.9168	0.8267	0.9187	0.9204	0.6993	0.8814	0.8328	0.7840	0.7860	0.6789
a_{12}	0.7996	0.7367	0.7242	0.8661	0.9487	0.7538	0.4295	0.7886	0.9854	0.6193	0.5514	0.3378
a_{13}	0.7331	0.6767	0.6643	0.8224	0.9034	0.6907	0.3548	0.7458	0.9702	0.5562	0.4921	0.2901
a_{14}	0.8359	0.8499	0.8276	0.7484	0.9136	0.8350	0.6096	0.8608	0.8767	0.6387	0.6447	0.5047
a_{15}	0.8331	0.8516	0.8348	0.7428	0.9160	0.8363	0.6106	0.8561	0.8692	0.6433	0.6660	0.5061
a_{16}	0.3109	0.2836	0.2906	0.1864	0.3722	0.3127	0.3847	0.4149	0.3953	0.0780	0.0469	0.0399
a_{17}	0.5544	0.6411	0.6699	0.4235	0.6845	0.6005	0.5202	0.7035	0.6727	0.3698	0.5281	0.3957
a_{18}	0.7455	0.7550	0.7262	0.7000	0.7959	0.7405	0.5118	0.8005	0.8052	0.6377	0.6246	0.4359
a_{19}	0.6785	0.8215	0.8190	0.4278	0.5411	0.7301	0.7482	0.6845	0.3743	0.6504	0.7211	0.7568
a_{20}	0.8218	0.8804	0.8915	0.6288	0.6958	0.7924	0.6473	0.7443	0.5779	0.7718	0.8137	0.6656
a_{21}	0.7970	0.7777	0.7719	0.8195	0.9469	0.7833	0.4767	0.8246	0.9666	0.6054	0.6164	0.4092
a_{22}	0.4319	0.4465	0.4984	0.2523	0.4987	0.4575	0.5277	0.5751	0.4318	0.2462	0.3483	0.1920
a_{23}	0.4631	0.4700	0.5177	0.3507	0.5543	0.4610	0.4760	0.5124	0.5220	0.2815	0.3025	0.1799
a_{24}	0.9610	0.8957	0.8593	0.9522	0.8868	0.9551	0.7691	0.9107	0.8166	0.9198	0.8025	0.6533
a_{25}	1.0000	0.9337	0.8961	0.9018	0.8625	0.9375	0.7898	0.9162	0.8089	0.8978	0.7493	0.6250
a_{26}	0.9337	1.0000	0.9830	0.7739	0.8153	0.9045	0.8001	0.8857	0.7394	0.8244	0.7643	0.7233
a_{27}	0.8961	0.9830	1.0000	0.7199	0.8063	0.8676	0.7551	0.8496	0.7137	0.7781	0.7793	0.6948
a_{28}	0.9018	0.7739	0.7199	1.0000	0.8826	0.8714	0.6212	0.8416	0.8762	0.8307	0.6438	0.4953
a_{29}	0.8625	0.8153	0.8063	0.8826	1.0000	0.8559	0.5643	0.8545	0.9534	0.7108	0.6780	0.4390
a_{30}	0.9375	0.9045	0.8676	0.8714	0.8559	1.0000	0.8529	0.9605	0.7742	0.9052	0.7990	0.7163
a_{31}	0.7898	0.8001	0.7551	0.6212	0.5643	0.8529	1.0000	0.8279	0.4587	0.8145	0.7041	0.7420
a_{32}	0.9162	0.8857	0.8496	0.8416	0.8545	0.9605	0.8279	1.0000	0.8193	0.8292	0.7063	0.6537
a_{33}	0.8089	0.7394	0.7137	0.8762	0.9534	0.7742	0.4587	0.8193	1.0000	0.6049	0.5128	0.3405
a_{34}	0.8978	0.8244	0.7781	0.8307	0.7108	0.9052	0.8145	0.8292	0.6049	1.0000	0.8392	0.6480
a_{35}	0.7493	0.7643	0.7793	0.6438	0.6780	0.7990	0.7041	0.7063	0.5128	0.8392	1.0000	0.6937
a_{36}	0.6250	0.7233	0.6948	0.4953	0.4390	0.7163	0.7420	0.6537	0.3405	0.6480	0.6937	1.0000

附表 113　2005 年区域自主创新实力初始指标相关系数

指标 \ 指标	a_1	a_2	a_3	a_4	a_5	a_6	a_7	a_8	a_9	a_{10}	a_{11}	a_{12}
a_1	1.0000	0.9711	0.7070	0.7634	0.7229	0.7806	0.9071	0.9614	0.8208	0.7702	0.7311	0.6720
a_2	0.9711	1.0000	0.7766	0.7819	0.7312	0.8121	0.9065	0.9502	0.8649	0.7278	0.7288	0.7023
a_3	0.7070	0.7766	1.0000	0.9247	0.9020	0.4573	0.7455	0.6963	0.5664	0.7510	0.7781	0.8400
a_4	0.7634	0.7819	0.9247	1.0000	0.9875	0.3896	0.7209	0.6939	0.4607	0.8813	0.9064	0.9083
a_5	0.7229	0.7312	0.9020	0.9875	1.0000	0.3695	0.6680	0.6478	0.4036	0.8549	0.8678	0.9158
a_6	0.7806	0.8121	0.4573	0.3896	0.3695	1.0000	0.7460	0.8210	0.9226	0.2766	0.2446	0.3370
a_7	0.9071	0.9065	0.7455	0.7209	0.6680	0.7460	1.0000	0.9308	0.8782	0.6284	0.5983	0.5576
a_8	0.9614	0.9502	0.6963	0.6939	0.6478	0.8210	0.9308	1.0000	0.9008	0.6507	0.6058	0.6059
a_9	0.8208	0.8649	0.5664	0.4607	0.4036	0.9226	0.8782	0.9008	1.0000	0.3372	0.3221	0.3654
a_{10}	0.7702	0.7278	0.7510	0.8813	0.8549	0.2766	0.6284	0.6507	0.3372	1.0000	0.9727	0.7918
a_{11}	0.7311	0.7288	0.7781	0.9064	0.8678	0.2446	0.5983	0.6058	0.3221	0.9727	1.0000	0.8285
a_{12}	0.6720	0.7023	0.8400	0.9083	0.9158	0.3370	0.5576	0.6059	0.3654	0.7918	0.8285	1.0000
a_{13}	0.5801	0.6230	0.8097	0.8509	0.8601	0.2567	0.4760	0.5253	0.2979	0.7256	0.7725	0.9866
a_{14}	0.6993	0.7590	0.8991	0.9177	0.8619	0.3065	0.6819	0.6461	0.4548	0.8548	0.9106	0.8503
a_{15}	0.6986	0.7548	0.8927	0.9209	0.8673	0.2997	0.6794	0.6406	0.4477	0.8576	0.9149	0.8556
a_{16}	0.7798	0.8495	0.5840	0.4636	0.4219	0.9545	0.7713	0.8498	0.9451	0.3290	0.3164	0.4053
a_{17}	0.5685	0.6384	0.7461	0.7181	0.6372	0.2040	0.5820	0.5359	0.4030	0.6895	0.7542	0.7447
a_{18}	0.3706	0.4037	0.5102	0.6045	0.5626	0.0559	0.3322	0.3196	0.1689	0.5342	0.5909	0.6347
a_{19}	0.5820	0.5413	0.5141	0.5891	0.5153	0.1054	0.5284	0.4718	0.2813	0.7454	0.7428	0.4004
a_{20}	0.5881	0.5541	0.6076	0.7583	0.7338	0.1308	0.5379	0.4369	0.1709	0.8178	0.8190	0.6623
a_{21}	0.6728	0.7223	0.8755	0.9014	0.8800	0.2989	0.5979	0.6037	0.3916	0.8116	0.8658	0.9591
a_{22}	0.8352	0.8635	0.5841	0.4905	0.4214	0.7935	0.9042	0.9036	0.9427	0.4057	0.3933	0.4076
a_{23}	0.7074	0.7283	0.4971	0.3960	0.3696	0.7972	0.7185	0.7791	0.8246	0.3607	0.3011	0.3324
a_{24}	0.7279	0.6610	0.7474	0.8957	0.9079	0.2482	0.5955	0.6103	0.2724	0.9582	0.9096	0.8276
a_{25}	0.7601	0.7085	0.7620	0.9016	0.8981	0.2991	0.6421	0.6568	0.3350	0.9548	0.9176	0.8192
a_{26}	0.7912	0.7610	0.7267	0.8523	0.8091	0.3222	0.6438	0.6932	0.4033	0.9671	0.9545	0.7761
a_{27}	0.8618	0.8342	0.7002	0.8182	0.7647	0.4577	0.7137	0.7713	0.5317	0.9189	0.9118	0.7565
a_{28}	0.6516	0.6002	0.7696	0.9016	0.9401	0.2376	0.5295	0.5485	0.2245	0.8786	0.8389	0.8652
a_{29}	0.7651	0.7752	0.8749	0.9825	0.9764	0.3809	0.6913	0.6763	0.4285	0.8834	0.9120	0.9426
a_{30}	0.7767	0.7348	0.7874	0.8688	0.8467	0.3311	0.6765	0.6768	0.3878	0.9706	0.9254	0.7580
a_{31}	0.8575	0.7887	0.6974	0.7524	0.7208	0.4613	0.7211	0.7947	0.5313	0.9021	0.8167	0.6857
a_{32}	0.7925	0.7749	0.8690	0.8881	0.8651	0.3844	0.7179	0.7251	0.4664	0.9347	0.8924	0.8111
a_{33}	0.7080	0.7534	0.8958	0.9372	0.9424	0.4146	0.6172	0.6488	0.4422	0.7932	0.8333	0.9886
a_{34}	0.6301	0.5340	0.6137	0.7782	0.7885	0.1324	0.5110	0.5185	0.1520	0.9140	0.8315	0.6866
a_{35}	0.5795	0.4958	0.5249	0.6983	0.6822	0.0483	0.4917	0.4442	0.1186	0.8522	0.8145	0.6427
a_{36}	0.4484	0.3811	0.3518	0.4277	0.3881	0.0211	0.2799	0.3102	0.0793	0.7258	0.6756	0.3133

续表

指标＼指标	a_{13}	a_{14}	a_{15}	a_{16}	a_{17}	a_{18}	a_{19}	a_{20}	a_{21}	a_{22}	a_{23}	a_{24}
a_1	0.5801	0.6993	0.6986	0.7798	0.5685	0.3706	0.5820	0.5881	0.6728	0.8352	0.7074	0.7279
a_2	0.6230	0.7590	0.7548	0.8495	0.6384	0.4037	0.5413	0.5541	0.7223	0.8635	0.7283	0.6610
a_3	0.8097	0.8991	0.8927	0.5840	0.7461	0.5102	0.5141	0.6076	0.8755	0.5841	0.4971	0.7474
a_4	0.8509	0.9177	0.9209	0.4636	0.7181	0.6045	0.5891	0.7583	0.9014	0.4905	0.3960	0.8957
a_5	0.8601	0.8619	0.8673	0.4219	0.6372	0.5626	0.5153	0.7338	0.8800	0.4214	0.3696	0.9079
a_6	0.2567	0.3065	0.2997	0.9545	0.2040	0.0559	0.1054	0.1308	0.2989	0.7935	0.7972	0.2482
a_7	0.4760	0.6819	0.6794	0.7713	0.5820	0.3322	0.5284	0.5379	0.5979	0.9042	0.7185	0.5955
a_8	0.5253	0.6461	0.6406	0.8498	0.5359	0.3196	0.4718	0.4369	0.6037	0.9036	0.7791	0.6103
a_9	0.2979	0.4548	0.4477	0.9451	0.4030	0.1689	0.2813	0.1709	0.3916	0.9427	0.8246	0.2724
a_{10}	0.7256	0.8548	0.8576	0.3290	0.6895	0.5342	0.7454	0.8178	0.8116	0.4057	0.3607	0.9582
a_{11}	0.7725	0.9106	0.9149	0.3164	0.7542	0.5909	0.7428	0.8190	0.8658	0.3933	0.3011	0.9096
a_{12}	0.9866	0.8503	0.8556	0.4053	0.7447	0.6347	0.4004	0.6623	0.9591	0.4076	0.3324	0.8276
a_{13}	1.0000	0.8138	0.8193	0.3412	0.7521	0.6119	0.3543	0.6034	0.9550	0.3577	0.2752	0.7635
a_{14}	0.8138	1.0000	0.9967	0.4501	0.8966	0.6977	0.6425	0.7322	0.9135	0.5041	0.3603	0.7834
a_{15}	0.8193	0.9967	1.0000	0.4345	0.8886	0.6936	0.6491	0.7350	0.9164	0.4985	0.3449	0.7921
a_{16}	0.3412	0.4501	0.4345	1.0000	0.3652	0.1505	0.1764	0.1331	0.4073	0.8336	0.8241	0.2632
a_{17}	0.7521	0.8966	0.8886	0.3652	1.0000	0.7635	0.5729	0.6400	0.8393	0.4980	0.2996	0.5847
a_{18}	0.6119	0.6977	0.6936	0.1505	0.7635	1.0000	0.3390	0.4979	0.6060	0.1768	0.1015	0.5038
a_{19}	0.3543	0.6425	0.6491	0.1764	0.5729	0.3390	1.0000	0.6402	0.5438	0.4342	0.1856	0.6578
a_{20}	0.6034	0.7322	0.7350	0.1331	0.6400	0.4979	0.6402	1.0000	0.6770	0.2730	0.0840	0.8076
a_{21}	0.9550	0.9135	0.9164	0.4073	0.8393	0.6060	0.5438	0.6770	1.0000	0.4738	0.3278	0.8000
a_{22}	0.3577	0.5041	0.4985	0.8336	0.4980	0.1768	0.4342	0.2730	0.4738	1.0000	0.7463	0.3358
a_{23}	0.2752	0.3603	0.3449	0.8241	0.2996	0.1015	0.1856	0.0840	0.3278	0.7463	1.0000	0.3109
a_{24}	0.7635	0.7834	0.7921	0.2632	0.5847	0.5038	0.6578	0.8076	0.8000	0.3358	0.3109	1.0000
a_{25}	0.7426	0.8230	0.8257	0.3260	0.6207	0.5534	0.6415	0.8275	0.7886	0.3838	0.3651	0.9723
a_{26}	0.7131	0.8518	0.8556	0.3860	0.7078	0.5316	0.7658	0.7878	0.7985	0.4699	0.4074	0.9044
a_{27}	0.6903	0.8219	0.8264	0.5030	0.7061	0.5065	0.7466	0.7343	0.7828	0.5872	0.4880	0.8422
a_{28}	0.8067	0.7466	0.7552	0.2491	0.5195	0.5133	0.4916	0.7334	0.7982	0.2535	0.2799	0.9669
a_{29}	0.8919	0.8919	0.8998	0.4245	0.7238	0.6187	0.5677	0.7893	0.9226	0.4722	0.3620	0.9068
a_{30}	0.6926	0.8214	0.8211	0.3696	0.6606	0.4763	0.7335	0.7988	0.7787	0.4495	0.4055	0.9464
a_{31}	0.6243	0.7212	0.7225	0.5002	0.6170	0.4052	0.7267	0.6414	0.7081	0.6068	0.5360	0.8653
a_{32}	0.7641	0.8580	0.8576	0.4594	0.7182	0.4800	0.6980	0.7551	0.8319	0.5359	0.4575	0.9157
a_{33}	0.9675	0.8696	0.8730	0.4881	0.7339	0.5981	0.4199	0.6497	0.9588	0.4633	0.4017	0.8232
a_{34}	0.6210	0.6720	0.6766	0.1351	0.4945	0.4330	0.6457	0.8160	0.6545	0.2268	0.2180	0.9546
a_{35}	0.6059	0.6686	0.6784	0.0595	0.5694	0.3823	0.7091	0.8065	0.6988	0.2655	0.1391	0.8485
a_{36}	0.2703	0.4780	0.4729	0.0692	0.4001	0.2472	0.7672	0.4745	0.4038	0.1789	0.2924	0.6246

续表

指标 指标	a_{25}	a_{26}	a_{27}	a_{28}	a_{29}	a_{30}	a_{31}	a_{32}	a_{33}	a_{34}	a_{35}	a_{36}
a_{1}	0.7601	0.7912	0.8618	0.6516	0.7651	0.7767	0.8575	0.7925	0.7080	0.6301	0.5795	0.4484
a_{2}	0.7085	0.7610	0.8342	0.6002	0.7752	0.7348	0.7887	0.7749	0.7534	0.5340	0.4958	0.3811
a_{3}	0.7620	0.7267	0.7002	0.7696	0.8749	0.7874	0.6974	0.8690	0.8958	0.6137	0.5249	0.3518
a_{4}	0.9016	0.8523	0.8182	0.9016	0.9825	0.8688	0.7524	0.8881	0.9372	0.7782	0.6983	0.4277
a_{5}	0.8981	0.8091	0.7647	0.9401	0.9764	0.8467	0.7208	0.8651	0.9424	0.7885	0.6822	0.3881
a_{6}	0.2991	0.3222	0.4577	0.2376	0.3809	0.3311	0.4613	0.3844	0.4146	0.1324	0.0483	0.0211
a_{7}	0.6421	0.6438	0.7137	0.5295	0.6913	0.6765	0.7211	0.7179	0.6172	0.5110	0.4917	0.2799
a_{8}	0.6568	0.6932	0.7713	0.5485	0.6763	0.6768	0.7947	0.7251	0.6488	0.5185	0.4442	0.3102
a_{9}	0.3350	0.4033	0.5317	0.2245	0.4285	0.3878	0.5313	0.4664	0.4422	0.1520	0.1186	0.0793
a_{10}	0.9548	0.9671	0.9189	0.8786	0.8834	0.9706	0.9021	0.9347	0.7932	0.9140	0.8522	0.7258
a_{11}	0.9176	0.9545	0.9118	0.8389	0.9120	0.9254	0.8167	0.8924	0.8333	0.8315	0.8145	0.6756
a_{12}	0.8192	0.7761	0.7565	0.8652	0.9426	0.7580	0.6857	0.8111	0.9886	0.6866	0.6427	0.3133
a_{13}	0.7426	0.7131	0.6903	0.8067	0.8919	0.6926	0.6243	0.7641	0.9675	0.6210	0.6059	0.2703
a_{14}	0.8230	0.8518	0.8219	0.7466	0.8919	0.8214	0.7212	0.8580	0.8696	0.6720	0.6686	0.4780
a_{15}	0.8257	0.8556	0.8264	0.7552	0.8998	0.8211	0.7225	0.8576	0.8730	0.6766	0.6784	0.4729
a_{16}	0.3260	0.3860	0.5030	0.2491	0.4245	0.3696	0.5002	0.4594	0.4881	0.1351	0.0595	0.0692
a_{17}	0.6207	0.7078	0.7061	0.5195	0.7238	0.6606	0.6170	0.7182	0.7339	0.4945	0.5694	0.4001
a_{18}	0.5534	0.5316	0.5065	0.5133	0.6187	0.4763	0.4052	0.4800	0.5981	0.4330	0.3823	0.2472
a_{19}	0.6415	0.7658	0.7466	0.4916	0.5677	0.7335	0.7267	0.6980	0.4199	0.6457	0.7091	0.7672
a_{20}	0.8275	0.7878	0.7343	0.7334	0.7893	0.7988	0.6414	0.7551	0.6497	0.8160	0.8065	0.4745
a_{21}	0.7886	0.7985	0.7828	0.7982	0.9226	0.7787	0.7081	0.8319	0.9588	0.6545	0.6988	0.4038
a_{22}	0.3838	0.4699	0.5872	0.2535	0.4722	0.4495	0.6068	0.5359	0.4633	0.2268	0.2655	0.1789
a_{23}	0.3651	0.4074	0.4880	0.2799	0.3620	0.4055	0.5360	0.4575	0.4017	0.2180	0.1391	0.2924
a_{24}	0.9723	0.9044	0.8422	0.9669	0.9068	0.9464	0.8653	0.9157	0.8232	0.9546	0.8485	0.6246
a_{25}	1.0000	0.9295	0.8756	0.9382	0.9007	0.9382	0.8505	0.9151	0.8164	0.9313	0.8028	0.6074
a_{26}	0.9295	1.0000	0.9751	0.8070	0.8529	0.9221	0.8918	0.9075	0.7761	0.8515	0.7905	0.6918
a_{27}	0.8756	0.9751	1.0000	0.7325	0.8275	0.8747	0.8882	0.8689	0.7614	0.7683	0.7462	0.6339
a_{28}	0.9382	0.8070	0.7325	1.0000	0.9095	0.8743	0.7662	0.8593	0.8630	0.8955	0.7453	0.4920
a_{29}	0.9007	0.8529	0.8275	0.9095	1.0000	0.8645	0.7498	0.8702	0.9551	0.7907	0.7410	0.4165
a_{30}	0.9382	0.9221	0.8747	0.8743	0.8645	1.0000	0.9164	0.9650	0.7730	0.9233	0.8164	0.7082
a_{31}	0.8505	0.8918	0.8882	0.7662	0.7498	0.9164	1.0000	0.9248	0.6921	0.8271	0.7437	0.7108
a_{32}	0.9151	0.9075	0.8689	0.8593	0.8702	0.9650	0.9248	1.0000	0.8294	0.8659	0.7430	0.6352
a_{33}	0.8164	0.7761	0.7614	0.8630	0.9551	0.7730	0.6921	0.8294	1.0000	0.6681	0.6155	0.3178
a_{34}	0.9313	0.8515	0.7683	0.8955	0.7907	0.9233	0.8271	0.8659	0.6681	1.0000	0.8584	0.6295
a_{35}	0.8028	0.7905	0.7462	0.7453	0.7410	0.8164	0.7437	0.7430	0.6155	0.8584	1.0000	0.6397
a_{36}	0.6074	0.6918	0.6339	0.4920	0.4165	0.7082	0.7108	0.6352	0.3178	0.6295	0.6397	1.0000

附表 114　2006 年区域自主创新实力初始指标相关系数

指标\指标	a_1	a_2	a_3	a_4	a_5	a_6	a_7	a_8	a_9	a_{10}	a_{11}	a_{12}
a_1	1.0000	0.9710	0.8353	0.8392	0.7951	0.7259	0.9155	0.9442	0.7958	0.8189	0.7854	0.7434
a_2	0.9710	1.0000	0.8730	0.8249	0.7703	0.7726	0.9146	0.9392	0.8485	0.7648	0.7657	0.7470
a_3	0.8353	0.8730	1.0000	0.9143	0.9004	0.5346	0.8196	0.7556	0.6527	0.7784	0.7962	0.8519
a_4	0.8392	0.8249	0.9143	1.0000	0.9834	0.3734	0.7364	0.6859	0.4646	0.9029	0.9258	0.9296
a_5	0.7951	0.7703	0.9004	0.9834	1.0000	0.3395	0.7189	0.6267	0.4203	0.8682	0.8852	0.8830
a_6	0.7259	0.7726	0.5346	0.3734	0.3395	1.0000	0.7270	0.8156	0.9129	0.2695	0.2322	0.3305
a_7	0.9155	0.9146	0.8196	0.7364	0.7189	0.7270	1.0000	0.9302	0.8786	0.6616	0.6289	0.5982
a_8	0.9442	0.9392	0.7556	0.6859	0.6267	0.8156	0.9302	1.0000	0.9102	0.6523	0.6011	0.6093
a_9	0.7958	0.8485	0.6527	0.4646	0.4203	0.9129	0.8786	0.9102	1.0000	0.3620	0.3366	0.3859
a_{10}	0.8189	0.7648	0.7784	0.9029	0.8682	0.2695	0.6616	0.6523	0.3620	1.0000	0.9740	0.8016
a_{11}	0.7854	0.7657	0.7962	0.9258	0.8852	0.2322	0.6289	0.6011	0.3366	0.9740	1.0000	0.8315
a_{12}	0.7434	0.7470	0.8519	0.9296	0.8830	0.3305	0.5982	0.6093	0.3859	0.8016	0.8315	1.0000
a_{13}	0.6635	0.6810	0.8136	0.8749	0.8197	0.2593	0.5305	0.5409	0.3305	0.7361	0.7769	0.9847
a_{14}	0.7600	0.8017	0.9206	0.9120	0.8830	0.3150	0.7226	0.6356	0.4859	0.8423	0.8939	0.8423
a_{15}	0.7662	0.8013	0.9143	0.9223	0.8947	0.3110	0.7214	0.6346	0.4774	0.8506	0.9029	0.8507
a_{16}	0.6421	0.7251	0.5671	0.3225	0.2897	0.9488	0.6974	0.7779	0.9184	0.1814	0.1512	0.3058
a_{17}	0.6688	0.7390	0.8026	0.7368	0.6741	0.3153	0.6292	0.5912	0.4981	0.6950	0.7532	0.7293
a_{18}	0.5175	0.5853	0.7248	0.6086	0.5823	0.1784	0.5554	0.4480	0.3858	0.5947	0.6461	0.5423
a_{19}	0.6763	0.6143	0.5769	0.6733	0.6410	0.1526	0.6195	0.5432	0.3510	0.7902	0.7775	0.4962
a_{20}	0.5449	0.6134	0.7016	0.6352	0.6054	0.1540	0.5938	0.4609	0.3747	0.6728	0.7290	0.4987
a_{21}	0.7376	0.7659	0.8687	0.9035	0.8486	0.2941	0.6426	0.6047	0.4195	0.8066	0.8594	0.9452
a_{22}	0.7937	0.8362	0.6660	0.4883	0.4333	0.7758	0.8929	0.8918	0.9460	0.4121	0.3965	0.4105
a_{23}	0.7756	0.8341	0.6828	0.4862	0.4320	0.8999	0.7991	0.8512	0.9341	0.3845	0.3580	0.4698
a_{24}	0.7779	0.6851	0.7515	0.9003	0.8917	0.2240	0.6195	0.6030	0.2877	0.9565	0.9039	0.8255
a_{25}	0.8065	0.7276	0.7769	0.9207	0.9081	0.2639	0.6605	0.6301	0.3322	0.9618	0.9268	0.8335
a_{26}	0.7684	0.7299	0.7473	0.8761	0.8220	0.2061	0.6145	0.6162	0.3299	0.9751	0.9683	0.7817
a_{27}	0.7675	0.7428	0.7421	0.8477	0.7782	0.2203	0.6424	0.6337	0.3796	0.9435	0.9482	0.7603
a_{28}	0.7373	0.6545	0.7781	0.9131	0.9151	0.2311	0.5716	0.5594	0.2599	0.8975	0.8566	0.8800
a_{29}	0.8329	0.8136	0.8818	0.9911	0.9731	0.3628	0.7202	0.6663	0.4410	0.8935	0.9198	0.9362
a_{30}	0.8271	0.7597	0.7921	0.8710	0.8518	0.3276	0.7052	0.6787	0.4085	0.9625	0.9099	0.7584
a_{31}	0.8935	0.8289	0.7422	0.7621	0.7133	0.4846	0.8370	0.8394	0.6351	0.8684	0.7981	0.6178
a_{32}	0.8527	0.8005	0.8438	0.8621	0.8274	0.3777	0.7485	0.7362	0.4985	0.9373	0.8828	0.7696
a_{33}	0.7747	0.7924	0.9091	0.9434	0.9084	0.4114	0.6548	0.6493	0.4634	0.7943	0.8254	0.9882
a_{34}	0.7975	0.7267	0.7910	0.9125	0.8966	0.2528	0.6656	0.6370	0.3404	0.9773	0.9315	0.8145
a_{35}	0.6357	0.5469	0.5508	0.7504	0.7350	0.0470	0.5232	0.4539	0.1417	0.8691	0.8399	0.6600
a_{36}	0.4138	0.3410	0.2996	0.3778	0.3541	−0.0096	0.2652	0.2733	0.0514	0.6661	0.6055	0.2542

续表

指标	a_{13}	a_{14}	a_{15}	a_{16}	a_{17}	a_{18}	a_{19}	a_{20}	a_{21}	a_{22}	a_{23}	a_{24}
a_1	0.6635	0.7600	0.7662	0.6421	0.6688	0.5175	0.6763	0.5449	0.7376	0.7937	0.7756	0.7779
a_2	0.6810	0.8017	0.8013	0.7251	0.7390	0.5853	0.6143	0.6134	0.7659	0.8362	0.8341	0.6851
a_3	0.8136	0.9206	0.9143	0.5671	0.8026	0.7248	0.5769	0.7016	0.8687	0.6660	0.6828	0.7515
a_4	0.8749	0.9120	0.9223	0.3225	0.7368	0.6086	0.6733	0.6352	0.9035	0.4883	0.4862	0.9003
a_5	0.8197	0.8830	0.8947	0.2897	0.6741	0.5823	0.6410	0.6054	0.8486	0.4333	0.4320	0.8917
a_6	0.2593	0.3150	0.3110	0.9488	0.3153	0.1784	0.1526	0.1540	0.2941	0.7758	0.8999	0.2240
a_7	0.5305	0.7226	0.7214	0.6974	0.6292	0.5554	0.6195	0.5938	0.6426	0.8929	0.7991	0.6195
a_8	0.5409	0.6356	0.6346	0.7779	0.5912	0.4480	0.5432	0.4609	0.6047	0.8918	0.8512	0.6030
a_9	0.3305	0.4859	0.4774	0.9184	0.4981	0.3858	0.3510	0.3747	0.4195	0.9460	0.9341	0.2877
a_{10}	0.7361	0.8423	0.8506	0.1814	0.6950	0.5947	0.7902	0.6728	0.8066	0.4121	0.3845	0.9565
a_{11}	0.7769	0.8939	0.9029	0.1512	0.7532	0.6461	0.7775	0.7290	0.8594	0.3965	0.3580	0.9039
a_{12}	0.9847	0.8423	0.8507	0.3058	0.7293	0.5423	0.4962	0.4987	0.9452	0.4105	0.4698	0.8255
a_{13}	1.0000	0.8063	0.8114	0.2599	0.7165	0.5524	0.4475	0.4793	0.9503	0.3838	0.4355	0.7606
a_{14}	0.8063	1.0000	0.9983	0.3405	0.9017	0.8125	0.6769	0.8269	0.8966	0.5347	0.4974	0.7651
a_{15}	0.8114	0.9983	1.0000	0.3252	0.8925	0.7914	0.6842	0.8083	0.8994	0.5238	0.4828	0.7794
a_{16}	0.2599	0.3405	0.3252	1.0000	0.3878	0.2680	0.0838	0.1937	0.2898	0.7937	0.9094	0.1270
a_{17}	0.7165	0.9017	0.8925	0.3878	1.0000	0.7914	0.6304	0.7348	0.8216	0.5529	0.5090	0.5810
a_{18}	0.5524	0.8125	0.7914	0.2680	0.7914	1.0000	0.5339	0.8457	0.6850	0.4726	0.4083	0.4789
a_{19}	0.4475	0.6769	0.6842	0.0838	0.6304	0.5339	1.0000	0.6237	0.6042	0.4554	0.2763	0.7310
a_{20}	0.4793	0.8269	0.8083	0.1937	0.7348	0.8457	0.6237	1.0000	0.6371	0.4879	0.3639	0.5173
a_{21}	0.9503	0.8966	0.8994	0.2898	0.8216	0.6850	0.6042	0.6371	1.0000	0.5044	0.4902	0.7799
a_{22}	0.3838	0.5347	0.5238	0.7937	0.5529	0.4726	0.4554	0.4879	0.5044	1.0000	0.8925	0.3270
a_{23}	0.4355	0.4974	0.4828	0.9094	0.5090	0.4083	0.2763	0.3639	0.4902	0.8925	1.0000	0.3161
a_{24}	0.7606	0.7651	0.7794	0.1270	0.5810	0.4789	0.7310	0.5173	0.7799	0.3270	0.3161	1.0000
a_{25}	0.7576	0.8086	0.8223	0.1584	0.6180	0.4919	0.7246	0.5789	0.7879	0.3650	0.3512	0.9812
a_{26}	0.7266	0.8408	0.8471	0.1302	0.6919	0.5904	0.7938	0.7149	0.7948	0.3965	0.3559	0.9113
a_{27}	0.7204	0.8460	0.8499	0.1535	0.7304	0.6218	0.8159	0.7445	0.8118	0.4723	0.4131	0.8557
a_{28}	0.8169	0.7580	0.7737	0.1514	0.5628	0.4296	0.5960	0.4419	0.7926	0.2694	0.3078	0.9723
a_{29}	0.8838	0.8899	0.9040	0.2921	0.7267	0.5784	0.6816	0.5941	0.9112	0.4663	0.4561	0.9002
a_{30}	0.6921	0.7994	0.8045	0.2335	0.6541	0.5991	0.7870	0.6538	0.7562	0.4518	0.4232	0.9520
a_{31}	0.5441	0.7270	0.7284	0.4116	0.6328	0.5487	0.8351	0.6357	0.6608	0.6878	0.5897	0.8189
a_{32}	0.7201	0.8259	0.8251	0.3316	0.7078	0.6371	0.7896	0.6946	0.7893	0.5673	0.5304	0.9126
a_{33}	0.9683	0.8639	0.8691	0.3988	0.7407	0.5743	0.4938	0.5290	0.9441	0.4737	0.5442	0.8127
a_{34}	0.7477	0.8217	0.8304	0.1739	0.6404	0.5650	0.7657	0.6237	0.7910	0.3749	0.3622	0.9831
a_{35}	0.6252	0.6610	0.6761	−0.0695	0.5169	0.4667	0.7670	0.4976	0.7161	0.2512	0.1442	0.8712
a_{36}	0.2125	0.3915	0.3899	−0.0780	0.3720	0.2892	0.6938	0.4242	0.3239	0.1435	0.0439	0.5894

续表

指标 \ 指标	a_{25}	a_{26}	a_{27}	a_{28}	a_{29}	a_{30}	a_{31}	a_{32}	a_{33}	a_{34}	a_{35}	a_{36}
a_1	0.8065	0.7684	0.7675	0.7373	0.8329	0.8271	0.8935	0.8527	0.7747	0.7975	0.6357	0.4138
a_2	0.7276	0.7299	0.7428	0.6545	0.8136	0.7597	0.8289	0.8005	0.7924	0.7267	0.5469	0.3410
a_3	0.7769	0.7473	0.7421	0.7781	0.8818	0.7921	0.7422	0.8438	0.9091	0.7910	0.5508	0.2996
a_4	0.9207	0.8761	0.8477	0.9131	0.9911	0.8710	0.7621	0.8621	0.9434	0.9125	0.7504	0.3778
a_5	0.9081	0.8220	0.7782	0.9151	0.9731	0.8518	0.7133	0.8274	0.9084	0.8966	0.7350	0.3541
a_6	0.2639	0.2061	0.2203	0.2311	0.3628	0.3276	0.4846	0.3777	0.4114	0.2528	0.0470	−0.0096
a_7	0.6605	0.6145	0.6424	0.5716	0.7202	0.7052	0.8370	0.7485	0.6548	0.6656	0.5232	0.2652
a_8	0.6301	0.6162	0.6337	0.5594	0.6663	0.6787	0.8394	0.7362	0.6493	0.6370	0.4539	0.2733
a_9	0.3322	0.3299	0.3796	0.2599	0.4410	0.4085	0.6351	0.4985	0.4634	0.3404	0.1417	0.0514
a_{10}	0.9618	0.9751	0.9435	0.8975	0.8935	0.9625	0.8684	0.9373	0.7943	0.9773	0.8691	0.6661
a_{11}	0.9268	0.9683	0.9482	0.8566	0.9198	0.9099	0.7981	0.8828	0.8254	0.9315	0.8399	0.6055
a_{12}	0.8335	0.7817	0.7603	0.8800	0.9362	0.7584	0.6178	0.7696	0.9882	0.8145	0.6600	0.2542
a_{13}	0.7576	0.7266	0.7204	0.8169	0.8838	0.6921	0.5441	0.7201	0.9683	0.7477	0.6252	0.2125
a_{14}	0.8086	0.8408	0.8460	0.7580	0.8899	0.7994	0.7270	0.8259	0.8639	0.8217	0.6610	0.3915
a_{15}	0.8223	0.8471	0.8499	0.7737	0.9040	0.8045	0.7284	0.8251	0.8691	0.8304	0.6761	0.3899
a_{16}	0.1584	0.1302	0.1535	0.1514	0.2921	0.2335	0.4116	0.3316	0.3988	0.1739	−0.0695	−0.0780
a_{17}	0.6180	0.6919	0.7304	0.5628	0.7267	0.6541	0.6328	0.7078	0.7407	0.6404	0.5169	0.3720
a_{18}	0.4919	0.5904	0.6218	0.4296	0.5784	0.5991	0.5487	0.6371	0.5743	0.5650	0.4667	0.2892
a_{19}	0.7246	0.7938	0.8159	0.5960	0.6816	0.7870	0.8351	0.7896	0.4938	0.7657	0.7670	0.6938
a_{20}	0.5789	0.7149	0.7445	0.4419	0.5941	0.6538	0.6357	0.6946	0.5290	0.6237	0.4976	0.4242
a_{21}	0.7879	0.7948	0.8118	0.7926	0.9112	0.7562	0.6608	0.7893	0.9441	0.7910	0.7161	0.3239
a_{22}	0.3650	0.3965	0.4723	0.2694	0.4663	0.4518	0.6878	0.5673	0.4737	0.3749	0.2512	0.1435
a_{23}	0.3512	0.3559	0.4131	0.3078	0.4561	0.4232	0.5897	0.5304	0.5442	0.3622	0.1442	0.0439
a_{24}	0.9812	0.9113	0.8557	0.9723	0.9002	0.9520	0.8189	0.9126	0.8127	0.9831	0.8712	0.5894
a_{25}	1.0000	0.9288	0.8781	0.9592	0.9176	0.9449	0.8280	0.9054	0.8229	0.9767	0.8475	0.5862
a_{26}	0.9288	1.0000	0.9832	0.8451	0.8572	0.9160	0.8529	0.9076	0.7681	0.9421	0.8247	0.6484
a_{27}	0.8781	0.9832	1.0000	0.7744	0.8283	0.8818	0.8609	0.8950	0.7469	0.8969	0.8056	0.6216
a_{28}	0.9592	0.8451	0.7744	1.0000	0.9113	0.8930	0.7205	0.8551	0.8707	0.9419	0.7790	0.4636
a_{29}	0.9176	0.8572	0.8283	0.9113	1.0000	0.8623	0.7425	0.8388	0.9412	0.9022	0.7792	0.3733
a_{30}	0.9449	0.9160	0.8818	0.8930	0.8623	1.0000	0.8899	0.9665	0.7637	0.9701	0.8352	0.6464
a_{31}	0.8280	0.8529	0.8609	0.7205	0.7425	0.8899	1.0000	0.9238	0.6326	0.8575	0.7258	0.5942
a_{32}	0.9054	0.9076	0.8950	0.8551	0.8388	0.9665	0.9238	1.0000	0.7836	0.9398	0.7652	0.6342
a_{33}	0.8229	0.7681	0.7469	0.8707	0.9412	0.7637	0.6326	0.7836	1.0000	0.8087	0.6268	0.2464
a_{34}	0.9767	0.9421	0.8969	0.9419	0.9022	0.9701	0.8575	0.9398	0.8087	1.0000	0.8636	0.5952
a_{35}	0.8475	0.8247	0.8056	0.7790	0.7792	0.8352	0.7258	0.7652	0.6268	0.8636	1.0000	0.6281
a_{36}	0.5862	0.6484	0.6216	0.4636	0.3733	0.6464	0.5942	0.6342	0.2464	0.5952	0.6281	1.0000

附表 115　2007 年区域自主创新实力初始指标相关系数

指标 指标	a_1	a_2	a_3	a_4	a_5	a_6	a_7	a_8	a_9	a_{10}	a_{11}	a_{12}
a_1	1.0000	0.9705	0.8955	0.8881	0.8632	0.6824	0.9030	0.9117	0.7659	0.8433	0.8142	0.8085
a_2	0.9705	1.0000	0.9160	0.8666	0.8206	0.7414	0.9048	0.9239	0.8291	0.7894	0.7882	0.7870
a_3	0.8955	0.9160	1.0000	0.8796	0.8885	0.6345	0.8336	0.7939	0.7164	0.7558	0.7541	0.8493
a_4	0.8881	0.8666	0.8796	1.0000	0.9741	0.3719	0.7072	0.6920	0.4904	0.8991	0.9305	0.9276
a_5	0.8632	0.8206	0.8885	0.9741	1.0000	0.3529	0.6962	0.6357	0.4436	0.8779	0.8959	0.8936
a_6	0.6824	0.7414	0.6345	0.3719	0.3529	1.0000	0.7927	0.8030	0.9125	0.2624	0.2185	0.3394
a_7	0.9030	0.9048	0.8336	0.7072	0.6962	0.7927	1.0000	0.9516	0.9104	0.6303	0.5727	0.5827
a_8	0.9117	0.9239	0.7939	0.6920	0.6357	0.8030	0.9516	1.0000	0.9242	0.6479	0.5954	0.5970
a_9	0.7659	0.8291	0.7164	0.4904	0.4436	0.9125	0.9104	0.9242	1.0000	0.3765	0.3384	0.4109
a_{10}	0.8433	0.7894	0.7558	0.8991	0.8779	0.2624	0.6303	0.6479	0.3765	1.0000	0.9756	0.8078
a_{11}	0.8142	0.7882	0.7541	0.9305	0.8959	0.2185	0.5727	0.5954	0.3384	0.9756	1.0000	0.8349
a_{12}	0.8085	0.7870	0.8493	0.9276	0.8936	0.3394	0.5827	0.5970	0.4109	0.8078	0.8349	1.0000
a_{13}	0.7134	0.7000	0.8017	0.8707	0.8300	0.2611	0.4902	0.5096	0.3386	0.7248	0.7593	0.9841
a_{14}	0.8535	0.8851	0.8889	0.9402	0.9087	0.4071	0.7352	0.7124	0.5579	0.8658	0.9096	0.8441
a_{15}	0.8659	0.8849	0.8939	0.9545	0.9277	0.4042	0.7333	0.7081	0.5467	0.8758	0.9167	0.8696
a_{16}	0.6030	0.6909	0.6383	0.3015	0.2862	0.9619	0.7499	0.7629	0.9120	0.1718	0.1328	0.3066
a_{17}	0.6205	0.6575	0.7391	0.7618	0.7235	0.1635	0.4665	0.4684	0.3304	0.6975	0.7471	0.8182
a_{18}	0.6491	0.6897	0.5742	0.7859	0.6875	0.1631	0.4672	0.5218	0.3095	0.8190	0.8828	0.6475
a_{19}	0.6216	0.5899	0.4900	0.6517	0.5892	0.1264	0.5495	0.5603	0.3537	0.7550	0.7393	0.4430
a_{20}	0.5343	0.5934	0.6703	0.6258	0.6123	0.1309	0.5189	0.4624	0.3725	0.6230	0.6474	0.5254
a_{21}	0.7752	0.7905	0.8489	0.9216	0.8642	0.3082	0.5989	0.5983	0.4453	0.7827	0.8337	0.9488
a_{22}	0.7646	0.8205	0.7137	0.5564	0.4864	0.7624	0.9014	0.9106	0.9399	0.4287	0.4017	0.4580
a_{23}	0.8375	0.8780	0.7204	0.6464	0.5571	0.8061	0.8529	0.8855	0.8696	0.5544	0.5362	0.5631
a_{24}	0.8130	0.7038	0.7190	0.8629	0.8777	0.2045	0.5890	0.5827	0.2913	0.9568	0.9049	0.8116
a_{25}	0.8369	0.7392	0.7898	0.9089	0.9239	0.2625	0.6108	0.5926	0.3310	0.9246	0.8915	0.8963
a_{26}	0.7537	0.6916	0.6061	0.8313	0.7899	0.1377	0.5010	0.5527	0.2616	0.9597	0.9505	0.7371
a_{27}	0.7689	0.7076	0.6182	0.8465	0.7918	0.1680	0.5174	0.5693	0.2954	0.9415	0.9379	0.7698
a_{28}	0.8199	0.7175	0.7886	0.8797	0.9141	0.2605	0.5967	0.5721	0.3137	0.9127	0.8691	0.8769
a_{29}	0.8759	0.8272	0.8580	0.9840	0.9815	0.3466	0.6744	0.6412	0.4305	0.8911	0.9121	0.9347
a_{30}	0.8526	0.7880	0.7603	0.8656	0.8463	0.3184	0.6767	0.6889	0.4233	0.9725	0.9233	0.7678
a_{31}	0.8852	0.8433	0.7630	0.7964	0.7491	0.4710	0.8157	0.8379	0.6410	0.8751	0.8151	0.6804
a_{32}	0.8642	0.8187	0.8262	0.8529	0.8326	0.3739	0.7291	0.7362	0.5137	0.9351	0.8788	0.7827
a_{33}	0.8288	0.8143	0.9071	0.9274	0.9186	0.4169	0.6326	0.6229	0.4706	0.7902	0.8136	0.9860
a_{34}	0.8418	0.7636	0.7811	0.8993	0.9038	0.2568	0.6490	0.6381	0.3661	0.9759	0.9328	0.8345
a_{35}	0.6402	0.5518	0.5186	0.7585	0.7343	0.0367	0.4609	0.4409	0.1404	0.8600	0.8300	0.6532
a_{36}	0.3495	0.3086	0.2287	0.3345	0.3220	−0.0296	0.2199	0.2538	0.0406	0.6176	0.5516	0.2220

续表

指标\指标	a_{13}	a_{14}	a_{15}	a_{16}	a_{17}	a_{18}	a_{19}	a_{20}	a_{21}	a_{22}	a_{23}	a_{24}
a_1	0.7134	0.8535	0.8659	0.6030	0.6205	0.6491	0.6216	0.5343	0.7752	0.7646	0.8375	0.8130
a_2	0.7000	0.8851	0.8849	0.6909	0.6575	0.6897	0.5899	0.5934	0.7905	0.8205	0.8780	0.7038
a_3	0.8017	0.8889	0.8939	0.6383	0.7391	0.5742	0.4900	0.6703	0.8489	0.7137	0.7204	0.7190
a_4	0.8707	0.9402	0.9545	0.3015	0.7618	0.7859	0.6517	0.6258	0.9216	0.5564	0.6464	0.8629
a_5	0.8300	0.9087	0.9277	0.2862	0.7235	0.6875	0.5892	0.6123	0.8642	0.4864	0.5571	0.8777
a_6	0.2611	0.4071	0.4042	0.9619	0.1635	0.1631	0.1264	0.1309	0.3082	0.7624	0.8061	0.2045
a_7	0.4902	0.7352	0.7333	0.7499	0.4665	0.4672	0.5495	0.5189	0.5989	0.9014	0.8529	0.5890
a_8	0.5096	0.7124	0.7081	0.7629	0.4684	0.5218	0.5603	0.4624	0.5983	0.9106	0.8855	0.5827
a_9	0.3386	0.5579	0.5467	0.9120	0.3304	0.3095	0.3537	0.3725	0.4453	0.9399	0.8696	0.2913
a_{10}	0.7248	0.8658	0.8758	0.1718	0.6975	0.8190	0.7550	0.6230	0.7827	0.4287	0.5544	0.9568
a_{11}	0.7593	0.9096	0.9167	0.1328	0.7471	0.8828	0.7393	0.6474	0.8337	0.4017	0.5362	0.9049
a_{12}	0.9841	0.8441	0.8696	0.3066	0.8182	0.6475	0.4430	0.5254	0.9488	0.4580	0.5631	0.8116
a_{13}	1.0000	0.7792	0.8052	0.2550	0.8153	0.5884	0.3737	0.5051	0.9429	0.4041	0.4854	0.7389
a_{14}	0.7792	1.0000	0.9965	0.3793	0.8396	0.8265	0.6599	0.7465	0.8871	0.6080	0.6503	0.7641
a_{15}	0.8052	0.9965	1.0000	0.3695	0.8400	0.8108	0.6506	0.7210	0.8989	0.5930	0.6456	0.7909
a_{16}	0.2550	0.3793	0.3695	1.0000	0.2186	0.0830	0.0510	0.2058	0.2969	0.7711	0.7471	0.1035
a_{17}	0.8153	0.8396	0.8400	0.2186	1.0000	0.6541	0.4716	0.7201	0.8560	0.3979	0.3978	0.6312
a_{18}	0.5884	0.8265	0.8108	0.0830	0.6541	1.0000	0.7566	0.6501	0.7283	0.4121	0.5323	0.6645
a_{19}	0.3737	0.6599	0.6506	0.0510	0.4716	0.7566	1.0000	0.6336	0.5410	0.4811	0.5102	0.6762
a_{20}	0.5051	0.7465	0.7210	0.2058	0.7201	0.6501	0.6336	1.0000	0.6564	0.5473	0.4598	0.5275
a_{21}	0.9429	0.8871	0.8989	0.2969	0.8560	0.7283	0.5410	0.6564	1.0000	0.5402	0.6038	0.7394
a_{22}	0.4041	0.6080	0.5930	0.7711	0.3979	0.4121	0.4811	0.5473	0.5402	1.0000	0.8894	0.3459
a_{23}	0.4854	0.6503	0.6456	0.7471	0.3978	0.5323	0.5102	0.4598	0.6038	0.8894	1.0000	0.4633
a_{24}	0.7389	0.7641	0.7909	0.1035	0.6312	0.6645	0.6762	0.5275	0.7394	0.3459	0.4633	1.0000
a_{25}	0.8389	0.7956	0.8271	0.1741	0.6792	0.6322	0.6016	0.5000	0.8233	0.3730	0.4915	0.9763
a_{26}	0.6517	0.7831	0.7955	0.0263	0.6285	0.8103	0.7636	0.5186	0.6985	0.3178	0.4671	0.9123
a_{27}	0.6918	0.7867	0.8020	0.0533	0.6457	0.7979	0.7503	0.4862	0.7343	0.3509	0.5056	0.8965
a_{28}	0.8174	0.7728	0.8045	0.1812	0.6737	0.5804	0.5425	0.4990	0.7838	0.3425	0.4494	0.9747
a_{29}	0.8744	0.8958	0.9208	0.2650	0.7398	0.7140	0.6029	0.5573	0.8977	0.4763	0.5862	0.8940
a_{30}	0.6870	0.8192	0.8283	0.2203	0.6262	0.7739	0.7676	0.6252	0.7383	0.4855	0.5948	0.9512
a_{31}	0.5929	0.7844	0.7857	0.4017	0.5654	0.6882	0.7958	0.5975	0.6932	0.6946	0.7268	0.8258
a_{32}	0.7187	0.8305	0.8364	0.3246	0.6778	0.7131	0.7461	0.7195	0.7724	0.5914	0.6497	0.9106
a_{33}	0.9658	0.8535	0.8778	0.3933	0.8037	0.6018	0.4172	0.5390	0.9369	0.4904	0.5744	0.7970
a_{34}	0.7608	0.8386	0.8565	0.1753	0.6823	0.7171	0.7066	0.6017	0.7798	0.4152	0.5201	0.9828
a_{35}	0.5907	0.6844	0.6974	−0.0883	0.5137	0.7207	0.7174	0.4600	0.6701	0.2477	0.3830	0.8614
a_{36}	0.1622	0.3535	0.3436	−0.0932	0.3296	0.5287	0.6720	0.4868	0.2455	0.1355	0.2196	0.5665

续表

指标\指标	a_{25}	a_{26}	a_{27}	a_{28}	a_{29}	a_{30}	a_{31}	a_{32}	a_{33}	a_{34}	a_{35}	a_{36}
a_{1}	0.8369	0.7537	0.7689	0.8199	0.8759	0.8526	0.8852	0.8642	0.8288	0.8418	0.6402	0.3495
a_{2}	0.7392	0.6916	0.7076	0.7175	0.8272	0.7880	0.8433	0.8187	0.8143	0.7636	0.5518	0.3086
a_{3}	0.7898	0.6061	0.6182	0.7886	0.8580	0.7603	0.7630	0.8262	0.9071	0.7811	0.5186	0.2287
a_{4}	0.9089	0.8313	0.8465	0.8797	0.9840	0.8656	0.7964	0.8529	0.9274	0.8993	0.7585	0.3345
a_{5}	0.9239	0.7899	0.7918	0.9141	0.9815	0.8463	0.7491	0.8326	0.9186	0.9038	0.7343	0.3220
a_{6}	0.2625	0.1377	0.1680	0.2605	0.3466	0.3184	0.4710	0.3739	0.4169	0.2568	0.0367	−0.0296
a_{7}	0.6108	0.5010	0.5174	0.5967	0.6744	0.6767	0.8157	0.7291	0.6326	0.6490	0.4609	0.2199
a_{8}	0.5926	0.5527	0.5693	0.5721	0.6412	0.6889	0.8379	0.7362	0.6229	0.6381	0.4409	0.2538
a_{9}	0.3310	0.2616	0.2954	0.3137	0.4305	0.4233	0.6410	0.5137	0.4706	0.3661	0.1404	0.0406
a_{10}	0.9246	0.9597	0.9415	0.9127	0.8911	0.9725	0.8751	0.9351	0.7902	0.9759	0.8600	0.6176
a_{11}	0.8915	0.9505	0.9379	0.8691	0.9121	0.9233	0.8151	0.8788	0.8136	0.9328	0.8300	0.5516
a_{12}	0.8963	0.7371	0.7698	0.8769	0.9347	0.7678	0.6804	0.7827	0.9860	0.8345	0.6532	0.2220
a_{13}	0.8389	0.6517	0.6918	0.8174	0.8744	0.6870	0.5929	0.7187	0.9658	0.7608	0.5907	0.1622
a_{14}	0.7956	0.7831	0.7867	0.7728	0.8958	0.8192	0.7844	0.8305	0.8535	0.8386	0.6844	0.3535
a_{15}	0.8271	0.7955	0.8020	0.8045	0.9208	0.8283	0.7857	0.8364	0.8778	0.8565	0.6974	0.3436
a_{16}	0.1741	0.0263	0.0533	0.1812	0.2650	0.2203	0.4017	0.3246	0.3933	0.1753	−0.0883	−0.0932
a_{17}	0.6792	0.6285	0.6457	0.6737	0.7398	0.6262	0.5654	0.6778	0.8037	0.6823	0.5137	0.3296
a_{18}	0.6322	0.8103	0.7979	0.5804	0.7140	0.7739	0.6882	0.7131	0.6018	0.7171	0.7207	0.5287
a_{19}	0.6016	0.7636	0.7503	0.5425	0.6029	0.7676	0.7958	0.7461	0.4172	0.7066	0.7174	0.6720
a_{20}	0.5000	0.5186	0.4862	0.4990	0.5573	0.6252	0.5975	0.7195	0.5390	0.6017	0.4600	0.4868
a_{21}	0.8233	0.6985	0.7343	0.7838	0.8977	0.7383	0.6932	0.7724	0.9369	0.7798	0.6701	0.2455
a_{22}	0.3730	0.3178	0.3509	0.3425	0.4763	0.4855	0.6946	0.5914	0.4904	0.4152	0.2477	0.1355
a_{23}	0.4915	0.4671	0.5056	0.4494	0.5862	0.5948	0.7268	0.6497	0.5744	0.5201	0.3830	0.2196
a_{24}	0.9763	0.9123	0.8965	0.9747	0.8940	0.9512	0.8258	0.9106	0.7970	0.9828	0.8614	0.5665
a_{25}	1.0000	0.8626	0.8638	0.9897	0.9461	0.9089	0.7985	0.8812	0.8906	0.9642	0.8300	0.4325
a_{26}	0.8626	1.0000	0.9893	0.8396	0.8247	0.9103	0.8218	0.8500	0.6956	0.9217	0.8417	0.6161
a_{27}	0.8638	0.9893	1.0000	0.8321	0.8386	0.8919	0.8260	0.8385	0.7245	0.9065	0.8256	0.5543
a_{28}	0.9897	0.8396	0.8321	1.0000	0.9236	0.9005	0.7706	0.8785	0.8793	0.9600	0.7892	0.4456
a_{29}	0.9461	0.8247	0.8386	0.9236	1.0000	0.8567	0.7664	0.8318	0.9375	0.9104	0.7688	0.3206
a_{30}	0.9089	0.9103	0.8919	0.9005	0.8567	1.0000	0.9041	0.9704	0.7547	0.9665	0.8408	0.6191
a_{31}	0.7985	0.8218	0.8260	0.7706	0.7664	0.9041	1.0000	0.9206	0.6756	0.8637	0.7112	0.5043
a_{32}	0.8812	0.8500	0.8385	0.8785	0.8318	0.9704	0.9206	1.0000	0.7814	0.9414	0.7566	0.5892
a_{33}	0.8906	0.6956	0.7245	0.8793	0.9375	0.7547	0.6756	0.7814	1.0000	0.8243	0.6113	0.1996
a_{34}	0.9642	0.9217	0.9065	0.9600	0.9104	0.9665	0.8637	0.9414	0.8243	1.0000	0.8516	0.5408
a_{35}	0.8300	0.8417	0.8256	0.7892	0.7688	0.8408	0.7112	0.7566	0.6113	0.8516	1.0000	0.5699
a_{36}	0.4325	0.6161	0.5543	0.4456	0.3206	0.6191	0.5043	0.5892	0.1996	0.5408	0.5699	1.0000

附表 116 2008 年区域自主创新实力初始指标相关系数

指标 \ 指标	a_1	a_2	a_3	a_4	a_5	a_6	a_7	a_8	a_9	a_{10}	a_{11}	a_{12}
a_1	1.0000	0.9668	0.8983	0.9160	0.9070	0.5997	0.8651	0.8710	0.7075	0.8903	0.8594	0.8255
a_2	0.9668	1.0000	0.9225	0.9104	0.8525	0.6676	0.8780	0.9080	0.7931	0.8327	0.8285	0.8031
a_3	0.8983	0.9225	1.0000	0.8579	0.8650	0.6471	0.8521	0.8276	0.7485	0.7560	0.7347	0.8167
a_4	0.9160	0.9104	0.8579	1.0000	0.9613	0.3770	0.7310	0.7249	0.5376	0.8792	0.9097	0.8821
a_5	0.9070	0.8525	0.8650	0.9613	1.0000	0.3317	0.7101	0.6546	0.4594	0.8752	0.8820	0.8708
a_6	0.5997	0.6676	0.6471	0.3770	0.3317	1.0000	0.7554	0.7991	0.9046	0.2480	0.1864	0.3028
a_7	0.8651	0.8780	0.8521	0.7310	0.7101	0.7554	1.0000	0.9458	0.9036	0.6441	0.5740	0.5689
a_8	0.8710	0.9080	0.8276	0.7249	0.6546	0.7991	0.9458	1.0000	0.9319	0.6580	0.5969	0.5989
a_9	0.7075	0.7931	0.7485	0.5376	0.4594	0.9046	0.9036	0.9319	1.0000	0.3971	0.3465	0.3984
a_{10}	0.8903	0.8327	0.7560	0.8792	0.8752	0.2480	0.6441	0.6580	0.3971	1.0000	0.9762	0.8210
a_{11}	0.8594	0.8285	0.7347	0.9097	0.8820	0.1864	0.5740	0.5969	0.3465	0.9762	1.0000	0.8336
a_{12}	0.8255	0.8031	0.8167	0.8821	0.8708	0.3028	0.5689	0.5989	0.3984	0.8210	0.8336	1.0000
a_{13}	0.6452	0.6317	0.6904	0.7101	0.6978	0.2034	0.4496	0.4576	0.3067	0.6441	0.6542	0.8498
a_{14}	0.9045	0.9064	0.8770	0.9536	0.9349	0.3489	0.7171	0.6973	0.5175	0.9027	0.9288	0.8859
a_{15}	0.9058	0.8999	0.8705	0.9526	0.9402	0.3402	0.7125	0.6889	0.5060	0.9040	0.9290	0.8886
a_{16}	0.5461	0.6350	0.6692	0.3282	0.2961	0.9690	0.7320	0.7745	0.9027	0.1934	0.1328	0.2955
a_{17}	0.6441	0.6833	0.7536	0.6957	0.7050	0.1714	0.4735	0.4540	0.3393	0.6778	0.7207	0.7974
a_{18}	0.7437	0.7710	0.6290	0.8073	0.7310	0.1756	0.5304	0.5673	0.3621	0.8767	0.9182	0.6763
a_{19}	0.6124	0.5870	0.4332	0.6538	0.5815	0.0558	0.5430	0.5246	0.3273	0.7275	0.7266	0.4277
a_{20}	0.6020	0.6527	0.7026	0.6800	0.6479	0.1256	0.5221	0.4997	0.3766	0.7017	0.7411	0.5829
a_{21}	0.7933	0.8216	0.8627	0.8964	0.8545	0.3173	0.6303	0.6256	0.4790	0.7735	0.8103	0.9361
a_{22}	0.7068	0.7980	0.7409	0.6251	0.5142	0.7357	0.8901	0.9122	0.9306	0.4603	0.4328	0.4749
a_{23}	0.6650	0.7171	0.6700	0.5020	0.4394	0.8624	0.8336	0.8887	0.9166	0.3445	0.2823	0.3460
a_{24}	0.8480	0.7315	0.6971	0.8076	0.8591	0.1776	0.5966	0.5825	0.2973	0.9591	0.9045	0.8046
a_{25}	0.8577	0.7451	0.7593	0.8195	0.8931	0.2334	0.6013	0.5798	0.3184	0.9208	0.8722	0.8659
a_{26}	0.8229	0.7596	0.6212	0.8264	0.8048	0.1413	0.5330	0.5663	0.2926	0.9641	0.9622	0.7644
a_{27}	0.8324	0.7698	0.6352	0.8349	0.8092	0.1729	0.5438	0.5754	0.3160	0.9457	0.9460	0.7968
a_{28}	0.8540	0.7421	0.7705	0.8088	0.8866	0.2494	0.6032	0.5840	0.3263	0.9157	0.8582	0.8727
a_{29}	0.8867	0.8365	0.8284	0.9528	0.9609	0.2892	0.6417	0.6294	0.4081	0.8804	0.8919	0.9588
a_{30}	0.8682	0.7954	0.7366	0.8255	0.8273	0.2889	0.6780	0.6878	0.4257	0.9619	0.9054	0.7610
a_{31}	0.8758	0.8322	0.7888	0.7756	0.7720	0.4270	0.8219	0.8159	0.6284	0.8778	0.8070	0.6737
a_{32}	0.8495	0.7995	0.7763	0.7969	0.7913	0.3347	0.7408	0.7250	0.5075	0.9052	0.8393	0.7516
a_{33}	0.8698	0.8580	0.9216	0.8789	0.8979	0.4733	0.6775	0.6806	0.5362	0.7898	0.7884	0.9624
a_{34}	0.8814	0.7963	0.7693	0.8513	0.8868	0.2356	0.6598	0.6406	0.3761	0.9743	0.9277	0.8370
a_{35}	0.6618	0.5762	0.4844	0.7269	0.7180	0.0158	0.4633	0.4288	0.1457	0.8254	0.8067	0.6197
a_{36}	0.4331	0.3960	0.3137	0.3975	0.3820	0.0408	0.2486	0.2911	0.0948	0.6619	0.6472	0.3045

续表

指标\指标	a_{13}	a_{14}	a_{15}	a_{16}	a_{17}	a_{18}	a_{19}	a_{20}	a_{21}	a_{22}	a_{23}	a_{24}
a_1	0.6452	0.9045	0.9058	0.5461	0.6441	0.7437	0.6124	0.6020	0.7933	0.7068	0.6650	0.8480
a_2	0.6317	0.9064	0.8999	0.6350	0.6833	0.7710	0.5870	0.6527	0.8216	0.7980	0.7171	0.7315
a_3	0.6904	0.8770	0.8705	0.6692	0.7536	0.6290	0.4332	0.7026	0.8627	0.7409	0.6700	0.6971
a_4	0.7101	0.9536	0.9526	0.3282	0.6957	0.8073	0.6538	0.6800	0.8964	0.6251	0.5020	0.8076
a_5	0.6978	0.9349	0.9402	0.2961	0.7050	0.7310	0.5815	0.6479	0.8545	0.5142	0.4394	0.8591
a_6	0.2034	0.3489	0.3402	0.9690	0.1714	0.1756	0.0558	0.1256	0.3173	0.7357	0.8624	0.1776
a_7	0.4496	0.7171	0.7125	0.7320	0.4735	0.5304	0.5430	0.5221	0.6303	0.8901	0.8336	0.5966
a_8	0.4576	0.6973	0.6889	0.7745	0.4540	0.5673	0.5246	0.4997	0.6256	0.9122	0.8887	0.5825
a_9	0.3067	0.5175	0.5060	0.9027	0.3393	0.3621	0.3273	0.3766	0.4790	0.9306	0.9166	0.2973
a_{10}	0.6441	0.9027	0.9040	0.1934	0.6778	0.8767	0.7275	0.7017	0.7735	0.4603	0.3445	0.9591
a_{11}	0.6542	0.9288	0.9290	0.1328	0.7207	0.9182	0.7266	0.7411	0.8103	0.4328	0.2823	0.9045
a_{12}	0.8498	0.8859	0.8886	0.2955	0.7974	0.6763	0.4277	0.5829	0.9361	0.4749	0.3460	0.8046
a_{13}	1.0000	0.7174	0.7178	0.2252	0.7045	0.5302	0.3698	0.5093	0.8060	0.3655	0.2162	0.6503
a_{14}	0.7174	1.0000	0.9988	0.3377	0.8404	0.8404	0.6295	0.7433	0.9019	0.5775	0.4152	0.8217
a_{15}	0.7178	0.9988	1.0000	0.3261	0.8348	0.8308	0.6247	0.7307	0.8967	0.5640	0.4073	0.8301
a_{16}	0.2252	0.3377	0.3261	1.0000	0.2624	0.1298	−0.0133	0.1898	0.3343	0.7384	0.8447	0.1169
a_{17}	0.7045	0.8404	0.8348	0.2624	1.0000	0.6702	0.3842	0.7358	0.8278	0.3999	0.1683	0.6083
a_{18}	0.5302	0.8404	0.8308	0.1298	0.6702	1.0000	0.7558	0.7368	0.6930	0.4571	0.2376	0.7501
a_{19}	0.3698	0.6295	0.6247	−0.0133	0.3842	0.7558	1.0000	0.6107	0.4862	0.4777	0.2505	0.6667
a_{20}	0.5093	0.7433	0.7307	0.1898	0.7358	0.7368	0.6107	1.0000	0.7532	0.5293	0.2775	0.6011
a_{21}	0.8060	0.9019	0.8967	0.3343	0.8278	0.6930	0.4862	0.7532	1.0000	0.6013	0.3990	0.7118
a_{22}	0.3655	0.5775	0.5640	0.7384	0.3999	0.4571	0.4777	0.5293	0.6013	1.0000	0.8510	0.3558
a_{23}	0.2162	0.4152	0.4073	0.8447	0.1683	0.2376	0.2505	0.2775	0.3990	0.8510	1.0000	0.2782
a_{24}	0.6503	0.8217	0.8301	0.1169	0.6083	0.7501	0.6667	0.6011	0.7118	0.3558	0.2782	1.0000
a_{25}	0.6991	0.8436	0.8531	0.1926	0.6748	0.6829	0.5583	0.5727	0.7690	0.3474	0.3028	0.9747
a_{26}	0.6117	0.8468	0.8513	0.0630	0.6178	0.8731	0.7705	0.6133	0.6868	0.3632	0.2199	0.9224
a_{27}	0.6442	0.8505	0.8565	0.0916	0.6280	0.8352	0.7484	0.5770	0.7125	0.3836	0.2264	0.9093
a_{28}	0.7086	0.8317	0.8413	0.2154	0.6768	0.6683	0.5194	0.5648	0.7643	0.3536	0.3131	0.9701
a_{29}	0.7998	0.9266	0.9334	0.2534	0.7351	0.7217	0.5599	0.6152	0.9119	0.4871	0.3890	0.8702
a_{30}	0.6187	0.8209	0.8217	0.2175	0.5676	0.8113	0.7226	0.6498	0.7015	0.4898	0.3969	0.9555
a_{31}	0.5162	0.7869	0.7867	0.3984	0.5701	0.7136	0.7573	0.7043	0.6806	0.6792	0.5929	0.8547
a_{32}	0.6275	0.8045	0.8028	0.2993	0.6056	0.7646	0.6978	0.7089	0.7338	0.6183	0.4480	0.8923
a_{33}	0.8172	0.8931	0.8941	0.4816	0.8080	0.6294	0.3664	0.5988	0.9240	0.5495	0.4725	0.7700
a_{34}	0.6985	0.8869	0.8911	0.1974	0.6894	0.7957	0.6765	0.6624	0.7665	0.4283	0.3216	0.9817
a_{35}	0.4726	0.7007	0.7021	−0.0839	0.3979	0.7070	0.7049	0.5278	0.6075	0.2618	0.1538	0.8245
a_{36}	0.2363	0.4355	0.4313	−0.0742	0.3395	0.6517	0.7185	0.6530	0.3456	0.2011	0.0531	0.6180

续表

指标\指标	a_{25}	a_{26}	a_{27}	a_{28}	a_{29}	a_{30}	a_{31}	a_{32}	a_{33}	a_{34}	a_{35}	a_{36}
a_1	0.8577	0.8229	0.8324	0.8540	0.8867	0.8682	0.8758	0.8495	0.8698	0.8814	0.6618	0.4331
a_2	0.7451	0.7596	0.7698	0.7421	0.8365	0.7954	0.8322	0.7995	0.8580	0.7963	0.5762	0.3960
a_3	0.7593	0.6212	0.6352	0.7705	0.8284	0.7366	0.7888	0.7763	0.9216	0.7693	0.4844	0.3137
a_4	0.8195	0.8264	0.8349	0.8088	0.9528	0.8255	0.7756	0.7969	0.8789	0.8513	0.7269	0.3975
a_5	0.8931	0.8048	0.8092	0.8866	0.9609	0.8273	0.7720	0.7913	0.8979	0.8868	0.7180	0.3820
a_6	0.2334	0.1413	0.1729	0.2494	0.2892	0.2889	0.4270	0.3347	0.4733	0.2356	0.0158	-0.0408
a_7	0.6013	0.5330	0.5438	0.6032	0.6417	0.6780	0.8219	0.7408	0.6775	0.6598	0.4633	0.2486
a_8	0.5798	0.5663	0.5754	0.5840	0.6294	0.6878	0.8159	0.7250	0.6806	0.6406	0.4288	0.2911
a_9	0.3184	0.2926	0.3160	0.3263	0.4081	0.4257	0.6284	0.5075	0.5362	0.3761	0.1457	0.0948
a_{10}	0.9208	0.9641	0.9457	0.9157	0.8804	0.9619	0.8778	0.9052	0.7898	0.9743	0.8254	0.6619
a_{11}	0.8722	0.9622	0.9460	0.8582	0.8919	0.9054	0.8070	0.8393	0.7884	0.9277	0.8067	0.6472
a_{12}	0.8659	0.7644	0.7968	0.8727	0.9588	0.7610	0.6737	0.7516	0.9624	0.8370	0.6197	0.3045
a_{13}	0.6991	0.6117	0.6442	0.7086	0.7998	0.6187	0.5162	0.6275	0.8172	0.6985	0.4726	0.2363
a_{14}	0.8436	0.8468	0.8505	0.8317	0.9266	0.8209	0.7869	0.8045	0.8931	0.8869	0.7007	0.4355
a_{15}	0.8531	0.8513	0.8565	0.8413	0.9334	0.8217	0.7867	0.8028	0.8941	0.8911	0.7021	0.4313
a_{16}	0.1926	0.0630	0.0916	0.2154	0.2534	0.2175	0.3984	0.2993	0.4816	0.1974	-0.0839	-0.0742
a_{17}	0.6748	0.6178	0.6280	0.6768	0.7351	0.5676	0.5701	0.6056	0.8080	0.6894	0.3979	0.3395
a_{18}	0.6829	0.8731	0.8352	0.6683	0.7217	0.8113	0.7136	0.7646	0.6294	0.7957	0.7070	0.6517
a_{19}	0.5583	0.7705	0.7484	0.5194	0.5599	0.7226	0.7573	0.6978	0.3664	0.6765	0.7049	0.7185
a_{20}	0.5727	0.6133	0.5770	0.5648	0.6152	0.6498	0.7043	0.7089	0.5988	0.6624	0.5278	0.6530
a_{21}	0.7690	0.6868	0.7125	0.7643	0.9119	0.7015	0.6806	0.7338	0.9240	0.7665	0.6075	0.3456
a_{22}	0.3474	0.3632	0.3836	0.3536	0.4871	0.4898	0.6792	0.6183	0.5495	0.4283	0.2618	0.2011
a_{23}	0.3028	0.2199	0.2264	0.3131	0.3890	0.3969	0.5929	0.4480	0.4725	0.3216	0.1538	0.0531
a_{24}	0.9747	0.9224	0.9093	0.9701	0.8702	0.9555	0.8547	0.8923	0.7700	0.9817	0.8245	0.6180
a_{25}	1.0000	0.8646	0.8642	0.9927	0.9098	0.8996	0.8158	0.8353	0.8575	0.9607	0.7689	0.5146
a_{26}	0.8646	1.0000	0.9903	0.8490	0.8313	0.9102	0.8067	0.8283	0.6970	0.9273	0.8173	0.6774
a_{27}	0.8642	0.9903	1.0000	0.8490	0.8522	0.8906	0.7950	0.8161	0.7285	0.9150	0.7884	0.6241
a_{28}	0.9927	0.8490	0.8490	1.0000	0.9061	0.9050	0.8105	0.8536	0.8669	0.9592	0.7391	0.4989
a_{29}	0.9098	0.8313	0.8522	0.9061	1.0000	0.8261	0.7485	0.7907	0.9357	0.8920	0.7278	0.3730
a_{30}	0.8996	0.9102	0.8906	0.9050	0.8261	1.0000	0.9024	0.9506	0.7366	0.9561	0.8065	0.6479
a_{31}	0.8158	0.8067	0.7950	0.8105	0.7485	0.9024	1.0000	0.9086	0.6983	0.8733	0.6600	0.6105
a_{32}	0.8353	0.8283	0.8161	0.8536	0.7907	0.9506	0.9086	1.0000	0.7352	0.9133	0.7112	0.6152
a_{33}	0.8575	0.6970	0.7285	0.8669	0.9357	0.7366	0.6983	0.7352	1.0000	0.8148	0.5440	0.2700
a_{34}	0.9607	0.9273	0.9150	0.9592	0.8920	0.9561	0.8733	0.9133	0.8148	1.0000	0.8165	0.5806
a_{35}	0.7689	0.8173	0.7884	0.7391	0.7278	0.8065	0.6600	0.7112	0.5440	0.8165	1.0000	0.5672
a_{36}	0.5146	0.6774	0.6241	0.4989	0.3730	0.6479	0.6105	0.6152	0.2700	0.5806	0.5672	1.0000

附表 117　2009 年区域自主创新实力初始指标相关系数

指标＼指标	a_1	a_2	a_3	a_4	a_5	a_6	a_7	a_8	a_9	a_{10}	a_{11}	a_{12}
a_1	1.0000	0.9717	0.8236	0.9447	0.9253	0.4948	0.8389	0.8573	0.6954	0.9063	0.8771	0.8747
a_2	0.9717	1.0000	0.8466	0.8922	0.8474	0.6357	0.8760	0.9172	0.8049	0.8458	0.8250	0.8150
a_3	0.8236	0.8466	1.0000	0.7691	0.7662	0.5631	0.7757	0.7560	0.7149	0.6726	0.6397	0.7607
a_4	0.9447	0.8922	0.7691	1.0000	0.9799	0.3088	0.7089	0.7219	0.5541	0.8616	0.8817	0.8841
a_5	0.9253	0.8474	0.7662	0.9799	1.0000	0.2531	0.6865	0.6570	0.4822	0.8532	0.8608	0.8674
a_6	0.4948	0.6357	0.5631	0.3088	0.2531	1.0000	0.7257	0.7787	0.8910	0.2062	0.1395	0.2531
a_7	0.8389	0.8760	0.7757	0.7089	0.6865	0.7257	1.0000	0.9430	0.9079	0.6446	0.5587	0.5564
a_8	0.8573	0.9172	0.7560	0.7219	0.6570	0.7787	0.9430	1.0000	0.9361	0.6682	0.5998	0.6068
a_9	0.6954	0.8049	0.7149	0.5541	0.4822	0.8910	0.9079	0.9361	1.0000	0.4223	0.3632	0.4137
a_{10}	0.9063	0.8458	0.6726	0.8616	0.8532	0.2062	0.6446	0.6682	0.4223	1.0000	0.9759	0.8284
a_{11}	0.8771	0.8250	0.6397	0.8817	0.8608	0.1395	0.5587	0.5998	0.3632	0.9759	1.0000	0.8307
a_{12}	0.8747	0.8150	0.7607	0.8841	0.8674	0.2531	0.5564	0.6068	0.4137	0.8284	0.8307	1.0000
a_{13}	0.8014	0.7418	0.7899	0.8171	0.8086	0.2351	0.4985	0.5430	0.3792	0.7322	0.7287	0.9787
a_{14}	0.8967	0.8698	0.7891	0.8984	0.8815	0.2564	0.6535	0.6549	0.4864	0.9078	0.9305	0.8682
a_{15}	0.9029	0.8721	0.7735	0.9045	0.8917	0.2547	0.6568	0.6530	0.4806	0.9136	0.9350	0.8696
a_{16}	0.4576	0.6064	0.5887	0.2709	0.2195	0.9829	0.7132	0.7607	0.8893	0.1571	0.0890	0.2261
a_{17}	0.7448	0.7508	0.8306	0.6917	0.6920	0.2612	0.5504	0.5398	0.4253	0.7640	0.7700	0.7984
a_{18}	0.4056	0.4219	0.6050	0.4146	0.3899	0.0976	0.3163	0.3362	0.2807	0.4596	0.4691	0.3754
a_{19}	0.7296	0.6920	0.4637	0.7375	0.6785	0.1220	0.6378	0.6364	0.4547	0.7970	0.7885	0.5362
a_{20}	0.5350	0.5499	0.7588	0.5545	0.5347	0.1476	0.4591	0.4311	0.3900	0.5599	0.5839	0.4772
a_{21}	0.8630	0.8274	0.8659	0.9002	0.8740	0.3003	0.6243	0.6427	0.5128	0.7789	0.7933	0.9356
a_{22}	0.6978	0.7681	0.6433	0.6330	0.5521	0.6456	0.8763	0.8716	0.8811	0.4827	0.4464	0.4511
a_{23}	0.6705	0.7441	0.5948	0.6750	0.5513	0.6699	0.6644	0.7853	0.7877	0.4447	0.4680	0.5349
a_{24}	0.8562	0.7565	0.6014	0.7903	0.8155	0.1270	0.6111	0.5993	0.3276	0.9596	0.9033	0.8029
a_{25}	0.8648	0.7663	0.6267	0.7940	0.8233	0.1531	0.6099	0.6002	0.3338	0.9547	0.8991	0.8248
a_{26}	0.8304	0.7637	0.5190	0.8059	0.7886	0.0912	0.5254	0.5631	0.3045	0.9636	0.9666	0.7777
a_{27}	0.8415	0.7798	0.5281	0.8215	0.7955	0.1241	0.5363	0.5769	0.3359	0.9483	0.9573	0.7999
a_{28}	0.8588	0.7616	0.6827	0.7799	0.8248	0.2031	0.6090	0.5924	0.3447	0.9073	0.8400	0.8682
a_{29}	0.9321	0.8515	0.7580	0.9544	0.9656	0.2354	0.6492	0.6423	0.4418	0.8866	0.8869	0.9499
a_{30}	0.8719	0.7986	0.6367	0.8016	0.8023	0.2346	0.6711	0.6877	0.4277	0.9541	0.8937	0.7634
a_{31}	0.8764	0.8566	0.7094	0.7509	0.7317	0.4197	0.8394	0.8217	0.6566	0.8838	0.8105	0.6587
a_{32}	0.8432	0.7966	0.6965	0.7702	0.7534	0.2790	0.7262	0.7231	0.5118	0.8992	0.8314	0.7302
a_{33}	0.8924	0.8554	0.8768	0.8614	0.8733	0.4168	0.6585	0.6711	0.5318	0.7877	0.7687	0.9551
a_{34}	0.8951	0.8176	0.7037	0.8320	0.8528	0.2005	0.6693	0.6491	0.4027	0.9751	0.9255	0.8325
a_{35}	0.7178	0.6053	0.4078	0.7515	0.7582	−0.0380	0.4792	0.4551	0.1896	0.8486	0.8333	0.6289
a_{36}	0.4108	0.3621	0.2153	0.3728	0.3609	−0.0950	0.2062	0.2730	0.0463	0.6615	0.6349	0.3160

续表

指标＼指标	a_{13}	a_{14}	a_{15}	a_{16}	a_{17}	a_{18}	a_{19}	a_{20}	a_{21}	a_{22}	a_{23}	a_{24}
a_1	0.8014	0.8967	0.9029	0.4576	0.7448	0.4056	0.7296	0.5350	0.8630	0.6978	0.6705	0.8562
a_2	0.7418	0.8698	0.8721	0.6064	0.7508	0.4219	0.6920	0.5499	0.8274	0.7681	0.7441	0.7565
a_3	0.7899	0.7891	0.7735	0.5887	0.8306	0.6050	0.4637	0.7588	0.8659	0.6433	0.5948	0.6014
a_4	0.8171	0.8984	0.9045	0.2709	0.6917	0.4146	0.7375	0.5545	0.9002	0.6330	0.6750	0.7903
a_5	0.8086	0.8815	0.8917	0.2195	0.6920	0.3899	0.6785	0.5347	0.8740	0.5521	0.5513	0.8155
a_6	0.2351	0.2564	0.2547	0.9829	0.2612	0.0976	0.1220	0.1476	0.3003	0.6456	0.6699	0.1270
a_7	0.4985	0.6535	0.6568	0.7132	0.5504	0.3163	0.6378	0.4591	0.6243	0.8763	0.6644	0.6111
a_8	0.5430	0.6549	0.6530	0.7607	0.5398	0.3362	0.6364	0.4311	0.6427	0.8716	0.7853	0.5993
a_9	0.3792	0.4864	0.4806	0.8893	0.4253	0.2807	0.4547	0.3900	0.5128	0.8811	0.7877	0.3276
a_{10}	0.7322	0.9078	0.9136	0.1571	0.7640	0.4596	0.7970	0.5599	0.7789	0.4827	0.4447	0.9596
a_{11}	0.7287	0.9305	0.9350	0.0890	0.7700	0.4691	0.7885	0.5839	0.7933	0.4464	0.4680	0.9033
a_{12}	0.9787	0.8682	0.8696	0.2261	0.7984	0.3754	0.5362	0.4772	0.9356	0.4511	0.5349	0.8029
a_{13}	1.0000	0.8046	0.7997	0.2288	0.7983	0.4169	0.4217	0.5002	0.9346	0.3952	0.4888	0.7168
a_{14}	0.8046	1.0000	0.9981	0.2272	0.8729	0.5023	0.7050	0.6537	0.8705	0.5389	0.4990	0.8214
a_{15}	0.7997	0.9981	1.0000	0.2225	0.8601	0.4749	0.7091	0.6227	0.8624	0.5365	0.4924	0.8325
a_{16}	0.2288	0.2272	0.2225	1.0000	0.2779	0.1385	0.0884	0.1964	0.3000	0.6542	0.6414	0.0752
a_{17}	0.7983	0.8729	0.8601	0.2779	1.0000	0.5901	0.4713	0.7486	0.8278	0.4186	0.3233	0.7075
a_{18}	0.4169	0.5023	0.4749	0.1385	0.5901	1.0000	0.4345	0.7294	0.5073	0.2969	0.2735	0.3705
a_{19}	0.4217	0.7050	0.7091	0.0884	0.4713	0.4345	1.0000	0.5076	0.5777	0.6595	0.5413	0.7333
a_{20}	0.5002	0.6537	0.6227	0.1964	0.7486	0.7294	0.5076	1.0000	0.6942	0.4608	0.3950	0.4529
a_{21}	0.9346	0.8705	0.8624	0.3000	0.8278	0.5073	0.5777	0.6942	1.0000	0.5759	0.6388	0.7122
a_{22}	0.3952	0.5389	0.5365	0.6542	0.4186	0.2969	0.6595	0.4608	0.5759	1.0000	0.7982	0.4037
a_{23}	0.4888	0.4990	0.4924	0.6414	0.3233	0.2735	0.5413	0.3950	0.6388	0.7982	1.0000	0.3034
a_{24}	0.7168	0.8214	0.8325	0.0752	0.7075	0.3705	0.7333	0.4529	0.7122	0.4037	0.3034	1.0000
a_{25}	0.7459	0.8319	0.8422	0.1043	0.7357	0.3669	0.6958	0.4576	0.7371	0.3881	0.3039	0.9945
a_{26}	0.6613	0.8649	0.8761	0.0245	0.6976	0.3761	0.7913	0.4354	0.6833	0.3842	0.3761	0.9287
a_{27}	0.6852	0.8719	0.8839	0.0525	0.7026	0.3418	0.7802	0.4175	0.7068	0.4154	0.4238	0.9074
a_{28}	0.8180	0.8097	0.8207	0.1655	0.7578	0.3354	0.5777	0.4226	0.7651	0.3653	0.2835	0.9641
a_{29}	0.8967	0.9069	0.9169	0.2042	0.7597	0.3531	0.6488	0.4955	0.9122	0.5035	0.5195	0.8665
a_{30}	0.6722	0.8053	0.8118	0.1760	0.6533	0.4289	0.7735	0.4899	0.6967	0.4946	0.4246	0.9630
a_{31}	0.5696	0.7756	0.7775	0.3927	0.6754	0.4443	0.8149	0.5927	0.6875	0.7141	0.5270	0.8629
a_{32}	0.6595	0.7848	0.7854	0.2440	0.6770	0.4839	0.7936	0.5946	0.7151	0.6391	0.4926	0.8943
a_{33}	0.9537	0.8529	0.8540	0.4064	0.8417	0.4095	0.4511	0.5298	0.9304	0.4870	0.5269	0.7656
a_{34}	0.7556	0.8859	0.8920	0.1582	0.7821	0.4324	0.7356	0.5436	0.7689	0.4535	0.3554	0.9819
a_{35}	0.5183	0.7223	0.7304	-0.1120	0.4753	0.2963	0.7723	0.4170	0.6069	0.3270	0.3166	0.8395
a_{36}	0.2369	0.4345	0.4415	-0.1189	0.3614	0.5567	0.6412	0.3653	0.2941	0.1374	0.1416	0.6369

续表

指标＼指标	a_{25}	a_{26}	a_{27}	a_{28}	a_{29}	a_{30}	a_{31}	a_{32}	a_{33}	a_{34}	a_{35}	a_{36}
a_1	0.8648	0.8304	0.8415	0.8588	0.9321	0.8719	0.8764	0.8432	0.8924	0.8951	0.7178	0.4108
a_2	0.7663	0.7637	0.7798	0.7616	0.8515	0.7986	0.8566	0.7966	0.8554	0.8176	0.6053	0.3621
a_3	0.6267	0.5190	0.5281	0.6827	0.7580	0.6367	0.7094	0.6965	0.8768	0.7037	0.4078	0.2153
a_4	0.7940	0.8059	0.8215	0.7799	0.9544	0.8016	0.7509	0.7702	0.8614	0.8320	0.7515	0.3728
a_5	0.8233	0.7886	0.7955	0.8248	0.9656	0.8023	0.7317	0.7534	0.8733	0.8528	0.7582	0.3609
a_6	0.1531	0.0912	0.1241	0.2031	0.2354	0.2346	0.4197	0.2790	0.4168	0.2005	−0.0380	−0.0950
a_7	0.6099	0.5254	0.5363	0.6090	0.6492	0.6711	0.8394	0.7262	0.6585	0.6693	0.4792	0.2062
a_8	0.6002	0.5631	0.5769	0.5924	0.6423	0.6877	0.8217	0.7231	0.6711	0.6491	0.4551	0.2730
a_9	0.3338	0.3045	0.3359	0.3447	0.4418	0.4277	0.6566	0.5118	0.5318	0.4027	0.1896	0.0463
a_{10}	0.9547	0.9636	0.9483	0.9073	0.8866	0.9541	0.8838	0.8992	0.7877	0.9751	0.8486	0.6615
a_{11}	0.8991	0.9666	0.9573	0.8400	0.8869	0.8937	0.8105	0.8314	0.7687	0.9255	0.8333	0.6349
a_{12}	0.8248	0.7777	0.7999	0.8682	0.9499	0.7634	0.6587	0.7302	0.9551	0.8325	0.6289	0.3160
a_{13}	0.7459	0.6613	0.6852	0.8180	0.8967	0.6722	0.5696	0.6595	0.9537	0.7556	0.5183	0.2369
a_{14}	0.8319	0.8649	0.8719	0.8097	0.9069	0.8053	0.7756	0.7848	0.8529	0.8859	0.7223	0.4345
a_{15}	0.8422	0.8761	0.8839	0.8207	0.9169	0.8118	0.7775	0.7854	0.8540	0.8920	0.7304	0.4415
a_{16}	0.1043	0.0245	0.0525	0.1655	0.2042	0.1760	0.3927	0.2440	0.4064	0.1582	−0.1120	−0.1189
a_{17}	0.7357	0.6976	0.7026	0.7578	0.7597	0.6533	0.6754	0.6770	0.8417	0.7821	0.4753	0.3614
a_{18}	0.3669	0.3761	0.3418	0.3354	0.3531	0.4289	0.4443	0.4839	0.4095	0.4324	0.2963	0.5567
a_{19}	0.6958	0.7913	0.7802	0.5777	0.6488	0.7735	0.8149	0.7936	0.4511	0.7356	0.7723	0.6412
a_{20}	0.4576	0.4354	0.4175	0.4226	0.4955	0.4899	0.5927	0.5946	0.5298	0.5436	0.4170	0.3653
a_{21}	0.7371	0.6833	0.7068	0.7651	0.9122	0.6967	0.6875	0.7151	0.9304	0.7689	0.6069	0.2941
a_{22}	0.3881	0.3842	0.4154	0.3653	0.5035	0.4946	0.7141	0.6391	0.4870	0.4535	0.3270	0.1374
a_{23}	0.3039	0.3761	0.4238	0.2835	0.5195	0.4246	0.5270	0.4926	0.5269	0.3554	0.3166	0.1416
a_{24}	0.9945	0.9287	0.9074	0.9641	0.8665	0.9630	0.8629	0.8943	0.7656	0.9819	0.8395	0.6369
a_{25}	1.0000	0.9158	0.8967	0.9761	0.8810	0.9476	0.8535	0.8672	0.8006	0.9800	0.8310	0.6085
a_{26}	0.9158	1.0000	0.9919	0.8490	0.8367	0.8991	0.7981	0.8228	0.6965	0.9249	0.8374	0.6739
a_{27}	0.8967	0.9919	1.0000	0.8365	0.8495	0.8773	0.7848	0.8097	0.7158	0.9069	0.8088	0.6173
a_{28}	0.9761	0.8490	0.8365	1.0000	0.8976	0.9095	0.7992	0.8402	0.8694	0.9578	0.7342	0.5111
a_{29}	0.8810	0.8367	0.8495	0.8976	1.0000	0.8266	0.7421	0.7697	0.9316	0.8932	0.7458	0.3710
a_{30}	0.9476	0.8991	0.8773	0.9095	0.8266	1.0000	0.8948	0.9494	0.7285	0.9592	0.8267	0.6560
a_{31}	0.8535	0.7981	0.7848	0.7992	0.7421	0.8948	1.0000	0.9107	0.6786	0.8766	0.7204	0.5684
a_{32}	0.8672	0.8228	0.8097	0.8402	0.7697	0.9494	0.9107	1.0000	0.6993	0.9101	0.7273	0.6022
a_{33}	0.8006	0.6965	0.7158	0.8694	0.9316	0.7285	0.6786	0.6993	1.0000	0.8171	0.5462	0.2580
a_{34}	0.9800	0.9249	0.9069	0.9578	0.8932	0.9592	0.8766	0.9101	0.8171	1.0000	0.8290	0.5871
a_{35}	0.8310	0.8374	0.8088	0.7342	0.7458	0.8267	0.7204	0.7273	0.5462	0.8290	1.0000	0.5969
a_{36}	0.6085	0.6739	0.6173	0.5111	0.3710	0.6560	0.5684	0.6022	0.2580	0.5871	0.5969	1.0000

附表 118　2010 年区域自主创新实力初始指标相关系数

指标 指标	a_1	a_2	a_3	a_4	a_5	a_6	a_7	a_8	a_9	a_{10}	a_{11}	a_{12}
a_1	1.0000	0.9534	0.8748	0.9354	0.9427	0.4439	0.7891	0.8187	0.6591	0.9202	0.9018	0.8898
a_2	0.9534	1.0000	0.9035	0.8726	0.8489	0.6341	0.8637	0.9111	0.8048	0.8490	0.8339	0.8042
a_3	0.8748	0.9035	1.0000	0.7920	0.7992	0.6280	0.8250	0.8276	0.7719	0.7233	0.6977	0.7993
a_4	0.9354	0.8726	0.7920	1.0000	0.9709	0.2895	0.6672	0.7177	0.5644	0.8538	0.8837	0.8831
a_5	0.9427	0.8489	0.7992	0.9709	1.0000	0.2571	0.6656	0.6694	0.5125	0.8580	0.8736	0.8701
a_6	0.4439	0.6341	0.6280	0.2895	0.2571	1.0000	0.7433	0.7801	0.8748	0.2044	0.1425	0.2441
a_7	0.7891	0.8637	0.8250	0.6672	0.6656	0.7433	1.0000	0.9385	0.9224	0.6306	0.5504	0.5413
a_8	0.8187	0.9111	0.8276	0.7177	0.6694	0.7801	0.9385	1.0000	0.9377	0.6730	0.6120	0.6103
a_9	0.6591	0.8048	0.7719	0.5644	0.5125	0.8748	0.9224	0.9377	1.0000	0.4408	0.3892	0.4323
a_{10}	0.9202	0.8490	0.7233	0.8538	0.8580	0.2044	0.6306	0.6730	0.4408	1.0000	0.9793	0.8227
a_{11}	0.9018	0.8339	0.6977	0.8837	0.8736	0.1425	0.5504	0.6120	0.3892	0.9793	1.0000	0.8371
a_{12}	0.8898	0.8042	0.7993	0.8831	0.8701	0.2441	0.5413	0.6103	0.4323	0.8227	0.8371	1.0000
a_{13}	0.8206	0.7350	0.8047	0.8241	0.8127	0.2283	0.4905	0.5565	0.4076	0.7309	0.7466	0.9806
a_{14}	0.9241	0.8758	0.8227	0.8971	0.9010	0.2522	0.6320	0.6499	0.4851	0.9123	0.9338	0.8903
a_{15}	0.9313	0.8763	0.8107	0.9056	0.9118	0.2457	0.6317	0.6483	0.4777	0.9174	0.9376	0.8939
a_{16}	0.4298	0.6252	0.6355	0.2866	0.2465	0.9870	0.7335	0.7795	0.8789	0.1782	0.1207	0.2463
a_{17}	0.7743	0.7682	0.8646	0.7199	0.7292	0.3617	0.6438	0.6238	0.5583	0.6964	0.6907	0.8076
a_{18}	0.4439	0.4653	0.5444	0.4538	0.4538	0.1000	0.3545	0.3764	0.3176	0.5096	0.5316	0.4071
a_{19}	0.7316	0.7100	0.5131	0.7798	0.7312	0.1374	0.5744	0.6260	0.4455	0.8240	0.8218	0.5936
a_{20}	0.3066	0.3277	0.3495	0.3218	0.3104	0.0398	0.2735	0.2610	0.2418	0.3596	0.3490	0.2953
a_{21}	0.8683	0.8239	0.8692	0.9008	0.8772	0.3107	0.6196	0.6624	0.5549	0.7762	0.8059	0.9297
a_{22}	0.6413	0.7656	0.6850	0.6055	0.5492	0.7135	0.8871	0.8850	0.9231	0.4672	0.4270	0.4308
a_{23}	0.5352	0.7125	0.7490	0.4989	0.4216	0.8339	0.7711	0.8270	0.9083	0.3396	0.3218	0.4034
a_{24}	0.8768	0.7661	0.6646	0.7831	0.8142	0.1352	0.5980	0.6090	0.3519	0.9648	0.9175	0.7976
a_{25}	0.8773	0.7646	0.6606	0.7713	0.8054	0.1396	0.5897	0.6041	0.3467	0.9611	0.9137	0.8010
a_{26}	0.8386	0.7652	0.5784	0.7981	0.7840	0.0905	0.4977	0.5567	0.3143	0.9602	0.9658	0.7548
a_{27}	0.8677	0.7824	0.6280	0.8131	0.8039	0.1262	0.5048	0.5614	0.3303	0.9462	0.9500	0.8349
a_{28}	0.9093	0.7994	0.7673	0.7937	0.8441	0.2350	0.6363	0.6383	0.4078	0.9252	0.8732	0.8754
a_{29}	0.9508	0.8406	0.8005	0.9449	0.9669	0.2256	0.6237	0.6393	0.4563	0.8832	0.8924	0.9442
a_{30}	0.8824	0.8179	0.7015	0.8105	0.8120	0.2534	0.6544	0.7061	0.4578	0.9599	0.9134	0.7650
a_{31}	0.8728	0.8675	0.7319	0.7658	0.7383	0.3911	0.7752	0.8179	0.6254	0.9324	0.8742	0.7029
a_{32}	0.8463	0.8002	0.7213	0.7788	0.7713	0.2614	0.6982	0.7208	0.5078	0.9203	0.8637	0.7476
a_{33}	0.9109	0.8642	0.9213	0.8464	0.8677	0.4400	0.6662	0.6964	0.5727	0.7837	0.7790	0.9507
a_{34}	0.9202	0.8326	0.7842	0.8223	0.8576	0.2244	0.6706	0.6649	0.4421	0.9678	0.9254	0.8468
a_{35}	0.7455	0.6198	0.4540	0.7476	0.7676	−0.0213	0.4398	0.4554	0.2075	0.8672	0.8578	0.6211
a_{36}	0.3774	0.3387	0.2023	0.3429	0.3326	−0.1094	0.1500	0.2346	0.0158	0.6228	0.6071	0.2843

续表

指标 \ 指标	a_{13}	a_{14}	a_{15}	a_{16}	a_{17}	a_{18}	a_{19}	a_{20}	a_{21}	a_{22}	a_{23}	a_{24}
a_1	0.8206	0.9241	0.9313	0.4298	0.7743	0.4439	0.7316	0.3066	0.8683	0.6413	0.5352	0.8768
a_2	0.7350	0.8758	0.8763	0.6252	0.7682	0.4653	0.7100	0.3277	0.8239	0.7656	0.7125	0.7661
a_3	0.8047	0.8227	0.8107	0.6355	0.8646	0.5444	0.5131	0.3495	0.8692	0.6850	0.7490	0.6646
a_4	0.8241	0.8971	0.9056	0.2866	0.7199	0.4538	0.7798	0.3218	0.9008	0.6055	0.4989	0.7831
a_5	0.8127	0.9010	0.9118	0.2465	0.7292	0.4538	0.7312	0.3104	0.8772	0.5492	0.4216	0.8142
a_6	0.2283	0.2522	0.2457	0.9870	0.3617	0.1000	0.1374	0.0398	0.3107	0.7135	0.8339	0.1352
a_7	0.4905	0.6320	0.6317	0.7335	0.6438	0.3545	0.5744	0.2735	0.6196	0.8871	0.7711	0.5980
a_8	0.5565	0.6499	0.6483	0.7795	0.6238	0.3764	0.6260	0.2610	0.6624	0.8850	0.8270	0.6090
a_9	0.4076	0.4851	0.4777	0.8789	0.5583	0.3176	0.4455	0.2418	0.5549	0.9231	0.9083	0.3519
a_{10}	0.7309	0.9123	0.9174	0.1782	0.6964	0.5096	0.8240	0.3596	0.7762	0.4672	0.3396	0.9648
a_{11}	0.7466	0.9338	0.9376	0.1207	0.6907	0.5316	0.8218	0.3490	0.8059	0.4270	0.3218	0.9175
a_{12}	0.9806	0.8903	0.8939	0.2463	0.8076	0.4071	0.5936	0.2953	0.9297	0.4308	0.4034	0.7976
a_{13}	1.0000	0.8376	0.8350	0.2403	0.8372	0.4458	0.4920	0.3032	0.9302	0.3866	0.4197	0.7083
a_{14}	0.8376	1.0000	0.9985	0.2391	0.8432	0.5704	0.7012	0.3327	0.8740	0.4722	0.4135	0.8416
a_{15}	0.8350	0.9985	1.0000	0.2321	0.8283	0.5434	0.7099	0.3249	0.8694	0.4705	0.3933	0.8514
a_{16}	0.2403	0.2391	0.2321	1.0000	0.3680	0.1000	0.1216	0.0661	0.3238	0.7237	0.8420	0.1034
a_{17}	0.8372	0.8432	0.8283	0.3680	1.0000	0.6924	0.4587	0.3616	0.8741	0.5083	0.5765	0.6308
a_{18}	0.4458	0.5704	0.5434	0.1000	0.6924	1.0000	0.4978	0.3410	0.5422	0.3154	0.4073	0.4192
a_{19}	0.4920	0.7012	0.7099	0.1216	0.4587	0.4978	1.0000	0.3847	0.6333	0.5811	0.3879	0.7485
a_{20}	0.3032	0.3327	0.3249	0.0661	0.3616	0.3410	0.3847	1.0000	0.3953	0.2645	0.2772	0.2954
a_{21}	0.9302	0.8740	0.8694	0.3238	0.8741	0.5422	0.6333	0.3953	1.0000	0.5678	0.5808	0.7023
a_{22}	0.3866	0.4722	0.4705	0.7237	0.5083	0.3154	0.5811	0.2645	0.5678	1.0000	0.8508	0.3889
a_{23}	0.4197	0.4135	0.3933	0.8420	0.5765	0.4073	0.3879	0.2772	0.5808	0.8508	1.0000	0.2182
a_{24}	0.7083	0.8416	0.8514	0.1034	0.6308	0.4192	0.7485	0.2954	0.7023	0.3889	0.2182	1.0000
a_{25}	0.7120	0.8453	0.8557	0.1071	0.6434	0.4055	0.7252	0.2596	0.7024	0.3701	0.2079	0.9955
a_{26}	0.6441	0.8682	0.8764	0.0538	0.5691	0.4448	0.7966	0.2750	0.6682	0.3596	0.1983	0.9254
a_{27}	0.7383	0.8888	0.8984	0.0932	0.6121	0.3832	0.7359	0.2492	0.7229	0.3646	0.2051	0.9273
a_{28}	0.8147	0.8629	0.8712	0.2118	0.7225	0.3946	0.6393	0.2869	0.7769	0.4056	0.2851	0.9670
a_{29}	0.8904	0.9221	0.9334	0.2218	0.7508	0.3914	0.6806	0.2785	0.8994	0.4754	0.3535	0.8624
a_{30}	0.6745	0.8269	0.8325	0.2168	0.6192	0.4639	0.8091	0.3482	0.7068	0.4925	0.3689	0.9567
a_{31}	0.6122	0.8022	0.8022	0.3634	0.6448	0.4957	0.8206	0.3352	0.6838	0.6445	0.5110	0.9053
a_{32}	0.6743	0.7916	0.7921	0.2366	0.6368	0.4830	0.8152	0.4215	0.7185	0.5918	0.4409	0.9256
a_{33}	0.9460	0.8860	0.8850	0.4418	0.8689	0.4545	0.5038	0.2933	0.9240	0.5090	0.5312	0.7545
a_{34}	0.7788	0.9094	0.9124	0.2001	0.7504	0.4955	0.7306	0.3239	0.7867	0.4522	0.3350	0.9757
a_{35}	0.5113	0.7382	0.7525	−0.0747	0.4525	0.3643	0.7924	0.2026	0.5906	0.2690	0.1154	0.8418
a_{36}	0.2141	0.4010	0.4023	−0.1222	0.2417	0.5373	0.6275	0.3227	0.2617	0.0773	0.0168	0.6058

续表

指标	a25	a26	a27	a28	a29	a30	a31	a32	a33	a34	a35	a36
a1	0.8773	0.8386	0.8677	0.9093	0.9508	0.8824	0.8728	0.8463	0.9109	0.9202	0.7455	0.3774
a2	0.7646	0.7652	0.7824	0.7994	0.8406	0.8179	0.8675	0.8002	0.8642	0.8326	0.6198	0.3387
a3	0.6606	0.5784	0.6280	0.7673	0.8005	0.7015	0.7319	0.7213	0.9213	0.7842	0.4540	0.2023
a4	0.7713	0.7981	0.8131	0.7937	0.9449	0.8105	0.7658	0.7788	0.8464	0.8223	0.7476	0.3429
a5	0.8054	0.7840	0.8039	0.8441	0.9669	0.8120	0.7383	0.7713	0.8677	0.8576	0.7676	0.3326
a6	0.1396	0.0905	0.1262	0.2350	0.2256	0.2534	0.3911	0.2614	0.4400	0.2244	−0.0213	−0.1094
a7	0.5897	0.4977	0.5048	0.6363	0.6237	0.6544	0.7752	0.6982	0.6662	0.6706	0.4398	0.1500
a8	0.6041	0.5567	0.5614	0.6383	0.6393	0.7061	0.8179	0.7208	0.6964	0.6649	0.4554	0.2346
a9	0.3467	0.3143	0.3303	0.4078	0.4563	0.4578	0.6254	0.5078	0.5727	0.4421	0.2075	0.0158
a10	0.9611	0.9602	0.9462	0.9252	0.8832	0.9599	0.9324	0.9203	0.7837	0.9678	0.8672	0.6228
a11	0.9137	0.9658	0.9500	0.8732	0.8924	0.9134	0.8742	0.8637	0.7790	0.9254	0.8578	0.6071
a12	0.8010	0.7548	0.8349	0.8754	0.9442	0.7650	0.7029	0.7476	0.9507	0.8468	0.6211	0.2843
a13	0.7120	0.6441	0.7383	0.8147	0.8904	0.6745	0.6122	0.6743	0.9460	0.7788	0.5113	0.2141
a14	0.8453	0.8682	0.8888	0.8629	0.9221	0.8269	0.8022	0.7916	0.8860	0.9094	0.7382	0.4010
a15	0.8557	0.8764	0.8984	0.8712	0.9334	0.8325	0.8022	0.7921	0.8850	0.9124	0.7525	0.4023
a16	0.1071	0.0538	0.0932	0.2118	0.2218	0.2168	0.3634	0.2366	0.4418	0.2001	−0.0747	−0.1222
a17	0.6434	0.5691	0.6121	0.7225	0.7508	0.6192	0.6448	0.6368	0.8689	0.7504	0.4525	0.2417
a18	0.4055	0.4448	0.3832	0.3946	0.3914	0.4639	0.4957	0.4830	0.4545	0.4955	0.3643	0.5373
a19	0.7252	0.7966	0.7359	0.6393	0.6806	0.8091	0.8206	0.8152	0.5038	0.7306	0.7924	0.6275
a20	0.2596	0.2750	0.2492	0.2869	0.2785	0.3482	0.3352	0.4215	0.2933	0.3239	0.2026	0.3227
a21	0.7024	0.6682	0.7229	0.7769	0.8994	0.7068	0.6838	0.7185	0.9240	0.7867	0.5906	0.2617
a22	0.3701	0.3596	0.3646	0.4056	0.4754	0.4925	0.6445	0.5918	0.5090	0.4522	0.2690	0.0773
a23	0.2079	0.1983	0.2051	0.2851	0.3535	0.3689	0.5110	0.4409	0.5312	0.3350	0.1154	0.0168
a24	0.9955	0.9254	0.9273	0.9670	0.8624	0.9567	0.9053	0.9256	0.7545	0.9757	0.8418	0.6058
a25	1.0000	0.9203	0.9274	0.9695	0.8616	0.9434	0.8970	0.9015	0.7612	0.9727	0.8430	0.5884
a26	0.9203	1.0000	0.9785	0.8493	0.8191	0.9046	0.8771	0.8512	0.6768	0.8981	0.8583	0.6605
a27	0.9274	0.9785	1.0000	0.8912	0.8695	0.8827	0.8511	0.8411	0.7616	0.9104	0.8000	0.5635
a28	0.9695	0.8493	0.8912	1.0000	0.9100	0.9118	0.8501	0.8846	0.8715	0.9760	0.7561	0.4708
a29	0.8616	0.8191	0.8695	0.9100	1.0000	0.8246	0.7520	0.7842	0.9205	0.8993	0.7518	0.3274
a30	0.9434	0.9046	0.8827	0.9118	0.8246	1.0000	0.9464	0.9608	0.7300	0.9419	0.8412	0.6219
a31	0.8970	0.8771	0.8511	0.8501	0.7520	0.9464	1.0000	0.9483	0.6922	0.9065	0.7570	0.5927
a32	0.9015	0.8512	0.8411	0.8846	0.7842	0.9608	0.9483	1.0000	0.7129	0.9255	0.7490	0.5741
a33	0.7612	0.6768	0.7616	0.8715	0.9205	0.7300	0.6922	0.7129	1.0000	0.8405	0.5395	0.2222
a34	0.9727	0.8981	0.9104	0.9760	0.8993	0.9419	0.9065	0.9255	0.8405	1.0000	0.8100	0.5241
a35	0.8430	0.8583	0.8000	0.7561	0.7518	0.8412	0.7570	0.7490	0.5395	0.8100	1.0000	0.5926
a36	0.5884	0.6605	0.5635	0.4708	0.3274	0.6219	0.5927	0.5741	0.2222	0.5241	0.5926	1.0000

附表 119　区域自主创新效率初始指标代码

指标名称	代码
每万人平均 R&D 人员全时当量	c_1
R&D 经费额占 GDP 的比重	c_2
地方财政科技拨款占财政支出比例	c_3
每万人平均专利申请受理数	c_4
每万人平均专利申请授权数	c_5
人均研究与开发机构 R&D 课题数	c_6
人均高等学校 R&D 课题数	c_7
每万人平均发表国内中文期刊科技论文数	c_8
每万人平均国外主要检索工具收录我国科技论文数	c_9
人均地区生产总值	c_{10}
人均工业总产值	c_{11}
高技术产业规模以上企业产值占全国比例	c_{12}
高技术产品出口额占全国份额	c_{13}
新产品销售收入占产品销售收入的比重	c_{14}
每万元 R&D 经费内部支出产生新产品产值	c_{15}
技术市场成交合同平均金额	c_{16}
引进技术经费与 R&D 经费比例	c_{17}
消化吸收技术经费与 R&D 经费比例	c_{18}
技术改造经费与 R&D 经费比例	c_{19}
购买国内技术经费与 R&D 经费比例	c_{20}
人均外商投资企业年底注册资金中外资部分	c_{21}
高等学校研究开发来自企业的资金比例	c_{22}
研究与开发机构研究开发来自企业的资金比例	c_{23}
百人固定电话和移动电话用户数	c_{24}
万人国际互联网络用户数	c_{25}
人均拥有道路面积	c_{26}
每万人平均道路长度	c_{27}
人均邮电业务量	c_{28}
教育经费投入额占财政支出比例	c_{29}
大专以上学历人口所占比例	c_{30}
政府财政支出占 GDP 比重	c_{31}
每亿元工业总产值进出口额	c_{32}
人均居民消费水平	c_{33}
每亿元 GDP 工业污水排放总量	c_{34}
每亿元 GDP 工业废气排放总量	c_{35}

附表 120　2001 年区域自主创新效率初始指标相关系数

指标＼指标	c_{1}	c_{2}	c_{3}	c_{4}	c_{5}	c_{6}	c_{7}	c_{8}	c_{9}	c_{10}	c_{11}	c_{12}
c_{1}	1.00	0.92	0.51	−0.04	−0.15	−0.18	0.12	0.19	0.82	0.77	0.67	0.39
c_{2}	0.92	1.00	0.44	−0.16	−0.25	−0.32	0.09	0.10	0.76	0.57	0.48	0.39
c_{3}	0.51	0.44	1.00	0.31	0.17	0.04	0.37	−0.11	0.45	0.57	0.59	0.62
c_{4}	−0.04	−0.16	0.31	1.00	0.96	0.66	0.53	0.44	−0.05	0.32	0.31	0.41
c_{5}	−0.15	−0.25	0.17	0.96	1.00	0.69	0.46	0.50	−0.19	0.14	0.13	0.31
c_{6}	−0.18	−0.32	0.04	0.66	0.69	1.00	0.26	0.31	−0.23	0.01	−0.01	0.10
c_{7}	0.12	0.09	0.37	0.53	0.46	0.26	1.00	0.00	0.21	0.36	0.39	0.29
c_{8}	0.19	0.10	−0.11	0.44	0.50	0.31	0.00	1.00	0.24	0.24	0.14	−0.03
c_{9}	0.82	0.76	0.45	−0.05	−0.19	−0.23	0.21	0.24	1.00	0.71	0.64	0.28
c_{10}	0.77	0.57	0.57	0.32	0.14	0.01	0.36	0.24	0.71	1.00	0.96	0.55
c_{11}	0.67	0.48	0.59	0.31	0.13	−0.01	0.39	0.14	0.64	0.96	1.00	0.61
c_{12}	0.39	0.39	0.62	0.41	0.31	0.10	0.29	−0.03	0.28	0.55	0.61	1.00
c_{13}	0.21	0.21	0.48	0.41	0.34	0.16	0.20	−0.05	0.10	0.39	0.48	0.97
c_{14}	0.62	0.52	0.55	0.23	0.06	−0.10	0.43	0.15	0.67	0.76	0.77	0.46
c_{15}	0.06	−0.11	0.24	0.56	0.49	0.35	0.47	0.27	0.14	0.39	0.45	0.16
c_{16}	0.02	−0.02	−0.12	0.31	0.39	0.25	0.02	0.52	−0.02	−0.05	−0.09	−0.06
c_{17}	−0.22	−0.35	−0.04	0.12	0.06	0.15	−0.04	−0.06	−0.17	0.02	0.03	−0.13
c_{18}	−0.18	−0.24	0.01	0.55	0.54	0.47	0.20	0.29	−0.14	0.08	0.08	−0.03
c_{19}	−0.36	−0.45	−0.27	−0.15	−0.13	0.08	−0.18	−0.31	−0.43	−0.34	−0.32	−0.39
c_{20}	−0.20	−0.25	−0.19	−0.09	−0.10	0.25	−0.17	−0.26	−0.30	−0.23	−0.19	−0.23
c_{21}	0.61	0.42	0.38	0.47	0.35	0.17	0.40	0.35	0.53	0.88	0.87	0.58
c_{22}	0.30	0.37	0.48	−0.07	−0.20	−0.40	0.43	−0.16	0.49	0.38	0.44	0.28
c_{23}	0.06	−0.01	0.56	0.15	0.07	0.20	0.32	−0.21	0.08	0.24	0.22	0.23
c_{24}	0.84	0.68	0.70	0.37	0.20	0.09	0.40	0.17	0.73	0.94	0.88	0.65
c_{25}	0.90	0.75	0.64	0.27	0.12	0.02	0.33	0.24	0.78	0.93	0.85	0.57
c_{26}	0.63	0.42	0.42	0.34	0.17	−0.03	0.24	0.27	0.60	0.92	0.92	0.50
c_{27}	0.65	0.44	0.48	0.26	0.08	−0.06	0.23	0.20	0.63	0.92	0.93	0.50
c_{28}	0.86	0.70	0.61	0.37	0.23	0.12	0.31	0.27	0.70	0.92	0.84	0.66
c_{29}	−0.14	−0.12	0.22	0.14	0.09	0.05	0.48	−0.19	−0.01	−0.01	0.05	0.06
c_{30}	0.95	0.81	0.49	0.05	−0.08	−0.13	0.09	0.22	0.79	0.83	0.74	0.36
c_{31}	−0.16	−0.18	−0.52	−0.24	−0.10	0.07	−0.51	0.26	−0.29	−0.24	−0.27	−0.27
c_{32}	0.75	0.64	0.54	0.46	0.40	0.26	0.28	0.36	0.53	0.72	0.62	0.68
c_{33}	0.75	0.55	0.55	0.31	0.12	−0.01	0.34	0.22	0.72	0.99	0.95	0.54
c_{34}	−0.33	−0.26	−0.09	−0.14	−0.18	−0.04	0.05	−0.20	−0.21	−0.32	−0.27	−0.23
c_{35}	−0.23	−0.24	−0.26	−0.31	−0.31	0.05	−0.21	−0.49	−0.27	−0.30	−0.22	−0.33

续表

指标 \ 指标	c_{13}	c_{14}	c_{15}	c_{16}	c_{17}	c_{18}	c_{19}	c_{20}	c_{21}	c_{22}	c_{23}	c_{24}
c_1	0.21	0.62	0.06	0.02	−0.22	−0.18	−0.36	−0.20	0.61	0.30	0.06	0.84
c_2	0.21	0.52	−0.11	−0.02	−0.35	−0.24	−0.45	−0.25	0.42	0.37	−0.01	0.68
c_3	0.48	0.55	0.24	−0.12	−0.04	0.01	−0.27	−0.19	0.38	0.48	0.56	0.70
c_4	0.41	0.23	0.56	0.31	0.12	0.55	−0.15	−0.09	0.47	−0.07	0.15	0.37
c_5	0.34	0.06	0.49	0.39	0.06	0.54	−0.13	−0.10	0.35	−0.20	0.07	0.20
c_6	0.16	−0.10	0.35	0.25	0.15	0.47	0.08	0.25	0.17	−0.40	0.20	0.09
c_7	0.20	0.43	0.47	0.02	−0.04	0.20	−0.18	−0.17	0.40	0.43	0.32	0.40
c_8	−0.05	0.15	0.27	0.52	−0.06	0.29	−0.31	−0.26	0.35	−0.16	−0.21	0.17
c_9	0.10	0.67	0.14	−0.02	−0.17	−0.14	−0.43	−0.30	0.53	0.49	0.08	0.73
c_{10}	0.39	0.76	0.39	−0.05	0.02	0.08	−0.34	−0.23	0.88	0.38	0.24	0.94
c_{11}	0.48	0.77	0.45	−0.09	0.03	0.08	−0.32	−0.19	0.87	0.44	0.22	0.88
c_{12}	0.97	0.46	0.16	−0.06	−0.13	−0.03	−0.39	−0.23	0.58	0.28	0.23	0.65
c_{13}	1.00	0.31	0.12	−0.03	−0.10	−0.05	−0.29	−0.16	0.49	0.16	0.19	0.50
c_{14}	0.31	1.00	0.65	0.10	−0.11	0.02	−0.47	−0.33	0.71	0.54	0.26	0.72
c_{15}	0.12	0.65	1.00	0.37	0.10	0.43	−0.22	−0.06	0.57	0.13	0.19	0.32
c_{16}	−0.03	0.10	0.37	1.00	−0.12	0.17	−0.13	−0.14	0.20	−0.11	−0.16	0.00
c_{17}	−0.10	−0.11	0.10	−0.12	1.00	0.27	0.65	0.34	−0.08	−0.19	0.11	−0.08
c_{18}	−0.05	0.02	0.43	0.17	0.27	1.00	−0.10	0.28	0.18	−0.30	0.00	0.00
c_{19}	−0.29	−0.47	−0.22	−0.13	0.65	−0.10	1.00	0.48	−0.44	−0.36	−0.12	−0.36
c_{20}	−0.16	−0.33	−0.06	−0.14	0.34	0.28	0.48	1.00	−0.24	−0.45	−0.05	−0.23
c_{21}	0.49	0.71	0.57	0.20	−0.08	0.18	−0.44	−0.24	1.00	0.21	0.17	0.82
c_{22}	0.16	0.54	0.13	−0.11	−0.19	−0.30	−0.36	−0.45	0.21	1.00	0.26	0.37
c_{23}	0.19	0.26	0.19	−0.16	0.11	0.00	−0.12	−0.05	0.17	0.26	1.00	0.30
c_{24}	0.50	0.72	0.32	0.00	−0.08	0.00	−0.36	−0.23	0.82	0.37	0.30	1.00
c_{25}	0.40	0.74	0.29	0.02	−0.15	−0.02	−0.43	−0.26	0.81	0.35	0.25	0.97
c_{26}	0.39	0.65	0.44	−0.02	0.02	0.14	−0.28	−0.16	0.87	0.32	0.12	0.82
c_{27}	0.39	0.68	0.43	−0.06	0.06	0.07	−0.24	−0.14	0.84	0.38	0.17	0.82
c_{28}	0.53	0.66	0.25	0.06	−0.13	−0.02	−0.38	−0.22	0.84	0.26	0.21	0.98
c_{29}	0.00	0.19	0.22	−0.06	0.18	0.13	0.06	−0.22	−0.08	0.24	0.23	−0.02
c_{30}	0.19	0.62	0.17	0.04	−0.08	−0.12	−0.24	−0.16	0.68	0.26	0.08	0.86
c_{31}	−0.18	−0.46	−0.38	−0.13	−0.19	−0.11	0.01	0.20	−0.20	−0.46	−0.34	−0.30
c_{32}	0.58	0.54	0.25	0.17	−0.23	0.05	−0.46	−0.23	0.74	0.05	0.22	0.84
c_{33}	0.39	0.77	0.42	−0.04	0.03	0.06	−0.34	−0.23	0.89	0.38	0.26	0.92
c_{34}	−0.20	0.15	0.19	0.12	0.01	−0.13	0.11	0.17	−0.34	0.28	0.13	−0.36
c_{35}	−0.26	−0.38	−0.19	−0.15	0.25	−0.04	0.67	0.59	−0.31	−0.25	−0.18	−0.30

续表

指标	c_{25}	c_{26}	c_{27}	c_{28}	c_{29}	c_{30}	c_{31}	c_{32}	c_{33}	c_{34}	c_{35}
c_1	0.90	0.63	0.65	0.86	-0.14	0.95	-0.16	0.75	0.75	-0.33	-0.23
c_2	0.75	0.42	0.44	0.70	-0.12	0.81	-0.18	0.64	0.55	-0.26	-0.24
c_3	0.64	0.42	0.48	0.61	0.22	0.49	-0.52	0.54	0.55	-0.09	-0.26
c_4	0.27	0.34	0.26	0.37	0.14	0.05	-0.24	0.46	0.31	-0.14	-0.31
c_5	0.12	0.17	0.08	0.23	0.09	-0.08	-0.10	0.40	0.12	-0.18	-0.31
c_6	0.02	-0.03	-0.06	0.12	0.05	-0.13	0.07	0.26	-0.01	-0.04	0.05
c_7	0.33	0.24	0.23	0.31	0.48	0.09	-0.51	0.28	0.34	0.05	-0.21
c_8	0.24	0.27	0.20	0.27	-0.19	0.22	0.26	0.36	0.22	-0.20	-0.49
c_9	0.78	0.60	0.63	0.70	-0.01	0.79	-0.29	0.53	0.72	-0.21	-0.27
c_{10}	0.93	0.92	0.92	0.92	-0.01	0.83	-0.24	0.72	0.99	-0.32	-0.30
c_{11}	0.85	0.92	0.93	0.84	0.05	0.74	-0.27	0.62	0.95	-0.27	-0.22
c_{12}	0.57	0.50	0.50	0.66	0.06	0.36	-0.27	0.68	0.54	-0.23	-0.33
c_{13}	0.40	0.39	0.39	0.53	0.00	0.19	-0.18	0.58	0.39	-0.20	-0.26
c_{14}	0.74	0.65	0.68	0.66	0.19	0.62	-0.46	0.54	0.77	0.15	-0.38
c_{15}	0.29	0.44	0.43	0.25	0.22	0.17	-0.38	0.25	0.42	0.19	-0.19
c_{16}	0.02	-0.02	-0.06	0.06	-0.06	0.04	-0.13	0.17	-0.04	0.12	-0.15
c_{17}	-0.15	0.02	0.06	-0.13	0.18	-0.08	-0.19	-0.23	0.03	0.01	0.25
c_{18}	-0.02	0.14	0.07	-0.02	0.13	-0.12	-0.11	0.05	0.06	-0.13	-0.04
c_{19}	-0.43	-0.28	-0.24	-0.38	0.06	-0.24	0.01	-0.46	-0.34	0.11	0.67
c_{20}	-0.26	-0.16	-0.14	-0.22	-0.22	-0.16	0.20	-0.23	-0.23	0.17	0.59
c_{21}	0.81	0.87	0.84	0.84	-0.08	0.68	-0.20	0.74	0.89	-0.34	-0.31
c_{22}	0.35	0.32	0.38	0.26	0.24	0.26	-0.46	0.05	0.38	0.28	-0.25
c_{23}	0.25	0.12	0.17	0.21	0.23	0.08	-0.34	0.22	0.26	0.13	-0.18
c_{24}	0.97	0.82	0.82	0.98	-0.02	0.86	-0.30	0.84	0.92	-0.36	-0.30
c_{25}	1.00	0.79	0.80	0.96	0.01	0.91	-0.27	0.84	0.91	-0.33	-0.33
c_{26}	0.79	1.00	0.99	0.81	-0.15	0.76	-0.14	0.61	0.92	-0.34	-0.20
c_{27}	0.80	0.99	1.00	0.80	-0.11	0.78	-0.20	0.57	0.93	-0.29	-0.17
c_{28}	0.96	0.81	0.80	1.00	-0.14	0.87	-0.17	0.90	0.90	-0.41	-0.33
c_{29}	0.01	-0.15	-0.11	-0.14	1.00	-0.18	-0.67	-0.15	-0.04	0.22	0.00
c_{30}	0.91	0.76	0.78	0.87	-0.18	1.00	-0.19	0.72	0.82	-0.37	-0.17
c_{31}	-0.27	-0.14	-0.20	-0.17	-0.67	-0.19	1.00	-0.06	-0.26	-0.23	-0.01
c_{32}	0.84	0.61	0.57	0.90	-0.15	0.72	-0.06	1.00	0.69	-0.44	-0.44
c_{33}	0.91	0.92	0.93	0.90	-0.04	0.82	-0.26	0.69	1.00	-0.30	-0.30
c_{34}	-0.33	-0.34	-0.29	-0.41	0.22	-0.37	-0.23	-0.44	-0.30	1.00	0.17
c_{35}	-0.33	-0.20	-0.17	-0.33	0.00	-0.17	-0.01	-0.44	-0.30	0.17	1.00

附表 121　2002 年区域自主创新效率初始指标相关系数

指标/指标	c_1	c_2	c_3	c_4	c_5	c_6	c_7	c_8	c_9	c_{10}	c_{11}	c_{12}
c_1	1.00	0.94	0.54	0.00	−0.08	−0.13	0.09	0.16	0.76	0.75	0.61	0.31
c_2	0.94	1.00	0.47	−0.13	−0.17	−0.25	0.06	0.10	0.73	0.59	0.47	0.30
c_3	0.54	0.47	1.00	0.31	0.47	0.14	0.32	−0.02	0.44	0.59	0.62	0.71
c_4	0.00	−0.13	0.31	1.00	0.91	0.43	0.63	0.70	0.07	0.37	0.38	0.36
c_5	−0.08	−0.17	0.47	0.91	1.00	0.49	0.63	0.47	−0.03	0.27	0.32	0.51
c_6	−0.13	−0.25	0.14	0.43	0.49	1.00	0.06	0.19	−0.17	0.04	0.04	0.12
c_7	0.09	0.06	0.32	0.63	0.63	0.06	1.00	0.40	0.23	0.31	0.36	0.26
c_8	0.16	0.10	−0.02	0.70	0.47	0.19	0.40	1.00	0.28	0.23	0.16	−0.03
c_9	0.76	0.73	0.44	0.07	−0.03	−0.17	0.23	0.28	1.00	0.74	0.67	0.21
c_{10}	0.75	0.59	0.59	0.37	0.27	0.04	0.31	0.23	0.74	1.00	0.95	0.50
c_{11}	0.61	0.47	0.62	0.38	0.32	0.04	0.36	0.16	0.67	0.95	1.00	0.59
c_{12}	0.31	0.30	0.71	0.36	0.51	0.12	0.26	−0.03	0.21	0.50	0.59	1.00
c_{13}	0.19	0.17	0.60	0.34	0.49	0.16	0.19	−0.04	0.10	0.39	0.50	0.98
c_{14}	0.60	0.51	0.46	0.39	0.27	−0.12	0.41	0.44	0.62	0.71	0.69	0.35
c_{15}	0.03	−0.11	0.18	0.66	0.50	0.12	0.43	0.57	0.14	0.37	0.44	0.17
c_{16}	−0.01	−0.07	−0.14	0.43	0.31	0.09	0.08	0.67	−0.07	−0.05	−0.09	−0.05
c_{17}	−0.28	−0.37	−0.13	−0.01	0.05	0.08	−0.09	0.01	−0.07	−0.05	−0.03	−0.17
c_{18}	−0.17	−0.21	−0.05	0.17	0.20	0.14	0.10	0.16	−0.03	0.03	0.06	−0.04
c_{19}	−0.38	−0.45	−0.27	−0.17	−0.08	0.05	−0.14	−0.26	−0.33	−0.34	−0.32	−0.35
c_{20}	−0.22	−0.29	−0.11	−0.08	−0.03	0.16	−0.06	−0.27	−0.33	−0.19	−0.15	−0.11
c_{21}	0.61	0.46	0.50	0.43	0.31	0.05	0.33	0.25	0.62	0.94	0.94	0.59
c_{22}	0.32	0.37	0.41	−0.04	0.00	−0.42	0.31	−0.03	0.57	0.40	0.46	0.21
c_{23}	0.07	0.01	0.35	0.22	0.31	0.20	0.27	−0.02	0.28	0.37	0.37	0.37
c_{24}	0.83	0.69	0.72	0.40	0.37	0.14	0.34	0.24	0.73	0.94	0.88	0.59
c_{25}	0.83	0.69	0.62	0.30	0.19	−0.02	0.27	0.20	0.77	0.95	0.88	0.44
c_{26}	0.67	0.52	0.47	0.36	0.20	−0.03	0.22	0.27	0.68	0.94	0.92	0.47
c_{27}	0.68	0.53	0.51	0.33	0.18	−0.02	0.20	0.25	0.69	0.93	0.92	0.48
c_{28}	0.85	0.71	0.71	0.40	0.37	0.16	0.29	0.25	0.68	0.90	0.82	0.61
c_{29}	−0.12	−0.11	0.25	0.16	0.29	−0.13	0.47	−0.01	0.02	−0.02	0.05	0.13
c_{30}	0.87	0.73	0.49	0.19	0.07	−0.01	0.13	0.25	0.72	0.83	0.71	0.27
c_{31}	−0.16	−0.18	−0.42	−0.30	−0.35	0.15	−0.49	−0.21	−0.31	−0.23	−0.29	−0.26
c_{32}	0.72	0.60	0.65	0.44	0.43	0.21	0.21	0.26	0.48	0.73	0.64	0.69
c_{33}	0.72	0.57	0.56	0.37	0.26	0.02	0.29	0.24	0.75	0.99	0.94	0.49
c_{34}	−0.34	−0.30	−0.15	−0.08	−0.01	−0.07	0.13	0.00	−0.23	−0.33	−0.27	−0.18
c_{35}	−0.24	−0.24	−0.33	−0.28	−0.30	0.05	−0.17	−0.35	−0.29	−0.30	−0.22	−0.31

续表

指标 \ 指标	c_{13}	c_{14}	c_{15}	c_{16}	c_{17}	c_{18}	c_{19}	c_{20}	c_{21}	c_{22}	c_{23}	c_{24}
c_1	0.19	0.60	0.03	−0.01	−0.28	−0.17	−0.38	−0.22	0.61	0.32	0.07	0.83
c_2	0.17	0.51	−0.11	−0.07	−0.37	−0.21	−0.45	−0.29	0.46	0.37	0.01	0.69
c_3	0.60	0.46	0.18	−0.14	−0.13	−0.05	−0.27	−0.11	0.50	0.41	0.35	0.72
c_4	0.34	0.39	0.66	0.43	−0.01	0.17	−0.17	−0.08	0.43	−0.04	0.22	0.40
c_5	0.49	0.27	0.50	0.31	0.05	0.20	−0.08	−0.03	0.31	0.00	0.31	0.37
c_6	0.16	−0.12	0.12	0.09	0.08	0.14	0.05	0.16	0.05	−0.42	0.20	0.14
c_7	0.19	0.41	0.43	0.08	−0.09	0.10	−0.14	−0.06	0.33	0.31	0.27	0.34
c_8	−0.04	0.44	0.57	0.67	0.01	0.16	−0.26	−0.27	0.25	−0.03	−0.02	0.24
c_9	0.10	0.62	0.14	−0.07	−0.07	−0.03	−0.33	−0.33	0.62	0.57	0.28	0.73
c_{10}	0.39	0.71	0.37	−0.05	−0.05	0.03	−0.34	−0.19	0.94	0.40	0.37	0.94
c_{11}	0.50	0.69	0.44	−0.09	−0.03	0.06	−0.32	−0.15	0.94	0.46	0.37	0.88
c_{12}	0.98	0.35	0.17	−0.05	−0.17	−0.04	−0.35	−0.11	0.59	0.21	0.37	0.59
c_{13}	1.00	0.25	0.15	−0.01	−0.14	−0.06	−0.30	−0.07	0.52	0.12	0.33	0.48
c_{14}	0.25	1.00	0.73	0.36	−0.11	−0.13	−0.43	−0.30	0.70	0.48	0.33	0.67
c_{15}	0.15	0.73	1.00	0.58	0.04	0.04	−0.20	−0.04	0.45	0.19	0.25	0.28
c_{16}	−0.01	0.36	0.58	1.00	−0.06	−0.09	−0.11	−0.13	0.01	−0.10	−0.13	0.01
c_{17}	−0.14	−0.11	0.04	−0.06	1.00	0.54	0.73	0.37	−0.11	0.05	0.09	−0.12
c_{18}	−0.06	−0.13	0.04	−0.09	0.54	1.00	0.33	0.30	−0.06	−0.03	−0.05	−0.02
c_{19}	−0.30	−0.43	−0.20	−0.11	0.73	0.33	1.00	0.52	−0.40	−0.16	−0.11	−0.33
c_{20}	−0.07	−0.30	−0.04	−0.13	0.37	0.30	0.52	1.00	−0.18	−0.30	−0.07	−0.17
c_{21}	0.52	0.70	0.45	0.01	−0.11	−0.06	−0.40	−0.18	1.00	0.30	0.45	0.86
c_{22}	0.12	0.48	0.19	−0.10	0.05	−0.03	−0.16	−0.30	0.30	1.00	0.13	0.37
c_{23}	0.33	0.33	0.25	−0.13	0.09	−0.05	−0.11	−0.07	0.45	0.13	1.00	0.33
c_{24}	0.48	0.67	0.28	0.01	−0.12	−0.02	−0.33	−0.17	0.86	0.37	0.33	1.00
c_{25}	0.33	0.69	0.29	−0.05	−0.16	−0.10	−0.37	−0.23	0.90	0.40	0.34	0.94
c_{26}	0.38	0.65	0.39	−0.02	−0.03	0.11	−0.30	−0.10	0.90	0.38	0.30	0.85
c_{27}	0.40	0.65	0.40	−0.03	−0.03	0.07	−0.29	−0.11	0.88	0.41	0.30	0.85
c_{28}	0.51	0.61	0.22	0.03	−0.18	−0.05	−0.36	−0.17	0.83	0.27	0.29	0.98
c_{29}	0.08	0.14	0.21	−0.16	0.08	0.19	0.07	−0.08	−0.04	0.24	0.30	−0.03
c_{30}	0.15	0.57	0.15	−0.01	0.06	0.14	−0.11	−0.06	0.69	0.26	0.09	0.86
c_{31}	−0.19	−0.44	−0.39	−0.12	−0.23	−0.15	−0.08	0.02	−0.20	−0.51	−0.31	−0.28
c_{32}	0.62	0.54	0.24	0.10	−0.32	−0.12	−0.47	−0.18	0.72	0.06	0.27	0.84
c_{33}	0.39	0.70	0.37	−0.04	−0.02	0.01	−0.31	−0.18	0.94	0.41	0.41	0.93
c_{34}	−0.14	0.13	0.24	0.24	0.22	−0.13	0.10	0.14	−0.29	0.25	0.12	−0.35
c_{35}	−0.25	−0.41	−0.25	−0.17	0.20	−0.06	0.56	0.52	−0.26	−0.24	−0.20	−0.29

续表

指标	c_{25}	c_{26}	c_{27}	c_{28}	c_{29}	c_{30}	c_{31}	c_{32}	c_{33}	c_{34}	c_{35}
c_{1}	0.83	0.67	0.68	0.85	-0.12	0.87	-0.16	0.72	0.72	-0.34	-0.24
c_{2}	0.69	0.52	0.53	0.71	-0.11	0.73	-0.18	0.60	0.57	-0.30	-0.24
c_{3}	0.62	0.47	0.51	0.71	0.25	0.49	-0.42	0.65	0.56	-0.15	-0.33
c_{4}	0.30	0.36	0.33	0.40	0.16	0.19	-0.30	0.44	0.37	-0.08	-0.28
c_{5}	0.19	0.20	0.18	0.37	0.29	0.07	-0.35	0.43	0.26	-0.01	-0.30
c_{6}	-0.02	-0.03	-0.02	0.16	-0.13	-0.01	0.15	0.21	0.02	-0.07	0.05
c_{7}	0.27	0.22	0.20	0.29	0.47	0.13	-0.49	0.21	0.29	0.13	-0.17
c_{8}	0.20	0.27	0.25	0.25	-0.01	0.25	-0.21	0.26	0.24	0.00	-0.35
c_{9}	0.77	0.68	0.69	0.68	0.02	0.72	-0.31	0.48	0.75	-0.23	-0.29
c_{10}	0.95	0.94	0.93	0.90	-0.02	0.83	-0.23	0.73	0.99	-0.33	-0.30
c_{11}	0.88	0.92	0.92	0.82	0.05	0.71	-0.29	0.64	0.94	-0.27	-0.22
c_{12}	0.44	0.47	0.48	0.61	0.13	0.27	-0.26	0.69	0.49	-0.18	-0.31
c_{13}	0.33	0.38	0.40	0.51	0.08	0.15	-0.19	0.62	0.39	-0.14	-0.25
c_{14}	0.69	0.65	0.65	0.61	0.14	0.57	-0.44	0.54	0.70	0.13	-0.41
c_{15}	0.29	0.39	0.40	0.22	0.21	0.15	-0.39	0.24	0.37	0.24	-0.25
c_{16}	-0.05	-0.02	-0.03	0.03	-0.16	-0.01	-0.12	0.10	-0.04	0.24	-0.17
c_{17}	-0.16	-0.03	-0.03	-0.18	0.08	0.06	-0.23	-0.32	-0.02	0.22	0.20
c_{18}	-0.10	0.11	0.07	-0.05	0.19	0.14	-0.15	-0.12	0.01	-0.13	-0.06
c_{19}	-0.37	-0.30	-0.29	-0.36	0.07	-0.11	-0.08	-0.47	-0.31	0.10	0.56
c_{20}	-0.23	-0.10	-0.11	-0.17	-0.08	-0.06	0.02	-0.18	-0.18	0.14	0.52
c_{21}	0.90	0.90	0.88	0.83	-0.04	0.69	-0.20	0.72	0.94	-0.29	-0.26
c_{22}	0.40	0.38	0.41	0.27	0.24	0.26	-0.51	0.06	0.41	0.25	-0.24
c_{23}	0.34	0.30	0.30	0.29	0.30	0.09	-0.31	0.27	0.41	0.12	-0.20
c_{24}	0.94	0.85	0.85	0.98	-0.03	0.86	-0.28	0.84	0.93	-0.35	-0.29
c_{25}	1.00	0.88	0.87	0.92	-0.05	0.86	-0.25	0.75	0.94	-0.33	-0.24
c_{26}	0.88	1.00	0.99	0.81	-0.12	0.78	-0.20	0.64	0.94	-0.30	-0.19
c_{27}	0.87	0.99	1.00	0.80	-0.11	0.78	-0.21	0.65	0.93	-0.29	-0.19
c_{28}	0.92	0.81	0.80	1.00	-0.10	0.86	-0.20	0.90	0.88	-0.41	-0.32
c_{29}	-0.05	-0.12	-0.11	-0.10	1.00	-0.13	-0.67	-0.10	-0.06	0.17	-0.07
c_{30}	0.86	0.78	0.78	0.86	-0.13	1.00	-0.23	0.65	0.81	-0.37	-0.12
c_{31}	-0.25	-0.20	-0.21	-0.20	-0.67	-0.23	1.00	-0.01	-0.24	-0.24	-0.02
c_{32}	0.75	0.64	0.65	0.90	-0.10	0.65	-0.01	1.00	0.71	-0.43	-0.47
c_{33}	0.94	0.94	0.93	0.88	-0.06	0.81	-0.24	0.71	1.00	-0.31	-0.29
c_{34}	-0.33	-0.30	-0.29	-0.41	0.17	-0.37	-0.24	-0.43	-0.31	1.00	0.16
c_{35}	-0.24	-0.19	-0.19	-0.32	-0.07	-0.12	-0.02	-0.47	-0.29	0.16	1.00

附表 122 2003 年区域自主创新效率初始指标相关系数

指标＼指标	c_1	c_2	c_3	c_4	c_5	c_6	c_7	c_8	c_9	c_{10}	c_{11}	c_{12}
c_1	1.00	0.93	0.59	0.11	0.06	−0.10	0.09	0.23	0.77	0.76	0.62	0.29
c_2	0.93	1.00	0.51	−0.03	−0.08	−0.22	0.08	0.19	0.75	0.58	0.46	0.25
c_3	0.59	0.51	1.00	0.52	0.44	0.16	0.28	−0.05	0.44	0.61	0.64	0.61
c_4	0.11	−0.03	0.52	1.00	0.96	0.34	0.51	0.43	0.20	0.50	0.56	0.53
c_5	0.06	−0.08	0.44	0.96	1.00	0.38	0.58	0.38	0.15	0.48	0.53	0.54
c_6	−0.10	−0.22	0.16	0.34	0.38	1.00	0.01	0.05	−0.17	0.03	0.04	0.20
c_7	0.09	0.08	0.28	0.51	0.58	0.01	1.00	0.18	0.15	0.23	0.29	0.15
c_8	0.23	0.19	−0.05	0.43	0.38	0.05	0.18	1.00	0.34	0.22	0.13	−0.07
c_9	0.77	0.75	0.44	0.20	0.15	−0.17	0.15	0.34	1.00	0.73	0.64	0.18
c_{10}	0.76	0.58	0.61	0.50	0.48	0.03	0.23	0.22	0.73	1.00	0.96	0.48
c_{11}	0.62	0.46	0.64	0.56	0.53	0.04	0.29	0.13	0.64	0.96	1.00	0.59
c_{12}	0.29	0.25	0.61	0.53	0.54	0.20	0.15	−0.07	0.18	0.48	0.59	1.00
c_{13}	0.21	0.17	0.51	0.51	0.52	0.22	0.10	−0.06	0.11	0.43	0.55	0.99
c_{14}	0.35	0.28	0.41	0.58	0.57	0.01	0.46	0.43	0.32	0.51	0.50	0.27
c_{15}	−0.06	−0.19	0.12	0.64	0.64	0.20	0.47	0.40	−0.08	0.19	0.23	0.11
c_{16}	−0.06	−0.11	−0.19	0.35	0.35	0.08	0.18	0.59	−0.14	−0.09	−0.13	−0.11
c_{17}	−0.19	−0.25	−0.13	0.10	0.08	−0.03	−0.01	0.07	0.06	0.01	0.04	−0.09
c_{18}	−0.12	−0.16	−0.10	0.01	0.05	−0.09	0.14	−0.13	−0.08	−0.01	−0.01	−0.05
c_{19}	−0.38	−0.44	−0.18	−0.03	−0.06	0.02	−0.05	−0.06	−0.31	−0.32	−0.30	−0.29
c_{20}	−0.17	−0.23	−0.20	0.37	0.38	0.20	0.27	0.48	−0.19	−0.13	−0.15	−0.10
c_{21}	0.61	0.44	0.51	0.54	0.54	0.07	0.27	0.21	0.60	0.93	0.95	0.56
c_{22}	0.32	0.40	0.44	0.15	0.07	−0.48	0.22	−0.06	0.54	0.37	0.43	0.22
c_{23}	0.23	0.21	0.49	0.42	0.41	0.18	0.16	0.09	0.27	0.42	0.44	0.55
c_{24}	0.83	0.69	0.74	0.55	0.52	0.14	0.27	0.22	0.72	0.92	0.86	0.57
c_{25}	0.90	0.76	0.63	0.41	0.40	0.05	0.23	0.30	0.78	0.94	0.85	0.47
c_{26}	0.77	0.60	0.56	0.44	0.41	0.01	0.22	0.25	0.71	0.95	0.90	0.47
c_{27}	0.82	0.65	0.59	0.35	0.30	−0.02	0.14	0.22	0.72	0.93	0.87	0.45
c_{28}	0.82	0.68	0.74	0.55	0.53	0.18	0.25	0.22	0.69	0.90	0.84	0.61
c_{29}	−0.15	−0.10	0.26	0.09	0.11	−0.07	0.36	−0.23	−0.04	−0.12	−0.04	0.10
c_{30}	0.88	0.76	0.48	0.27	0.20	−0.04	0.15	0.32	0.75	0.81	0.68	0.19
c_{31}	−0.15	−0.20	−0.44	−0.37	−0.30	0.08	−0.43	−0.01	−0.30	−0.21	−0.27	−0.24
c_{32}	0.77	0.62	0.62	0.47	0.46	0.21	0.11	0.29	0.52	0.75	0.66	0.63
c_{33}	0.71	0.57	0.67	0.53	0.55	0.12	0.23	0.29	0.61	0.83	0.78	0.59
c_{34}	−0.35	−0.26	−0.07	0.00	0.02	−0.10	0.25	0.03	−0.22	−0.33	−0.28	−0.16
c_{35}	−0.25	−0.26	−0.26	−0.36	−0.31	0.01	0.02	−0.43	−0.28	−0.30	−0.23	−0.32

续表

指标 \ 指标	c_{13}	c_{14}	c_{15}	c_{16}	c_{17}	c_{18}	c_{19}	c_{20}	c_{21}	c_{22}	c_{23}	c_{24}
c_1	0.21	0.35	−0.06	−0.06	−0.19	−0.12	−0.38	−0.17	0.61	0.32	0.23	0.83
c_2	0.17	0.28	−0.19	−0.11	−0.25	−0.16	−0.44	−0.23	0.44	0.40	0.21	0.69
c_3	0.51	0.41	0.12	−0.19	−0.13	−0.10	−0.18	−0.20	0.51	0.44	0.49	0.74
c_4	0.51	0.58	0.64	0.35	0.10	0.01	−0.03	0.37	0.54	0.15	0.42	0.55
c_5	0.52	0.57	0.64	0.35	0.08	0.05	−0.06	0.38	0.54	0.07	0.41	0.52
c_6	0.22	0.01	0.20	0.08	−0.03	−0.09	0.02	0.20	0.07	−0.48	0.18	0.14
c_7	0.10	0.46	0.47	0.18	−0.01	0.14	−0.05	0.27	0.27	0.22	0.16	0.27
c_8	−0.06	0.43	0.40	0.59	0.07	−0.13	−0.06	0.48	0.21	−0.06	0.09	0.22
c_9	0.11	0.32	−0.08	−0.14	0.06	−0.08	−0.31	−0.19	0.60	0.54	0.27	0.72
c_{10}	0.43	0.51	0.19	−0.09	0.01	−0.01	−0.32	−0.13	0.93	0.37	0.42	0.92
c_{11}	0.55	0.50	0.23	−0.13	0.04	−0.01	−0.30	−0.15	0.95	0.43	0.44	0.86
c_{12}	0.99	0.27	0.11	−0.11	−0.09	−0.05	−0.29	−0.10	0.56	0.22	0.55	0.57
c_{13}	1.00	0.23	0.11	−0.07	−0.07	−0.03	−0.26	−0.07	0.55	0.15	0.51	0.50
c_{14}	0.23	1.00	0.79	0.50	−0.14	0.02	−0.32	0.33	0.58	0.35	0.26	0.47
c_{15}	0.11	0.79	1.00	0.73	−0.09	0.01	−0.14	0.74	0.31	−0.02	0.05	0.15
c_{16}	−0.07	0.50	0.73	1.00	−0.10	−0.02	−0.06	0.79	−0.01	−0.19	−0.17	−0.03
c_{17}	−0.07	−0.14	−0.09	−0.10	1.00	0.08	0.73	−0.14	−0.03	0.02	0.11	−0.04
c_{18}	−0.03	0.02	0.01	−0.02	0.08	1.00	0.10	0.06	0.04	0.10	0.01	−0.10
c_{19}	−0.26	−0.32	−0.14	−0.06	0.73	0.10	1.00	−0.11	−0.38	−0.19	−0.11	−0.33
c_{20}	−0.07	0.33	0.74	0.79	−0.14	0.06	−0.11	1.00	−0.03	−0.34	−0.24	−0.11
c_{21}	0.55	0.58	0.31	−0.01	−0.03	0.04	−0.38	−0.03	1.00	0.29	0.43	0.82
c_{22}	0.15	0.35	−0.02	−0.19	0.02	0.10	−0.19	−0.34	0.29	1.00	0.21	0.34
c_{23}	0.51	0.26	0.05	−0.17	0.11	0.01	−0.11	−0.24	0.43	0.21	1.00	0.44
c_{24}	0.50	0.47	0.15	−0.03	−0.04	−0.10	−0.33	−0.11	0.82	0.34	0.44	1.00
c_{25}	0.41	0.50	0.11	−0.03	−0.09	−0.04	−0.36	−0.13	0.85	0.32	0.41	0.95
c_{26}	0.42	0.43	0.17	−0.04	−0.01	−0.11	−0.32	−0.07	0.87	0.31	0.38	0.89
c_{27}	0.40	0.40	0.10	−0.09	−0.02	−0.13	−0.32	−0.13	0.82	0.32	0.36	0.88
c_{28}	0.55	0.45	0.14	−0.03	−0.09	−0.09	−0.34	−0.10	0.83	0.27	0.46	0.99
c_{29}	0.04	0.13	0.11	−0.22	0.19	0.23	0.27	−0.07	−0.13	0.27	0.27	−0.13
c_{30}	0.14	0.36	0.04	−0.01	0.03	−0.09	−0.14	−0.10	0.69	0.25	0.24	0.83
c_{31}	−0.18	−0.40	−0.28	−0.09	−0.23	−0.10	−0.13	−0.02	−0.17	−0.53	−0.34	−0.25
c_{32}	0.59	0.44	0.20	0.07	−0.17	−0.13	−0.41	0.07	0.71	0.06	0.39	0.86
c_{33}	0.53	0.47	0.13	−0.04	−0.13	−0.07	−0.39	−0.15	0.76	0.31	0.43	0.87
c_{34}	−0.14	0.27	0.16	0.08	0.05	0.12	0.22	−0.14	−0.27	0.25	−0.02	−0.35
c_{35}	−0.27	−0.36	−0.14	−0.05	0.10	−0.10	0.35	−0.10	−0.26	−0.15	−0.31	−0.29

续表

指标\指标	c_{25}	c_{26}	c_{27}	c_{28}	c_{29}	c_{30}	c_{31}	c_{32}	c_{33}	c_{34}	c_{35}
c_1	0.90	0.77	0.82	0.82	−0.15	0.88	−0.15	0.77	0.71	−0.35	−0.25
c_2	0.76	0.60	0.65	0.68	−0.10	0.76	−0.20	0.62	0.57	−0.26	−0.26
c_3	0.63	0.56	0.59	0.74	0.26	0.48	−0.44	0.62	0.67	−0.07	−0.26
c_4	0.41	0.44	0.35	0.55	0.09	0.27	−0.37	0.47	0.53	0.00	−0.36
c_5	0.40	0.41	0.30	0.53	0.11	0.20	−0.30	0.46	0.55	0.02	−0.31
c_6	0.05	0.01	−0.02	0.18	−0.07	−0.04	0.08	0.21	0.12	−0.10	0.01
c_7	0.23	0.22	0.14	0.25	0.36	0.15	−0.43	0.11	0.23	0.25	0.02
c_8	0.30	0.25	0.22	0.22	−0.23	0.32	−0.01	0.29	0.29	0.03	−0.43
c_9	0.78	0.71	0.72	0.69	−0.04	0.75	−0.30	0.52	0.61	−0.22	−0.28
c_{10}	0.94	0.95	0.93	0.90	−0.12	0.81	−0.21	0.75	0.83	−0.33	−0.30
c_{11}	0.85	0.90	0.87	0.84	−0.04	0.68	−0.27	0.66	0.78	−0.28	−0.23
c_{12}	0.47	0.47	0.45	0.61	0.10	0.19	−0.24	0.63	0.59	−0.16	−0.32
c_{13}	0.41	0.42	0.40	0.55	0.04	0.14	−0.18	0.59	0.53	−0.14	−0.27
c_{14}	0.50	0.43	0.40	0.45	0.13	0.36	−0.40	0.44	0.47	0.27	−0.36
c_{15}	0.11	0.17	0.10	0.14	0.11	0.04	−0.28	0.20	0.13	0.16	−0.14
c_{16}	−0.03	−0.04	−0.09	−0.03	−0.22	−0.01	−0.09	0.07	−0.04	0.08	−0.05
c_{17}	−0.09	−0.01	−0.02	−0.09	0.19	0.03	−0.23	−0.17	−0.13	0.05	0.10
c_{18}	−0.04	−0.11	−0.13	−0.09	0.23	−0.09	−0.10	−0.13	−0.07	0.12	−0.10
c_{19}	−0.36	−0.32	−0.32	−0.34	0.27	−0.14	−0.13	−0.41	−0.39	0.22	0.35
c_{20}	−0.13	−0.07	−0.13	−0.10	−0.07	−0.10	−0.02	0.07	−0.15	−0.14	−0.10
c_{21}	0.85	0.87	0.82	0.83	−0.13	0.69	−0.17	0.71	0.76	−0.27	−0.26
c_{22}	0.32	0.31	0.32	0.27	0.27	0.25	−0.53	0.06	0.31	0.25	−0.15
c_{23}	0.41	0.38	0.36	0.46	0.27	0.24	−0.34	0.39	0.43	−0.02	−0.31
c_{24}	0.95	0.89	0.88	0.99	−0.13	0.83	−0.25	0.86	0.87	−0.35	−0.29
c_{25}	1.00	0.92	0.92	0.94	−0.15	0.88	−0.18	0.84	0.86	−0.30	−0.31
c_{26}	0.92	1.00	0.98	0.86	−0.23	0.83	−0.19	0.74	0.75	−0.36	−0.21
c_{27}	0.92	0.98	1.00	0.85	−0.24	0.83	−0.14	0.76	0.75	−0.37	−0.25
c_{28}	0.94	0.86	0.85	1.00	−0.14	0.80	−0.18	0.90	0.89	−0.38	−0.32
c_{29}	−0.15	−0.23	−0.24	−0.14	1.00	−0.17	−0.61	−0.20	−0.17	0.31	0.01
c_{30}	0.88	0.83	0.83	0.80	−0.17	1.00	−0.26	0.66	0.60	−0.36	−0.11
c_{31}	−0.18	−0.19	−0.14	−0.18	−0.61	−0.26	1.00	0.04	0.04	−0.29	−0.08
c_{32}	0.84	0.74	0.76	0.90	−0.20	0.66	0.04	1.00	0.86	−0.43	−0.49
c_{33}	0.86	0.75	0.75	0.89	−0.17	0.60	0.04	0.86	1.00	−0.25	−0.49
c_{34}	−0.30	−0.36	−0.37	−0.38	0.31	−0.36	−0.29	−0.43	−0.25	1.00	0.10
c_{35}	−0.31	−0.21	−0.25	−0.32	0.01	−0.11	−0.08	−0.49	−0.49	0.10	1.00

附表 123　2004 年区域自主创新效率初始指标相关系数

指标 \ 指标	c_1	c_2	c_3	c_4	c_5	c_6	c_7	c_8	c_9	c_{10}	c_{11}	c_{12}
c_1	1.00	0.95	0.94	0.37	0.39	−0.06	0.04	−0.16	0.53	0.88	0.70	0.42
c_2	0.95	1.00	0.84	0.40	0.32	−0.21	0.05	−0.08	0.67	0.75	0.57	0.33
c_3	0.94	0.84	1.00	0.49	0.52	0.03	0.11	−0.17	0.42	0.86	0.75	0.53
c_4	0.37	0.40	0.49	1.00	0.84	−0.17	0.19	−0.16	0.26	0.40	0.56	0.52
c_5	0.39	0.32	0.52	0.84	1.00	0.05	0.33	−0.25	0.07	0.42	0.58	0.60
c_6	−0.06	−0.21	0.03	−0.17	0.05	1.00	0.27	0.15	−0.40	−0.04	−0.09	0.11
c_7	0.04	0.05	0.11	0.19	0.33	0.27	1.00	0.33	0.01	−0.05	−0.03	0.10
c_8	−0.16	−0.08	−0.17	−0.16	−0.25	0.15	0.33	1.00	0.24	−0.32	−0.45	−0.39
c_9	0.53	0.67	0.42	0.26	0.07	−0.40	0.01	0.24	1.00	0.34	0.21	−0.05
c_{10}	0.88	0.75	0.86	0.40	0.42	−0.04	−0.05	−0.32	0.34	1.00	0.91	0.46
c_{11}	0.70	0.57	0.75	0.56	0.58	−0.09	−0.03	−0.45	0.21	0.91	1.00	0.61
c_{12}	0.42	0.33	0.53	0.52	0.60	0.11	0.10	−0.39	−0.05	0.46	0.61	1.00
c_{13}	0.42	0.30	0.56	0.47	0.56	0.13	0.07	−0.34	−0.03	0.47	0.59	0.98
c_{14}	0.46	0.46	0.50	0.63	0.56	0.01	0.16	−0.05	0.43	0.46	0.48	0.31
c_{15}	−0.05	−0.13	0.04	0.37	0.34	0.26	0.14	0.04	−0.01	0.10	0.21	0.17
c_{16}	0.45	0.50	0.32	−0.06	−0.15	−0.34	−0.46	−0.39	0.41	0.39	0.25	0.07
c_{17}	0.03	−0.01	0.05	0.04	0.08	0.19	0.20	−0.08	0.08	0.12	0.16	0.03
c_{18}	−0.15	−0.15	−0.17	−0.25	−0.25	−0.07	0.05	0.14	0.08	−0.16	−0.12	−0.16
c_{19}	−0.41	−0.39	−0.40	−0.33	−0.21	0.05	0.00	0.01	−0.35	−0.33	−0.31	−0.29
c_{20}	−0.18	−0.21	−0.19	−0.26	−0.22	0.01	0.06	−0.04	−0.20	0.05	−0.06	−0.17
c_{21}	0.76	0.62	0.84	0.46	0.46	0.02	0.03	−0.14	0.36	0.86	0.83	0.48
c_{22}	0.09	0.21	0.08	0.33	0.27	−0.57	0.07	−0.08	0.50	0.09	0.26	0.10
c_{23}	0.23	0.14	0.29	0.16	0.22	0.22	−0.14	−0.42	−0.07	0.36	0.48	0.36
c_{24}	0.86	0.72	0.87	0.32	0.43	0.18	0.05	−0.21	0.29	0.90	0.77	0.48
c_{25}	0.84	0.72	0.84	0.35	0.43	0.21	0.04	−0.20	0.30	0.87	0.76	0.49
c_{26}	0.50	0.39	0.48	0.36	0.38	0.02	−0.05	−0.37	0.05	0.71	0.77	0.48
c_{27}	0.56	0.46	0.53	0.34	0.35	0.03	−0.16	−0.39	0.13	0.71	0.75	0.57
c_{28}	0.91	0.78	0.93	0.27	0.39	0.19	0.06	−0.13	0.34	0.86	0.67	0.49
c_{29}	−0.31	−0.33	−0.34	−0.38	−0.38	0.07	−0.32	0.11	−0.29	−0.39	−0.49	−0.30
c_{30}	0.77	0.69	0.76	0.12	0.18	0.15	−0.01	0.00	0.28	0.59	0.34	0.34
c_{31}	0.89	0.77	0.95	0.43	0.50	0.02	0.04	−0.24	0.42	0.92	0.82	0.48
c_{32}	0.10	0.07	0.14	0.11	0.22	0.31	0.45	0.04	−0.21	0.08	0.16	0.20
c_{33}	0.92	0.89	0.82	0.18	0.12	−0.10	−0.10	0.03	0.59	0.83	0.58	0.16
c_{34}	−0.32	−0.33	−0.29	−0.12	0.02	0.30	0.05	−0.13	−0.36	−0.29	−0.18	−0.08
c_{35}	−0.27	−0.28	−0.28	−0.32	−0.21	0.15	−0.02	−0.03	−0.37	−0.21	−0.21	−0.24

续表

指标＼指标	c_{13}	c_{14}	c_{15}	c_{16}	c_{17}	c_{18}	c_{19}	c_{20}	c_{21}	c_{22}	c_{23}	c_{24}
c_1	0.42	0.46	−0.05	0.45	0.03	−0.15	−0.41	−0.18	0.76	0.09	0.23	0.86
c_2	0.30	0.46	−0.13	0.50	−0.01	−0.15	−0.39	−0.21	0.62	0.21	0.14	0.72
c_3	0.56	0.50	0.04	0.32	0.05	−0.17	−0.40	−0.19	0.84	0.08	0.29	0.87
c_4	0.47	0.63	0.37	−0.06	0.04	−0.25	−0.33	−0.26	0.46	0.33	0.16	0.32
c_5	0.56	0.56	0.34	−0.15	0.08	−0.25	−0.21	−0.22	0.46	0.27	0.22	0.43
c_6	0.13	0.01	0.26	−0.34	0.19	−0.07	0.05	0.01	0.02	−0.57	0.22	0.18
c_7	0.07	0.16	0.14	−0.46	0.20	0.05	0.00	0.06	0.03	0.07	−0.14	0.05
c_8	−0.34	−0.05	0.04	−0.39	−0.08	0.14	0.01	−0.04	−0.14	−0.08	−0.42	−0.21
c_9	−0.03	0.43	−0.01	0.41	0.08	0.08	−0.35	−0.20	0.36	0.50	−0.07	0.29
c_{10}	0.47	0.46	0.10	0.39	0.12	−0.16	−0.33	0.05	0.86	0.09	0.36	0.90
c_{11}	0.59	0.48	0.21	0.25	0.16	−0.12	−0.31	−0.06	0.83	0.26	0.48	0.77
c_{12}	0.98	0.31	0.17	0.07	0.03	−0.16	−0.29	−0.17	0.48	0.10	0.36	0.48
c_{13}	1.00	0.29	0.16	0.09	0.10	−0.11	−0.28	−0.14	0.56	0.05	0.36	0.51
c_{14}	0.29	1.00	0.75	−0.02	0.18	−0.25	−0.20	−0.23	0.45	0.24	0.10	0.36
c_{15}	0.16	0.75	1.00	−0.40	0.17	−0.14	−0.01	−0.05	0.12	0.07	0.08	0.03
c_{16}	0.09	−0.02	−0.40	1.00	0.17	0.15	0.00	0.17	0.21	0.24	0.33	0.33
c_{17}	0.10	0.18	0.17	0.17	1.00	0.50	0.12	0.10	0.25	0.19	0.27	0.09
c_{18}	−0.11	−0.25	−0.14	0.15	0.50	1.00	0.22	0.11	−0.09	0.17	0.11	−0.11
c_{19}	−0.28	−0.20	−0.01	0.00	0.12	0.22	1.00	0.49	−0.38	0.05	0.15	−0.37
c_{20}	−0.14	−0.23	−0.05	0.17	0.10	0.11	0.49	1.00	−0.11	−0.05	0.04	0.02
c_{21}	0.56	0.45	0.12	0.21	0.25	−0.09	−0.38	−0.11	1.00	0.13	0.38	0.77
c_{22}	0.05	0.24	0.07	0.24	0.19	0.17	0.05	−0.05	0.13	1.00	0.14	−0.07
c_{23}	0.36	0.10	0.08	0.33	0.27	0.11	0.15	0.04	0.38	0.14	1.00	0.31
c_{24}	0.51	0.36	0.03	0.33	0.09	−0.11	−0.37	0.02	0.77	−0.07	0.31	1.00
c_{25}	0.50	0.42	0.09	0.28	0.10	−0.16	−0.49	−0.16	0.75	−0.06	0.33	0.96
c_{26}	0.42	0.32	0.27	0.10	0.03	−0.11	−0.13	0.10	0.46	0.03	0.33	0.63
c_{27}	0.52	0.34	0.24	0.20	−0.04	−0.18	−0.23	−0.01	0.47	0.05	0.30	0.65
c_{28}	0.53	0.37	−0.01	0.31	0.07	−0.16	−0.42	−0.07	0.81	−0.10	0.25	0.95
c_{29}	−0.24	−0.48	−0.38	−0.17	−0.15	0.08	−0.07	−0.05	−0.26	−0.55	−0.32	−0.29
c_{30}	0.37	0.18	−0.18	0.17	−0.10	−0.19	−0.49	−0.20	0.59	−0.27	0.02	0.67
c_{31}	0.53	0.52	0.10	0.37	0.19	−0.13	−0.34	−0.06	0.92	0.12	0.37	0.89
c_{32}	0.12	0.13	0.24	−0.24	−0.02	−0.06	0.08	−0.10	−0.04	0.08	0.20	0.08
c_{33}	0.20	0.34	−0.12	0.49	0.04	−0.08	−0.32	−0.04	0.72	0.03	0.14	0.79
c_{34}	−0.11	0.01	0.21	−0.20	0.05	−0.02	0.47	−0.07	−0.30	−0.11	0.39	−0.29
c_{35}	−0.21	−0.31	−0.12	−0.02	0.30	0.29	0.70	0.28	−0.26	−0.24	0.12	−0.14

续表

指标 \ 指标	c_{25}	c_{26}	c_{27}	c_{28}	c_{29}	c_{30}	c_{31}	c_{32}	c_{33}	c_{34}	c_{35}
c_1	0.84	0.50	0.56	0.91	−0.31	0.77	0.89	0.10	0.92	−0.32	−0.27
c_2	0.72	0.39	0.46	0.78	−0.33	0.69	0.77	0.07	0.89	−0.33	−0.28
c_3	0.84	0.48	0.53	0.93	−0.34	0.76	0.95	0.14	0.82	−0.29	−0.28
c_4	0.35	0.36	0.34	0.27	−0.38	0.12	0.43	0.11	0.18	−0.12	−0.32
c_5	0.43	0.38	0.35	0.39	−0.38	0.18	0.50	0.22	0.12	0.02	−0.21
c_6	0.21	0.02	0.03	0.19	0.07	0.15	0.02	0.31	−0.10	0.30	0.15
c_7	0.04	−0.05	−0.16	0.06	−0.32	−0.01	0.04	0.45	−0.10	0.05	−0.02
c_8	−0.20	−0.37	−0.39	−0.13	0.11	0.00	−0.24	0.04	0.03	−0.13	−0.03
c_9	0.30	0.05	0.13	0.34	−0.29	0.28	0.42	−0.21	0.59	−0.36	−0.37
c_{10}	0.87	0.71	0.71	0.86	−0.39	0.59	0.92	0.08	0.83	−0.29	−0.21
c_{11}	0.76	0.77	0.75	0.67	−0.49	0.34	0.82	0.16	0.58	−0.18	−0.21
c_{12}	0.49	0.48	0.57	0.49	−0.30	0.34	0.48	0.20	0.16	−0.08	−0.24
c_{13}	0.50	0.42	0.52	0.53	−0.24	0.37	0.53	0.12	0.20	−0.11	−0.21
c_{14}	0.42	0.32	0.34	0.37	−0.48	0.18	0.52	0.13	0.34	0.01	−0.31
c_{15}	0.09	0.27	0.24	−0.01	−0.38	−0.18	0.10	0.24	−0.12	0.21	−0.12
c_{16}	0.28	0.10	0.20	0.31	−0.17	0.17	0.37	−0.24	0.49	−0.20	−0.02
c_{17}	0.10	0.03	−0.04	0.07	−0.15	−0.10	0.19	−0.02	0.04	0.05	0.30
c_{18}	−0.16	−0.11	−0.18	−0.16	0.08	−0.19	−0.13	−0.06	−0.08	−0.02	0.29
c_{19}	−0.49	−0.13	−0.23	−0.42	−0.07	−0.49	−0.34	0.08	−0.32	0.47	0.70
c_{20}	−0.16	0.10	−0.01	−0.07	−0.05	−0.20	−0.06	−0.10	−0.04	−0.07	0.28
c_{21}	0.75	0.46	0.47	0.81	−0.26	0.59	0.92	−0.04	0.72	−0.30	−0.26
c_{22}	−0.06	0.03	0.05	−0.10	−0.55	−0.27	0.12	0.08	0.03	−0.11	−0.24
c_{23}	0.33	0.33	0.30	0.25	−0.32	0.02	0.37	0.20	0.14	0.39	0.12
c_{24}	0.96	0.63	0.65	0.95	−0.29	0.67	0.89	0.08	0.79	−0.29	−0.14
c_{25}	1.00	0.60	0.65	0.92	−0.32	0.67	0.84	0.19	0.76	−0.27	−0.26
c_{26}	0.60	1.00	0.95	0.46	−0.43	0.20	0.51	0.15	0.43	−0.01	0.12
c_{27}	0.65	0.95	1.00	0.52	−0.40	0.29	0.53	0.11	0.48	−0.12	−0.02
c_{28}	0.92	0.46	0.52	1.00	−0.20	0.83	0.92	0.08	0.84	−0.33	−0.24
c_{29}	−0.32	−0.43	−0.40	−0.20	1.00	0.22	−0.37	−0.52	−0.21	−0.19	0.06
c_{30}	0.67	0.20	0.29	0.83	0.22	1.00	0.66	−0.06	0.72	−0.43	−0.35
c_{31}	0.84	0.51	0.53	0.92	−0.37	0.66	1.00	0.02	0.82	−0.26	−0.22
c_{32}	0.19	0.15	0.11	0.08	−0.52	−0.06	0.02	1.00	−0.06	0.26	−0.06
c_{33}	0.76	0.43	0.48	0.84	−0.21	0.72	0.82	−0.06	1.00	−0.39	−0.14
c_{34}	−0.27	−0.01	−0.12	−0.33	−0.19	−0.43	−0.26	0.26	−0.39	1.00	0.46
c_{35}	−0.26	0.12	−0.02	−0.24	0.06	−0.35	−0.22	−0.06	−0.14	0.46	1.00

附表 124 2005 年区域自主创新效率初始指标相关系数

指标＼指标	c_1	c_2	c_3	c_4	c_5	c_6	c_7	c_8	c_9	c_{10}	c_{11}	c_{12}
c_1	1.00	0.94	0.61	0.09	0.02	−0.05	0.03	0.09	0.57	0.77	0.58	0.26
c_2	0.94	1.00	0.58	0.05	−0.02	−0.20	0.03	0.16	0.68	0.70	0.55	0.27
c_3	0.61	0.58	1.00	0.71	0.63	0.14	0.24	0.04	0.54	0.90	0.90	0.64
c_4	0.09	0.05	0.71	1.00	0.95	0.32	0.46	0.28	0.17	0.53	0.64	0.65
c_5	0.02	−0.02	0.63	0.95	1.00	0.38	0.43	0.20	0.04	0.41	0.49	0.67
c_6	−0.05	−0.20	0.14	0.32	0.38	1.00	0.19	−0.04	−0.31	0.02	0.03	0.19
c_7	0.03	0.03	0.24	0.46	0.43	0.19	1.00	0.35	0.06	0.14	0.14	0.09
c_8	0.09	0.16	0.04	0.28	0.20	−0.04	0.35	1.00	0.40	0.08	0.05	−0.04
c_9	0.57	0.68	0.54	0.17	0.04	−0.31	0.06	0.40	1.00	0.62	0.59	0.15
c_{10}	0.77	0.70	0.90	0.53	0.41	0.02	0.14	0.08	0.62	1.00	0.95	0.52
c_{11}	0.58	0.55	0.90	0.64	0.49	0.03	0.14	0.05	0.59	0.95	1.00	0.59
c_{12}	0.26	0.27	0.64	0.65	0.67	0.19	0.09	−0.04	0.15	0.52	0.59	1.00
c_{13}	0.19	0.20	0.61	0.65	0.67	0.20	0.09	−0.02	0.14	0.49	0.58	0.99
c_{14}	0.35	0.40	0.60	0.41	0.36	−0.19	0.14	0.15	0.52	0.57	0.60	0.31
c_{15}	−0.14	−0.21	0.09	0.44	0.39	0.31	0.66	0.34	−0.03	0.09	0.12	0.07
c_{16}	0.30	0.25	0.09	−0.10	−0.03	0.01	0.03	0.16	0.08	0.14	0.02	0.03
c_{17}	−0.09	−0.10	0.05	0.10	0.01	−0.19	0.18	−0.06	0.09	0.12	0.22	0.05
c_{18}	0.01	−0.02	0.09	0.30	0.15	−0.04	0.33	0.24	0.17	0.23	0.29	0.10
c_{19}	−0.38	−0.46	−0.38	−0.29	−0.23	0.08	−0.03	−0.18	−0.35	−0.42	−0.39	−0.38
c_{20}	−0.20	−0.23	−0.12	−0.11	−0.06	0.06	−0.02	−0.21	−0.29	−0.24	−0.20	−0.08
c_{21}	0.52	0.49	0.82	0.60	0.45	0.04	0.19	0.18	0.59	0.90	0.93	0.56
c_{22}	0.24	0.41	0.29	−0.03	−0.05	−0.64	−0.06	−0.04	0.53	0.25	0.27	0.11
c_{23}	0.00	−0.01	0.20	0.19	0.25	−0.16	0.07	−0.01	0.06	0.13	0.15	0.19
c_{24}	0.81	0.75	0.92	0.55	0.50	0.18	0.20	0.08	0.57	0.94	0.85	0.58
c_{25}	0.82	0.78	0.88	0.52	0.41	0.07	0.18	0.17	0.65	0.96	0.89	0.53
c_{26}	0.79	0.72	0.83	0.45	0.32	0.04	0.12	0.14	0.63	0.95	0.88	0.48
c_{27}	0.92	0.84	0.73	0.28	0.16	0.00	0.01	0.10	0.62	0.90	0.77	0.39
c_{28}	0.75	0.68	0.91	0.61	0.58	0.24	0.24	0.07	0.49	0.90	0.82	0.64
c_{29}	−0.14	−0.10	−0.02	0.13	0.14	0.07	0.35	0.00	−0.13	−0.16	−0.06	−0.01
c_{30}	0.90	0.82	0.66	0.17	0.06	0.03	0.05	0.19	0.62	0.86	0.71	0.25
c_{31}	−0.15	−0.23	−0.36	−0.23	−0.24	0.10	−0.36	−0.12	−0.30	−0.25	−0.30	−0.24
c_{32}	0.79	0.68	0.74	0.50	0.46	0.20	0.14	0.12	0.40	0.82	0.70	0.62
c_{33}	0.68	0.63	0.91	0.65	0.61	0.13	0.16	0.06	0.50	0.87	0.82	0.61
c_{34}	−0.30	−0.28	−0.12	−0.12	−0.05	0.19	0.06	−0.16	−0.29	−0.32	−0.25	−0.11
c_{35}	−0.27	−0.31	−0.31	−0.42	−0.40	0.12	−0.11	−0.39	−0.33	−0.30	−0.25	−0.33

续表

指标＼指标	c_{13}	c_{14}	c_{15}	c_{16}	c_{17}	c_{18}	c_{19}	c_{20}	c_{21}	c_{22}	c_{23}	c_{24}
c_1	0.19	0.35	−0.14	0.30	−0.09	0.01	−0.38	−0.20	0.52	0.24	0.00	0.81
c_2	0.20	0.40	−0.21	0.25	−0.10	−0.02	−0.46	−0.23	0.49	0.41	−0.01	0.75
c_3	0.61	0.60	0.09	0.09	0.05	0.09	−0.38	−0.12	0.82	0.29	0.20	0.92
c_4	0.65	0.41	0.44	−0.10	0.10	0.30	−0.29	−0.11	0.60	−0.03	0.19	0.55
c_5	0.67	0.36	0.39	−0.03	0.01	0.15	−0.23	−0.06	0.45	−0.05	0.25	0.50
c_6	0.20	−0.19	0.31	0.01	−0.19	−0.04	0.08	0.06	0.04	−0.64	−0.16	0.18
c_7	0.09	0.14	0.66	0.03	0.18	0.33	−0.03	−0.02	0.19	−0.06	0.07	0.20
c_8	−0.02	0.15	0.34	0.16	−0.06	0.24	−0.18	−0.21	0.18	−0.04	−0.01	0.08
c_9	0.14	0.52	−0.03	0.08	0.09	0.17	−0.35	−0.29	0.59	0.53	0.06	0.57
c_{10}	0.49	0.57	0.09	0.14	0.12	0.23	−0.42	−0.24	0.90	0.25	0.13	0.94
c_{11}	0.58	0.60	0.12	0.02	0.22	0.29	−0.39	−0.20	0.93	0.27	0.15	0.85
c_{12}	0.99	0.31	0.07	0.03	0.05	0.10	−0.38	−0.08	0.56	0.11	0.19	0.58
c_{13}	1.00	0.28	0.08	0.04	0.07	0.09	−0.33	−0.08	0.57	0.08	0.17	0.54
c_{14}	0.28	1.00	0.27	0.21	0.41	0.24	−0.27	0.14	0.58	0.51	0.14	0.51
c_{15}	0.08	0.27	1.00	0.17	0.34	0.55	0.15	0.13	0.20	−0.16	−0.06	0.10
c_{16}	0.04	0.21	0.17	1.00	0.10	−0.05	0.15	0.37	0.08	0.16	−0.19	0.21
c_{17}	0.07	0.41	0.34	0.10	1.00	0.58	0.13	0.52	0.28	0.17	−0.02	−0.03
c_{18}	0.09	0.24	0.55	−0.05	0.58	1.00	−0.01	−0.04	0.30	−0.10	−0.07	0.10
c_{19}	−0.33	−0.27	0.15	0.15	0.13	−0.01	1.00	0.32	−0.39	−0.16	−0.10	−0.39
c_{20}	−0.08	0.14	0.13	0.37	0.52	−0.04	0.32	1.00	−0.16	0.09	−0.14	−0.24
c_{21}	0.57	0.58	0.20	0.08	0.28	0.30	−0.39	−0.16	1.00	0.17	0.08	0.79
c_{22}	0.08	0.51	−0.16	0.16	0.17	−0.10	−0.16	0.09	0.17	1.00	0.29	0.20
c_{23}	0.17	0.14	−0.06	−0.19	−0.02	−0.07	−0.10	−0.14	0.08	0.29	1.00	0.11
c_{24}	0.54	0.51	0.10	0.21	−0.03	0.10	−0.39	−0.24	0.79	0.20	0.11	1.00
c_{25}	0.48	0.58	0.13	0.22	0.13	0.28	−0.46	−0.18	0.85	0.24	0.11	0.94
c_{26}	0.46	0.45	0.07	0.16	0.03	0.16	−0.32	−0.26	0.86	0.19	0.08	0.91
c_{27}	0.35	0.40	−0.04	0.21	0.00	0.14	−0.36	−0.25	0.72	0.19	0.02	0.89
c_{28}	0.60	0.48	0.14	0.21	0.01	0.15	−0.42	−0.20	0.78	0.13	0.12	0.97
c_{29}	−0.06	−0.02	0.13	−0.06	0.30	0.15	0.07	0.35	−0.17	0.02	0.30	−0.16
c_{30}	0.22	0.38	0.00	0.30	0.00	0.16	−0.25	−0.27	0.70	0.17	−0.03	0.85
c_{31}	−0.20	−0.45	−0.29	−0.21	−0.33	−0.20	−0.08	−0.16	−0.17	−0.53	−0.33	−0.25
c_{32}	0.59	0.33	0.07	0.17	−0.05	0.15	−0.49	−0.22	0.72	−0.03	0.04	0.88
c_{33}	0.58	0.58	0.01	0.14	−0.03	0.03	−0.50	−0.16	0.78	0.20	0.14	0.90
c_{34}	−0.09	0.22	0.14	0.19	0.14	−0.18	0.35	0.50	−0.22	0.04	0.03	−0.24
c_{35}	−0.29	−0.35	−0.06	0.12	0.00	−0.12	0.71	0.03	−0.28	−0.09	0.05	−0.29

续表

指标	c_{25}	c_{26}	c_{27}	c_{28}	c_{29}	c_{30}	c_{31}	c_{32}	c_{33}	c_{34}	c_{35}
c_{1}	0.82	0.79	0.92	0.75	−0.14	0.90	−0.15	0.79	0.68	−0.30	−0.27
c_{2}	0.78	0.72	0.84	0.68	−0.10	0.82	−0.23	0.68	0.63	−0.28	−0.31
c_{3}	0.88	0.83	0.73	0.91	−0.02	0.66	−0.36	0.74	0.91	−0.12	−0.31
c_{4}	0.52	0.45	0.28	0.61	0.13	0.17	−0.23	0.50	0.65	−0.12	−0.42
c_{5}	0.41	0.32	0.16	0.58	0.14	0.06	−0.24	0.46	0.61	−0.05	−0.40
c_{6}	0.07	0.04	0.00	0.24	0.07	0.03	0.10	0.20	0.13	0.19	0.12
c_{7}	0.18	0.12	0.01	0.24	0.35	0.05	−0.36	0.14	0.16	0.06	−0.11
c_{8}	0.17	0.14	0.10	0.07	0.00	0.19	−0.12	0.12	0.06	−0.16	−0.39
c_{9}	0.65	0.63	0.62	0.49	−0.13	0.62	−0.30	0.40	0.50	−0.29	−0.33
c_{10}	0.96	0.95	0.90	0.90	−0.16	0.86	−0.25	0.82	0.87	−0.32	−0.30
c_{11}	0.89	0.88	0.77	0.82	−0.06	0.71	−0.30	0.70	0.82	−0.25	−0.25
c_{12}	0.53	0.48	0.39	0.64	−0.01	0.25	−0.24	0.62	0.61	−0.11	−0.33
c_{13}	0.48	0.46	0.35	0.60	−0.06	0.22	−0.20	0.59	0.58	−0.09	−0.29
c_{14}	0.58	0.45	0.40	0.48	−0.02	0.38	−0.45	0.33	0.58	0.22	−0.35
c_{15}	0.13	0.07	−0.04	0.14	0.13	0.00	−0.29	0.07	0.01	0.14	−0.06
c_{16}	0.22	0.16	0.21	0.21	−0.06	0.30	−0.21	0.17	0.14	0.19	0.12
c_{17}	0.13	0.03	0.00	0.01	0.30	0.00	−0.33	−0.05	−0.03	0.14	0.00
c_{18}	0.28	0.16	0.14	0.15	0.15	0.16	−0.20	0.15	0.03	−0.18	−0.12
c_{19}	−0.46	−0.32	−0.36	−0.42	0.07	−0.25	−0.08	−0.49	−0.50	0.35	0.71
c_{20}	−0.18	−0.26	−0.25	−0.20	0.35	−0.27	−0.16	−0.22	−0.16	0.50	0.03
c_{21}	0.85	0.86	0.72	0.78	−0.17	0.70	−0.17	0.72	0.78	−0.22	−0.28
c_{22}	0.24	0.19	0.19	0.13	0.02	0.17	−0.53	−0.03	0.20	0.04	−0.09
c_{23}	0.11	0.08	0.02	0.12	0.30	−0.03	−0.33	0.04	0.14	0.03	0.05
c_{24}	0.94	0.91	0.89	0.97	−0.16	0.85	−0.25	0.88	0.90	−0.24	−0.29
c_{25}	1.00	0.91	0.90	0.93	−0.08	0.86	−0.29	0.85	0.86	−0.28	−0.35
c_{26}	0.91	1.00	0.94	0.83	−0.27	0.88	−0.17	0.81	0.80	−0.26	−0.20
c_{27}	0.90	0.94	1.00	0.81	−0.25	0.93	−0.11	0.85	0.76	−0.33	−0.27
c_{28}	0.93	0.83	0.81	1.00	−0.09	0.78	−0.24	0.89	0.90	−0.25	−0.33
c_{29}	−0.08	−0.27	−0.25	−0.09	1.00	−0.29	−0.46	−0.16	−0.13	0.10	−0.06
c_{30}	0.86	0.88	0.93	0.78	−0.29	1.00	−0.19	0.74	0.65	−0.32	−0.11
c_{31}	−0.29	−0.17	−0.11	−0.24	−0.46	−0.19	1.00	0.04	−0.08	−0.16	−0.05
c_{32}	0.85	0.81	0.85	0.89	−0.16	0.74	0.04	1.00	0.85	−0.34	−0.48
c_{33}	0.86	0.80	0.76	0.90	−0.13	0.65	−0.08	0.85	1.00	−0.19	−0.45
c_{34}	−0.28	−0.26	−0.33	−0.25	0.10	−0.32	−0.16	−0.34	−0.19	1.00	0.35
c_{35}	−0.35	−0.20	−0.27	−0.33	−0.06	−0.11	−0.05	−0.48	−0.45	0.35	1.00

附表 125　2006 年区域自主创新效率初始指标相关系数

指标\指标	c_{1}	c_{2}	c_{3}	c_{4}	c_{5}	c_{6}	c_{7}	c_{8}	c_{9}	c_{10}	c_{11}	c_{12}
c_{1}	1.00	0.96	0.73	0.13	0.05	−0.08	0.04	−0.02	0.58	0.81	0.62	0.30
c_{2}	0.96	1.00	0.71	0.11	0.01	−0.20	0.07	−0.02	0.68	0.75	0.59	0.31
c_{3}	0.73	0.71	1.00	0.67	0.60	0.13	0.26	−0.10	0.50	0.91	0.89	0.68
c_{4}	0.13	0.11	0.67	1.00	0.93	0.30	0.51	0.26	0.11	0.51	0.63	0.71
c_{5}	0.05	0.01	0.60	0.93	1.00	0.35	0.54	0.20	0.02	0.39	0.49	0.60
c_{6}	−0.08	−0.20	0.13	0.30	0.35	1.00	0.19	0.02	−0.35	0.02	0.05	0.15
c_{7}	0.04	0.07	0.26	0.51	0.54	0.19	1.00	0.54	0.15	0.13	0.15	0.15
c_{8}	−0.02	−0.02	−0.10	0.26	0.20	0.02	0.54	1.00	0.21	−0.07	−0.12	−0.15
c_{9}	0.58	0.68	0.50	0.11	0.02	−0.35	0.15	0.21	1.00	0.54	0.48	0.11
c_{10}	0.81	0.75	0.91	0.51	0.39	0.02	0.13	−0.07	0.54	1.00	0.94	0.54
c_{11}	0.62	0.59	0.89	0.63	0.49	0.05	0.15	−0.12	0.48	0.94	1.00	0.61
c_{12}	0.30	0.31	0.68	0.71	0.60	0.15	0.15	−0.15	0.11	0.54	0.61	1.00
c_{13}	0.24	0.24	0.63	0.68	0.57	0.14	0.11	−0.12	0.10	0.51	0.59	0.98
c_{14}	0.29	0.31	0.42	0.45	0.43	0.01	0.41	0.36	0.42	0.44	0.46	0.18
c_{15}	−0.15	−0.21	−0.02	0.41	0.37	0.32	0.51	0.65	−0.05	0.02	0.06	0.00
c_{16}	0.27	0.19	0.14	0.17	0.20	−0.09	0.16	0.47	0.19	0.24	0.10	0.01
c_{17}	−0.08	−0.12	−0.01	0.10	0.06	−0.01	−0.04	−0.04	−0.10	0.09	0.19	−0.06
c_{18}	−0.16	−0.21	−0.16	0.21	0.15	0.31	0.55	0.75	−0.11	−0.11	−0.10	−0.12
c_{19}	−0.38	−0.40	−0.41	−0.33	−0.29	−0.06	−0.16	−0.25	−0.28	−0.42	−0.38	−0.37
c_{20}	−0.19	−0.19	−0.10	−0.11	−0.08	−0.16	0.08	−0.20	−0.14	−0.06	−0.03	−0.12
c_{21}	0.58	0.54	0.82	0.56	0.43	0.03	0.16	0.02	0.51	0.90	0.92	0.55
c_{22}	−0.06	0.01	−0.01	0.12	0.15	−0.28	0.55	0.47	0.31	−0.08	−0.08	−0.13
c_{23}	0.11	0.11	0.33	0.28	0.29	0.12	0.01	−0.20	0.24	0.25	0.27	0.35
c_{24}	0.82	0.75	0.92	0.53	0.48	0.18	0.19	−0.03	0.50	0.94	0.85	0.60
c_{25}	0.81	0.77	0.90	0.56	0.45	0.10	0.26	0.07	0.54	0.94	0.88	0.56
c_{26}	0.61	0.57	0.81	0.55	0.40	0.05	0.08	−0.01	0.51	0.91	0.92	0.52
c_{27}	0.60	0.56	0.77	0.49	0.33	−0.02	0.02	−0.01	0.56	0.90	0.92	0.45
c_{28}	0.78	0.71	0.92	0.58	0.53	0.19	0.23	−0.03	0.45	0.91	0.83	0.66
c_{29}	−0.15	−0.09	0.05	0.22	0.26	0.20	0.56	0.08	−0.10	−0.16	−0.06	0.07
c_{30}	0.93	0.88	0.75	0.21	0.08	−0.04	0.04	0.07	0.63	0.88	0.72	0.25
c_{31}	−0.16	−0.25	−0.37	−0.40	−0.31	0.08	−0.46	−0.10	−0.32	−0.29	−0.35	−0.30
c_{32}	0.81	0.71	0.76	0.40	0.35	0.09	0.07	−0.01	0.36	0.80	0.65	0.59
c_{33}	0.79	0.74	0.94	0.54	0.46	0.08	0.20	−0.04	0.57	0.97	0.91	0.56
c_{34}	−0.35	−0.31	−0.23	−0.10	−0.02	0.25	−0.02	−0.10	−0.28	−0.35	−0.27	−0.12
c_{35}	−0.31	−0.33	−0.41	−0.40	−0.42	0.21	−0.25	−0.21	−0.42	−0.36	−0.31	−0.37

续表

指标	c_{13}	c_{14}	c_{15}	c_{16}	c_{17}	c_{18}	c_{19}	c_{20}	c_{21}	c_{22}	c_{23}	c_{24}
c_{1}	0.24	0.29	−0.15	0.27	−0.08	−0.16	−0.38	−0.19	0.58	−0.06	0.11	0.82
c_{2}	0.24	0.31	−0.21	0.19	−0.12	−0.21	−0.40	−0.19	0.54	0.01	0.11	0.75
c_{3}	0.63	0.42	−0.02	0.14	−0.01	−0.16	−0.41	−0.10	0.82	−0.01	0.33	0.92
c_{4}	0.68	0.45	0.41	0.17	0.10	0.21	−0.33	−0.11	0.56	0.12	0.28	0.53
c_{5}	0.57	0.43	0.37	0.20	0.06	0.15	−0.29	−0.08	0.43	0.15	0.29	0.48
c_{6}	0.14	0.01	0.32	−0.09	−0.01	0.31	−0.06	−0.16	0.03	−0.28	0.12	0.18
c_{7}	0.11	0.41	0.51	0.16	−0.04	0.55	−0.16	0.08	0.16	0.55	0.01	0.19
c_{8}	−0.12	0.36	0.65	0.47	−0.04	0.75	−0.25	−0.20	0.02	0.47	−0.20	−0.03
c_{9}	0.10	0.42	−0.05	0.19	−0.10	−0.11	−0.28	−0.14	0.51	0.31	0.24	0.50
c_{10}	0.51	0.44	0.02	0.24	0.09	−0.11	−0.42	−0.06	0.90	−0.08	0.25	0.94
c_{11}	0.59	0.46	0.06	0.10	0.19	−0.10	−0.38	−0.03	0.92	−0.08	0.27	0.85
c_{12}	0.98	0.18	0.00	0.01	−0.06	−0.12	−0.37	−0.12	0.55	−0.13	0.35	0.60
c_{13}	1.00	0.17	0.02	0.04	−0.03	−0.08	−0.34	−0.10	0.58	−0.12	0.34	0.56
c_{14}	0.17	1.00	0.67	0.31	0.11	0.25	−0.21	−0.09	0.53	0.38	0.08	0.42
c_{15}	0.02	0.67	1.00	0.27	0.09	0.75	−0.12	−0.07	0.15	0.37	−0.09	0.04
c_{16}	0.04	0.31	0.27	1.00	0.21	0.21	−0.07	0.16	0.15	0.43	0.06	0.29
c_{17}	−0.03	0.11	0.09	0.21	1.00	−0.06	0.25	0.35	0.17	−0.05	−0.03	0.01
c_{18}	−0.08	0.25	0.75	0.21	−0.06	1.00	−0.29	−0.08	0.02	0.34	−0.21	−0.07
c_{19}	−0.34	−0.21	−0.12	−0.07	0.25	−0.29	1.00	0.40	−0.40	−0.04	−0.14	−0.49
c_{20}	−0.10	−0.09	−0.07	0.16	0.35	−0.08	0.40	1.00	−0.03	0.28	−0.19	−0.19
c_{21}	0.58	0.53	0.15	0.15	0.17	0.02	−0.40	−0.03	1.00	−0.05	0.25	0.82
c_{22}	−0.12	0.38	0.37	0.43	−0.05	0.34	−0.04	0.28	−0.05	1.00	−0.01	−0.08
c_{23}	0.34	0.08	−0.09	0.06	−0.03	−0.21	−0.14	−0.19	0.25	−0.01	1.00	0.28
c_{24}	0.56	0.42	0.04	0.29	0.01	−0.07	−0.49	−0.19	0.82	−0.08	0.28	1.00
c_{25}	0.51	0.52	0.17	0.22	0.06	0.04	−0.52	−0.19	0.84	−0.01	0.24	0.94
c_{26}	0.52	0.42	0.09	0.19	0.17	−0.02	−0.38	−0.05	0.91	−0.09	0.25	0.84
c_{27}	0.47	0.44	0.07	0.20	0.21	−0.06	−0.34	−0.05	0.93	−0.07	0.29	0.79
c_{28}	0.62	0.43	0.09	0.25	0.04	−0.06	−0.48	−0.17	0.81	−0.10	0.30	0.98
c_{29}	0.01	0.14	0.18	−0.29	0.12	0.11	0.14	0.07	−0.14	0.16	0.03	−0.15
c_{30}	0.22	0.36	−0.05	0.34	0.05	−0.08	−0.32	−0.14	0.72	−0.06	0.11	0.85
c_{31}	−0.25	−0.42	−0.23	−0.19	−0.22	0.02	−0.09	−0.16	−0.22	−0.38	−0.29	−0.26
c_{32}	0.56	0.25	−0.04	0.19	−0.08	−0.04	−0.56	−0.26	0.69	−0.21	0.18	0.85
c_{33}	0.53	0.49	0.04	0.25	0.03	−0.08	−0.40	−0.05	0.90	−0.02	0.27	0.95
c_{34}	−0.10	0.16	0.11	−0.11	0.15	−0.08	0.19	−0.08	−0.26	0.04	−0.01	−0.27
c_{35}	−0.33	−0.31	−0.08	−0.16	0.16	−0.01	0.62	0.17	−0.34	−0.18	−0.24	−0.38

续表

指标	c_{25}	c_{26}	c_{27}	c_{28}	c_{29}	c_{30}	c_{31}	c_{32}	c_{33}	c_{34}	c_{35}
c_{1}	0.81	0.61	0.60	0.78	−0.15	0.93	−0.16	0.81	0.79	−0.35	−0.31
c_{2}	0.77	0.57	0.56	0.71	−0.09	0.88	−0.25	0.71	0.74	−0.31	−0.33
c_{3}	0.90	0.81	0.77	0.92	0.05	0.75	−0.37	0.76	0.94	−0.23	−0.41
c_{4}	0.56	0.55	0.49	0.58	0.22	0.21	−0.40	0.40	0.54	−0.10	−0.40
c_{5}	0.45	0.40	0.33	0.53	0.26	0.08	−0.31	0.35	0.46	−0.02	−0.42
c_{6}	0.10	0.05	−0.02	0.19	0.20	−0.04	0.08	0.09	0.08	0.25	0.21
c_{7}	0.26	0.08	0.02	0.23	0.56	0.04	−0.46	0.07	0.20	−0.02	−0.25
c_{8}	0.07	−0.01	−0.01	−0.03	0.08	0.07	−0.10	−0.01	−0.04	−0.10	−0.21
c_{9}	0.54	0.51	0.56	0.45	−0.10	0.63	−0.32	0.36	0.57	−0.28	−0.42
c_{10}	0.94	0.91	0.90	0.91	−0.16	0.88	−0.29	0.80	0.97	−0.35	−0.36
c_{11}	0.88	0.92	0.92	0.83	−0.06	0.72	−0.35	0.65	0.91	−0.27	−0.31
c_{12}	0.56	0.52	0.45	0.66	0.07	0.25	−0.30	0.59	0.56	−0.12	−0.37
c_{13}	0.51	0.52	0.47	0.62	0.01	0.22	−0.25	0.56	0.53	−0.10	−0.33
c_{14}	0.52	0.42	0.44	0.43	0.14	0.36	−0.42	0.25	0.49	0.16	−0.31
c_{15}	0.17	0.09	0.07	0.09	0.18	−0.05	−0.23	−0.04	0.04	0.11	−0.08
c_{16}	0.22	0.19	0.20	0.25	−0.29	0.34	−0.19	0.19	0.25	−0.11	−0.16
c_{17}	0.06	0.17	0.21	0.04	0.12	0.05	−0.22	−0.08	0.03	0.15	0.16
c_{18}	0.04	−0.02	−0.06	−0.06	0.11	−0.08	0.02	−0.04	−0.08	−0.08	−0.01
c_{19}	−0.52	−0.38	−0.34	−0.48	0.14	−0.32	−0.09	−0.56	−0.40	0.19	0.62
c_{20}	−0.19	−0.05	−0.05	−0.17	0.07	−0.14	−0.16	−0.26	−0.05	−0.08	0.17
c_{21}	0.84	0.91	0.93	0.81	−0.14	0.72	−0.22	0.69	0.90	−0.26	−0.34
c_{22}	−0.01	−0.09	−0.07	−0.10	0.16	−0.06	−0.38	−0.21	−0.02	0.04	−0.18
c_{23}	0.24	0.25	0.29	0.30	0.03	0.11	−0.29	0.18	0.27	−0.01	−0.24
c_{24}	0.94	0.84	0.79	0.98	−0.15	0.85	−0.26	0.85	0.95	−0.27	−0.38
c_{25}	1.00	0.83	0.81	0.95	−0.03	0.85	−0.32	0.82	0.92	−0.32	−0.41
c_{26}	0.83	1.00	0.98	0.80	−0.26	0.76	−0.23	0.65	0.89	−0.23	−0.22
c_{27}	0.81	0.98	1.00	0.75	−0.28	0.77	−0.21	0.62	0.87	−0.28	−0.25
c_{28}	0.95	0.80	0.75	1.00	−0.07	0.80	−0.27	0.86	0.93	−0.29	−0.41
c_{29}	−0.03	−0.26	−0.28	−0.07	1.00	−0.26	−0.44	−0.17	−0.12	0.25	−0.05
c_{30}	0.85	0.76	0.77	0.80	−0.26	1.00	−0.21	0.74	0.86	−0.34	−0.23
c_{31}	−0.32	−0.23	−0.21	−0.27	−0.44	−0.21	1.00	0.09	−0.30	−0.22	0.03
c_{32}	0.82	0.65	0.62	0.86	−0.17	0.74	0.09	1.00	0.79	−0.40	−0.53
c_{33}	0.92	0.89	0.87	0.93	−0.12	0.86	−0.30	0.79	1.00	−0.28	−0.36
c_{34}	−0.32	−0.23	−0.28	−0.29	0.25	−0.34	−0.22	−0.40	−0.28	1.00	0.35
c_{35}	−0.41	−0.22	−0.25	−0.41	−0.05	−0.23	0.03	−0.53	−0.36	0.35	1.00

附表 126　2007 年区域自主创新效率初始指标相关系数

指标＼指标	c_1	c_2	c_3	c_4	c_5	c_6	c_7	c_8	c_9	c_{10}	c_{11}	c_{12}
c_1	1.00	0.37	0.61	0.59	0.49	−0.13	0.01	−0.23	0.39	0.70	0.86	0.49
c_2	0.37	1.00	0.79	0.17	0.06	−0.23	0.08	−0.15	0.65	0.77	0.60	0.34
c_3	0.61	0.79	1.00	0.58	0.53	0.17	0.18	−0.17	0.44	0.92	0.86	0.62
c_4	0.59	0.17	0.58	1.00	0.92	0.28	0.42	0.22	0.12	0.54	0.70	0.70
c_5	0.49	0.06	0.53	0.92	1.00	0.40	0.40	0.17	0.00	0.46	0.59	0.62
c_6	−0.13	−0.23	0.17	0.28	0.40	1.00	0.30	0.20	−0.42	0.02	0.02	0.17
c_7	0.01	0.08	0.18	0.42	0.40	0.30	1.00	0.58	0.13	0.08	0.10	0.08
c_8	−0.23	−0.15	−0.17	0.22	0.17	0.20	0.58	1.00	0.10	−0.16	−0.21	−0.22
c_9	0.39	0.65	0.44	0.12	0.00	−0.42	0.13	0.10	1.00	0.47	0.39	0.08
c_{10}	0.70	0.77	0.92	0.54	0.46	0.02	0.08	−0.16	0.47	1.00	0.93	0.54
c_{11}	0.86	0.60	0.86	0.70	0.59	0.02	0.10	−0.21	0.39	0.93	1.00	0.63
c_{12}	0.49	0.34	0.62	0.70	0.62	0.17	0.08	−0.22	0.08	0.54	0.63	1.00
c_{13}	0.50	0.26	0.57	0.67	0.59	0.17	0.05	−0.18	0.06	0.51	0.60	0.98
c_{14}	0.46	0.59	0.57	0.34	0.31	−0.11	0.17	−0.01	0.52	0.55	0.52	0.22
c_{15}	0.12	−0.19	0.00	0.39	0.39	0.36	0.42	0.56	0.00	0.02	0.10	0.02
c_{16}	0.12	0.38	0.22	−0.19	−0.21	−0.19	−0.13	−0.03	0.42	0.31	0.17	0.02
c_{17}	0.26	−0.08	0.11	0.11	0.17	0.03	−0.14	0.03	−0.07	0.14	0.21	0.03
c_{18}	−0.13	−0.23	−0.22	−0.20	−0.18	0.10	0.00	−0.04	−0.19	−0.21	−0.11	−0.11
c_{19}	−0.32	−0.39	−0.35	−0.38	−0.35	0.10	−0.15	−0.15	−0.37	−0.43	−0.39	−0.37
c_{20}	0.11	−0.14	−0.11	−0.01	0.03	−0.23	0.20	0.03	−0.02	−0.09	0.03	−0.13
c_{21}	0.82	0.57	0.80	0.63	0.52	0.02	0.15	0.01	0.46	0.89	0.91	0.54
c_{22}	0.28	0.32	0.13	0.05	−0.02	−0.60	0.06	−0.29	0.49	0.16	0.22	0.12
c_{23}	0.36	0.10	0.42	0.55	0.51	0.20	0.12	−0.34	0.02	0.30	0.44	0.53
c_{24}	0.63	0.75	0.94	0.54	0.52	0.19	0.14	−0.11	0.42	0.94	0.85	0.61
c_{25}	0.60	0.73	0.94	0.57	0.55	0.18	0.17	−0.08	0.41	0.93	0.83	0.64
c_{26}	0.62	0.47	0.67	0.58	0.40	0.13	0.05	−0.15	0.20	0.70	0.76	0.55
c_{27}	0.59	0.53	0.67	0.50	0.31	0.06	−0.04	−0.18	0.29	0.71	0.73	0.52
c_{28}	0.63	0.74	0.94	0.52	0.51	0.18	0.16	−0.10	0.41	0.94	0.84	0.60
c_{29}	−0.10	−0.11	0.03	0.18	0.19	0.26	0.42	−0.12	−0.22	−0.19	−0.05	0.12
c_{30}	0.44	0.88	0.82	0.23	0.12	−0.07	0.06	−0.01	0.58	0.87	0.68	0.26
c_{31}	−0.31	−0.25	−0.32	−0.35	−0.28	0.04	−0.39	0.00	−0.31	−0.29	−0.37	−0.29
c_{32}	0.34	0.73	0.83	0.38	0.36	0.13	0.03	−0.09	0.34	0.80	0.63	0.56
c_{33}	0.70	0.75	0.94	0.57	0.52	0.07	0.15	−0.12	0.52	0.97	0.90	0.57
c_{34}	−0.13	−0.27	−0.19	−0.13	−0.13	0.24	−0.02	−0.12	−0.29	−0.32	−0.24	−0.11
c_{35}	−0.28	−0.33	−0.37	−0.43	−0.40	0.11	−0.16	−0.12	−0.44	−0.38	−0.34	−0.38

续表

指标＼指标	c_{13}	c_{14}	c_{15}	c_{16}	c_{17}	c_{18}	c_{19}	c_{20}	c_{21}	c_{22}	c_{23}	c_{24}
c_1	0.50	0.46	0.12	0.12	0.26	−0.13	−0.32	0.11	0.82	0.28	0.36	0.63
c_2	0.26	0.59	−0.19	0.38	−0.08	−0.23	−0.39	−0.14	0.57	0.32	0.10	0.75
c_3	0.57	0.57	0.00	0.22	0.11	−0.22	−0.35	−0.11	0.80	0.13	0.42	0.94
c_4	0.67	0.34	0.39	−0.19	0.11	−0.20	−0.38	−0.01	0.63	0.05	0.55	0.54
c_5	0.59	0.31	0.39	−0.21	0.17	−0.18	−0.35	0.03	0.52	−0.02	0.51	0.52
c_6	0.17	−0.11	0.36	−0.19	0.03	0.10	0.10	−0.23	0.02	−0.60	0.20	0.19
c_7	0.05	0.17	0.42	−0.13	−0.14	0.00	−0.15	0.20	0.15	0.06	0.12	0.14
c_8	−0.18	−0.01	0.56	−0.03	0.03	−0.04	−0.15	0.03	0.01	−0.29	−0.34	−0.11
c_9	0.06	0.52	0.00	0.42	−0.07	−0.19	−0.37	−0.02	0.46	0.49	0.02	0.42
c_{10}	0.51	0.55	0.02	0.31	0.14	−0.21	−0.43	−0.09	0.89	0.16	0.30	0.94
c_{11}	0.60	0.52	0.10	0.17	0.21	−0.11	−0.39	0.03	0.91	0.22	0.44	0.85
c_{12}	0.98	0.22	0.02	0.02	0.03	−0.11	−0.37	−0.13	0.54	0.12	0.53	0.61
c_{13}	1.00	0.18	0.04	0.03	0.06	−0.09	−0.33	−0.10	0.56	0.08	0.45	0.57
c_{14}	0.18	1.00	0.45	0.16	0.04	−0.33	−0.33	−0.04	0.54	0.35	0.20	0.50
c_{15}	0.04	0.45	1.00	−0.11	0.11	−0.13	−0.13	−0.01	0.19	−0.11	0.03	0.05
c_{16}	0.03	0.16	−0.11	1.00	−0.06	0.08	−0.22	0.03	0.19	0.20	−0.13	0.26
c_{17}	0.06	0.04	0.11	−0.06	1.00	0.15	0.17	0.23	0.20	−0.21	0.04	0.14
c_{18}	−0.09	−0.33	−0.13	0.08	0.15	1.00	0.11	0.19	−0.17	−0.02	−0.18	−0.21
c_{19}	−0.33	−0.33	−0.13	−0.22	0.17	0.11	1.00	0.18	−0.42	−0.10	−0.09	−0.46
c_{20}	−0.10	−0.04	−0.01	0.03	0.23	0.19	0.18	1.00	0.07	0.37	−0.15	−0.16
c_{21}	0.56	0.54	0.19	0.19	0.20	−0.17	−0.42	0.07	1.00	0.11	0.23	0.81
c_{22}	0.08	0.35	−0.11	0.20	−0.21	−0.02	−0.10	0.37	0.11	1.00	0.25	0.06
c_{23}	0.45	0.20	0.03	−0.13	0.04	−0.18	−0.09	−0.15	0.23	0.25	1.00	0.32
c_{24}	0.57	0.50	0.05	0.26	0.14	−0.21	−0.46	−0.16	0.81	0.06	0.32	1.00
c_{25}	0.61	0.50	0.07	0.23	0.12	−0.25	−0.47	−0.20	0.83	0.03	0.32	0.98
c_{26}	0.50	0.31	0.08	0.03	0.27	−0.19	−0.19	−0.09	0.58	0.04	0.43	0.68
c_{27}	0.47	0.37	0.07	0.14	0.30	−0.21	−0.24	−0.19	0.58	0.05	0.41	0.67
c_{28}	0.57	0.52	0.06	0.27	0.13	−0.26	−0.45	−0.13	0.85	0.04	0.28	0.98
c_{29}	0.05	0.00	0.12	−0.35	0.06	0.09	0.33	0.09	−0.24	0.14	0.40	−0.14
c_{30}	0.23	0.50	−0.08	0.40	0.09	−0.18	−0.28	−0.13	0.72	0.11	0.06	0.82
c_{31}	−0.23	−0.43	−0.33	−0.18	−0.18	0.06	−0.04	−0.21	−0.21	−0.51	−0.47	−0.27
c_{32}	0.54	0.37	−0.12	0.21	0.05	−0.27	−0.49	−0.25	0.69	−0.11	0.14	0.83
c_{33}	0.54	0.60	0.06	0.30	0.07	−0.22	−0.40	−0.05	0.90	0.17	0.30	0.94
c_{34}	−0.10	0.12	0.21	−0.37	−0.06	−0.04	0.41	0.06	−0.26	−0.04	0.06	−0.26
c_{35}	−0.34	−0.33	−0.12	−0.01	0.05	0.33	0.75	0.29	−0.38	−0.02	−0.20	−0.39

续表

指标＼指标	c_{25}	c_{26}	c_{27}	c_{28}	c_{29}	c_{30}	c_{31}	c_{32}	c_{33}	c_{34}	c_{35}
c_{1}	0.60	0.62	0.59	0.63	-0.10	0.44	-0.31	0.34	0.70	-0.13	-0.28
c_{2}	0.73	0.47	0.53	0.74	-0.11	0.88	-0.25	0.73	0.75	-0.27	-0.33
c_{3}	0.94	0.67	0.67	0.94	0.03	0.82	-0.32	0.83	0.94	-0.19	-0.37
c_{4}	0.57	0.58	0.50	0.52	0.18	0.23	-0.35	0.38	0.57	-0.13	-0.43
c_{5}	0.55	0.40	0.31	0.51	0.19	0.12	-0.28	0.36	0.52	-0.13	-0.40
c_{6}	0.18	0.13	0.06	0.18	0.26	-0.07	0.04	0.13	0.07	0.24	0.11
c_{7}	0.17	0.05	-0.04	0.16	0.42	0.06	-0.39	0.03	0.15	-0.02	-0.16
c_{8}	-0.08	-0.15	-0.18	-0.10	-0.12	-0.01	0.00	-0.09	-0.12	-0.12	-0.12
c_{9}	0.41	0.20	0.29	0.41	-0.22	0.58	-0.31	0.34	0.52	-0.29	-0.44
c_{10}	0.93	0.70	0.71	0.94	-0.19	0.87	-0.29	0.80	0.97	-0.32	-0.38
c_{11}	0.83	0.76	0.73	0.84	-0.05	0.68	-0.37	0.63	0.90	-0.24	-0.34
c_{12}	0.64	0.55	0.52	0.60	0.12	0.26	-0.29	0.56	0.57	-0.11	-0.38
c_{13}	0.61	0.50	0.47	0.57	0.05	0.23	-0.23	0.54	0.54	-0.10	-0.34
c_{14}	0.50	0.31	0.37	0.52	0.00	0.50	-0.43	0.37	0.60	0.12	-0.33
c_{15}	0.07	0.08	0.07	0.06	0.12	-0.08	-0.33	-0.12	0.06	0.21	-0.12
c_{16}	0.23	0.03	0.14	0.27	-0.35	0.40	-0.18	0.21	0.30	-0.37	-0.01
c_{17}	0.12	0.27	0.30	0.13	0.06	0.09	-0.18	0.05	0.07	-0.06	0.05
c_{18}	-0.25	-0.19	-0.21	-0.26	0.09	-0.18	0.06	-0.27	-0.22	-0.04	0.33
c_{19}	-0.47	-0.19	-0.24	-0.45	0.33	-0.28	-0.04	-0.49	-0.40	0.41	0.75
c_{20}	-0.20	-0.09	-0.19	-0.13	0.09	-0.13	-0.21	-0.25	-0.05	0.06	0.29
c_{21}	0.83	0.58	0.58	0.85	-0.24	0.72	-0.21	0.69	0.90	-0.26	-0.38
c_{22}	0.03	0.04	0.05	0.04	0.14	0.11	-0.51	-0.11	0.17	-0.04	-0.02
c_{23}	0.32	0.43	0.41	0.28	0.40	0.06	-0.47	0.14	0.30	0.06	-0.20
c_{24}	0.98	0.68	0.67	0.98	-0.14	0.82	-0.27	0.83	0.94	-0.26	-0.39
c_{25}	1.00	0.61	0.62	0.98	-0.14	0.81	-0.23	0.88	0.94	-0.28	-0.47
c_{26}	0.61	1.00	0.95	0.61	0.05	0.53	-0.34	0.47	0.60	-0.08	-0.20
c_{27}	0.62	0.95	1.00	0.61	0.00	0.58	-0.32	0.52	0.59	-0.16	-0.27
c_{28}	0.98	0.61	0.61	1.00	-0.16	0.83	-0.23	0.87	0.96	-0.29	-0.41
c_{29}	-0.14	0.05	0.00	-0.16	1.00	-0.27	-0.50	-0.24	-0.17	0.37	0.13
c_{30}	0.81	0.53	0.58	0.83	-0.27	1.00	-0.22	0.75	0.84	-0.33	-0.27
c_{31}	-0.23	-0.34	-0.32	-0.23	-0.50	-0.22	1.00	0.10	-0.30	-0.19	0.01
c_{32}	0.88	0.47	0.52	0.87	-0.24	0.75	0.10	1.00	0.79	-0.36	-0.52
c_{33}	0.94	0.60	0.59	0.96	-0.17	0.84	-0.30	0.79	1.00	-0.26	-0.38
c_{34}	-0.28	-0.08	-0.16	-0.29	0.37	-0.33	-0.19	-0.36	-0.26	1.00	0.29
c_{35}	-0.47	-0.20	-0.27	-0.41	0.13	-0.27	0.01	-0.52	-0.38	0.29	1.00

附表 127　2008 年区域自主创新效率初始指标相关系数

指标\指标	c_1	c_2	c_3	c_4	c_5	c_6	c_7	c_8	c_9	c_{10}	c_{11}	c_{12}
c_1	1.00	0.96	0.90	0.21	0.20	−0.03	0.02	−0.16	0.56	0.83	0.62	0.34
c_2	0.96	1.00	0.83	0.18	0.13	−0.21	0.03	−0.20	0.66	0.77	0.60	0.34
c_3	0.90	0.83	1.00	0.46	0.54	0.15	0.12	−0.18	0.42	0.91	0.82	0.56
c_4	0.21	0.18	0.46	1.00	0.86	0.11	0.28	0.15	−0.03	0.43	0.55	0.55
c_5	0.20	0.13	0.54	0.86	1.00	0.30	0.35	0.06	−0.09	0.45	0.59	0.61
c_6	−0.03	−0.21	0.15	0.11	0.30	1.00	0.13	0.05	−0.44	0.02	0.01	0.18
c_7	0.02	0.03	0.12	0.28	0.35	0.13	1.00	0.45	0.02	−0.02	−0.01	0.05
c_8	−0.16	−0.20	−0.18	0.15	0.06	0.05	0.45	1.00	0.04	−0.21	−0.29	−0.26
c_9	0.56	0.66	0.42	−0.03	−0.09	−0.44	0.02	0.04	1.00	0.44	0.33	0.02
c_{10}	0.83	0.77	0.91	0.43	0.45	0.02	−0.02	−0.21	0.44	1.00	0.92	0.49
c_{11}	0.62	0.60	0.82	0.55	0.59	0.01	−0.01	−0.29	0.33	0.92	1.00	0.61
c_{12}	0.34	0.34	0.56	0.55	0.61	0.18	0.05	−0.26	0.02	0.49	0.61	1.00
c_{13}	0.24	0.26	0.46	0.45	0.47	0.12	0.03	−0.22	0.06	0.38	0.50	0.85
c_{14}	0.56	0.59	0.58	0.20	0.28	−0.10	0.03	−0.17	0.46	0.55	0.50	0.26
c_{15}	−0.08	−0.13	0.05	0.04	0.22	0.25	−0.01	0.11	0.01	0.10	0.20	0.10
c_{16}	0.20	0.17	0.13	0.02	−0.02	−0.01	0.18	0.58	0.25	0.13	0.00	0.01
c_{17}	−0.13	−0.19	−0.10	0.14	0.11	0.36	0.48	0.57	−0.22	−0.09	−0.11	−0.11
c_{18}	−0.19	−0.17	−0.22	−0.28	−0.22	−0.04	0.25	−0.15	−0.07	−0.15	−0.06	−0.09
c_{19}	−0.41	−0.42	−0.44	−0.42	−0.33	0.21	−0.02	−0.02	−0.36	−0.46	−0.42	−0.38
c_{20}	−0.18	−0.20	−0.14	−0.22	−0.11	0.22	0.06	−0.13	−0.25	−0.12	−0.05	−0.16
c_{21}	0.64	0.60	0.79	0.54	0.51	0.01	0.07	−0.02	0.44	0.89	0.88	0.48
c_{22}	0.15	0.26	0.11	−0.10	−0.03	−0.61	0.02	−0.30	0.44	0.15	0.25	0.14
c_{23}	0.10	0.12	0.24	0.19	0.27	−0.15	0.25	−0.16	0.13	0.19	0.22	0.16
c_{24}	0.80	0.72	0.93	0.44	0.55	0.22	0.08	−0.15	0.37	0.92	0.83	0.56
c_{25}	0.80	0.70	0.92	0.45	0.55	0.24	0.09	−0.06	0.34	0.89	0.79	0.54
c_{26}	0.56	0.54	0.68	0.46	0.45	0.12	−0.02	−0.21	0.20	0.77	0.80	0.53
c_{27}	0.61	0.59	0.68	0.39	0.36	0.08	−0.12	−0.21	0.28	0.75	0.75	0.52
c_{28}	0.84	0.74	0.93	0.42	0.50	0.19	0.07	−0.10	0.38	0.92	0.79	0.54
c_{29}	−0.10	−0.08	0.01	−0.12	0.07	0.29	0.32	−0.13	−0.15	−0.18	−0.05	0.11
c_{30}	0.90	0.85	0.83	0.18	0.18	−0.08	−0.03	−0.03	0.62	0.87	0.67	0.21
c_{31}	−0.23	−0.28	−0.32	0.18	−0.10	0.05	−0.20	0.13	−0.29	−0.32	−0.41	−0.28
c_{32}	0.80	0.70	0.74	0.43	0.30	0.13	−0.01	−0.04	0.27	0.65	0.42	0.36
c_{33}	0.81	0.75	0.92	0.44	0.51	0.07	0.06	−0.16	0.49	0.95	0.87	0.52
c_{34}	−0.29	−0.29	−0.23	−0.21	−0.08	0.32	−0.01	−0.10	−0.28	−0.30	−0.22	−0.10
c_{35}	−0.34	−0.35	−0.37	−0.53	−0.42	0.09	−0.26	−0.06	−0.32	−0.30	−0.24	−0.35

续表

指标	c_{13}	c_{14}	c_{15}	c_{16}	c_{17}	c_{18}	c_{19}	c_{20}	c_{21}	c_{22}	c_{23}	c_{24}
c_{1}	0.24	0.56	−0.08	0.20	−0.13	−0.19	−0.41	−0.18	0.64	0.15	0.10	0.80
c_{2}	0.26	0.59	−0.13	0.17	−0.19	−0.17	−0.42	−0.20	0.60	0.26	0.12	0.72
c_{3}	0.46	0.58	0.05	0.13	−0.10	−0.22	−0.44	−0.14	0.79	0.11	0.24	0.93
c_{4}	0.45	0.20	0.04	0.02	0.14	−0.28	−0.42	−0.22	0.54	−0.10	0.19	0.44
c_{5}	0.47	0.28	0.22	−0.02	0.11	−0.22	−0.33	−0.11	0.51	−0.03	0.27	0.55
c_{6}	0.12	−0.10	0.25	−0.01	0.36	−0.04	0.21	0.22	0.01	−0.61	−0.15	0.22
c_{7}	0.03	0.03	−0.01	0.18	0.48	0.25	−0.02	0.06	0.07	0.02	0.25	0.08
c_{8}	−0.22	−0.17	0.11	0.58	0.57	−0.15	−0.02	−0.13	−0.02	−0.30	−0.16	−0.15
c_{9}	0.06	0.46	0.01	0.25	−0.22	−0.07	−0.36	−0.25	0.44	0.44	0.13	0.37
c_{10}	0.38	0.55	0.10	0.13	−0.09	−0.15	−0.46	−0.12	0.89	0.15	0.19	0.92
c_{11}	0.50	0.50	0.20	0.00	−0.11	−0.06	−0.42	−0.05	0.88	0.25	0.22	0.83
c_{12}	0.85	0.26	0.10	0.01	−0.11	−0.09	−0.38	−0.16	0.48	0.14	0.16	0.56
c_{13}	1.00	0.20	0.06	−0.02	−0.09	−0.07	−0.27	−0.11	0.45	0.05	0.06	0.42
c_{14}	0.20	1.00	0.57	0.22	−0.16	−0.26	−0.33	−0.19	0.50	0.27	0.21	0.49
c_{15}	0.06	0.57	1.00	0.22	0.15	−0.11	−0.04	0.01	0.13	0.04	0.01	0.12
c_{16}	−0.02	0.22	0.22	1.00	0.34	−0.19	−0.27	−0.26	0.16	−0.11	−0.14	0.18
c_{17}	−0.09	−0.16	0.15	0.34	1.00	0.24	0.38	0.55	0.02	−0.37	−0.22	−0.01
c_{18}	−0.07	−0.26	−0.11	−0.19	0.24	1.00	0.39	0.60	−0.15	0.22	−0.12	−0.20
c_{19}	−0.27	−0.33	−0.04	−0.27	0.38	0.39	1.00	0.61	−0.42	−0.17	−0.18	−0.47
c_{20}	−0.11	−0.19	0.01	−0.26	0.55	0.60	0.61	1.00	−0.08	−0.09	−0.08	−0.10
c_{21}	0.45	0.50	0.13	0.16	0.02	−0.15	−0.42	−0.08	1.00	0.12	0.07	0.81
c_{22}	0.05	0.27	0.04	−0.11	−0.37	0.22	−0.17	−0.09	0.12	1.00	0.19	0.04
c_{23}	0.06	0.21	0.01	−0.14	−0.22	−0.12	−0.18	−0.08	0.07	0.19	1.00	0.18
c_{24}	0.42	0.49	0.12	0.18	−0.01	−0.20	−0.47	−0.10	0.81	0.04	0.18	1.00
c_{25}	0.42	0.50	0.13	0.21	−0.03	−0.26	−0.50	−0.17	0.82	−0.06	0.15	0.97
c_{26}	0.39	0.41	0.22	0.05	0.16	0.00	−0.25	0.09	0.59	0.06	0.13	0.71
c_{27}	0.39	0.43	0.20	0.11	0.02	−0.11	−0.32	−0.08	0.55	0.08	0.09	0.69
c_{28}	0.43	0.48	0.06	0.21	−0.02	−0.22	−0.47	−0.14	0.84	0.00	0.13	0.97
c_{29}	0.05	−0.10	0.03	−0.27	−0.11	0.21	0.24	−0.02	−0.26	0.04	0.14	−0.10
c_{30}	0.15	0.46	−0.05	0.19	−0.04	−0.18	−0.32	−0.04	0.76	0.09	0.11	0.82
c_{31}	−0.22	−0.41	−0.40	−0.13	0.04	−0.11	−0.01	−0.05	−0.21	−0.52	−0.29	−0.30
c_{32}	0.29	0.30	−0.25	0.12	−0.08	−0.30	−0.48	−0.27	0.55	−0.19	−0.06	0.69
c_{33}	0.45	0.64	0.17	0.20	−0.06	−0.17	−0.43	−0.08	0.91	0.15	0.17	0.92
c_{34}	−0.09	0.13	0.27	−0.22	0.13	0.11	0.45	0.33	−0.25	−0.02	−0.02	−0.26
c_{35}	−0.25	−0.41	−0.04	−0.08	0.25	0.41	0.70	0.65	−0.32	−0.08	−0.16	−0.29

续表

指标	c_{25}	c_{26}	c_{27}	c_{28}	c_{29}	c_{30}	c_{31}	c_{32}	c_{33}	c_{34}	c_{35}
c_{1}	0.80	0.56	0.61	0.84	−0.10	0.90	−0.23	0.80	0.81	−0.29	−0.34
c_{2}	0.70	0.54	0.59	0.74	−0.08	0.85	−0.28	0.70	0.75	−0.29	−0.35
c_{3}	0.92	0.68	0.68	0.93	0.01	0.83	−0.32	0.74	0.92	−0.23	−0.37
c_{4}	0.45	0.46	0.39	0.42	−0.12	0.18	0.18	0.43	0.44	−0.21	−0.53
c_{5}	0.55	0.45	0.36	0.50	0.07	0.18	−0.10	0.30	0.51	−0.08	−0.42
c_{6}	0.24	0.12	0.08	0.19	0.29	−0.08	0.05	0.13	0.07	0.32	0.09
c_{7}	0.09	−0.02	−0.12	0.07	0.32	−0.03	−0.20	−0.01	0.06	−0.01	−0.26
c_{8}	−0.06	−0.21	−0.21	−0.10	−0.13	−0.03	0.13	−0.04	−0.16	−0.10	−0.06
c_{9}	0.34	0.20	0.28	0.38	−0.15	0.62	−0.29	0.27	0.49	−0.28	−0.32
c_{10}	0.89	0.77	0.75	0.92	−0.18	0.87	−0.32	0.65	0.95	−0.30	−0.30
c_{11}	0.79	0.80	0.75	0.79	−0.05	0.67	−0.41	0.42	0.87	−0.22	−0.24
c_{12}	0.54	0.53	0.52	0.54	0.11	0.21	−0.28	0.36	0.52	−0.10	−0.35
c_{13}	0.42	0.39	0.39	0.43	0.05	0.15	−0.22	0.29	0.45	−0.09	−0.25
c_{14}	0.50	0.41	0.43	0.48	−0.10	0.46	−0.41	0.30	0.64	0.13	−0.41
c_{15}	0.13	0.22	0.20	0.06	0.03	−0.05	−0.40	−0.25	0.17	0.27	−0.04
c_{16}	0.21	0.05	0.11	0.21	−0.27	0.19	−0.13	0.12	0.20	−0.22	−0.08
c_{17}	−0.03	0.16	0.02	−0.02	−0.11	−0.04	0.04	−0.08	−0.06	0.13	0.25
c_{18}	−0.26	0.00	−0.11	−0.22	0.21	−0.18	−0.11	−0.30	−0.17	0.11	0.41
c_{19}	−0.50	−0.25	−0.32	−0.47	0.24	−0.32	−0.01	−0.48	−0.43	0.45	0.70
c_{20}	−0.17	0.09	−0.08	−0.14	−0.02	−0.04	−0.05	−0.27	−0.08	0.33	0.65
c_{21}	0.82	0.59	0.55	0.84	−0.26	0.76	−0.21	0.55	0.91	−0.25	−0.32
c_{22}	−0.06	0.06	0.08	0.00	0.04	0.09	−0.52	−0.19	0.15	−0.02	−0.08
c_{23}	0.15	0.13	0.09	0.13	0.14	0.11	−0.29	−0.06	0.17	−0.02	−0.16
c_{24}	0.97	0.71	0.69	0.97	−0.10	0.82	−0.30	0.69	0.92	−0.26	−0.29
c_{25}	1.00	0.64	0.64	0.97	−0.08	0.81	−0.24	0.73	0.90	−0.25	−0.34
c_{26}	0.64	1.00	0.96	0.62	−0.03	0.56	−0.36	0.38	0.64	−0.16	−0.14
c_{27}	0.64	0.96	1.00	0.61	−0.03	0.58	−0.35	0.43	0.60	−0.23	−0.22
c_{28}	0.97	0.62	0.61	1.00	−0.16	0.85	−0.21	0.77	0.94	−0.30	−0.35
c_{29}	−0.08	−0.03	−0.03	−0.16	1.00	−0.25	−0.43	−0.24	−0.18	0.26	−0.01
c_{30}	0.81	0.56	0.58	0.85	−0.25	1.00	−0.24	0.68	0.85	−0.34	−0.17
c_{31}	−0.24	−0.36	−0.35	−0.21	−0.43	−0.24	1.00	0.28	−0.33	−0.18	−0.08
c_{32}	0.73	0.38	0.43	0.77	−0.24	0.68	0.28	1.00	0.64	−0.35	−0.51
c_{33}	0.90	0.64	0.60	0.94	−0.18	0.85	−0.33	0.64	1.00	−0.21	−0.33
c_{34}	−0.25	−0.16	−0.23	−0.30	0.26	−0.34	−0.18	−0.35	−0.21	1.00	0.23
c_{35}	−0.34	−0.14	−0.22	−0.35	−0.01	−0.17	−0.08	−0.51	−0.33	0.23	1.00

附表 128　2009 年区域自主创新效率初始指标相关系数

指标＼指标	c_1	c_2	c_3	c_4	c_5	c_6	c_7	c_8	c_9	c_{10}	c_{11}	c_{12}
c_1	1.00	0.94	0.89	0.43	0.28	−0.05	0.00	−0.11	0.56	0.88	0.69	0.38
c_2	0.94	1.00	0.75	0.40	0.18	−0.21	0.03	−0.07	0.71	0.75	0.58	0.33
c_3	0.89	0.75	1.00	0.61	0.51	0.07	0.07	−0.18	0.40	0.91	0.83	0.55
c_4	0.43	0.40	0.61	1.00	0.88	−0.03	0.27	−0.20	0.14	0.54	0.72	0.67
c_5	0.28	0.18	0.51	0.88	1.00	0.13	0.25	−0.30	−0.13	0.39	0.53	0.60
c_6	−0.05	−0.21	0.07	−0.03	0.13	1.00	0.19	0.08	−0.41	−0.02	−0.05	0.12
c_7	0.00	0.03	0.07	0.27	0.25	0.19	1.00	0.31	0.00	−0.06	−0.03	0.08
c_8	−0.11	−0.07	−0.18	−0.20	−0.30	0.08	0.31	1.00	0.22	−0.27	−0.40	−0.37
c_9	0.56	0.71	0.40	0.14	−0.13	−0.41	0.00	0.22	1.00	0.38	0.26	−0.03
c_{10}	0.88	0.75	0.91	0.54	0.39	−0.02	−0.06	−0.27	0.38	1.00	0.91	0.47
c_{11}	0.69	0.58	0.83	0.72	0.53	−0.05	−0.03	−0.40	0.26	0.91	1.00	0.61
c_{12}	0.38	0.33	0.55	0.67	0.60	0.12	0.08	−0.37	−0.03	0.47	0.61	1.00
c_{13}	0.38	0.30	0.59	0.62	0.57	0.15	0.05	−0.33	−0.03	0.49	0.60	0.98
c_{14}	0.34	0.35	0.35	0.35	0.29	−0.17	−0.20	−0.21	0.43	0.37	0.38	0.17
c_{15}	−0.03	−0.05	0.05	0.16	0.10	0.01	−0.28	−0.26	0.07	0.13	0.24	0.10
c_{16}	0.46	0.49	0.30	−0.09	−0.26	−0.12	−0.25	0.04	0.47	0.37	0.18	0.06
c_{17}	0.03	0.00	0.13	0.12	0.05	0.22	0.10	−0.15	0.07	0.16	0.23	0.08
c_{18}	−0.15	−0.16	−0.13	−0.27	−0.29	−0.06	0.21	0.12	0.04	−0.15	−0.11	−0.17
c_{19}	−0.36	−0.34	−0.37	−0.29	−0.31	0.09	0.00	−0.02	−0.27	−0.36	−0.31	−0.30
c_{20}	−0.15	−0.22	−0.03	−0.11	−0.12	0.18	0.18	−0.07	−0.12	−0.04	0.01	−0.17
c_{21}	0.75	0.59	0.90	0.55	0.41	0.04	0.03	−0.11	0.35	0.88	0.84	0.46
c_{22}	0.16	0.32	0.14	0.39	0.14	−0.59	0.19	−0.13	0.49	0.16	0.30	0.14
c_{23}	0.13	0.08	0.21	0.42	0.32	0.15	−0.15	−0.29	−0.14	0.16	0.34	0.50
c_{24}	0.86	0.73	0.91	0.54	0.46	0.17	0.03	−0.22	0.35	0.92	0.82	0.52
c_{25}	0.86	0.73	0.91	0.54	0.45	0.19	0.04	−0.19	0.35	0.91	0.80	0.52
c_{26}	0.54	0.47	0.56	0.57	0.42	0.09	−0.05	−0.36	0.13	0.73	0.79	0.55
c_{27}	0.60	0.55	0.56	0.53	0.34	0.04	−0.15	−0.31	0.25	0.74	0.77	0.53
c_{28}	0.89	0.74	0.93	0.44	0.41	0.19	0.03	−0.15	0.33	0.90	0.73	0.51
c_{29}	−0.09	−0.06	−0.05	0.17	0.17	0.26	0.40	−0.03	−0.23	−0.13	−0.01	0.21
c_{30}	0.93	0.85	0.82	0.26	0.08	−0.01	−0.06	0.00	0.56	0.86	0.65	0.17
c_{31}	−0.26	−0.32	−0.32	−0.40	−0.08	0.06	−0.29	0.06	−0.30	−0.36	−0.46	−0.31
c_{32}	0.87	0.75	0.80	0.32	0.34	0.16	0.01	−0.03	0.33	0.73	0.50	0.42
c_{33}	0.88	0.75	0.98	0.56	0.45	0.06	0.02	−0.22	0.42	0.95	0.86	0.48
c_{34}	−0.34	−0.33	−0.28	−0.07	−0.01	0.34	0.09	−0.06	−0.31	−0.34	−0.24	−0.11
c_{35}	−0.40	−0.40	−0.42	−0.45	−0.46	0.09	−0.21	0.02	−0.37	−0.35	−0.33	−0.37

续表

指标 \ 指标	c_{13}	c_{14}	c_{15}	c_{16}	c_{17}	c_{18}	c_{19}	c_{20}	c_{21}	c_{22}	c_{23}	c_{24}
c_{1}	0.38	0.34	−0.03	0.46	0.03	−0.15	−0.36	−0.15	0.75	0.16	0.13	0.86
c_{2}	0.30	0.35	−0.05	0.49	0.00	−0.16	−0.34	−0.22	0.59	0.32	0.08	0.73
c_{3}	0.59	0.35	0.05	0.30	0.13	−0.13	−0.37	−0.03	0.90	0.14	0.21	0.91
c_{4}	0.62	0.35	0.16	−0.09	0.12	−0.27	−0.29	−0.11	0.55	0.39	0.42	0.54
c_{5}	0.57	0.29	0.10	−0.26	0.05	−0.29	−0.31	−0.12	0.41	0.14	0.32	0.46
c_{6}	0.15	−0.17	0.01	−0.12	0.22	−0.06	0.09	0.18	0.04	−0.59	0.15	0.17
c_{7}	0.05	−0.20	−0.28	−0.25	0.10	0.21	0.00	0.18	0.03	0.19	−0.15	0.03
c_{8}	−0.33	−0.21	−0.26	0.04	−0.15	0.12	−0.02	−0.07	−0.11	−0.13	−0.29	−0.22
c_{9}	−0.03	0.43	0.07	0.47	0.07	0.04	−0.27	−0.12	0.35	0.49	−0.14	0.35
c_{10}	0.49	0.37	0.13	0.37	0.16	−0.15	−0.36	−0.04	0.88	0.16	0.16	0.92
c_{11}	0.60	0.38	0.24	0.18	0.23	−0.11	−0.31	0.01	0.84	0.30	0.34	0.82
c_{12}	0.98	0.17	0.10	0.06	0.08	−0.17	−0.30	−0.17	0.46	0.14	0.50	0.52
c_{13}	1.00	0.16	0.08	0.09	0.12	−0.12	−0.29	−0.11	0.54	0.07	0.46	0.54
c_{14}	0.16	1.00	0.79	0.01	0.14	−0.32	−0.19	−0.23	0.32	0.29	−0.05	0.30
c_{15}	0.08	0.79	1.00	−0.13	0.22	−0.20	0.08	−0.04	0.05	0.20	0.04	0.06
c_{16}	0.09	0.01	−0.13	1.00	0.02	0.08	−0.24	−0.05	0.25	0.07	0.04	0.36
c_{17}	0.12	0.14	0.22	0.02	1.00	0.38	0.16	0.72	0.21	0.13	0.03	0.18
c_{18}	−0.12	−0.32	−0.20	0.08	0.38	1.00	0.22	0.44	−0.07	0.11	−0.07	−0.13
c_{19}	−0.29	−0.19	0.08	−0.24	0.16	0.22	1.00	0.39	−0.36	0.01	0.19	−0.40
c_{20}	−0.11	−0.23	−0.04	−0.05	0.72	0.44	0.39	1.00	0.07	0.08	0.14	−0.05
c_{21}	0.54	0.32	0.05	0.25	0.21	−0.07	−0.36	0.07	1.00	0.14	0.17	0.82
c_{22}	0.07	0.29	0.20	0.07	0.13	0.11	0.01	0.08	0.14	1.00	0.11	0.08
c_{23}	0.46	−0.05	0.04	0.04	0.03	−0.07	0.19	0.14	0.17	0.11	1.00	0.19
c_{24}	0.54	0.30	0.06	0.36	0.18	−0.13	−0.40	−0.05	0.82	0.08	0.19	1.00
c_{25}	0.54	0.32	0.08	0.37	0.16	−0.14	−0.45	−0.10	0.81	0.11	0.18	0.98
c_{26}	0.49	0.28	0.27	0.13	0.34	−0.11	−0.20	−0.03	0.51	0.07	0.32	0.70
c_{27}	0.47	0.32	0.26	0.24	0.23	−0.17	−0.28	−0.16	0.51	0.10	0.30	0.69
c_{28}	0.56	0.27	−0.01	0.37	0.12	−0.14	−0.42	−0.08	0.82	−0.02	0.08	0.96
c_{29}	0.12	−0.15	0.01	−0.32	−0.10	0.09	0.13	−0.13	−0.23	0.11	0.07	−0.04
c_{30}	0.20	0.27	−0.03	0.47	0.09	−0.11	−0.31	−0.06	0.76	0.09	0.03	0.85
c_{31}	−0.25	−0.16	−0.31	−0.21	−0.20	0.00	−0.05	−0.08	−0.23	−0.57	−0.15	−0.31
c_{32}	0.45	0.22	−0.18	0.30	−0.07	−0.19	−0.49	−0.24	0.67	−0.13	0.01	0.78
c_{33}	0.53	0.39	0.12	0.37	0.19	−0.13	−0.33	0.02	0.92	0.16	0.15	0.93
c_{34}	−0.13	0.05	0.25	−0.34	0.21	−0.05	0.44	0.22	−0.29	0.00	0.15	−0.29
c_{35}	−0.33	−0.42	−0.01	0.08	0.28	0.42	0.64	0.46	−0.39	−0.15	0.17	−0.33

续表

指标 \ 指标	c_{25}	c_{26}	c_{27}	c_{28}	c_{29}	c_{30}	c_{31}	c_{32}	c_{33}	c_{34}	c_{35}
c_{1}	0.86	0.54	0.60	0.89	−0.09	0.93	−0.26	0.87	0.88	−0.34	−0.40
c_{2}	0.73	0.47	0.55	0.74	−0.06	0.85	−0.32	0.75	0.75	−0.33	−0.40
c_{3}	0.91	0.56	0.56	0.93	−0.05	0.82	−0.32	0.80	0.98	−0.28	−0.42
c_{4}	0.54	0.57	0.53	0.44	0.17	0.26	−0.40	0.32	0.56	−0.07	−0.45
c_{5}	0.45	0.42	0.34	0.41	0.17	0.08	−0.08	0.34	0.45	−0.01	−0.46
c_{6}	0.19	0.09	0.04	0.19	0.26	−0.01	0.06	0.16	0.06	0.34	0.09
c_{7}	0.04	−0.05	−0.15	0.03	0.40	−0.06	−0.29	0.01	0.02	0.09	−0.21
c_{8}	−0.19	−0.36	−0.31	−0.15	−0.03	0.00	0.06	−0.03	−0.22	−0.06	0.02
c_{9}	0.35	0.13	0.25	0.33	−0.23	0.56	−0.30	0.33	0.42	−0.31	−0.37
c_{10}	0.91	0.73	0.74	0.90	−0.13	0.86	−0.36	0.73	0.95	−0.34	−0.35
c_{11}	0.80	0.79	0.77	0.73	−0.01	0.65	−0.46	0.50	0.86	−0.24	−0.33
c_{12}	0.52	0.55	0.53	0.51	0.21	0.17	−0.31	0.42	0.48	−0.11	−0.37
c_{13}	0.54	0.49	0.47	0.56	0.12	0.20	−0.25	0.45	0.53	−0.13	−0.33
c_{14}	0.32	0.28	0.32	0.27	−0.15	0.27	−0.16	0.22	0.39	0.05	−0.42
c_{15}	0.08	0.27	0.26	−0.01	0.01	−0.03	−0.31	−0.18	0.12	0.25	−0.01
c_{16}	0.37	0.13	0.24	0.37	−0.32	0.47	−0.21	0.30	0.37	−0.34	0.08
c_{17}	0.16	0.34	0.23	0.12	−0.10	0.09	−0.20	−0.07	0.19	0.21	0.28
c_{18}	−0.14	−0.11	−0.17	−0.14	0.09	−0.11	0.00	−0.19	−0.13	−0.05	0.42
c_{19}	−0.45	−0.20	−0.28	−0.42	0.13	−0.31	−0.05	−0.49	−0.33	0.44	0.64
c_{20}	−0.10	−0.03	−0.16	−0.08	−0.13	−0.06	−0.08	−0.24	0.02	0.22	0.46
c_{21}	0.81	0.51	0.51	0.82	−0.23	0.76	−0.23	0.67	0.92	−0.29	−0.39
c_{22}	0.11	0.07	0.10	−0.02	0.11	0.09	−0.57	−0.13	0.16	0.00	−0.15
c_{23}	0.18	0.32	0.30	0.08	0.07	0.03	−0.15	0.01	0.15	0.15	0.17
c_{24}	0.98	0.70	0.69	0.96	−0.04	0.85	−0.31	0.78	0.93	−0.29	−0.33
c_{25}	1.00	0.65	0.67	0.95	0.05	0.84	−0.35	0.79	0.91	−0.25	−0.36
c_{26}	0.65	1.00	0.96	0.58	0.01	0.51	−0.40	0.39	0.60	−0.10	−0.17
c_{27}	0.67	0.96	1.00	0.59	−0.01	0.56	−0.39	0.45	0.59	−0.21	−0.26
c_{28}	0.95	0.58	0.59	1.00	−0.07	0.85	−0.20	0.89	0.93	−0.34	−0.39
c_{29}	0.05	0.01	−0.01	−0.07	1.00	−0.22	−0.37	−0.07	−0.13	0.27	−0.01
c_{30}	0.84	0.51	0.56	0.85	−0.22	1.00	−0.27	0.77	0.85	−0.33	−0.25
c_{31}	−0.35	−0.40	−0.39	−0.20	−0.37	−0.27	1.00	0.07	−0.36	−0.18	−0.04
c_{32}	0.79	0.39	0.45	0.89	−0.07	0.77	0.07	1.00	0.76	−0.37	−0.54
c_{33}	0.91	0.60	0.59	0.93	−0.13	0.85	−0.36	0.76	1.00	−0.26	−0.37
c_{34}	−0.25	−0.10	−0.21	−0.34	0.27	−0.33	−0.18	−0.37	−0.26	1.00	0.32
c_{35}	−0.36	−0.17	−0.26	−0.39	−0.01	−0.25	−0.04	−0.54	−0.37	0.32	1.00

附表 129　2010 年区域自主创新效率初始指标相关系数

指标 \ 指标	c_1	c_2	c_3	c_4	c_5	c_6	c_7	c_8	c_9	c_{10}	c_{11}	c_{12}
c_1	1.00	0.95	0.94	0.37	0.39	-0.06	0.04	-0.16	0.53	0.88	0.70	0.42
c_2	0.95	1.00	0.84	0.40	0.32	-0.21	0.05	-0.08	0.67	0.75	0.57	0.33
c_3	0.94	0.84	1.00	0.49	0.52	0.03	0.11	-0.17	0.42	0.86	0.75	0.53
c_4	0.37	0.40	0.49	1.00	0.84	-0.17	0.19	-0.16	0.26	0.40	0.56	0.52
c_5	0.39	0.32	0.52	0.84	1.00	0.05	0.33	-0.25	0.07	0.42	0.58	0.60
c_6	-0.06	-0.21	0.03	-0.17	0.05	1.00	0.27	0.15	-0.40	-0.04	-0.09	0.11
c_7	0.04	0.05	0.11	0.19	0.33	0.27	1.00	0.33	0.01	-0.05	-0.03	0.10
c_8	-0.16	-0.08	-0.17	-0.16	-0.25	0.15	0.33	1.00	0.24	-0.32	-0.45	-0.39
c_9	0.53	0.67	0.42	0.26	0.07	-0.40	0.01	0.24	1.00	0.34	0.21	-0.05
c_{10}	0.88	0.75	0.86	0.40	0.42	-0.04	-0.05	-0.32	0.34	1.00	0.91	0.46
c_{11}	0.70	0.57	0.75	0.56	0.58	-0.09	-0.03	-0.45	0.21	0.91	1.00	0.61
c_{12}	0.42	0.33	0.53	0.52	0.60	0.11	0.10	-0.39	-0.05	0.46	0.61	1.00
c_{13}	0.42	0.30	0.56	0.47	0.56	0.13	0.07	-0.34	-0.03	0.47	0.59	0.98
c_{14}	0.46	0.46	0.50	0.63	0.56	0.01	0.16	-0.05	0.43	0.46	0.48	0.31
c_{15}	-0.05	-0.13	0.04	0.37	0.34	0.26	0.14	0.04	-0.01	0.10	0.21	0.17
c_{16}	0.45	0.50	0.32	-0.06	-0.15	-0.34	-0.46	-0.39	0.41	0.39	0.25	0.07
c_{17}	0.03	-0.01	0.05	0.04	0.08	0.19	0.20	-0.08	0.08	0.12	0.16	0.03
c_{18}	-0.15	-0.15	-0.17	-0.25	-0.25	-0.07	0.05	0.14	0.08	-0.16	-0.12	-0.16
c_{19}	-0.41	-0.39	-0.40	-0.33	-0.21	0.05	0.00	0.01	-0.35	-0.33	-0.31	-0.29
c_{20}	-0.18	-0.21	-0.19	-0.26	-0.22	0.01	0.06	-0.04	-0.20	0.05	-0.06	-0.17
c_{21}	0.76	0.62	0.84	0.46	0.46	0.02	0.03	-0.14	0.36	0.86	0.83	0.48
c_{22}	0.09	0.21	0.08	0.33	0.27	-0.57	0.07	-0.08	0.50	0.09	0.26	0.10
c_{23}	0.23	0.14	0.29	0.16	0.22	0.22	-0.14	-0.42	-0.07	0.36	0.48	0.36
c_{24}	0.86	0.72	0.87	0.32	0.43	0.18	0.05	-0.21	0.29	0.90	0.77	0.48
c_{25}	0.84	0.72	0.84	0.35	0.43	0.21	0.04	-0.20	0.30	0.87	0.76	0.49
c_{26}	0.50	0.39	0.48	0.36	0.38	0.02	-0.05	-0.37	0.05	0.71	0.77	0.48
c_{27}	0.56	0.46	0.53	0.34	0.35	0.03	-0.16	-0.39	0.13	0.71	0.75	0.57
c_{28}	0.91	0.78	0.93	0.27	0.39	0.19	0.06	-0.13	0.34	0.86	0.67	0.49
c_{29}	-0.31	-0.33	-0.34	-0.38	-0.38	0.07	-0.32	0.11	-0.29	-0.39	-0.49	-0.30
c_{30}	0.77	0.69	0.76	0.12	0.18	0.15	-0.01	0.00	0.28	0.59	0.34	0.34
c_{31}	0.89	0.77	0.95	0.43	0.50	0.02	0.04	-0.24	0.42	0.92	0.82	0.48
c_{32}	0.10	0.07	0.14	0.11	0.22	0.31	0.45	0.04	-0.21	0.08	0.16	0.20
c_{33}	0.92	0.89	0.82	0.18	0.12	-0.10	-0.10	0.03	0.59	0.83	0.58	0.16
c_{34}	-0.32	-0.33	-0.29	-0.12	0.02	0.30	0.05	-0.13	-0.36	-0.29	-0.18	-0.08
c_{35}	-0.27	-0.28	-0.28	-0.32	-0.21	0.15	-0.02	-0.03	-0.37	-0.21	-0.21	-0.24

续表

指标	c_{13}	c_{14}	c_{15}	c_{16}	c_{17}	c_{18}	c_{19}	c_{20}	c_{21}	c_{22}	c_{23}	c_{24}
c_{1}	0.42	0.46	−0.05	0.45	0.03	−0.15	−0.41	−0.18	0.76	0.09	0.23	0.86
c_{2}	0.30	0.46	−0.13	0.50	−0.01	−0.15	−0.39	−0.21	0.62	0.21	0.14	0.72
c_{3}	0.56	0.50	0.04	0.32	0.05	−0.17	−0.40	−0.19	0.84	0.08	0.29	0.87
c_{4}	0.47	0.63	0.37	−0.06	0.04	−0.25	−0.33	−0.26	0.46	0.33	0.16	0.32
c_{5}	0.56	0.56	0.34	−0.15	0.08	−0.25	−0.21	−0.22	0.46	0.27	0.22	0.43
c_{6}	0.13	0.01	0.26	−0.34	0.19	−0.07	0.05	0.01	0.02	−0.57	0.22	0.18
c_{7}	0.07	0.16	0.14	−0.46	0.20	0.05	0.00	0.06	0.03	0.07	−0.14	0.05
c_{8}	−0.34	−0.05	0.04	−0.39	−0.08	0.14	0.01	−0.04	−0.14	−0.08	−0.42	−0.21
c_{9}	−0.03	0.43	−0.01	0.41	0.08	0.08	−0.35	−0.20	0.36	0.50	−0.07	0.29
c_{10}	0.47	0.46	0.10	0.39	0.12	−0.16	−0.33	0.05	0.86	0.09	0.36	0.90
c_{11}	0.59	0.48	0.21	0.25	0.16	−0.12	−0.31	−0.06	0.83	0.26	0.48	0.77
c_{12}	0.98	0.31	0.17	0.07	0.03	−0.16	−0.29	−0.17	0.48	0.10	0.36	0.48
c_{13}	1.00	0.29	0.16	0.09	0.10	−0.11	−0.28	−0.14	0.56	0.05	0.36	0.51
c_{14}	0.29	1.00	0.75	−0.02	0.18	−0.25	−0.20	−0.23	0.45	0.24	0.10	0.36
c_{15}	0.16	0.75	1.00	−0.40	0.17	−0.14	−0.01	−0.05	0.12	0.07	0.08	0.03
c_{16}	0.09	−0.02	−0.40	1.00	0.17	0.15	0.00	0.17	0.21	0.24	0.33	0.33
c_{17}	0.10	0.18	0.17	0.17	1.00	0.50	0.12	0.10	0.25	0.19	0.27	0.09
c_{18}	−0.11	−0.25	−0.14	0.15	0.50	1.00	0.22	0.11	−0.09	0.17	0.11	−0.11
c_{19}	−0.28	−0.20	−0.01	0.00	0.12	0.22	1.00	0.49	−0.38	0.05	0.15	−0.37
c_{20}	−0.14	−0.23	−0.05	0.17	0.10	0.11	0.49	1.00	−0.11	−0.05	0.04	0.02
c_{21}	0.56	0.45	0.12	0.21	0.25	−0.09	−0.38	−0.11	1.00	0.13	0.38	0.77
c_{22}	0.05	0.24	0.07	0.24	0.19	0.17	0.05	−0.05	0.13	1.00	0.14	−0.07
c_{23}	0.36	0.10	0.08	0.33	0.27	0.11	0.15	0.04	0.38	0.14	1.00	0.31
c_{24}	0.51	0.36	0.03	0.33	0.09	−0.11	−0.37	0.02	0.77	−0.07	0.31	1.00
c_{25}	0.50	0.42	0.09	0.28	0.10	−0.16	−0.49	−0.16	0.75	−0.06	0.33	0.96
c_{26}	0.42	0.32	0.27	0.10	0.03	−0.11	−0.13	0.10	0.46	0.03	0.33	0.63
c_{27}	0.52	0.34	0.24	0.20	−0.04	−0.18	−0.23	−0.01	0.47	0.05	0.30	0.65
c_{28}	0.53	0.37	−0.01	0.31	0.07	−0.16	−0.42	−0.07	0.81	−0.10	0.25	0.95
c_{29}	−0.24	−0.48	−0.38	−0.17	−0.15	0.08	−0.07	−0.05	−0.26	−0.55	−0.32	−0.29
c_{30}	0.37	0.18	−0.18	0.17	−0.10	−0.19	−0.49	−0.20	0.59	−0.27	0.02	0.67
c_{31}	0.53	0.52	0.10	0.37	0.19	−0.13	−0.34	−0.06	0.92	0.12	0.37	0.89
c_{32}	0.12	0.13	0.24	−0.24	−0.02	−0.06	0.08	−0.10	−0.04	0.08	0.20	0.08
c_{33}	0.20	0.34	−0.12	0.49	0.04	−0.08	−0.32	−0.04	0.72	0.03	0.14	0.79
c_{34}	−0.11	0.01	0.21	−0.20	0.05	−0.02	0.47	−0.07	−0.30	−0.11	0.39	−0.29
c_{35}	−0.21	−0.31	−0.12	−0.02	0.30	0.29	0.70	0.28	−0.26	−0.24	0.12	−0.14

指标	c_{25}	c_{26}	c_{27}	c_{28}	c_{29}	c_{30}	c_{31}	c_{32}	c_{33}	c_{34}	c_{35}
c_{1}	0.84	0.50	0.56	0.91	−0.31	0.77	0.89	0.10	0.92	−0.32	−0.27
c_{2}	0.72	0.39	0.46	0.78	−0.33	0.69	0.77	0.07	0.89	−0.33	−0.28
c_{3}	0.84	0.48	0.53	0.93	−0.34	0.76	0.95	0.14	0.82	−0.29	−0.28
c_{4}	0.35	0.36	0.34	0.27	−0.38	0.12	0.43	0.11	0.18	−0.12	−0.32
c_{5}	0.43	0.38	0.35	0.39	−0.38	0.18	0.50	0.22	0.12	0.02	−0.21
c_{6}	0.21	0.02	0.03	0.19	0.07	0.15	0.02	0.31	−0.10	0.30	0.15
c_{7}	0.04	−0.05	−0.16	0.06	−0.32	−0.01	0.04	0.45	−0.10	0.05	−0.02
c_{8}	−0.20	−0.37	−0.39	−0.13	0.11	0.00	−0.24	0.04	0.03	−0.13	−0.03

续表

指标 \ 指标	c_{25}	c_{26}	c_{27}	c_{28}	c_{29}	c_{30}	c_{31}	c_{32}	c_{33}	c_{34}	c_{35}
c_9	0.30	0.05	0.13	0.34	−0.29	0.28	0.42	−0.21	0.59	−0.36	−0.37
c_{10}	0.87	0.71	0.71	0.86	−0.39	0.59	0.92	0.08	0.83	−0.29	−0.21
c_{11}	0.76	0.77	0.75	0.67	−0.49	0.34	0.82	0.16	0.58	−0.18	−0.21
c_{12}	0.49	0.48	0.57	0.49	−0.30	0.34	0.48	0.20	0.16	−0.08	−0.24
c_{13}	0.50	0.42	0.52	0.53	−0.24	0.37	0.53	0.12	0.20	−0.11	−0.21
c_{14}	0.42	0.32	0.34	0.37	−0.48	0.18	0.52	0.13	0.34	0.01	−0.31
c_{15}	0.09	0.27	0.24	−0.01	−0.38	−0.18	0.10	0.24	−0.12	0.21	−0.12
c_{16}	0.28	0.10	0.20	0.31	−0.17	0.17	0.37	−0.24	0.49	−0.20	−0.02
c_{17}	0.10	0.03	−0.04	0.07	−0.15	−0.10	0.19	−0.02	0.04	0.05	0.30
c_{18}	−0.16	−0.11	−0.18	−0.16	0.08	−0.19	−0.13	−0.06	−0.08	−0.02	0.29
c_{19}	−0.49	−0.13	−0.23	−0.42	−0.07	−0.49	−0.34	0.08	−0.32	0.47	0.70
c_{20}	−0.16	0.10	−0.01	−0.07	−0.05	−0.20	−0.06	−0.10	−0.04	−0.07	0.28
c_{21}	0.75	0.46	0.47	0.81	−0.26	0.59	0.92	−0.04	0.72	−0.30	−0.26
c_{22}	−0.06	0.03	0.05	−0.10	−0.55	−0.27	0.12	0.08	0.03	−0.11	−0.24
c_{23}	0.33	0.33	0.30	0.25	−0.32	0.02	0.37	0.20	0.14	0.39	0.12
c_{24}	0.96	0.63	0.65	0.95	−0.29	0.67	0.89	0.08	0.79	−0.29	−0.14
c_{25}	1.00	0.60	0.65	0.92	−0.32	0.67	0.84	0.19	0.76	−0.27	−0.26
c_{26}	0.60	1.00	0.95	0.46	−0.43	0.20	0.51	0.15	0.43	−0.01	0.12
c_{27}	0.65	0.95	1.00	0.52	−0.40	0.29	0.53	0.11	0.48	−0.12	−0.02
c_{28}	0.92	0.46	0.52	1.00	−0.20	0.83	0.92	0.08	0.84	−0.33	−0.24
c_{29}	−0.32	−0.43	−0.40	−0.20	1.00	0.22	−0.37	−0.52	−0.21	−0.19	0.06
c_{30}	0.67	0.20	0.29	0.83	0.22	1.00	0.66	−0.06	0.72	−0.43	−0.35
c_{31}	0.84	0.51	0.53	0.92	−0.37	0.66	1.00	0.02	0.82	−0.26	−0.22
c_{32}	0.19	0.15	0.11	0.08	−0.52	−0.06	0.02	1.00	−0.06	0.26	−0.06
c_{33}	0.76	0.43	0.48	0.84	−0.21	0.72	0.82	−0.06	1.00	−0.39	−0.14
c_{34}	−0.27	−0.01	−0.12	−0.33	−0.19	−0.43	−0.26	0.26	−0.39	1.00	0.46
c_{35}	−0.26	0.12	−0.02	−0.24	0.06	−0.35	−0.22	−0.06	−0.14	0.46	1.00

附表 130 区域自主创新潜力初始指标代码

指标名称	代码	指标名称	代码
R&D 人员全时当量增长率	q_1	技术改造经费增长率	q_{19}
R&D 经费增长率	q_2	购买国内技术经费增长率	q_{20}
地方财政科技拨款增长率	q_3	外商投资企业年底注册资金中外资部分增长率	q_{21}
专利申请受理数增长率	q_4	高等学校研究开发来自企业的资金增长率	q_{22}
专利申请授权数增长率	q_5	研究与开发机构研究开发来自企业的资金增长率	q_{23}
研究与开发机构 R&D 课题增长率	q_6	固定电话和移动电话用户数增长率	q_{24}
高等学校 R&D 课题增长率	q_7	互联网上网人数增长率	q_{25}
国内中文期刊科技论文数增长率	q_8	年末实有道路面积增长率	q_{26}
国外主要检索工具收录我国科技论文数增长率	q_9	年末实有道路长度增长率	q_{27}
地区生产总值增长率	q_{10}	邮电业务总量增长率	q_{28}
工业总产值增长率	q_{11}	高技术产业企业数增长率	q_{29}
高技术产业规模以上企业产值增长率	q_{12}	教育经费投入额增长率	q_{30}
高技术产品出口额增长率	q_{13}	大专以上学历人口增长率	q_{31}
新产品销售收入增长率	q_{14}	政府财政支出增长率	q_{32}
新产品产值增长率	q_{15}	进出口额增长率	q_{33}
技术市场交易金额增长率	q_{16}	人均居民消费水平增长率	q_{34}
引进技术经费增长率	q_{17}	每亿元 GDP 工业污水排放量增长率	q_{35}
消化吸收技术经费增长率	q_{18}	每亿元 GDP 工业废气排放量增长率	q_{36}

附表 131　2002 年区域自主创新潜力初始指标相关系数

指标＼指标	q_1	q_2	q_3	q_4	q_5	q_6	q_7	q_8	q_9	q_{10}	q_{11}	q_{12}
q_1	1.00	0.73	0.80	−0.50	−0.52	0.79	0.90	−0.14	−0.14	0.23	−0.14	−0.14
q_2	0.73	1.00	0.59	−0.42	−0.60	0.50	0.71	−0.18	−0.36	0.40	−0.11	−0.09
q_3	0.80	0.59	1.00	−0.42	−0.57	0.80	0.87	−0.18	−0.06	0.26	−0.17	−0.14
q_4	−0.50	−0.42	−0.42	1.00	0.56	−0.39	−0.50	0.29	0.34	−0.02	0.19	0.08
q_5	−0.52	−0.60	−0.57	0.56	1.00	−0.42	−0.58	0.35	0.24	−0.03	0.27	0.11
q_6	0.79	0.50	0.80	−0.39	−0.42	1.00	0.80	−0.23	−0.05	0.24	−0.11	−0.02
q_7	0.90	0.71	0.87	−0.50	−0.58	0.80	1.00	−0.17	−0.15	0.24	−0.13	−0.12
q_8	−0.14	−0.18	−0.18	0.29	0.35	−0.23	−0.17	1.00	0.06	0.11	−0.01	−0.18
q_9	−0.14	−0.36	−0.06	0.34	0.24	−0.05	−0.15	0.06	1.00	−0.21	0.19	−0.21
q_{10}	0.23	0.40	0.26	−0.02	−0.03	0.24	0.24	0.11	−0.21	1.00	0.25	0.17
q_{11}	−0.14	−0.11	−0.17	0.19	0.27	−0.11	−0.13	−0.01	0.19	0.25	1.00	0.40
q_{12}	−0.14	−0.09	−0.14	0.08	0.11	−0.02	−0.12	−0.18	−0.21	0.17	0.40	1.00
q_{13}	−0.10	−0.33	−0.30	0.32	0.41	0.01	−0.15	0.23	0.02	−0.14	0.15	0.01
q_{14}	−0.22	0.01	−0.29	0.10	0.03	−0.36	−0.26	0.08	−0.05	0.08	0.22	0.00
q_{15}	−0.12	−0.06	−0.26	0.21	0.25	−0.30	−0.26	0.33	0.10	0.13	0.41	0.01
q_{16}	−0.12	−0.10	−0.07	0.09	−0.04	0.04	0.04	−0.29	0.38	−0.07	0.00	0.02
q_{17}	−0.08	0.02	−0.19	0.11	0.26	−0.08	−0.13	0.16	0.07	−0.12	0.08	−0.23
q_{18}	−0.06	0.19	−0.11	0.05	−0.01	0.04	−0.08	0.02	−0.03	−0.01	0.06	−0.13
q_{19}	−0.01	0.08	−0.15	0.00	0.13	0.06	−0.09	0.04	0.04	−0.10	0.31	0.02
q_{20}	−0.04	−0.25	0.15	0.01	0.27	0.16	−0.10	0.11	0.03	0.03	0.00	0.08
q_{21}	0.03	−0.16	0.02	−0.06	0.29	0.00	0.04	−0.06	−0.01	0.18	0.17	0.33
q_{22}	−0.11	0.10	−0.13	0.01	−0.16	−0.12	−0.12	0.12	−0.10	0.21	0.40	0.47
q_{23}	−0.10	−0.16	0.03	0.07	0.13	0.09	−0.08	−0.23	0.04	−0.32	0.01	−0.11
q_{24}	0.47	0.44	0.45	−0.46	−0.46	0.45	0.57	−0.15	−0.16	0.23	−0.36	−0.23
q_{25}	0.01	0.13	0.08	−0.05	−0.25	0.16	0.20	−0.17	0.13	0.00	−0.30	0.03
q_{26}	−0.51	−0.45	−0.50	0.15	0.47	−0.51	−0.53	0.22	−0.08	0.08	0.05	0.09
q_{27}	−0.09	−0.02	−0.05	0.17	0.09	−0.23	−0.15	0.21	−0.10	0.30	0.21	0.03
q_{28}	−0.35	−0.33	−0.34	−0.09	−0.07	−0.26	−0.21	0.03	0.24	−0.12	−0.11	0.10
q_{29}	0.28	0.17	0.20	−0.11	0.08	0.20	0.25	−0.11	−0.04	−0.08	0.04	0.05
q_{30}	0.44	0.28	0.55	−0.25	−0.30	0.38	0.56	0.24	−0.12	0.19	0.07	0.01
q_{31}	−0.32	−0.52	−0.26	0.21	0.26	−0.21	−0.24	0.20	0.29	−0.10	0.19	0.11
q_{32}	0.31	0.19	0.47	−0.13	−0.19	0.30	0.44	0.34	0.02	0.26	−0.18	−0.12
q_{33}	0.40	0.03	0.44	−0.12	−0.13	0.39	0.33	−0.03	0.38	−0.09	0.18	−0.08
q_{34}	0.39	0.31	0.50	−0.32	−0.21	0.41	0.43	−0.07	−0.15	0.51	0.08	0.31
q_{35}	−0.17	−0.37	−0.01	0.09	0.25	0.03	−0.12	0.11	−0.15	−0.27	0.21	0.31
q_{36}	−0.35	−0.40	−0.41	0.23	0.12	−0.33	−0.39	0.11	−0.26	−0.25	−0.03	0.28

续表

指标 指标	q13	q14	q15	q16	q17	q18	q19	q20	q21	q22	q23	q24
q1	−0.10	−0.22	−0.12	−0.12	−0.08	−0.06	−0.01	−0.04	0.03	−0.11	−0.10	0.47
q2	−0.33	0.01	−0.06	−0.10	0.02	0.19	0.08	−0.25	−0.16	0.10	−0.16	0.44
q3	−0.30	−0.29	−0.26	−0.07	−0.19	−0.11	−0.15	0.15	0.02	−0.13	0.03	0.45
q4	0.32	0.10	0.21	0.09	0.11	0.05	0.00	0.01	−0.06	0.01	0.07	−0.46
q5	0.41	0.03	0.25	−0.04	0.26	−0.01	0.13	0.27	0.29	−0.16	0.13	−0.46
q6	0.01	−0.36	−0.30	0.04	−0.08	0.04	0.06	0.16	0.00	−0.12	0.09	0.45
q7	−0.15	−0.26	−0.26	0.04	−0.13	−0.08	−0.09	−0.10	0.04	−0.12	−0.08	0.57
q8	0.23	0.08	0.33	−0.29	0.16	0.02	0.04	0.11	−0.06	0.12	−0.23	−0.15
q9	0.02	−0.05	0.10	0.38	0.07	−0.03	0.04	0.03	−0.01	−0.10	0.04	−0.16
q10	−0.14	0.08	0.13	−0.07	−0.12	−0.01	−0.10	0.03	0.18	0.21	−0.32	0.23
q11	0.15	0.22	0.41	0.00	0.08	0.06	0.31	0.00	0.17	0.40	0.01	−0.36
q12	0.01	0.00	0.01	0.02	−0.23	−0.13	0.02	0.08	0.33	0.47	−0.11	−0.23
q13	1.00	0.11	0.19	0.16	0.41	0.14	0.35	−0.10	0.04	−0.26	0.12	−0.08
q14	0.11	1.00	0.79	0.24	−0.07	−0.27	−0.06	−0.14	−0.24	0.03	0.17	−0.01
q15	0.19	0.79	1.00	−0.11	0.06	−0.25	0.06	−0.04	−0.06	0.21	0.11	−0.14
q16	0.16	0.24	−0.11	1.00	0.03	−0.06	−0.05	−0.13	−0.03	−0.24	0.26	0.13
q17	0.41	−0.07	0.06	0.03	1.00	0.75	0.76	−0.16	0.13	−0.10	0.12	−0.16
q18	0.14	−0.27	−0.25	−0.06	0.75	1.00	0.79	−0.06	−0.02	0.11	−0.11	−0.18
q19	0.35	−0.06	0.06	−0.05	0.76	0.79	1.00	−0.10	0.09	0.10	0.14	−0.21
q20	−0.10	−0.14	−0.04	−0.13	−0.16	−0.06	−0.10	1.00	0.00	−0.10	0.10	−0.21
q21	0.04	−0.24	−0.06	−0.03	0.13	−0.02	0.09	0.00	1.00	−0.19	−0.18	−0.21
q22	−0.26	0.03	0.21	−0.24	−0.10	0.11	0.10	−0.10	−0.19	1.00	−0.16	−0.13
q23	0.12	0.17	0.11	0.26	0.12	−0.11	0.14	0.10	−0.18	−0.16	1.00	−0.15
q24	−0.08	−0.01	−0.14	0.13	−0.16	−0.18	−0.21	−0.21	−0.21	−0.13	−0.15	1.00
q25	−0.17	−0.12	−0.28	0.45	0.06	−0.07	−0.19	−0.23	0.11	−0.14	−0.03	0.32
q26	0.30	0.07	0.10	−0.08	−0.02	−0.07	−0.04	−0.10	0.18	0.06	−0.02	−0.23
q27	0.13	0.23	0.31	−0.17	−0.15	−0.07	−0.10	−0.12	−0.19	0.32	−0.08	−0.06
q28	0.04	0.10	−0.09	0.53	0.00	−0.06	−0.01	−0.14	0.07	0.01	−0.13	0.25
q29	0.13	−0.01	0.01	0.00	−0.14	−0.14	0.01	0.11	−0.07	−0.01	0.21	−0.03
q30	−0.15	−0.04	0.05	0.07	−0.18	−0.24	−0.20	0.23	−0.01	0.18	−0.06	0.15
q31	0.28	−0.06	−0.02	0.31	0.15	0.01	0.16	−0.10	0.21	−0.03	0.08	−0.08
q32	−0.09	−0.08	0.10	−0.06	−0.03	−0.13	−0.08	−0.07	0.16	0.02	−0.14	0.55
q33	0.12	−0.21	0.04	−0.16	−0.03	0.00	0.27	0.14	0.06	−0.06	0.03	0.12
q34	−0.33	−0.27	−0.13	−0.21	−0.17	−0.12	−0.13	0.20	0.08	0.39	−0.08	0.28
q35	0.00	−0.36	−0.16	−0.38	−0.11	−0.06	0.01	0.54	0.19	0.13	0.03	−0.28
q36	0.33	0.00	0.07	−0.23	0.04	0.01	0.05	0.13	0.19	0.12	−0.13	−0.18

续表

指标	q_{25}	q_{26}	q_{27}	q_{28}	q_{29}	q_{30}	q_{31}	q_{32}	q_{33}	q_{34}	q_{35}	q_{36}
q_{1}	0.01	−0.51	−0.09	−0.35	0.28	0.44	−0.32	0.31	0.40	0.39	−0.17	−0.35
q_{2}	0.13	−0.45	−0.02	−0.33	0.17	0.28	−0.52	0.19	0.03	0.31	−0.37	−0.40
q_{3}	0.08	−0.50	−0.05	−0.34	0.20	0.55	−0.26	0.47	0.44	0.50	−0.01	−0.41
q_{4}	−0.05	0.15	0.17	−0.09	−0.11	−0.25	0.21	−0.13	−0.12	−0.32	0.09	0.23
q_{5}	−0.25	0.47	0.09	−0.07	0.08	−0.30	0.26	−0.19	−0.13	−0.21	0.25	0.12
q_{6}	0.16	−0.51	−0.23	−0.26	0.20	0.38	−0.21	0.30	0.39	0.41	0.03	−0.33
q_{7}	0.20	−0.53	−0.15	−0.21	0.25	0.56	−0.24	0.44	0.33	0.43	−0.12	−0.39
q_{8}	−0.17	0.22	0.21	0.03	−0.11	0.24	0.20	0.34	−0.03	−0.07	0.11	0.11
q_{9}	0.13	−0.08	−0.10	0.24	−0.04	−0.12	0.29	0.02	0.38	−0.15	−0.15	−0.26
q_{10}	0.00	0.08	0.30	−0.12	−0.08	0.19	−0.10	0.26	−0.09	0.51	−0.27	−0.25
q_{11}	−0.30	0.05	0.21	−0.11	0.04	0.07	0.19	−0.18	0.18	0.08	0.21	−0.03
q_{12}	0.03	0.09	0.03	0.10	0.05	0.01	0.11	−0.12	−0.08	0.31	0.31	0.28
q_{13}	−0.17	0.30	0.13	0.04	0.13	−0.15	0.28	−0.09	0.12	−0.33	0.00	0.33
q_{14}	−0.12	0.07	0.23	0.10	−0.01	−0.04	−0.06	−0.08	−0.21	−0.27	−0.36	0.00
q_{15}	−0.28	0.10	0.31	−0.09	0.01	0.05	−0.02	0.10	0.04	−0.13	−0.16	0.07
q_{16}	0.45	−0.08	−0.17	0.53	0.00	0.07	0.31	−0.06	−0.16	−0.21	−0.38	−0.23
q_{17}	0.06	−0.02	−0.15	0.00	−0.14	−0.18	0.15	−0.03	−0.03	−0.17	−0.11	0.04
q_{18}	−0.07	−0.07	−0.07	−0.06	−0.14	−0.24	0.01	−0.13	0.00	−0.12	−0.06	0.01
q_{19}	−0.19	−0.04	−0.10	−0.01	0.01	−0.20	0.16	−0.08	0.27	−0.13	0.01	0.05
q_{20}	−0.23	−0.10	−0.12	−0.14	0.11	0.23	−0.10	−0.07	0.14	0.20	0.54	0.13
q_{21}	0.11	0.18	−0.19	0.07	−0.07	−0.01	0.21	0.16	0.06	0.08	0.19	0.19
q_{22}	−0.14	0.06	0.32	0.01	−0.01	0.18	−0.03	0.02	−0.06	0.39	0.13	0.12
q_{23}	−0.03	−0.02	−0.08	−0.13	0.21	−0.06	0.08	−0.14	0.03	−0.08	0.03	−0.13
q_{24}	0.32	−0.23	−0.06	0.25	−0.03	0.15	−0.08	0.55	0.12	0.28	−0.28	−0.18
q_{25}	1.00	−0.40	−0.67	0.38	−0.45	0.03	0.01	0.16	−0.26	0.13	−0.19	0.00
q_{26}	−0.40	1.00	0.58	0.10	0.29	−0.36	0.13	−0.13	−0.25	−0.22	−0.14	0.14
q_{27}	−0.67	0.58	1.00	−0.23	0.29	−0.02	−0.05	0.02	0.05	0.01	−0.23	−0.14
q_{28}	0.38	0.10	−0.23	1.00	−0.21	−0.05	0.53	0.18	−0.09	−0.20	−0.07	0.27
q_{29}	−0.45	0.29	0.29	−0.21	1.00	0.19	−0.19	−0.11	0.06	−0.10	−0.02	−0.26
q_{30}	0.03	−0.36	−0.02	−0.05	0.19	1.00	0.12	0.46	0.07	0.35	0.21	−0.22
q_{31}	0.01	0.13	−0.05	0.53	−0.19	0.12	1.00	0.29	0.13	−0.14	0.10	0.07
q_{32}	0.16	−0.13	0.02	0.18	−0.11	0.46	0.29	1.00	0.28	0.32	−0.04	−0.11
q_{33}	−0.26	−0.25	0.05	−0.09	0.06	0.07	0.13	0.28	1.00	0.20	0.16	−0.03
q_{34}	0.13	−0.22	0.01	−0.20	−0.10	0.35	−0.14	0.32	0.20	1.00	0.03	−0.16
q_{35}	−0.19	−0.14	−0.23	−0.07	−0.02	0.21	0.10	−0.04	0.16	0.03	1.00	0.48
q_{36}	0.00	0.14	−0.14	0.27	−0.26	−0.22	0.07	−0.11	−0.03	−0.16	0.48	1.00

附表 132　2003 年区域自主创新潜力初始指标相关系数

指标＼指标	q1	q2	q3	q4	q5	q6	q7	q8	q9	q10	q11	q12
q1	1.00	0.19	0.38	−0.26	0.02	0.22	0.23	−0.05	0.22	0.15	0.18	0.21
q2	0.19	1.00	0.29	−0.21	−0.32	0.29	0.25	−0.63	0.16	0.10	0.35	0.32
q3	0.38	0.29	1.00	−0.37	−0.11	0.50	0.38	−0.34	0.12	0.13	0.29	0.20
q4	−0.26	−0.21	−0.37	1.00	0.19	−0.50	−0.22	0.54	−0.40	−0.07	−0.32	0.18
q5	0.02	−0.32	−0.11	0.19	1.00	−0.40	−0.14	0.40	−0.13	0.07	0.01	0.27
q6	0.22	0.29	0.50	−0.50	−0.40	1.00	0.28	−0.60	0.16	0.22	0.29	0.13
q7	0.23	0.25	0.38	−0.22	−0.14	0.28	1.00	−0.42	−0.15	−0.33	−0.14	−0.18
q8	−0.05	−0.63	−0.34	0.54	0.40	−0.60	−0.42	1.00	−0.31	−0.02	−0.34	−0.15
q9	0.22	0.16	0.12	−0.40	−0.13	0.16	−0.15	−0.31	1.00	0.19	0.45	−0.01
q10	0.15	0.10	0.13	−0.07	0.07	0.22	−0.33	−0.02	0.19	1.00	0.56	0.25
q11	0.18	0.35	0.29	−0.32	0.01	0.29	−0.14	−0.34	0.45	0.56	1.00	0.43
q12	0.21	0.32	0.20	0.18	0.27	0.13	−0.18	−0.15	−0.01	0.25	0.43	1.00
q13	−0.10	0.17	0.04	−0.23	−0.11	0.16	−0.04	−0.08	−0.01	0.08	−0.06	0.04
q14	0.24	0.35	0.23	−0.33	−0.03	0.23	0.07	−0.26	0.34	0.44	0.56	0.13
q15	0.16	0.36	0.26	−0.40	−0.06	0.25	0.15	−0.25	0.31	0.35	0.55	0.09
q16	−0.04	0.34	0.02	0.00	−0.05	0.08	0.28	−0.37	−0.03	0.18	0.21	0.12
q17	0.09	0.40	−0.13	0.04	−0.06	0.11	0.16	−0.10	−0.07	0.09	0.03	−0.03
q18	0.04	0.23	0.01	−0.08	−0.09	−0.06	0.29	−0.11	−0.02	−0.19	0.01	−0.29
q19	0.00	0.12	0.13	−0.03	−0.05	0.22	0.49	−0.21	−0.13	−0.10	−0.05	−0.10
q20	0.42	−0.23	0.34	−0.46	0.09	0.19	0.52	−0.19	0.13	−0.19	0.02	−0.21
q21	0.03	0.25	0.05	−0.39	−0.03	0.08	−0.26	−0.21	0.02	0.41	0.24	0.03
q22	0.34	−0.30	0.00	0.07	0.29	−0.23	0.32	0.48	−0.14	−0.17	−0.06	−0.20
q23	−0.27	−0.10	0.00	0.18	−0.17	0.11	0.02	−0.03	−0.11	0.00	−0.01	−0.12
q24	−0.19	−0.33	−0.34	0.24	0.11	−0.43	−0.39	0.53	0.02	0.21	−0.11	−0.25
q25	0.02	−0.10	0.02	0.26	0.06	−0.33	−0.12	0.31	−0.17	−0.03	−0.33	−0.10
q26	0.04	0.25	−0.07	−0.09	−0.24	0.06	−0.14	−0.22	−0.06	0.23	0.11	0.02
q27	−0.20	−0.28	−0.41	0.50	0.26	−0.44	−0.32	0.57	−0.30	0.08	−0.29	−0.07
q28	−0.06	0.02	−0.29	0.23	0.23	−0.41	−0.45	0.31	0.14	0.37	0.22	0.33
q29	0.41	0.53	0.27	−0.07	−0.08	0.33	0.20	−0.31	−0.08	0.15	0.34	0.46
q30	0.30	0.29	0.12	0.14	0.10	0.15	−0.04	−0.02	0.00	0.51	0.36	0.41
q31	0.23	0.11	0.20	−0.09	−0.21	0.26	0.32	−0.12	−0.21	−0.29	−0.16	−0.26
q32	0.37	0.12	0.29	0.09	0.20	0.25	0.17	−0.12	0.03	0.34	0.46	0.47
q33	0.17	0.02	0.05	−0.01	−0.03	−0.07	−0.51	0.06	0.06	0.15	−0.04	0.19
q34	−0.11	−0.36	−0.37	0.18	0.01	−0.51	−0.04	0.55	−0.22	−0.19	−0.38	−0.42
q35	0.21	0.58	0.33	−0.28	−0.44	0.33	0.36	−0.55	0.23	−0.34	0.19	0.08
q36	0.19	0.17	−0.03	−0.01	−0.31	0.06	0.05	−0.21	0.14	0.07	0.13	−0.18

续表

指标＼指标	q_{13}	q_{14}	q_{15}	q_{16}	q_{17}	q_{18}	q_{19}	q_{20}	q_{21}	q_{22}	q_{23}	q_{24}
q_{1}	-0.10	0.24	0.16	-0.04	0.09	0.04	0.00	0.42	0.03	0.34	-0.27	-0.19
q_{2}	0.17	0.35	0.36	0.34	0.40	0.23	0.12	-0.23	0.25	-0.30	-0.10	-0.33
q_{3}	0.04	0.23	0.26	0.02	-0.13	0.01	0.13	0.34	0.05	0.00	0.00	-0.34
q_{4}	-0.23	-0.33	-0.40	0.00	0.04	-0.08	-0.03	-0.46	-0.39	0.07	0.18	0.24
q_{5}	-0.11	-0.03	-0.06	-0.05	-0.06	-0.09	-0.05	0.09	-0.03	0.29	-0.17	0.11
q_{6}	0.16	0.23	0.25	0.08	0.11	-0.06	0.22	0.19	0.08	-0.23	0.11	-0.43
q_{7}	-0.04	0.07	0.15	0.28	0.16	0.29	0.49	0.52	-0.26	0.32	0.02	-0.39
q_{8}	-0.08	-0.26	-0.25	-0.37	-0.10	-0.11	-0.21	-0.19	-0.21	0.48	-0.03	0.53
q_{9}	-0.01	0.34	0.31	-0.03	-0.07	-0.02	-0.13	0.13	0.02	-0.14	-0.11	0.02
q_{10}	0.08	0.44	0.35	0.18	0.09	-0.19	-0.10	-0.19	0.41	-0.17	0.00	0.21
q_{11}	-0.06	0.56	0.55	0.21	0.03	0.01	-0.05	0.02	0.24	-0.06	-0.01	-0.11
q_{12}	0.04	0.13	0.09	0.12	-0.03	-0.29	-0.10	-0.21	0.03	-0.20	-0.12	-0.25
q_{13}	1.00	0.00	0.20	0.21	0.12	-0.12	0.06	-0.05	0.00	-0.06	-0.02	-0.06
q_{14}	0.00	1.00	0.94	0.31	0.04	0.09	-0.10	0.14	0.35	0.20	-0.02	0.15
q_{15}	0.20	0.94	1.00	0.26	0.05	0.12	-0.02	0.19	0.28	0.27	0.00	0.05
q_{16}	0.21	0.31	0.26	1.00	0.07	-0.01	0.19	0.09	0.11	0.07	-0.09	-0.11
q_{17}	0.12	0.04	0.05	0.07	1.00	0.36	0.28	-0.21	0.03	-0.05	0.20	-0.12
q_{18}	-0.12	0.09	0.12	-0.01	0.36	1.00	0.28	-0.06	-0.04	0.16	-0.01	-0.27
q_{19}	0.06	-0.10	-0.02	0.19	0.28	0.28	1.00	0.30	-0.09	0.17	0.13	-0.34
q_{20}	-0.05	0.14	0.19	0.09	-0.21	-0.06	0.30	1.00	-0.06	0.46	-0.01	-0.20
q_{21}	0.00	0.35	0.28	0.11	0.03	-0.04	-0.09	-0.06	1.00	-0.28	-0.03	0.12
q_{22}	-0.06	0.20	0.27	0.07	-0.05	0.16	0.17	0.46	-0.28	1.00	-0.07	0.08
q_{23}	-0.02	-0.02	0.00	-0.09	0.20	-0.01	0.13	-0.01	-0.03	-0.07	1.00	-0.01
q_{24}	-0.06	0.15	0.05	-0.11	-0.12	-0.27	-0.34	-0.20	0.12	0.08	-0.01	1.00
q_{25}	0.06	-0.10	-0.15	0.15	-0.26	-0.18	-0.24	-0.04	0.07	0.02	-0.02	0.51
q_{26}	-0.03	-0.09	-0.14	0.21	-0.06	0.01	0.09	-0.22	0.37	-0.29	0.07	-0.12
q_{27}	-0.10	-0.25	-0.25	0.00	-0.08	-0.06	-0.06	-0.43	-0.04	0.17	0.06	0.28
q_{28}	0.16	0.18	0.17	-0.19	0.06	-0.07	-0.34	-0.49	0.02	-0.10	-0.04	0.48
q_{29}	-0.09	0.44	0.39	0.27	0.08	0.05	-0.11	-0.05	0.38	0.04	-0.03	-0.32
q_{30}	0.05	0.30	0.29	0.09	0.23	-0.04	-0.01	-0.29	0.00	-0.06	-0.08	-0.29
q_{31}	0.17	-0.05	0.01	-0.11	0.29	0.23	0.15	0.24	0.06	0.12	0.21	-0.16
q_{32}	-0.15	0.08	0.08	0.12	0.12	0.13	0.07	0.07	-0.29	0.16	-0.20	-0.52
q_{33}	0.26	-0.39	-0.45	-0.27	-0.03	-0.18	-0.24	-0.19	0.18	-0.40	-0.13	0.08
q_{34}	0.25	-0.03	0.04	-0.05	-0.04	0.14	-0.01	-0.02	-0.11	0.41	0.15	0.54
q_{35}	0.02	0.28	0.26	0.12	0.12	0.30	0.13	0.05	-0.03	-0.08	0.13	-0.32
q_{36}	-0.12	0.33	0.20	0.03	0.15	0.32	-0.17	-0.16	-0.12	-0.04	0.01	-0.02

续表

指标 指标	q_{25}	q_{26}	q_{27}	q_{28}	q_{29}	q_{30}	q_{31}	q_{32}	q_{33}	q_{34}	q_{35}	q_{36}
q_1	0.02	0.04	−0.20	−0.06	0.41	0.30	0.23	0.37	0.17	−0.11	0.21	0.19
q_2	−0.10	0.25	−0.28	0.02	0.53	0.29	0.11	0.12	0.02	−0.36	0.58	0.17
q_3	0.02	−0.07	−0.41	−0.29	0.27	0.12	0.20	0.29	0.05	−0.37	0.33	−0.03
q_4	0.26	−0.09	0.50	0.23	−0.07	0.14	−0.09	0.09	−0.01	0.18	−0.28	−0.01
q_5	0.06	−0.24	0.26	0.23	−0.08	0.10	−0.21	0.20	−0.03	0.01	−0.44	−0.31
q_6	−0.33	0.06	−0.44	−0.41	0.33	0.15	0.26	0.25	−0.07	−0.51	0.33	0.06
q_7	−0.12	−0.14	−0.32	−0.45	0.20	−0.04	0.32	0.17	−0.51	−0.04	0.36	0.05
q_8	0.31	−0.22	0.57	0.31	−0.31	−0.02	−0.12	−0.12	0.06	0.55	−0.55	−0.21
q_9	−0.17	−0.06	−0.30	0.14	−0.08	0.00	−0.21	0.03	0.06	−0.22	0.23	0.14
q_{10}	−0.03	0.23	0.08	0.37	0.15	0.51	−0.29	0.34	0.15	−0.19	−0.34	0.07
q_{11}	−0.33	0.11	−0.29	0.22	0.34	0.36	−0.16	0.46	−0.04	−0.38	0.19	0.13
q_{12}	−0.10	0.02	−0.07	0.33	0.46	0.41	−0.26	0.47	0.19	−0.42	0.08	−0.18
q_{13}	0.06	−0.03	−0.10	0.16	−0.09	0.05	0.17	−0.15	0.26	0.25	0.02	−0.12
q_{14}	−0.10	−0.09	−0.25	0.18	0.44	0.30	−0.05	0.08	−0.39	−0.03	0.28	0.33
q_{15}	−0.15	−0.14	−0.25	0.17	0.39	0.29	0.01	0.08	−0.45	0.04	0.26	0.20
q_{16}	0.15	0.21	0.00	−0.19	0.27	0.09	−0.11	0.12	−0.27	−0.05	0.12	0.03
q_{17}	−0.26	−0.06	−0.08	0.06	0.08	0.23	0.29	0.12	−0.03	−0.04	0.12	0.15
q_{18}	−0.18	0.01	−0.06	−0.07	0.05	−0.04	0.23	0.13	−0.18	0.14	0.30	0.32
q_{19}	−0.24	0.09	−0.06	−0.34	−0.11	−0.01	0.15	0.07	−0.24	−0.01	0.13	−0.17
q_{20}	−0.04	−0.22	−0.43	−0.49	−0.05	−0.29	0.24	0.07	−0.19	−0.02	0.05	−0.16
q_{21}	0.07	0.37	−0.04	0.02	0.38	0.00	0.06	−0.29	0.18	−0.11	−0.03	−0.12
q_{22}	0.02	−0.29	0.17	−0.10	0.04	−0.06	0.12	0.16	−0.40	0.41	−0.08	−0.04
q_{23}	−0.02	0.07	0.06	−0.04	−0.03	−0.08	0.21	−0.20	−0.13	0.15	0.13	0.01
q_{24}	0.51	−0.12	0.28	0.48	−0.32	−0.29	−0.16	−0.52	0.08	0.54	−0.32	−0.02
q_{25}	1.00	0.14	0.25	0.01	0.01	−0.31	−0.03	−0.48	0.21	0.48	−0.11	−0.32
q_{26}	0.14	1.00	0.47	−0.17	0.16	0.24	−0.05	−0.08	0.27	−0.03	−0.07	−0.03
q_{27}	0.25	0.47	1.00	0.12	−0.13	0.20	−0.20	−0.10	−0.04	0.33	−0.55	−0.15
q_{28}	0.01	−0.17	0.12	1.00	−0.15	0.24	−0.37	0.04	0.22	0.31	−0.14	0.15
q_{29}	0.01	0.16	−0.13	−0.15	1.00	0.37	0.24	0.22	−0.21	−0.28	0.44	0.09
q_{30}	−0.31	0.24	0.20	0.24	0.37	1.00	−0.06	0.59	−0.09	−0.24	−0.11	0.27
q_{31}	−0.03	−0.05	−0.20	−0.37	0.24	−0.06	1.00	−0.09	0.09	0.09	0.20	0.18
q_{32}	−0.48	−0.08	−0.10	0.04	0.22	0.59	−0.09	1.00	−0.04	−0.49	−0.10	0.20
q_{33}	0.21	0.27	−0.04	0.22	−0.21	−0.09	0.09	−0.04	1.00	−0.06	−0.14	−0.05
q_{34}	0.48	−0.03	0.33	0.31	−0.28	−0.24	0.09	−0.49	−0.06	1.00	−0.08	0.03
q_{35}	−0.11	−0.07	−0.55	−0.14	0.44	−0.11	0.20	−0.10	−0.14	−0.08	1.00	0.40
q_{36}	−0.32	−0.03	−0.15	0.15	0.09	0.27	0.18	0.20	−0.05	0.03	0.40	1.00

附表 133　2004 年区域自主创新潜力初始指标相关系数

指标＼指标	q_1	q_2	q_3	q_4	q_5	q_6	q_7	q_8	q_9	q_{10}	q_{11}	q_{12}
q_1	1.00	0.43	−0.12	−0.52	−0.38	−0.09	0.47	0.01	−0.15	−0.03	0.21	0.15
q_2	0.43	1.00	0.17	−0.12	−0.11	0.25	−0.05	−0.21	−0.27	−0.08	0.03	0.55
q_3	−0.12	0.17	1.00	0.06	−0.25	0.14	−0.18	−0.03	−0.16	0.01	0.02	0.12
q_4	−0.52	−0.12	0.06	1.00	0.59	0.58	−0.83	−0.46	−0.09	−0.10	−0.32	0.11
q_5	−0.38	−0.11	−0.25	0.59	1.00	0.17	−0.47	−0.26	0.00	−0.08	−0.23	−0.03
q_6	−0.09	0.25	0.14	0.58	0.17	1.00	−0.69	−0.49	−0.34	−0.34	−0.39	0.13
q_7	0.47	−0.05	−0.18	−0.83	−0.47	−0.69	1.00	0.58	0.38	0.19	0.36	−0.07
q_8	0.01	−0.21	−0.03	−0.46	−0.26	−0.49	0.58	1.00	0.39	0.01	0.12	−0.22
q_9	−0.15	−0.27	−0.16	−0.09	0.00	−0.34	0.38	0.39	1.00	0.09	0.03	−0.12
q_{10}	−0.03	−0.08	0.01	−0.10	−0.08	−0.34	0.19	0.01	0.09	1.00	0.66	0.04
q_{11}	0.21	0.03	0.02	−0.32	−0.23	−0.39	0.36	0.12	0.03	0.66	1.00	0.12
q_{12}	0.15	0.55	0.12	0.11	−0.03	0.13	−0.07	−0.22	−0.12	0.04	0.12	1.00
q_{13}	−0.20	−0.01	0.23	−0.01	0.00	0.01	−0.06	0.27	0.07	0.09	−0.12	−0.14
q_{14}	0.13	0.23	−0.11	0.10	0.29	−0.17	−0.06	−0.09	−0.15	0.12	0.02	0.52
q_{15}	−0.19	0.12	−0.05	0.26	0.35	−0.13	−0.20	−0.02	0.05	0.02	−0.09	0.30
q_{16}	−0.09	−0.22	−0.03	−0.11	−0.10	−0.24	0.30	0.14	0.40	0.32	0.23	−0.04
q_{17}	0.36	0.04	0.19	0.00	0.16	0.24	0.00	−0.18	−0.09	−0.01	0.04	0.03
q_{18}	0.08	−0.01	0.22	0.02	0.21	0.18	−0.05	0.03	−0.07	−0.10	0.17	0.04
q_{19}	0.32	0.55	−0.02	−0.26	−0.20	0.40	−0.09	−0.10	−0.24	−0.21	−0.21	−0.09
q_{20}	0.00	−0.32	−0.02	−0.11	0.00	−0.05	0.01	0.08	0.07	0.00	0.20	−0.12
q_{21}	0.34	0.04	−0.08	−0.21	−0.11	−0.34	0.28	0.15	−0.07	0.51	0.34	0.11
q_{22}	0.18	−0.10	0.02	−0.14	−0.21	0.14	0.06	−0.14	−0.41	0.00	0.24	−0.16
q_{23}	−0.23	−0.30	0.07	−0.09	0.06	−0.14	−0.02	0.35	0.06	0.15	0.05	−0.37
q_{24}	−0.26	−0.33	−0.07	0.26	0.27	0.30	−0.24	0.12	0.22	0.12	−0.11	−0.17
q_{25}	−0.06	−0.04	−0.22	−0.27	0.02	−0.52	0.28	0.08	0.17	0.42	0.26	−0.17
q_{26}	0.08	−0.01	0.15	−0.11	−0.30	0.07	0.19	0.03	−0.13	0.17	0.30	0.34
q_{27}	0.00	−0.01	0.02	−0.10	−0.32	−0.03	0.21	0.18	−0.01	0.16	0.22	0.27
q_{28}	−0.02	0.05	−0.34	−0.01	0.20	−0.05	−0.09	−0.09	−0.03	0.29	0.15	−0.10
q_{29}	0.29	0.20	0.19	−0.15	−0.16	0.05	0.29	−0.04	0.18	−0.15	0.07	0.22
q_{30}	0.26	0.25	0.12	−0.03	−0.20	0.08	0.01	−0.17	−0.04	0.04	0.16	0.07
q_{31}	0.08	−0.13	−0.09	0.08	0.10	−0.15	0.05	−0.30	−0.12	0.21	−0.07	0.08
q_{32}	0.32	0.09	0.24	−0.63	−0.31	−0.49	0.52	0.26	−0.01	0.32	0.41	−0.15
q_{33}	0.11	0.28	0.18	−0.14	−0.38	0.10	0.10	0.14	−0.06	0.26	0.37	−0.07
q_{34}	0.11	−0.30	0.19	−0.30	−0.24	−0.45	0.33	0.07	0.10	0.38	0.24	−0.18
q_{35}	−0.46	−0.06	−0.17	0.77	0.49	0.51	−0.70	−0.46	−0.13	−0.33	−0.39	0.16
q_{36}	0.29	−0.04	−0.30	−0.08	−0.04	0.02	0.08	0.00	−0.06	0.08	0.16	0.11

续表

指标	q_{13}	q_{14}	q_{15}	q_{16}	q_{17}	q_{18}	q_{19}	q_{20}	q_{21}	q_{22}	q_{23}	q_{24}
q_{1}	-0.20	0.13	-0.19	-0.09	0.36	0.08	0.32	0.00	0.34	0.18	-0.23	-0.26
q_{2}	-0.01	0.23	0.12	-0.22	0.04	-0.01	0.55	-0.32	0.04	-0.10	-0.30	-0.33
q_{3}	0.23	-0.11	-0.05	-0.03	0.19	0.22	-0.02	-0.02	-0.08	0.02	0.07	-0.07
q_{4}	-0.01	0.10	0.26	-0.11	0.00	0.02	-0.26	-0.11	-0.21	-0.14	-0.09	0.26
q_{5}	0.00	0.29	0.35	-0.10	0.16	0.21	-0.20	0.00	-0.11	-0.21	0.06	0.27
q_{6}	0.01	-0.17	-0.13	-0.24	0.24	0.18	0.40	-0.05	-0.34	0.14	-0.14	0.30
q_{7}	-0.06	-0.06	-0.20	0.30	0.00	-0.05	-0.09	0.01	0.28	0.06	-0.02	-0.24
q_{8}	0.27	-0.09	-0.02	0.14	-0.18	0.03	-0.10	0.08	0.15	-0.14	0.35	0.12
q_{9}	0.07	-0.15	0.05	0.40	-0.09	-0.07	-0.24	0.07	-0.07	-0.41	0.06	0.22
q_{10}	0.09	0.12	0.02	0.32	-0.01	-0.10	-0.21	0.00	0.51	0.00	0.15	0.12
q_{11}	-0.12	0.02	-0.09	0.23	0.04	0.17	-0.21	0.20	0.34	0.24	0.05	-0.11
q_{12}	-0.14	0.52	0.30	-0.04	0.03	0.04	-0.09	-0.12	0.11	-0.16	-0.37	-0.17
q_{13}	1.00	0.12	0.23	0.05	-0.05	0.04	0.09	-0.33	0.30	-0.30	0.57	0.08
q_{14}	0.12	1.00	0.83	0.02	0.05	-0.06	-0.24	-0.12	0.33	-0.10	0.01	-0.15
q_{15}	0.23	0.83	1.00	0.12	-0.14	-0.17	-0.27	-0.17	0.01	-0.10	0.17	-0.07
q_{16}	0.05	0.02	0.12	1.00	0.18	-0.09	-0.34	0.18	0.06	0.00	0.20	0.17
q_{17}	-0.05	0.05	-0.14	0.18	1.00	0.50	0.07	0.03	-0.09	0.05	-0.14	0.14
q_{18}	0.04	-0.06	-0.17	-0.09	0.50	1.00	-0.01	0.03	-0.09	0.15	-0.16	0.27
q_{19}	0.09	-0.24	-0.27	-0.34	0.07	-0.01	1.00	-0.06	-0.13	0.06	0.05	0.08
q_{20}	-0.33	-0.12	-0.17	0.18	0.03	0.03	-0.06	1.00	-0.14	0.14	0.40	0.13
q_{21}	0.30	0.33	0.01	0.06	-0.09	-0.09	-0.13	-0.14	1.00	-0.03	0.23	-0.06
q_{22}	-0.30	-0.10	-0.10	0.00	0.05	0.15	0.06	0.14	-0.03	1.00	-0.06	0.12
q_{23}	0.57	0.01	0.17	0.20	-0.14	-0.16	0.05	0.40	0.23	-0.06	1.00	0.08
q_{24}	0.08	-0.15	-0.07	0.17	0.14	0.27	0.08	0.13	-0.06	0.12	0.08	1.00
q_{25}	-0.02	0.00	-0.04	0.00	-0.22	-0.11	-0.04	0.02	0.06	-0.17	-0.02	-0.15
q_{26}	-0.23	-0.12	-0.31	-0.14	-0.06	0.21	-0.12	-0.06	0.05	0.37	-0.42	0.24
q_{27}	-0.22	-0.14	-0.25	-0.13	-0.35	0.07	-0.10	0.00	0.05	0.30	-0.34	0.28
q_{28}	0.00	-0.06	-0.09	-0.09	-0.17	-0.12	0.26	0.01	0.08	-0.03	-0.08	0.36
q_{29}	-0.13	-0.17	-0.25	0.07	0.37	0.04	-0.03	0.07	-0.17	-0.11	-0.18	-0.18
q_{30}	0.03	0.12	0.00	-0.01	0.19	0.19	0.19	-0.20	0.15	-0.05	-0.21	-0.18
q_{31}	0.06	0.24	0.23	0.04	0.04	-0.14	-0.17	-0.18	0.10	0.04	0.02	-0.13
q_{32}	0.14	-0.01	-0.20	0.03	0.06	0.06	0.08	0.08	0.36	0.08	0.18	-0.31
q_{33}	0.04	-0.48	-0.40	0.15	0.06	0.17	0.30	-0.16	-0.07	0.01	-0.05	-0.05
q_{34}	0.26	-0.04	-0.10	0.15	-0.02	0.18	-0.32	-0.04	0.39	0.01	0.22	-0.09
q_{35}	-0.21	0.01	0.15	-0.19	-0.10	-0.14	-0.18	-0.05	-0.42	-0.26	-0.27	0.06
q_{36}	-0.18	0.04	-0.22	0.03	0.01	0.24	0.07	0.06	0.38	0.10	-0.28	0.42

续表

指标 \ 指标	q_{25}	q_{26}	q_{27}	q_{28}	q_{29}	q_{30}	q_{31}	q_{32}	q_{33}	q_{34}	q_{35}	q_{36}
q_{1}	−0.06	0.08	0.00	−0.02	0.29	0.26	0.08	0.32	0.11	0.11	−0.46	0.29
q_{2}	−0.04	−0.01	−0.01	0.05	0.20	0.25	−0.13	0.09	0.28	−0.30	−0.06	−0.04
q_{3}	−0.22	0.15	0.02	−0.34	0.19	0.12	−0.09	0.24	0.18	0.19	−0.17	−0.30
q_{4}	−0.27	−0.11	−0.10	−0.01	−0.15	−0.03	0.08	−0.63	−0.14	−0.30	0.77	−0.08
q_{5}	0.02	−0.30	−0.32	0.20	−0.16	−0.20	0.10	−0.31	−0.38	−0.24	0.49	−0.04
q_{6}	−0.52	0.07	−0.03	−0.05	0.05	0.08	−0.15	−0.49	0.10	−0.45	0.51	0.02
q_{7}	0.28	0.19	0.21	−0.09	0.29	0.01	0.05	0.52	0.10	0.33	−0.70	0.08
q_{8}	0.08	0.03	0.18	−0.09	−0.04	−0.17	−0.30	0.26	0.14	0.07	−0.46	0.00
q_{9}	0.17	−0.13	−0.01	−0.03	0.18	−0.04	−0.12	−0.01	−0.06	0.10	−0.13	−0.06
q_{10}	0.42	0.17	0.16	0.29	−0.15	0.04	0.21	0.32	0.26	0.38	−0.33	0.08
q_{11}	0.26	0.30	0.22	0.15	0.07	0.16	−0.07	0.41	0.37	0.24	−0.39	0.16
q_{12}	−0.17	0.34	0.27	−0.10	0.22	0.07	0.08	−0.15	−0.07	−0.18	0.16	0.11
q_{13}	−0.02	−0.23	−0.22	0.00	−0.13	0.03	0.06	0.14	0.04	0.26	−0.21	−0.18
q_{14}	0.00	−0.12	−0.14	−0.06	−0.17	0.12	0.24	−0.01	−0.48	−0.04	0.01	0.04
q_{15}	−0.04	−0.31	−0.25	−0.09	−0.25	0.00	0.23	−0.20	−0.40	−0.10	0.15	−0.22
q_{16}	0.00	−0.14	−0.13	−0.09	0.07	−0.01	0.04	0.03	0.15	0.15	−0.19	0.03
q_{17}	−0.22	−0.06	−0.35	−0.17	0.37	0.19	0.04	0.06	0.06	−0.02	−0.10	0.01
q_{18}	−0.11	0.21	0.07	−0.12	0.04	0.19	−0.14	0.06	0.17	0.18	−0.14	0.24
q_{19}	−0.04	−0.12	−0.10	0.26	−0.03	0.19	−0.17	0.08	0.30	−0.32	−0.18	0.07
q_{20}	0.02	−0.06	0.00	0.01	0.07	−0.20	−0.18	0.08	−0.16	−0.04	−0.05	0.06
q_{21}	0.06	0.05	0.05	0.08	−0.17	0.15	0.10	0.36	−0.07	0.39	−0.42	0.38
q_{22}	−0.17	0.37	0.30	−0.03	−0.11	−0.05	0.04	0.08	0.01	0.01	−0.26	0.10
q_{23}	−0.02	−0.42	−0.34	−0.08	−0.18	−0.21	0.02	0.18	−0.05	0.22	−0.27	−0.28
q_{24}	−0.15	0.24	0.28	0.36	−0.18	−0.18	−0.13	−0.31	−0.05	−0.09	0.06	0.42
q_{25}	1.00	0.04	0.16	0.39	0.02	0.06	0.08	0.45	0.10	0.30	−0.28	−0.19
q_{26}	0.04	1.00	0.88	0.13	0.27	−0.10	−0.06	0.11	0.05	0.21	−0.17	0.27
q_{27}	0.16	0.88	1.00	0.31	0.15	−0.22	−0.08	−0.05	0.00	0.15	−0.12	0.30
q_{28}	0.39	0.13	0.31	1.00	−0.24	−0.33	−0.03	−0.12	−0.06	−0.09	0.11	0.35
q_{29}	0.02	0.27	0.15	−0.24	1.00	0.11	−0.03	0.14	0.02	0.10	−0.11	−0.24
q_{30}	0.06	−0.10	−0.22	−0.33	0.11	1.00	0.04	0.23	0.37	−0.05	−0.20	0.05
q_{31}	0.08	−0.06	−0.08	−0.03	−0.03	0.04	1.00	−0.14	−0.08	0.30	−0.03	−0.14
q_{32}	0.45	0.11	−0.05	−0.12	0.14	0.23	−0.14	1.00	0.21	0.45	−0.77	−0.12
q_{33}	0.10	0.05	0.00	−0.06	0.02	0.37	−0.08	0.21	1.00	0.00	−0.22	0.00
q_{34}	0.30	0.21	0.15	−0.09	0.10	−0.05	0.30	0.45	0.00	1.00	−0.51	−0.03
q_{35}	−0.28	−0.17	−0.12	0.11	−0.11	−0.20	−0.03	−0.77	−0.22	−0.51	1.00	0.03
q_{36}	−0.19	0.27	0.30	0.35	−0.24	0.05	−0.14	−0.12	0.00	−0.03	0.03	1.00

附表 134　2005 年区域自主创新潜力初始指标相关系数

指标＼指标	q_1	q_2	q_3	q_4	q_5	q_6	q_7	q_8	q_9	q_{10}	q_{11}	q_{12}
q_1	1.00	0.08	−0.13	0.07	0.60	0.41	0.49	−0.18	−0.07	0.15	−0.05	−0.01
q_2	0.08	1.00	−0.13	−0.06	0.06	−0.35	−0.29	0.44	−0.32	0.29	0.01	0.32
q_3	−0.13	−0.13	1.00	0.23	0.03	0.16	−0.07	−0.07	0.04	0.01	−0.10	−0.28
q_4	0.07	−0.06	0.23	1.00	0.38	0.31	0.22	−0.35	−0.18	−0.17	0.08	−0.04
q_5	0.60	0.06	0.03	0.38	1.00	0.45	0.75	−0.40	−0.38	−0.08	−0.02	−0.18
q_6	0.41	−0.35	0.16	0.31	0.45	1.00	0.53	−0.54	0.22	−0.19	0.01	−0.24
q_7	0.49	−0.29	−0.07	0.22	0.75	0.53	1.00	−0.73	0.05	−0.22	−0.10	−0.26
q_8	−0.18	0.44	−0.07	−0.35	−0.40	−0.54	−0.73	1.00	−0.30	0.35	0.04	0.18
q_9	−0.07	−0.32	0.04	−0.18	−0.38	0.22	0.05	−0.30	1.00	−0.06	−0.02	0.07
q_{10}	0.15	0.29	0.01	−0.17	−0.08	−0.19	−0.22	0.35	−0.06	1.00	0.08	−0.02
q_{11}	−0.05	0.01	−0.10	0.08	−0.02	0.01	−0.10	0.04	−0.02	0.08	1.00	0.34
q_{12}	−0.01	0.32	−0.28	−0.04	−0.18	−0.24	−0.26	0.18	0.07	−0.02	0.34	1.00
q_{13}	0.22	0.18	0.01	−0.36	−0.12	0.03	−0.07	0.07	0.19	0.38	0.43	0.08
q_{14}	−0.04	−0.10	0.04	0.24	0.00	−0.19	−0.07	−0.02	−0.17	−0.03	0.09	0.07
q_{15}	−0.11	−0.21	0.24	−0.03	−0.20	−0.19	−0.07	0.02	0.01	−0.06	−0.02	0.00
q_{16}	−0.48	−0.47	0.01	0.01	−0.36	−0.08	−0.02	−0.05	0.24	−0.25	−0.09	−0.10
q_{17}	−0.34	−0.16	0.05	0.13	−0.10	0.02	0.00	−0.01	0.06	−0.27	−0.05	−0.12
q_{18}	−0.25	−0.08	0.04	−0.07	−0.05	0.00	−0.05	−0.01	0.01	0.14	0.11	−0.18
q_{19}	−0.36	−0.34	−0.02	−0.21	−0.30	−0.15	−0.07	0.05	0.04	−0.16	0.07	0.07
q_{20}	−0.26	−0.27	0.05	0.33	0.03	0.01	−0.04	−0.19	−0.05	−0.07	0.34	−0.02
q_{21}	0.51	−0.04	−0.11	−0.01	0.72	0.35	0.78	−0.33	−0.08	−0.07	−0.11	−0.12
q_{22}	−0.01	0.08	0.29	0.00	−0.15	0.12	−0.16	−0.09	0.47	0.19	0.32	0.05
q_{23}	0.04	0.12	−0.13	−0.16	−0.05	−0.10	−0.03	0.22	0.09	0.02	−0.16	−0.07
q_{24}	0.33	−0.31	0.15	0.21	0.45	0.31	0.56	−0.37	0.16	−0.14	−0.16	−0.37
q_{25}	−0.10	−0.32	−0.15	0.10	0.06	0.27	0.21	−0.05	0.05	−0.02	0.13	−0.20
q_{26}	0.19	−0.08	−0.03	−0.10	0.26	0.35	0.29	−0.22	−0.08	−0.11	−0.17	−0.14
q_{27}	0.01	−0.01	−0.06	−0.05	0.13	0.09	0.08	−0.11	−0.14	−0.11	0.00	0.02
q_{28}	0.15	0.29	−0.16	0.10	−0.03	−0.07	−0.08	0.15	−0.07	0.27	−0.10	0.08
q_{29}	−0.12	−0.02	−0.06	0.05	−0.20	−0.03	−0.25	−0.06	0.39	0.08	0.36	0.15
q_{30}	0.05	−0.59	0.09	0.29	0.07	0.32	0.40	−0.49	0.26	0.12	0.03	−0.27
q_{31}	−0.17	−0.22	0.00	0.01	−0.07	−0.12	−0.05	−0.11	0.04	0.22	0.27	0.12
q_{32}	0.60	−0.33	0.11	0.19	0.36	0.41	0.57	−0.48	0.41	0.09	−0.12	−0.20
q_{33}	0.14	0.60	−0.24	−0.01	0.09	−0.18	−0.19	0.25	−0.28	0.16	0.20	0.32
q_{34}	0.32	0.27	−0.03	−0.07	−0.03	−0.12	−0.34	0.63	−0.04	0.37	0.02	0.16
q_{35}	−0.21	−0.45	0.08	0.15	−0.27	0.27	−0.09	−0.31	0.57	−0.15	0.19	−0.01
q_{36}	−0.49	−0.25	−0.20	−0.08	−0.36	−0.16	−0.29	0.23	0.13	−0.19	−0.01	−0.21

续表

指标\指标	q13	q14	q15	q16	q17	q18	q19	q20	q21	q22	q23	q24
q1	0.22	−0.04	−0.11	−0.48	−0.34	−0.25	−0.36	−0.26	0.51	−0.01	0.04	0.33
q2	0.18	−0.10	−0.21	−0.47	−0.16	−0.08	−0.34	−0.27	−0.04	0.08	0.12	−0.31
q3	0.01	0.04	0.24	0.01	0.05	0.04	−0.02	0.05	−0.11	0.29	−0.13	0.15
q4	−0.36	0.24	−0.03	0.01	0.13	−0.07	−0.21	0.33	−0.01	0.00	−0.16	0.21
q5	−0.12	0.00	−0.20	−0.36	−0.10	−0.05	−0.30	0.03	0.72	−0.15	−0.05	0.45
q6	0.03	−0.19	−0.19	−0.08	0.02	0.00	−0.15	0.01	0.35	0.12	−0.10	0.31
q7	−0.07	−0.07	−0.07	−0.02	0.00	−0.05	−0.07	−0.04	0.78	−0.16	−0.03	0.56
q8	0.07	−0.02	0.02	−0.05	−0.01	−0.01	0.05	−0.19	−0.33	−0.09	0.22	−0.37
q9	0.19	−0.17	0.01	0.24	0.06	0.01	0.04	−0.05	−0.08	0.47	0.09	0.16
q10	0.38	−0.03	−0.06	−0.25	−0.27	0.14	−0.16	−0.07	−0.07	0.19	0.02	−0.14
q11	0.43	0.09	−0.02	−0.09	−0.05	0.11	0.07	0.34	−0.11	0.32	−0.16	−0.16
q12	0.08	0.07	0.00	−0.10	−0.12	−0.18	0.07	−0.02	−0.12	0.05	−0.07	−0.37
q13	1.00	−0.07	0.03	−0.08	−0.13	−0.01	0.17	−0.02	−0.11	0.42	−0.04	−0.02
q14	−0.07	1.00	0.74	−0.29	−0.30	−0.17	0.17	0.71	−0.32	0.14	−0.01	−0.02
q15	0.03	0.74	1.00	−0.03	−0.13	0.07	0.49	0.28	−0.24	0.20	−0.04	0.08
q16	−0.08	−0.29	−0.03	1.00	0.60	0.21	0.57	−0.09	−0.12	−0.26	0.04	0.18
q17	−0.13	−0.30	−0.13	0.60	1.00	0.36	0.17	−0.09	−0.12	−0.06	−0.13	0.28
q18	−0.01	−0.17	0.07	0.21	0.36	1.00	0.25	−0.08	0.03	−0.10	−0.07	−0.02
q19	0.17	0.17	0.49	0.57	0.17	0.25	1.00	0.10	−0.15	−0.10	−0.13	0.00
q20	−0.02	0.71	0.28	−0.09	−0.09	−0.08	0.10	1.00	−0.41	0.22	−0.05	0.01
q21	−0.11	−0.32	−0.24	−0.12	−0.12	0.03	−0.15	−0.41	1.00	−0.35	0.01	0.41
q22	0.42	0.14	0.20	−0.26	−0.06	−0.10	−0.10	0.22	−0.35	1.00	−0.13	0.07
q23	−0.04	−0.01	−0.04	0.04	−0.13	−0.07	−0.13	−0.05	0.01	−0.13	1.00	−0.24
q24	−0.02	−0.02	0.08	0.18	0.28	−0.02	0.00	0.01	0.41	0.07	−0.24	1.00
q25	0.21	0.15	0.03	0.46	0.29	0.06	0.38	0.45	−0.03	−0.17	0.11	0.33
q26	−0.07	−0.12	0.00	−0.15	−0.21	−0.06	−0.04	−0.12	0.24	0.06	−0.10	0.08
q27	−0.05	−0.09	−0.03	−0.06	−0.16	0.06	0.04	−0.05	0.07	0.02	−0.07	−0.16
q28	0.08	0.05	−0.07	−0.14	0.14	−0.28	−0.29	−0.06	−0.07	0.17	−0.08	0.24
q29	0.06	0.13	−0.06	−0.27	−0.16	0.05	−0.39	0.39	−0.32	0.50	0.08	−0.10
q30	0.06	0.25	0.21	0.32	0.23	0.05	0.08	0.33	0.04	0.08	−0.02	0.36
q31	0.23	0.35	0.17	0.07	−0.24	−0.02	0.36	0.52	−0.25	0.07	−0.16	−0.18
q32	0.08	0.11	0.12	−0.13	−0.09	−0.14	−0.30	0.05	0.36	0.25	0.09	0.63
q33	0.03	−0.34	−0.35	−0.35	−0.33	0.04	−0.35	−0.48	0.21	−0.11	0.02	−0.42
q34	0.13	0.17	0.11	−0.32	−0.29	−0.20	−0.06	−0.06	−0.04	0.14	0.26	−0.23
q35	−0.08	0.40	0.26	−0.01	−0.18	0.02	0.15	0.60	−0.39	0.47	−0.10	0.00
q36	−0.29	−0.07	0.02	0.44	0.24	0.40	0.36	−0.02	−0.17	−0.23	0.09	−0.14

续表

指标	q_{25}	q_{26}	q_{27}	q_{28}	q_{29}	q_{30}	q_{31}	q_{32}	q_{33}	q_{34}	q_{35}	q_{36}
q_{1}	−0.10	0.19	0.01	0.15	−0.12	0.05	−0.17	0.60	0.14	0.32	−0.21	−0.49
q_{2}	−0.32	−0.08	−0.01	0.29	−0.02	−0.59	−0.22	−0.33	0.60	0.27	−0.45	−0.25
q_{3}	−0.15	−0.03	−0.06	−0.16	−0.06	0.09	0.00	0.11	−0.24	−0.03	0.08	−0.20
q_{4}	0.10	−0.10	−0.05	0.10	0.05	0.29	0.01	0.19	−0.01	−0.07	0.15	−0.08
q_{5}	0.06	0.26	0.13	−0.03	−0.20	0.07	−0.07	0.36	0.09	−0.03	−0.27	−0.36
q_{6}	0.27	0.35	0.09	−0.07	−0.03	0.32	−0.12	0.41	−0.18	−0.12	0.27	−0.16
q_{7}	0.21	0.29	0.08	−0.08	−0.25	0.40	−0.05	0.57	−0.19	−0.34	−0.09	−0.29
q_{8}	−0.05	−0.22	−0.11	0.15	−0.06	−0.49	−0.11	−0.48	0.25	0.63	−0.31	0.23
q_{9}	0.05	−0.08	−0.14	−0.07	0.39	0.26	0.04	0.41	−0.28	−0.04	0.57	0.13
q_{10}	−0.02	−0.11	−0.11	0.27	0.08	0.12	0.22	0.09	0.16	0.37	−0.15	−0.19
q_{11}	0.13	−0.17	0.00	−0.10	0.36	0.03	0.27	−0.12	0.20	0.02	0.19	−0.01
q_{12}	−0.20	−0.14	0.02	0.08	0.15	−0.27	0.12	−0.20	0.32	0.16	−0.01	−0.21
q_{13}	0.21	−0.07	−0.05	0.08	0.06	0.06	0.23	0.08	0.03	0.13	−0.08	−0.29
q_{14}	0.15	−0.12	−0.09	0.05	0.13	0.25	0.35	0.11	−0.34	0.17	0.40	−0.07
q_{15}	0.03	0.00	−0.03	−0.07	−0.06	0.21	0.17	0.12	−0.35	0.11	0.26	0.02
q_{16}	0.46	−0.15	−0.06	−0.14	−0.27	0.32	0.07	−0.13	−0.35	−0.32	−0.01	0.44
q_{17}	0.29	−0.21	−0.16	0.14	−0.16	0.23	−0.24	−0.09	−0.33	−0.29	−0.18	0.24
q_{18}	0.06	−0.06	0.06	−0.28	0.05	0.05	−0.02	−0.14	0.04	−0.20	0.02	0.40
q_{19}	0.38	−0.04	0.04	−0.29	−0.39	0.08	0.36	−0.30	−0.35	−0.06	0.15	0.36
q_{20}	0.45	−0.12	−0.05	−0.06	0.39	0.33	0.52	0.05	−0.48	−0.06	0.60	−0.02
q_{21}	−0.03	0.24	0.07	−0.07	−0.32	0.04	−0.25	0.36	0.21	−0.04	−0.39	−0.17
q_{22}	−0.17	0.06	0.02	0.17	0.50	0.08	0.07	0.25	−0.11	0.14	0.47	−0.23
q_{23}	0.11	−0.10	−0.07	−0.08	0.08	−0.02	−0.16	0.09	0.02	0.26	−0.10	0.09
q_{24}	0.33	0.08	−0.16	0.24	−0.10	0.36	−0.18	0.63	−0.42	−0.23	0.00	−0.14
q_{25}	1.00	−0.08	−0.18	0.02	−0.14	0.43	0.33	0.14	−0.55	−0.03	0.20	0.16
q_{26}	−0.08	1.00	0.87	−0.11	−0.25	0.07	−0.02	0.20	0.04	−0.04	−0.01	−0.16
q_{27}	−0.18	0.87	1.00	−0.23	−0.16	0.01	0.05	−0.06	0.13	−0.06	−0.06	0.00
q_{28}	0.02	−0.11	−0.23	1.00	0.01	0.09	−0.29	0.24	−0.04	0.14	−0.19	−0.23
q_{29}	−0.14	−0.25	−0.16	0.01	1.00	−0.05	−0.02	0.15	0.03	−0.05	0.50	−0.04
q_{30}	0.43	0.07	0.01	0.09	−0.05	1.00	0.14	0.53	−0.54	−0.18	0.21	−0.03
q_{31}	0.33	−0.02	0.05	−0.29	−0.02	0.14	1.00	−0.03	−0.21	0.02	0.40	0.03
q_{32}	0.14	0.20	−0.06	0.24	0.15	0.53	−0.03	1.00	−0.32	0.06	0.22	−0.43
q_{33}	−0.55	0.04	0.13	−0.04	0.03	−0.54	−0.21	−0.32	1.00	0.18	−0.41	−0.09
q_{34}	−0.03	−0.04	−0.06	0.14	−0.05	−0.18	0.02	0.06	0.18	1.00	−0.02	−0.01
q_{35}	0.20	−0.01	−0.06	−0.19	0.50	0.21	0.40	0.22	−0.41	−0.02	1.00	0.19
q_{36}	0.16	−0.16	0.00	−0.23	−0.04	−0.03	0.03	−0.43	−0.09	−0.01	0.19	1.00

附表 135　2006 年区域自主创新潜力初始指标相关系数

指标＼指标	q_1	q_2	q_3	q_4	q_5	q_6	q_7	q_8	q_9	q_{10}	q_{11}	q_{12}
q_1	1.00	0.38	−0.23	−0.15	0.43	−0.23	0.70	−0.08	−0.27	−0.01	−0.16	0.31
q_2	0.38	1.00	−0.21	0.11	0.21	−0.31	0.24	0.31	0.08	0.17	0.10	0.06
q_3	−0.23	−0.21	1.00	0.34	−0.19	−0.09	−0.24	−0.14	−0.10	−0.06	−0.04	0.30
q_4	−0.15	0.11	0.34	1.00	−0.25	0.19	−0.21	0.03	−0.05	0.33	0.22	0.23
q_5	0.43	0.21	−0.19	−0.25	1.00	−0.05	0.51	−0.15	−0.04	0.00	−0.17	0.05
q_6	−0.23	−0.31	−0.09	0.19	−0.05	1.00	−0.29	0.14	−0.01	−0.11	−0.06	−0.18
q_7	0.70	0.24	−0.24	−0.21	0.51	−0.29	1.00	0.10	−0.12	0.13	−0.09	0.02
q_8	−0.08	0.31	−0.14	0.03	−0.15	0.14	0.10	1.00	0.38	0.08	0.41	−0.22
q_9	−0.27	0.08	−0.10	−0.05	−0.04	−0.01	−0.12	0.38	1.00	0.03	0.46	−0.31
q_{10}	−0.01	0.17	−0.06	0.33	0.00	−0.11	0.13	0.08	0.03	1.00	0.56	0.20
q_{11}	−0.16	0.10	−0.04	0.22	−0.17	−0.06	−0.09	0.41	0.46	0.56	1.00	0.31
q_{12}	0.31	0.06	0.30	0.23	0.05	−0.18	0.02	−0.22	−0.31	0.20	0.31	1.00
q_{13}	0.13	0.15	0.11	−0.24	0.04	−0.09	−0.06	0.20	0.33	−0.27	−0.11	−0.06
q_{14}	0.09	0.12	−0.10	−0.24	0.12	0.10	0.27	0.82	0.17	−0.01	0.23	−0.14
q_{15}	0.64	0.04	−0.33	−0.33	0.52	−0.12	0.87	0.14	−0.20	0.04	−0.04	0.08
q_{16}	−0.03	−0.23	0.07	−0.03	−0.10	0.08	−0.04	−0.04	−0.43	−0.21	−0.19	0.08
q_{17}	−0.10	0.12	−0.12	0.02	−0.10	0.06	−0.21	−0.04	−0.19	0.00	0.01	−0.03
q_{18}	−0.17	−0.19	−0.11	0.35	−0.09	0.41	0.10	0.21	−0.17	0.17	0.13	0.03
q_{19}	0.00	−0.10	0.03	−0.07	−0.12	−0.17	−0.11	−0.38	−0.08	−0.16	−0.08	0.26
q_{20}	−0.03	−0.05	−0.08	0.09	−0.15	−0.07	0.00	−0.15	−0.16	0.37	0.20	−0.04
q_{21}	0.01	−0.33	−0.06	0.31	−0.39	0.27	−0.16	0.07	−0.12	0.04	0.04	0.14
q_{22}	−0.24	−0.01	−0.11	0.21	−0.13	0.40	−0.01	0.61	0.07	0.04	0.23	−0.12
q_{23}	−0.12	−0.14	−0.11	−0.13	−0.08	0.17	−0.07	−0.12	0.14	−0.31	−0.37	−0.64
q_{24}	0.25	0.14	−0.40	−0.23	0.49	−0.13	0.58	0.12	−0.11	0.21	0.19	0.05
q_{25}	0.58	0.43	−0.24	−0.18	0.23	−0.08	0.59	0.60	0.08	0.21	0.31	0.12
q_{26}	0.15	0.20	−0.38	−0.05	0.09	0.11	−0.07	0.14	0.07	0.06	0.36	−0.05
q_{27}	−0.15	0.13	−0.28	0.10	−0.12	0.13	−0.35	0.12	0.19	0.06	0.37	−0.08
q_{28}	0.05	0.02	0.22	0.16	0.44	−0.22	0.17	−0.03	0.04	0.10	0.09	0.05
q_{29}	0.10	−0.12	0.22	0.05	−0.04	−0.30	−0.08	−0.25	−0.06	0.06	0.35	0.63
q_{30}	−0.56	−0.23	0.08	0.14	−0.31	0.21	−0.62	−0.23	0.10	0.05	0.16	−0.14
q_{31}	0.26	0.03	0.41	0.11	0.22	0.06	0.05	−0.21	0.09	−0.11	−0.10	0.37
q_{32}	−0.31	−0.06	0.33	0.35	−0.29	0.02	−0.38	−0.16	−0.16	−0.09	0.15	0.23
q_{33}	0.25	0.12	−0.27	−0.10	0.33	−0.01	0.47	0.07	0.14	0.13	0.16	0.03
q_{34}	−0.18	−0.01	0.39	0.13	−0.26	−0.03	−0.36	−0.16	−0.02	−0.15	−0.33	−0.02
q_{35}	0.15	0.16	0.04	0.25	−0.36	0.09	−0.22	0.01	−0.23	−0.11	0.13	0.34
q_{36}	−0.27	−0.16	−0.25	0.06	0.03	0.14	−0.18	−0.05	−0.02	−0.17	−0.05	−0.10

续表

指标 \ 指标	q_{13}	q_{14}	q_{15}	q_{16}	q_{17}	q_{18}	q_{19}	q_{20}	q_{21}	q_{22}	q_{23}	q_{24}
q_{1}	0.13	0.09	0.64	−0.03	−0.10	−0.17	0.00	−0.03	0.01	−0.24	−0.12	0.25
q_{2}	0.15	0.12	0.04	−0.23	0.12	−0.19	−0.10	−0.05	−0.33	−0.01	−0.14	0.14
q_{3}	0.11	−0.10	−0.33	0.07	−0.12	−0.11	0.03	−0.08	−0.06	−0.11	−0.11	−0.40
q_{4}	−0.24	−0.24	−0.33	−0.03	0.02	0.35	−0.07	0.09	0.31	0.21	−0.13	−0.23
q_{5}	0.04	0.12	0.52	−0.10	−0.10	−0.09	−0.12	−0.15	−0.39	−0.13	−0.08	0.49
q_{6}	−0.09	0.10	−0.12	0.08	0.06	0.41	−0.17	−0.07	0.27	0.40	0.17	−0.13
q_{7}	−0.06	0.27	0.87	−0.04	−0.21	0.10	−0.11	0.00	−0.16	−0.01	−0.07	0.58
q_{8}	0.20	0.82	0.14	−0.04	−0.04	0.21	−0.38	−0.15	0.07	0.61	−0.12	0.12
q_{9}	0.33	0.17	−0.20	−0.43	−0.19	−0.17	−0.08	−0.16	−0.12	0.07	0.14	−0.11
q_{10}	−0.27	−0.01	0.04	−0.21	0.00	0.17	−0.16	0.37	0.04	0.04	−0.31	0.21
q_{11}	−0.11	0.23	−0.04	−0.19	0.01	0.13	−0.08	0.20	0.04	0.23	−0.37	0.19
q_{12}	−0.06	−0.14	0.08	0.08	−0.03	0.03	0.26	−0.04	0.14	−0.12	−0.64	0.05
q_{13}	1.00	0.11	−0.04	−0.23	−0.09	−0.45	−0.12	−0.24	−0.11	−0.25	0.21	−0.21
q_{14}	0.11	1.00	0.37	−0.04	−0.03	0.08	−0.38	−0.11	−0.02	0.57	−0.09	0.28
q_{15}	−0.04	0.37	1.00	0.09	−0.05	0.24	0.01	−0.04	−0.09	0.11	−0.11	0.67
q_{16}	−0.23	−0.04	0.09	1.00	−0.07	0.50	0.02	−0.14	0.27	0.31	0.01	0.05
q_{17}	−0.09	−0.03	−0.05	−0.07	1.00	−0.06	−0.02	0.21	−0.02	0.02	−0.07	0.18
q_{18}	−0.45	0.08	0.24	0.50	−0.06	1.00	−0.12	−0.17	0.32	0.75	−0.04	0.28
q_{19}	−0.12	−0.38	0.01	0.02	−0.02	−0.12	1.00	0.10	−0.11	−0.37	−0.09	−0.11
q_{20}	−0.24	−0.11	−0.04	−0.14	0.21	−0.17	0.10	1.00	−0.16	−0.24	−0.12	0.08
q_{21}	−0.11	−0.02	−0.09	0.27	−0.02	0.32	−0.11	−0.16	1.00	0.26	0.10	−0.23
q_{22}	−0.25	0.57	0.11	0.31	0.02	0.75	−0.37	−0.24	0.26	1.00	0.08	0.23
q_{23}	0.21	−0.09	−0.11	0.01	−0.07	−0.04	−0.09	−0.12	0.10	0.08	1.00	−0.26
q_{24}	−0.21	0.28	0.67	0.05	0.18	0.28	−0.11	0.08	−0.23	0.23	−0.26	1.00
q_{25}	0.16	0.67	0.55	−0.04	−0.09	−0.01	−0.32	−0.11	0.09	0.26	−0.15	0.36
q_{26}	−0.08	0.03	0.00	−0.14	0.03	−0.02	−0.07	0.24	−0.06	0.07	−0.05	0.22
q_{27}	−0.12	−0.05	−0.37	−0.05	0.00	0.03	−0.19	0.29	0.09	0.19	−0.01	0.07
q_{28}	−0.30	0.14	0.08	−0.06	0.16	−0.12	−0.19	0.22	−0.07	−0.03	−0.27	0.22
q_{29}	−0.02	−0.21	−0.10	0.07	−0.03	−0.12	0.13	−0.07	0.29	−0.16	−0.21	−0.10
q_{30}	−0.10	−0.34	−0.52	−0.04	0.06	−0.01	0.06	0.02	0.01	−0.06	0.14	−0.17
q_{31}	0.46	−0.16	−0.06	−0.14	−0.15	−0.25	−0.05	−0.09	−0.06	−0.32	−0.14	−0.24
q_{32}	0.04	−0.31	−0.37	0.10	0.19	0.10	−0.03	−0.02	0.01	0.05	0.00	−0.16
q_{33}	0.14	0.01	0.59	0.17	−0.18	0.43	0.00	−0.16	−0.11	0.17	0.09	0.44
q_{34}	−0.04	−0.20	−0.47	0.12	−0.02	−0.08	0.14	0.15	0.02	−0.06	0.03	−0.61
q_{35}	0.16	−0.08	−0.25	0.07	0.00	−0.11	−0.09	0.07	0.24	0.02	0.08	−0.27
q_{36}	−0.24	−0.12	−0.10	0.22	−0.13	0.11	0.10	−0.26	0.04	0.01	0.01	−0.01

续表

指标 \ 指标	q_{25}	q_{26}	q_{27}	q_{28}	q_{29}	q_{30}	q_{31}	q_{32}	q_{33}	q_{34}	q_{35}	q_{36}
q_{1}	0.58	0.15	−0.15	0.05	0.10	−0.56	0.26	−0.31	0.25	−0.18	0.15	−0.27
q_{2}	0.43	0.20	0.13	0.02	−0.12	−0.23	0.03	−0.06	0.12	−0.01	0.16	−0.16
q_{3}	−0.24	−0.38	−0.28	0.22	0.22	0.08	0.41	0.33	−0.27	0.39	0.04	−0.25
q_{4}	−0.18	−0.05	0.10	0.16	0.05	0.14	0.11	0.35	−0.10	0.13	0.25	0.06
q_{5}	0.23	0.09	−0.12	0.44	−0.04	−0.31	0.22	−0.29	0.33	−0.26	−0.36	0.03
q_{6}	−0.08	0.11	0.13	−0.22	−0.30	0.21	0.06	0.02	−0.01	−0.03	0.09	0.14
q_{7}	0.59	−0.07	−0.35	0.17	−0.08	−0.62	0.05	−0.38	0.47	−0.36	−0.22	−0.18
q_{8}	0.60	0.14	0.12	−0.03	−0.25	−0.23	−0.21	−0.16	0.07	−0.16	0.01	−0.05
q_{9}	0.08	0.07	0.19	0.04	−0.06	0.10	0.09	−0.16	0.14	−0.02	−0.23	−0.02
q_{10}	0.21	0.06	0.06	0.10	0.06	0.05	−0.11	−0.09	0.13	−0.15	−0.11	−0.17
q_{11}	0.31	0.36	0.37	0.09	0.35	0.16	−0.10	0.15	0.16	−0.33	0.13	−0.05
q_{12}	0.12	−0.05	−0.08	0.05	0.63	−0.14	0.37	0.23	0.03	−0.02	0.34	−0.10
q_{13}	0.16	−0.08	−0.12	−0.30	−0.02	−0.10	0.46	0.04	0.14	−0.04	0.16	−0.24
q_{14}	0.67	0.03	−0.05	0.14	−0.21	−0.34	−0.16	−0.31	0.01	−0.20	−0.08	−0.12
q_{15}	0.55	0.00	−0.37	0.08	−0.10	−0.52	−0.06	−0.37	0.59	−0.47	−0.25	−0.10
q_{16}	−0.04	−0.14	−0.05	−0.06	0.07	−0.04	−0.14	0.10	0.17	0.12	0.07	0.22
q_{17}	−0.09	0.03	0.00	0.16	−0.03	0.06	−0.15	0.19	−0.18	−0.02	0.00	−0.13
q_{18}	−0.01	−0.02	0.03	−0.12	−0.12	−0.01	−0.25	0.10	0.43	−0.08	−0.11	0.11
q_{19}	−0.32	−0.07	−0.19	−0.19	0.13	0.06	−0.05	−0.03	0.00	0.14	−0.09	0.10
q_{20}	−0.11	0.24	0.29	0.22	−0.07	0.02	−0.09	−0.02	−0.16	0.15	0.07	−0.26
q_{21}	0.09	−0.06	0.09	−0.07	0.29	0.01	−0.06	0.01	−0.11	0.02	0.24	0.04
q_{22}	0.26	0.07	0.19	−0.03	−0.16	−0.06	−0.32	0.05	0.17	−0.06	0.02	0.01
q_{23}	−0.15	−0.05	−0.01	−0.27	−0.21	0.14	−0.14	0.00	0.09	0.03	0.08	0.01
q_{24}	0.36	0.22	0.07	0.22	−0.10	−0.17	−0.24	−0.16	0.44	−0.61	−0.27	−0.01
q_{25}	1.00	0.16	−0.04	0.03	0.06	−0.55	−0.03	−0.24	0.21	−0.38	0.14	−0.26
q_{26}	0.16	1.00	0.83	0.04	0.07	0.13	−0.32	0.01	0.01	−0.33	0.28	−0.16
q_{27}	−0.04	0.83	1.00	0.11	0.10	0.23	−0.27	0.10	−0.17	−0.02	0.33	−0.10
q_{28}	0.03	0.04	0.11	1.00	0.04	−0.24	0.03	−0.21	−0.17	0.15	−0.28	−0.08
q_{29}	0.06	0.07	0.10	0.04	1.00	−0.07	0.27	0.35	−0.13	0.00	0.21	−0.17
q_{30}	−0.55	0.13	0.23	−0.24	−0.07	1.00	−0.11	0.40	0.00	−0.17	0.10	0.36
q_{31}	−0.03	−0.32	−0.27	0.03	0.27	−0.11	1.00	0.18	0.04	0.24	0.00	−0.19
q_{32}	−0.24	0.01	0.10	−0.21	0.35	0.40	0.18	1.00	−0.10	−0.09	0.34	0.06
q_{33}	0.21	0.01	−0.17	−0.17	−0.13	0.00	0.04	−0.10	1.00	−0.37	−0.11	0.01
q_{34}	−0.38	−0.33	−0.02	0.15	0.00	−0.17	0.24	−0.09	−0.37	1.00	−0.12	−0.30
q_{35}	0.14	0.28	0.33	−0.28	0.21	0.10	0.00	0.34	−0.11	−0.12	1.00	0.09
q_{36}	−0.26	−0.16	−0.10	−0.08	−0.17	0.36	−0.19	0.06	0.01	−0.30	0.09	1.00

附表 136　2007 年区域自主创新潜力初始指标相关系数

指标	q_1	q_2	q_3	q_4	q_5	q_6	q_7	q_8	q_9	q_{10}	q_{11}	q_{12}
q_1	−0.13	1.00	0.36	0.04	−0.36	−0.14	−0.27	−0.07	0.28	0.18	0.27	0.26
q_2	−0.28	0.36	1.00	−0.07	−0.21	−0.09	−0.03	0.12	0.31	0.07	0.09	0.19
q_3	0.17	0.04	−0.07	1.00	0.37	−0.04	−0.12	−0.12	−0.19	0.15	0.07	0.13
q_4	0.20	−0.36	−0.21	0.37	1.00	−0.31	0.15	0.14	−0.36	0.15	−0.02	0.26
q_5	0.01	−0.14	−0.09	−0.04	−0.31	1.00	−0.22	−0.26	0.06	−0.12	−0.10	−0.34
q_6	0.61	−0.27	−0.03	−0.12	0.15	−0.22	1.00	0.49	−0.74	0.18	0.08	0.32
q_7	0.15	−0.07	0.12	−0.12	0.14	−0.26	0.49	1.00	−0.28	0.22	0.41	0.10
q_8	−0.74	0.28	0.31	−0.19	−0.36	0.06	−0.74	−0.28	1.00	0.00	0.03	−0.19
q_9	−0.02	0.18	0.07	0.15	0.15	−0.12	0.18	0.22	0.00	1.00	0.23	0.19
q_{10}	−0.13	0.27	0.09	0.07	−0.02	−0.10	0.08	0.41	0.03	0.23	1.00	0.22
q_{11}	0.05	0.26	0.19	0.13	0.26	−0.34	0.32	0.10	−0.19	0.19	0.22	1.00
q_{12}	−0.14	0.24	0.27	0.07	−0.18	0.03	0.05	−0.16	0.12	−0.01	0.15	0.44
q_{13}	0.10	−0.20	−0.23	−0.03	0.01	0.14	0.20	−0.12	−0.19	−0.10	−0.25	0.17
q_{14}	−0.05	−0.11	0.00	−0.07	−0.15	0.27	0.01	−0.25	0.10	−0.10	−0.25	0.15
q_{15}	0.08	−0.20	−0.06	0.17	0.51	−0.25	0.03	−0.10	−0.18	0.05	−0.40	0.03
q_{16}	0.02	−0.18	0.14	0.00	0.76	−0.39	−0.02	0.14	−0.05	0.11	−0.05	0.20
q_{17}	−0.12	−0.46	−0.12	−0.28	−0.02	0.07	0.23	0.17	0.07	−0.05	−0.15	−0.02
q_{18}	0.15	0.29	0.53	0.25	0.13	−0.26	0.28	0.21	−0.19	0.29	−0.11	0.45
q_{19}	0.12	0.02	0.15	−0.02	−0.11	−0.11	0.23	0.19	−0.16	0.01	0.03	0.11
q_{20}	0.01	−0.13	−0.07	−0.05	0.13	0.02	−0.08	0.19	−0.10	−0.57	0.39	0.00
q_{21}	0.14	−0.01	0.28	0.02	−0.25	0.00	0.42	0.43	−0.06	0.28	0.23	−0.07
q_{22}	−0.06	0.31	−0.22	−0.01	0.02	−0.29	0.13	0.43	0.08	0.51	0.39	0.10
q_{23}	−0.23	0.03	0.17	−0.03	0.13	−0.33	0.11	0.29	−0.01	0.08	0.23	0.13
q_{24}	−0.19	0.23	0.29	−0.20	−0.12	−0.14	−0.23	−0.06	0.49	0.03	0.05	0.18
q_{25}	0.03	0.23	0.03	−0.15	−0.13	−0.43	0.15	0.26	0.07	0.21	0.27	0.12
q_{26}	0.16	0.28	0.11	−0.11	−0.12	−0.32	0.17	0.19	0.05	0.18	0.23	0.08
q_{27}	−0.37	0.18	0.12	−0.10	0.04	−0.02	−0.26	−0.02	0.27	−0.14	−0.23	0.03
q_{28}	0.59	−0.14	−0.64	0.30	0.40	−0.10	0.37	−0.06	−0.60	0.04	0.07	0.34
q_{29}	−0.06	0.58	0.47	0.12	−0.29	−0.17	0.04	0.05	0.18	0.09	0.20	0.47
q_{30}	−0.26	0.04	−0.02	−0.31	0.02	−0.10	−0.08	0.03	0.18	−0.06	0.13	−0.10
q_{31}	−0.35	0.08	0.18	0.03	−0.06	−0.14	−0.24	0.26	0.47	0.15	0.52	−0.26
q_{32}	−0.26	−0.07	0.04	−0.24	−0.26	0.24	0.16	0.09	−0.06	−0.16	0.19	0.26
q_{33}	0.12	−0.08	−0.19	0.30	0.23	−0.38	−0.02	0.16	−0.21	−0.17	0.09	0.02
q_{34}	0.03	0.18	0.08	0.22	0.01	−0.06	−0.05	−0.22	0.11	0.24	−0.03	0.15
q_{35}	0.13	−0.31	0.02	−0.13	0.11	−0.10	0.31	0.17	−0.21	−0.38	0.01	0.17
q_{36}	−0.13	1.00	0.36	0.04	−0.36	−0.14	−0.27	−0.07	0.28	0.18	0.27	0.26

续表

指标＼指标	q_{13}	q_{14}	q_{15}	q_{16}	q_{17}	q_{18}	q_{19}	q_{20}	q_{21}	q_{22}	q_{23}	q_{24}
q_{1}	0.24	−0.20	−0.11	−0.20	−0.18	−0.46	0.29	0.02	−0.13	−0.01	0.31	0.03
q_{2}	0.27	−0.23	0.00	−0.06	0.14	−0.12	0.53	0.15	−0.07	0.28	−0.22	0.17
q_{3}	0.07	−0.03	−0.07	0.17	0.00	−0.28	0.25	−0.02	−0.05	0.02	−0.01	−0.03
q_{4}	−0.18	0.01	−0.15	0.51	0.76	−0.02	0.13	−0.11	0.13	−0.25	0.02	0.13
q_{5}	0.03	0.14	0.27	−0.25	−0.39	0.07	−0.26	−0.11	0.02	0.00	−0.29	−0.33
q_{6}	0.05	0.20	0.01	0.03	−0.02	0.23	0.28	0.23	−0.08	0.42	0.13	0.11
q_{7}	−0.16	−0.12	−0.25	−0.10	0.14	0.17	0.21	0.19	0.19	0.43	0.43	0.29
q_{8}	0.12	−0.19	0.10	−0.18	−0.05	0.07	−0.19	−0.16	−0.10	−0.06	0.08	−0.01
q_{9}	−0.01	−0.10	−0.10	0.05	0.11	−0.05	0.29	0.01	−0.57	0.28	0.51	0.08
q_{10}	0.15	−0.25	−0.25	−0.40	−0.05	−0.15	−0.11	0.03	0.39	0.23	0.39	0.23
q_{11}	0.44	0.17	0.15	0.03	0.20	−0.02	0.45	0.11	0.00	−0.07	0.10	0.13
q_{12}	1.00	0.13	0.15	−0.13	−0.15	0.01	0.39	0.21	−0.16	0.09	−0.31	0.05
q_{13}	0.13	1.00	0.88	−0.04	−0.19	−0.06	0.00	−0.32	0.06	−0.29	−0.05	−0.28
q_{14}	0.15	0.88	1.00	−0.18	−0.28	−0.08	−0.07	−0.33	0.05	−0.34	−0.09	−0.45
q_{15}	−0.13	−0.04	−0.18	1.00	0.50	−0.09	0.20	−0.11	−0.28	−0.26	−0.25	0.27
q_{16}	−0.15	−0.19	−0.28	0.50	1.00	−0.06	0.24	0.02	0.11	−0.18	−0.09	0.18
q_{17}	0.01	−0.06	−0.08	−0.09	−0.06	1.00	−0.07	0.01	−0.16	0.40	0.01	0.28
q_{18}	0.39	0.00	−0.07	0.20	0.24	−0.07	1.00	0.24	−0.43	0.33	−0.05	0.17
q_{19}	0.21	−0.32	−0.33	−0.11	0.02	0.01	0.24	1.00	−0.01	0.28	−0.22	0.09
q_{20}	−0.16	0.06	0.05	−0.28	0.11	−0.16	−0.43	−0.01	1.00	−0.24	−0.15	−0.10
q_{21}	0.09	−0.29	−0.34	−0.26	−0.18	0.40	0.33	0.28	−0.24	1.00	0.16	0.27
q_{22}	−0.31	−0.05	−0.09	−0.25	−0.09	0.01	−0.05	−0.22	−0.15	0.16	1.00	0.07
q_{23}	0.05	−0.28	−0.45	0.27	0.18	0.28	0.17	0.09	−0.10	0.27	0.07	1.00
q_{24}	0.08	−0.09	0.21	−0.32	0.04	0.05	0.03	−0.30	−0.06	−0.15	0.23	−0.31
q_{25}	0.09	0.08	−0.03	−0.01	0.00	0.16	0.09	0.02	−0.04	0.13	0.28	0.44
q_{26}	0.17	0.05	0.01	0.02	0.00	0.09	0.11	0.04	−0.03	0.16	0.17	0.32
q_{27}	−0.13	0.10	0.10	−0.18	0.09	0.01	0.03	−0.08	0.03	−0.10	0.16	−0.15
q_{28}	0.07	0.33	0.15	0.18	−0.01	−0.15	−0.11	−0.11	0.08	−0.36	0.13	−0.27
q_{29}	0.42	−0.18	−0.04	−0.17	−0.13	0.06	0.55	0.16	−0.27	0.29	0.16	0.03
q_{30}	0.17	−0.05	−0.14	−0.02	0.14	0.21	−0.11	−0.14	−0.18	0.02	0.07	0.36
q_{31}	0.03	−0.34	−0.27	−0.21	0.12	0.06	−0.14	0.07	0.22	0.31	0.22	0.03
q_{32}	0.22	0.33	0.35	−0.23	−0.47	0.23	−0.18	−0.22	0.15	−0.10	0.02	0.27
q_{33}	−0.20	−0.05	−0.17	0.20	0.10	0.01	0.15	−0.15	0.22	−0.09	0.07	0.24
q_{34}	0.54	0.11	0.09	0.14	−0.02	−0.24	0.38	−0.20	−0.34	−0.03	−0.07	0.06
q_{35}	0.01	0.05	−0.03	0.02	0.14	0.48	−0.08	0.08	0.46	0.13	−0.21	0.16
q_{36}	0.24	−0.20	−0.11	−0.20	−0.18	−0.46	0.29	0.02	−0.13	−0.01	0.31	0.03

续表

指标 指标	q_{25}	q_{26}	q_{27}	q_{28}	q_{29}	q_{30}	q_{31}	q_{32}	q_{33}	q_{34}	q_{35}	q_{36}
q_{1}	0.23	0.23	0.28	0.18	−0.14	0.58	0.04	0.08	−0.07	−0.08	0.18	−0.31
q_{2}	0.29	0.03	0.11	0.12	−0.64	0.47	−0.02	0.18	0.04	−0.19	0.08	0.02
q_{3}	−0.20	−0.15	−0.11	−0.10	0.30	0.12	−0.31	0.03	−0.24	0.30	0.22	−0.13
q_{4}	−0.12	−0.13	−0.12	0.04	0.40	−0.29	0.02	−0.06	−0.26	0.23	0.01	0.11
q_{5}	−0.14	−0.43	−0.32	−0.02	−0.10	−0.17	−0.10	−0.14	0.24	−0.38	−0.06	−0.10
q_{6}	−0.23	0.15	0.17	−0.26	0.37	0.04	−0.08	−0.24	0.16	−0.02	−0.05	0.31
q_{7}	−0.06	0.26	0.19	−0.02	−0.06	0.05	0.03	0.26	0.09	0.16	−0.22	0.17
q_{8}	0.49	0.07	0.05	0.27	−0.60	0.18	0.18	0.47	−0.06	−0.21	0.11	−0.21
q_{9}	0.03	0.21	0.18	−0.14	0.04	0.09	−0.06	0.15	−0.16	−0.17	0.24	−0.38
q_{10}	0.05	0.27	0.23	−0.23	0.07	0.20	0.13	0.52	0.19	0.09	−0.03	0.01
q_{11}	0.18	0.12	0.08	0.03	0.34	0.47	−0.10	−0.26	0.26	0.02	0.15	0.17
q_{12}	0.08	0.09	0.17	−0.13	0.07	0.42	0.17	0.03	0.22	−0.20	0.54	0.01
q_{13}	−0.09	0.08	0.05	0.10	0.33	−0.18	−0.05	−0.34	0.33	−0.05	0.11	0.05
q_{14}	0.21	−0.03	0.01	0.10	0.15	−0.04	−0.14	−0.27	0.35	−0.17	0.09	−0.03
q_{15}	−0.32	−0.01	0.02	−0.18	0.18	−0.17	−0.02	−0.21	−0.23	0.20	0.14	0.02
q_{16}	0.04	0.00	0.00	0.09	−0.01	−0.13	0.14	0.12	−0.47	0.10	−0.02	0.14
q_{17}	0.05	0.16	0.09	0.01	−0.15	0.06	0.21	0.06	0.23	0.01	−0.24	0.48
q_{18}	0.03	0.09	0.11	0.03	−0.11	0.55	−0.11	−0.14	−0.18	0.15	0.38	−0.08
q_{19}	−0.30	0.02	0.04	−0.08	−0.11	0.16	−0.14	0.07	−0.22	−0.15	−0.20	0.08
q_{20}	−0.06	−0.04	−0.03	0.03	0.08	−0.27	−0.18	0.22	0.15	0.22	−0.34	0.46
q_{21}	−0.15	0.13	0.16	−0.10	−0.36	0.29	0.02	0.31	−0.10	−0.09	−0.03	0.13
q_{22}	0.23	0.28	0.17	0.16	0.13	0.16	0.07	0.22	0.02	0.07	−0.07	−0.21
q_{23}	−0.31	0.44	0.32	−0.15	−0.27	0.03	0.36	0.03	0.27	0.24	0.06	0.16
q_{24}	1.00	0.01	0.06	0.14	−0.11	0.33	0.10	0.08	0.03	−0.08	0.06	−0.19
q_{25}	0.01	1.00	0.90	−0.41	0.08	0.19	0.07	0.22	0.04	0.23	0.09	0.19
q_{26}	0.06	0.90	1.00	−0.55	0.11	0.27	0.08	0.21	−0.03	0.18	0.15	0.15
q_{27}	0.14	−0.41	−0.55	1.00	−0.34	−0.02	0.15	0.07	−0.07	−0.21	−0.23	0.03
q_{28}	−0.11	0.08	0.11	−0.34	1.00	−0.11	−0.17	−0.32	0.02	0.17	0.09	0.09
q_{29}	0.33	0.19	0.27	−0.02	−0.11	1.00	0.12	0.02	−0.01	−0.03	0.02	−0.06
q_{30}	0.10	0.07	0.08	0.15	−0.17	0.12	1.00	0.09	0.15	−0.24	−0.05	−0.17
q_{31}	0.08	0.22	0.21	0.07	−0.32	0.02	0.09	1.00	−0.29	0.08	0.03	0.17
q_{32}	0.03	0.04	−0.03	−0.07	0.02	−0.01	0.15	−0.29	1.00	−0.07	−0.01	0.19
q_{33}	−0.08	0.23	0.18	−0.21	0.17	−0.03	−0.24	0.08	−0.07	1.00	0.08	0.22
q_{34}	0.06	0.09	0.15	−0.23	0.09	0.02	−0.05	0.03	−0.01	0.08	1.00	−0.25
q_{35}	−0.19	0.19	0.15	0.03	0.09	−0.06	−0.17	0.17	0.19	0.22	−0.25	1.00
q_{36}	0.23	0.23	0.28	0.18	−0.14	0.58	0.04	0.08	−0.07	−0.08	0.18	−0.31

附表 137　2008 年区域自主创新潜力初始指标相关系数

指标＼指标	q_1	q_2	q_3	q_4	q_5	q_6	q_7	q_8	q_9	q_{10}	q_{11}	q_{12}
q_1	1.00	0.15	0.13	−0.16	−0.09	0.11	−0.37	−0.04	0.18	−0.19	−0.01	0.29
q_2	0.15	1.00	0.27	0.49	−0.14	0.30	0.55	0.40	−0.37	−0.14	0.12	0.09
q_3	0.13	0.27	1.00	0.29	−0.33	0.31	0.27	0.25	−0.36	0.22	0.20	−0.01
q_4	−0.16	0.49	0.29	1.00	0.29	0.03	0.91	0.41	−0.71	−0.20	−0.22	−0.15
q_5	−0.09	−0.14	−0.33	0.29	1.00	−0.31	0.16	0.11	−0.02	0.13	0.00	−0.07
q_6	0.11	0.30	0.31	0.03	−0.31	1.00	0.11	0.05	−0.10	0.04	0.30	0.03
q_7	−0.37	0.55	0.27	0.91	0.16	0.11	1.00	0.44	−0.77	−0.19	−0.16	−0.19
q_8	−0.04	0.40	0.25	0.41	0.11	0.05	0.44	1.00	−0.17	−0.18	−0.28	0.03
q_9	0.18	−0.37	−0.36	−0.71	−0.02	−0.10	−0.77	−0.17	1.00	0.30	0.30	0.26
q_{10}	−0.19	−0.14	0.22	−0.20	0.13	0.04	−0.19	−0.18	0.30	1.00	0.48	−0.02
q_{11}	−0.01	0.12	0.20	−0.22	0.00	0.30	−0.16	−0.28	0.30	0.48	1.00	0.45
q_{12}	0.29	0.09	−0.01	−0.15	−0.07	0.03	−0.19	0.03	0.26	−0.02	0.45	1.00
q_{13}	0.39	0.09	0.24	0.16	0.11	0.13	0.00	−0.01	−0.13	−0.07	0.26	0.15
q_{14}	−0.11	0.22	−0.26	−0.06	0.19	0.06	0.01	−0.29	0.13	0.12	0.50	0.11
q_{15}	−0.15	0.11	−0.37	−0.22	0.24	−0.03	−0.15	−0.37	0.31	0.24	0.54	0.08
q_{16}	0.27	0.07	0.25	−0.06	0.00	−0.06	−0.09	0.56	0.04	0.08	−0.27	0.04
q_{17}	0.18	−0.12	0.19	0.03	0.30	−0.18	−0.08	0.54	0.05	0.12	−0.30	0.02
q_{18}	0.21	−0.09	0.24	0.02	0.23	−0.16	−0.08	0.54	0.03	0.10	−0.30	0.03
q_{19}	0.07	−0.13	−0.09	−0.04	0.40	−0.02	−0.18	−0.07	0.09	0.28	0.20	0.39
q_{20}	0.14	0.08	0.04	0.02	0.26	0.05	−0.11	−0.05	0.01	0.24	0.25	0.46
q_{21}	0.05	0.35	0.48	0.57	0.09	−0.01	0.52	0.69	−0.49	−0.10	−0.36	−0.05
q_{22}	−0.40	−0.32	0.22	−0.12	−0.03	−0.08	−0.03	−0.13	0.07	0.21	0.16	−0.16
q_{23}	−0.09	0.09	0.10	−0.23	−0.12	−0.08	−0.14	0.08	0.22	0.04	0.20	−0.06
q_{24}	−0.29	0.55	0.32	0.91	0.14	0.07	0.96	0.54	−0.74	−0.23	−0.25	−0.20
q_{25}	−0.35	−0.26	0.40	−0.02	−0.10	−0.15	−0.02	−0.21	−0.01	0.34	0.20	−0.17
q_{26}	0.11	0.43	0.20	0.09	−0.09	0.27	0.14	0.14	0.02	0.19	0.17	−0.09
q_{27}	−0.30	−0.17	0.03	−0.18	−0.16	−0.19	−0.10	−0.01	0.24	0.29	−0.05	−0.26
q_{28}	0.02	0.03	0.31	0.11	−0.45	0.22	0.08	−0.09	−0.15	−0.10	−0.10	−0.07
q_{29}	0.12	−0.02	0.25	−0.06	−0.59	0.21	−0.09	−0.03	−0.01	−0.22	−0.18	0.02
q_{30}	−0.29	0.07	0.54	0.25	−0.06	0.06	0.26	0.27	−0.04	0.17	0.13	−0.19
q_{31}	0.29	0.06	−0.02	−0.16	0.11	−0.07	−0.17	−0.13	0.03	0.14	0.30	0.57
q_{32}	−0.18	0.39	0.52	0.25	−0.34	0.39	0.26	0.28	−0.19	0.11	0.14	−0.02
q_{33}	−0.43	0.18	0.04	0.55	0.06	−0.16	0.60	0.04	−0.46	−0.07	−0.14	−0.25
q_{34}	−0.10	0.08	0.28	0.17	0.17	0.11	0.16	0.36	−0.12	0.14	0.14	0.18
q_{35}	−0.35	0.55	0.06	0.55	0.07	0.01	0.65	0.45	−0.36	−0.25	0.05	0.08
q_{36}	0.06	−0.06	0.02	−0.17	0.07	−0.11	−0.18	−0.03	0.18	0.50	0.34	0.25

续表

指标	q_{13}	q_{14}	q_{15}	q_{16}	q_{17}	q_{18}	q_{19}	q_{20}	q_{21}	q_{22}	q_{23}	q_{24}
q_1	0.39	-0.11	-0.15	0.27	0.18	0.21	0.07	0.14	0.05	-0.40	-0.09	-0.29
q_2	0.09	0.22	0.11	0.07	-0.12	-0.09	-0.13	0.08	0.35	-0.32	0.09	0.55
q_3	0.24	-0.26	-0.37	0.25	0.19	0.24	-0.09	0.04	0.48	0.22	0.10	0.32
q_4	0.16	-0.06	-0.22	-0.06	0.03	0.02	-0.04	0.02	0.57	-0.12	-0.23	0.91
q_5	0.11	0.19	0.24	0.00	0.30	0.23	0.40	0.26	0.09	-0.03	-0.12	0.14
q_6	0.13	0.06	-0.03	-0.06	-0.18	-0.16	-0.02	0.05	-0.01	-0.08	-0.08	0.07
q_7	0.00	0.01	-0.15	-0.09	-0.08	-0.08	-0.18	-0.11	0.52	-0.03	-0.14	0.96
q_8	-0.01	-0.29	-0.37	0.56	0.54	0.54	-0.07	-0.05	0.69	-0.13	0.08	0.54
q_9	-0.13	0.13	0.31	0.04	0.05	0.03	0.09	0.01	-0.49	0.07	0.22	-0.74
q_{10}	-0.07	0.12	0.24	0.08	0.12	0.10	0.28	0.24	-0.10	0.21	0.04	-0.23
q_{11}	0.26	0.50	0.54	-0.27	-0.30	-0.30	0.20	0.25	-0.36	0.16	0.20	-0.25
q_{12}	0.15	0.11	0.08	0.04	0.02	0.03	0.39	0.46	-0.05	-0.16	-0.06	-0.20
q_{13}	1.00	0.10	0.01	-0.04	-0.05	-0.05	0.04	0.06	-0.07	-0.07	-0.10	-0.05
q_{14}	0.10	1.00	0.95	-0.41	-0.33	-0.36	0.10	0.12	-0.35	0.13	0.30	-0.04
q_{15}	0.01	0.95	1.00	-0.45	-0.33	-0.37	0.16	0.15	-0.49	0.15	0.37	-0.20
q_{16}	-0.04	-0.41	-0.45	1.00	0.74	0.77	0.00	0.00	0.62	-0.03	-0.06	0.01
q_{17}	-0.05	-0.33	-0.33	0.74	1.00	1.00	0.35	0.27	0.74	-0.07	-0.09	0.11
q_{18}	-0.05	-0.36	-0.37	0.77	1.00	1.00	0.31	0.25	0.76	-0.08	-0.08	0.11
q_{19}	0.04	0.10	0.16	0.00	0.35	0.31	1.00	0.96	0.09	-0.18	-0.11	-0.14
q_{20}	0.06	0.12	0.15	0.00	0.27	0.25	0.96	1.00	0.14	-0.18	-0.09	-0.06
q_{21}	-0.07	-0.35	-0.49	0.62	0.74	0.76	0.09	0.14	1.00	-0.12	-0.14	0.68
q_{22}	-0.07	0.13	0.15	-0.03	-0.07	-0.08	-0.18	-0.18	-0.12	1.00	0.20	-0.08
q_{23}	-0.10	0.30	0.37	-0.06	-0.09	-0.08	-0.11	-0.09	-0.14	0.20	1.00	-0.11
q_{24}	-0.05	-0.04	-0.20	0.01	0.11	0.11	-0.14	-0.06	0.68	-0.08	-0.11	1.00
q_{25}	-0.04	-0.05	0.00	-0.05	-0.10	-0.10	-0.06	-0.04	-0.05	0.77	0.06	-0.04
q_{26}	-0.08	-0.07	0.01	0.21	0.04	0.04	-0.03	0.06	0.13	-0.13	0.18	0.13
q_{27}	-0.20	-0.02	0.11	0.16	0.05	0.04	-0.21	-0.24	-0.05	0.52	0.32	-0.09
q_{28}	0.00	-0.29	-0.31	-0.29	-0.28	-0.25	-0.22	-0.16	-0.05	0.01	0.02	0.13
q_{29}	-0.01	-0.31	-0.32	-0.18	-0.21	-0.17	-0.25	-0.20	-0.08	-0.08	0.04	-0.03
q_{30}	0.07	-0.07	-0.08	0.16	0.11	0.12	-0.20	-0.15	0.26	0.70	0.24	0.25
q_{31}	0.15	0.29	0.24	-0.04	0.01	0.02	0.20	0.25	-0.08	-0.14	-0.02	-0.18
q_{32}	0.11	-0.07	-0.14	0.25	0.04	0.07	-0.09	0.03	0.33	0.18	-0.03	0.27
q_{33}	-0.04	0.21	0.10	-0.20	-0.18	-0.19	-0.05	-0.03	0.20	0.01	-0.01	0.55
q_{34}	0.04	-0.06	-0.09	0.27	0.31	0.31	0.18	0.16	0.36	-0.09	0.29	0.18
q_{35}	-0.03	0.19	0.07	0.06	-0.05	-0.04	-0.12	-0.06	0.36	-0.18	0.20	0.64
q_{36}	0.11	0.22	0.23	0.14	0.10	0.09	0.08	0.06	-0.04	0.04	0.09	-0.20

续表

指标＼指标	q_{25}	q_{26}	q_{27}	q_{28}	q_{29}	q_{30}	q_{31}	q_{32}	q_{33}	q_{34}	q_{35}	q_{36}
q_{1}	−0.35	0.11	−0.30	0.02	0.12	−0.29	0.29	−0.18	−0.43	−0.10	−0.35	0.06
q_{2}	−0.26	0.43	−0.17	0.03	−0.02	0.07	0.06	0.39	0.18	0.08	0.55	−0.06
q_{3}	0.40	0.20	0.03	0.31	0.25	0.54	−0.02	0.52	0.04	0.28	0.06	0.02
q_{4}	−0.02	0.09	−0.18	0.11	−0.06	0.25	−0.16	0.25	0.55	0.17	0.55	−0.17
q_{5}	−0.10	−0.09	−0.16	−0.45	−0.59	−0.06	0.11	−0.34	0.06	0.17	0.07	0.07
q_{6}	−0.15	0.27	−0.19	0.22	0.21	0.06	−0.07	0.39	−0.16	0.11	0.01	−0.11
q_{7}	−0.02	0.14	−0.10	0.08	−0.09	0.26	−0.17	0.26	0.60	0.16	0.65	−0.18
q_{8}	−0.21	0.14	−0.01	−0.09	−0.03	0.27	−0.13	0.28	0.04	0.36	0.45	−0.03
q_{9}	−0.01	0.02	0.24	−0.15	−0.01	−0.04	0.03	−0.19	−0.46	−0.12	−0.36	0.18
q_{10}	0.34	0.19	0.29	−0.10	−0.22	0.17	0.14	0.11	−0.07	0.14	−0.25	0.50
q_{11}	0.20	0.17	−0.05	−0.10	−0.18	0.13	0.30	0.14	−0.14	0.14	0.05	0.34
q_{12}	−0.17	−0.09	−0.26	−0.07	0.02	−0.19	0.57	−0.02	−0.25	0.18	0.08	0.25
q_{13}	−0.04	−0.08	−0.20	0.00	−0.01	0.07	0.15	0.11	−0.04	0.04	−0.03	0.11
q_{14}	−0.05	−0.07	−0.02	−0.29	−0.31	−0.07	0.29	−0.07	0.21	−0.06	0.19	0.22
q_{15}	0.00	0.01	0.11	−0.31	−0.32	−0.08	0.24	−0.14	0.10	−0.09	0.07	0.23
q_{16}	−0.05	0.21	0.16	−0.29	−0.18	0.16	−0.04	0.25	−0.20	0.27	0.06	0.14
q_{17}	−0.10	0.04	0.05	−0.28	−0.21	0.11	0.01	0.04	−0.18	0.31	−0.05	0.10
q_{18}	−0.10	0.04	0.04	−0.25	−0.17	0.12	0.02	0.07	−0.19	0.31	−0.04	0.09
q_{19}	−0.06	−0.03	−0.21	−0.22	−0.25	−0.20	0.20	−0.09	−0.05	0.18	−0.12	0.08
q_{20}	−0.04	0.06	−0.24	−0.16	−0.20	−0.15	0.25	0.03	−0.03	0.16	−0.06	0.06
q_{21}	−0.05	0.13	−0.05	−0.05	−0.08	0.26	−0.08	0.33	0.20	0.36	0.36	−0.04
q_{22}	0.77	−0.13	0.52	0.01	−0.08	0.70	−0.14	0.18	0.01	−0.09	−0.18	0.04
q_{23}	0.06	0.18	0.32	0.02	0.04	0.24	−0.02	−0.03	−0.01	0.29	0.20	0.09
q_{24}	−0.04	0.13	−0.09	0.13	−0.03	0.25	−0.18	0.27	0.55	0.18	0.64	−0.20
q_{25}	1.00	−0.05	0.45	0.14	0.08	0.65	−0.20	0.39	0.14	0.00	−0.22	0.05
q_{26}	−0.05	1.00	0.41	0.04	0.10	0.23	−0.34	0.42	0.08	0.15	0.09	−0.24
q_{27}	0.45	0.41	1.00	0.14	0.16	0.48	−0.37	0.29	0.13	−0.05	−0.10	0.03
q_{28}	0.14	0.04	0.14	1.00	0.84	0.08	−0.15	0.14	−0.20	−0.08	−0.12	−0.38
q_{29}	0.08	0.10	0.16	0.84	1.00	0.10	−0.24	0.29	−0.18	0.01	−0.21	−0.38
q_{30}	0.65	0.23	0.48	0.08	0.10	1.00	−0.40	0.56	0.17	0.19	0.11	−0.14
q_{31}	−0.20	−0.34	−0.37	−0.15	−0.24	−0.40	1.00	−0.40	−0.30	−0.04	−0.17	0.49
q_{32}	0.39	0.42	0.29	0.14	0.29	0.56	−0.40	1.00	0.29	0.42	0.24	−0.09
q_{33}	0.14	0.08	0.13	−0.20	−0.18	0.17	−0.30	0.29	1.00	0.07	0.39	−0.01
q_{34}	0.00	0.15	−0.05	−0.08	0.01	0.19	−0.04	0.42	0.07	1.00	0.31	0.10
q_{35}	−0.22	0.09	−0.10	−0.12	−0.21	0.11	−0.17	0.24	0.39	0.31	1.00	−0.07
q_{36}	0.05	−0.24	0.03	−0.38	−0.38	−0.14	0.49	−0.09	−0.01	0.10	−0.07	1.00

附表 138　2009 年区域自主创新潜力初始指标相关系数

指标	q_1	q_2	q_3	q_4	q_5	q_6	q_7	q_8	q_9	q_{10}	q_{11}	q_{12}
q_1	1.00	0.50	0.15	−0.44	0.64	−0.18	0.65	0.60	0.59	−0.02	−0.33	0.09
q_2	0.50	1.00	0.14	0.02	−0.01	0.19	0.04	0.13	−0.11	0.10	0.03	0.58
q_3	0.15	0.14	1.00	0.23	−0.04	0.27	−0.20	−0.12	−0.26	0.11	0.01	−0.10
q_4	−0.44	0.02	0.23	1.00	−0.30	0.08	−0.48	−0.29	−0.63	0.11	0.25	0.22
q_5	0.64	−0.01	−0.04	−0.30	1.00	−0.42	0.85	0.46	0.83	0.16	−0.05	−0.08
q_6	−0.18	0.19	0.27	0.08	−0.42	1.00	−0.49	−0.36	−0.33	0.06	0.08	0.13
q_7	0.65	0.04	−0.20	−0.48	0.85	−0.49	1.00	0.51	0.89	0.16	−0.03	−0.01
q_8	0.60	0.13	−0.12	−0.29	0.46	−0.36	0.51	1.00	0.51	−0.13	−0.25	0.13
q_9	0.59	−0.11	−0.26	−0.63	0.83	−0.33	0.89	0.51	1.00	0.14	−0.02	−0.10
q_{10}	−0.02	0.10	0.11	0.11	0.16	0.06	0.16	−0.13	0.14	1.00	0.84	0.31
q_{11}	−0.33	0.03	0.01	0.25	−0.05	0.08	−0.03	−0.25	−0.02	0.84	1.00	0.44
q_{12}	0.09	0.58	−0.10	0.22	−0.08	0.13	−0.01	0.13	−0.10	0.31	0.44	1.00
q_{13}	−0.24	0.05	−0.29	0.05	−0.47	0.27	−0.24	−0.07	−0.28	−0.19	0.02	0.18
q_{14}	0.44	−0.17	−0.24	−0.67	0.77	−0.31	0.84	0.34	0.94	0.17	0.07	−0.11
q_{15}	0.44	−0.16	−0.25	−0.67	0.78	−0.32	0.83	0.35	0.95	0.17	0.08	−0.10
q_{16}	−0.49	−0.29	−0.06	−0.01	−0.12	0.18	−0.19	−0.45	−0.11	0.17	0.22	−0.04
q_{17}	−0.08	0.32	−0.12	−0.08	−0.04	0.46	−0.17	−0.40	−0.04	−0.05	0.04	0.05
q_{18}	0.43	0.21	0.17	0.12	0.06	−0.13	0.09	0.42	−0.04	−0.38	−0.49	−0.10
q_{19}	−0.49	0.05	0.07	0.08	−0.43	0.45	−0.42	−0.49	−0.40	0.22	0.31	−0.11
q_{20}	0.05	0.14	−0.04	0.06	−0.02	0.10	−0.03	0.21	0.02	0.14	0.00	0.02
q_{21}	−0.01	−0.41	−0.32	−0.37	0.36	−0.32	0.52	0.29	0.59	0.10	0.16	−0.12
q_{22}	−0.49	−0.16	−0.09	0.46	−0.48	−0.11	−0.32	−0.18	−0.50	0.02	0.14	0.07
q_{23}	−0.09	0.05	−0.13	0.03	−0.13	−0.03	0.08	0.16	−0.04	−0.07	−0.02	0.27
q_{24}	0.09	0.17	−0.11	−0.13	0.16	−0.01	0.30	0.07	0.15	0.44	0.38	0.45
q_{25}	−0.40	−0.02	−0.21	0.16	−0.25	−0.03	−0.20	−0.07	−0.24	0.23	0.44	0.46
q_{26}	−0.05	0.33	−0.05	0.34	−0.09	−0.02	−0.15	−0.04	−0.21	0.21	0.43	0.46
q_{27}	0.02	0.22	−0.02	0.21	−0.05	0.04	−0.07	0.00	−0.12	0.16	0.33	0.33
q_{28}	0.17	−0.04	−0.32	−0.07	0.39	−0.33	0.50	0.54	0.44	0.25	0.30	0.40
q_{29}	−0.02	−0.11	−0.10	−0.11	0.28	−0.19	0.31	−0.12	0.30	0.40	0.39	0.18
q_{30}	0.57	0.35	−0.23	−0.19	0.45	−0.30	0.51	0.46	0.46	0.12	−0.07	0.17
q_{31}	−0.05	0.16	0.00	0.32	−0.01	−0.01	−0.17	0.03	−0.13	0.21	0.15	−0.12
q_{32}	0.31	0.52	−0.12	0.08	0.03	0.00	0.13	0.27	0.02	0.31	0.14	0.67
q_{33}	−0.01	0.23	0.35	0.32	−0.19	0.23	−0.32	−0.07	−0.29	0.33	0.32	0.02
q_{34}	−0.04	−0.08	−0.09	−0.51	−0.01	−0.04	0.03	0.09	0.12	−0.10	−0.07	0.04
q_{35}	0.44	0.43	0.06	0.00	0.21	−0.01	0.23	0.13	0.01	−0.32	−0.43	0.17
q_{36}	−0.10	−0.02	−0.32	0.14	−0.03	−0.09	−0.03	0.15	0.06	−0.17	−0.05	0.11

续表

指标＼指标	q_{13}	q_{14}	q_{15}	q_{16}	q_{17}	q_{18}	q_{19}	q_{20}	q_{21}	q_{22}	q_{23}	q_{24}
q_{1}	-0.24	0.44	0.44	-0.49	-0.08	0.43	-0.49	0.05	-0.01	-0.49	-0.09	0.09
q_{2}	0.05	-0.17	-0.16	-0.29	0.32	0.21	0.05	0.14	-0.41	-0.16	0.05	0.17
q_{3}	-0.29	-0.24	-0.25	-0.06	-0.12	0.17	0.07	-0.04	-0.32	-0.09	-0.13	-0.11
q_{4}	0.05	-0.67	-0.67	-0.01	-0.08	0.12	0.08	0.06	-0.37	0.46	0.03	-0.13
q_{5}	-0.47	0.77	0.78	-0.12	-0.04	0.06	-0.43	-0.02	0.36	-0.48	-0.13	0.16
q_{6}	0.27	-0.31	-0.32	0.18	0.46	-0.13	0.45	0.10	-0.32	-0.11	-0.03	-0.01
q_{7}	-0.24	0.84	0.83	-0.19	-0.17	0.09	-0.42	-0.03	0.52	-0.32	0.08	0.30
q_{8}	-0.07	0.34	0.35	-0.45	-0.40	0.42	-0.49	0.21	0.29	-0.18	0.16	0.07
q_{9}	-0.28	0.94	0.95	-0.11	-0.04	-0.04	-0.40	0.02	0.59	-0.50	-0.04	0.15
q_{10}	-0.19	0.17	0.17	0.17	-0.05	-0.38	0.22	0.14	0.10	0.02	-0.07	0.44
q_{11}	0.02	0.07	0.08	0.22	0.04	-0.49	0.31	0.00	0.16	0.14	-0.02	0.38
q_{12}	0.18	-0.11	-0.10	-0.04	0.05	-0.10	-0.11	0.02	-0.12	0.07	0.27	0.45
q_{13}	1.00	-0.27	-0.29	-0.15	0.05	-0.06	0.33	-0.08	-0.06	0.34	0.46	0.14
q_{14}	-0.27	1.00	0.99	-0.01	0.02	-0.18	-0.26	-0.12	0.61	-0.49	-0.05	0.20
q_{15}	-0.29	0.99	1.00	0.00	0.02	-0.17	-0.27	-0.08	0.62	-0.51	-0.05	0.19
q_{16}	-0.15	-0.01	0.00	1.00	0.34	-0.45	0.31	0.18	0.23	-0.02	-0.09	0.37
q_{17}	0.05	0.02	0.02	0.34	1.00	-0.34	0.52	0.06	-0.30	-0.39	-0.21	0.04
q_{18}	-0.06	-0.18	-0.17	-0.45	-0.34	1.00	-0.53	0.35	-0.05	0.14	0.00	-0.21
q_{19}	0.33	-0.26	-0.27	0.31	0.52	-0.53	1.00	-0.03	-0.25	0.11	0.10	0.09
q_{20}	-0.08	-0.12	-0.08	0.18	0.06	0.35	-0.03	1.00	0.14	0.05	0.28	0.09
q_{21}	-0.06	0.61	0.62	0.23	-0.30	-0.05	-0.25	0.14	1.00	-0.17	0.01	0.28
q_{22}	0.34	-0.49	-0.51	-0.02	-0.39	0.14	0.11	0.05	-0.17	1.00	0.35	0.03
q_{23}	0.46	-0.05	-0.05	-0.09	-0.21	0.00	0.10	0.28	0.01	0.35	1.00	0.14
q_{24}	0.14	0.20	0.19	0.37	0.04	-0.21	0.09	0.09	0.28	0.03	0.14	1.00
q_{25}	0.16	-0.15	-0.16	0.42	0.09	-0.14	0.07	0.22	0.22	0.24	0.06	0.50
q_{26}	0.16	-0.14	-0.13	-0.25	0.10	-0.09	0.12	-0.21	-0.17	-0.03	-0.11	0.09
q_{27}	0.25	-0.03	-0.03	-0.34	0.01	0.00	0.13	-0.27	-0.12	-0.05	-0.03	0.02
q_{28}	0.08	0.40	0.41	-0.11	-0.33	0.05	-0.36	0.08	0.51	-0.04	0.26	0.45
q_{29}	-0.37	0.46	0.47	0.09	0.05	-0.23	-0.06	-0.16	0.26	-0.23	-0.14	0.28
q_{30}	-0.20	0.28	0.29	-0.16	-0.04	0.17	-0.36	0.00	0.11	-0.12	-0.26	0.16
q_{31}	-0.11	-0.15	-0.15	-0.12	0.19	0.08	0.25	0.18	-0.32	0.16	-0.20	-0.29
q_{32}	-0.06	-0.11	-0.10	0.00	-0.07	0.14	-0.27	0.27	-0.06	0.03	0.13	0.49
q_{33}	0.00	-0.38	-0.40	-0.01	0.05	-0.05	0.16	0.06	-0.39	0.14	-0.23	-0.06
q_{34}	-0.07	0.17	0.19	0.57	0.09	-0.30	0.03	0.08	0.22	-0.18	0.11	0.35
q_{35}	0.11	-0.08	-0.08	-0.26	0.11	0.30	-0.13	-0.02	-0.23	-0.13	0.27	0.00
q_{36}	0.20	0.02	0.03	-0.17	0.04	0.11	-0.07	0.16	0.23	-0.02	0.08	-0.22

续表

指标 \ 指标	q_{25}	q_{26}	q_{27}	q_{28}	q_{29}	q_{30}	q_{31}	q_{32}	q_{33}	q_{34}	q_{35}	q_{36}
q_{1}	-0.40	-0.05	0.02	0.17	-0.02	0.57	-0.05	0.31	-0.01	-0.04	0.44	-0.10
q_{2}	-0.02	0.33	0.22	-0.04	-0.11	0.35	0.16	0.52	0.23	-0.08	0.43	-0.02
q_{3}	-0.21	-0.05	-0.02	-0.32	-0.10	-0.23	0.00	-0.12	0.35	-0.09	0.06	-0.32
q_{4}	0.16	0.34	0.21	-0.07	-0.11	-0.19	0.32	0.08	0.32	-0.51	0.00	0.14
q_{5}	-0.25	-0.09	-0.05	0.39	0.28	0.45	-0.01	0.03	-0.19	-0.01	0.21	-0.03
q_{6}	-0.03	-0.02	0.04	-0.33	-0.19	-0.30	-0.01	0.00	0.23	-0.04	-0.01	-0.09
q_{7}	-0.20	-0.15	-0.07	0.50	0.31	0.51	-0.17	0.13	-0.32	0.03	0.23	-0.03
q_{8}	-0.07	-0.04	0.00	0.54	-0.12	0.46	0.03	0.27	-0.07	0.09	0.13	0.15
q_{9}	-0.24	-0.21	-0.12	0.44	0.30	0.46	-0.13	0.02	-0.29	0.12	0.01	0.06
q_{10}	0.23	0.21	0.16	0.25	0.40	0.12	0.21	0.31	0.33	-0.10	-0.32	-0.17
q_{11}	0.44	0.43	0.33	0.30	0.39	-0.07	0.15	0.14	0.32	-0.07	-0.43	-0.05
q_{12}	0.46	0.46	0.33	0.40	0.18	0.17	-0.12	0.67	0.02	0.04	0.17	0.11
q_{13}	0.16	0.16	0.25	0.08	-0.37	-0.20	-0.11	-0.06	0.00	-0.07	0.11	0.20
q_{14}	-0.15	-0.14	-0.03	0.40	0.46	0.28	-0.15	-0.11	-0.38	0.17	-0.08	0.02
q_{15}	-0.16	-0.13	-0.03	0.41	0.47	0.29	-0.15	-0.10	-0.40	0.19	-0.08	0.03
q_{16}	0.42	-0.25	-0.34	-0.11	0.09	-0.16	-0.12	0.00	-0.01	0.57	-0.26	-0.17
q_{17}	0.09	0.10	0.01	-0.33	0.05	-0.04	0.19	-0.07	0.05	0.09	0.11	0.04
q_{18}	-0.14	-0.09	0.00	0.05	-0.23	0.17	0.08	0.14	-0.05	-0.30	0.30	0.11
q_{19}	0.07	0.12	0.13	-0.36	-0.06	-0.36	0.25	-0.27	0.16	0.03	-0.13	-0.07
q_{20}	0.22	-0.21	-0.27	0.08	-0.16	0.00	0.18	0.27	0.06	0.08	-0.02	0.16
q_{21}	0.22	-0.17	-0.12	0.51	0.26	0.11	-0.32	-0.06	-0.39	0.22	-0.23	0.23
q_{22}	0.24	-0.03	-0.05	-0.04	-0.23	-0.12	0.16	0.03	0.14	-0.18	-0.13	-0.02
q_{23}	0.06	-0.11	-0.03	0.26	-0.14	-0.26	-0.20	0.13	-0.23	0.11	0.27	0.08
q_{24}	0.50	0.09	0.02	0.45	0.28	0.16	-0.29	0.49	-0.06	0.35	0.00	-0.22
q_{25}	1.00	0.22	0.06	0.31	0.24	-0.21	-0.08	0.30	-0.05	0.25	-0.27	0.08
q_{26}	0.22	1.00	0.87	0.20	0.30	-0.18	0.30	0.03	0.12	-0.32	-0.07	0.04
q_{27}	0.06	0.87	1.00	0.18	0.35	-0.19	0.28	0.00	0.02	-0.37	0.06	0.01
q_{28}	0.31	0.20	0.18	1.00	0.24	0.20	-0.18	0.35	-0.27	0.14	0.06	-0.03
q_{29}	0.24	0.30	0.35	0.24	1.00	-0.09	0.03	0.20	-0.43	-0.08	-0.14	0.05
q_{30}	-0.21	-0.18	-0.19	0.20	-0.09	1.00	0.18	0.51	0.15	0.02	0.27	0.08
q_{31}	-0.08	0.30	0.28	-0.18	0.03	0.18	1.00	-0.01	0.39	-0.42	-0.11	0.09
q_{32}	0.30	0.03	0.00	0.35	0.20	0.51	-0.01	1.00	-0.01	0.10	0.34	0.01
q_{33}	-0.05	0.12	0.02	-0.27	-0.43	0.15	0.39	-0.01	1.00	-0.08	-0.25	-0.22
q_{34}	0.25	-0.32	-0.37	0.14	-0.08	0.02	-0.42	0.10	-0.08	1.00	-0.02	-0.36
q_{35}	-0.27	-0.07	0.06	0.06	-0.14	0.27	-0.11	0.34	-0.25	-0.02	1.00	-0.07
q_{36}	0.08	0.04	0.01	-0.03	0.05	0.08	0.09	0.01	-0.22	-0.36	-0.07	1.00

附表 139　2010 年区域自主创新潜力初始指标相关系数

指标＼指标	q_1	q_2	q_3	q_4	q_5	q_6	q_7	q_8	q_9	q_{10}	q_{11}	q_{12}
q_1	1.00	0.31	0.09	0.10	0.20	0.15	0.21	−0.07	0.00	−0.09	−0.11	0.22
q_2	0.31	1.00	0.22	0.24	0.26	0.23	0.17	−0.16	−0.17	0.20	0.13	0.24
q_3	0.09	0.22	1.00	0.40	0.52	−0.05	0.11	0.00	−0.21	0.15	0.11	0.07
q_4	0.10	0.24	0.40	1.00	0.56	0.04	0.29	−0.19	−0.18	0.14	0.37	0.40
q_5	0.20	0.26	0.52	0.56	1.00	−0.18	0.19	−0.43	−0.64	0.12	0.24	0.32
q_6	0.15	0.23	−0.05	0.04	−0.18	1.00	−0.07	0.48	0.57	0.06	0.13	0.58
q_7	0.21	0.17	0.11	0.29	0.19	−0.07	1.00	−0.02	−0.08	0.20	0.11	−0.07
q_8	−0.07	−0.16	0.00	−0.19	−0.43	0.48	−0.02	1.00	0.58	0.01	−0.09	0.13
q_9	0.00	−0.17	−0.21	−0.18	−0.64	0.57	−0.08	0.58	1.00	−0.18	−0.14	−0.02
q_{10}	−0.09	0.20	0.15	0.14	0.12	0.06	0.20	0.01	−0.18	1.00	0.75	0.37
q_{11}	−0.11	0.13	0.11	0.37	0.24	0.13	0.11	−0.09	−0.14	0.75	1.00	0.64
q_{12}	0.22	0.24	0.07	0.40	0.32	0.58	−0.07	0.13	−0.02	0.37	0.64	1.00
q_{13}	0.07	0.18	−0.09	0.06	0.10	0.52	−0.06	0.11	0.19	0.16	0.17	0.29
q_{14}	0.25	0.09	0.14	−0.08	−0.08	0.57	0.23	0.48	0.26	0.26	0.03	0.37
q_{15}	0.23	0.07	0.10	−0.08	−0.08	0.59	0.14	0.47	0.26	0.23	0.03	0.40
q_{16}	0.33	0.13	0.10	−0.06	−0.05	0.46	0.43	0.56	0.27	0.29	0.04	0.27
q_{17}	−0.04	0.25	−0.46	−0.04	−0.45	−0.11	0.21	−0.09	−0.01	0.17	0.17	−0.09
q_{18}	−0.05	0.27	−0.48	−0.04	−0.47	−0.10	0.15	−0.14	−0.01	0.21	0.20	−0.07
q_{19}	0.21	0.14	0.07	−0.17	−0.19	0.54	0.16	0.53	0.32	0.17	−0.06	0.28
q_{20}	0.06	−0.17	−0.01	−0.03	0.11	−0.08	0.21	−0.04	0.02	0.17	−0.04	−0.12
q_{21}	−0.24	0.07	0.02	0.28	0.32	−0.12	−0.16	−0.32	−0.23	−0.10	−0.01	−0.09
q_{22}	−0.03	0.16	−0.24	−0.10	−0.42	−0.15	0.40	0.08	−0.02	0.34	0.14	−0.25
q_{23}	0.10	0.25	0.07	0.05	0.11	−0.11	−0.09	−0.28	−0.09	0.08	−0.09	−0.07
q_{24}	−0.13	−0.06	−0.16	0.17	−0.34	−0.03	0.45	0.29	0.19	0.11	0.04	−0.15
q_{25}	−0.18	−0.35	−0.05	0.04	−0.40	0.15	0.16	0.36	0.60	0.13	0.04	−0.21
q_{26}	0.08	−0.11	0.03	0.12	0.27	−0.01	−0.19	0.02	−0.19	0.14	0.23	0.29
q_{27}	0.18	−0.24	−0.08	−0.19	−0.08	−0.12	−0.24	0.03	0.04	−0.30	−0.16	−0.06
q_{28}	−0.23	0.22	−0.07	0.28	−0.01	0.27	0.08	−0.11	0.10	0.05	0.17	0.24
q_{29}	0.31	0.22	0.13	0.58	0.21	0.57	0.14	0.16	0.34	0.22	0.46	0.62
q_{30}	0.09	0.53	0.12	0.03	0.09	0.09	0.31	−0.03	−0.26	0.41	0.11	0.08
q_{31}	−0.20	−0.36	−0.19	−0.09	−0.54	0.30	−0.19	0.49	0.75	−0.42	−0.33	−0.27
q_{32}	0.00	0.35	−0.18	0.02	−0.30	0.07	0.20	−0.08	−0.05	0.44	0.35	0.10
q_{33}	−0.39	−0.51	−0.07	−0.09	−0.40	0.35	−0.24	0.42	0.58	−0.03	0.02	−0.03
q_{34}	−0.13	0.15	0.49	0.35	0.41	−0.04	0.10	−0.06	−0.08	0.48	0.38	0.13
q_{35}	0.20	−0.01	0.12	−0.15	0.08	−0.59	−0.08	−0.26	−0.46	−0.08	−0.16	−0.41
q_{36}	−0.44	−0.21	0.15	−0.35	−0.09	−0.40	0.06	0.08	−0.19	0.20	0.01	−0.28

续表

指标 \ 指标	q_{13}	q_{14}	q_{15}	q_{16}	q_{17}	q_{18}	q_{19}	q_{20}	q_{21}	q_{22}	q_{23}	q_{24}
q_1	0.07	0.25	0.23	0.33	−0.04	−0.05	0.21	0.06	−0.24	−0.03	0.10	−0.13
q_2	0.18	0.09	0.07	0.13	0.25	0.27	0.14	−0.17	0.07	0.16	0.25	−0.06
q_3	−0.09	0.14	0.10	0.10	−0.46	−0.48	0.07	−0.01	0.02	−0.24	0.07	−0.16
q_4	0.06	−0.08	−0.08	−0.06	−0.04	−0.04	−0.17	−0.03	0.28	−0.10	0.05	0.17
q_5	0.10	−0.08	−0.08	−0.05	−0.45	−0.47	−0.19	0.11	0.32	−0.42	0.11	−0.34
q_6	0.52	0.57	0.59	0.46	−0.11	−0.10	0.54	−0.08	−0.12	−0.15	−0.11	−0.03
q_7	−0.06	0.23	0.14	0.43	0.21	0.15	0.16	0.21	−0.16	0.40	−0.09	0.45
q_8	0.11	0.48	0.47	0.56	−0.09	−0.14	0.53	−0.04	−0.32	0.08	−0.28	0.29
q_9	0.19	0.26	0.26	0.27	−0.01	−0.01	0.32	0.02	−0.23	−0.02	−0.09	0.19
q_{10}	0.16	0.26	0.23	0.29	0.17	0.21	0.17	0.17	−0.10	0.34	0.08	0.11
q_{11}	0.17	0.03	0.03	0.04	0.17	0.20	−0.06	−0.04	−0.01	0.14	−0.09	0.04
q_{12}	0.29	0.37	0.40	0.27	−0.09	−0.07	0.28	−0.12	−0.09	−0.25	−0.07	−0.15
q_{13}	1.00	0.33	0.32	0.22	−0.19	−0.15	0.29	0.47	−0.07	−0.16	0.02	0.01
q_{14}	0.33	1.00	0.99	0.80	−0.15	−0.18	0.91	0.29	−0.49	0.01	−0.03	0.15
q_{15}	0.32	0.99	1.00	0.76	−0.13	−0.17	0.90	0.27	−0.44	−0.04	−0.02	0.10
q_{16}	0.22	0.80	0.76	1.00	0.02	−0.08	0.66	0.22	−0.25	0.21	−0.11	0.33
q_{17}	−0.19	−0.15	−0.13	0.02	1.00	0.98	−0.09	−0.13	0.07	0.74	−0.09	0.54
q_{18}	−0.15	−0.18	−0.17	−0.08	0.98	1.00	−0.09	−0.12	0.04	0.74	−0.07	0.48
q_{19}	0.29	0.91	0.90	0.66	−0.09	−0.09	1.00	0.24	−0.54	0.05	−0.07	0.17
q_{20}	0.47	0.29	0.27	0.22	−0.13	−0.12	0.24	1.00	−0.22	−0.12	0.08	0.08
q_{21}	−0.07	−0.49	−0.44	−0.25	0.07	0.04	−0.54	−0.22	1.00	0.05	0.02	−0.17
q_{22}	−0.16	0.01	−0.04	0.21	0.74	0.74	0.05	−0.12	0.05	1.00	−0.17	0.57
q_{23}	0.02	−0.03	−0.02	−0.11	−0.09	−0.07	−0.07	0.08	0.02	−0.17	1.00	−0.29
q_{24}	0.01	0.15	0.10	0.33	0.54	0.48	0.17	0.08	−0.17	0.57	−0.29	1.00
q_{25}	0.12	0.08	0.05	0.17	0.02	0.00	0.02	0.24	−0.17	0.12	−0.17	0.43
q_{26}	0.35	0.12	0.10	0.14	−0.13	−0.13	0.17	0.15	0.15	−0.03	−0.01	0.17
q_{27}	0.10	−0.15	−0.17	−0.20	−0.18	−0.12	−0.06	0.08	−0.19	−0.13	−0.24	−0.08
q_{28}	−0.19	−0.06	−0.06	−0.08	0.22	0.25	−0.08	−0.25	0.15	0.07	−0.23	0.19
q_{29}	0.25	0.23	0.22	0.25	−0.08	−0.09	0.14	−0.02	−0.02	−0.17	−0.18	0.06
q_{30}	0.32	0.30	0.23	0.36	0.27	0.30	0.33	0.23	−0.12	0.40	0.30	0.29
q_{31}	0.03	−0.08	−0.06	−0.07	−0.12	−0.12	0.00	−0.12	−0.07	−0.12	−0.12	0.17
q_{32}	0.00	−0.12	−0.14	0.04	0.77	0.81	−0.08	−0.17	0.09	0.69	−0.06	0.34
q_{33}	0.16	0.25	0.32	0.05	−0.12	−0.12	0.26	−0.01	0.00	−0.08	−0.21	0.12
q_{34}	−0.01	0.00	−0.04	0.18	−0.17	−0.23	−0.08	0.01	0.37	−0.05	0.10	−0.04
q_{35}	−0.12	−0.27	−0.32	−0.16	0.08	0.05	−0.23	0.06	−0.13	0.15	−0.04	0.14
q_{36}	−0.25	−0.13	−0.16	−0.13	−0.05	−0.04	−0.11	−0.03	−0.20	0.08	−0.02	0.03

续表

指标 \ 指标	q_{25}	q_{26}	q_{27}	q_{28}	q_{29}	q_{30}	q_{31}	q_{32}	q_{33}	q_{34}	q_{35}	q_{36}
q_{1}	-0.18	0.08	0.18	-0.23	0.31	0.09	-0.20	0.00	-0.39	-0.13	0.20	-0.44
q_{2}	-0.35	-0.11	-0.24	0.22	0.22	0.53	-0.36	0.35	-0.51	0.15	-0.01	-0.21
q_{3}	-0.05	0.03	-0.08	-0.07	0.13	0.12	-0.19	-0.18	-0.07	0.49	0.12	0.15
q_{4}	0.04	0.12	-0.19	0.28	0.58	0.03	-0.09	0.02	-0.09	0.35	-0.15	-0.35
q_{5}	-0.40	0.27	-0.08	-0.01	0.21	0.09	-0.54	-0.30	-0.40	0.41	0.08	-0.09
q_{6}	0.15	-0.01	-0.12	0.27	0.57	0.09	0.30	0.07	0.35	-0.04	-0.59	-0.40
q_{7}	0.16	-0.19	-0.24	0.08	0.14	0.31	-0.19	0.20	-0.24	0.10	-0.08	0.06
q_{8}	0.36	0.02	0.03	-0.11	0.16	-0.03	0.49	-0.08	0.42	-0.06	-0.26	0.08
q_{9}	0.60	-0.19	0.04	0.10	0.34	-0.26	0.75	-0.05	0.58	-0.08	-0.46	-0.19
q_{10}	0.13	0.14	-0.30	0.05	0.22	0.41	-0.42	0.44	-0.03	0.48	-0.08	0.20
q_{11}	0.04	0.23	-0.16	0.17	0.46	0.11	-0.33	0.35	0.02	0.38	-0.16	0.01
q_{12}	-0.21	0.29	-0.06	0.24	0.62	0.08	-0.27	0.10	-0.03	0.13	-0.41	-0.28
q_{13}	0.12	0.35	0.10	-0.19	0.25	0.32	0.03	0.00	0.16	-0.01	-0.12	-0.25
q_{14}	0.08	0.12	-0.15	-0.06	0.23	0.30	-0.08	-0.12	0.25	0.00	-0.27	-0.13
q_{15}	0.05	0.10	-0.17	-0.06	0.22	0.23	-0.06	-0.14	0.32	-0.04	-0.32	-0.16
q_{16}	0.17	0.14	-0.20	-0.08	0.25	0.36	-0.07	0.04	0.05	0.18	-0.16	-0.13
q_{17}	0.02	-0.13	-0.18	0.22	-0.08	0.27	-0.12	0.77	-0.12	-0.17	0.08	-0.05
q_{18}	0.00	-0.13	-0.12	0.25	-0.09	0.30	-0.12	0.81	-0.12	-0.23	0.05	-0.04
q_{19}	0.02	0.17	-0.06	-0.08	0.14	0.33	0.00	-0.08	0.26	-0.08	-0.23	-0.11
q_{20}	0.24	0.15	0.08	-0.25	-0.02	0.23	-0.12	-0.17	-0.01	0.01	0.06	-0.03
q_{21}	-0.17	0.15	-0.19	0.15	-0.02	-0.12	-0.07	0.09	0.00	0.37	-0.13	-0.20
q_{22}	0.12	-0.03	-0.13	0.07	-0.17	0.40	-0.12	0.69	-0.08	-0.05	0.15	0.08
q_{23}	-0.17	-0.01	-0.24	-0.23	-0.18	0.30	-0.12	-0.06	-0.21	0.10	-0.04	-0.02
q_{24}	0.43	0.17	-0.08	0.19	0.06	0.29	0.17	0.34	0.12	-0.04	0.14	0.03
q_{25}	1.00	-0.17	-0.16	-0.04	0.30	-0.28	0.69	0.02	0.52	0.07	-0.11	0.00
q_{26}	-0.17	1.00	0.27	-0.26	0.01	0.29	-0.25	-0.07	0.01	0.19	0.21	-0.07
q_{27}	-0.16	0.27	1.00	-0.31	-0.20	-0.07	0.04	-0.03	-0.10	-0.28	0.16	0.17
q_{28}	-0.04	-0.26	-0.31	1.00	0.34	0.05	-0.02	0.12	-0.02	0.05	-0.40	-0.13
q_{29}	0.30	0.01	-0.20	0.34	1.00	-0.20	0.20	0.00	0.14	0.32	-0.30	-0.59
q_{30}	-0.28	0.29	-0.07	0.05	-0.20	1.00	-0.49	0.45	-0.42	0.07	0.11	0.19
q_{31}	0.69	-0.25	0.04	-0.02	0.20	-0.49	1.00	-0.17	0.64	-0.26	-0.22	-0.13
q_{32}	0.02	-0.07	-0.03	0.12	0.00	0.45	-0.17	1.00	-0.13	-0.02	0.00	0.14
q_{33}	0.52	0.01	-0.10	-0.02	0.14	-0.42	0.64	-0.13	1.00	-0.04	-0.40	0.03
q_{34}	0.07	0.19	-0.28	0.05	0.32	0.07	-0.26	-0.02	-0.04	1.00	-0.01	-0.01
q_{35}	-0.11	0.21	0.16	-0.40	-0.30	0.11	-0.22	0.00	-0.40	-0.01	1.00	0.05
q_{36}	0.00	-0.07	0.17	-0.13	-0.59	0.19	-0.13	0.14	0.03	-0.01	0.05	1.00